Immanuel Hermann Fichte

Johann Gottlieb Fichte's Leben und literarischer Briefwechsel

Immanuel Hermann Fichte

Johann Gottlieb Fichte's Leben und literarischer Briefwechsel

ISBN/EAN: 9783743415850

Hergestellt in Europa, USA, Kanada, Australien, Japan

Cover: Foto ©Thomas Meinert / pixelio.de

Manufactured and distributed by brebook publishing software (www.brebook.com)

Immanuel Hermann Fichte

Johann Gottlieb Fichte's Leben und literarischer Briefwechsel

Johann Gottlieb Fichte's

Leben und literarischer Briefwechsel.

Von

seinem Sohne

Immanuel Hermann Fichte.

—

Zweite sehr vermehrte und verbesserte Auflage.

—

Erster Band.
Das Leben.

Mit dem Bildniß Johann Gottlieb Fichte's.

Leipzig:
F. A. Brockhaus.
—
1862.

Vorrede.

Als vor mehr als dreißig-Jahren (1830) diese Lebens=beschreibung zum ersten male aus Licht trat, da gab es für sie ganz andere Aufgaben zu erfüllen, als jetzt bei ihrem Wieder=erscheinen ihr obliegen. Damals stand Fichte, einem stillschweigenden Proteste vergleichbar, nach Geist und Lehre den geltenden Tagesmeinungen völlig fremd gegenüber. In der Speculation herrschten andere Systeme, ja eine durchaus entgegengesetzte, der philosophischen Reflexion und ihren methodischen Ausgangspunkten abgeneigte Betrachtungsweise. Das Gesammturtheil der Zeit über den Denker floß dahin zusammen, daß man ihn, als einem längst überlebten Uebergangsstandpunkte verfallen, zu den Todten warf und die Acten über ihn geschlossen meinte.

Aeußerlich konnte dies sogar berechtigt erscheinen; denn es war dem Biographen damals noch nicht gelungen, weder den sehr wichtigen literarischen Nachlaß zu veröffentlichen, noch durch eine Sammlung der ältern, zum Theil vergessenen Werke ein voll=ständiges und zugleich urkundliches Bild seiner Denkweise und der Entwickelung seiner Lehre den später Lebenden darzubieten.

Dazu kam damals noch ein anderes, nicht minder ungünsti=ges Verhältniß. In dem Staate, welchem Fichte vorzüglich sein Wirken gewidmet hatte, war man allmählich, aber immer ent=schiedener dem Geiste entfremdet worden, in welchem er allein

Heil und Zukunftsgewißheit für Deutschland zu finden vermochte.
Ja die ersten Symptome dieses Zurückschreitens fallen schon in
eine Zeit, deren die Biographie zu gedenken haben wird. Später
war man mit den Vertretern der gleichen politischen Denkart in
einen immer offenern Kampf gerathen, der äußerlich zwar mit
der völligen Niederlage der bekämpften Partei endete, innerlich
aber, auch in dem eigenen Gefühle der Sieger, ein völlig un=
entschiedener blieb. Nach außenhin mußte jene Partei verstum=
men; doch fühlte sie sich weder gedemüthigt noch hoffnungslos.
Den Siegern aber war jede Erinnerung an die Zeit der Er=
hebung und was mit ihr zusammenhing, durchaus unliebsam
geworden. *)

Und sogar die Speculation schien zu solchem Abschluß und
Stillstand den Segen zu sprechen, indem die damals herrschende
Philosophie als die entschiedenste Verfechterin des Bestehenden
galt und sich gelten ließ; freilich sich selbst damit zum grau=
samsten Gerichte, weil sie dadurch bekannte, am Gegebenen das
Maß ihrer eigenen Begriffe zu haben und auf Gestaltung der
Zukunft ausdrücklich zu verzichten. Dennoch erklärt sich vollgültig
daraus die Abneigung, welche jedem Streben damals begegnete,
ältern Philosophien erneuerte Anerkennung zu erkämpfen. **)

Bei dieser tiefen Ungunst der ganzen Lage — und es scheint
wohlgethan, zur Warnung wie zur Vergleichung auch jetzt noch
an ihre wahre Beschaffenheit zu erinnern — trat die Lebens=
beschreibung hervor. Sie mußte versuchen, zuerst nur wieder
das erkaltete Interesse zu wecken, die Urtheile zu berichtigen,
indem sie ein urkundliches Bild von Fichte's Denkart und

---

*) Einen charakteristischen Zug dieser Art erzählt später die Lebens=
beschreibung (I, 423).

**) Ein Beispiel, wie Versuche dieser Art von der damals herrschenden
Kritik behandelt wurden, erwähnen wir später (I, 170, Note).

Persönlichkeit entwarf. Ihr Ton und ihr Charakter konnte daher nicht umhin, einerseits ein apologetischer, anderntheils ein polemischer zu werden. Doch ein parteiischer, glauben wir, ist er nirgends gewesen; denn wir dürfen ein Wort aus der Vorrede zur ersten Ausgabe wiederholen: „Fichte's Leben bedarf keiner Verschleierung oder Beschönigung; je treuer das Bild, je tiefer die Kenntniß, desto mehr wird man ihn ehren und lieben."

Nichts von dem allem ist jetzt mehr erforderlich. Durch die Wirkung der Biographie selbst, wie durch alles, was seitdem von Fichte und über Fichte erschienen, ist dies Verhältniß völlig verändert. Sein Charakter und seine Lehre haben längst die rechte Stelle der Anerkennung in der Gegenwart gefunden.

Dies mußte auch bei der Umarbeitung des Werks maßgebend werden. Die philosophischen Excurse der ersten Ausgabe sind getilgt, ebenso alles Kritisch-Polemische wider frühere Gegner, welchen er selbst zu antworten unterlassen.

Statt dessen konnte nunmehr die eigentliche Aufgabe einer Biographie reiner und objectiver hervortreten. Es ist versucht worden, noch eingehender zu zeigen, wie bei ihm, anders wie bei andern Denkern, seine Lehre aufs allereigentlichste nur Abdruck seiner Persönlichkeit war; wie beide jedoch, seine Denkweise und sein System, zusammen allmählich sich erweiterten und vertieften, nicht durch äußern Einfluß oder Aneignung von Fremdem (indem noch immer von einzelnen die unerweisliche Meinung gehegt wird, er habe späterhin, wenigstens unwillkürlich, nach Schelling's Lehre die seinige modificirt; wie er vielmehr von diesem Systeme dachte, wie wenig er es aber zugleich im einzelnen kannte, darüber lassen wir später sein eigenes Zeugniß sprechen), sondern durch die stillwirkende Kraft des Lebens und der reifern Jahre.

Die Behandlung des Ganzen ist übrigens die völlig gleiche geblieben. Wir haben das in andern Biographien seitdem nach-

geahmte Verfahren beibehalten, Fichte durch sich selbst, durch
eigenes Wort und That sich darstellen zu lassen. Was wir hinzu=
gethan, besteht nur darin, jene urkundlichen Züge zu gruppiren,
ihre innere Bedeutung und ihren Zusammenhang zu zeigen und
an sie die äußern Ereignisse und ihren Erfolg erklärend anzu=
knüpfen, deren nicht wenige und nicht unwichtige sein Leben be=
gleitet haben. Hier nun, wie es nicht fehlen kann bei einfachen,
aber starken Charakteren, stimmen Inneres und Aeußeres voll=
kommen ineinander. Absicht und Erfolg erklären sich wechsel=
seitig; aber es tritt auch seine Eigenart, das Unpraktische oder,
wie wir es bezeichnender nennen möchten, das Unkünstlerische
seiner Natur, überall ihn selbst hemmend, zugleich mit hervor.
Wir begreifen völlig die mächtige Wirkung, welche überall, wo=
hin er kam, von seiner Persönlichkeit ausging, die aber ebenso
jedesmal in Gegenwirkungen und Widerstand überschlug, weil er
in seiner Einsicht, in seinen wohlgeprüften Entschlüssen das einzig
Mögliche und allein Richtige zu erkennen glaubte und aus einer
gewissen Unlenksamkeit des Denkens keine abweichenden Gesichts=
punkte anzuerkennen vermochte; weil er zugleich, nicht minder
seinem Charakter getreu, auf die Nebenpunkte und die beiläufigen
Consequenzen denselben Nachdruck legte wie auf die Hauptsache.

Hieraus aber ergibt sich, daß bei Fichte sein Leben wesent=
lich anders sich verhält zum Verständniß seiner Philosophie,
als dies bei den meisten andern Denkern, Jacobi etwa ausge=
nommen, zu gelten vermag. Vollständig wird seine Lehre nur
durch seinen persönlichen Charakter begreiflich, denn sie ist eben
der vollendete Ausdruck und die Consequenz desselben. Ihn muß
man kennen, seine Bildungsbedingungen, seine Zeit; dann findet
man auch in seiner Lehre das Einseitige und Schroffe, die un=
nachgiebige Starrheit seiner Ueberzeugung völlig versöhnt mit dem
ewig Tüchtigen, unerschütterlich Wahren in derselben. Anders
bei andern Denkern und Denksystemen, welche ihnen ein tiefes

theoretisches Bedürfniß befriedigen sollten und, ein Werk lang= wieriger Sinnens und vielseitiger Studien, langsam sich ausge= staltete. Bei Fichte war es eine einzige, unwiderstehlich prak= tische Evidenz, die ihn ergriffen hatte und die in Kant's Lehre ihre stärkste Bestätigung und theoretische Befestigung erhielt; die „Selbständigkeit des Ich" allem äußerlich Bedingenden gegenüber, die Hoheit und Herrlichkeit sittlichen Willens wurde ihm Inhalt und Ziel seines ganzen Systems, weil er nur so die Consequenz und die Würde seiner Persönlichkeit retten konnte. Und wenn Fichte in seiner Jugend Spinozist war, so ist es gleichfalls charakteristisch, daß er von dieser Lehre nur die praktische Folge hervorhob, die deterministische Freiheitsleugnung. Hierdurch aber wurde, wie er selbst in seinen Jugendbriefen bezeugt, der tiefste Zwiespalt zwischen praktischem Gefühl und theoretischer Einsicht ihm bereitet. Diesen wollte seine eigene Lehre mit der Wurzel ausrotten. Die vermeintliche Naturnothwendigkeit, deren Ketten Ihr fürchtet, ist selbst nur das Erzeugniß unwillkürlicher Selbst= thätigkeit des Ich, das versinnlichte Material seiner bewußten Freiheit und seines sittlichen Wirkens. Durch die freien Iche hindurch und in ihrer Freiheit wirkt erst, als höchstes Har= monisirendes derselben, ein „heiliger Wille", eine „moralische Ordnung", die Gottheit, welche damit ebenso höchster Quell der Freiheit als der (innern) Nothwendigkeit ist.

Diese Hauptideen hat er zwar immer tiefer ausgebildet und immer reicher mit Gehalt ausgestattet, niemals aber ihren Umkreis eigentlich überschritten, um andern Seiten der Weltbetrachtung, der Natur oder der Kunst, mit eingehendem Interesse sich zuzu= wenden. In ihnen allein fand er, wie er noch im Jahre 1810 in einer charakteristischen Erklärung an einen philosophischen Freund es ausspricht, die Wahrheiten, deren Erkenntniß vor allem dem Zeitalter und der Menschheit noth thue. Das Uebrige, ohne es gering zu schätzen, wolle er gern andern Denkern überlassen!

In dieser durch Individualität und Ueberzeugung ihm auf=
erlegten Beschränkung lag jedoch gerade die eigenthümliche Kraft
seines Wirkens auf die Nation, vor allem auf die deutsche Jugend.
Er war ein eigentlich deutscher Denker. Der tief sittliche Kern
unsers Volkes, die Ehrlichkeit, Gewissenhaftigkeit, biedere Unbe=
stechlichkeit seines Wesens, wenn man in Urtheil und Handeln
ihm Geduld läßt, das Rechte zu finden, oder wenn es, durch
gewaltige Erschütterungen geweckt, auf diesen Geist sich zurück=
besinnt und plötzlich allen täuschenden Tand hinwegschüttelt; alle
jene einfachen und schmucklosen, aber ehrwürdigen Eigenschaften
germanischen Wesens hatten in ihm ihren stärksten Ausdruck er=
halten. Und sie ruhten nicht müßig in ihm oder verzehrten sich
in unzufriedenem Grollen. Sie brachen mit unwiderstehlichem
Drange des Handelns hervor und geboten ihm einen unabläſſi=
gen Kampf gegen jedes Schlechte der Zeit, in welcher Gestalt es
ihm erscheinen mochte, zuerst wider eine falsche eudämonistische
Theologie und Religiosität, dann wider die erschlaffende Selbst=
sucht in Staat und Gesellschaft, zuletzt gegen den Erbfeind unsers
Vaterlandes, in welchen allen er nur die verschiedenen Erschei=
nungen desselben Grundübels sah, des Abgestorbenseins für die
sittlichen Mächte des Lebens.

Der heilige Ernst eines solchen Kampfes, eine so nachhaltige,
durch keine Widerwärtigkeit gebeugte Ausdauer ist deutsche Gesin=
nung, ist, was uns auch in unsern Niederlagen unbesiegbar macht.
Und darum wird Fichte's Name nicht untergehen im Gedächtniß
der Nation, denn er bringt ihr in getreuem Spiegel entgegen,
was sie selbst ist und will, was in jedem Falle und unter jeder
Gestalt ihr Achtung abnöthigt und Vertrauen.

Vielleicht zu keiner Zeit passender als jetzt könnten ihr solche
mahnende Erinnerungen entgegengebracht werden. Denn wer
weiß es nicht und bekennt es sich laut oder im stillen, daß
Deutschland jetzt gerade in einem ganz ähnlichen Zustande rath=

loſer Verſumpfung liege wie damals, als Fichte zu ihm redete.
Dazumal war es äußerer Druck, der bald darauf kräftig abge=
ſchüttelt wurde. Jetzt und eigentlich die ganze bisherige Ver=
gangenheit hindurch iſt es etwas Schlimmeres, was uns hindert,
als ganze und als freie Nation dazuſtehen: der neu und künſtlich
hervorgerufene confeſſionelle Zwieſpalt und die hartnäckige Eifer=
ſucht der Dynaſtien; denn was man gewöhnlich dazu fügt, die
Abneigung unſerer Volksſtämme widereinander, iſt kein ernſtlich
Trennendes und fängt ſchon an zu ſchwinden vor der ſteigenden
politiſchen Einſicht. Wahrſcheinlich wird Deutſchland die denkwür=
dige und in der Geſchichte noch nicht dageweſene Aufgabe zufallen,
nicht von obenher, wie früher doch zumeiſt nur die Reformation
gelang, ſondern im langſamen Ringen von untenauf, durch die
ſteigende Kraft des Volksgeiſtes die rechte Form der Einigung
zu gewinnen. Wir können dies Los als kein günſtiges und kein
kampfloſes preiſen; aber es iſt deutſcher Ausdauer würdig, und
einmal erreicht, ſcheint es keinen Rückfall mehr befürchten zu laſ=
ſen, denn es hat ſich nicht durch das Ungefähr, ſondern aus
Freiheit und Einſicht geſtaltet. Die erſte Bedingung dazu aber
iſt eine alle Schichten unſers Volkes durchdringende Geſammt=
bildung, wodurch Fichte's Wort vielleicht eine neue Deutung
erhielte, daß einzig der germaniſche Volksſtamm dazu beſtimmt
ſei, das freie Bürgerthum zu erzeugen, und ſein noch kühneres
Wort, daß jeder Fortſchritt des deutſchen Nationalgeiſtes zugleich
einen allgemeinen Fortſchritt des Menſchengeſchlechts bezeichne.

Für alle dieſe hohen Ziele wird Fichte immer als Mahner
und Wecker vor uns ſtehen. Dies iſt das Denkmal, welches er
ſelbſt ſich errichtet hat im Geiſte ſeiner Nation, und er bedarf
keines andern. Dies möchte auch die würdigſte Erinnerungs=
feier an den hundertjährigen Geburtstag Fichte's ſein, welchem
wir in dieſem Jahre (19. Mai 1862) entgegenſehen.

Zum Schluſſe ſage ich noch den würdigen Männern meinen
Dank, welche durch ihre Beiträge dies Werk gefördert haben.
Vor allem bin ich Herrn Profeſſor Köpke in Berlin meinen Dank
ſchuldig, der durch Mittheilung wichtiger Actenſtücke, beſonders
der im Nachlaſſe Beyme's aufbewahrten Briefe von Fichte, einen
der weſentlichſten Beiträge zu ſeiner Charakteriſtik gewährt hat.
Ebenſo haben Herr Profeſſor Nicolovius in Bonn durch Mit=
theilungen aus den Aufzeichnungen ſeines Vaters, Herr Profeſſor
von Reichlin = Meldegg zu Heidelberg durch Beiträge aus dem
Nachlaſſe von Paulus und Herr Bibliothekar Dr. Klüpfel zu
Tübingen durch literariſche Ermittelungen und Notizen dieſem
Werke die dankenswertheſte Förderung zu Theil werden laſſen.

Am Todestage Fichte's, den 27. Januar 1862.

Immanuel Hermann Fichte.

Inhaltsübersicht des ersten Bandes.

Erstes Buch.

Erstes Kapitel.

Fichte's erste Jugendjahre.

In der schönsten Gegend der Oberlausitz, zwischen den Ortschaften Bischofswerda und Pulsnitz, unfern der Grenzmark, die
das meißnische Gebiet von der Lausitz scheidet, liegt ein kleines
Dorf, Rammenau mit Namen, der Geburtsort des Philosophen.
Der Wanderer findet es, wenn er, die große Straße von Dresden nach Bautzen in Bischofswerda verlassend, sich nordwärts
auf den Pfad nach Elstra und Camenz wendet. Er besucht ein
reichbebautes Land, von schönen Waldhügeln durchzogen, mit
klaren Bächen bewässert, und findet in den zahlreichen und wohl-
habenden Ortschaften ringsumher ein Volk, das, wenn es jetzt
noch seinen Vätern und Großvätern gleicht, wegen Fleiß und
Tüchtigkeit weit umher belobt ist. Hier lebten vor achtzig Jahren
noch Menschen, die, nicht roh, doch unerreicht von der ausglätten-
den Bildung ihrer Zeit, durch ihr Wesen einem frühern Jahr-
hunderte angehörten. In Sitte und Gebräuchen aufgewachsen,
die seit der Reformation wol wenig Aenderung erfahren hatten,
konnten sie noch Zeugniß geben von der Würde und Kraft unsers
ursprünglichen Volkslebens. Jedem kam hier das Beste und
Höchste, sittliche Zucht wie ermunterndes Beispiel, nicht aus allgemeiner Lehre, sondern aus dem Schose der Familie; nicht im
Begriffe trat es ihm zuerst entgegen, gleichgültig und beziehungslos; es berührte ihn in naher Lebendigkeit und steter Umgebung.
Ein frommer oder besonders kundiger Mann wurde der ganzen
Nachkommenschaft Muster und Vorbild; ja auf die Familie selbst
verbreitete sich dies Ansehen, und oft suchte man durch Ehe oder

1 *

sonstige Annäherung mit dem geehrten Namen in Verbindung zu kommen. Daher auch dort die nicht seltene Erscheinung, daß einzelne Familien durch einen gewissen Grundcharakter von den übrigen sich unterschieden, der, wie ein vererbtes Kleinod, durch viele Geschlechter sich fortpflanzend, je mehr der Ruf ihn anerkannte, desto heiliger gehalten wurde. Fichte's Vorältern, besonders sein Vater, gelten für vorzüglich redliche Männer, von starkem Willen und festem Wort, und er selbst hat durch Charakter und Leben wol nie verleugnet, daß er so kräftigem Stamme entsprossen sei.

In jenem Dorfe nun soll, nach der Familiensage, zur Zeit des Dreißigjährigen Kriegs ein schwedischer Wachtmeister, der mit dem Heere Gustav Adolf's zur Befreiung des glaubensverwandten Landes herübergekommen war, schwer verwundet bei einem Scharmützel in der Nähe zurückgeblieben sein. Er wurde aufgenommen und treulich gepflegt von einem dortigen Landmanne, der als eifriger Lutheraner nachher bei dem mannichfachen Wechsel des Kriegsglücks mit eigener Gefahr seinen Glaubensgenossen vor dem Feinde zu verbergen wußte. Dadurch zu längerm Weilen veranlaßt, soll der Gast später sogar sein Eidam geworden sein, und nachdem alle Söhne desselben in jenem verderblichen Kriege ihren Tod gefunden, endlich durch seine Frau der alleinige Erbe der kleinen Besitzung. Und dieser Eingewanderte schwedischer Abkunft wurde der Gründer jenes Namens, der durch zahlreiche Nachkommenschaft wenigstens in der dortigen Gegend ziemlich verbreitet ist.

Fichte's Großvater indessen, der bei der Zerstreuung der Familie allein im Dorfe zurückgeblieben war, hatte von seinen Aeltern, außer seinem Antheil an Garten und Feld, als Haupterwerb einen kleinen Bandhandel ererbt: er webte nämlich auf eigenen Stühlen schmale leinene Bänder und handelte damit im Dorfe und in der umliegenden Gegend. Aber rüstig und unternehmend, wünschte er seinen Kindern jenes Gewerbe einträglicher zu hinterlassen. Er sendete deswegen seinen ältesten Sohn, Christian Fichte, in die benachbarte Stadt Pulsnitz zu Johann Schurich, der dort eine nicht unansehnliche Band- und Leinwandfabrik besaß; so, hoffte der Vater, werde der Sohn neben der bessern Kenntniß des Gewerbes seinem Geschäfte in der Stadt

auch größern Spielraum verschaffen können. Aber der Ausgang
wendete es anders. Christian, durch Treue und Geschick schnell
im Vertrauen seines Lehrherrn steigend, wurde endlich sein Haus=
genosse und Vertrauter. Da gewann er die Tochter des Hauses
lieb, wagte dies aber niemand zu bekennen, weil er den Stolz
des Vaters kannte. Wie aber so oft schon beharrliche Treue den
Widerstand der Aeltern besiegte, so gelang es auch ihm nach
manchem Jahre der Geduld und der wechselnden Hoffnungen, seine
Braut heimzuführen. Doch in eine Ansiedelung neben ihm in
der Stadt wollte der bürgerstolze Vater nicht einwilligen; und so
kehrte der Schwiegersohn wieder in sein Dorf zurück und erbaute
sich von der für jene Verhältnisse ansehnlichen Mitgift ein Haus,
das noch jetzt von einem seiner Enkel bewohnt wird, der dem
Gewerbe seines Großvaters treu geblieben ist; und dieselben Web=
stühle klappern wol noch darin, die früher vom Großvater und
von Fichte selbst in seinen jüngern Jahren bewegt wurden.

In dieses Haus nun führte Christian Fichte seine junge Ehe=
frau, und hier gebar sie ihm am 19. Mai 1762 den ersten Sohn,
Johann Gottlieb. Kräftig wuchs der Knabe auf im Kreise
schnell ihm nachkommender Geschwister, und es zeigte sich, daß er
an Geistesart und äußerer Gestalt ganz das Ebenbild der Mutter
sei, klug, behend im Auffassen wie im Antworten, selbständig
in jedem Entschlusse. Man hat aber oft schon beobachtet, daß
Kinder von vorzüglicher Anlage still und zurückgezogen erscheinen
und nur wie halb theilnehmend an ihren Umgebungen dahin=
gehen. So war auch der Kleine selten bei den Spielen, an
denen seine lebhaftern Geschwister Freude hatten. Dagegen
liebte er es, allein seinem stillen Treiben nachzuhängen, und man
sah ihn oft einsam auf dem Felde verweilen, den Blick unver=
wandt in die Ferne richtend. So stand er nicht selten stunden=
lang, wol bis nach Untergang der Sonne, wo dann der Schäfer,
der den seltsamen, einsam wandelnden Knaben kannte und liebte,
ihn aus seinem Halbtraume aufweckte und nach Hause geleitete.
Und was wir nicht unbemerkt lassen können, jene Stunden, die
in seine frühe Kindheit fielen, deren man sonst sich nur undeut=
lich erinnert, waren noch dem Manne die hellste und liebste Er=
innerung; in ihnen scheint sein Geist am stärksten sich entwickelt
und am kräftigsten gelebt zu haben. Und gewiß, was erregt

ahnungsvoller die ersten Keime des Geistes, in dem eine unbe=
kannte Welt noch schlummert, als der Blick in die unbestimmte
Ferne wie in eine Zukunft, die eben durch ihre grenzenlose
Weite die Phantasie auffordert, ihre Leere auszufüllen und zu
gestalten!

Fichte's erster Lehrer war der eigene Vater, der seinen
Gottlieb wegen seines zarten Alters noch nicht zur Schule schicken
wollte und den fähigen Knaben doch schon zu beschäftigen wünschte.
Abends, wenn das Handwerk ruhte und auch die Gartenarbeit
gethan war, nahm er den Kleinen vor, übte ihn im Lesen, lehrte
ihm fromme Lieder und Sprüche und erzählte ihm dann auch
wol manches von seinen Wanderungen durchs Sachsenland und
Franken. Besonders aber pries er dann die Ufer und das ge=
segnete Land der Saale; und der Knabe, dem jene Gegend, wie
er wol als Mann noch lächelnd zu erwähnen pflegte, dann im
sonnenhellsten Schimmer dalag, wie ein fernes seliges Land, ahnte
damals wol nicht, das ihn das künftige Leben zweimal an jene
Ufer führen, daß er die wichtigsten Jahre seiner Jünglings= und
Manneszeit dort verleben werde. So hatte denn der Kleine bald
das Amt im Vaterhause, der Familie das Morgengebet und den
Abendsegen vorzulesen; und wie denn ein Pfarrer dem Land=
manne die höchste und heiligste Würde ist, so mochte der gute
Vater wol schon damals die stille Hoffnung nähren, sein Sohn
könne vielleicht einmal von der Kanzel des eigenen Dorfes der
ganzen Gemeinde den Segen sprechen.

Einstmals, der Knabe war etwa sieben Jahre alt, hatte ihm
der Vater zur Belohnung seines Fleißes aus der benachbarten
Stadt die Volkshistorie vom gehörnten Siegfried mitgebracht. Das
Buch, wol das erste, was außer der Bibel und dem Gesangbuch
in des Kleinen Hände kam, erfüllte ihm Gemüth und Aufmerksam=
keit so sehr, daß er für nichts anderes mehr Lust behielt; und
auch im Lernen wurde er unachtsam und fahrlässig, was ihm
ernste Bestrafung zuzog. Da sah er endlich ein, daß er sein ge=
liebtes Buch ganz von sich thun müsse, wenn es nicht schlimm
mit ihm gehen solle. Zugleich wollte er es auch strafen für den
Schaden, den es ihm angethan. So ging er, das Buch in der
Hand, an den Bach, der bei seines Vaters Hause vorbeifloß, mit
dem Vorsatze, es ins Wasser zu werfen; aber lange zauderte er,

die erste Selbstüberwindung seines Lebens zu üben. Endlich, mit erneuertem Entschlusse, schleuderte er es weit von sich ins Wasser hinein. Als er es aber dahinschwimmen sah, übermannte ihn der Verlust, und er fing an bitterlich zu weinen. Hier traf ihn der Vater und vernahm von dem weinenden Kinde den Verlust des Buchs, aber aus Scheu oder Verwirrung verschwieg es ihm den wahren Grund und Zusammenhang. Da zürnte der Vater sehr wegen der Vernachlässigung seines Geschenks und bestrafte den Knaben mit ungewöhnlicher Härte — ein Vorspiel seines spätern Lebens, wo nicht selten auch gerade dasjenige, was er aus Ueberzeugung und mit ernstem Vorbedacht gethan, am meisten verkannt und misdeutet wurde, oft auch aus dem ähnlichen Grunde der Unkenntniß des eigentlichen Zusammenhangs und der wahren Motive. Späterhin, als der Schaden vergessen war und der Vater seinen Sohn wieder zu belohnen und zu erfreuen wünschte, kaufte er ihm ein anderes ähnliches Buch; aber da wollte der Knabe es gar nicht annehmen, sondern bat, es lieber seinen Geschwistern zu schenken, damit er nicht von neuem jener Versuchung ausgesetzt werde.

Hier müssen wir zugleich noch eines Ereignisses gedenken, das, ursprünglich unbedeutend, nachher für Fichte's ganze Zukunft von der entscheidendsten Wichtigkeit wurde. Der Pfarrer des Dorfes, ein trefflicher, von seiner Gemeinde hochverehrter Mann, Namens Diendorf, ließ den Knaben, der ihm lieb geworden war, oft zu sich kommen, um ihn zu unterrichten und sonst sich mit ihm zu beschäftigen. Einst fiel es ihm ein, ihn zu fragen, was er wol von der Predigt des vergangenen Tages ihm noch erzählen könne. Der Knabe beginnt, und es gelingt ihm, den Gedankengang derselben nach den Hauptwendungen und mit den angeführten Bibelstellen ziemlich treu wiederzugeben. Jener erstaunte über die Fassungskraft des Knaben und beschloß, ihn auf jede Weise zu fördern, ja wo möglich ihm zu höherer wissenschaftlicher Ausbildung zu verhelfen, und so machte er auch gelegentlich die Gutsherrschaft mit dem Talente seines Schützlings bekannt. Nun geschah es — der Knabe mochte bereits acht oder neun Jahre alt geworden sein — daß der Freiherr von Militz bei dem Grafen von Hoffmannsegg zum Besuche eintraf. Jener Edelmann, einem der edelsten Geschlechter Sachsens ange=

hörend, welches auch noch jetzt ausgezeichnete und berühmte Glie=
der zählt, war außerdem noch durch Wohlthätigkeit und frommen
Sinn überall hochverehrt. Schon lange hatte er sich darauf ge=
freut, einer salbungsvollen, gediegenen Predigt des wackern Dien=
dorf beizuwohnen, und wollte daher schon Sonntag früh vor
der Morgenandacht bei seinem Gastfreunde eintreffen; aber er
verspätete sich, und dieser zufällige Umstand entschied über Fichte's
Schicksal und machte es ihm möglich, seine Lebensbestimmung zu
erreichen. Denn als der Gast mit Bedauern der versäumten
Predigt erwähnte, äußerte man wie im halben Scherze, daß man
allenfalls noch im Stande sei, diesen Verlust ihm zu ersetzen;
es sei ein Knabe im Dorfe, der das Talent habe, eine gehörte
Predigt aus dem Gedächtnisse wiederherzustellen. Der kleine
Gottlieb wurde sofort geholt, und bald trat er mit seinem leine=
nen Bauernjäckchen und mit einem Blumenstrauße in der Hand,
wie solchen seine Mutter der freundlichen Gutsherrschaft wol
manchmal zu verehren pflegte, in die Mitte der versammelten
Gesellschaft. Die ersten Fragen beantwortete er einfach und ohne
Scheu, in dem stillen Wesen bleibend, welches ihm gewöhnlich
eigen war; als er aber aufgefordert wurde, aus der Predigt des
Vormittags einiges zu erzählen, und er dabei sich anstrengend in
Feuer gerieth, belebten sich Stimme und Ausdruck immer mehr.
Er schien die Gesellschaft fast ganz zu vergessen, und unter dem
Zuströmen der Gedanken aus der Erinnerung konnte er gar nicht
enden, bis der Hausherr ihn unterbrach, indem das zur Probe
Begonnene allzu viel Zeit einzunehmen schien, und die ernsten
Gegenstände der Predigt wenig zur fröhlichen Stimmung der Ge=
sellschaft passen mochten. Dennoch schien der kleine Vorgang auf
den Freiherrn einen tiefen Eindruck gemacht zu haben, und er
beschloß, bei dem Pfarrer sich weiter nach dem merkwürdigen
Kinde zu erkundigen. Dieser, der schon lange eine Gelegenheit
wünschte, seinen Liebling empfehlen zu können, befestigte den
Freiherrn in seinem halb schon entworfenen Plane, für die Er=
ziehung des Knaben zu sorgen, falls die Aeltern sich bewegen
ließen, ihm denselben zu überlassen. Ein Landmann mit zahl=
reicher Familie, welcher er bei seinen andern Arbeiten außerdem
wenig Sorge schenken kann, wird sich sonst wol nicht leicht be=
denken, eins seiner Kinder, noch dazu unter solchen Bedingungen,

von sich zu lassen; und auch hier leuchtete den Aeltern sogleich
die Wichtigkeit jenes Vorschlags für die ganze Zukunft ihres
Sohnes ein, und sie hätten leicht eingewilligt, wäre die Mutter
in ihrem Gewissen nicht beunruhigt worden, ihr theueres, bisher
so fromm erzogenes Kind fremden Menschen, besonders denen
eines üppigen Edelhofs zu überlassen. Der Freiherr selbst,
meinte sie, sei gewiß ein edler und frommer Mann, doch könne
er einmal nicht alles wissen, was in seiner Nähe vorgehe, und
besser sei es, ihr Kind bleibe ungelehrt und unbedeutend, als daß
es an seiner Seele Schaden leide. Da ließ der wackere Freiherr
sich die Mühe nicht verdrießen, mit den Aeltern zu unterhandeln
und ihnen ausdrücklich die Versicherung zu geben, daß ihr Knabe
ihm wie seine eigenen Kinder empfohlen sein solle, daß er dieselbe
Aufsicht und Erziehung wie diese genießen werde. Nun willig-
ten die Aeltern ein auf das Zureden des Predigers, und der
Freiherr nahm den Knaben bei seiner Abreise sogleich mit sich.
Zuerst kam er nach Oberau, einem Schlosse des Freiherrn, unfern der Stadt Meißen am Elbstrome, und noch in spätern Jahren äußerte er, welch einen gewaltigen Eindruck das Schloß und
seine Umgebungen auf ihn gemacht hatten: die Parkanlagen und
gebirgigen Eichenforsten um dasselbe, das Gebäude selbst, das in
seinem damaligen Zustande die ehemalige Ritterburg nicht verleugnen konnte — alles gab dem unerfahrenen Kinde ein Gefühl
des Düster-Erhabenen, fast Schreckenden. Zugleich war er zum
ersten male allein in der Fremde, ohne ein Wesen, dem er die
Sorge um ihn hätte ansehen, dem er hätte vertrauen können; und
so befiel ihn eine tiefe Traurigkeit, ein Heimweh nach den Aeltern, das sogar seine Gesundheit anzugreifen schien. Aber auch
hier trat der treffliche Pflegevater besonnen und wohlmeinend
dazwischen; er beschloß, den Kleinen einem Prediger in der Nachbarschaft anzuvertrauen, der, selbst ohne Familie, zugleich eine große
Liebe für Kinder hegte; und bei diesem Manne, im Dorfe
Niederau bei Meißen, verlebte Fichte seine schönsten Jugendjahre. Leider wissen wir den Namen des trefflichen Mannes
nicht, wol aber erinnern wir uns, daß Fichte noch in seinen
spätern Jahren mit Rührung und herzlichem Danke des frommen
Predigerpaars gedachte. Er erfuhr hier eine Liebe, wie sie nur
wahre Aeltern zu erweisen pflegen, und noch später erzählte er

wie sie auch die kleinsten häuslichen Genüsse mit ihm getheilt und in Leid und Freude ihn als den Ihrigen angesehen hätten. Deshalb schloß sich aber auch der Knabe unauflöslich an sie an, besonders an seine Pflegemutter, und ihre frommen Lehren und Ermahnungen machten auf ihn einen Eindruck, der ihn weit in sein künftiges Leben hinein wohlthätig begleitete. *)

Hier legte er nun auch bei seinem Prediger den ersten Grund in den alten Sprachen; doch blieb er dabei mehr sich selbst überlassen, als daß er durch regelmäßigen Unterricht angeleitet worden wäre, ein Umstand, wodurch seine Fassungskraft zwar frühzeitig entwickelt wurde, zugleich aber auch eine gewisse Unsicherheit in den grammatischen Anfangsgründen in ihm zurückblieb, welche sein rasches Fortkommen in Schulpforta anfangs verzögerte. Doch war dies wiederum Veranlassung für den gewissenhaften Geistlichen, das Unzulängliche seiner eigenen Lehrmittel für den Knaben frühzeitig einzusehen und in den Freiherrn von Miltitz zu dringen, ihn in einer gelehrten Anstalt seine Bildung fortsetzen zu lassen. So wurde Fichte zur Vollendung seiner Schulstudien etwa im zwölften Jahre zuerst in die Stadtschule zu Meißen, einige Zeit nachher in die Fürstenschule Pforta bei Naumburg aufgenommen; und es läßt sich nicht leugnen, daß dies für

---

*) Anmerkung zur zweiten Auflage. Spätere Erkundigungen bei den jetzt lebenden Nachkommen des Freiherrn von Miltitz geben die Familiensage bestätigend, aber mit einigen veränderten Nebenzügen wieder, welche hier einzuschalten uns erlaubt sei.

„Es wird erzählt, unser Großvater sei einmal auf Besuch bei seinem Schwager in Rammenau zu spät in die Kirche gekommen und habe vor der Kirchthür stehend einem dortigen Bewohner sein Bedauern geklagt, der Predigt verlustig zu gehen; darauf habe ihm der andere geantwortet, er brauche sich nur nach der Kirche den Gänsejungen Fichte kommen zu lassen, der würde ihm die ganze Predigt aus dem Kopfe hersagen können. Bei Tische habe nun unser Großvater mit H. v. Hoffmannsegg über den Gänsejungen gesprochen, und als ihm die wunderbare Begabung desselben bestätigt worden, sich entschlossen, ihn zu sich nach Oberau zu nehmen. Ob dies eine Thatsache oder nur eine Anekdote ist, kann ich freilich nicht sagen. Ich erinnere mich aber, daß sie mein Vater erzählte, und habe noch kürzlich von einem emeritirten Geistlichen aus der rammenauer Gegend gehört, daß man sich die Geschichte dort ebenfalls als Tradition erzählt.“

Fichte's Charakter wie für seine ganze wissenschaftliche Bildung entscheidend wurde.

Erwähnen wir nämlich genauer der damaligen Verfassung jener Bildungsanstalt, so finden sich bei den trefflichsten Einrichtungen dennoch die Nachtheile nicht ganz beseitigt, welche eine Erziehung außer dem Schose der Familie fast unvermeidlich begleiten. Unsers Erachtens liegt das Beste und Heiligste aller Bildung im Familienbande: nicht als Gebot und allgemeines Gesetz, sondern in der Gestalt der Liebe, der Warnung wie der Ermahnung, des persönlichen Beispiels und der sorgenden Treue tritt dort jedes Gute und Heilsame dem jugendlichen Alter nahe; es lebt, es gewöhnt sich hinein in die heilige Zucht, daß sie ihm zur geistigen Natur wird, in der es allein leben mag und leben kann.

Dabei hatte die innere Einrichtung der Fürstenschule von Ort und Ursprung her noch einzelne Merkmale des Klösterlichen behalten, und selbst die Lebensweise trug davon manche Spuren. Knaben und Lehrer wohnten in Zellen, und jene durften nur einmal in der Woche unter Aufsicht das Innere verlassen, um bestimmte Spielplätze der Nachbarschaft aufzusuchen. Ueberhaupt umgab die Schüler allerorten ein festgeregelter und stets wiederkehrender Lebenskreis ohne jede Abwechselung und Freiheit auch im Gleichgültigen, und wenn diese an sich nöthige und zweckmäßige Einrichtung auf den minder lebendigen Geist leicht lähmend und abstumpfend wirken konnte, so hinderte sie doch nicht ganz, daß der kräftig aufstrebende sich auf andere Weise Bahn brach, während er schon durch ein so natürliches Bestreben sich Ahnung und Strafe zuziehen mußte. Ebenso bestand die Einrichtung, daß ein jüngerer Schüler der unmittelbaren Aufsicht und Leitung eines ältern anvertraut wurde: beide bewohnten eine Zelle, und der jüngere mußte die kleinen nöthigen Dienstleistungen verrichten, während der ältere ihm im Arbeiten nachhalf und ihn unterrichtete. Aber auch dies schöne und beiden nützliche Verhältniß führte manches Schädliche mit sich, ohne daß dies durchaus verhindert werden konnte. Daß nämlich diese Herrschaft und Oberaufsicht des ältern Gelegenheit zu kleinen Bedrückungen gab, war nicht zu vermeiden, und eine Geschichte, die man noch jetzt in Schulpforta sich überliefert, kann am besten dies Verhältniß

bezeichnen. Einstmals, in der erſten Zeit ſeines Aufenthalts,
belauſchte Fichte ein Lehrer, wie er in ſeiner Zelle ſich übte,
ein Buch abwechſelnd mit der rechten und linken Hand auf einen
Schlag vom Tiſche zur Erde zu ſchleudern. Verwundert fragte
ihn der Lehrer: was er da mache? Und halb lachend, halb be=
ſchämt gab jener die Antwort: er übe ſich in der Kunſt, Ohr=
feigen auszutheilen, damit er, einſt Obergeſell geworden, dies
ebenſo gut verſtehe wie ſein jetziger Gefährte, von dem er ſie
jetzt geduldig ertragen müſſe.

Gefährdender für den Charakter der Jünglinge war es aber,
daß ſo mannichfacher Zwang den Geiſt der Verheimlichung, der
Liſt mit allen ſeinen Folgen faſt unausbleiblich erzeugen mußte.
Auf allen öffentlichen Anſtalten herrſcht dieſer mehr oder minder;
denn es iſt faſt natürlich, daß die Jüngern und Schwächern gegen
die Obergewalt, gegen das Geſetz, auch wenn dieſe in der milde=
ſten Form ſich zeigen, in eine Art von Bündniß zuſammentreten,
und auch bei Volk und Bürger findet man ja faſt das Gleiche
gegen Staat und Obrigkeit. Hier aber kann die häusliche Er=
ziehung der Liebe und des Vertrauens den ſchädlichen Einfluß
leicht ausgleichen, und der Kern des Charakters bleibt unange=
taſtet von jenem Uebel. Anders bei dieſer Art von öffentlicher
Erziehung, wo das heilſame Gegengewicht der Häuslichkeit ab=
geht, wo das ganze Leben des Zöglings dieſe Verheimlichung
begleitet, ja wo — wir bezeichnen die Wurzel des Uebels —
ſich die unnatürlichſte Verzerrung des Menſchen, die Liſt und die
Lüge ſelbſt, oft in dem täuſchenden Scheine des Geiſtreichen und
Nachahmungswerthen, der erlaubten Klugheit und Gewandtheit
dem Jünglinge darſtellen möchte. Und wenn dies die ernſteſte
und beklagenswertheſte Seite jener in der Jugend weit verbreite=
ten Erſcheinung iſt, ſo halten wir es ſogar für bedeutend, das
unbefangene Zeugniß eines Mannes darüber mitzutheilen, der,
durch ſeinen kräftigen Charakter mehr vielleicht als andere vor
den ſchädlichen Folgen geſchützt, dennoch dies ſchleichende Unheil
in ſeinen Jünglingsjahren zu überwinden hatte. Fichte ſelbſt hat
in ſpäterer Zeit ſeiner Gattin mehr als einmal geſtanden, daß
der Aufenthalt in Schulpforta ſeinem Gemüthe nicht wohlthätig
geweſen ſei, daß er, welchem vorher in ſeiner einfach ländlichen
Erziehung jeder Gedanke einer abſichtlichen Unwahrheit völlig

fern geblieben, um nur gleichen Schritt mit den andern halten zu können und um bei Fleiß und Talent dennoch nicht immer zurückzustehen, endlich dieselben Listen und Künste wie die andern habe anwenden müssen. — Man führe gegen diese nachtheilige Schilderung nicht die vielen ausgezeichneten Männer an, welche Schulpforta zu allen Zeiten gebildet und die, neben vorzüglichen Kenntnissen, doch, wie Fichte selbst, den reinsten Charakter sich erhalten haben. Dies beweist die unbezweifelten Vorzüge der gelehrten Ausbildung, die man daselbst empfangen konnte, zugleich aber nur, was man auch sonst, bei dem Wechsel so vieler verkehrten Erziehungstheorien, zu bewundern Gelegenheit hat, die unverwüstliche Anlage des Menschen zum Rechten und Guten, die, von außen her fast nicht zu bewältigen, aus jedem Experimente und jeder falschen Richtung sich immer wieder selbstheilend zurecht findet.

In diese fremde Welt voll widerstrebender Kräfte trat der zwölfjährige Knabe *), seinen freien Bergen und luftigen Wäldern entnommen; alles, was ihn bisher erfreute, tröstete, erquickte, entbehrte er hier; und je scheuer der einsam Erzogene in der neuen Umgebung dastand, aber je mehr er innerlich keimende Charakterkraft aufzuwenden hatte, desto entschiedener mußte die Wirkung sein. Seit diesem Lebensalter stand er völlig allein in der Welt, nur auf sich selbst angewiesen und der eigenen Kraft vertrauend. **) Und eben hierin, in dem Kampfe mit einer oft ungünstigen Umgebung, den er von Jugend auf in den wechselndsten Gestalten zu bestehen hatte, sehen wir den Grund, daß bei seinem tiefen Gemüthe, bei den wohlwollenden Regungen, deren er in einem so hohen Grade fähig war, dennoch in seiner Jünglings- und frühern Manneszeit dies alles zurücktrat vor dem Gefühle überlegener Selbständigkeit, welche im Kampfe mit widerstrebenden Verhältnissen bis zur Unbeugsamkeit sich steigern konnte. Die Horazischen Worte: „Si fractus illabatur orbis, impavidum

---

*) Er wurde am 4. Oct. 1774 in die Anstalt aufgenommen.

**) Sein Pflegevater war in demselben Jahre (1774) gestorben, und es findet sich keine Spur, daß die Erben sich seines Pfleglings angenommen hätten. So berichten auch die schon früher erwähnten Mittheilungen aus der Miltitz'schen Familie.

ferient ruinae", waren damals sein Wahlspruch, welchen er auch
wol den von ihm erworbenen Büchern einschrieb, um sie dadurch
als die seinigen zu bezeichnen.

Gleich anfangs machten die fremde Umgebung, das klösterlich
Düstere des Hauses, selbst die Abgeschiedenheit von Wald und
Feld, in denen er sonst frei umherzuschweifen gewohnt war, einen
tiefen Eindruck auf den Knaben. Alles drückte ihn in sich selbst
zusammen, und während sein stiller Trübsinn von den andern
nur verspottet wurde, fehlte es ihm an Besonnenheit, darauf nicht
zu achten, oder an Muth, einem Lehrer seine Noth zu vertrauen.
Er beschloß zu fliehen, und indem Scham und die Furcht, nach
Pforta zurückgebracht zu werden, ihn abhalten mochten, zu seinen
Pflegeältern sich zurückzuwenden, kam ihm der Gedanke, überhaupt
nur das Weite zu suchen und auf irgendeiner fernen Insel, von
Menschen abgeschieden, herrliche Tage der Freiheit zu verleben.
Campe's „Robinson", der auf irgendeine Art in seine Hände gekommen sein mochte, hatte ihm den seltsamen Gedanken eingegeben. Die Ausführung des Plans war leicht; er durfte nur
an dem Wochentage, wo man die Schüler ins Freie führte, unbemerkt von den übrigen sich entfernen. Aber verstohlen von
dannen gehen wollte er nicht; es sollte als eine That einleuch-
ten, zu der Nothwendigkeit ihn getrieben. Er erklärte daher seinem Obergesellen, daß er seine schlimme Behandlung nicht länger
ertragen wolle, daß er nächstens davongehen müsse, wenn es nicht
besser damit werde. Natürlich wurde diese Drohung mit Lachen
und Spott aufgenommen, und nun glaubte der Knabe gleichsam
mit Recht und Ehre davonziehen zu können. Die Gelegenheit
war bald gefunden, und er eilte rüstig auf dem Wege nach dem
benachbarten Naumburg dahin, nachdem er schon vorher durch
Landkarten über die weitere Straße nach Hamburg sich orientirt
hatte. Da gedachte er im Laufen des Spruches seines alten Predigers, daß man jedes Werk mit einem Gebete um göttlichen Bei-
stand beginnen solle; und auf einem schönen Hügel sank er auf
die Knie. Aber während des Gebets fielen ihm seine Aeltern ein,
ihre Sorge um ihn und der vielleicht sie tödtende Gram, wenn
er jetzt plötzlich verschwände. Sie niemals wiedersehen zu dürfen,
dieser Gedanke faßte ihn mit ganzer Gewalt, und sein Muth
und seine Freude am Wagstücke waren mit einem male dahin.

Er beschloß eilig umzukehren und jeder Strafe sich auszusetzen, um nur seine Mutter einst wiedersehen zu können. Auf der Heimkehr begegnete er aber auch schon den nach ihm Ausgesandten, indem sein Obergesell, durch das Ausbleiben seines Pflegebefohlenen aufmerksam geworden, von seinem Verschwinden Anzeige gemacht hatte. Vor den Rector geführt, gestand der Knabe sogleich, daß es sein Vorsatz gewesen sei, zu entfliehen; zugleich aber erzählte er so treuherzig und offen sein ganzes Ergehen und Gefühl, daß der Rector, innig gerührt, ihm nicht nur jede Strafe erließ, sondern auch besonders für ihn zu sorgen und ihn in Obhut zu nehmen beschloß. Er wurde einem andern Obergesellen übergeben, der durch treuherzige Freundlichkeit bald seine ganze Liebe gewann und der auch noch auf der Universität und später sein Freund und Genosse blieb; es war, irren wir nicht, sein Landsmann, Karl Gottlob Sonntag, der später als livländischer Generalsuperintendent und evangelischer Prediger in Riga durch Wort und That so verdienstlich wirkte.

Von nun an wurde der neue Aufenthalt dem heranwachsenden Knaben allmählich lieber, da er sich kräftig angezogen, geistig genährt und beschäftigt fand; ja bald fühlte er sich vollkommen glücklich in der neuen Lage. Zwar waren anfangs in seinen Kenntnissen noch manche Lücken auszufüllen; aber bei Fleiß und bedeutenden Fortschritten ward auch dies Hinderniß besiegt; er wurde bald Obergesell, und nun begann eigentlich für ihn die bildende Zeit seines Jünglingslebens auf jener Anstalt, die auch für die spätern Jahre in jeder Beziehung wichtig wurde. Es fand nämlich dort ein steter Wetteifer unter den Talentvollern statt, wer rascher, leichter, glücklicher arbeiten könne; und indem so Fleiß und Eifer mannichfach angespornt wurden, mußte auch wol, was eigentlich verboten war, die Nacht für die Arbeit zu Hülfe genommen werden. Man verhängte die Fenster der Zellen, um den Lichtschimmer zu verbergen, und gesellig oder einsam war Fichte manche Nacht beschäftigt, ein heimlich erworbenes Buch zu lesen oder lateinische Verse zu machen. Zugleich war damals bei den ältern Schülern die Richtung vorherrschend, in Urtheil und Wissen soviel als möglich von ihren Lehrern sich unabhängig zu machen, vorzüglich von den bejahrtern, die das Hergebrachte in jeder Art wol besonders aufrecht erhalten mochten; ja der Zufriedenheit oder des Tadels solcher Lehrer achtete man wenig, wenn man nur der eigenen gegenseitigen Achtung gewiß war. Ueberhaupt trat in dem Geiste der Zöglinge eine eigene Mischung von geistiger Frische, kräftigem Streben und dem Triebe hervor, keine Autorität mehr anzuerkennen, ja es schien sich dort im klein=sten fast der Kampf zu wiederholen, der in Deutschland damals im großen zwischen der alten Generation und der jungen, fast gewaltsam aufstrebenden Zeit obwaltete. Aus diesem Grunde suchten auch die ältern Lehrer allen Schriften den Eingang in die Schule zu verwehren, welche ihnen das Gepräge dieser neuen Zeit zu tragen schienen. Wieland, Lessing, Goethe waren streng verboten, nicht minder das, was Aufkläerisches von Berlin aus=ging. Statt dessen wurden die Schüler an die Alten verwiesen, als ob nicht gerade in ihnen auch nach dieser Ansicht des Ver=fänglichen viel wäre, und von den neuern Dichtern wurde nur Haller und nicht einmal alles von Klopstock und Gellert ihnen verstattet. Es gelang indeß Fichte, von einem jüngern Lehrer Lessing's Streitschriften mit Göze mitgetheilt zu erhal=ten; und wiewol der eigentliche Gegenstand des Streits seinem Urtheil und Interesse fremd sein mußte, so zog ihn doch die Frische der Darstellung, die Kraft der Polemik gewaltig an. Der „Antigöze“, dessen Nummern bogenweise in kleinen Zwischenräu=men erschienen, wurde mit Ungeduld erwartet und aber= und abermals von ihm so oft gelesen, daß er ihn stellenweise im Ge=dächtniß behielt. Es war die erste Anregung eines mächtigen, ihm verwandten Geistes, die gewaltig zündend in ihm die rechte Mitte traf. Der Trieb nach unbedingter Prüfung, nach freiester Forschung wurde geweckt, ja es mußte, indem zum ersten male in ihm zum Bewußtsein kam, was wissenschaftliche Einsicht sei, durch die also erworbene Erkenntniß dem Jüngling die Ahnung eines neuen geistigen Lebens aufgehen. Und wenn man späterhin in Fichte's Darstellungsweise, in seiner Polemik besonders, Spu=ren jener Geistesverwandtschaft zu erblicken glaubte *), so möchten wir wol nicht mit Unrecht den Grund davon in jener ersten An=regung suchen. Auch war schon damals Lessing für Fichte ein Gegenstand solcher Verehrung, daß er es sein Erstes sein lassen

---

*) Vgl. F. Schlegel's „Charakteristiken und Kritiken“, I, 183, u. a.

wollte, von der Universität aus zu ihm zu wandern, um an sei=
nem persönlichen Worte sich zu erfreuen, ebenso wie er später
Kant auffuchte. Leider blieb dieser Plan aus Geldmangel un=
ausgeführt, und weil auch bald darauf, nachdem Fichte die Uni=
versität bezogen, der Treffliche durch frühzeitigen Tod dem Vater=
lande entrissen wurde. *)

*) Die Probearbeit, durch welche er nach der Sitte der Schule seine Reife
zu documentiren hatte, führte den Titel: „Oratio de recto praeceptorum
poeseos et rhetorices usu.“ Das Manuscript dieser Rede wird noch unter
den Merkwürdigkeiten der Schulbibliothek in Schulpforta aufbewahrt, und so
ist ihr Inhalt auch zur Kunde des Biographen gekommen. Derselbe ist charak=
teristisch genug, um mit einigen Worten hier erwähnt zu werden. Jede Zeile
der in fließendem Latein geschriebenen Abhandlung verräth, daß ihr Verfasser
selbständige Gedanken, selbsterworbene Ergebnisse vorträgt. Doch gehören sie
keineswegs dem eigentlichen philosophischen Gedankenkreise an; auch würde
man kaum darin den künftigen tiefsinnigen Denker, eher den scharfsinnigen
Beobachter der menschlichen Natur voraussahnen. Es sind Untersuchungen
kritisch=ästhetischer Art, und Lessing, welchen er auch öfters anführt, scheint
ihm dabei Vorbild gewesen zu sein. Bei der „Dichtkunst“ vergleicht er die
von der Poetik gegebenen Regeln mit den Mustern der größten Epiker und
kritifirt jene nach diesen; in der „Rhetorik“ verwirft er die gewöhnlichen
Regeln als ungenügend und geht auf die verschiedenen im Wesen des Men=
schen liegenden Quellen der Ueberzeugung zurück, nach beiden Seiten hin den
gleich am Anfange der Abhandlung aufgestellten Grundsatz dadurch erhärtend:
daß jene Regeln nur dann wahr und wirksam sein könnten, wenn sie Aus=
druck der menschlichen Natur seien; denn die menschlichen Anlagen seien überall
dieselben, ihre Entwickelung nur sei eine verschiedene („ut rem verbis philo-
sophorum explicem, in omnium hominum animis corumdem affectuum
semina inclusa iacent, sed non apud omnes codem modo evolvuntur“).
Dabei zeigt er eine nicht unbeträchtliche Literaturkenntniß: außer den alten
Classikern sind ihm Milton und Young, Pope und Sterne, Klopstock und
Hagedorn, Gellert und Lessing wohlbekannt; auch Rousseau's erwähnt er
gelegentlich. Nur von der neuern Literaturepoche, von Herder's Schriften und
von Goethe verräth sich noch keine Spur. — In dem angehängten, deutsch
geschriebenen „Lebenslauf“ erzählt er dann kurz, daß er am 4. October 1774
in die Schule aufgenommen sei, wie er allmählich durch die verschiedenen
Klassen vorgerückt und welche Ober= und Untergesellen er gehabt habe.
Am Schlusse heißt es: „Oeffentlich aufgetreten bin ich nur einmal, da ich beim
Abschiede meines Freundes Posse den Tod Heinrich's IV., Königs in Frank=
reich, besang.“

Zweites Kapitel.

Leben auf der Universität. Vorblick auf seine philosophische Entwickelung.

Im vollendeten achtzehnten Jahre, zu Michaelis 1780, bezog endlich Fichte die Universität Jena, um Theologie zu studiren, weniger vielleicht aus entschiedener Neigung oder aus besonnener Wahl, als weil es für so gänzlich Unbemittelte wie ihn als der einzige Weg des Fortkommens erscheinen mußte. Denn bald zeigte es sich, wie ihn auch andere, selbst philologische Studien anzogen *); und auch in den spätern Jahren seines Universitäts- und Hauslehrerlebens sehen wir ihn fast niemals mit eigentlichen Fachstudien beschäftigt. Allgemeine Bildung strebte er an, ebenso ein allgemeineres Wirken als das letzte Ziel derselben; und auch das Predigen, in welchem er lange Zeit eifrig sich übte, betrachtete er als propädeutisches Mittel für ein solches Ziel, welches ihm, wie wir sehen werden, zu verschiedenen Zeiten in verschiedener Gestalt vorschwebte. — Eine alte, noch übriggebliebene Matrikel jenes Jahres trägt den Namen Griesbach's, als des Prorectors, und dieser wurde zunächst auch sein Lehrer und vorzüglichster Gönner, wie er noch später mit Dankbarkeit zu erwähnen pflegte.

Uebrigens werden wir die geistige Stimmung, mit welcher er schon die Universität bezog, am besten uns vergegenwärtigen,

---

*) So war er einer der eifrigsten Zuhörer an einem Privatissimum über den Aeschylus bei dem bekannten Philologen Schütz, welcher damals eine Ausgabe dieses Dichters vorbereitete.

wenn wir sein eigenes späteres Zeugniß über sich selbst vernehmen.

„Sie philosophiren mit und aus praktischem Interesse" —
so schreibt er an Reinhold am 2. Juli 1795 — „und dieses ist
das Herrschende in Ihren Schriften. Ich, durch eine freiere Erziehung in der frühesten Jugend, darauf durch einen Druck, den
ich bald abwarf, in der Schulpforte, durch ein leichtes Blut,
durch ziemlich gute Gesundheit und, was durch jenes sehr erleichtert wird, durch ein festes Beruhen in mir selbst — dessen schäd-
liches Uebermaß ich zu vermeiden suchen werde — unterstützt,
habe der Speculation seit sehr früher Jugend getrost und
kalt unter die Augen gesehen. Ohnerachtet es freilich kein geringes Gut für mich ist, einer Philosophie mich bemächtigt zu
haben, die mein Herz in Uebereinstimmung mit meinem Kopfe
setzt, so würde ich doch keinen Augenblick mich besinnen, sie aufzugeben, wenn man mir ihre Unrichtigkeit zeigte, eine völlig diese
Eintracht störende Lehre dafür annehmen, wenn sie richtig wäre,
und auch dann meine Pflicht zu thun glauben. — — Ich philosophire, soweit ich mich kenne, ohne alles andere Interesse als
das für Philosophie."

Was ihn indeß zuerst auf eigentlich philosophische Untersuchungen hinleitete, hat er später ausdrücklich erwähnt. Er hörte
theologische Dogmatik bei Pezold *) in Leipzig. Indem er aber
die theologischen Lehren von Gottes Eigenschaften, von der
Schöpfung, von der menschlichen Freiheit u. s. w. sich völlig klar
zu machen suchte, traf er auf Dunkelheiten, die er nur unabhängig forschend auszugleichen hoffte. Aber der Umkreis dieser

---

*) Chr. Fr. Pezold, geboren 1743, habilitirte sich im Jahre 1769 an der
Universität Leipzig, wurde Dr. theol., rückte 1782 zur ordentlichen Professur
der Logik vor und starb 1788. Daß er auch über Dogmatik gelesen, ist
nicht zu bezweifeln, indem noch ein von Fichte's Hand geschriebener Auszug
aus diesen Vorlesungen übrig geblieben ist. Er scheint einer von denjenigen
Lehrern gewesen zu sein, die sich dem Einflusse der Kant'schen Philosophie auf
der Universität entgegensetzten. So schrieb er ein Programm: „De argu-
mentis nonnullis, quibus Deum esse philosophi probant, observationes
adversus Immanuelem Kantium" (Leipzig 1787), und eine „Dissertatio
inauguralis de imperio et majestate Dei" (Leipzig 1787) von derselben
Tendenz.

Untersuchungen vergrößerte sich ihm stets, und so wurde er all=
mählich immermehr aus dem blos theologischen Standpunkte auf
den philosophischen hingedrängt; kurz, er äußerte bestimmt,
daß alle seine philosophischen Untersuchungen ursprünglich davon
ausgegangen seien, sich eine haltbare Dogmatik zu verschaffen,
überhaupt durch diesen Umweg über die höhern Fragen der Theo=
logie sich vollkommen aufzuklären; dasselbe also, was auch in
der geistigen Entwickelung der gesammten Menschheit die Quelle
aller philosophischen Forschung, der Sporn jeder höhern Wiß=
begier geworden ist.

Welcher Leitung er indeß anfangs bei seinen philosophischen
Studien folgte, ist uns unbekannt; nur die Resultate seiner
frühern Ansichten sprechen einige Briefe jener Zeit aus, die wir
später mittheilen werden, mehr jedoch im allgemeinen hindeutend
auf dieselben, als nach ihren Gründen sie vollständig ausführend.
Doch bekennt er sich darin zu einem entschiedenen Determi=
nismus. Es scheint also das Problem von der Freiheit des
Willens und bestimmter die Frage, wie eine solche sich vereinbar
denken lasse mit der Nothwendigkeit, die ordnend alles umfaßt,
zuerst seine Aufmerksamkeit besonders erregt zu haben.

Und hier zuerst treffen wir bei Fichte auf die Spur einer
Gedankenrichtung, deren Faden eine geraume Strecke weit sich
verfolgen läßt in sein späteres Leben und die den Gang seines
Forschens unwiderruflich bestimmte. Freiheit oder Richt=
freiheit des menschlichen Geistes — dies war für ihn
die entscheidende Frage. Denn der geborene Denker — wohl zu
unterscheiden und specifisch verschieden von denen, die aus gelehr=
tem Interesse oder mit bestimmten Absichten der Speculation sich
zuwenden, zu meist nur secundären Erfolgen darin — der gebo=
rene Forscher entschließt sich nicht mit bewußtem Vorsatz dazu,
„überhaupt Philosoph zu werden", sondern ein ganz bestimmtes
Problem, eine einzelne Frage, an welcher tausend andere achtlos
vorübergehen, überrascht plötzlich sein Nachdenken, fesselt es blei=
bend und erzeugt so einen immer weitern Kreis eigener Gedanken,
durch die er gerade schöpferisch wirkt. Descartes, vom Ge=
fühle des Zweifels und des Widerstreits der Meinungen beängsti=
gend ergriffen, sucht den ersten Punkt aller menschlichen Gewiß=
heit und wird so der Gründer der ganzen neuern Speculation.

Leibniz erzählt, wie er schon im vierzehnten Jahre über den Ursprung und die Bedeutung der Individuation gegrübelt habe. Seine spätere Lehre ist lediglich aus diesem Probleme erwachsen. Locke, ein originaler und heller Kopf wie wenige, ursprünglich Arzt, berichtet selbst, daß nur eine „äußere Veranlassung", die Nothwendigkeit nämlich, in den Verhandlungen mit seinen Freunden gewisse letzte Erkenntnißprincipien festzusetzen, sehr langsam und allmählich seine „Untersuchungen über den menschlichen Verstand" hervorgerufen habe, die im ganzen zwar einseitig, für die damalige Zeit aber berechtigt und von mächtigster Nachwirkung waren. Und Kant selbst wurde nur dadurch Gründer der Transscendentalphilosophie, daß er eine überraschend durch Hume in ihm geweckte Einsicht weiter verfolgte, indem er ihr größere Ausdehnung und tiefere Begründung gab.

So nun scheint für Fichte das Problem: „ob der Mensch frei sein könne inmitten der nothwendigen Causalverkettung aller übrigen Dinge", der erste Sporn philosophischen Denkens geworden zu sein; gewiß ein glücklicher, die vielseitigsten weitern Anregungen in sich schließender Ausgangspunkt! Und befremden kann es dabei nicht, wenn er im ersten muthigen Versuche philosophischen Forschens nicht denen sogleich sich beigesellte, die, wie Jacobi damals Spinoza gegenüber, auf eine speculative Lösung der Frage verzichteten. Es bildete sich ihm eine streng deterministische Ansicht, in welcher er mit allen ihren Consequenzen sich standhaft befestigte und von der er erst durch Kant's Einfluß befreit wurde. In dem Schreiben an seine Verlobte vom 5. Sept. 1790, einem wichtigen Actenstücke über seine philosophische Bildung, bezeugt er dies ausdrücklich. „Ich habe", sagt er, „mich durch eine Veranlassung, die ein bloßes Ungefähr schien, ganz dem Studium der Kant'schen Philosophie hingegeben, welche dem Geiste eine unbegreifliche Erhebung über alle irdischen Dinge gibt. Ich habe eine edlere Moral angenommen und, anstatt mich mit Dingen außer mir zu beschäftigen, mich mehr mit mir selbst beschäftigt. Dies hat mir eine Ruhe gegeben, die ich noch nie empfunden. Ich habe bei einer schwankenden äußern Lage meine seligsten Tage verlebt. Sage Deinem Vater, wir hätten uns bei unsern Untersuchungen über die Nothwendigkeit aller menschlichen Handlungen, so richtig wir auch geschlossen hätten, dennoch geirrt, weil wir aus einem

falschen Principe disputirt hätten. Ich bin jetzt gänzlich
überzeugt, daß der menschliche Wille frei sei."

Die Bemerkung ist treffend, daß bei jenen Verhandlungen
aus einem falschen Principe disputirt worden sei. Der Schein
unwiderstehlicher Consequenz, welcher dem Determinismus anhaf=
tet, entsteht lediglich daraus, daß man den Begriff der Nothwen=
digkeit nur in mechanischem Sinne, als eine von außen her die
Weltwesen zwingende Verkettung von Ursachen zu denken gewohnt
ist. Erhebt man sich zu der Einsicht, daß in jedem Weltwesen
ein Mittelpunkt selbständigen Gegenwirkens wider die von außen
kommenden Einwirkungen gegeben sei, so ist jener Gedanke blos
mechanischer Verkettung unter den Weltwesen für immer ver=
schwunden. Solche Einsicht in großartigstem Maßstabe gewährt
nun eben die Kant'sche Moral; sie erweckt auf das unwidersteh=
lichste das Gefühl der von innen her sich bestimmenden, von
außen unbezwinglichen Macht („Autonomie"¡) des menschlichen
Geistes; und damit war gerade für Fichte in speculativem Be=
griffe gegeben, was er durch persönlichen Charakter besaß. Erst
jetzt hatte er eine Philosophie gewonnen, wie er gegen Reinhold
rühmte, die „sein Herz in Uebereinstimmung mit seinem Kopfe
setzte".

Bald aber erweiterte er jenen großen, durch Kant ihm ge=
wordenen Gedanken. Fichte's eigene Lehre macht zum universalen
Principe der ganzen Philosophie, was er bei Kant nur als ethischen
Begriff gefunden hatte. Der Gedanke der Autonomie ist nicht nur
praktisch wahr, er ist nach ihm auch theoretisch das rechte Erklä=
rungsprincip. Alles im Ich ist seine eigene That, seine beson=
dern Zustände nur Selbstbeschränkungen seiner unendlichen Thä=
tigkeit. Und so erklärt sich, wie Fichte auf seinem damaligen
Standpunkte mit Recht behaupten konnte: es habe vor der Er=
findung des transscendentalen Idealismus nur ein consequentes
System gegeben, das des Spinoza, welches Determinismus wurde,
weil es, das Ich miskennend, dies unter die Objecte warf. Dies
alles aber sei für immer widerlegt durch seine Lehre, welche, das
Wesen des Ich erkennend, eben darum seinen Umkreis niemals
überschreitet. (In ähnlichem Sinne scheint er auch Leibniz' Mo=
nade sich gedeutet zu haben, nach seinem bekannten Urtheile, daß
Leibniz der einzige wahrhaft überzeugte Philosoph gewesen sei,

er allein es aber auch habe sein können.) Welche innere Erweiterung und Vertiefung diesem Systeme in Fichte selbst nachmals bevorstand, wird der weitere Verfolg ergeben.

Hier dürfen wir vielleicht noch einen Vorblick thun zu Fichte's weiterer Charakteristik. Wie er in den folgenden sehr wichtigen Briefen an seine Verlobte seine innerste Neigung und Eigenthümlichkeit schildert, ist es am wenigsten ein speculatives Forscherleben, welches man hiernach von ihm erwarten durfte. Er spricht es scharf und entschieden aus, daß er nicht zum Sinnen und Forschen, vielmehr zu praktischer Thätigkeit, zum Wirken in möglichst großen Verhältnissen sich bestimmt halte. „Der Hauptendzweck meines Lebens", schreibt er, „ist der, mir jede Art von (nicht wissenschaftlicher — ich merke darin viel Eitles — sondern von) Charakterbildung zu geben, die mir das Schicksal nur irgend erlaubt." Und weiter sagt er: „Ich habe zu einem Gelehrten von métier so wenig Geschick als möglich. Ich will nicht blos denken, ich will handeln; ich mag am wenigsten über des Kaisers Bart denken. Ueberdies ist ein schweizerischer Professor, d. i. ein Schulmann, mein Fach nun eigentlich gar nicht."

Nun zeigte er sich dessenungeachtet späterhin nicht nur als einen vortrefflichen akademischen Lehrer, sondern auch ausgezeichneter Schulmann, Lehrer für das Knabenalter konnte er sein, wie der Biograph zu seinem höchsten Segen an sich selbst erfahren hat. Ja das Talent wie der echt theoretische Trieb zum Entwerfen großer systematischer Gedankenreihen, ebenso aber auch des Auseinandersetzens und Klarmachens der Principien (wir dürfen nur an seinen „Sonnenklaren Bericht" und vieles Aehnliche erinnern) traten bei ihm in so energischer Virtuosität hervor, daß gerade seine speculative Begabung nie auch nur im entferntesten bezweifelt werden konnte.

Sollte nun Fichte dennoch in jener Selbsterforschung und diesen Bekenntnissen über sich so gänzlich fehlgegriffen, seine wahrhafte Natur und Bestimmung so völlig miskannt haben? Wir glauben es nicht. Allgemein halten wir dies für unmöglich bei kräftig angelegten und eigener Entwickelung überlassenen Individualitäten; und auch hier, glauben wir, hat er sich richtig beurtheilt. Die Beachtung dieses Moments bietet erst den tiefsten

Aufschluß über seine gesammte Denkweise, ja nicht zum kleinen Theile über den Charakter seines Systems.

Schon in der ersten Zeit, als die Kant'sche Lehre ihn völlig dahinnahm und über sein inneres Lebenslos entschied, war es die praktische Seite derselben, die ihn ergriff, die er wirksam zu machen für die Welt als seine eigene Bestimmung ansah. Umschaffung der gesammten sittlichen Denkweise seines Zeitalters — dies war damals, wie zu aller Zeit späterhin, sein eigentliches Ziel. Dessen blieb er stets sich bewußt, und er hat es sich zerlegt bis in seine einzelnen Aufgaben. Als akademischem Lehrer genügte ihm niemals der blos theoretische Unterricht: Vorträge über die sittliche Bestimmung des Gelehrten haben in jeder Epoche (zu Jena, Erlangen, Berlin) seine theoretischen Vorlesungen begleitet. Aber sie waren nicht abgelöst von seiner philosophischen Denkweise, sie gingen als die höchste Blüte derselben organisch aus ihr hervor. Seine populär gehaltene, aber durchaus speculative „Anweisung zum seligen Leben", selbst seine politisch vaterländischen Reden und Schriften ruhen auf demselben Grunde. Ueberall und stets ist ihm das Theoretische nur die dazwischen sich schiebende Vorbereitung auf jene höchsten, allein ihm werthvollen Ziele geblieben.

Und hier drängt eine tiefgreifende Betrachtung sich auf. Dergleichen „Vorbereitungen" können die Dauer eines ganzen Lebens verschlingen. Das „Ziel" wird niemals deutlich erreicht; es verliert sich in ferne, täuschende Nebel, weil das „Dazwischengeschobene" immer mehr sich eindrängt. Hier, bei dem Misverhältniß der ursprünglichen Intention mit dem wirklich Erreichten, könnte vielleicht der bekannte, übrigens apokryphe Ausspruch eines neuern Philosophen sinnvolle Deutung gewinnen: „daß nur einer ihn verstanden, auch dieser indeß ihn misverstanden habe", — misverstanden nämlich in jener innersten, niemals klar herausgebildeten Intention! Wir glauben, daß dies bei Fichte nicht zutreffen würde. Es war eben, sagen wir, die ursprüngliche Stärke seiner praktischen Natur, welche in den spätern Jahren der Reife immer unaufhaltsamer jenem letzten Ziele ihn zutrieb. Die Ergebnisse seiner „Staatslehre" (1813), des großen politisch=socialen Testaments, welches er uns hinterlassen, wie unabhängig sind sie von seinen anfänglichen theoretischen Speculationen, welche Ge=

dankenweiten mußte er durchschritten haben, um von jenen Aus=
gangspunkten hier anzulangen! Er hat, in voller Manneskraft
(im noch nicht vollendeten zweiundfunfzigsten Jahre) dahinschei=
bend, dennoch seinen Umlauf vollendet und ist mit ganzen Er=
folgen, zwar nicht nach außen, wohl aber für seine Selbstbildung
dem irdischen Schauplatz entrückt worden.

Drittes Kapitel.

Erste Reisen. Zeit unruhigen Suchens und endlicher Wurzelung in der Kant'schen Philosophie.

Was seine äußere Lage um diese Zeit betrifft, so begannen eigentlich jetzt die sorgenvollsten Jahre seines Lebens. Sein groß- müthiger Pflegevater war längst gestorben; die Angehörigen des- selben hatten keine Verpflichtung mehr, ihn zu unterstützen, und so sah sich Fichte völlig auf die eigene Kraft zurückgewiesen, zu- mal da er auch, wie ein später anzuführender Brief es bezeugt, nie an einer Unterstützung Antheil hatte, die arme Theologen, auf sächsischen Universitäten besonders, so häufig genießen. Er lebte während seiner Studienzeit von Privatunterricht höchst kümmerlich und im Verborgenen, denn, wie er selbst es sagt: „er schämte sich seiner Armuth!"

Wie aber in der Geschichte ganzer Völker und einzelner Indi- viduen die erhebende Betrachtung sich uns aufdrängt, daß das Schicksal und die Fügungen des Einzelnen nur seine Erziehung sind zu dem ihm beschiedenen Berufe, so müssen wir auch in den schweren Bedrängnissen, die manches Jahr von Fichte's Jünglings- leben trübten, für seinen Charakter wie für seine ganze Geistes- entwickelung eine entscheidende Wirkung anerkennen. Die Noth- wendigkeit, der Welt und der Umgebung alles abzukämpfen, kann allein starke Naturen zum ganzen Bewußtsein ihrer Kräfte brin- gen, während schwächere freilich in jenem Kampfe oft erliegen. So war es für Fichte damals die Epoche, worin sein Lebens- muth, die Kraft geübt und gestählt wurde, der Welt gegenüber und durch die gewöhnliche Meinung hindurch den eigenen Weg zu gehen und, unbekümmert um jedes fremde Urtheil, in der

Einsamkeit dem selbstgewählten Ziele zuzustreben. Und wie groß auch die Anlage zu einem starken Charakter in ihm gewesen sei, jene Selbständigkeit im Denken und Wirken, die seine Persönlichkeit und sein Leben kennzeichnet, konnte doch nur also zu ganzer Stärke sich entwickeln, während eine glücklichere Jugend, günstigere Verhältnisse ihn kaum zu dem Manne gemacht hätten, der gerade so oft kämpfend zu wirken berufen war.

Von seinen äußern wechselnden Verhältnissen um diese Zeit wissen wir nur Einzelnes und Abgerissenes; doch legt ein noch vorhandenes Schreiben desselben an den damaligen Consistorialpräsidenten Sachsens, Herrn von Burgsdorf, ein so aufrichtiges Zeugniß darüber ab, daß es hier seinen Platz finden möge. Zugleich kann es auch darlegen, wie bescheiden seine Wünsche waren und wie leicht ihre Befriedigung gewesen wäre. Aber indem auch diese nicht erfüllt worden sind, deutet dies auf den wahren Grund, der überhaupt in Sachsen seinem Fortkommen als Geistlichen im Wege stand: es war derselbe, der auch seinem Freunde Weißhuhn und manchem andern damals zum Hinderniß gereichte. Man hegte nämlich Zweifel an seiner theologischen Rechtgläubigkeit, wie später mitzutheilende Briefe dies noch bestimmter bezeichnen. Nur so scheint es möglich, zu erklären, wie das nachfolgende Gesuch bei einer wohlwollenden Behörde ohne Wirkung bleiben konnte. Das Concept dieses Schreibens, das allein noch übrig ist, trägt kein Datum, doch muß es, wie sein Inhalt beweist, im Jahre 1787 geschrieben sein, indem wir bald darauf Fichte zum ersten male sein Vaterland verlassen sehen. Wir theilen es hier im wesentlichen mit:

— „Ew. erlauben gnädigst, daß ich Denselben meine Lage aufrichtig, so aufrichtig entdecke, wie ich selbst sie kenne.“

„Auf der Schule war ich nicht ungeschickt in den Kenntnissen, die man sich daselbst erwerben kann, wie meine damaligen Arbeiten und mein Schultestimonium beweisen. In meinen akademischen Jahren drückte mich der herbste Mangel zu Boden, der desto trauriger für mich war, als — ich wage mich Ew. mit allen meinen Fehlern zu zeigen — ich mich desselben bitterlich schämte; und dies benahm mir alle Möglichkeit emporzukommen. Ich nannte mich studiosus theologiae. Seit dem Jahre 1784 bin ich in verschiedenen Häusern in Sachsen nicht ohne Ehre Hauslehrer gewesen."

„Von dem Einflusse, den die classischen Autoren auf die ganze Wendung des Geistes haben, ist mir vielleicht etwas übrig geblieben, das eigentliche gelehrte Studium derselben habe ich aber nicht fortsetzen können, weil ich den größten Theil meiner Zeit andern Geschäften schuldig war und einen gänzlichen Mangel an eigenen Büchern hatte. Doch habe ich seit der Zeit viel französische und deutsche Schriften gelesen, meinen Stil nie ohne Uebung gelassen, oft gepredigt und mir durch Umgang die Leichtigkeit, meine Gedanken zu entwickeln, und diejenige Welt= und Menschen=kenntniß zu erwerben gesucht, deren gänzlicher Mangel ein Unglück über meine ersten Jahre verbreitete, dessen traurige Folgen wol nie aufhören werden."

„Ich habe über die meisten Gegenstände der Theologie gedacht, geredet und gearbeitet; aber ich gestehe, daß ich in einzelnen historischen Zweigen derselben, besonders im Hebräischen, Lücken habe."

„Ich hatte deshalb schon vorlängst den Plan gemacht, diesen Weg gar nicht zu gehen, sondern meine Versorgung von irgendeiner glücklichen Fügung außer meinem Vaterlande abhangen zu lassen, einige Correspondenz zu halten und von der Protection eines Großen, wenn ich die Erziehung seiner Kinder zu seiner Zufriedenheit vollendet, meine künftige Versorgung zu erwarten. In dieser Hoffnung bestärkte mich der Beifall, mit dem ich in allen Gegenden, in die ich kam, predigte, und die Leichtigkeit, die ich in einigen fand, mir Bekanntschaft und Gönner zu erwerben."

„Jetzt mehr als je, wo es Entscheidung gilt, und da ich vielleicht die letzte Veranlassung habe, umzukehren, fühle ich das Gewagte, das Unregelmäßige und das Unvaterländische dieses Plans. Aber ich allein kann mir nicht helfen, und deshalb wage ich es, mich an Ew. zu wenden."

„Ich glaube überhaupt sagen zu dürfen, durch den Fleiß, den ich gewiß anwenden würde, mit den natürlichen Gaben, die mir Gott verlieh und bisjetzt gnädig erhielt, binnen hier und Ostern das Versäumte nachholen und dann nicht mit Unehren vor dem Oberconsistorium zur Prüfung erscheinen zu können, wenn ich, von andern Beschäftigungen und Nahrungssorgen frei, meine

Zeit ganz und freudig diesem Geschäfte widmen dürfte. Ohnedies hilft mir mein Aufenthalt in Leipzig nichts, weil ich alle meine Zeit auf ganz heterogene Dinge wenden muß, um zu leben."

„Ich habe in meinen akademischen Jahren nie einen Antheil an den öffentlichen Wohlthaten für Studirende gehabt, nie ein Stipendium oder deß etwas genossen, ohnerachtet meine Armuth klar zu erweisen ist. Wäre es möglich, in dieser Rücksicht eine auf die kurze Zeit völlig hinreichende Unterstützung zu erhalten, die mich in den Stand setzte, nur bis Ostern sorgenfrei mich der Theologie widmen zu können? Wollen Ew. mich dazu Ihres gnädigen Fürworts und Ihrer Verwendung würdigen?"

„Wenn Ew. so gnädig gewesen sind, bis hierher zu lesen, so wage ich es Dieselben zu bitten, beiliegende Predigt durchzusehen. Ich sehe, wieviel ich durch ein Verlangen wage, das Ew. Geschäfte noch weiter stört; und ich kann nichts zur Entschuldigung anführen, als daß ich es ganz von Ew. Urtheil wollte abhängen lassen, ob eine Unterstützung an mich zu wenden sei. Die Predigt selbst halte ich nur für sehr mittelmäßig; aber ich kann sie vor der Hand nicht besser machen. Ich habe es durch einige Uebungen darin nicht weiter gebracht, als zu sehen, was und wieviel mir noch fehlt, und wie unendlich viel zu einer guten Predigt gehört, das Ziel dunkel schimmern zu sehen, dessen Erreichung meine Kräfte oder meine Lage wol nie mir erlauben werden. Ueberdies ist die gegenwärtige nie gehalten worden, und es fehlt ihr daher ein gewisses Leben, das ich ihr erst nach dem gehaltenen Vor= trage geben kann."

„Ueber mein moralisches Betragen, seitdem ich in Leipzig bin, kann der Herr Professor Palmer und der Herr Kreissteuerein= nehmer Weiße Zeugniß ablegen. Aus den übrigen Gegenden, wo ich gelebt habe, kann ich die unbescholtensten Zeugen dafür aufstellen."

„Sollten Ew. geruhen, mir meine Bitte zu gewähren, so versichere ich Sie bei allem, was mir heilig ist, daß ich mich ganz dann meinem Zwecke widmen, meinem Vaterlande, das mich auf der Schule unterstützte, und das mir seitdem nur theurer geworden ist, mich ganz weihen, nach meinem Examen vor dem Oberconsistorio im Lande in Condition gehen und meine Bestim= mung von seiner fernern Verfügung ruhig erwarten würde."

„Ich bitte Ew., die Versicherungen meiner unbegrenzten Hoch=
achtung, die ich mit allen Wohlgesinnten im Lande theile, die
von Denselben die glücklichsten Zeiten für Religion und Wissen=
schaften erwarten, gnädig anzunehmen, mit welcher ich die Ehre
habe" u. s. w.

*   *   *

So weit das Schreiben. Aber auch ein so billiges und so
bescheiden vorgetragenes Gesuch scheint keine Berücksichtigung ge=
funden zu haben, vielleicht eben, weil die mitgetheilte Predigt
dem Geiste nicht entsprach, den man nun einmal unter den jungen
Theologen aufrecht erhalten wollte. Bald darauf sehen wir näm=
lich Fichte sein Vaterland verlassen, was er nach seiner ganzen
Denkweise und nach dem in jenem Briefe so feierlich gegebenen
Versprechen gewiß nicht gethan haben würde, hätte es nicht selbst
ihn von sich zurückgewiesen. Aber so groß war auch später noch
die Anhänglichkeit an dasselbe, daß er bis zu seiner Berufung an
die Universität Jena nie den Plan aufgegeben hatte, einmal noch
sächsischer Landgeistlicher zu werden, um in der schönen Muße
dieses Berufs desto ungestörter seiner Selbstbildung leben zu
können.

Jetzt verschwand aber immermehr die Hoffnung für ihn, in
seinem Vaterlande zu einer angemessenen Beförderung zu gelangen,
und es blieb ihm nichts mehr übrig, als sein Muth und sein
Vertrauen auf die Vorsehung. Und diese war es, wie er selbst
in einem seiner Briefe sagt, die, wie schon oft, so auch jetzt mit
dem einleuchtendsten Beweise höherer Fügung ins Mittel trat.

Im Jahre 1788, am Abend vor seinem Geburtstage, schienen
alle Aussichten verschwunden und jedes ehrenvolle Mittel, sich
fortzuhelfen, erschöpft. Die Gegenwart ließ ihm nichts mehr übrig,
und die Zukunft erlaubte ihm nichts zu hoffen. Stolz und Ehr=
gefühl, die desto verletzbarer sein mochten, als sie wol schon oft
in den Kampf mit dem Leben und seinen Verhältnissen gerathen
waren, wiesen jeden Gedanken zurück, sich einem seiner Gönner
in seiner ganzen Hülflosigkeit zu entdecken. Er schien sich völlig
ausgestoßen von der Welt; darum schien auch er sie zurückstoßen
zu dürfen: er glaubte seinen letzten Geburtstag zu erleben, in=
dem er fest entschlossen war, jetzt am wenigsten seiner Ehre, wie
er meinte, etwas zu vergeben.

Von solchen Gedanken erfüllt kam er abends nach Hause.
Hier erwartete ihn eine Botschaft von seinem Gönner und Freunde,
dem Steuereinnehmer Weiße *), daß er sogleich zu ihm kommen
möge. Kaum wagt Fichte noch etwas für sich zu hoffen: da
eröffnet ihm der wohlwollende Mann, daß er ihm einen Antrag
zu einer Hauslehrerstelle in Zürich zu machen habe, die er in
drei Monaten antreten könne. Fichte, ergriffen von der vor-
bedeutenden Fügung, kann seine tiefe Rührung nicht verbergen,
und Weiße, dem dies nicht entging, wiewol er sonst nur selten
aus seiner gemessenen Haltung heraustrat, forscht theilnehmend
nach dem Grunde dieser plötzlichen Empfindung. Da gesteht ihm
Fichte, in welcher wichtigen Krise ihn dieser unerwartete Antrag
treffe, daß er ihn vor Verzweiflung bewahre! Daran schloß sich
natürlich das Geständniß von seiner gegenwärtigen Lage. Noch
waren es drei Monate bis zur Reise, und eine harte Zeit blieb
bis dahin zu überstehen; aber Hoffnung und Muth waren wiedergefunden, und auch hier half Weiße mit Rath und That willig
aus, der seit dieser Zeit den jungen Mann mit entschiedenerm
Wohlwollen und Vertrauen behandelte.

Im August desselben Jahres endlich trat Fichte die erste
Reise an, welche ihn über die Grenzen seines Vaterlandes hinaus-
führte, und die, indem sie ihm neue Verbindungen und Erfahrungen bereitete, äußerlich wie innerlich für sein ganzes Leben
entscheidend geworden ist. Er lernte hier nämlich seine nachherige
Gattin kennen, und diese Verbindung, wie sie überhaupt erheiternd
und beruhigend auf sein Inneres wirkte, gewährte ihm auch äußerlich zum ersten male eine vollkommen unabhängige Lage, die er
so lange sich gewünscht hatte. Aber auch jetzt schon fühlte er sich
von allen beengenden Banden entledigt, wie an der Schwelle eines
neuen Lebens stehend; und mit frischen Hoffnungen und in
jugendlicher Gesundheit reiste er zu Fuß, oft in gewaltigen Tage-
märschen, über Nürnberg, Ulm, Lindau, dann den herrlichen
Bodensee überschiffend und die Schweizeralpen aus der Ferne zum
ersten male begrüßend über Konstanz und Winterthur nach Zürich,

---

*) Dem bekannten Verfasser des „Kinderfreund", der Lieder und Sing-
spiele u. s. w., zugleich einem sehr wohlthätigen und alles Gute fördernden
Manne.

wo er am 1. September in seine neuen Verhältnisse eintrat. Das Haus, in welchem er Erzieher werden sollte, war der auch noch jetzt bestehende, allen Schweizerreisenden bekannte Gasthof zum Schwerte, welchen damals ein reicher und angesehener züricher Bürger Namens Ott besaß. Dieser Mann, gebildet und wohlmeinend, hatte schon dadurch gezeigt, daß er von manchem damaligen Vorurtheile seiner Mitbürger sich befreit habe, indem er einen Erzieher vom Auslande berufen hatte. Auch nahm er Fichte wohlwollend auf und überließ ihm die Leitung seiner Kinder mit uneingeschränktem Vertrauen. Es war ein Knabe von etwa zehn und eine Tochter von sieben Jahren. Anders war es vielleicht mit der Mutter, welche nur mit Widerstreben zusah, daß manche Form und Aeußerlichkeit der bisherigen Erziehung, die sie für wesentlich hielt, allmählich beseitigt wurde. Kurz, es entdeckte sich bald, daß Fichte ihre Kinder zu mehr erziehen wollte als zu züricher Bürgern und Bürgerinnen. Wie sehr daher auch der Vater, welcher übrigens der Leitung seiner Kinder ferner stand, das Zweckmäßige des neuen Erziehungsplans einsehen mochte, so bildete doch die Mutter eine stete, unmittelbar eingreifende Opposition, zu welcher sie auch beständig ihren Gatten herüberzuziehen suchte. Daraus entwickelte sich in jenem Hause ein Verhältniß für Fichte, das des Charakteristischen zu viel enthält, um hier nicht näher bezeichnet zu werden. Ueberall, wohin er kam, pflegte seine Persönlichkeit anregend zu wirken auf seine Umgebung, meist aber auch Widerstand hervorzurufen. Er war ein herrscherlicher Geist, nicht aber, wie er meinte, aus Willkür und nach eigenem Belieben, sondern aus der praktischen Consequenz des Syllogismus und logisch zwingender Ueberzeugung, welcher sich aber die Vernunft der andern nicht sofort unterwerfen wollte. Ein Vorspiel dieses fortgesetzten Lebenskampfes begann schon hier. Er sah bald ein, daß zu einer gründlichen Reform kein gewöhnliches Erziehungsmittel hinreiche, daß die Bildung eigentlich bei den Aeltern anfangen müsse, und er versuchte einen Ausweg, wie ihn wol nicht leicht unter seinen Verhältnissen ein Erzieher gewagt hätte, die Aeltern selbst nämlich über ihr Benehmen gegen die Kinder unter seine Aufsicht zu stellen und darüber ein Tagebuch zu halten, das er wochenweise, oft mit scharfen Rügen über ihre Erziehungsfehler, der Mutter vor-

legte. Bruchstücke davon sind noch übrig; es führte die Aufschrift:
„Tagebuch der auffallendsten Erziehungsfehler, die mir vorgekommen
sind!" Bedenken wir dabei, wie noch damals in den meisten
Familien das Verhältniß des Hauslehrers betrachtet, wie er selbst
oft behandelt wurde, so muß man erstaunen, wie Fichte dies
fast zwei Jahre lang durchzusetzen vermochte, zumal in einer Lage,
wo ihm eigentlich nicht rechte Ueberzeugung und Hingebung ent-
gegenkam, und wo jene Fügsamkeit daher mehr aus Scham und
Furcht vor überlegenem Verstande hervorging.

Neben der Erziehung seiner Zöglinge, die ihn den größten
Theil des Tages beschäftigte, versuchte er sich noch in kleinen
schriftstellerischen Uebungen, wie er durch Liebhaberei oder äußere
Veranlassung dazu angeregt wurde. Allgemeinere philosophische
Studien scheint er noch nicht planmäßig verfolgt zu haben, doch
beschäftigten ihn, wie aus erhaltenen Uebersetzungsbruchstücken
hervorgeht, Montesquieu und Rousseau. Auch schrieb er, durch
einen Freund veranlaßt, der, selbst Dichter, den Plan zu einem
biblischen Epos gefaßt hatte, eine Abhandlung über diese Dichtungs-
art mit besonderer Rücksicht auf Klopstock's „Messias" und die un-
poetische Wirkung der Orthodoxie in demselben; so übersetzte er
einzelne Oden des Horaz in metrischer Nachbildung und den ganzen Sallust mit einer Einleitung über Stil und Charakter dieses
Schriftstellers. Von seiner Uebersetzung der Oden sind noch einzelne
übrig; der Sallust und die Abhandlung über das biblische Epos
aber sind verloren gegangen. — Zugleich beschäftigte ihn noch ein
anderer Plan, der, wenn er in seinem ganzen Umfang zur Ausführung gekommen wäre, ihn vielleicht auf immer in der Schweiz
festgehalten haben würde. Er hatte einigemal im Münster zu
Zürich, in Flaach und an mehreren andern Orten in der Umgegend mit entschiedenem Beifalle gepredigt. Wiewol Zürich an
Lavater und Pfenninger ausgezeichnete Kanzelredner besaß, so
gefiel doch die Klarheit und die eindringende Kraft seines Vortrags. *) Konnte er nun darauf auch nicht die Hoffnung einer

---

*) Von seinen Predigten haben wir einzelne Proben in den „Sämmt-
lichen Werken" (VIII, 245 fg.) und in den „Nachgelassenen Werken" (III,
209 fg.) mitgetheilt. Im ganzen charakterisirte er sie in einer dort abgedruckten dialogisirten Vorrede aus dem Jahre 1791 als „eine bunte Muster-

Anstellung in Zürich oder in der Umgegend gründen, theils weil
die Confessionsverschiedenheit zwischen Lutheranern und Reformir=
ten dies unmöglich machte, theils weil es überhaupt einem Aus=
länder damals noch schwer wurde, in der Schweiz zu einer An=
stellung zu gelangen, so faßte er doch den Plan, veranlaßt durch
Aufforderungen seiner Freunde, wie durch eigene Neigung, eine
Rednerschule zu errichten, die bestimmt sein sollte, durch theo=
retischen Unterricht wie durch praktische Uebungen das ganze Ge=
biet der Redekunst systematisch zu umfassen. Ein vollständig aus=
gearbeiteter Plan dazu ist noch vorhanden *), wobei die Rede=
kunst von den leichtesten Aufgaben in Stil und Declamation bis
zu den eigentlich homiletischen Uebungen umfaßt werden sollte.
Wiewol Lavater selbst ihm seine Unterstützung zusagte, so scheint
der Plan doch unausgeführt geblieben zu sein, und auch er ge=
hört zu den vielen fehlgeschlagenen Versuchen seines mühsamen
Jünglingslebens.

Die glücklichste und bildendste Seite seines zürcher Aufent=
halts war ihm indeß seine Verbindung mit den geistvollsten und
angesehensten Männern daselbst. Lavater, Steinbrüchel,
Hottinger mit seiner trefflichen Frau, besonders auch Chorherr
Tobler und Pfenninger gehörten zu seinen Freunden. **)
Auch erwähnt er in Briefen und Tagebüchern unter seinen ver=
trautern Freunden noch eines gewissen Achelis, Candidaten der
Theologie aus Bremen, und eines talentvollen Dichters, Escher,
des Sohnes eines benachbarten Geistlichen, den jedoch ein früh=

---

karte der Veränderungen seines Systems seit zehn Jahren und mehr". Doch
scheint uns seine im Jahre 1791 am Fronleichnamstage zu Warschau gehal=
tene Predigt ("Nachgelassene Werke", a. a. O.) auch jetzt noch Aufmerksamkeit
zu verdienen.

*) Mitgetheilt in der zweiten Beilage.

**) Johann Jakob Steinbrüchel (1729—96), Professor der griechischen
Sprache und biblischen Hermeneutik am Collegium humanitatis zu Zürich. —
J. Jakob Hottinger (1750—1819), Professor und Kanonikus, College des
erstern, gründlicher und geschmackvoller Philolog und besonders bis an sein
Ende Kämpfer für freiere theologische und religiöse Ansichten. — Johann Kon=
rad Pfenninger (1747—92), Diakonus zu St.=Peter in Zürich, Amtsgenosse
und Freund Lavater's, zugleich diesem in manchen Punkten seiner theologi=
schen Richtung verwandt.

zeitiger Tod an der Entwickelung seiner Anlagen hinderte: alle
drei, durch ähnliches Streben und gleiche Neigung verbunden,
gelobten sich auch für jede Folgezeit ihre Freundschaft fortdauern
zu lassen und durch gemeinsames Wirken in Schrift und That
ihr ein würdiges Denkmal zu setzen. Doch nahm den einen schon
im folgenden Jahre der Tod hinweg, und auch der andere scheint
nach Fichte's Entfernung aus der Schweiz mit ihm außer Verbindung gekommen zu sein.*)

Von entscheidendem Einflusse auf sein ganzes künftiges Leben
war aber die Bekanntschaft eines Mannes daselbst, dessen Haus
in gewissem Sinne einen geselligen Mittelpunkt für Zürich bildete.
Es war der Wagmeister Rahn, sein nachheriger Schwiegervater,
bei welchem sich Donnerstag abends ein größerer Kreis, auch von
Fremden und Durchreisenden, Freitags die gewähltern Freunde
zu versammeln pflegten. Hier durch Lavater eingeführt, erwarb
er sich bald die innigste Freundschaft des geistreichen, jedes Talent auszeichnenden Mannes, der selbst durch mancherlei Schicksale und Lebenserfahrungen, mehr noch durch vertrauten Umgang
mit den ausgezeichnetsten Männern seiner Zeit reich und vielseitig
sich gebildet hatte. Er war der Schwager von Klopstock und
von seinen Jünglingsjahren an in engster Verbindung mit ihm
und dessen Freunden geblieben. Wie sich aber dies Verhältniß
bildete und wie es fortbestand, scheint uns so viel Charakteristisches für die damalige Epoche wie für die Personen selbst zu

---

*) Ueber Achelis ist dem Biographen erst durch das soeben erschienene
Werk von Dr. C. H. Gildemeister: „Briefe des Dr. Gottfried Menken, weiland
Pastor prim. zu St.-Martini in Bremen, an G. Nik. Achelis, weiland Pastor
zu Arsten" (Bremen 1860), nähere Kunde zu Theil geworden. Geboren zu Bremen im Jahre 1764, war er nach vollendeten theologischen Studien zu Göt-
tingen, gleichzeitig mit Fichte, Hauslehrer bei einer Familie Römer in Zürich.
Später, im Jahre 1790, wurde er Vicar zu Uedem unweit Kleve, welchen
Beruf er bald mit einer Hauslehrerstelle bei dem jungen Grafen von der Lippe
zu Kleve vertauschte. Später wurde er Universitätsprediger zu Göttingen.
Im Jahre 1801 kehrte er in seine Vaterstadt zurück und erhielt die Prediger-
stelle im Dorfe Arsten bei Bremen, die er in spätern Jahren seiner schwachen
Gesundheit wegen niederlegte. Sein Todesjahr wird uns nicht gemeldet.
Fichte hat in den nachfolgenden Briefen seinem Charakter ein sehr ehrenvolles
Denkmal gestiftet.

enthalten, daß es uns erlaubt sei, desselben umständlicher zu ge=
denken.

Man erinnert sich nämlich, mit welcher Begeisterung die er=
sten Gesänge des „Messias" bei ihrem Erscheinen aufgenommen
wurden. Es war die Jugendzeit unserer wiedererwachenden Poesie,
wo das Treffliche rein und gewaltig wirken konnte, weil es un=
getheilte Empfänglichkeit traf, weil der Geschmack, noch unent=
wickelt, aber auch noch unverworren, erst zu leiten und zu bil=
den war. Zugleich mußte die Wirkung um so allgemeiner sein,
weil sie in den Gefühlen der Frömmigkeit ihre Nahrung fand
und fast alle Stände und Geschlechter wetteiferten, dem Dichter
ihren Dank und ihre Verehrung darzubringen. So wurde Klop=
stock im Jahre 1750 von Bodmer und seinen Freunden nach
Zürich eingeladen, und hier, wo seine Ankunft als ein öffent=
liches Fest betrachtet wurde, nahm ihn zuerst Bodmer bei sich
auf; als er sich später zu einem längern Aufenthalte während
des Winters entschloß, war es das Rahn'sche Haus, welches ihn
gastlich empfing. *) Der älteste Sohn, glühend von Begeisterung
für den Dichter, hatte keinen höhern Wunsch, als einst die Liebe
Klopstock's sich erringen zu können, in dessen Oden das Gefühl
für Freundschaft mit einer Tiefe ausgesprochen war, wie sie nur
der edelste Jüngling empfinden, wie sie nur einen Edeln begeistern
kann. Und sein Wunsch wurde erreicht: Klopstock gewann ihn
bald so herzlich lieb, daß er in einem Briefe an Gleim ihn selbst
und Schultheß als die einzigen wahrhaft treuen Freunde rühmt,
welche er in Zürich gefunden. Aber bald sollte ihr Verhältniß
noch inniger werden. Klopstock sprach immer mit besonderer
Liebe von seiner ältesten Schwester Johanna, erzählte, wie er
dieser alle seine Dichtungen zuerst vorzulesen pflege, wie ihr fei=
nes Gefühl, ihr frommer Sinn ihm sicherer Leiter sei, wie sie
allein ganz ihn kenne und verstehe. Diese Aeußerungen machten
auf den Freund einen tiefen Eindruck: dies sei das Mädchen,
fühlte er, das er so lange schon suche, würdig und fromm, die
geliebte Schwester des trefflichsten Bruders; und sein Entschluß
stand fest, Klopstock um die Hand seiner Schwester und um
seine Vermittelung dabei zu bitten. Endlich in einer vertrauten

---

*) H. Döring, „Klopstock's Leben" (Weimar 1825), S. 119, 121 fg.

Stunde auf einer gemeinsamen Alpenwanderung entdeckte er dem
Freunde sein liebstes Geheimniß. Klopstock versprach ihn nach
Deutschland mitzunehmen und bei Aeltern und Schwester sein
Wort für ihn einzulegen. Wie edel und uneigennützig dagegen
die Plane Rahn's für seinen Freund waren, dafür zeugt Klop=
stock selbst in einem Briefe an Fanny aus Zürich, aus dem wir
hier einiges einschalten*):

„Ich habe bisher zwei Freunde gefunden, den König von
Dänemark und einen hiesigen jungen Kaufmann."

— — „Sie werden vielleicht neugierig sein, den jungen
Kaufmann kennen zu lernen? — Er hat etwa vor einem Jahre
eine neue Art, auf weiße Seide zu drucken, erfunden: eine Ent=
deckung, die die Franzosen und Engländer schon lange vergeblich
haben herausbringen wollen. Diese Färberei ist so schön, daß
nicht wenige, die seine Zeuge das erste mal sahen, darauf verfallen
sind, es sei Malerei. — — Er besitzt ungemein vielen Geschmack
in der Angabe der Muster, und hierin ist ihm die Kenntniß der
schönen Wissenschaften, die er nach Art der britischen Kaufleute
studirt hat, sehr nützlich gewesen. — Dieser wahrhaft edelmüthige
junge Mensch will, daß ich sein Glück mit ihm theilen soll, ohne
einen andern Antheil an den Geschäften der Handlung zu haben,
als daß ich mich bisweilen über seine Erfindungen (deren er
immer neue hervorbringt) und über die allgemeinen und wichtig=
sten Geschäfte der Handlung mit ihm unterrede, wozu man nur
einen hellen Kopf und Herz genug, sich zur rechten Zeit glücklich
zu entschließen, gebraucht. Er kennt mein wahres Glück zu sehr,
als daß er mich für so viele Freundschaft bei sich behalten
wollte."

Rahn begleitete nun seinen Freund bei dessen Rückkehr nach
Deutschland, und Klopstock selbst im Hause seiner Aeltern schloß
den Bund zwischen Freund und Schwester, welchem nach einigen

---

*) „Klopstock und seine Freunde; Briefwechsel aus Gleim's Nachlasse,
herausgegeben von Klamer=Schmidt" (Halberstadt 1810), I, 128, 129. In
derselben Sammlung befindet sich auch ein Brief von Rahn an Klopstock's
Mutter, der die herzlichste Pietät gegen dieselbe athmet (II, 191). — In
„Gruber's Leben" von Wieland, neu bearbeitet 1827 (I, 164, 165), wo dieses
Verhältniß erwähnt wird, wird er fälschlich Rahe genannt.

Jahren des Harrens und nach manchen Schwierigkeiten, als Rahn endlich eine Niederlassung in Lingbüe bei Kopenhagen in der Nähe seines Klopstock gefunden hatte, ihre völlige Vereinigung folgte. Und aus dieser Ehe mit der Klopstockschwester entsprang außer mehreren andern Kindern die älteste Tochter, Johanna Maria, welche späterhin Fichte's Gattin wurde. Sie ward am 15. März 1758 zu Lingbüe geboren, und Klopstock mit seinem Freunde, dem Hofprediger Cramer, waren ihre Pathen. — Unterdeß waren aber durch den ausgebrochenen Seekrieg zwischen Frankreich und England mehrere Handelsunternehmungen Rahn's fehlgeschlagen, die ihm einen bedeutenden Theil seines Vermögens raubten und ihn endlich nöthigten, mit dem Reste desselben in sein Vaterland zurückzukehren. So wuchs die Tochter, zum Theil getrennt von ihren Aeltern, unter mancherlei ungünstigen Verhältnissen und Entsagungen auf, nicht unähnlich denen, welche auch ihres Gatten Jugend trübten. Aber auch hier war die Frucht solcher Mühen schön und belohnend. Denn dürfen wir gleich jetzt den Charakter jener trefflichen Frau bezeichnen, so war tiefe Religiosität und eine seltene Gewalt treuer Liebe der Grundzug desselben, wie er eben nur in solchen Entsagungen sich entwickeln und zu voller Kraft gedeihen konnte. Wie sie vorher ganz nur ihren Aeltern sich widmete und ihnen jeden Glanz der Welt und manche Verbindung ohne Mühe geopfert hatte, so lebte sie späterhin nur ihrem Gatten, ihrem Sohne, glücklich allein im Glücke der Ihrigen. Aber bald wurde ihr Werth ihrem Vater noch fühlbarer. Nicht lange nämlich nach ihrer Rückkehr ins Vaterland starb ihre Mutter an der Lungensucht, ein unersetzlicher Verlust für den Gatten, dem sie in dem harten Wechsel des Lebens oft der letzte Trost gewesen war, und er wäre diesem Unglück erlegen, hätte er nicht an der heranwachsenden Tochter, der Erbin des mütterlichen Sinnes, einen Ersatz gefunden. Beide schlossen sich unauflöslich aneinander, und diese that im stillen das Gelübde, ihren Vater unter keiner Bedingung zu verlassen, ein Wort, das sie sich gehalten hat. Dafür lebte aber auch jener nur noch der Bildung seiner Tochter, sodaß bei ihrem früh entwickelten Gemüthe auch ihr Urtheil, ihre Ansichten über das Leben frühzeitig gebildet wurden.

Da lernte Fichte sie kennen, und beide, schon in einem

Alter, wo leidenschaftliche Blendung ernste Gemüther nicht mehr täuscht und verwirrt, gründeten ein Verhältniß, das, durch genauere Kenntniß und innigere Achtung immer tiefer sich befestigend, endlich für das ganze Leben geschlossen wurde. Am treuesten schildern dasselbe und seine allmählich tiefere Entwickelung die Briefe, welche Fichte in jenem Zeitraume an sie schrieb, von denen einige hier mitzutheilen ebendeshalb uns nöthig scheint.

Zum Verständnisse einiger Stellen im Folgenden werde vorausgeschickt, daß sich unterdeß das Verhältniß Fichte's mit seinem Hause getrübt hatte; und man kam überein, es zu Ostern 1790 aufzulösen. Fichte, schon lange und besonders seit den letzten Erfahrungen des Hauslehrerlebens überdrüssig, wollte versuchen, als Führer eines Prinzen auf Akademien oder als Lector bei einem Hofe eine Anstellung zu finden, wozu ihm Rahn durch seine Verbindungen in Dänemark, besonders mit Bernstorff und Klopstock, Lavater durch seine mannichfachen Bekanntschaften mit andern Großen behülflich werde sollte.

Meine theuerste Freundin! *)

Kein Wort über die Begier, mit der ich Ihren Brief wie ein Dieb und ungeschickt genug zu mir steckte, mit ihm nach Hause eilte, mich auf mein Zimmer einschloß und ihn nicht, wie ich sonst wol pflege, mit Heißhunger verschlang, sondern mit langsamem Genusse, Zug für Zug hinunterschlürfte!

Ich eile vor allen Dingen auf Ihre Fragen zu antworten. — Ob vielleicht meine Freundschaft für Sie aus Mangel an anderm weiblichen Umgange entstanden? — Hierauf glaube ich entscheidend antworten zu können: Ich habe mancherlei Frauenzimmer gekannt und bin mit ihnen auf mancherlei Fuß gestanden; ich habe mancherlei empfunden, wo nicht die verschiedenen Grade, doch höchst wahrscheinlich die verschiedenen Arten der Empfindungen gegen Ihr Geschlecht glaube ich durchlaufen zu haben; aber noch nie habe ich gegen eine empfunden, was ich gegen Sie empfinde. So ein inniges Zutrauen, ohne Verdacht, daß Sie

---

*) Es braucht kaum bemerkt zu werden, daß diesem Briefe andere vorhergegangen sind, die von uns ihres minder bedeutenden Inhalts wegen nicht mitgetheilt worden.

sich gegen mich verstellen könnten, und ohne Wunsch, mich gegen Sie zu verbergen; so eine Begierde, von Ihnen ganz so gekannt zu sein, wie ich bin; so eine Anhänglichkeit, in die das Geschlecht auch nie den entferntesten merklichen Einfluß hatte — denn weiter ist es keinem Sterblichen vergönnt, sein Herz zu kennen; — so eine wahre Hochachtung für Ihren Geist und Resignation in Ihre Entschließungen habe ich noch nie empfunden. — Urtheilen Sie also selbst, ob es vom Mangel andern weiblichen Umgangs herkam, daß der Ihrige einen Eindruck machte, den noch keiner gemacht hat, und mich eine ganz neue Art von Empfindung kennen lehrte. — Ob ich Sie in der Entfernung von Ihnen vergessen werde? — Vergißt man eine ganz neue Art von Sein und die Veranlassung dazu? Oder werde ich auch einst vergessen, auf= richtig zu sein? Oder wenn ich das vergessen könnte, verdiente ich dann noch, daß Sie sich bekümmerten, wie ich von Ihnen dächte?

Ob mir auf meiner Reise ein Unglück zustoßen könne? — wie meine nächsten Schicksale sein werden? — ob nun eben Ihr Papa und nun eben bei Bernstorff reussiren werde? — alles dies ficht mich nicht an, und es wäre meiner und Ihrer Ruhe vortheilhafter, wenn Sie die Sorge dafür dem überließen, dem ich sie überlasse, und der allein es besorgen kann. Daß ich auf meiner Reise für meine Gesundheit und Sicherheit sorge; daß ich mir traurige Schicksale erträglich und glückliche unschädlich zu machen suche, ist meine Pflicht; daß Ihr guter Papa, und alle guten Menschen, die es können und wollen, ihr Möglichstes thun, um mir nützlich zu werden, ist ihre Güte; aber daß sie und ich reussiren, — o wenn die ganze Welt so gütig sein wollte, sich darüber krank zu sorgen, so würde die ganze Welt mit allen ihren Sorgen dazu nichts thun können. Es ist unsere Sache, es an uns nicht fehlen zu lassen; aber der Erfolg steht ganz in den Händen des Ewigen.

Der die Schickungen lenkt, heißet den frömmsten Wunsch,
   Mancher Seligkeit gold'nes Bild
Oft verwehen und ruft da Labyrinth hervor,
   Wo ein Sterblicher gehen will:
Oft erfüllet er auch, was das erzitternde
   Volle Herz kaum zu wünschen wagt.

Der warme Antheil, der aus allen jenen Aeußerungen her=
vorblickt, die reizende Güte, die Sie mir allenthalben erzeigen,
die Wonne, die ich empfinde, einer solchen Person nicht gleich=
gültig zu sein — Theuerste, Sie sind es werth, daß ich Ihnen
nichts sage, das schon irgendeinmal durch die Schmeichelei ent=
weiht sein könnte; daß der, den Sie ihrer Freundschaft werth
halten, sich nicht in falscher, übelverstandener Bescheidenheit er=
niedrige. Ihre schöne offene Seele verdient es, daß ich mir auch
nicht einmal den Anschein gebe, als ob ich den reinen Abbruck
derselben nicht für echt erkenne; und deshalb ist es auch von
meiner Seite durchgängig Offenheit, die ich gelobe.

*   *   *

Ob man lieben könne ohne Hochachtung? — O ja, theure,
reine Seele! Der Liebe ist mancherlei. Rousseau unter andern,
durch sein Raisonnement und noch besser durch sein Beispiel be=
weist das. La pauvre Maman und Mad. N . . . liebte er auf
sehr verschiedene Art. Aber bei weitem nicht alle Arten von
Liebe, glaube ich, kommen in Rousseau's Leben vor, wo doch
verschiedene vorkommen. Sie haben aber sehr recht, daß keine
wahre und dauerhafte Liebe ohne innige Werthschätzung bestehen
kann, daß jede andere Art derselben Reue nach sich zieht und
einen edlen menschlichen Charakter entwürdigt.

Noch ein Wort über Frömmlerin. Frömmlerinnen setzen
die Religion meist ins Aeußere, in Uebungen der Andacht, zweck=
los, maschinenmäßig und wie ein Frondienst an Gott vollbracht;
in Rechtgläubigkeit u. s. w., und haben unter andern das charak=
teristische Kennzeichen, daß sie sich angelegentlicher um die Gottes=
furcht anderer bekümmern als um ihre eigene. Diese — hassen
sollte ich sie nicht, man soll keinen Menschen hassen — aber sie
sind mir sehr verächtlich; denn ihr Charakter setzt die erbärmlichste
Leerheit des Kopfes und die traurigste Schiefheit des Herzens
voraus. Das kann meine theure Freundin nicht sein, das kann
sie nie werden, mit allen möglichen*) Verderbnissen ihres Charak=
ters, die auch nicht möglich sind, in Ewigkeit nicht werden;

---

*) Ein übelgewähltes Wort; Sie werden es aber verstehen. Quand se
gâteroit même son caractère — wollte ich sagen.

denn ihr Charakter hat dazu zu viel Gehalt. Ihr Vertrauen auf die Vorsehung, Ihr Hinüberblicken ins künftige Leben ist weise und christlich. Ich hoffe wenn ich von mir reden darf, daß man mich für alles eher als für einen Frömmling und steifen Orthodoxen halten wird; aber ich wüßte keine Empfindungen, die mehr mit dem Innersten meiner Seele verwebt wären als eben diese.

Doch Mitternacht ist vorbei. Schlafen Sie wohl: ein Lieblingstraum umschwebe Sie! — Ich hoffe morgen zu diesem Papier noch einmal zurückzukehren, und nehme Ihren Brief, um ihn vor dem Schlafengehen noch einmal zu lesen.

*   *   *

Das Urtheil Tobler's, welches er nach meinen Aufsätzen über mich selbst gefällt hat, ist mir sehr schätzbar, weil ich glaube es annehmen zu dürfen, und weil der Mann — Ihnen darf ich's sagen — richtig gesehen zu haben scheint. Ich danke Ihnen herzlich, daß Sie mir's gemeldet haben, obgleich ich wünschte, daß ihm das propos vom Publiciren nicht entwischt wäre. Entweder, er redete zu Gefallen, — so müßte mir das auch sein erstes Urtheil verdächtig machen, — oder er ist nicht competenter strenger Richter genug, um zu sehen, daß beide Aufsätze noch sehr roh waren, und daß, wenn ich bin, was er zu sein mir zugestand, ich solche Aufsätze gewiß nicht publicire. Sie sind, aus Achtung für Ihr und Ihres guten Papas Urtheil, im Schmelztiegel. Anders werden sie herauskommen: aber besser? Je n'en sais rien!

Ich arbeite schon seit mehreren Tagen an dem versprochenen Liede für Sie; — ich langsamer Dichter, dem jeder Reim eine Stunde kostet! Wann es fertig sein wird, steht noch bei den Göttern. Dazu habe ich die Eitelkeit, Ihnen nichts ganz Schlechtes geben zu wollen.

Wie empfindlich schmerzt mich's indeß, daß ich Ihnen den Aufsatz über die Vorsehung nicht versprechen kann, den Sie wünschen! Ich sehe voraus, daß ich bis zu meiner Abreise mit Arbeiten genug überhäuft bin. Aber ich will Ihnen, wenn es irgend in Zürich aufzutreiben ist, ein Buch verschaffen, wo eine Predigt über diese Materie steht, die ganz meine Ueberzeugungen enthält,

und die ich um jeden Preis möchte gemacht haben. Und dann
verspreche ich Ihnen heilig, daß ich diese Materie die ersten
ruhigen Tage, die ich in Sachsen haben werde, bearbeiten und
sie Ihnen geschrieben oder gedruckt zusenden werde.

Doch von meiner Abreise wollen Sie nichts hören, und ich
rede so oft davon. Aber wissen Sie nicht, daß die Kinder singen,
wenn sie sich fürchten? — Ich schließe, um nicht ins Gerührte
zu fallen. Leben Sie wohl, meine Seele ist ·bei Ihnen.

N. Sch. Nachdem ich schon zugemacht hatte. — Eben über=
zähle ich Ihre Briefe wie ein Geiziger seine Schätze. Ich habe
ihrer nur fünf. Mich däucht, Sie haben mehrere. — Wie sonder=
bar! Ich habe noch nie etwas ohne Brouillon oder Copie ge=
schrieben; Ihre Briefe sind das erste dieser Art. Erklären Sie
das! — Noch eins! Können Sie meine Briefe leicht weglesen?
Wo nicht, so sagen Sie es; so schreib' ich deutlicher. Die Klagen
über meine Hand werden sehr häufig.

*   *   *

Wieder zurückgekehrt in die Mauern, die mir nur dadurch
lieb sein können, weil sie Sie einschließen und mich zuerst wie=
der mir selbst, meiner Einsamkeit und meinen Gedanken über=
lassen, flieht meine Seele unaufhaltsam zu Ihnen. — Wie kommt
es doch? Ich habe Sie erst vor drei Tagen gesehen, ich muß
es wol oft länger ertragen, Sie nicht zu sehen: Entfernung ist
doch immer Entfernung, und ich bin gleich abgesondert von Ih=
nen, ob ich in Flaach, oder ob ich im Schwerte in Zürich bin;
aber wie kommt es, daß die jetzige Entfernung mir länger ge=
schienen hat, daß mein Herz sich stärker nach Ihnen sehnt, daß
ich Sie wochenlang nicht gesehen zu haben glaube? Habe ich neu=
lich etwa falsch über Entfernung philosophirt? O daß doch im=
mer unsere Empfindungen unsern strengsten Schlüssen widerspre=
chen müssen!

Ich habe seitdem viel gelebt, bin so ganz in der Sphäre
gewesen, wo mir's wohl ist, in einer starken, angestrengten, man=
nichfaltigen Beschäftigung. Hätte ich die Lücken dieser Geschäfte
mit Ihrem süßen Umgange ausfüllen können, hätte ich mit Ihnen,
edle, gleichgestimmte Seele, laut empfinden und denken können,
was ich größtentheils im Innern meiner Seele verschließen mußte

diese Tage wären beneidenswerth gewesen. Von der Geschichte derselben mündlich. — Daß ich hier mitten in meiner stillen Luft durch die Nachricht von dem Tode eines Mannes unterbrochen wurde, den ich schätzte und liebte, dessen Achtung einer meiner süßesten Genüsse war, die mir Zürich gegeben hat, und dessen Freundschaft ich mir noch erwerben wollte, wissen Sie ohne Zweifel schon und werden mich bedauert haben, wenn Sie wußten, wie lieb mir der Mann war.

Ich werde Sie morgen sehen. Wie freue ich mich auf den Augenblick! Aber wie schmerzt es mich schon — sehen Sie das ungenügsame Herz! — daß es nur ein Augenblick sein wird.

Aber es hat eben 12 Uhr geschlagen. Schlafen Sie wohl und sanft. Ich hoffe morgen noch eine oder ein paar Viertelstunden zu erhaschen, sie meinen übrigen Geschäften abzustehlen, um sie bei diesem Papiere, das mir theuer ist, weil es in Ihre Hände kommt, zuzubringen.

Wie mögen Sie diese Tage, wie besonders den Sonnabend Abend zugebracht haben? Das werde ich ohne Zweifel aus Ihren Briefen sehen, die immer ein so schönes und so getroffenes Gemälde Ihrer Seele sind; aber doch kann ich es kaum erwarten. Werden Sie meiner gedacht, werden Sie mit Ihren Gedanken meine Beschäftigungen begleitet haben? Fast hoffe ich, daß Sie es thaten, denn ich habe es gethan! Besonders waren von 6 bis 8 Uhr Sonnabends meine Gedanken nur bei Ihnen, und ich spielte gegen meine Gesellschafterin in Flaach, eine gewisse Igfr. D. aus Sch., eine sonderbare Rolle. Sie bemerkte mein Stillschweigen und meine Trockenheit, und da sie mich sonst nicht ganz so gekannt hat, so hätte sie mich lieber aufgezogen. Ich wendete Müdigkeit und Ermattung von der Reise vor, und nun bedauerte sie mich so umständlich und so genant, daß sie nahe daran war, mir fatal zu werden. Wie kommt es doch, daß die Frauenzimmer am wenigsten sich von einer gewissen auswendig gelernten Etikette losmachen können und dadurch öfters ihre weit glücklichere Natur verzerren? Stoff zu einer Unterhaltung, wenn ich den Sonnabend werde ersetzt bekommen.

Fast würde ich mich schämen, des Ihnen versprochenen Liedes zu gedenken, wenn Sie es nicht in Ihrem letzten Briefe erwähnten. — Ja, Sie sollen mir es noch vorsingen: ich will es

noch aus Ihren Munde hören, um mich aus der Entfernung
sicher an Ihr Klavier und in Ihre Gegenwart zu zaubern, in
den Stunden, da ich erwarten kann, daß Sie es singen; aber
ich habe lange nicht mehr daran gearbeitet, und ich sehe kaum,
wie ich diese Woche noch dazu kommen werde. Es sollte meine
letzte süße Arbeit in Zürich sein, wenn die andern abgethan sind,
die mir auch dadurch angenehm werden, weil ich sie in Beziehung
auf Sie betrachte.

Das Buch, wovon ich gesagt habe, will ich noch zu verschaffen
suchen, wenn es nur zu finden ist. Tobler kannte es nicht;
heute will ich Nüscheler fragen, der fast alles hat und kennt,
was gut ist. Es sind Bastholm's Predigten. Ich halte sie für
die schönsten, welche existiren.

Wie ungern trenne ich mich von diesem Papiere! Wie gern
legte ich noch einen oder auch wol zwei Bogen an; aber ich
kann nun nichts mehr meinen Geschäften abstehlen. Ihnen, die
Sie mich in allem beschämen, — ich sage dies mit innigem Gefühl, daß es wahr ist, und mit Schmerz, daß ich's nicht ändern
kann, daß ich leider! nach Ihrer Bestimmung ein männliches
Geschöpf bin, welches, besonders jetzt, den Kopf immer voll
hat, immer voll Projecte und Plane, in einer beständigen Unruhe ist: — Ihnen ist vorbehalten, mich auch im Briefschreiben
zu übertreffen, schwerlich aber in den Empfindungen, mit welchen
ich bin Ihr wärmster Freund.

*   *   *

— — Morgen, Theuerste, ob ich um 5 Uhr kommen werde,
weiß ich nicht. Ich habe eine Pflicht, gegen einen sehr werthen
Todten nicht; — der lacht gewiß schon jetzt, wenn er es nicht
eher that, unserer närrischen Etikette — aber gegen seine hinter-
lassene Familie. Ich weiß nicht, wann ich zurückkommen werde.

Daß Sie mir eine so schöne Ersetzung meines Sonnabends
machen, dafür danke ich Ihnen herzlich. Daß Sie B. eingeladen
haben — dafür möchte ich Ihnen wol danken, aber ich wäre
lieber mit Ihnen allein.

Br. macht sich mir immer kleiner; er hat es heute im Punkte
Rousseau's wieder gethan; aber in der Kaufgeschichte kennen
wir seine Lage nicht genug. Ich weiß nicht, wie es mit seinen

Finanzen steht. Ueber einer Schwachheit in Ansehung dieser Dinge habe ich ihn noch nie betroffen. Dr. B. aber habe ich schon einigemal über Dingen betroffen, die bei mir schmuziger Geiz sein würden, die aber bei ihm wol auch Mangel an Lebensart und Geistesgegenwart (an welchen beiden Dingen es ihm auch zu fehlen scheint) sein können. Ueberdies kennen wir seine öko= nomische Lage gar nicht: er ist zurückhaltend. Die Umstände sei= ner Aeltern sind gewiß gut, aber es ist nicht bekannt, auf wel= chem Fuße er mit seinem Vater steht.

Achelis aber, — o wie freue ich mich, daß er etwas von dem Guten auch gegen Sie gezeigt hat, um deswillen ich ihn so herzlich liebe! — hat sich als ein edler Mann betragen, und das um so mehr, da ich sicher weiß, daß er am wenigsten etwas übrig hat. Ich werde bei erster Gelegenheit es ihm merken lassen. — Sonderbar — aber unter uns! Eben dieser Mann knickert zuwei= len um ein paar Schillinge, und doch habe ich immer gewußt, daß er auch in diesem Punkt edel ist.

Und nun zu mir! — Ich gestehe Ihnen ohne Beschämung, weil Sie, ich darf es hoffen, in mein Herz kein Mistrauen setzen, und weil ich einer zufälligen Lage gegen Sie mich nicht schäme, daß ich am Sonnabende etwas, aber nicht von vielem Werthe, hätte kaufen können; daß ich es aber jetzt nicht kann, weil ich seit der Zeit unerwartete Ausgaben bekommen habe und bis zu meiner Abreise nicht mehr bei baarem Gelde sein werde. — Sie können nicht wissen, welch ein Zutrauen gegen Sie dieses Geständniß bei mir voraussetzt, wenn Sie nicht einen vielleicht verwahrlosten Winkel meines Herzens kennen, — einen gewissen Stolz, nie eine Geldverlegenheit merken zu lassen und keine Ausgabe auszuschlagen, und wenn ich es borgen sollte.

Wie liebenswürdig Sie selbst mir — nicht werden, — ich habe Ihr edles Herz längst gekannt und gegen Mad. Titot sehen können — sondern hier, in dieser warmen Theilnehmung gegen den guten B. von neuem erscheinen, — könnte, dürfte ich da= rüber Ihnen ein Wort sagen?

Doch es ist wieder 12 Uhr. Es ist mir der süßeste Beschluß meines Tages, mich mit Ihnen zu unterhalten. Einen guten Theil des Abends, den ich sonst Ihnen gewidmet hätte, mußte ich mit Herrn Ott verplaudern. Der Mann würde mir zuletzt noch lieb werden, wenn er mir nicht wol eine Stunde genommen hätte, die ich besser im Andenken an Sie zugebracht hätte.

Schlafen Sie wohl! — Ueber Ihre Begebenheit morgen — eine Menge philosophischer Bemerkungen.

Daß Sie nicht immer so verständig, so gesetzt gewesen als jetzt, daß Sie Ihre jetzige vernünftige Denkungsart, Ihre tiefe Kenntniß des menschlichen Herzens nur durch Erfahrung erwarben; daß auch Sie durch das Lebhafte der ersten Jugendjahre hindurch=gegangen, konnte ich mir wol denken. Solch einen Charakter wie den Ihrigen erhält man nicht ohne mannichfache Prüfungen. Und da hat denn besonders das Verlangen nach der größern Welt Sie gereizt! Sehr natürlich, da Sie Kräfte, stark wirkende, nach Entwickelung ringende Kräfte in sich fühlen mußten. Das häusliche Leben konnte für Sie keinen Reiz haben, solange Sie noch nicht die volle Kraft hatten, darinnen zu wirken. Sie wur=den von Ihrer seligen Mutter geliebt; aber Sie waren dies von Ihrer Kindheit an nicht anders gewohnt, es war Ihnen kein neues, besonderes Gefühl. Jetzt wurde durch den Tod dieser vor=trefflichen Mutter Ihr Herz ganz durchdrungen, zermalmt, gleich=sam auf eine Zeit lang getödtet; und nun wandte sich die Liebe Ihres Vaters, die Ihnen eine neue Erscheinung, ein unerwartetes Glück war, zu Ihnen und wurde Ihnen dadurch nur desto theu=rer. Sie konnten ihm dienen; Sie konnten ein Hauswesen füh=ren und zur Erleichterung eines so geliebten Vaters führen: da ging ein neues Herz in Ihnen auf, da waren Sie wie umge=schaffen. Sehen Sie hier einen Plan, einen weislich angelegten Plan der Vorsehung, Sie dazu zu machen, was Sie werden soll=ten, was Sie jetzo sind, und was nach der Weisheit dieser Vor=sehung die beste Art der Existenz für Sie war. So, glaube ich, geht die Vorsicht mit allen Menschen.

M—n kenne ich und liebe ihn nicht: ich möchte durch ihn nicht gern etwas für meinen Freund erhalten.

Nothwendig ist es nicht, in der verderbtesten Gesellschaft mit verdorben zu werden; B. ist doch überspannt. Es muß ihm immer an Weltkenntniß gefehlt haben, und es scheint, es fehlt ihm noch daran. Komme ich zu diesem Papiere zurück, so werde ich weitläufiger darüber reden; wo nicht, so leben Sie wohl!

*   *   *

Ich bin eher wieder zurückgekommen, als ich gerechnet hatte: schon gestern Abend. Ich reiste nicht allein, sondern in der Gesellschaft des Baron von Walldorf und des Dr. Beyr. Die Geschichte meiner Reise und meines Aufenthalts in Flaach, die nicht uninteressant ist, einmal mündlich, wenn wir — nicht etwa nichts Interessanteres zu reden haben, — das werden wir immer haben, sondern, wenn wir es, weil wir nicht allein sind, nicht können.

Wie viel ungleich Wichtigeres habe ich Ihnen hier mitzutheilen! Sie haben ein Geheimniß, ein unerklärliches Geheimniß, immer stärker und fester an sich zu ketten: meine Anhänglichkeit an Sie entstand nicht urplötzlich, wie sie sonst wol zuweilen entsteht und ebenso plötzlich verschwunden ist. Mein Genius zwar deutete mir, als ich Sie das erste mal sah, ganz leise, daß diese Bekanntschaft für mein Herz, für meinen Charakter, für meine Bestimmung nicht gleichgültig sein werde. Aber sowie ich Sie näher kennen lernte, zog mein Verstand und mein Herz mich immer näher zu Ihnen hin, und jetzt — zieht sich das Band immer enger zu! — Wie machen Sie das? oder vielmehr, wie mache ich es? — O ich weiß es nur zu wohl! In Ihnen ruht ein Schatz, der sich nur willkürlich eröffnet, der sich nicht ohne Wahl vergeudet; und einer gleichgestimmten Seele eröffnet er sich immermehr und zieht sie an sich.

Ihr Anerbieten vom Freitage hat mich gerührt, hat mich noch weit mehr von Ihrem Werthe überzeugt, als ich es war, wenn das möglich ist. Nicht, daß Sie sich etwas, was Ihnen vielleicht, wie Sie es nennen, eine Kleinigkeit sein kann, für mich berauben wollten — tausend andere konnten das auch thun — sondern, daß Sie, da Sie doch etwas von meiner („stolzen" nennt es die Welt) Denkungsart bemerkt haben mußten, es mir mit so einer Natürlichkeit und Offenheit antrugen, als wenn Ihr ganzes Herz Ihnen sagte, daß ich Sie nicht verkennen könnte; daß, wenn ich noch auf der Erde von keinem Menschen so etwas angenommen hätte, ich es von Ihnen annehmen würde; daß wir zu einig wären, um über solche Dinge zweierlei Meinung zu haben. — Theuerste, Sie haben mir dadurch einen Beweis Ihres Zutrauens, Ihrer Güte — Ihrer (darf ich das Wort schreiben?) Liebe gegeben, worüber ein größerer nicht möglich ist. —

Wäre ich jetzt nicht ganz der Ihrige, so wäre ich ein Ungeheuer, das weder Kopf noch Herz, noch Ansprüche auf Glück hätte.

Um aber auch mich in meinem wahren Lichte zu zeigen, so haben Sie hier meine wahren Gedanken über diese Sachen und meine Empfindungen, sowie ich sie selbst in meiner Seele lese.

Anfangs regte sich in mir, ich gesteh' es mit tiefer Beschämung, der Stolz. Es fiel mir ein, was ich Ihnen neulich geschrieben; ich — Thörichter! — konnte einen Augenblick — länger nicht — glauben, Sie hätten mich misverstanden. Doch war ich selbst in diesem Augenblicke mehr betrübt als beleidigt. Der Schlag kam von Ihrer Hand. — Plötzlich erwachte die bessere Seele; ich fühlte den ganzen Werth Ihres Herzens in dieser Begegnung und war tief gerührt. Wäre nicht in diesem Augenblicke Ihr Papa gekommen, ich wäre meiner Rührung nicht Meister gewesen. Nur etwas Beschämung, Sie und mich einen Augenblick herabgewürdigt zu haben, hielt sie so lange in Schranken.

Doch annehmen konnte ich es nicht: nicht als ob Ihr Geschenk mich erniedrigte, nur erniedrigen könnte. — Eine Gabe aus bloßem Mitleid mit Dürftigkeit könnte ich verabscheuen, ja den Geber hassen: hier ist vielleicht die verwahrlosetste Seite meines Herzens. Aber die Geschenke der Freundschaft, einer Freundschaft, die, wie die Ihrige, innige Achtung zum Grunde hat, können aus Mitleiden nicht kommen, sie ehren, statt zu entehren. — Aber wahrhaftig, ich brauche es nicht! Ich bin ohne Geld, das heißt bei mir: ich habe keins, unberechnete Ausgaben zu machen; zu den sehr kleinen regelmäßigen habe ich bis zu meiner Abreise genug. In Verlegenheit — ich glaube, die Vorsehung waltet über mir, komme ich selten, wenn ich kein Geld habe. Ich habe Beispiele davon, die ich drollig nennen würde, wenn ich nicht auch da die Wege der Vorsicht erkennen müßte, der es nicht zu gering scheint, sich bis zu unsern kleinen Bedürfnissen herabzulassen.

Das Geld im ganzen erscheint mir ein sehr geringfügiges Möbel. Ich glaube, daß man mit etwas Kopf immer seine Bedürfnisse findet, und weiter ist das Geld doch wahrlich zu nichts nütze. Ich habe es daher immer verachtet; aber leider ist beson=

ders hier zu Lande ein Theil der Achtung unserer Mitmenschen
daran gebunden, und diese ist mir nie gleichgültig gewesen. Viel=
leicht werde ich auch diese Schwachheit nach und nach los; sie
trägt eben nicht zu unserer Ruhe bei.

Durch diese Verachtung des Geldes nehme ich schon seit vier
Jahren keinen Heller von meinen Aeltern, weil ich noch sieben Ge=
schwister habe, die alle jünger, zum Theil noch ganz unerzogen
sind, und weil ich einen Vater habe, der in seiner Zärtlichkeit
gegen mich das, was er seinen übrigen Kindern schuldig ist, an
mich wenden würde, wenn ich es zuließe. Ich nehme selbst nicht
Geschenke, unter welcherlei Vorwand es sei, und habe seit der
Zeit mich recht wohl erhalten und mich gegen meine Aeltern,
besonders gegen meinen zu zärtlichen Vater, mehr à mon aise
gestellt, als ich zuweilen war.

Dennoch — wie glücklich fühle ich mich, theure, herrliche
Seele, mit Ihnen so reden zu dürfen! — verspreche ich Ihnen,
daß, wenn ich in Geldverlegenheiten kommen sollte, wie es nach
meiner Denkungsart und nach meinem Glücke nicht das Ansehen
hat, Sie die erste Person sein werden, an die ich mich wende,
an die ich je, seitdem ich von meinen Aeltern nichts haben will,
mich gewendet habe. Ihr Herz ist es werth, diese Versicherung
zu erhalten, und das meinige nicht unwerth, sie zu geben.

Weil wir bei diesem Artikel sind, etwas von Herrn Achelis.
Er war vorige Woche bei mir, und ich bezeugte ihm meine Ver=
ehrung seiner braven Handlung. „Ich denke darüber so", ant=
wortete er mir: „Wenn jemand, der mehr Verdienst hat als
ich, weniger Vermögen hat, so halte ich das für eine Unge=
rechtigkeit und ich suche es so viel als möglich abzustellen. Ich
glaube dann, daß ich nur aus Barmherzigkeit so von der Vor=
sehung getragen werde." — Daß dies bei ihm nicht so ein zur
Schau ausgehängtes Sentiment, sondern das ganze Herz ist, weiß
ich. Und zugleich erfuhr ich, daß er ein so schlechter Wirth ist,
daß er nie weiß, wie er mit seinen Schulden und mit seiner Ein=
nahme steht. Das letztere ist ohne Zweifel ein Fehler, aber es
erhöht den Werth seiner Handlung, es zeigt sein Herz offen. Es
ist ein herrlicher Mensch, aber man muß sein Gutes erst heraus=
zugraben wissen. — Daß er Ihr Mitleid erregt hat, lassen Sie
sich nur nicht reuen; er steht unter der Vormundschaft der Vor=

fehung, wie ich. Er ist bestimmt zu geben, solange er hat, und nicht zu darben, wenn er auch einmal nichts hat.

Ueber Hofleben hätte ich noch sehr viel zu sagen. Den Gesichtspunkt, aus dem ich es ansehe — als eine neue Bearbeitung des Charakters — wissen Sie. Mündlich oder ein andermal schriftlich mehr davon! Nur dies noch: Aufrichtigkeit und Geradheit wirken am meisten, wo sie am seltensten sind; ich habe mit diesen Dingen nie mehr gewirkt als bei falschen Leuten.

M—n habe ich in Olten unter einer Gestalt kennen lernen, die man allenfalls dem jungen Studenten verzeiht, die aber dem gesetzten, ernsthaften Manne nicht wohl ansteht, und die bei ihm eine große Verdorbenheit des Geschmacks und Mangel an Gefühl fürs Gute und Edle anzeigt. Ueberdies habe ich ihn schon vorher mehrmals gesehen, ohne zu ihm die geringste Anziehung zu fühlen; und einen solchen werde ich nie lieben können und ihm gern verbunden sein. Mit mir ging es ihm, scheint mir's, ebenso, und wenn er sich meines Namens noch erinnert, so hält er mich gewiß für einen du commun. Ueberdies war er der Freund eines Clubs, den ich nicht liebe — —; zugleich mit ihm lernte ich den Baron von Salis, den bekannten Dichter, kennen; diesen sah ich nur einmal, habe gewiß weit weniger mit ihm gesprochen als mit jenem; aber wie gern wäre ich diesem verbunden!

Für die Bekanntschaft, die Sie mir mit der berner Dame verschaffen wollen, und das Interesse, das Sie bei ihr für mich erregen wollen, danke ich Ihnen tausendmal. Einer Freundin von Ihnen mag ich gar zu gern verbunden sein; dieser Weg scheint mir weit liebenswürdiger. Der Erfolg desselben sowie alles andere sei der Vorsehung überlassen, von der allein ich abhange und der allein ich folgen werde. Was sich mir Passendes zuerst anbieten wird, das werde ich als aus ihren Händen annehmen und will daran ihren Wink erkennen.

Dienstags.

Ich hoffe Sie heute zu sehen, darf es aber leider nur hoffen, und dennoch habe ich es nie mit mehr Sehnsucht gewünscht. Ich weiß nicht, ob Sie unwillig auf mich sind. Sie könnten es wohl sein; Sie hätten Ursache genug. — Ich bin in Angst wegen meines Billets am Sonnabend; ich weiß nicht, ob es sicher in

4*

Ihre Hände gekommen ist. Ich glaube, Sie, von der ich so gern
alle liebenswürdigen Eigenschaften in mich überpflanzen möchte,
haben mir auch etwas von Ihrer kleinen Schwachheit, Ihrer
Aengstlichkeit, mitgetheilt. Können Sie glauben, daß ich es nicht
über mich habe erhalten können, den Knecht zu fragen, an wen
er das Billet abgegeben hat, da ich sonst eben nicht schüchtern
gegen ihn bin? Und werden Sie es mir vergeben haben, daß ich
Sie am Freitage ruhig in der Meinung ließ, ich käme den Sonnabend zu Ihnen? Ich glaubte wirklich schonend und zärtlich zu
handeln; es ist aber sehr möglich, daß ich nur eigennützig gehandelt habe. Ich wollte nur Ihr Misvergnügen darüber nicht
sehen; aber konnte ich verhindern, daß Sie es nicht ebenso wohl,
obgleich in meiner Abwesenheit, empfanden? Ich wollte nur
meine Betrübniß darüber nicht Ihnen zeigen; aber konnte ich
verhindern, daß Sie sie nicht ebenso wohl sich dachten und mich
vielleicht bedauerten?

Könnte etwas für einige Stunden Ihres Umgangs entschädigen, so wäre ich entschädigt. Ich habe die rührendsten Beweise
von der Zuneigung der guten alten Witwe erhalten, die ich doch
nur zum dritten male sah, und von ihrer Dankbarkeit für einige
Gefälligkeiten, die mir nichts, gar nichts wären, wenn sie mir
nicht zwei Tage bei Ihnen gekostet hätten. Sie weinte, als ich
Abschied von ihr nahm, ohnerachtet ich ihr Hoffnung gelassen
hatte, daß ich sie vor meiner Abreise noch sehen würde. — Ich
suche alle Eitelkeit abzulegen: mit einer z. B., mit dem gelehrten
Ruhme, sehr früh, mit der Begierde, witzig zu sein u. dgl., hat
es mir angefangen ein wenig zu gelingen; aber die Begierde,
geliebt, von simpeln treuen Seelen geliebt zu werden, kann
keine Eitelkeit sein, und diese will ich nie ablegen.

Welch ein ganz neues, fröhlicheres, herrlicheres Dasein ich
habe, seitdem ich sicher bin, es von Ihnen zu sein; wie sehr wohl
es mir thut, daß eine so edle Seele an mir Antheil nimmt und
solchen Antheil nimmt: dies kann ich Ihnen nicht aussprechen.
Ich möchte es wohl, um Ihnen danken zu können.

Meine Abreise, Theuerste, naht heran, und Sie haben endlich das Geheimniß gefunden, mir den Tag derselben, der mir
sonst ein Tag der Erlösung schien, zum bittersten meines Lebens
zu machen. Ich will Ihnen nicht sagen, ob der Tag schon be-

stimmt ist. Wenn Sie es nicht schlechterdings wissen wollen, so
sollen Sie ihn nicht erfahren. Wegen des Abschiednehmens, —
ja es ist bitter, es ist sehr bitter, und die Erinnerung desselben
hat immer etwas Schmerzliches. Aber eins von uns, und das
bin ich, muß doch das Bewußtsein tragen, es ist jetzt — für
einige Zeit, wenn Gott nicht über eines von uns Leben
befiehlt — das letzte mal, daß wir uns sehen. Wenn Sie also
nicht schlechterdings das Gegentheil wollen, so sollen Sie nicht
erfahren, wann ich das letzte mal bei Ihnen bin.

*　　*　　*

Traurig breche ich meinen Brief wieder auf. — O, warum
bin ich so ungeschickt, warum mußte eben die häßliche alte Frau
auf dem Lindenhofe sein, warum mußte ich so lange aufgehalten
werden?

Wie bitter wurde mir das Vergnügen vereitelt, das ich ge=
hofft hatte! — Ich habe Sie gesehen. Ja; aber nur auf einen
Augenblick; ich habe nichts gesehen, als daß Sie in Verlegenheit
waren. Weiter habe ich keinen Gedanken auf Ihrem lieben Ge=
sichte entwickeln können. Hat mehr darauf gestanden: — wer so
in Verlegenheit war als ich, wer so hier= und dorthin sah und
so manches dachte und empfand, der ist eben nicht bestimmt, auf
einem Gesichte wie das Ihrige zu lesen, das immer den Grund=
zug des Verstandes an sich trägt. — Ich hoffte, nachher Sie noch
zu finden; ich lief, nachdem ich mich von meiner Verlegenheit er=
holt hatte und Sie schon weit genug glaubte, um Sie nicht mehr
in der Stadt zu treffen, auf die Promenade, wo ich Sie noch zu
finden hoffte; ich durchrannte sie pfeilschnell mit der Lorgnette vor
dem Auge, wurde durch jedes Frauenzimmer, aus der Ferne näm=
lich, getäuscht, — wollte nun gerne noch Ihren Brief verschlingen
und konnte nicht, — rannte nach Hause, wo kein Mensch mich
erwartete, von 55—60 Minuten auf 5 Uhr verschlang ich ihn
wirklich und ging dann nach Ihrem Hause, in der Hoffnung,
Sie da zu finden, — klingelte, — die theure Barbel, que Vous
connaissez, antwortete; und indem kam Ihr Papa. — Wäre er
nicht zu gut, um scharfer Beobachter zu sein, er hätte mir mei=
nen Verdruß über seine Erscheinung ansehen müssen, — ich machte
eine lustige Miene zu schlechtem Spiel und ging mit ihm, ruhig,

wie ich schien, zu Tobler. Auf dem Rückwege fragte ich nach
Ihnen. Sie wären zu Wagmeister Tobler. Ich erwartete beim
Abschiede noch — wie kindisch! — ich könnte da noch mit ihm
hinaufgehen, Sie sehen und Ihnen den Brief geben. Nichts; ich
ging also verdrießlich nach Hause.

Daß er heute die Gesellschaft hat, weiß ich; aber es ist mir
erstens verdrießlich, in solcher Gesellschaft zu sein; zweitens brauche
ich meine Zeit nothwendiger; drittens würde ich Sie doch nicht sehen.
Doch hätte ich ihm, wenn er mich ausdrücklich dazu eingeladen
hätte, was er nicht that, mit un peu de libertinage gesagt: ich
würde mit der Bedingung kommen, wenn er Ihnen sagte, daß ich
Sie einen Augenblick sehen müßte. Und nun ist die Sache so ge=
worden und muß so bleiben; und ich, aus Verdruß, verriegele
mich auf meine Stube, sehe keinen Menschen und arbeite im
Aerger am Aufsatze über den Messias. — Meine Aufwärterin
wundert sich über meine heutige böse Laune. O, wenn sie wüßte,
wie viel Ursache ich dazu hätte! Sonst ist sie gewohnt, mich,
wenn ich nicht Stunden gebe, an mein Pult angekettet zu sehen,
sodaß sie sagt, wenn ich stürbe, so würde mein Geist an diesem
Pulte spuken.

Den Sonnabend hoffe ich ersetzt zu bekommen. Arrangiren
Sie sich darüber; ich habe mich arrangirt. Ich lasse mir keine
Stunde von den wenigen Stunden, die ich vor der Hand noch
Sie sehen werde, abbrechen. — Ich lache, und die Thränen stehen
mir in den Augen.

Ueber Ihren Brief, den ich dann freilich langsamer genossen
habe, werde ich Ihnen weiter antworten, besonders über den Vor=
schlag wegen Bern, sobald ich ruhiger bin. Jetzt bin ich's nicht.
Wie sehr ich auf Ihre Versicherung, daß Sie meine Hand leicht
lesen können, lossündige, das sehen Sie.

Nur über Eins. Ihr Mädchen hat gelogen, wenn sie gesagt
hat, daß ich vorigen Sonntag manchmal zu Ihrem Fenster hin=
aufgesehen. Einmal — wohlberechnet, in welcher Lage — lange
vorher auf der Brücke berechnet, welche Lage die günstigste sei,
habe ich hinaufgesehen, und das mit einem Blicke, daß ich mit
meinen schwachen Augen einen großen Theil Ihrer Stube über=
sehen zu haben glaube; aber dann zogen sich auch gleich meine
Augen zurück und blickten auf die Erde, wie ein Dieb, der auf

der That ertappt ist, ohne daß ich's ihnen befahl. Ich habe als=
dann nachgedacht, wie ich, der ich doch nicht immer wegen mei=
ner Bescheidenheit berühmt gewesen bin, zu dieser Schüchternheit
komme. O, ich habe es wohl gefunden!

Ich komme zur Beantwortung Ihres Briefs, besonders in
Absicht des Artikels von Bern. Ihnen sagen, wie sehr ich hieraus
von neuem Ihre Güte gegen mich erkenne, wie ich sehe, daß Sie
einen großen Theil Ihrer theuern Gedanken mir widmen: wie
könnte ich das? Wie könnte ich Ihnen würdig dafür danken?

Bern oder Kopenhagen, Lissabon oder Madrid oder Peters=
burg ist mir in Absicht auf mich gleich; ich glaube auch, daß
mein Körper so ziemlich alle Klimate verträgt. Wahre Winter=
kälte, wie z. B. die sächsische, ist mir nie sehr drückend gewesen;
aber die scharfen Winde vor Zürich waren es mir zuweilen. Viel=
leicht kam zu meiner mehreren Kränklichkeit allhier auch die ver=
änderte Lebensart. Ich kann mich mit der hiesigen Kocherei und
vielleicht auch mit dem hiesigen Weintrinken nicht vertragen.
Geräuchertes, Gesalzenes, Seefische, Bier, voila, ce qui faut à
mon éstomac! Von dieser Seite aus also würde ich von Kopen=
hagen wenig befürchten. Aber Ihnen, meine Theuerste, Ihnen
wäre es lieber, mich näher zu wissen? Ich bin von Ihrer Zärt=
lichkeit gerührt; ich erkenne sie mit dem wärmsten Danke: ich
empfinde auch hier gleich mit Ihnen, wiewol ich darüber nicht
ganz gleich denke. Die Briefe gehen von Kopenhagen z. B. ebenso
sicher und machen eben die Freude als von Bern. Reise ist Reise,
sei sie lang oder kurz, und schon jetzt ist es mir ziemlich gleich=
gültig, ob ich 10 oder 100 Meilen reisen soll. So schließt mein
Verstand, und ich kann ihn nicht widerlegen, so gern dies täu=
schende Herz auch es möchte.

Im ganzen denke ich darüber so: Der Hauptendzweck mei=
nes Lebens ist der, mir jede Art von (nicht wissenschaftlicher —
ich merke darin viel Eitles) sondern von Charakterbildung zu
geben, die mir das Schicksal nur irgend erlaubt.

Ich forsche dem Gange der Vorsehung in meinem Leben nach
und finde, daß eben dies auch wol der Plan der Vorsehung mit
mir sein könnte. Ich habe manche Situationen erlebt, manche
Rollen gespielt, mancherlei Menschen und Stände kennen gelernt,
und im ganzen habe ich gefunden, daß durch alle diese Vorfälle

mein Charakter immer bestimmter geworden ist. Es fehlte mir bei meinem ersten Eintritte in die Welt alles, als ein bildsames Herz. Manche dieser mir mangelnden Eigenschaften habe ich seit-dem erhalten; viele, unter andern die, mich zuweilen nach andern zu accommodiren, falsche oder meinem Charakter ganz entgegen-gesetzte Personen zu behandeln, etwas ins Größere zu wirken, fehlen mir noch gänzlich. Ohne dies kann ich die Kräfte, die mir die Vorsicht etwa könnte gegeben haben, nie so brauchen, wie ich es damit kann.

Sollte die Vorsicht etwa den Plan haben, auch diese Fähig-keiten in mir zu entwickeln? Sollte sie es etwa durch mein Auf-treten auf einem größern Schauplatze wollen? Sollte etwa mein Treiben an einen Hof, mein Project, eine Fürstenerziehung zu erhalten, Ihres Papas Plan, mich nach Kopenhagen zu bringen, Winke oder Wege der Vorsicht zu diesem Zwecke sein? Und sollte ich dann durch ein Drängen in eine kleinere Sphäre, das mir doch nicht natürlich ist, diesen Plan zu vereiteln suchen? — Ich habe zu wenig Talente, mich zu pliiren, Leute, die mir zuwider sind, zu behandeln, kann nur mit braven Leuten zurecht kommen, bin zu offen; dies war Ihnen ein Grund mehr, daß ich an keinen Hof tauge, mir ist es im Gegentheil einer, daß ich daran muß, wenn sich mir eine Gelegenheit dazu darbietet, um da-durch zu erlangen, was mir fehlt.

Den Stand der Gelehrten kenne ich; ich habe da wenig neue Entdeckungen zu machen. Ich selbst habe zu einem Gelehrten von métier so wenig Geschick als möglich. Ich will nicht blos den-ken; ich will handeln: ich mag am wenigsten über des Kaisers Bart denken. Und überdies ist ein schweizerischer Professor, d. i. ein Schulmann, mein Fach nun eigentlich gar nicht.

So stehe ich mit meinen Neigungen.

Nun aber zu meinen Pflichten! — Könnte nun nicht auch die Vorsehung, die besser wissen muß, zu was ich tauge und wo sie mich braucht, als ich selbst, nicht beschlossen haben, mich in eine solche Sphäre zu bringen? Könnte nicht Ihr Einfall, deren Schicksal sie mit dem meinigen zugleich entworfen zu haben scheint, ein Wink und das, was Sie mir vorschlagen, ein Weg dieser Vorsehung sein? Könnte nicht mein Treiben in die große Welt eine Verblendung meiner Sinnlichkeit, meiner

angeborenen Unruhe sein, die diese Vorsehung jetzt fixiren wollte?
Auch das ist ebenso möglich als das erste; und deswegen müssen
wir auch hier thun, was von uns abhängt, und das Uebrige von
Gottes Leitung erwarten.

Nur glaube ich, daß der Weg, den Sie dazu vorschlagen,
nicht eben die Wirkung haben muß, die Sie davon erwarten.
Meine Aufsätze können nicht das machen, was man Sensation
nennt; dies ist weder in ihnen, noch in meinem Geiste überhaupt.
Viele werden gar nicht verstehen, was vielleicht darinnen liegt;
die es verstehen, werden mich, ich glaube es, für einen brauch=
baren Mann halten, aber — comme il y en a beaucoup. Ein
anderes ist's, wenn man Interesse für den Verfasser hat und ihn kennt.

Sollten Sie durch Ihre Verbindungen ein dergleichen In=
teresse veranlassen können, — ja, dann läßt sich mehr erwarten;
aber die Sache scheint nicht dringend. Vor allen Dingen müßte
in Bern erst eine Professur, und zwar eine solche, die ich über=
nehmen könnte, offen sein. Dann ist es schwer, während meines
Hierseins noch eine Abschrift von meinen Aufsätzen zu nehmen.
Und vielleicht schreibe ich binnen der Zeit noch etwas Besseres,
oder kann vielleicht selbst mit diesen Aufsätzen in Leipzig ein Ar=
rangement treffen, daß sie in Bern bekannt und bequemer bekannt
gemacht werden können. Auf alle Fälle wissen Sie und jeder
gute Mensch, der sich mit Ihnen für mich interessiren will, immer,
wo ich bin. — Zu gleicher Zeit aber ersuche ich Sie, was ich nach
Ihrer gütigen Denkungsart gegen mich nicht bedürfte, sowol jetzt
als nach meiner Abreise keine Gelegenheit, die sich Ihnen dar=
bietet, wo mir ein Dienst zu leisten wäre, vorbeizulassen und sie
mir anzuzeigen. Ich glaube an eine Vorsehung, und ich merke
auf ihre Winke.

Bei der Gelegenheit noch etwas über mich. — Wenn Sie
sagen: am Hofe, und wenn ich selbst Premierminister würde,
wäre kein wahres Glück, so reden Sie aus meiner Seele.
Das ist unter dem Monde nirgends, beim Dorfpfarrer ebenso
wenig als beim Premierminister. Der eine zählt Linsen, der
andere Erbsen; das ist der ganze Unterschied. Glück ist nur jen=
seit des Grabes. Alles auf der Erde ist unbeschreiblich klein; das
weiß ich: aber Glück ist's auch nicht, was ich suche; ich weiß, ich
werde es nie finden.

Ich habe nur eine Leidenschaft, nur ein Bedürfniß, nur ein volles Gefühl meiner selbst, das: außer mir zu wirken. Je mehr ich handle, desto glücklicher scheine ich mir. Ist das auch Täuschung? Es kann sein, aber es liegt doch Wahrheit zum Grunde.

Aber das ist gewiß keine, daß es ein Himmelsgefühl gibt, von guten Seelen geliebt zu werden, Personen zu wissen, die Antheil, lebhaften, innigen, steten, warmen Antheil an mir nehmen. Seit ich Ihr Herz näher kenne, empfinde ich dies Gefühl in aller seiner Fülle. Urtheilen Sie, mit welchen Empfindungen ich diesen Brief schließe!

*   *   *

— — Ich verreise nach Flaach und komme Montags wieder. So sauer es mir ankam, konnte ich es doch der Witwe eines Mannes, den ich liebte, und die in gewaltiger Verlegenheit die ganze Stadt durchgeschickt hatte, nicht abschlagen zu predigen. Ich hätte mich um keinen Preis überwinden können, es Ihnen gestern zu sagen; es hätte mir — weiß Gott warum? — tief, tief weh gethan, Ihnen zu sagen, daß ich wieder einige Stunden von den wenigen verlieren muß, die ich noch bei Ihnen zubringen kann; zumal da ich gestern über einen gewissen Vorfall sehr gerührt war. Vor jetzt darf ich darüber nichts weiter sagen.

Dienstags, dächte ich, wieder das Arrangement vom vorigen! Wenn Sie mir unterdessen keine Nachricht geben, so werde ich es erwarten. — Mein Herz wird beklommen, trauriger; es fängt an, die nahende Entfernung zu fühlen, und sucht sich zu täuschen.

Leben Sie wohl, recht wohl! Meine Seele wird bei Ihnen sein!

*   *   *

Beste, theuerste Freundin! Es thut mir doch weh, daß meine Reise nach Flaach, eine Abwesenheit von höchstens 30 Stunden, von denen ich doch nur etwa drei in Ihrer Gesellschaft hätte zubringen können, Sie so geschmerzt hat! — Hätte ich mir das so gedacht, gewiß, ich hätte es abgeschlagen. — Aber, gute, theure Seele, ich habe weiter zu reisen und länger entfernt zu sein. Ich habe ein Herz, das meinen eigenen Schmerz vielleicht wird tragen können; aber den Schmerz einer so theuern Person auch noch dazu? — Wäre eine Bekanntschaft von einer nicht gar zu langen Zeit, von der wir nur im letzten Theile einander ganz haben kennen lernen, des Schmerzes, den uns die Trennung verursachen wird, werth, wenn wir uns nicht wiedersehen, nicht froher wiedersehen sollten? So denke ich jetzt, und dieser Gedanke gewährt mir viel Trost. Ich wünschte, daß Sie denselben mit eben der Sicherheit und Ueberzeugung fassen möchten.

— — Daß Sie meine Paar Verschen so werth halten, dafür danke ich Ihnen tausendmal; ich lasse Ihnen nun wenigstens etwas von mir, das Ihnen lieb ist. Aber hier hat wieder Ihre Güte Ihr Urtheil geblendet. Die Verse, obgleich sie die besten sind, die ich machen konnte, sind doch schlecht: ich versichere es Ihnen, und wollen Sie es bewiesen haben, so fragen Sie nur Herrn Br. Das aber gestehe ich, daß sie mir vielleicht werden lieb werden, wenn ich sie von Ihnen singen höre.

Papas Brief will ich weder jetzt noch je lesen. Es genirt ebenso, sein eigenes Lob zu lesen, als es den Freund genirt, im Schreiben zu denken, sein Freund werde es lesen. Wollte ich ihn um etwas bitten, so würde es das sein, ja nicht zu viel Gutes zu sagen; wenn etwas aus dem Projecte werden sollte, so ist es hart, eine hohe Meinung zu souteniren; doch die Vorsehung thue auch hier, was sie wolle. Eine hohe Meinung spornt kräftig an, und ich will so viel werden, als ich werden kann; und unterliege ich, nun wohl, so war auch das der Wille der Vorsehung, daß ich unterliegen sollte.

Predigen werde ich hier, leider, nicht mehr können, in Flaach gewiß nicht! Gern thäte ich es, da es Sie freut, wenn sich eine Gelegenheit darböte. — Ich habe keinen offenbaren Widerwillen, Prediger zu werden; und wenn sich jetzt in Sachsen eine honette Gelegenheit zuerst dazu zeigte, und die theologische Denkungsart dort sich ein wenig änderte, wie es das Ansehen gewinnt, so würde ich es nicht ausschlagen. Aber ich will alles erwarten und zu allem gefaßt sein.

Ihr Urtheil über mein Predigen ist wol auch durch Ihre gütige Denkungsart gegen mich sehr modificirt. Ich glaube — denn ich hasse die falsche Bescheidenheit — einige Anlage zum Prediger zu haben; aber es fehlt noch weit mehr, als da ist.

*   *   *

— Nur sehr kurz kann ich Ihnen schreiben; ich habe nur noch sehr wenig Zeit übrig. Ich habe sie, aber ich darf Ihnen nicht sagen, wozu ich sie angewendet habe.

Zuerst das Nothwendigste, was ich Ihnen zu sagen habe: den Tag meiner Abreise, und über den Abschied. Sie wünschen also das so Bittere des Abschiednehmens? Gut, aber nur unter einer Bedingung. Ich muß den Abschied von Ihnen allein nehmen. In jedes andern Gegenwart, selbst in der Ihres vortrefflichen Papas, wäre er durch jene Zurückhaltung, über die ich so klage, genirt. — Ich reise, weil es doch gesagt werden muß, morgen über acht Tage ab. Heute über acht Tage sehe ich Sie das letzte mal; denn ich reise Sonntag sehr früh. Suchen Sie es einzurichten, daß ich Sie zuletzt allein sehe. Wie es einzurichten ist, sehe ich noch nicht. Aber lieber will ich gar nicht von Ihnen Abschied nehmen, als einen kalten, etikettenmäßigen Abschied.

Für Ihren gestrigen herrlichen Brief danke ich Ihnen innig, besonders auch deswegen, weil die Erzählung mich so sehr in meinem Lieblingsgrundsatze bestätigt: Gott sorgt für uns und verläßt keinen ehrlichen Mann. Dann auch, weil er mir einen neuen Beweis von Ihrem edlen Charakter gibt. Ihr kindliches Herz, Ihre Standhaftigkeit, Ihren Aeltern zu dienen, alles habe ich von Ihnen fest erwartet; aber es freut mich innig, daß Sie es sich selbst mit so einer Festigkeit zutrauen können, da Sie es schon gezeigt haben.

Und so seien Sie überzeugt, daß auch bei mir dem Andenken an Sie nichts Eintrag thun kann. Die Ursachen davon sind Ihnen längst bekannt. Sie wissen meine Denkungsart, Sie kennen sich, Sie wissen, daß ich Sie kenne; können Sie also noch zweifeln, daß die einzige weibliche Seele, die ich am meisten werde schätzen, ehren, lieben können, gefunden ist? daß ich nichts mehr unter dem weiblichen Geschlechte zu suchen habe und nichts mehr finden kann, was für mich ist?

Ich habe öfter, in meinen Briefen sowol als in der Unterredung, mich dieser oder jener Ausdrücke bedient, die nicht in ihrem eigentlichsten Sinne zu nehmen waren. Ich lasse öfter blos mein Herz, das in der Freude, von Ihnen, theure, gute Seele, geliebt zu werden, ein etwas muthwilliges Herz ist, reden. Ach, ich bitte, bitte, theure Freundin, glauben Sie doch ja nicht an

das Wort, sondern an das Herz. Wenn ich Ihnen sage, daß ich
Ihnen böse bin, so bin ich Ihnen gewiß recht gut; und wenn ich
Ihnen sage, daß Sie mich zum Kinde gemacht haben, so kann
das wohl sein; aber ich freue mich dann gewiß ein Kind zu sein,
wenn es durch Sie ist, daß ich's geworden bin.

Leben Sie recht wohl. Ich hoffe heute Ihrer Gesellschaft
recht zu genießen. Ihr Papa wird sich an jemand anders adressiren, und von Ihnen werde ich soviel möglich alles wegdispu-
tiren. Der Stunden werden wenig, und hier ist einige Unhöf-
lichkeit zu verzeihen.

Leben Sie wohl, theure, herrliche Seele!

Wir begleiten jetzt Fichte auf der Rückreise in sein Vaterland, die er, mit einigen Empfehlungsschreiben an den würtembergischen Hof und nach Weimar versehen, unter den besten Hoffnungen antrat. Einige Briefe nach Zürich, die wir hier mittheilen, enthalten einiges Nähere darüber.

Schaffhausen, den 6. April 1790, gegen Abend.

Theuerste Geliebte! Erst diesen Mittag bin ich hier angekommen. Wie ich mich nach Schaffhausen gesehnt habe, ist unaussprechlich; denn ich wußte, daß ich hier Briefe von Dir erhalten würde. Mein Wunsch, meine Hoffnung betrog mich nicht:
aber Deine Sorge für meine Gesundheit ist zu gütig. Bestes,
theures Kind, Dir zu Liebe, mit dem Andenken, mit dem Glauben an Dich will ich das Hausmittel gebrauchen, das Du mir
nachgesendet hast. Schade, daß ich es nicht noch diesen Abend
nehmen kann; aber mein Koffer, in den ich es hineingethan, muß
eben jetzt auf die Post. In Stuttgart aber wird es gebraucht.
Doch, guter Engel — ist es Dein Schutzgeist, der mich so gütig
begleitet — ich bin in Absicht des Magens sehr gesund. Einen
Katarrh zwar führe ich schon seit einigen Tagen; aber das hat
nicht viel zu sagen.

Ich habe eine sehr ermüdende Reise gemacht. Mittwoch
früh, den 31. März, war ich in Sax bei Escher, wo ich
seinen herrlichen Bruder und seine treffliche Mutter kennen

lernte. *) Am Grünen Donnerstag habe ich mit Andacht und Andenken an Dich communicirt und nachmittags gepredigt, um nicht müßig zu sein, denn mein unruhiger Geist begleitet mich allenthalben hin. Den Freitag darauf machte ich mit Escher's Bruder eine kleine Fußreise nach einem österreichischen Städtchen, Namens Feldkirch. Sonnabends, den 3. April, verreiste ich von Sax durch das Rheinthal herauf und kam den ersten Feiertag nach Konstanz; den zweiten verreiste ich von da und bin heute hier.

Escher, der wirklich schlecht ist, aber — wohl ihm — Glauben und Muth noch nicht verloren hat, noch voller Plane und Aussichten auf die Zukunft ist, noch fleißig und gut arbeitet, hat sich anheischig gemacht, Dir die „Frühlingsfeier" (von Klopstock) in Musik gesetzt zu schicken. Er wird und muß Wort halten. Dafür bitte ich Dich, ihm, wenn er nach Zürich kommt, die „Confessions" von Rousseau zu leihen. Sieh, meine Theure, so disponire ich auch in der Entfernung noch über meine Freunde! Lache, aber nimm es nicht übel!

Gutes Kind, auch sogar in Briefen kann ich mich nicht mehr so, wie ich es möchte, mit Dir unterhalten. Die dritte Seite geht zu Ende, und ich habe noch viel zu schreiben, und bin herzlich müde. Doch denke ich in Stuttgart ein paar Stunden zu erobern, und diese sollen Dein sein, sowie alle meine andern freien Stunden, sowie mein ganzes Leben, sowie ich selbst Dein bin.

Papa soll nicht spotten. Die gute Titot, welche ich herzlich zu grüßen bitte, soll nicht vergessen werden. Ich habe einen Brief von Lavater an die Herzogin von Würtemberg.

Grüße Br. und Achelis und theile dem letztern so viel, als Dir gut scheint, aus meinem Briefe mit. Die Silhouette hat er genommen. Er soll auch die Deinige nehmen und sie mir schicken,

---

*) Sax, ein Pfarrdorf im obern Rheinthale, westlich vom Rheine, zwischen Gambs und Sennwald, jetzt zum Canton St.-Gallen gehörig, damals aber, bis zum Jahre 1798, im Besitze des Cantons Zürich. Escher, ein junger Mann von den schönsten dichterischen Anlagen, starb bald darauf am Gesichtskrebs, ein Uebel, dessen Gefahr seine Freunde früher erkannt hatten als er selbst. Dies erklärt mehrere der folgenden Aeußerungen Fichte's über ihn.

oder ich bin ihm böse. — *** hat mir Politesse erwiesen; aber seid gegen ihn auf der Hut; ich weiß nicht ganz, ob sein Charakter nicht zweideutig ist. *)

Lebe wohl, theurer Engel. Gott sei bei Dir! Mein Geist fliegt Dir zu, mein Herz schlägt für Dich. Ewig der Deine.

An Rahn.

Stuttgart, den 10. April 1790.

Bester, ehrwürdiger Freund! Ich bitte Sie nicht um Verzeihung, daß ich so geradezu mit Ihnen bin. Ohnerachtet der Entfernung, die Stand und Jahre zwischen Ihnen und mir machen, wissen Sie doch, daß ich Sie innig verehre und liebe, und Sie sind so gut und erlauben mir, dies Ihnen zu sagen.

Von Sax aus konnte ich Ihnen nicht schreiben; ich war keinen Posttag dort. Ich wollte Ihnen einen Entwurf zu einem Briefe an den Prinzen von Hessen schicken. — Wenn Sie es wollen — Sie verzeihen meine Freiheit und lächeln doch nicht über den Jüngling, der einem Meister einen Entwurf geben will? — hier ist er:

„Ew. Durchlaucht verzeihen es dem Alter, das sich so gern in verlebte glücklichere Tage zurückversetzt, wenn mein Andenken oft und am liebsten bei Ew. Durchlaucht verweilt, und wenn das, was ich sonst nur still zu empfinden wagte, jetzt durch einen Zufall in Worte ausströmt.

„Es hielt sich einige Zeit ein junger Mensch hier auf, dessen moralischer Charakter mir schon längst von keiner unvortheilhaften Seite bekannt war, und dessen Anlagen ich erst durch einen Aufsatz, den ich mir die Freiheit nehme, Ew. zu überreichen, und durch einen zweiten, der in den Händen des Herrn Grafen von Bernstorff ist, näher kennen lernte. — Bei einigen Anlagen

---

*) Eine Ahnung, die eingetroffen ist! Rahn hatte jenem Manne den größten Theil seines Vermögens anvertraut; er fallirte ein Jahr darauf, und dies unglückliche Ereigniß griff auch in das Schicksal der beiden Verlobten höchst schmerzlich ein, indem es der Grund wurde, daß ihre Verheirathung um mehrere Jahre aufgeschoben werden mußte.

wünscht er sich Gelegenheit, sie weiter auszubilden, welche ich ihm von Herzen wünschen möchte.

„Ew. kennen und schützen die Wissenschaften. — So wie ich den jungen Mann kenne, so wäre es mir wahrscheinlich, daß er sich Ew. mit seiner ganzen Seele widmen würde, wenn er so glücklich sein könnte, Ihnen anzugehören, und wenn er vielleicht das beneidenswerthe Los haben könnte, einige von wichtigern Geschäften freie Stunden durch Lectüre u. s. w. nicht unangenehm verkürzen zu helfen.

„Dies träfe mit den Wünschen dieses Jünglings überein, der als Lector bei einem edlen Großen zu leben längst begehrt hat; und ich sehe, wie beneidenswürdig sein Schicksal sein würde, wenn er in diesem Wunsche bei Ew. reussiren sollte" u. s. w.

Nicht ein Brief soll das sein, wie es sich versteht, sondern die Gedankenreihe eines Briefes, wie ich etwa ihn schreiben würde. Verzeihen Sie und lächeln Sie nicht zu sehr.

Ich höre überdies, bester Herr Wagmeister, daß Sie ein Spötter geworden sind. O, ich bitte, bitte, seien Sie das doch nicht!

Ich habe heute den Rheinfall gesehen. Alles wird in der Beschreibung leicht übertrieben. Dieses Wunder der Natur allein wird ewig unerreicht, unausgesagt, unbeschrieben, unbesungen und ungemalt bleiben.

Leben Sie wohl, erhalten Sie mir Ihre Liebe. Es gehört unter die Dinge, die mich ewig freuen werden, daß ich in Zürich so glücklich war, die Freundschaft des liebens- und verehrungswürdigsten Mannes zu erhalten. Doch hier Punktum, um nicht in den Ton der guten Titot zu verfallen. Ich bin für immer Ihr verbundenster 2c.

*   *   *

Stuttgart, den 10. April 1790.

Theuerste Geliebte! Aus einem Wirbel von Zerstreuungen entronnen, am Abende vor meiner Abreise von hier schreibe ich Dir; sammelt sich meine Seele, und wo könnte sie sich sammeln und wo könnten alle Gefühle, alle Wünsche, alle Kräfte derselben sich vereinigen, als in Dir? Ich habe, Dank sei es Lavater, anderthalb sehr angenehme Tage hier verlebt. Man hat mich in Stuttgart mit einer Distinction aufgenommen, die alle Erwartung übersteigt.

Der Madame Titot *) sage, daß ich die Herzogin nicht hätte sprechen können, indem sie während meiner Anwesenheit nicht nach Stuttgart gekommen ist, daß ich ihr aber geschrieben hätte — der Brief folgt als Beilage —; daß man sich, d. h. Leute, die die Herzogin kennen, von dem Briefe etwas verspricht, daß ich Hoffnung habe, selbst Antwort zu erhalten, daß ich ihr eine neue Fürsprecherin bei der Herzogin, welche sie oft sieht, eine gewisse Madame Ehrmann (von welcher weiter unten) verschafft habe. — Ich habe — und das sage der Titot nicht — den eigentlichen Zusammenhang der Sache erfahren. Die Herzogin war wirklich tief gerührt und hätte für sie das Unmögliche möglich gemacht; der Herzog aber ist darüber verdrießlich gewesen und hat ihr befohlen, sie mit ein paar Louisdor fortzuschicken: die Absicht ist also wirklich gewesen, sie mit jenen paar Goldstücken Lavater wieder über den Hals zu schicken. Hat er das gemerkt? Ist er darüber böse geworden? — Liebes Kind,

---

*) Es ist vielleicht hier am Orte, des merkwürdigen Schicksals dieser achtungswerthen Frau mit einigen Worten zu erwähnen, deren in den mitgetheilten Briefen mehrmals gedacht wird. Maria Christina von Titot, Tochter eines fürstlich hohenlohe'schen Oberbeamten, Wittwe eines würtembergischen Oberstlieutenants, der seinem Fürsten 16 Jahre lang treu gedient, kam durch mancherlei Unglücksfälle unverschuldet endlich in die Lage, daß sie als Dienstmagd ihr Leben zu fristen genöthigt wurde. Die damalige Gattin des Herzogs von Würtemberg, Franziska, Gräfin von Hohenheim, gewöhnlich wol auch Herzogin genannt, war früher, noch als Frau von Leutrum, oft als Gast in ihrem Hause gewesen; jetzt war diese Fürstin, jene in kränklich hülflosem Alter Dienstmagd. So lernte durch Zufall Fichte in der Nähe von Zürich sie kennen und empfahl sie dem Rahn'schen Hause. Man suchte Lavater für sie zu interessiren, der durch seine Verbindungen mit dem würtembergischen Hofe ihr vorzüglich zu helfen im Stande war, und Fichte selbst wollte die Sache in Stuttgart betreiben. Das Resultat davon und das endliche Schicksal der Unglücklichen erwähnen die Briefe selbst. Unter dem Herzoge ist der Herzog Karl zu verstehen, jener berüchtigte Kleindespot Würtembergs, der Peiniger Schubart's, der Verfolger Schiller's, hier mit einem andern höchst charakteristischen Zuge als „Bibelsammler" und als „Menschenfeind" bezeichnet.

wir müssen ihm alles verzeihen, er hatte doch recht! Doch diese Nachricht ganz unter uns, sie ist von guten Händen, aber sie ist nicht communicable. — Der Herzog ist, trotz seiner Bibelsammlung, immer noch Menschenfeind. — Die Herzogin ist ganz für die Titot, aber sie kann nichts. Soviel sie kann, will ich an meinem geringen Orte von ihr herauspressen; denn durch die Ehrmann kann ich sie quälen, wie ich will. — Ganz Stuttgart weiß die Geschichte und nimmt warmen Antheil.

Tr. habe ich gesprochen; er ist Hofmann, Politikus, scheint nicht zu wissen, was Mangel ist; er hat mir nicht gefallen, und ich habe ihn nicht wiedergesehen. Dies braucht indeß die zutrauliche Seele Titot nicht zu wissen. Tr. läßt ihr sagen, sie solle nur nach Stuttgart kommen; ihre Freunde würden für sie sorgen; sie solle es aber erst schreiben. — Ich zwar würde darauf nichts geben; aber laß sie immer reisen; wenn sie erst da ist, müssen sie sich doch schämen.

Jetzt zur Ehrmann. Diese, an welche ich Briefe von Lavater hatte, ist eine geborene Zürcherin und schreibt ein Journal, „Amaliens Erholungsstunden", für Frauenzimmer. Sie hat eine Menge fürstlicher Personen zu Subscribenten, und ihr Journal findet in ganz Deutschland, nur in Zürich noch nicht, eine Menge Abnehmer. Sie hat mich sehr stark in ihr Interesse gezogen, und ohnedem mußte ich wünschen, ihr zu dienen, weil sie der Titot für mich dienen soll. Du thust mir einen Gefallen, wenn Du es unter Deinen Freundinnen bekannt machst und etwa Subscribentinnen sammelst. Der Umstand, daß die Verfasserin eine geborene Zürcherin ist, sollte wol den dortigen Patriotismus rege machen u. s. w. — — Du darfst es übrigens sicher empfehlen; ich habe es gelesen und zur Probe ist es bei Lavater zu bekommen.

Nun erst, nach Beobachtung der Pflichten der Dienstfertigkeit, zu uns! — Ich habe hier keinen Brief von Dir erhalten, und es war auch unmöglich. Solltest Du indeß mir geschrieben haben, so ist es sehr schlimm; denn da ich Deine Adresse nicht weiß, so kann ich keine Erkundigung darüber einziehen. — Also erst in Weimar, unter dem Couvert „An Herrn Lips". — Ich werde mich genug sehnen; aber leider geht die Schule der Geduld schon an.

Grüße Deinen lieben, herrlichen Vater. Die Fortdauer meiner Liebe darf ich Dir nicht versichern, und es ist mir sehr wohl in dem Gefühle, daß ich es nicht darf. Deine Briefe führe ich in meiner Brieftasche, und lese sie alle Abende vor dem Schlafengehen, wenn Schlafnacht ist, zur Erholung von den Beschwerden des Tages.

Gott sei bei Dir und erhalte Dein edles Herz Deinem Freunde.

* * *

An Lavater.

Leipzig, den 14. Mai 1790.

Nur das beständige Andenken an Ihre herzliche Güte macht mich so frei, Ihre Geschäfte durch einen Brief auf einige Augenblicke zu unterbrechen.

Ich bin nach einer höchst angenehmen und interessanten Reise von sechs Wochen hier angekommen. Herrn Herder in Weimar habe ich nicht sehen können, weil er krank war; ich habe aber den Brief, den Sie so gütig waren mir anzuvertrauen, ihm überliefern lassen. Herr Lips hat mir viel Güte erwiesen; auch das danke ich Ihnen; Herrn von Goethe aber habe ich nicht angetroffen, weil er, wie Ihnen ohne Zweifel bekannt ist, nach Italien der verwitweten Frau Herzogin entgegengereist ist.

Mein Hauptzweck, den ich mir vorgesetzt hatte, kann vor der Hand nicht erfüllt werden, wie auch freilich eigentlich nicht zu erwarten war, und ich finde wirklich hier nichts für mich zu thun als schriftstellerische Arbeiten. Herrn Weiße, der so gütig sein wird, mich hierbei zu leiten und zu empfehlen, spreche ich erst morgen, weil er auf dem Lande ist.

Ich habe es nie gern wagen wollen, Sie, theuerster Herr Pfarrer, um die Verwendung Ihres Wortes für mich zu ersuchen, weil ich mir nicht schmeicheln konnte, Ihnen von so einer Seite bekannt zu sein, daß Sie es sehr gern thun würden, und weil ich Sie viel zu sehr ehrte und, wenn ich es sagen darf, liebte, um Ihre Herzensgüte durch ungestüme Zudringlichkeit zu quälen. Jetzt ersuche ich Sie, wenn Sie bei Ihrer ausgebreiteten Bekanntschaft unter den Großen Deutschlands von etwas hören sollten,

5*

das in mein Fach schlägt — Erziehung eines Großen, mit anständigen Bedingungen und Aussichten verknüpft, oder Führung eines jungen Herrn von Stande auf Akademien und Reisen — meiner gütigst zu gedenken. Die gute Titot, welche wieder sehr krank gewesen ist, wie ich höre, vielleicht es noch ist, leidet viel. Ich habe es gewagt, ein paar Zeilen an die Herzogin zu ihrem Vortheil zu schreiben. Ihr Lector versprach mir in ihrem Namen Antwort; ich gab Herrn Weiße als Adresse. Ich weiß noch nicht, ob vielleicht etwas angekommen ist. Wenn doch auch nur dieser Person könnte geholfen werden.

Sie selbst um ein Paar Zeilen Antwort zu bitten, wage ich nicht; aber es wird meinem Herzen sehr angenehm sein, wenn Sie mir durch Herrn Achelis wollen sagen lassen, daß Sie sich meiner noch gütig erinnern, und daß Ihnen die Freiheit, die ich mir genommen habe, nicht entgegen ist. Ich empfehle mich Ihrem gütigen Andenken rc.

*   *   *

Den 14. Mai 1790.

Theuerste, innigst geliebte Seele! Du wirst auf mich — zürnen; nein, das wird dein sanftes Herz nicht; aber es wird sich betrüben, es wird leiden, vielleicht bitter leiden, daß ich Dir nun seit Stuttgart seit vier Wochen und darüber nicht geschrieben habe. Soll ich mich jetzt entschuldigen? Nein; bei Dir hätte ich mich nicht zu entschuldigen, du gute, edle, sanftliebende Seele; aber bei meinem eigenen Herzen hätte ich es, daß ich Dir Leiden verursacht habe.

Während ich in Frankfurt oder vielmehr in Offenbach war, war kein Posttag, und ich ersah übrigens aus Deinem Briefe, daß Du den meinigen aus Stuttgart noch nicht erhalten hättest. Ich beschloß daher erst auf der nächsten Post zu schreiben. Jetzt kam ich aber aus aller Connexion mit den Posten und seit Tobler mit Menschen, mit denen ich mich hätte verständigen können, reiste meistens zu Fuß oder mit Miethkutschen, weit ab von der gewöhnlichen Straße, um den nächsten Weg zu wählen, und gab meinen Koffer unterdeß einem Fuhrmanne. Hier war ich aber durch die Abspannung der Fußreise so unfähig, etwas zu schreiben, daß auch mein Reisetagebuch unterblieb, welches

erft in Gotha nachgeholt werden konnte. Hier angekommen er=
wartete mich aber ein neuer Verdruß. Ich mußte hier, wo ich
wieder Menschen finden sollte, anderthalb Tage im Gasthofe blei=
ben, um den langsamen Fuhrmann mit meinem Koffer zu erwar=
ten, und überdies noch ihm doppelt so viel bezahlen, als recht
war. Da stiegen Besorgnisse in mir auf; denn ich sah nun deut=
lich, was ich vorher nur mit der höchsten Wahrscheinlichkeit ver=
muthet hatte, daß meine Reise, statt 6 Carolin, wie ich berech=
net, volle 11, den größten Theil meiner Baarschaft mir kosten
würde. Was sollte ich Dir in dieser Lage über mein Befinden
schreiben? Die Unwahrheit sagen? Die sage ich keinem Men=
schen. Die Wahrheit verschweigen? Dies kann ich 'wol gegen
andere; aber durfte ich es gegen Dich, ohne die erste Pflicht
der Liebe zu verletzen?

Es findet sich vor der Hand hier nichts für mich zu thun
als Schriftstellerei. Ideen habe ich genug dazu, und morgen
werde ich Weiße, der bisjetzt auf dem Lande war, darüber spre=
chen. Ich habe einen Plan zu einem Journale gemacht, um das
lesende Publikum und besonders Dein Geschlecht vor schädlicher
Lectüre, der Quelle so vielen Verderbens, zu warnen und ihm
nützlichere Bücher in die Hände zu bringen. Wenn ich hierzu
einen Verleger finde, so kann ich hoffen, aber erst nach einiger
Zeit, Auskommen und vielleicht auch Ehre zu haben und dann
ruhiger meinem Hauptzwecke entgegen zu arbeiten.

Du theure, liebe Seele, mit welcher Engelszärtlichkeit ver=
langst Du mein Porträt! Hätte ich doch, da ich dieses las, zu
Dir fliegen können, um Dir danken, ganz meine Liebe Dir zeigen
zu können. Ich las den Brief auf der Promenade, da ich zu
ungeduldig war, erst von Bohn nach Hause zu gehen. Neben
mir auf der Bank saß ein vierschrötiger Markthelfer, eine dicke
Seele. Sogar diese dicke Seele schien meine Bewegung zu mer=
ken, als ich an diese Stelle kam; denn sie glotzte mich an. —
Ja, Theuerste, ich brenne vor Begierde, daß mein Bild bald an
dem seligen Platze sei, den du ihm bestimmst, — gleich Deinem
Vater — an der Seite Klopstock's! Aber Du siehst, Theuerste,
daß ich dies in meiner gegenwärtigen Lage nicht besorgen kann,
daß ich warten muß.

Ueber die Rosenblätter, die von Deiner Hand gepflegten

Rosenblätter, lächle der Fühllose: mir sind sie heilig, und sie
sind bei Deinem ersten Veilchen und bei dem Hyacinthenstrauße,
den Du mir in der heiligen Stunde des Abschieds gabst, verwahrt.
Ich zürne, daß sie vergänglich sind, sonst trüge ich sie auf meiner Brust.

Dein Hausmittel habe ich erst einmal und zwar in Leipzig
gebraucht. Ich bedarf seiner nicht, denn ich habe die ganze Reise
über und auch hier in Leipzig eine eiserne Gesundheit. Wenn
es nur so bleibt, und wenn das viele Sitzen, das ich jetzt von
neuem anfange, meine Gesundheit nicht wieder angreift! Ich
habe auf der Reise mehr Farbe bekommen, bin aber entsetzlich
schwarz geworden. Doch das ist kein Unglück, nicht wahr? Und die
Stubenluft wird wieder bleichen, was die Sonne geschwärzt hat.

Aber wann erhalte ich denn Dein Porträt? O, ich bitte,
bitte! Es wird das Labsal meiner Einsamkeit sein (denn ich
bin ganz einsam und will es bleiben; ich will mir keinen Vertrauten wählen, den ich hier ohnedies nicht finden würde); es
wird der Trost meiner trüben Stunden sein. Schon jetzt ist es
Deine liebe Silhouette, die in Engel's „Wir werden uns wiedersehen" vorn eingepappt ist. Aber du hast recht: Silhouetten
sind todte Bilder; sie sagen nichts, Auge fehlt, Ausdruck der
Miene fehlt, Farbe fehlt, alle die holden Grazien fehlen, die auf
Deinem Gesichte wohnen.

Für den herzlichen Antheil, den Du an meiner Familie
nimmst, danke ich Dir sehr. Ich kann sie jetzt nicht sehen, bis
sich meine Lage geändert hat; dann werde ich einen kleinen Ab-
stecher zu ihnen machen.

— Zugleich mit dem Deinigen sende ich sechs Briefe nach
Zürich; — — ich liebe überhaupt das Briefschreiben und würde
an alle Welt schreiben, wenn es nicht soviel Porto kostete.
Könnte ich wol einen Brief schreiben, den sogar Dein Vater gut
findet, wenn ich nicht gar viel auch überflüssige Briefe geschrieben hätte?

Die arme Titot! Ich habe bei Lavater, dem ich heute auch
schrieb, und für dessen Vorwort ich zugleich mich selbst empfahl,
ihr Andenken aufgefrischt. Von der Herzogin habe ich noch nichts
für sie erhalten. Deshalb werde ich nächstens an Madame Ehrmann schreiben: diese ist gar keine große, gelehrte Dame, sondern

ein gutes, ehrliches Weib, die auch in der Klemme gewesen ist:
etwas weniges Prätension, aber keine Splitterrichterei! — Das
züricher Frauenzimmer schildere ihr ja nicht mit Deinem Pinsel,
sonst verliere ich meinen Credit bei ihr; denn ich dachte da eben
an Dich, als ich es ihr schilderte. — Grüße die Titot. Grüße
Deinen Bruder, der mir herzlich lieb ist. Hierbei fällt mir Dein
Bruder, der Kaufmann, ein. Sobald ich selbst mich rühren kann,
denn jetzt kann ich es nicht, soll Dein Wunsch in Absicht auf ihn
erfüllt werden, es halte so schwer, als es wolle.

Lebe wohl, Gott segne Dich und sei bei Dir, sowie mein
Geist stets bei Dir ist.

*　　*　　*

Den 8. Juni.

— — Wie magst Du leben, was machen, was denken, was
lesen, was reden? Sieh, so frage ich mich oft; denn fast jede
Minute, die ich meinem Geiste frei gebe, fliegt er zu Dir. In
der Dämmerung lasse ich erst nach einer halben Stunde mir Licht
geben, und in dieser halben Stunde träume ich mich hin zu Dir,
setze mich an Deine Seite, schwatze mit Dir, frage, ob ich auch
noch Dir lieb bin; frage freilich, aber nicht aus Zweifel!
Ich weiß schon, daß Du Ja antworten wirst. Die Sonnabende
aber ist mein Geist sicher allemal bei Dir. Ich kann mich von
diesen Sonnabendsgesellschaften noch gar nicht entwöhnen; ich
glaube oft noch in Zürich zu sein, nehme Sonnabends Hut und
Stock und will zu Dir, besinne mich dann, ärgere mich über
mein Schicksal und lache über mich!

Mein Leben ist sehr einförmig und im Grunde sehr un=
schmackhaft. Meinen Mangel an Freunden habe ich Dir schon
geklagt. Ich habe nur einen alten Bekannten getroffen, mit
dem ich umgehe, eine herzensgute Seele; weiter aber nicht viel.
Seine herrschende Beschäftigungsart — Stunden geben im Schrei=
ben und Rechnen — sein gänzlicher Mangel an schönen Wissen=
schaften, die mein ganzes Labsal sind, und an Geschmack, sein
ebenso großer Mangel an Welt= und Menschenkenntniß, an Witz
und Lebhaftigkeit: denke, wie viel ihm mangelt, um ein Um=
gang für mich zu sein! Hätte ich doch meinen braven Achelis
hier! — A propos! War denn Achelis noch in Zürich, als Du

meinen letzten Brief erhieltest? Ich habe mit eben der Gelegen=
heit ein Packet Briefe an ihn geschickt. Wenn er nicht da gewesen
wäre, so weiß ich nicht, wer die Briefe erbrechen soll. Sie sind
an D. B., Escher, den jungen Ott, Lavater u. s. w.

Ich habe vor ein paar Tagen meinen ersten Zögling als
Studenten getroffen. Er scheint ein feiner Mann zu sein. Viel=
leicht finde ich an ihm einen Umgang, wie ich ihn wünsche, ob=
gleich freilich einige Entfernung zwischen uns stattfindet und ich
überhaupt keinen Studentenumgang haben mag.

Vorige Pfingstfeiertage war ich in Wurzen, einem Städtchen,
5 Stunden von hier, wo ein Freund von mir Diakon ist. Ich
machte da eine interessante Bekanntschaft in einer dasigen ange=
sehenen Familie. Man staunte mich an, wie den Mann aus dem
Monde, wegen meiner kleinen Excursionen, und meinen Mund
durfte ich kaum schließen, so viel fragte man, so viel wollte man
von mir wissen. Ich kann aber freilich nur selten hinreisen.

In hiesige Familien Zutritt zu haben, ist einem Gelehrten
fast unmöglich. Ich wünschte es, nicht des Vergnügens wegen,
das ich da hoffen könnte — der ganze Ton hier ist unbegreiflich
fade, — sondern um das theure Leipzig nur auch einmal in sei=
nem Innern kennen zu lernen.

Es ist hier ein Gelehrter, der die Declamation nach einem
hartnäckigen Studio von 20 Jahren in die Form einer Wissen=
schaft gebracht und fast unwandelbar auf die Natur der Sache
gegründet und leicht faßliche Regeln für sie erfunden hat, auch
besondere Noten für ein zu declamirendes Stück gibt, sie selbst
mit der höchsten Vollkommenheit ausübt und die trefflichsten
Schauspieler gezogen hat. Bei diesem — sage das Deinem Va=
ter — werde ich jetzt privatissima nehmen und habe nichts Ge=
ringeres im Sinne, als nach ihm der erste in dieser Kunst zu
werden. Ich predige nicht mehr, bis ich ansehnliche Fortschritte
darin werde gemacht haben. Mein ganzer Geist ist darauf ge=
richtet. Und dann — muß mein Ruf gemacht sein, oder es wäre
kein Recht mehr in der Welt. Mein Sinn steht auf Weimar
gerichtet, wo der Hof für dergleichen Dinge sehr viel Sinn hat.
Jener Declamator, M. Schocher heißt er, hat aus Mangel an
Unternehmungsgeist und aus Planlosigkeit nie den Gebrauch da=
von gemacht, den ich davon machen werde; sonst säße er nicht

in der Dunkelheit und unbekannt in Leipzig. Uebrigens ist er
kein Prediger.

Auf Dein offenbacher Project bin ich sehr neugierig. Ich
fürchte nur den Mangel an Kanälen; denn fast errathe ich's.
Wenn Du nicht etwa welche hast, ich kenne keine! — Wie die
Reformirten denken, weiß ich nicht genug; besonders in Gegenden,
wie in der Nähe von Frankfurt der Fall ist, wo sie von den
Lutheranern kein zu erbauliches Beispiel erhalten; wie die
Lutheraner denken, weiß ich leider! Aber dies ist mein geringster
Kummer. Verketzert werde ich immer werden, wäre es auch nur
wegen meiner ketzerischen Nase; das ist nun einmal gewiß: und
ein Procentchen auf und ab, thut immer nicht viel. Wie ich
denke, weiß ich wohl; ich bin weder Lutheraner noch Reformirter,
sondern Christ; und wenn ich zu wählen habe, so ist mir, da
doch einmal eine Christengemeine nirgends existirt, diejenige Ge=
meine die liebste, wo man am freisten denkt und am tolerante=
sten lebt, und das ist die lutherische nicht, wie mir's scheint.
Der Fürst aber ist zu fürchten; er soll etwas bornirt sein, sagt
man. Doch wieviel schwatze ich über eine Sache, die ich noch
nicht weiß! Uebrigens ist es sehr leicht, T—s Nachfolger zu
sein. Er predigt — dies ganz unter uns — sehr kalt, weil er
im Herzen nichts glaubt.

Ich selbst habe ziemlich weit aussehende Projecte, denen ich
ganz in der Stille entgegen arbeite. Auf mein Vaterland thue
ich gänzlich Verzicht. — Gewiß herrscht unter den gegenwärtigen
jüngern Geistlichen desselben, die sich alle durch schöne Wissen=
schaften (mehr als die zürcherischen) bilden, ein Grad der Auf=
klärung und der vernünftigen Religionskenntniß, wie ihn in die=
ser Ausdehnung gegenwärtig kein Land in Europa besitzt. Diese
werden aber durch eine mehr als spanische Inquisition eingezwängt,
unter die sie sich, theils weil es ihnen durchgängig an Kraft fehlt,
theils weil man ihrer wegen der Menge von Geistlichen in unserm
Lande entbehren kann, sie aber nicht das Amt, schmiegen und
heucheln müssen. Daraus entsteht denn eine knechtische, lichtscheue,
heuchlerische Denkungsart! Freilich steht bei dieser Lage eine
Revolution bevor: aber wann? und wie? Kurz ich will in Sach=
sen kein Geistlicher sein!

Meine Schriftstellerei! — o gute Seele, auch diese Quelle

der Volksbelehrung ist sehr verunreinigt. Ich hatte ein Project, das mir gut und nützlich schien: eine Monatsschrift zu schreiben, in der ich vor geschmacklosen, zeit= und seelverderbenden Lesereien warnen, nützlichere empfehlen, den Geschmack des Publikums zu berichtigen suchen wollte. Ich habe mit sehr gutdenkenden Leuten, z. B. Weiße und Palmer, darüber gesprochen; alle gestehen mir, daß das ein guter, nützlicher Gedanke, daß es ein Bedürfniß unsers Zeitalters sei, aber ebenso sagen mir alle, daß ich dazu keinen Verleger finden werde. Ich habe, aus Verdruß darüber, meinen Plan *) gar keinem Buchhändler mitgetheilt und werde nun — nicht auch verderbende Schriften schreiben, das werde ich nie — sondern etwas, das weder gut noch böse ist, zubereiten müssen, um mir etwas zu verdienen. Ich arbeite an einem Trauerspiele — ein Fach, das unter allen möglichen Fächern am wenigsten das meinige ist, und wo ich sicher nichts Kluges mache — und an Novellen (kleinen romantischen Erzählungen) — eine Leserei, die zu nichts gut ist, als die Zeit zu tödten, aber das würden die Buchhändler nehmen und bezahlen, sagt man. Glaubst Du wol, daß es möglich wäre, hier eine Predigt, und wenn man noch Geld zugäbe, gedruckt zu bekommen? Doch ich merke, daß ich in üble Laune komme; und mit der möchte ich Dich doch nicht gern anstecken; ich breche also ab und rede von etwas, das bessere Laune gibt, von Dir.

Weißt Du wol, was Du mir noch alles, selbst in dieser Ent= fernung, bist? Wenn ich Verdruß habe, daß ich so viele meiner Gedanken, keinen einzigen fast in ein Menschenherz ausschütten kann, so denke ich Dich zu mir und sage ihn Dir. Ich denke, was Du mir antworten würdest, und ich glaube, ich treffe es sehr richtig. Wenn ich einsam spazieren gehe, so gehst Du an meiner Seite. Wenn ich finde, daß die hiesigen Spaziergänge durch die lange Gewohnheit und durch die fade Einförmigkeit, die in ihnen herrscht, ihre Reize gänzlich für mich verloren haben, so zeige ich sie Dir; erzähle Dir, was ich hier einst gedacht, hier gelesen, hier empfunden habe, zeige Dir diesen Baum, unter dem

---

*) Er ist, da er nach Geist und Gesinnung uns charakteristisch scheint, in der zweiten Beilage (Bd. 11) mitgetheilt worden.

ich einst gelegen und das gedacht, jene Bank, auf der ich einst mit einem Freunde das gesprochen, und der todte Spaziergang erhält Leben. Da ist ein Garten in Leipzig, den keiner meiner Bekannten gut leiden kann, weil er sehr unbesucht und durch eine dicke Allee ganz verfinstert ist. Dieser Garten ist fast der einzige, der mir noch lieb ist, weil es der erste ist, den ich mit erst auf= keimenden Empfindungen beim Uebergange vom Knaben zum Jünglinge, in der Blütenzeit kennen lernte; wo ich zuerst so mancherlei empfand. Hier führe ich Dich oft spazieren und er= zähle Dir die Geschichte meines Herzens.

Leb wohl, theure Geliebte, und bleib in meiner Einsamkeit mein Schutzgeist. Ich bin ewig und unverändert Dein

F.

Viel Grüße an Deinen theuern Vater verstehen sich.

*   *   *

Den 1. August.

Zuerst Deine Verzeihung, zärtlich Geliebte meines Herzens, daß ich Dir nicht gleich auf Deinen Brief, den ich vor einigen Wochen durch die Post erhielt, antwortete. Daß ich Deiner ver= gessen oder Dich vernachläßigt habe, o, Du fühlst es selbst zu tief in Deiner eigenen schönen Seele, daß das nicht sein kann. Aber ich hatte so mancherlei, so unaufhörliche und ineinander eingreifende Beschäftigungen und Sorgen, verreiste überdies bald nach Erhaltung Deines Briefes und war fast zwei Wochen ab= wesend. Deinen letztern durch den Fuhrmann erhielt ich erst den 31. Juli.

Dein Kummer um meinetwillen, so sehr er mir Deine Zärtlich= keit von einer Seite versichert, ist mir dennoch sehr bitter. Ich bitte Dich, Kind, so lieb Dir meine Ruhe ist, sorge, gräme Dich nicht um meinetwillen! Ich werde mir helfen; ich könnte mir längst geholfen haben, wenn ich gewisse Projecte wollte fahren lassen, wenn ich mir hier und da vergeben, wenn ich mich ge= wissermaßen — nicht moralisch, versteht sich — degradiren wollte. Ich für meine Person ginge lieber zu Grunde, ehe ich meine Plane fahren ließe; aber für Dich werde ich mich, wenn das Schlimmste zum Schlimmen kommt, erhalten; und sollte ich

auch wieder die zärtlichen Zweige eines sächsischen Edelmanns
beschnitzeln.

Aber dafür bitte ich auch Dich — erhalte mir Deine Gesund=
heit! Daß Du der Liebe das Unrecht zufügen würdest, mir Deine
Unpäßlichkeit zu verschweigen, das wolle die Liebe nicht! Ich
würde es also wissen, und wie würde mich das kränken! Ich
für meine Person versichere Dich, daß ich mir helfen will, oder
ich müßte keine Kraft mehr haben; und Euch wird auch geholfen
werden; Euer Verlust kränkt mich bitterer, als je einer mich ge=
kränkt hat. — Ueber das offenbacher Project habe ich schon geschrie=
ben. Bösartig kann ich den Fürsten wol nicht genannt haben;
aber bornirt, und also nimmt er gewiß keinen Lutheraner; denn
ein bornirter Reformirter muß ebenso intolerant sein als ein
bornirter Lutheraner. Ueberdies ist zu befürchten, daß das Bei=
spiel der Intoleranz, welches die Lutheraner in diesen Gegenden
geben, auch die Reformirten überhaupt anstecke. Ich habe sogar
während meiner Durchreise manches davon bemerkt. Madame
Tobler z. B. konnte sich nicht genug verwundern, daß ich als
Lutheraner in Zürich gepredigt habe; und ihr Mann sagte es ihr
mit einigem Nachdruck, vermuthlich, um ihr ein Beispiel der To=
leranz aufzustellen, von welchem er wissen mußte, wie sehr sie
desselben bedürfe. Ich für meine Person bin mit Leib und Seel
für die reformirte Partei, weil sie unter den drei im römi=
schen Reiche tolerirten in ihrer gegenwärtigen Gestalt der
wahren christlichen Religion am nächsten kommt. Aber was thut
hier meine Ueberzeugung?

Mein Plan zu einem Journale ist, solange ich in Leipzig
lebe, in Zürich nicht ausführbar. Ich muß in dem Lande leben,
für welches ich schreibe; muß wissen, was das Publikum in dem=
selben liest; wie es davon afficirt wird; wie sein Geschmack über=
haupt ist, und wie er sich von Zeit zu Zeit modificirt. Das kann
nur in Sachsen der Fall für mich sein, wo ich allerorten Be=
kannte habe, reisen, in Gesellschaften aller Art kommen, unbe=
merkt den Volksgeschmack beobachten, überdies in alle Winkel
correspondiren kann. Dies könnte in Zürich kaum von dem ge=
schehen, der immer da gelebt hat, weil man da verschlossener ist.

Sachsen hat freilich für den geistlichen Stand seine Unbe=
quemlichkeiten; aber das Licht ringt jetzt mächtig mit der Finster=

niß, und ich sehe die Morgenröthe besserer Tage. Ich muß ge=
stehen, daß es ein Unternehmen ist, das mich seiner Schwierig=
keiten halber reizt, mich durch alle die Verschanzungen durchzu=
schlagen und mir doch eine Laufbahn zu machen. Ich habe un=
sern Präsidenten — das ist ein großer, großer Mann, souveräner
Generalaufseher der Gelehrsamkeit und Religion durch ganz Sach=
sen — neulich gesprochen. Es ist ein Mann, der für Gelehrsam=
keit und Talent wirklich Gefühl hat; dabei ehrlich und nach
seiner Art gerecht, aber in der Theologie.....! Ich habe mit
Fleiß in einer theologischen Abhandlung, die ich ihm mittheilte,
mich ihm ganz gezeigt, wie ich bin. Er nahm mich, auf dieselbe
hin, mit Distinction auf, ließ mir alle Gerechtigkeit widerfahren
und suchte mich durch gute Aussichten für das Katheder zu be=
stimmen; für die Kanzel schien er mich zu fürchten.

Geschieht dies aber nicht, wie ich fast rechnen kann, so wird
doch zu Michaelis sich eine Stelle für mich finden, außer Landes
zu gehen. Ich nehme alles, es sei nach Rußland oder nach Spa=
nien, und erwarte dann mein ferneres Glück vom Schicksal und
von meinem Unternehmungsgeiste. Die Männer alle, die Ver=
schreibungen von der Art bekommen, habe ich auf meiner Seite.

Uebrigens ist es unbegreiflich, wie viele Projecte mir seit
meiner Abreise aus Z. entweder ganz verunglückt oder ins
Stocken gekommen sind. Bernstorff muß Brief und Aufsatz richtig
erhalten haben; ich habe es Herrn Bohn von Hamburg in seine
eigenen Hände gegeben, und er versprach mir es sogleich zu be=
sorgen. Noch hat er nicht geantwortet. Eine Dame in Weimar
hatte ein Project gemacht, mich an einen gewissen sehr guten Hof
zu bringen. Es mag gefehlt haben, sie schweigt seit ein paar
Monaten. Von andern Aussichten, die ich so gut als gewiß hatte,
zu schweigen! Für Schriftstellerei hat auch wenig oder nichts ge=
than werden können, weil ich, unter beständigen Unternehmungen
und Entwürfen herumgeworfen, wenig ruhige Tage gehabt habe.
Michaelis ist nahe, und in dieser Messe werden von mir schwer=
lich Geschäfte gemacht werden. Kurz, entweder die Vorsehung be=
hält mir etwas anderes auf, um dessen willen sie mir bisjetzt
nichts hat geben wollen, wie sie es wol sonst auch gethan hat;
oder sie will meine Kraft durch Verlegenheiten noch mehr stärken
und üben. Ich habe fast alles verloren, als den Muth.

Du! Engelsseele, hilf Du mir ihn aufrecht erhalten — und Du thust es! Welcher Kummer kann mich wol kränken, welche Verlegenheit muthlos machen, solange ich mit fester Ueberzeugung weiß: die beste, edelste Seele nimmt Antheil an mir, sie betrachtet mein Schicksal mit dem ihrigen als genau verbunden; sie ist nur ein Herz mit mir? Die Vorsehung erhalte mir Dein Herz, und mir mangelt nichts. Das meinige ist ewig Dein.

Liebe Seele! ich bitte Dich, betrübe Dich doch nicht so, wenn Du zuweilen einige Zeit ohne Briefe von mir bist. Glaube, daß ich deswegen doch auch in der Abwesenheit nur durch Dich lebe, daß jede geschäfteleere Stunde ich bei Dir zubringe. Jetzt z. B., da die Tage schon kürzer werden und es eine Abenddämmerung gibt, lasse ich mir allezeit etwas spät Licht geben, um die Zeit der ersten Dämmerung nur dem Andenken an Dich zu widmen. Aber nicht zu schreiben, — dazu treten bisweilen unwiderstehliche Ursachen ein. Es gibt Lagen, in denen ich Dir nicht schreiben kann. — Deine ersten Briefe, die ich mit dem Fuhrmann bekam: o, einige Stellen derselben haben mich tief, tief geschmerzt! Aber Du hattest sie schon vorher widerrufen. Ich werde, da Du doch einmal über ungewöhnlich langes Stillschweigen Dich kränkst, Dir diesen Schmerz so viel als möglich oder ganz zu ersparen suchen.

Vom Namenstage Deines Papas wußte ich nichts. In unserm Kalender heißt er anders. Durch Zufall habe ich ihn in einem Städtchen, zwei Meilen von Dresden, in Gesellschaft eines mir sehr werthen Freundes sehr vergnügt zugebracht. — Gratulire Deinem Papa in meinem Namen und versichere ihn der Fortdauer meiner unbegrenztesten Hochachtung und der wärmsten Wünsche für sein Wohlsein.

Vor einigen Wochen reiste der Baron von Wallendorf hier durch, der auch einmal in Euerm Hause in der Sonnabendsgesellschaft gewesen ist. Ich habe mehrere Tage ziemlich in seiner Gesellschaft zugebracht, und wir haben uns gemeinschaftlich nach Zürich versetzt.

Achelis hat mir eine große Freude durch Deine sehr edel getroffene Silhouette gemacht. Sie ist über meinem Pulte, weil ich an dem mein Leben verlebe, und sie mir also immer vor Augen ist. Ihm wird kein Unglück begegnen. Der Himmel muß

einen so guten Menschen schützen. Ich liebe keinen meiner älte=
sten Jugendfreunde mehr als ihn. Ich kann mir's nicht ver=
sagen, ein paar Zeilchen an ihn beizulegen. — Ich danke für
die überschickten Vergißmeinnicht und Rosenknöspchen. Es ist süß,
etwas zu haben, das durch Deine Hände gegangen ist. Warum
kann ich Dir doch auch nicht durch den Fuhrmann schreiben, theils
um Dir auch etwas dergleichen schicken zu können, theils um Dir
längere Briefe zu schreiben? Melde mir doch, wer es ist und wo
er zu treffen ist? Ich sehe ihn nie, weil die Briefe durch Pal=
mer gehen. — Wenn Du nichts dagegen hast, ich habe nichts da=
gegen, daß Du mir Deine Briefe geradezu adressirst. Geöffnet
werden sie nicht. Wer sollte sich das unterstehen? — Doch weiß
ich von Michaelis an den Ort meines Aufenthalts noch nicht sicher.

Madame Titot, soviel Theil ich auch an ihr nehme, kann
ich aus eben dem Grunde jetzt nicht antworten. Grüße sie herz=
lich. — Lavater scheint mich ganz vergessen zu haben. Es sei.

Grüße alle, die sich meiner gütig erinnern. Schreiben kann
ich niemand. Escher's Faulheit lasse ich auch grüßen und sie
bitten, sich wenigstens einem weit entfernten Freunde zu Gefallen
nur ein klein wenig in Unkosten zu setzen. Ich bin ewig
der Deinige.

N. S. Chorherr Tobler schreibt mir sehr freundschaftlich, aber
nichts von Wichtigkeit. Seine Reisebemerkungen freuen mich in
mehr als einer Rücksicht. — Mit Orelli bin ich schlimm daran.
Er erwartet etwas von mir, das nicht zu leisten ist. Ich schreibe
wie gesagt, ihm das rund, weil ich muß.

*　　*　　*

Den 12. August.

Nachschrift. Es zeigt sich mir eine, aber noch etwas entfernte
Gelegenheit, nach Wien zu gehen. Dort würde ich Schriftstellerei
treiben, und von da wäre mir Zürich näher, und wenn ich ein=
mal im Reisen wäre, könnte ich wol auch dorthin kommen; aber
wie gesagt, die Sache ist noch sehr ungewiß.

Von Graf Bernstorff habe ich ganz das erwartet.

Diese Woche scheint eine Zeit der Entscheidung für mich zu
sein. Alle meine Projecte bis auf die letzten sind verschwunden.

Sachsen z. B. ist mir jetzt gar nichts mehr, sowie ich auch ihm
nichts mehr bin.

Deinen Papa grüße herzlich in meinem Namen und sage
ihm, daß ich meinem Declamationsprofessor für das Praktische eben
nicht viel ablernte, daß er aber eine neue sehr scharfsinnige Theorie hätte; daß ich mich jetzt über Hals und Kopf in die Kant'sche
Philosophie würfe und sichtbar spürte, daß Kopf und Herz dabei
gewännen. Ich gebe jetzt einem Studenten Unterricht in dieser
Philosophie, die man unter andern auch in Zürich für ganz unverständlich hält.

Noch einmal kann ich in meinem jetzigen Logis einen Brief
von Dir erhalten; im Fall ich es dann verändern sollte, würde
ich in meinem nächsten meine Adresse geben. Es könnte leicht
kommen, daß weder mein Wirth noch Professor Palmer meine
Adresse wüßten, weil ich verreist sein könnte.

Leb wohl und glaube, daß ich, du liebe, theure Seele, mit
unaufhörlicher, durch so viele Proben Deiner Zärtlichkeit immer
wachsender Liebe bin   ganz der Deine.

*   *   *

Den 5. Sept. 1790.

An einem so angenehmen Sonntagsmorgen, als ein Herbst-
morgen nur immer sein kann, setze ich mich hin, um meine Woche
mit dem angenehmsten Geschäfte anzufangen, mit welchem ich sie
anfangen kann; mit dem, an Dich zu schreiben. — Ich habe in
der vorigen Deinen zärtlichen und liebevollen Brief erhalten.
O! wie leid thut es mir, daß ich Dich so oft durch Verziehung
meiner Antworten habe betrüben müssen. Jetzt will ich es nicht
thun. Aber habe ich es wol je thun wollen? Nein; das glaubst
Du von mir gewiß nicht; aber ich habe es nicht ändern können.

Wie soll ich Dir die Zärtlichkeit belohnen, die sich in Deinem wiederholten liebevollen Bitten zeigt, nach Zürich zu kommen;
in der Art zeigt, wie Du alle Schwierigkeiten zu heben denkst!
Wird mein ganzes Leben hinreichen, mit allem, was ich vermag,
der Anhänglichkeit einer so schönen Seele würdig zu werden?
Es ist Dir geweiht, Du weißt es; und hiermit weihe ich Dir
auch alle meine Projecte und meinen unruhigen Ausbreitungs-
trieb, und will mein ganzes Leben darauf einschränken, mich von

Dir glücklich machen zu lassen, und Dich glücklich zu machen, wenn
ich's kann. Ich gebe mich Dir in allem hin, leite Du meine
Schicksale, und ich weiß, sie sind wohl geleitet. Nur eine einzige
Erinnerung erlaube mir jetzt. Ich bin Deiner noch nicht würdig,
und wenn auch Du mich dafür hieltest, so werden doch Deine
Freunde, Deine Landsleute einen Menschen, der weder Amt noch
Ruf hat, noch sich auf irgendeine Art bekannt gemacht hat, Deiner nicht würdig finden. Es wäre auffallend, wenn ich gleich
jetzt in Zürich wieder erschiene, ohne seit der Zeit das Geringste
gethan zu haben. Wie soll ich mich nennen? Laß mich also nur
wenigstens erst meinen Anspruch auf den Namen eines Gelehrten
rechtfertigen. Ich habe vor einiger Zeit eine Arbeit angefangen,
die in die eigentliche Gelehrsamkeit, in die höhere Philosophie
einschlägt. Wenn Gott mir Gesundheit erhält und mir nur
dürftiges Auskommen beschert, so hoffe ich, daß sie künftige Neujahrsmesse die Presse verlassen wird. Ich werde sie unter meinem
Namen herausgeben. Daß sie den dortigen Gelehrten bekannt
würde, dafür werde ich schon sorgen. Dann erst könnte ich doch
nicht ganz mit Unehre erscheinen, wenn ich einige Hoffnung gegeben hätte, daß ich nicht willens wäre, mein Dasein ganz unnütz für die Welt zu verleben. In diesem Falle hoffte ich nach
Ostern künftigen Jahres die Reise anzutreten. Sollte ich dennoch,
wie ich sehr befürchte, wieder eine Hofmeisterstelle annehmen müssen,
so laß Dich dadurch ja nicht auf den Gedanken bringen, daß ich
darum von diesem Plane abginge. Ich würde keine andere als
im Lande und in der Nähe von Leipzig annehmen, meine Arbeit dennoch fortsetzen; sie nicht aus Neigung, sondern aus Noth
annehmen und künftige Ostern gewiß wieder aufgeben. Weiße
will mich nach Livland oder Kurland schicken; aber das wird in
keinem Falle geschehen. Die Unannehmlichkeiten des Hofmeisterlebens kenne ich zu gut, als daß ich mich von ihnen sollte schrecken
lassen. Sie sind groß; aber doch sind sie zu ertragen.

Ueberhaupt habe ich vor meinem projectvollen Geiste Ruhe
gefunden, und ich danke der Vorsehung, die mich kurz vorher, ehe
ich die Vereitelung aller meiner Hoffnungen erfahren sollte, in
eine Lage versetzte, sie ruhig und mit Freudigkeit zu ertragen. Ich
hatte mich nämlich durch eine Veranlassung, die ein bloßes Ungefähr schien, ganz dem Studium der Kant'schen Philosophie hin-

gegeben; einer Philosophie, welche die Einbildungskraft, die bei
mir immer sehr mächtig war, zähmt, dem Verstande das Ueber=
gewicht und dem ganzen Geiste eine unbegreifliche Erhebung über
alle irdischen Dinge gibt. Ich habe eine edlere Moral angenom=
men und, anstatt mich mit Dingen außer mir zu beschäftigen,
mich mehr mit mir selbst beschäftigt. Dies hat mir eine Ruhe
gegeben, die ich noch nie empfunden; ich habe bei einer schwan=
kenden äußern Lage meine seligsten Tage verlebt. — Ich werde
dieser Philosophie wenigstens einige Jahre meines Lebens widmen,
und alles, was ich, wenigstens in mehreren Jahren von jetzt an,
schreiben werde, wird über sie sein. Sie ist über alle Vorstellung
schwer und bedarf es wohl, leichter gemacht zu werden. Sollte ich
in Zürich selbst, wo kein einziger ist, der sie versteht (dies unter
uns! denn wenn sie es gleich selbst öffentlich sagen, so könnte es
ihnen vielleicht doch unangenehm sein, wenn es einer nachsagt, der
sie zu verstehen glaubt), etwas beitragen können, sie bekannter
zu machen, so würde es mir doppelte Freude sein. Die Grund=
sätze derselben sind freilich kopfbrechende Speculationen, die kei=
nen unmittelbaren Einfluß aufs menschliche Leben haben; aber
ihre Folgen sind äußerst wichtig für ein Zeitalter, dessen Moral
bis in seine Quellen verdorben ist; und diese Folgen der Welt
in einem anschaulichen Lichte darzustellen, wäre, glaube ich, Ver=
dienst um sie. — Sage Deinem theuern Vater, den ich liebe wie
meinen: wir hätten uns bei unsern Untersuchungen über die
Nothwendigkeit aller menschlichen Handlungen, so richtig wir
auch geschlossen hätten, doch geirrt, weil wir aus einem
falschen Principe disputirt hätten. Ich sei jetzt gänzlich
überzeugt, daß der menschliche Wille frei sei und daß Glückselig=
keit nicht der Zweck unsers Daseins sei, sondern nur Glück=
würdigkeit. — Auch Dich bitte ich um Verzeihung, daß ich Dich
oft durch dergleichen Behauptungen irre geführt habe. Achelis
hatte doch Recht, freilich ohne es zu wissen, warum? Glaube nur
hinfort an Dein Gefühl, wenn Du auch die Vernünftler dagegen
nicht widerlegen könntest; sie sollen auch widerlegt werden
und sind es schon; freilich verstehen sie die Widerlegung noch
nicht! — Wie traurig die Grundsätze sind, die ich ehedem hatte,
sehe ich unter anderm an dem Beispiele eines mir sehr lieben
Freundes, der sie vorlängst von mir annahm, ohne sie ganz fas=

sen zu können, und der durch sie auf andere geführt wurde, die die meinigen nicht waren und die auch nicht nothwendig daraus folgen. Er ist jetzt nicht glücklich und findet keinen Trost in sich, weil er ein Ungläubiger ist. Er wünschte bessere Grundsätze und kann sie nicht fassen, und mich kränkt's, daß ich ihm die Hülfe, die er von mir in dieser Rücksicht erwartet, nicht leisten kann, da er in Dresden ist und ich in Leipzig. Was schriftlich möglich ist, thue ich freilich, aber das ist für ihn zu wenig. Die etwaige Anlage, die ich zur Beredsamkeit habe, werde ich aber neben diesem Studium nicht vernachlässigen; ja dies Studium selbst muß dazu beitragen, sie zu veredeln, weil es derselben einen weit erhabenern Stoff liefert, als Grundsätze, die sich um unser eigenes kleines Ich herumdrehen. Nach meinem Plane werde ich nach meiner jetzigen Schrift und nach einer, die darauf folgen wird, welche freilich nur für gelehrte Denker bestimmt sind, nichts thun, als eben diese Grundsätze populär und durch Beredsamkeit auf das menschliche Herz wirksam zu machen suchen. Diese Beschäftigung steht mit der Bestimmung eines Predigers in einer sehr nahen Beziehung; bin ich also noch zu derselben bestimmt, so würde sie zur Vorbereitung und Legitimation für diesen Beruf dienen. Bin ich aber nicht für denselben bestimmt, so habe ich wenigstens die Beruhigung, das gethan zu haben, was von mir abhängt: mich zu demselben tüchtig zu machen. Das Weitere ist nicht meine Sorge. Von meinem Lehrer in der Declamation lerne ich in Absicht der Ausübung derselben nichts, was ich nicht schon vorher wußte; allenfalls zur Beurtheilung der Declamation anderer lerne ich mehr. Gepredigt habe ich seit meiner Abreise aus der Schweiz nicht und werde auch, wenigstens in Leipzig, schwerlich predigen; es wäre nach meinen jetzigen Planen verlorene Zeit, denn auch ein Tag ist mir kostbar.

Um Dich wegen Deiner sehr gütigen Sorge für meine Gesundheit zu beruhigen, so schreibe ich Dir meinen Lebenswandel, wie ich ihn seit ungefähr fünf Wochen führe; denn vorher war ich zu unstet, um eine feste Ordnung zu befolgen. Um 5 Uhr stehe ich auf, was mir anfangs, weil ich zeitlebens spät aufgestanden bin, sehr schwer ward; desto dringender suchte ich es von mir zu erzwingen, weil ich dadurch zugleich mich zur Selbstüberwindung zwingen wollte. Von da bis 11 Uhr (die halbe Stunde ausge=

6 *

nommen, die ich zum Ankleiden brauche) studire ich. Von 11 bis 12 Uhr gebe ich einem jungen Menschen eine griechische Stunde. Ich suchte sie mit Fleiß, um durch das ewige Denken für mich nicht die Gabe, andern etwas vorzutragen, zu vernachläſſigen und nach der Arbeit des Kopfs auch der Lunge etwas zu thun zu geben. Von 12 bis 1 zu Tische, in einer erträglich artigen und unterhaltenden Gesellschaft. Von 1 bis 2 in einem der Stadt nahen Garten spazieren gegangen und meistens dabei nicht viel Ernsthaftes gedacht. Von 2 bis 3 etwas Leichtes gelesen oder Briefe geschrieben, wenn solche zu schreiben ſind. Von 3 bis 4 gebe ich einem Studenten Privatunterricht über die Kant'sche Philosophie (dies war die Gelegenheit, die mich zum Studium derselben veranlaßte). Dies ist nun freilich von einer Seite eine kopfangreifende, von der andern aber eine Arbeit, die zum Deutlichmachen, also für die Einbildungskraft gehört und also zur Herstellung des Gleichgewichts unter den Seelenkräften beiträgt. Von 4 bis 6 Uhr wird bei jeder Witterung nicht spazieren gegangen, sondern gelaufen und der Einbildungskraft völlig freier Lauf gelassen: durch Felder, durch Wälder gestürmt — besonders wenn es ſehr regnet oder windig ist. Von 6 Uhr bis zur Dämmerung wird wieder ein wenig studirt. Die Anwendung der ersten Dämmerung kennſt Du schon. Sobald Licht kommt, wird ernsthaft fortstudirt, aber nicht länger als bis 10 Uhr. Urtheile selbst, ob eine solche Ordnung sehr gesundheitzerstörend ist. Auch befinde ich mich wirklich, was ich theils dem frühen Aufstehen, theils der ernsthaften Kopfarbeit zuschreibe, so wohl, daß ich vor Gesundheit jauchzen möchte, den ganzen Tag völlig bei guter Laune bin und an meinem ganzen Tage keine verdrießliche Minute kenne. Hierzu kommt aber noch eine Uebung, die die Gesundheit des Leibes und der Seele in gleichem Grade befördert. Ich suche nämlich völlig Herr über mich selbst zu werden und lege mir in dieser Absicht jetzt etwas auf, was ich nicht gern thue, versage mir jetzt etwas, was ich gern gehabt hätte, blos darum, weil ich es gern gehabt hätte, kündige jeder aufkeimenden Leidenschaft, sowie sie sich blicken läßt, den Krieg an, und so werde ich dann dieser Störer unserer Ruhe und unserer Gesundheit immermehr entledigt.

Zu meinem Umgange habe ich nur einen Freund, bei welchem

ich nicht viel gewinne. Ich suche dagegen ihn gewinnen zu lassen,
und auch das gibt mir eine angenehme Beschäftigung.

Wie erriethest Du, daß Sachsen Unruhen bevorstehen? Wirk=
lich hat seit einigen Wochen das Feuer des Aufruhrs im stillen
gelobert und vorige Woche ist es in helle Flammen ausgeschlagen.
In ganz Sachsen war vielleicht kein Ort ruhiger als Leipzig. Die
Bauern wütheten gegen ihre Herrschaften. Und — siehe den Natio=
nalcharakter! — einige Regimenter sind marschirt; einige billiger
denkende Herrschaften haben etwas nachgegeben, und heute, da ich
dieses schreibe, ist, nach allen Nachrichten, alles ruhig. Schon
vorher hatten eben auch die Bauern dem Kurfürsten selbst wegen
seines Wildhegens den Krieg angekündigt. Er gab nach, ließ sie
sein Wild niederschießen — und sogleich war alles gut. An eine
Verbesserung von Grund aus ist jetzt noch nicht zu denken. Der
Bauer, welcher allein dabei gewinnen könnte, ist dazu noch nicht
aufgeklärt genug, ungeachtet er Schlözer's „Staatsanzeigen" liest;
und die höhern Stände alle können dabei nur verlieren. Es sind
also nur Palliative, die den einstigen Ausbruch des Feuers mit
doppelter Kraft nicht verhindern werden. Von außen behält
Sachsen Friede, sowie ganz Europa bald einen allgemeinen Frie=
den haben wird. Dennoch aber werde ich es an Deinem Arme,
an Deiner Seite, in Deinem Umgange nicht vermissen. Sei
Vaterland und Freunde und alles Deinem Dir ewig ergebenen
F.

*   *   *

Leipzig, den 2. Oct. 1790.

Mein ganzes Herz dankt Dir für Deine fortdauernde Zärt=
lichkeit und Liebe. Glaube ja nicht, daß Mangel dieses Gefühls
die Ursache meiner verzögerten Antwort war, sondern, wie immer,
die Ungewißheit meiner Lage. Ich wußte nämlich nicht, ob oder
wie lange ich in Leipzig bleiben würde; und ich wollte doch
wenigstens unsern Briefwechsel sichern, damit nicht Briefe von
Dir in Leipzig ausbleiben; bis ich da sein kann, wo es allein
mir gefallen wird, bei Dir. — Ich hatte einige Anträge; aber ich
ging ungern daran, mich wieder zu verändern. Jetzt lebe ich in
Leipzig so wohl, als ich leben kann, wo Du nicht' bist. Ich habe
Gelegenheit gefunden, mich nützlich zu beschäftigen, und meine

Subsistenz ist gesichert. Zu glänzen verlange ich nicht; nach großen Gesellschaften ringe ich nicht: ich befinde mich zu wohl bei der Ruhe, die ich mühsam erarbeitet habe, um sie durch neues Treiben in die Welt wieder zu verlieren.

Ich wäre jetzt sehr glücklich, theuerste Geliebte, bis auf einen Punkt. Ich bin vollkommen gesund; ich habe Lust zu arbeiten und finde Arbeit genug; sie geht mir von statten; ich bin frei von allen Leidenschaften, nichts stört meine Ruhe — aber wo habe ich einen Freund, mit dem ich dieses Glück theilen könnte? der mit mir harmonirte? der etwas von dem empfände, was ich empfinde? Und das treibt mich dann zu Dir und macht, daß mir mein Leben dennoch sehr unschmackhaft vorkommt, weil ich es ohne Dich verlebe. Dies ist jetzt der Gegenstand meines Stre- bens, die Zeit zu beschleunigen, da ich zu Dir abreisen könne, und es ist mein Schmerz, daß ich sie bisjetzt noch nicht gewiß bestimmen kann.

Ich versetze mich im Geiste oft zu Dir, denke Dich, Seele voll Theilnahme an allem, was mich angeht, neben mich, erzähle Dir alles, was mir begegnet, welches freilich Kleinigkeiten sind, theile Dir alles mit, was ich etwa Neues finde, welches freilich nicht wichtiger ist: und so finde ich, ungeachtet der Trennung von Dir, das Mittel, sie zu erleichtern, ein Mittel, das freilich nur dann gut ist, wenn man kein besseres hat.

Ich habe diese Michaelis mehrere Schweizer hier gesehen. St., der mir einen Gruß von Deinem theuern Vater, aber kei- nen Brief von Dir brachte, welches mir in manchem Betrachte nicht unangenehm war, weil ich ihm nicht genug traue. Ich weiß nicht, wie es kommt, er hat mir hier schlechter gefallen als in Zürich. Er zeigte Verschiedenes, dessen ich vielleicht jetzt entwöhnt bin. Dann H..., der in Jena studirt hat und vielleicht jetzt schon wieder in Zürich ist; ein junger Mensch, der sehr viel Freundschaft und Anhänglichkeit gegen mich zeigt und den ich sehr liebe. — — Mehr würde ich mich gefreut haben, wenn Dein Vetter Rahn, der in Halle studirt, mit nach Leipzig gekom- men wäre.

Was macht doch Achelis? Ohne Zweifel hat er Zürich schon längst verlassen; aber ich wundere mich sehr, daß er mir nicht schreibt. Ich würde ihm selbst schreiben, wenn ich seine Adresse hätte. Es würde mir leid thun, wenn unsere Verbindung durch seine Nachlässigkeit unterbrochen würde. — Escher schmerzt mich bitterlich, da ich weiß, was an ihm verloren geht, und er schmerzt mich desto mehr, da er nicht Mann genug ist, sein trauriges Schicksal zu ertragen; freilich ist es auch eine harte Prüfung. — Vom Ott'schen Hause bekomme ich auch kein Lebenszeichen; doch es sei. Ich kann sie leicht vergessen. — Denkt wol noch einer der dortigen Gelehrten an mich? Frage doch darüber Deinen Papa, den ich herzlich zu grüßen bitte. — Es ist traurig, daß man so leicht vergessen wird, und daß man von so vielen Verbindungen immer nicht leicht eine behaupten kann, wenn man nicht an dem Orte gegenwärtig ist. Doch habe ich es vielleicht sonst auch so gemacht; jetzt aber werde ich mich von diesem Fehler zu bessern suchen, weil ich selbst sehe, wie unangenehm es ist.

Ich habe mein Logis verändert und so glücklich verändert, daß ich eine der schönsten Aussichten und vielleicht die gesündeste Luft in Leipzig habe. Aus meinen Fenstern sehe ich, oft in der Morgensonne, zunächst vor mir die Promenade, über ihr einen der schönsten Gärten, weiterhin eine lange Vorstadt und über sie hinaus eine unabsehbare Ebene, mit Dörfern und Wäldchen besäet, deren Laub durch den Herbst mit dem sanftesten Gemisch von Roth und Röther und Braun tingirt ist. Da nichts vollkommen sein kann, so habe ich dabei Wirthsleute, die mir sehr zuwider sind. Nun verschlägt das zum Glück bei mir nicht viel.

Ich beschäftige mich jetzt mit einer Menge von Dingen, weil ich Unterricht darin gebe und gern alles so gut als möglich mache. Außer der Kant'schen Philosophie, der ich fortfahre alle meine Zeit zu widmen, die mir von meinen Stunden übrig bleibt, und über deren einen Theil ich an einer Erklärung arbeite, die meinem Willen nach zur Neujahrsmesse die Presse verlassen soll, habe ich besonders Geschmack an der Mathematik gefunden, über welche ich gleichfalls Unterricht gebe.

Du siehst also, daß ich mich meistens mit abstractem Denken beschäftige und der Einbildungskraft wenig Spielraum gebe; und dies ist der Grund meiner Ruhe.

Wie mag es unserer guten Titot gehen? Gern antwortete ich ihr, wenn ich wüßte, daß es ihr Freude machte, und wenn ich wüßte, wo den Brief hinschicken. Alle die Schritte, die sie

gemacht hat, werden ihr, glaube ich, nicht viel helfen. Ganz ver=
derben wird man sie wol nicht lassen; aber bis an ihr Ende wie
ein Ball aus einer Hand in die andere geworfen zu werden, dazu
scheint sie doch bestimmt zu sein. O, was ist doch Menschen=
schicksal! So oft ich so eine Geschichte höre oder lese, verstärkt
sich mein Blick in jene Welt, wo alles gleich sein und wo die
Arbeit der Mühevollen herrlich enden wird. O könnte man doch
allen Geplagten diesen Gedanken recht stark in ihr Herz rufen!

Bahrdt's Leben habe ich nicht gelesen, weil ich leider! wenig
Zeit habe, Schriften, die blos zur Unterhaltung geschrieben sind,
zu lesen; aber daß es Dir ein Vorurtheil gegen Leipzig bei=
gebracht hat, ist mir darum nicht lieb, weil es Dein liebes Herz
betrüben könnte, mich da zu wissen. Die Umgänglichkeit der Ge=
lehrten, wie sie auf andern deutschen Universitäten herrscht, ist
freilich hier nicht anzutreffen und kann nicht anzutreffen sein.
Denn die Stadt ist zu groß, das Interesse der Menschen zu sehr ver=
schlungen; reines Interesse für Wissenschaft gibt es an allen Enden
der Welt wenig; Bedürfniß nach Gesellschaft, welches in kleinen
Orten das Band der Geselligkeit knüpft, findet bei denen, die
lange hier sind, nicht statt, und die Menschen, die in so großen
Haufen beisammen leben, haben überhaupt die wenigste Gelegen=
heit, sich recht kennen zu lernen. Dagegen hat Leipzig, eben
wegen seiner Größe, den Vorzug, daß man recht unbekannt und
unbemerkt leben, ungestört studiren kann und wegen vieler Be=
dürfnisse, die nur der Meinung wegen erfunden sind, nicht im
geringsten genirt ist. Jeder lebt, wie er kann, kleidet sich, wie
es ihm gefällt, geht, wie es ihm die Natur gab, thut, was ihm
gut dünkt, und kein Mensch hat etwas dagegen. Was Bahrdt
zu seiner Entschuldigung wegen seiner bekannten Liederlichkeit an=
führt, scheint mir nicht hinreichend zu sein; denn ein Mensch von
Charakter — und ein Geistlicher sollte das doch wol sein — läßt
sich nicht verführen. Für einen jungen Menschen möchte eine
solche Entschuldigung hinreichen.

Doch was vertheidige ich Leipzig, das doch nicht der Ort ist,
wo ich zu leben wünsche, weil Du nicht da bist und Du nicht da
sein kannst!

Antworte mir bald und glaube, daß alle Tage mir un=
schmackhaft verfließen werden, solange ich von Dir getrennt bin,

und daß nur an Deiner Seite mich mein Glück erwartet. Bleib Du mein, und glaube, daß ich mit der innigsten Zärtlichkeit ewig bin ganz der Deinige.　　　　　　　　　　　F.

*　　*　　*

Den 1. Nov. abends.

—　— Meine Lebensart ist nicht mehr die vorige. Früh um 8 Uhr fange ich an Stunden zu geben, und gebe zwar nicht un= unterbrochen, aber doch in nicht längern Zwischenräumen als höchstens eine Stunde, welche fort, bis abends um 7 Uhr. Frei= lich geht mir ein großer Theil meiner Zeit verloren; aber desto theurer wird mir dann derjenige, der mir bleibt, nämlich die Abende. Diese widme ich nun eigentlich dem Studiren; denn den Tag über ist freilich an ernsthaftes Studiren nicht viel zu denken.

Inzwischen bekommt mir diese Beschäftigung gut, und ich vereinige dadurch zwei Dinge, die sonst nicht gut zu vereinigen sind: Unabhängigkeit von Sorgen und — Freiheit.

Wie glücklich würde mir dieser Winter verfließen, wenn ich ihn an Deiner Seite verleben könnte; aber das Schicksal wollte es nicht so. Noch ehe ich Deinen letzten lieben Brief bekam, wurde ich mit einem hiesigen Kaufmanne bekannt, der sich vor allen seinen hiesigen Mitbrüdern sehr vortheilhaft auszeichnet und der, was hier ein Wunder ist und was mir den Mann sehr lieb machte, drei wohlgezogene Söhne hat. Er glaubte, daß ich etwas zum Besten derselben beitragen könnte, verabschiedete alle seine Lehrer und übertrug mir alle Stunden bei denselben. Ich hatte es ihm versprochen, wenigstens bis Ostern hier zu bleiben. Mein Versprechen reute mich nach Erhaltung Deines Briefes; aber es war zu spät, und, liebe Seele, daß ich einem guten Manne Hoffnungen vereitle, die ich ihm gemacht habe, das wolltest Du doch wol selbst nicht.

Uebrigens behaupte ich meine Unabhängigkeit, gebe meine Stunden und bekümmere mich weiter um nichts. Man belohnt mich mit Zutrauen und Achtung, und alle Möglichkeit, dies zu verlieren, verhüte ich durch die Entfernung, in der ich mich halte. Zum Glück habe ich mit sehr guten Knaben zu thun und Be=

schäftigungen mit denselben, die über die Anfangsgründe längst hinaus sind.

Achelis' Brief hat mir viele Freude gemacht. Nach Deiner Liebe, deren Werth mir ohne alle Vergleichung groß ist, ist die Freundschaft dieses trefflichen jungen Mannes der erste Schatz, den ich aus Zürich mitgebracht habe, und wohl mir, daß er von einem Charakter ist, sie nicht untergehen zu lassen. Schreib ihm immer, gute Seele; die Freundschaft braver Leute ist uns Ehre. B., ersehe ich aus Achelis' Briefe, hat sich auch gegen ihn herzlich schlecht betragen. Ist es Dir nicht anderwärts her bekannt, so muß das unter uns bleiben. Daß doch Schwäche so leicht in Schlechtigkeit ausartet! — Escher dauert mich sehr. Ich habe ihm geschrieben. Gern hätte ich ihm einen längern Brief geschrieben, um vielleicht etwas zu seiner Beruhigung beizutragen; aber bei seinem Charakter würde man vielleicht durch Berührung mancher Punkte, z. B. des Sterbens, nur Uebel ärger machen. Sein Trost würde die Kant'sche Philosophie sein. Ich habe ihm geschrieben, was sie auf mich gewirkt hat; aber wird er Kraft — ach! wird er Zeit haben, sie zu studiren? Gott gebe, daß ihn mein Brief noch am Leben antreffe! Eine Zeile von ihm würde mir sehr theuer sein, da ich ihrer wahrscheinlich nicht viele mehr zu erwarten habe. — Ich habe hier in Sachsen einen Freund, Weißhuhn (aber ich habe ihn seit anderthalb Jahren nicht gesehen, denn er ist seitdem auf dem Lande), der in der frühesten Jugend an Kenntnissen und Verstand Männer übertraf, seit geraumer Zeit eine sehr edle moralische Denkungsart angenommen zu haben scheint, aber schon seit mehreren Jahren eine vielleicht unwiederbringlich zerrüttete Gesundheit hat — den ich auch vielleicht nicht wiedersehe. Das ist Menschenschicksal! Laß uns hinaussehen über das Grab hinüber!

Grüße Deinen herrlichen Vater. Deine Liebe, die Freundschaft von Leuten, wie Dein Vater ist — womit verdiente ich dies Glück? Wieviel habe ich noch zu thun, um desselben würdig zu werden!

Lebe wohl. Gott erhalte Dich Deinem   F.

*   *   *

Leipzig, den 6. Dec. 1790.

— — Ich denke, wenn bei Dir die Umstände so bleiben, zu Anfange des April künftigen Jahres die Reise zu Dir, dem Inbegriffe alles Glücks, auf welches ich auf der Erde noch Anspruch mache, anzutreten; denn keine Veränderung in meinen Umständen soll mich daran verhindern. Schon jetzt ist es mir Erholung von aller Arbeit, mich an Deine Seite hinzuträumen; ich genieße dann die frohesten Stunden, die ich in meiner gegenwärtigen Lage genießen kann, und auch jetzt will ich mich mit Dir über diesen meinen Lieblingstraum, dessen freudige Erfüllung mir so nahe bevorsteht, unterhalten. — Das Unangenehmste zuerst!

Wie werden die Züricher wol meine Erscheinung in Zürich und meine Erscheinung als Dein Geliebter aufnehmen? Denn eben erhalte ich einen Brief von Herrn Ott, der durch Herrn Fäsi von der blos unbestimmten Aeußerung, daß ich wol wieder in die Schweiz kommen dürfte, die ich gegen den letztern that, gehört hat. Dieser schreibt, es werde sie alle freuen u. s. w. Möchte ich davon nur recht gewiß sein! Möchte ich nur recht überzeugt sein, daß — nicht für mich (ich kann dies allenfalls tragen), sondern daß für Dich keine Unannehmlichkeiten daraus entstehen! Dies zu ertragen wäre ich vielleicht zu schwach! Möchte ich ferner recht gewiß sein, daß ich niemand in Deiner Familie Anlaß zum Mißvergnügen gebe! Für diejenigen Glieder zwar, die ich kenne, bürgt mir ihre gemeinschaftliche Liebe gegen Dich. Mir ist eingefallen, ob es vielleicht um der Leute willen besser sei, fürs erste, bis jedermänniglich wieder an mein Gesicht gewöhnt wäre, die wahre Absicht meiner Rückkehr nach Zürich zu verbergen und blos den Schein anzunehmen, als ob ich mich noch ein Jahr in der Schweiz aufhalten wollte, zu meinem Aufenthalte vorzüglich das Haus Deines Vaters wegen seiner ehemaligen Freundschaft für mich gewählt habe u. s. w., und dann bei diesem Aufenthalte Deine mir unschätzbare Liebe, deren überzeugter Besitz schon jetzt mein Glück ist, mir allmählich erwürbe? Doch, was sorge ich dafür, als ob ich Deine praktische Weisheit nicht kennte, nicht überzeugt wäre, daß Du dies alles am besten beurtheilen könnest, nicht wüßte, daß ich meine Schicksale ruhig Deiner Hand übergeben könnte? Es fiel mir nur, wegen der Idee, die ich einmal von den Zürichern habe, ein, daß man nöthig hat, sich mit ihnen

vorzuſehen; und ob ich gleich keinen Beruf zu haben glaube,
meine wahre Lage jedem erſten zu entdecken: ſo ſtimmt es doch
auch mit meinen Grundſätzen nicht ganz überein, jemand etwas
über dieſelbe glauben zu machen, das nicht iſt. Jedoch, was ſage
ich auch dies? Dir guten, religiöſen, gewiſſenhaften Seele kann ich
ja auch dieſe Sorge ſo ſicher und ſicherer als mir übertragen.

Wegen meiner Lebensart habe ich den Plan. Solange wir
in Zürich ſind — und Gott erhalte Deinen guten herrlichen Va=
ter lange! — denke ich mich als Schriftſteller zu beſchäftigen.
Kommt etwas nebenbei von Stunden, ſo würde ich es zwar nicht
abweiſen; ich weiß aber, daß das in Zürich bei einem, der, wie
ich, gar nicht Neues, noch nie Gehörtes zu lehren Profeſſion macht,
ſeine Schwierigkeiten hat und alſo nicht darauf zu rechnen iſt.
Aber auch auf das erſte Métier — was iſt darauf zu rechnen?
Ich weiß es und bin im voraus beſchämt, daß ich den Aufwand,
ſtatt ihn zu erleichtern, vielleicht vergrößern werde. In Abſicht
der Zukunft bleibt mir wegen Unterſchied der Religion — von
welchem zu befürchten iſt, daß er andern wichtiger ſein könnte,
als er mir iſt — und noch mehr wegen der egoiſtiſchen Verfaſ=
ſung der Schweiz nichts übrig als das Würtembergiſche oder
markgräflich Badiſche. In Abſicht des erſtern iſt mir die Nach=
richt von Herrn Lavater ſehr lieb geweſen. Der jetzige Herzog
von Mömpelgard iſt Erbfolger des jetzigen Herzogs von Würtem=
berg. Lavater würde mir alſo in Abſicht einer geiſtlichen Stelle
im Würtembergiſchen dienen können; aber ob er wollen wird,
davon bin ich nicht ebenſo überzeugt. Suche die Freundſchaft die=
ſes Hauſes zu erhalten. Im Fall es durch dieſen Weg nicht ginge,
bliebe mir die akademiſche Laufbahn, etwa in Tübingen, übrig,
wiewol ich gegen das letztere, theils um der Sache ſelbſt willen,
theils wegen des Orts, einige Abneigung habe. In Abſicht des
Markgrafen von Baden könnte mir vielleicht Klopſtock helfen,
wenn ihm Gott ſein Leben friſtet. Aber würdeſt Du mir auch
gern außerhalb Zürich folgen? Doch ich hätte dieſe Plane gar
nicht gemacht, wenn ich nicht zu entdecken geglaubt hätte — daß
Dich nichts an Zürich bindet als Dein guter Vater.

Der Vorſchlag, meine jetzigen Lehrlinge mit nach Zürich zu
bringen, und Deine liebenswürdigen Anerbietungen in dieſem
Falle ſind Deines Geiſtes und Deines Herzens gleich würdig.

Ich sehe die vielen Vortheile, die in so manchem Betracht daraus
herfließen würden, und dann würde auch ein Wunsch, der nach
dem, Dich zu besitzen, einer meiner ersten ist, der, mich besonders
von einem der Knaben nicht zu trennen, erfüllt. Und doch ge=
traue ich mich kaum den Vorschlag dem Vater zu thun, so sicher
bin ich, daß er abgewiesen wird. In Absicht der beiden ältern
Knaben, welche schon künftiges Jahr im Comptoir des Vaters
angestellt werden sollen, findet er gar nicht statt. Der kleinere
aber, der zum Studiren bestimmt und der mir unendlich lieb ist,
ist es wahrscheinlich seinen Aeltern ebenso sehr, und die Tren=
nung von ihm müßte ihnen wahrscheinlich ebenso viel und mehr
kosten als mir, da sie durch dieselbe nicht der ersten Glückselig=
keit ihres Lebens entgegengehen, wie ich es thue. Dieser Knabe
verbindet mit einem Kopfe, der mich fähig macht, mit ihm, den
ich vor drei Monaten bekam, ohne daß er einen griechischen Buch=
staben kannte, jetzt den Homer zu lesen, eine liebenswürdige Be=
scheidenheit und Unschuld. Es thut mir sehr wehe, wenn ich mir
den Gedanken denke, daß er doch verdorben werden könne; ein
Schicksal, von welchem unter einer Menge leipziger Kinder nicht
leicht einer frei ist. Ueberdies ist der Vater gar nicht nach der
neuen Mode, sondern pikirt sich, ungeachtet er einer von der
französischen Colonie ist, ein echter Deutscher zu sein; und da=
durch wird er mir lieb, und er würde mir's noch mehr sein,
wenn sein Kaufmannsgeist sich nicht auch auf die Wissenschaften
erstreckte, und wenn er nicht darauf auszugehen schiene, recht viel
Ellen Gelehrsamkeit für seine Kinder um einen recht wohlfeilen
Preis einzukaufen. Alle obigen Betrachtungen abgerechnet, würde
ihm zwar nicht das Vermögen, aber der Wille fehlen, so viel auf
seinen Sohn zu wenden.

— — Und so, theuerste Erwählte, gebe ich mich denn Dir
feierlich hin und weihe mich hiermit ein, Dein zu sein. Dank
Dir, daß Du mich nicht für unwerth hieltest, Dein Gefährte die
Reise Deines Lebens hindurch zu werden. Ich habe viel über=
nommen, Dir einst Ersatz — Gott gebe spät — für den edelsten
Vater, Dir Belohnung Deiner frühen Weisheit, Deiner kindlichen
Liebe, Deiner behaupteten Unschuld, aller Deiner Tugenden zu
werden; ich fühle bei dem Gedanken der großen Pflichten, die ich
hiermit übernehme, wie klein ich bin. Aber das Gefühl der

Größe dieser Pflichten soll mich erheben; Deine Liebe, Deine nur zu vortheilhafte Meinung von mir wird meiner Unvollkommenheit vielleicht das leihen, was mir fehlt. Hienieden ist nicht das Land der Glückseligkeit; ich weiß es jetzt: es ist nur das Land der Mühe, und jede Freude, die uns wird, ist nur Stärkung auf eine folgende heißere Arbeit. Hand in Hand wollen wir dieses Land durchwandern, uns zurufen, uns stärken, uns unsere Kraft mittheilen, bis unsere Geister — o möchten sie es vereint! — emporschweben zu den ewigen Hütten des Friedens. — Ich stehe jetzt im Geist an der wichtigsten Begebenheit meines irdischen Lebens, an der, die es in zwei sehr verschiedene Theile theilt, und bewundere die unsichtbare Hand, die mich durch den erstern gefährlichen Theil, durch das Land der Verwirrungen, leitete. Wie schon längst hatte ich Verzicht gethan auf eine Gefährtin, wie Du bist, in welcher männliche Erhabenheit des Geistes mit weiblicher Zärtlichkeit sich vereinigte! Hätte mich abfinden lassen durch eine Zierpuppe Deines Geschlechts. Jenes Wesen war gütiger gegen mich, als ich es im Gefühl meiner Unwürdigkeit zu wünschen oder zu bitten wagte: es führte mir Dich zu. Jenes Wesen muß noch mehr für mich thun wollen. Wir werden, o Theuerste, einst wieder so an der Scheidewand stehen, die unser ganzes Leben in ein irdisches und in ein geistiges theilt; dann werden wir auch den letztern Theil des erstern, den wir gemeinschaftlich zu durchwandern denken, übersehen, wie wir jetzt den erstern Theil desselben übersehen können; und gewiß, wir werden dann eben die Weisheit bewundern, die wir jetzt bewundern, nur mit erhabenern Empfindungen und mit hellern Einsichten. Ich liebe es, mich in diese Situation zu setzen.

Ueberhaupt denke ich jetzt über geistige Dinge um vieles anders als sonst. Ich habe die Schwachheit meines Verstandes in Dingen der Art nur seit kurzem so gut kennen gelernt, daß ich ihm hierüber nicht gern mehr trauen mag, er mag sie bejahen oder verneinen. Ich habe seit meinem Aufenthalte in Leipzig wieder wunderbare Spuren der Vorsehung erfahren! — Unser Verstand ist so eben hinlänglich für die Geschäfte, die wir auf der Erde zu betreiben haben; mit der Geisterwelt kommen wir nur durch unser Gewissen in Verbindung. Zu einer Wohnung der Gottheit ist er zu enge; für diese ist nur unser Herz ein würdiges Haus.

Das sicherste Mittel, sich von einem Leben nach dem Tode zu überzeugen, ist das, sein gegenwärtiges so zu führen, daß man es wünschen darf. Wer es fühlt, daß, wenn ein Gott ist, er gnädig auf ihn herabschauen müsse, den rühren keine Gründe gegen sein Dasein, und er bedarf keiner dafür. Wer so viel für die Tugend aufgeopfert hat, daß er Entschädigungen in einem künftigen Leben zu erwarten hat, der beweist sich nicht und glaubt nicht die Existenz eines solchen Lebens; er fühlt sie.

Vereint, holde Gesellin, für diese Spanne Leben und für die Ewigkeiten, wollen wir uns in dieser Ueberzeugung nicht durch Gründe, sondern durch Handlungen bestärken.

Und dies bringt mich auf das Schicksal des armen Escher. Ich kenne etwas von seinem Charakter; ich glaube, daß Du in Deinem Urtheile über ihn nicht irrst, und ich würde für ihn zittern, wenn ich nicht an Gott glaubte. Es scheint, in dieser Welt war seine Bildung zu etwas Besserm unmöglich, und sein und unser Vater versetzt ihn in eine Sphäre, wo sie nicht un- möglich ist. Warum er es auf eine so schmerzliche Art thut, weiß ich nicht; aber er muß es wissen; denn ohne Grund hat er sie nicht gewählt. Seiner Mutter zu schreiben, habe ich jetzt, im eigentlichen Sinne des Worts, keine Zeit; ich werde es aber mit dem nächsten Briefe an Dich thun, wenn Du glaubst, daß es ihr Freude macht. Muß ich doch die viel süßere Pflicht verabsäumen, Deinem Vater zu schreiben, und das aus eben dem Grunde, weil ich jetzt, vor Abgang der Post, keine Zeit mehr habe. Auch dies werde ich das nächste mal thun. Für jetzt grüße ihn herzlich von mir und versichere ihn meiner lebenslänglichen Verehrung und Dankbarkeit.

Deinem Porträt seh' ich mit Sehnsucht entgegen. Es wird mir das heiligste Unterpfand Deines Besitzes sein, bis ich Dich selbst haben werde.

Uebrigens, zärtliche Freundin, bitte ich Dich um unserer Liebe, um alles, was Dir theuer ist, willen, mache Dir keine Besorg- nisse um meine Gesundheit, um zu überhäuftes Studiren, um Verdruß und dergleichen. Ich bin sehr gesund, gehe fleißig spazieren, stu- dire leider! nur sehr mäßig, und ein großer Theil meiner Ge- schäfte ist so ziemlich mechanisch. Die Nächte nehme ich seit einiger Zeit nicht mehr zum Studiren, sondern arbeite lieber früh bei

Lichte. Verdrießen laſſe ich mich nichts, weil ich mit Leuten zu thun habe, die nach meinen Begriffen der Zurechnung nicht fähig ſind.

Lebe wohl, theure Geliebte, und glaube, daß ich ewig bin
der Deine.

* * *

Mein ganzes Herz dankt Dir, daß Du meine Bitte ſo bald erfüllteſt, mich ſo bald mit einem lieben zärtlichen Briefe erfreuteſt.

Meine Seele iſt dieſe Feiertage über (noch heute habe ich einen) mehr bei Dir geweſen als je. Ich habe ſie ganz eigentlich der Ruhe und Erholung gewidmet, deren ich freilich zuweilen bedarf. Und wo könnte ich ſanfter ruhen und mich beſſer erholen als bei Dir? Ich habe mir Dich am erſten Feiertage an Deiner liebenswürdigen, dem ewigen Weſen gewiß wohlgefälligen Andacht vergegenwärtigt und mein Gebet mit dem Deinigen an die ewige Güte vereinigt, uns zu ſegnen — nicht mit den Gütern, die auf der Erde bleiben, ſondern mit denen, die wir in das Reich der Geiſter mit hinübernehmen werden; auf uns gütig herabzuſehen und uns als Vereinigte zu betrachten. Und gewiß, der Allgütige hat uns geſehen und wird uns erhören! — In die Kirche (Dir darf ich's ſagen!) gehe ich hier wenig oder nicht. Pflicht gegen andere legt es mir in einer Lage, in der kein Menſch meine Exiſtenz bemerkt, nicht auf, und die Pflicht gegen mich ſelbſt räth es mir eher ab. Es gibt keinen Prediger hier — außer einem, dem reformirten, deſſen Beſuch aber mit einiger gêne verknüpft iſt — den ich gern hören könnte; aber manche, deren Predigten mich mehr betrüben und kränken als erbauen. Das Predigtweſen iſt hier, was kein Menſch glauben ſollte, der nicht Zeuge davon iſt, ſchlecht beſtellt. Aber den Sonntag der Selbſtprüfung und Andacht zu widmen iſt mir heilige Pflicht, die ich nie unterlaſſe.

Die Maßregeln in Abſicht meiner Erſcheinung in Zürich überlaſſe ich Dir gänzlich, denn ich kenne Deine Klugheit und Deine Herzensgüte.

— Es thut mir leid, daß ich nicht zugleich mit dem Fuhrmann meine Schrift über die Kant'ſche „Kritik der Urtheilskraft" mitſchicken kann. Der Druck derſelben iſt durch mancherlei Urſachen und beſonders durch einen Freund, dem ich das Manuſcript auf

das Land schickte und der es sechs Wochen zurückbehielt, aufgehalten
worden. Es wird also erst zur Ostermesse im Publikum erschei=
nen. Der Druck aber soll noch vor meiner Abreise vollendet
werden, und sobald es fertig ist, schicke ich's durch den Commissio=
när der Geßner'schen Buchhandlung allhier nach Zürich. Ich bin
übrigens höchst unzufrieden mit diesem Schriftchen; und hätte ich
nicht eine Menge Gründe, so würde ich es nicht publiciren. Das
deutsche Publikum ist nicht so nachsichtig als das züricher. Ich
befürchte auch für meine Absicht noch viel zu dunkel geblieben
zu sein.

Freilich werde ich die Frist, die ich durch Aufschiebung des
Drucks erhalte, noch zum Besten desselben zu benutzen suchen.
Aber wenn ich nicht fast genöthigt wäre, ich gäbe es nicht her=
aus. Aber theils möchte ich nicht anders denn als angehender
Schriftsteller in Zürich erscheinen, theils möchte ich auch noch vor
meiner Abreise mit hiesigen Buchhändlern in Verbindung kommen.
Den Anfänger bezahlen sie vielleicht schlechter, den bekannten
Schriftsteller aber besser. So ist es z. B. nichts bezahlt, wenn
Heß ein Louisdor bezahlt wird. Salzmann, der vielleicht we=
nig mehr gelesen wird als Heß, bekommt ihrer vier. Inzwischen
ist weder das erste noch das zweite weder jetzt noch je von mir
zu verlangen. Nichts wird schlechter bezahlt als Sachen, die
für Gelehrte geschrieben und eigentlich wissenschaftlich sind. In
Zürich verspreche ich meiner Schrift gerade die schlechteste Auf=
nahme. Keiner unter den dasigen Gelehrten war, wenigstens zu
meiner Zeit, mit der Kant'schen Philosophie auch nur durch
Hörensagen bekannt; und sie scheint mir auch allerdings nicht für
ihre, übrigens in anderer Art trefflichen Köpfe zu sein.

Der Tod des armen Escher betrübt mich, weil ich in ihm
einen Mann verliere, auf dessen Umgang ich mich herzlich freute;
und freut mich, weil ich ihn nun von aller Noth erlöst weiß.
Sein Geist wird jetzt in bessern Regionen zu Einsichten kommen,
die ihm hier fehlten, und sein Herz wird sich der Empfindung
des Edlen und der Liebe öffnen — dort, wo alles liebt! —
Seiner Mutter kann ich jetzt nicht füglich schreiben, weil ich erst
Deinen Rath hören möchte, ob ich ihr etwas von meiner Ankunft
nach Zürich schreiben soll oder nicht; ebenso in der Absicht des
Herrn Ott. Nichts zu schreiben ist unfreundschaftlich; etwas

zu schreiben, vielleicht übereilt. Auch das hänge von Deinem Rathe ab.

Ich darf Dich nicht beschwören, theure Seele, mir Deine Liebe zu erhalten, mir Dein Andenken, Dein Gebet, Dein Herz zu schenken; ich fühle die süße Ueberzeugung, daß ich alles das besitze. Aber darum darf ich Dich bitten, ruhig zu sein, Dich nicht zu kränken, sicher auf die Vorsehung zu rechnen.

Achelis habe ich vor vier Wochen nach Bremen geschrieben, aber noch keine Antwort. Es ist möglich, daß er meinen Brief noch nicht gehabt hat, als er nach Zürich schrieb. Ich freue mich über seine fortdauernde Freundschaft.

Ja wohl war dies Jahr, das Du, in dem Du diesen Brief liesest, vollendet haben mußt, wichtig für uns. Die Güte, die in demselben uns leitete, mache dasjenige, das wir im Begriffe sind anzutreten, uns segensvoll, denn unsere beiden Schicksale sind vereinigt, und wir können nichts abgesondert von ihr bitten, ohne es für uns beide zu bitten.

Lebe wohl, Gott segne Dich.   Dein F.

*   *   *

Leipzig, den 7. Febr. 1791.

Theuerste Geliebte!

Erst seit einigen Tagen komme ich von meiner Reise nach Dresden zurück, wo ich mich einige Wochen aufgehalten habe. Dein zärtlicher Brief nebst dem theuern Einschlusse Deines besten Vaters ist während meiner Abwesenheit angekommen. Ohnerachtet ich den Auftrag hinterlassen hatte, mir alle Briefe an mich nach Dresden zu schicken, ist doch eben der Deinige durch die Nachlässigkeit meiner Wirthin, die mir andere sehr unwichtige geschickt hat, liegen geblieben. Urtheile von meinem Schmerz, daß ich Dir, da ich weiß, wie sehr Dich, zärtliche Seele, ein ungewohntes langes Stillschweigen betrübt, erst jetzt antworten kann.

Dein geliebtes Bild habe ich ungefähr zwei Wochen nach Anfang dieses Jahres erhalten. Es ist mein Begleiter auf meiner Reise gewesen; es ist mein beständiger Gefährte. Ich habe die Rührung, die etwas Lebloses, das durch den Gedanken an den geliebten Gegenstand beseelt wird, gewährt, oft empfunden; ich habe sie bei Deinen Briefen, bei allem, was durch Deine Hand geweiht ist, empfunden; aber nie habe ich geglaubt, daß etwas Lebloses einen solchen Werth für uns haben könnte, als ich es jetzt empfinde. Dank sei Dir, Engelsseele, für die Freuden, womit Du die Stunden der Trennung mir versüßest!

— — So angenehm sich mir die Zukunft in Deinem Besitze, theuerste Engelsseele, zeigt, so erblicke ich doch von andern Seiten Aussichten, die weniger reizend sind. — „Die Beschäftigung mit der Kant'schen Philosophie ist eine undankbare Arbeit" für den Geist wol nicht; jedoch die Urtheile, von denen Du redest, abgerechnet, welche mehr als oberflächlich sind, für literarischen Ruhm und Interesse könnte sie es vor der Hand noch, wenn man keine akademische Laufbahn laufen will, wol sein. Ich bin, wie mir's scheint, nahe daran, es sinnlich zu fühlen. Ueberhaupt nur an Deiner Seite erwartet mich der Friede, oder er erwartet mich nirgends unter dem Monde. Doch was theile ich Dir meine schlimme Laune mit!

Achelis hat mir auf einen Brief, der jetzt 14—15 Wochen fort ist, nicht geantwortet. Ich kenne ihn zu gut, um daraus auf Erkaltung seiner Freundschaft zu schließen; aber artig ist es doch einmal nicht.

*　　*　　*

Leipzig, den 1. März 1791.

— — Mit Ende dieses Monats bin ich frei und entschlossen zu Dir abzureisen. Ich sehe nichts, das mich abhalten könnte. Von meinen Aeltern erwarte ich zwar die Einwilligung noch, aber ich bin seit langer Zeit von ihrer Liebe, fast darf ich sagen, von ihrer déférence in meinen Willen so überzeugt, daß ich von ihrer Seite keine Hindernisse erwarte. Gebe Gott, daß nicht ein anderer Umstand meine Abreise verzögere. Es ahnt mir leider! so etwas, ob ich es gleich bisjetzt nicht glaube. Es hatte sich nämlich ein Niederträchtiger unterstanden, das Publikum mit einem erdichteten Unglücksfalle zu täuschen, um von wohlthätigen Herzen eine Collecte zu sammeln. Auch mir kam der Aufsatz zu; ich interessirte mich nicht ohne Wärme und Glück für ihn. Da aber einige Umstände dabei mir verdächtig schienen, so nahm ich mir die Freiheit, die Sache zu untersuchen, und entdeckte bald die

7 *

frechste und unverschämteste Betrügerei. Ich machte sie, da der
Betrüger sich überdies dem geistlichen Stande widmet, und von
ihm in dieser Lage alles zu befürchten ist, mit den überzeugendsten
Beweisen belegt, durch die Zeitungen bekannt. Jetzt kündigt mein
Gegner an, er habe die Sache gehörigen Orts angebracht; und
ob mir gleich bisjetzt davon noch nichts bekannt worden, so
könnte er doch die Frechheit gehabt haben, mich zu verklagen.
Ohnerachtet ich nun in der Sache selbst nichts wage, da meine
Beweise in die Augen springend sind, so könnte man sich doch
einfallen lassen, die Sache in die Länge zu ziehen, und mich dadurch, da ich, ohne meine Ehre zu wagen, vor ausgemachter
Sache Leipzig nicht verlassen kann, länger hier aufhalten. Wolle
Gott nicht, daß ich für eine That, bei der ich mir der unsträf-
lichsten Bewegungsgründe bewußt bin, so hart gestraft werde, und
daß meine Besorgnisse so ungegründet sind, wie sie es jedermann
scheinen!

Mein armes Werkchen hat bisjetzt in der Wäsche gelegen,
und nun ist es in den Klauen der raubgierigen Buchhändler. Ich
bin, so sehr ich es hoffte, über diesen Punkt noch nicht in Richtigkeit. Der eine, an den ich empfohlen war und mit dem ich
sicher hoffte, des Handels eins zu werden, hat mir eine so geringe Entschädigung meiner Mühe geboten, daß es Schande gewesen wäre, sie anzunehmen. Ich werde ja weiter sehen.

Es hat meinem Herzen innig wohl gethan, zu hören, daß
es der guten Titot besser geht, und daß sie endlich Hoffnung hat,
unter den Augen der Freundschaft den Rest ihrer mühseligen Tage
zu verleben. Ich hoffe allerdings über Tübingen zu reisen und
sie, wie auch ihre ehrwürdige Beschützerin und Deine Freundin,
Dlle. Merklin, zu sehen. Nach Zürich habe ich niemand geschrieben und werde an niemand schreiben, bis Du mir es
befiehlst.

Und nun, theuerste Geliebte, zu Dir, nachdem ich kurz über
Dinge hinweggeschlüpft bin, die nicht Du sind und mich also
nicht interessiren können. Ist es wahr, oder ist es ein süßer
Traum, daß ich dem einzigen, dem süßesten Glücke meines Lebens so nahe bin, die herrlichste Seele, die unter allen Seelen
für mich auserwählte und vom Schöpfer mir bestimmte Seele zu
besitzen; daß mein Glück, meine Ruhe der Gegenstand ihrer

Wünsche, ihrer Sorgen, ihres Gebets sein wird? Könnte ich
Dir doch meine Empfindungen so heiß hingießen, wie sie in die=
sem Augenblicke meine Brust durchströmen und sie zu zerreißen
drohen!

Nimm mich hin, theures Mädchen, mit allen meinen Fehlern.
Es wird mir wohl, zu denken, daß ich mich einer Person gebe,
der ich mich auch mit diesen Fehlern geben kann; die Weisheit und
Muth genug hat, mich mit diesen Fehlern zu lieben, sie mir aus=
tilgen zu helfen, daß ich einst an ihrer Hand gereinigter vor dem
erscheine, der uns beide füreinander schuf. Nie hat mich dies
Gefühl meiner Fehler lebhafter durchdrungen als seit Erhaltung
Deines letzten Briefes, der mich an alle die Armseligkeiten er=
innert, die ich Dir in meinem vorigen mag gesagt haben; der
mich an die schwankende Gemüthsverfassung erinnert, in der ich
ihn mag geschrieben haben. O, was bin ich doch bisjetzt für
ein Mensch gewesen! Man hat mir einigemal Festigkeit des Cha=
rakters nachgesagt, und ich bin eitel genug gewesen, dies für wahr
anzunehmen. Welchem Umstande habe ich wol diese Meinung zu
verdanken, ich, der ich bisjetzt mich immer von den Umständen
habe leiten, meine Seele die Farbe der Gegenstände habe anneh=
men lassen, die mich umgeben? Mit gewaltigen Ansprüchen an
die Welt, die ich nicht würde haben behaupten können, verließ
ich Zürich. Meine Hoffnungen scheiterten. Aus Verzweiflung
mehr als Geschmack warf ich mich in die Kant'sche Philosophie
und fand eine Ruhe, die ich wol am meisten meiner guten Ge=
sundheit und dem Schwunge meiner Phantasie zu verdanken hatte;
täuschte mich wol so sehr, daß ich die erhabenen Gesinnungen,
die ich meinem Gedächtnisse einprägte, aus mir selbst als in mir
einheimisch zu schöpfen glaubte. Die Umstände führten mich zu
einer andern, das Herz weniger ausfüllenden Beschäftigung; die
veränderte Lebensweise, der Winter, der mir nie gut thut, ein
Uebelbefinden, die Zerstreuungen einer kleinen Reise konnten den
so tief gewurzelten Frieden des großen Philosophen stören und
mich in eine so fürchterliche Mislaunigkeit bringen! Soll ich
immer so wie eine Welle hin und her getrieben werden? Nimm
Du mich hin, männlichere Seele, und fixire diese Unbeständigkeit!

Doch indem ich meine Unbeständigkeit anklage, wie glücklich
bin ich, daß ich diese Klagen in ein Herz ausschütte, das sich und

mich zu wohl kennt, um mich mißzuverstehen. Eine meiner Empfindungen kann ich von Unbeständigkeit ausnehmen. Ich darf es sagen: daß ich Dir nie, auch nicht in Gedanken ungetreu gewesen bin; und es ist mir ein rührender Beweis Deiner edeln Denkungsart, daß Du, bei allen Deinen zärtlichen Besorgnissen um mich, nie etwas dem Aehnliches besorgt hast.

Den Tag meiner Abreise ganz bestimmt angeben kann ich bisjetzt noch nicht, und werde es schwerlich eher können, bis ich abreise. Ich denke, daß es einer der ersten Tage des April sein wird. Ich werde ihn Dir vor meiner Abreise schreiben, sowie ich Dir auch von der Reise fleißig schreiben werde. Dein Rath, meinen Koffer an Deinen Vater zu adressiren, ist gut und ich werde ihn wahrscheinlich befolgen.

Grüße ihn, diesen theuern Vater, und versichere ihn meiner ganzen kindlichen Zärtlichkeit. Auf ihn, auf Dich will ich alle die Empfindungen übertragen, die ich denen schuldig war, die ich hier verlasse. In einer sehr sanften Rührung schließt diesen Brief ewig der Deine　　　　　　　　　　　F.

Viertes Kapitel.

--

Es bedarf nur noch weniger Züge, um das Bild seines Innern in dieser Epoche zu vollenden, die wir die entscheidende nennen müssen. Wir bemerken nämlich in den mitgetheilten Briefen, die einen Zeitraum von fast anderthalb Jahren umfassen, eine bedeutende Veränderung in ihm, auf welche das Verhältniß zu seiner Verlobten gewiß nicht ohne Einfluß war, die mit immer gleicher Liebe treu, aber klarbewußt ihrer andern Pflichten, und einig mit sich selbst neben dem Vielbewegten stand. Anfangs tritt mehr noch in ihm ein unbestimmter Drang hervor, über= haupt nur zu wirken nach außen hin; und je höher die Sphäre des Lebens, desto glänzendere und kräftigere Wirksamkeit glaubt er sich zu erringen. Menschenkenntniß und Selbstbildung durch mannichfachsten Umgang schien ihm daher vor allem wichtig, weil es an dieser, wie er glaubte, bisher vorzüglich ihm gefehlt hätte. Aber wofür dies alles, zu welchem höchsten und letzten Ziele? Dies fehlte eben noch; die gewaltigen Kräfte, welche in ihm lagen, hatten noch nicht ihren rechten Mittelpunkt, das Bewußtsein ihrer eigentlichen Bestimmung gefunden, und diese Klarheit über das innere Lebensziel, die allein erst die treibende Unruhe des Geistes beschwichtigt und entscheidet, sodaß der Mensch von nun an weiß, was er soll und was er will, konnte ihm auch nach außen hin erst die feste Richtung geben. Daher seine getheilten Vor= sätze und wechselnden Plane, wie sie sich noch bis zu seiner Rück= kehr nach Leipzig zeigen. Aber keiner derselben gelang in dem Maße, um ihn ganz zu beschäftigen und zu erfüllen, während

alles, was sein Trieb nach außen, seine höhern Ansprüche an
das Leben begehrten, mißrieth. So wurde er immermehr auf
sich selbst zurückgewiesen, um da, in seinem Innern, den ver=
worrenen Knoten zu lösen. Daß dies bei ihm nur durch theore=
tische Klarheit, durch deutliches Erfassen des ganzen Lebens aus
einem Principe möglich war, versteht sich; und so kam es denn
immer wieder auf die philosophische oder sittlich=religiöse Weltan=
sicht an, die er sich erwerben würde.

Zugleich war auch noch ein anderer, tieferer Zwiespalt aus=
zugleichen. Wir haben auf seine frühere deterministische Freiheits=
theorie hingewiesen, von welcher er auch in diesen Briefen, doch
als von einer abgelegten spricht, und deren die folgenden noch
ausführlicher erwähnen. Also auch in diesem Betracht war ihm
bisher noch keine völlige, Geist und Gemüth versöhnende Klarheit
geworden. In dieser vielfachen Unsicherheit des Lebens wie der
Theorie lernte er scheinbar durch Zufall, wie er erzählt, die
Kant'sche Philosophie kennen; und hiermit entschied sich alles in
ihm und außer ihm; denn wie sie seinen Geist ergriff und zu
Einigkeit und Klarheit brachte, so gelangte er durch sie auch über
seinen äußern Beruf zur völligen Entschiedenheit. Er faßte sie
von der würdigsten Seite, wie nur ein kräftiger Charakter sie
ergreifen konnte, von der Seite ihres Moralprincips, aber hierin
auch mit einer Strenge, wie sie fast noch von keinem der bisheri=
gen Anhänger dargestellt worden war. Das Bewußtsein der abso=
luten Freiheit des Ich, das an seinem Willen die Macht der
ganzen Welt sich brechen sieht; an den Willen aber gerichtet ein
absolutes Gebot, das nun, allmächtig herrschend über jede Nei=
gung und Leidenschaft, völlige Einheit und Gleichmaß dem Ge=
müthe verleiht — eine solche Theorie mit der Kraft ihrer sitt=
lichen Weltansicht hatte als Lehre bisher ihm gefehlt, während
sein Charakter halb unbewußt sich ihr zuneigte. Indem aber die
Kant'sche Philosophie alle übrige vermeintliche Objectivität zur
bloßen Erscheinung verflüchtigte und so als einzig Reales nur
das Ich und seine Freiheit übrig ließ: so wurde dadurch der
weitere Schritt vorbereitet, den Fichte nachher wirklich that, das
Ich und seine Selbstthat nicht nur zum Principe der Moral,
sondern zum Mittelpunkte der ganzen theoretischen Philosophie
zu machen.

Die in den folgenden Briefen erwähnte Schrift über die Kant'sche Philosophie sollte übrigens einen Auszug und eine erklärende Bearbeitung der Kant'schen „Kritik der Urtheilskraft" enthalten, mit einer wissenschaftlichen Uebersicht des ganzen philosophischen Lehrgebäudes als Einleitung. Ein weitläufiges Manuscript, wobei der Verfasser bemerkt hat, daß es vom September 1790 bis zu Anfang des Jahres 1791 geschrieben und zum Druck bestimmt sei, enthält ein großes, aber in der Mitte durch einzelne Lücken unterbrochenes Bruchstück, wie es etwa den ersten Theil jenes Werkes hätte bilden können. Schon hier zeigt sich indeß eine umfassende, auf Einheit dringende Ansicht von der Kant'schen Philosophie; er beabsichtigte nämlich in der Einleitung eine zusammenhängende Darstellung der ganzen Transscendentalphilosophie, wie sie Kant in den drei Kritiken nur abgesondert gegeben hatte. Sie beginnt nach Kant's Vorgange *) mit einer Eintheilung der gesammten Philosophie in die theoretische, als Natur-, und die praktische, als Moralphilosophie; dann erhebt sie die Frage, wie beide Theile zu verbinden seien, und antwortet gleichfalls mit Kant, daß die Urtheilskraft das Vermittelnde sei zwischen dem Verstande und der praktischen Vernunft, daß die gesammte Transscendentalphilosophie demnach in drei Theile zerfalle, indem sie die drei Grundvermögen des Gemüths: Verstand, Urtheilskraft und (praktische) Vernunft, zu umfassen habe. Der theoretischen Auffassung der Natur, als bloßer Erscheinung, steht die praktische Vernunft direct gegenüber, welche einen absoluten Zweck aufstellt. Die sonst unausfüllbare „Kluft" zwischen beiden wird durch die Urtheilskraft überbrückt, welche den Begriff der „Zweckmäßigkeit" auf die Naturerscheinungen anzuwenden genöthigt ist. (Vgl. Kant's Einleitung zur „Kritik der Urtheilskraft", S. LIII—LVIII.) Die Frage aber nach der innern Einheit jener drei factisch geschiedenen Grundvermögen des Bewußtseins, welche Kant kurz dadurch abgewiesen hatte, daß er behauptete: „sie ließen sich nicht ferner aus einem gemeinschaftlichen Grunde herleiten" (Einleitung, S. XXII), wirft Fichte hier schon auf. Er beantwortet sie dahin: „man müsse annehmen, um dieses äußern Verhältnisses der Ergänzung, daß sie

---

*) Einleitung in die „Kritik der Urtheilskraft", S. XI.

auch innerlich auf einer gemeinschaftlichen Einheit beruhen",
wonach ihm schon damals (1790) eine der spätern Wissenschafts=
lehre analoge Theorie vorgeschwebt haben muß.

In dem Werke selbst ist Stil und Terminologie fast noch ganz
Kantisch, wie auch in der spätern Schrift über die „Kritik aller
Offenbarung"; nur an einzelnen Stellen, in mancher Erläuterung,
mancher verkürzenden Wendung des Gedankengangs macht sich
wie in den ersten schüchternen Regungen der selbständigere Geist
vernehmlich, der schon aus einzelnen Zügen der Einleitung her=
vorblickte. Daß es nicht vollendet und gleich damals zum Druck
befördert wurde, davon ist der Grund ohne Zweifel in der un=
erwarteten Wendung seines Schicksals zu suchen, das, wie wir
sogleich vernehmen werden, statt des gehofften Glücks im Schoße
der Ruhe ihn neuen Stürmen dahingab.

Zugleich müssen wir an dieser Stelle noch eines andern kür=
zern Fragments erwähnen, das in die bezeichnete Epoche fällt
und das uns den Uebergang zu bilden scheint zwischen seiner
frühern deterministischen Ansicht und der später von ihm ange=
nommenen Lehre des Kriticismus. Soviel nämlich über den Zweck
des Ganzen aus dem vorhandenen Bruchstück geurtheilt werden
kann, sollte der unvermeidliche Zwiespalt zwischen Gemüth und
Erkennen im Determinismus dargethan und dadurch mittelbar auf
die Enthaltung von aller Entscheidung über solche Fragen
aus theoretischen Gründen hingewiesen werden, wie sie dem Kriti=
cismus eigenthümlich ist. Da das Bruchstück kurz ist und man=
ches Eigenthümliche enthält, haben wir uns nicht enthalten kön=
nen, es im Anhange mitzutheilen. *)

Endlich müssen wir hier noch die Briefe einschalten, welche,
um diese Zeit geschrieben, besser als alles von der philosophischen
Umwandlung Rechenschaft geben, die sich damals in ihm gestaltete
und die für sein inneres wie äußeres Leben von großer Wichtig=
keit war. Der nachfolgende Brief besonders legt in dieser Be=
ziehung eine Art von Glaubensbekenntniß ab.

*   *   *

---

*) Vgl. die dritte Beilage.

An Achelis in Bremen.

— — — Ich lebe seit ungefähr 4—5 Monaten das glück=
lichste Leben in Leipzig, dessen ich mich in meinen ganzen Lebens=
tagen erinnere; und was das Befriedigendste ist — ich verdanke
keinem Menschen das mindeste Ingredienz dieses Glücks. Sie
wissen, daß ich zuletzt in Zürich anfing ein wenig zu kränkeln.
Entweder war dies zum Theil Einbildung, oder die Schwert=
küche bekam mir nicht. Seit meiner Abreise von Zürich bin ich
die Gesundheit selbst, und ich weiß dies Glück zu schätzen. Mein
Aufenthalt in Zürich und noch mehr meine Reise hatten meine
Phantasie auf eine unnatürliche Höhe gespannt. Ich kam mit
einem Kopfe, der von großen Planen wimmelte, nach Leipzig.
Alles scheiterte, und von so viel Seifenblasen blieb mir nicht der
leichte Schaum übrig, aus welchem sie zusammengesetzt waren.
Anfangs störte dies meine Seelenruhe wol ein wenig, und es
war halbe Verzweiflung, daß ich eine Partie ergriff, die ich schon
längst hätte ergreifen sollen. Da ich das Außer mir nicht
ändern konnte, so beschloß ich das In mir zu ändern. Ich
warf mich in die Philosophie, und das zwar, wie sich versteht,
in die Kant'sche. Hier fand ich das Gegenmittel für die wahre
Quelle meines Uebels und Freude genug obendrein. Der Ein=
fluß, den diese Philosophie, besonders aber der moralische Theil
derselben, der aber ohne Studium der „Kritik der reinen Vernunft"
unverständlich bleibt, auf das ganze Denksystem eines Menschen
hat, die Revolution, die durch sie besonders in meiner ganzen
Denkungsart entstanden ist, ist unbegreiflich. Ihnen besonders
bin ich das Geständniß schuldig, daß ich jetzt von ganzem Herzen
an die Freiheit des Menschen glaube und wohl einsehe, daß nur
unter dieser Voraussetzung Pflicht, Tugend und überhaupt eine
Moral möglich ist, eine Wahrheit, die ich auch sonst sehr wohl
einsah und auch Ihnen vielleicht eingestanden habe. Es ist mir
ferner sehr einleuchtend, daß aus dem angenommenen Satze der
Nothwendigkeit aller menschlichen Handlungen sehr schädliche Fol=
gen für die Gesellschaft fließen, daß das Sittenverderben der so=
genannten höhern Stände großentheils aus dieser Quelle entsteht,
und daß es ganz andere Gründe hat, als die Unschädlichkeit oder
wol gar Nützlichkeit dieses Satzes, wenn jemand, der ihn an=

nimmt, sich von diesem Verderben rein erhält. Sie leitete Ihr
unverdorbenes sittliches Gefühl besser als mich mein Raisonnement, und — noch gestehe ich mir's — in Absicht auf das letztere
ist es verzeihlich, hier zu fehlen, und eine Menge anderer, die
nicht fehlen, haben es nicht ihrem größern Scharfsinne, sondern
ihrer größern Inconsequenz zu verdanken. — Ich bin ferner sehr
fest überzeugt, daß hienieden gar nicht das Land des Genusses,
sondern das Land der Arbeit und Mühe ist, und daß jede Freude
nichts weiter als Stärkung zu weiterer Mühe sein soll: daß die
Bereitung unsers Schicksals gar nicht, sondern blos die Cultur
unserer selbst von uns gefordert wird. Ich kümmere mich daher
um die Dinge, die außer mir sind, gar nicht, trachte nicht zu
scheinen, sondern zu sein, und diesen Ueberzeugungen danke ich
denn die tiefe Seelenruhe, welche ich genieße. Meine äußerliche
Lage ist völlig so, wie sie für eine solche Disposition sein muß.
Ich bin niemandes Herr noch Knecht. Aussichten habe ich gar
nicht; denn die ganze hiesige kirchliche Verfassung sowie beinahe
auch die Menschen gefallen mir nicht. Solange ich meine
jetzige Unabhängigkeit behaupten kann, werde ich es um jeden
Preis thun.

Sie fragen mich: ob ich Antheil an Journalen nehme? Nein,
gar keinen. Es war anfangs mein Plan, in die „Bibliothek der
schönen Wissenschaften“ zu arbeiten. Aber da ist Anarchie. Weiße
heißt Redacteur, aber der Buchhändler ist's, und ich will in Geschäften dieser Art mit einem Buchhändler nichts zu thun haben.
Auch schickte ich meinen Aufsatz über Klopstock's „Messias“ an B.
für das „Deutsche Museum“. Dieser schrieb mir zurück, er fürchte,
der Dichter, der ihn seit Jahren mit seiner Freundschaft beehre,
könnte es übelnehmen, wenn ein Aufsatz, der seinem „Messias“
gefährlich werden könne, durch ihn ins Publikum komme, u. dgl.
Es war mir sehr recht, denn schon hatte ich die Sünde bereut.
Wenn ich Schriftsteller werde, so will ich es auf meine eigene
Hand. Und dann — Schriftstellerei als ein Handwerk ist für mich
nichts. Es ist unglaublich, wieviel Arbeit es mir kostet, etwas
zuwege zu bringen, mit dem ich nur halb zufrieden bin. Je mehr
ich schreibe, desto schwerer wird es mir. Ich sehe, daß mir das
lebendige Feuer fehlt. Ich arbeite seit einiger Zeit an einem
erklärenden Auszuge von Kant's „Kritik der Urtheilskraft“. Aber

ich werde ihn wol, wenn er ja erscheinen soll, ehe hundert Fabri=
kate mir in den Weg treten, noch halb roh ins Publicum werfen
müssen. Erscheint das Kind, so sollen Sie es haben. — Wenn ich
Zeit und Ruhe finde, so werde ich vor der Hand sie ganz der
Kant'schen Philosophie widmen. Seine Moralgrundsätze, in popu=
lärem Vortrage, mit Kraft und Feuer dem Publikum ans Herz
gelegt, wären vielleicht eine Wohlthat für die Welt. Ich hätte
Lust, mir dies Verdienst zu erwerben, besonders da ich zu einer
Entschädigung, weil auch ich meines Orts nicht ermangelt habe,
falsche Grundsätze zu verbreiten, es schuldig bin. Ueberdies ist
seine Moral eines populären Vortrags fähig; aber das Geschäft
erfordert Muße und Unabhängigkeit, und werde ich die haben?

Der arme Escher! Eben jetzt erhalte ich Briefe aus Zürich,
die mir seinen Zustand sehr kläglich schildern. Ich habe ihm ge=
schrieben; aber er kann schon längst nicht mehr lesen, und man
hat ihm meinen Brief vorlesen müssen. Ich thue Verzicht darauf,
noch eine Zeile von seiner Hand zu sehen; dafür will ich mir seine
Idyllen im Helvetischen Kalender kommen lassen. Ich habe in
Sax schöne Sachen bei ihm gesehen, und es geht mit ihm viel
verloren. Aber schon sein Schicksal macht ihn merkwürdig, denn
es ist schrecklich, mit so viel Lust zum Leben bei lebendigem Leibe
zu verwesen! Wenn ich nicht eine andere Welt glaubte, ich
würde beben.

Schreiben Sie mir bald und eine ausführliche Schilderung
Ihrer Lage; ich werde Sie immer in meinem Herzen lesen lassen,
und es wird mir immer ein vortheilhaftes Zeugniß für dasselbe
sein, wenn ich es darf.

* * *

An Weißhuhn. *)

— — Ich lebe in einer neuen Welt, seitdem ich die „Kri=
tik der praktischen Vernunft" gelesen habe. Sätze, von denen ich
gläubte, sie seien unumstößlich, sind mir umgestoßen; Dinge, von

*) Die vorhergehenden Briefe in der Reihe sind verloren gegangen, und
auch von diesem theilen wir hier nur ein Bruchstück mit. Weißhuhn selbst
übrigens war einer der ältesten Schul= und Universitätsfreunde Fichte's und

denen ich glaubte, sie könnten mir nie bewiesen werden, z. B. der
Begriff einer absoluten Freiheit, der Pflicht u. s. w., sind mir bewiesen, und ich fühle mich darüber nur um so froher. Es ist
unbegreiflich, welche Achtung für die Menschheit, welche Kraft
uns dieses System gibt! Doch was sage ich das Ihnen, der Sie
es längst werden empfunden haben wie ich! Welch ein Segen
für ein Zeitalter, in welchem die Moral von ihren Grundfesten
aus zerstört und der Begriff Pflicht in allen Wörterbüchern
durchstrichen war; denn — verzeihen Sie mir — ich überrede
mich nicht, daß vor der Kant'schen Kritik irgendjemand, der seinen Verstand selbständig zu brauchen wußte, anders gedacht hat
als ich, und ich erinnere mich niemand gefunden zu haben, der
gegen mein System etwas Gründliches eingewendet hätte. Ehrliche
Leute habe ich genug gefunden, die anders nicht dachten — das
konnten sie überhaupt nicht — sondern fühlten. So täuschte es

wurde von diesem ebenso sehr wegen seiner Talente als wegen seines trefflichen Gemüths geliebt und geschätzt. Zudem verband beide noch inniger ihre
gemeinschaftliche Liebe zur Speculation und eine ähnliche Geistesrichtung; und
selbst ein gleiches Schicksal war ihnen in ihrem Vaterlande beschieden: beide
hinderte ihre freie, zu wenig verhüllte Denkart daran, zu einem kirchlichen
Amte zu gelangen. Doch fand Weißhuhn Unterstützung bei seinem Vater, der
Prediger zu Schönerwerda in Thüringen (?) war, zu welchem er zurückkehrte
und einige Jahre dort verlebte. Unterdeß war Fichte nach Jena berufen
worden und glaubte hier seinem Freunde eine anregende, seinen Talenten
angemessene Thätigkeit bereiten zu können; er lud ihn ein, zu ihm zu kommen,
um als Mitarbeiter am „Philosophischen Journal" und an der „Literaturzeitung" sich Auskommen und Ruf zu erwerben. Weißhuhn folgte der Einladung; aber seine Gesundheit war schon durch vieljährige Kränklichkeit so zerrüttet, daß er seine Plane und Hoffnungen nicht erfüllt sah. Nach einigen
Verwickelungen seiner äußern Lage nahm ihn Fichte in seinem Hause auf, wo
er zum höchsten Bedauern seiner Freunde mitten in mancherlei literarischen
Entwürfen am 21. April 1795 starb. Ein Theil seines philosophischen Nachlasses wurde im „Philosophischen Journal" nach seinem Tode bekannt gemacht; früher hatte er schon eine Sammlung von Sinngedichten und eine
Uebersetzung des Martial erscheinen lassen. Auch sind seine „Briefe über
Schulpforta" nicht ganz unbekannt geblieben. Was von Briefen an Fichte
noch hat aufgefunden werden können, durch welche der Frühverstorbene sich selbst
ein würdiges Denkmal seines Charakters und seiner Gesinnung gesetzt hat,
wird der zweite Band enthalten. Auch Schiller und Goethe erwähnen seiner
in ihrem Briefwechsel mit Achtung und Theilnahme.

mich durch die scheinbare Consequenz, und so täuscht es vielleicht noch tausend.

Haben Sie die Kant'sche „Kritik der Urtheilskraft" schon gelesen? Es ist eine Aesthetik und Teleologie, von denen die erste, da Sie sich mit Untersuchung des Schönen beschäftigt haben, Sie doppelt interessiren wird; evident, wie alles von Kant, deutlicher und besser geschrieben, wie mir scheint, als seine vorigen Werke, und — besser gedruckt! Haben Sie seine Schrift gegen Eberhardt: „Ueber eine ältere Kritik, die alle neue Kritik überflüssig machen soll", gelesen? Sie wirft viel Licht auf die „Kritik der reinen Vernunft" und noch mehr über die Verdrehungen und hinterlistigen Wendungen Eberhardt's, und ist hier und da mit mehr Witz geschrieben, als man von Kant hätte erwarten sollen. Er verspricht nun noch eine Metaphysik der Natur und eine Metaphysik der Sitten.

Ich habe mich jetzt ganz in die Kant'sche Philosophie geworfen: anfangs aus Noth; ich gab eine Stunde über die „Kritik der reinen Vernunft"; nachher seit meiner Bekanntschaft mit der „Kritik der praktischen Vernunft" aus wahrem Geschmack. Ein gewisser Peuker in Schlesien hat eine „Darstellung der Kritik der reinen Vernunft, nebst kurzer Widerlegung der dagegen gemachten Einwürfe", geschrieben, es ist größtentheils ein Auszug, der mir indeß trefflich scheint, der mich aber im Grunde nicht freut, weil ich halb und halb willens war, etwas Aehnliches zu thun. Eine Hauptursache von der Unverständlichkeit der Kritik scheinen mir die oftmaligen Wiederholungen und Digressionen, welche die Ideenreihe unterbrechen; und ich glaube, sie würde leichter sein, wenn sie halb so dick wäre.

*   *   *

An Ebendenselben.

— — Seit einiger Zeit habe ich mich besonders mit dem Studium der „Kritik der Urtheilskraft" beschäftigt, und da sie mir ziemlich dunkel vorkam, so glaubte ich, sie könnte andern leicht ebenso vorkommen, und es würde kein ganz überflüssiges Werk sein, sie etwas deutlicher zu machen. Bis hierher dachte ich vielleicht richtig; aber ob ich es sein könnte, der sie deutlicher mache, dachte ich darin ebenso richtig? Dies ist es, was ich von Ihnen erfahren will, und deshalb schicke ich Ihnen hier den Anfang des Manuscripts, d. h. alles, womit ich aus dem Gröbsten im Reinen bin. Meine Absicht war, Wiederholungen abzuschneiden, die synthetische Methode, die Kant in Absicht des Ganzen unerreichbar durchführt, auch in die einzelnsten Theile desselben, wo er mir oft unordentlich zu sein scheint, zu bringen; was sehr dunkel ist, mit andern, wenn auch nicht bessern, doch deutlichern Worten zu sagen, damit ein Leser, der zugleich des Kant'schen Buchs sich bedient, eine Sache von zwei Seiten sehen könne. Bei Stellen, die mir hell genug zu sein schienen, habe ich möglichst den Kant'schen Ausdruck beibehalten. Ob dies nicht ein Plagiat sei? Ich glaube nicht, wenn die Vorrede es ausdrücklich sagt, wie sie es sagen wird.

Die Einleitung schien mir das Dunkelste im Buche. Mühe habe ich mir freilich gegeben, Licht hinein zu bringen; aber wie es gelungen ist, weiß ich nicht. Hier und da bin ich von der Kant'schen Vorstellungsart abgewichen, weil eine andere mir deutlicher zu sein schien, die zu eben den Resultaten führt.

Hinterher scheint es mir, ich hätte besser gethan, bei der Anordnung der einzelnen Materien von Kant abzugehen: die Darstellung müßte an Deutlichkeit, wäre es auch nur durch veränderte Gesichtspunkte, gewonnen haben; wenigstens hätte sie mehr das Ansehen eines wissenschaftlich verbundenen Ganzen äußerlich bekommen. Vielleicht, und wenn es nicht an Zeit gebricht, schicke ich in einem Anhange eine kurze Darstellung der Kritik in einer andern Gedankenfolge nach.

Wegen des Stils muß ich erröthen — so holpricht, so voll von Tautologien und Wiederholungen derselben Worte ist er, so viel lange Perioden sind darin! Aber es ist schwerer, als man denkt, auch Kant'sche Ideen in einer fließenden Schreibart vorzutragen, und ich hatte mehr zu thun nicht Zeit. Ich habe so schon mehrere Paragraphen mehr als fünfmal umgearbeitet.

Meine Bitte dabei an Sie ist diese: Wollen Sie wol das Manuscript durchsehen und mir ihren freundschaftlichen Rath ertheilen, ob es so bleiben kann, oder ob es ganz umgeschmolzen werden muß?

Sollten Sie es nun, wie ich leider mehr wünsche als hoffe, billigen, so — ich werde unverschämt, aber es ist Ihre Art nicht, ein gutes Werk halb zu thun, und wenn es dies nicht ist, sollen Sie es gar nicht thun! — kurz, Sie merken, warum ich bitten will. Ich habe keinen Bekannten unter den hiesigen Buchhänd= lern und Gelehrten, und wenn ich ihn auch hätte, so wüßte ich doch niemand, von dem ich lieber in die Schriftstellerwelt ein= geführt werden wollte als von Ihnen. Könnten Sie mir wol entweder dadurch, daß Sie selbst an einen Buchhändler schrieben — verlegt Dyk wol philosophische Sachen? — oder auch durch einen Brief an Heydenreich zu einem Verleger verhelfen?

Aber ich eile und wünschte, daß, wenn es irgend möglich wäre, das Buch mit künftiger Neujahrsmesse herauskäme; näm= lich nur der erste Theil, enthaltend die ästhetische Urtheilskraft, während der zweite, enthaltend die teleologische Urtheilskraft, dann nach meinem Plane zu Ostern folgen sollte. Da müßte man frei= lich wenigstens mit Anfang künftigen Monats mit dem Verleger richtig sein, damit dann der Druck sogleich angefangen werden könnte.

Ueber den Titel bin ich noch unentschieden. „Versuch eines erklärenden Auszugs aus Kant's Kritik der Urtheilskraft": was meinen Sie? Meinen Namen werde ich in jedem Falle darunter setzen.

Ueber eine Revolution in meinem Geiste habe ich Ihnen schon geschrieben, glaube ich. Ich denke so fort, und es erhält und befestigt mir meine Ruhe immer tiefer. Ich weiß nicht, was mir bevorsteht, aber ich mag es auch nicht wissen. Ich habe nur eine Sorge: mein Herz und womöglich meinen Geist in Ordnung zu bringen; ist auch letzteres nicht ganz möglich, wie es denn bei so heterogenen Beschäftigungen nicht möglich ist, nun wohl, so ist es nicht meine Schuld.

* * *

Um außerdem zugleich Rechenschaft davon zu geben, welch eine Richtung sein Geschmack, sein ästhetisches Urtheil um diese Zeit genommen habe, werde noch ein Brief an eine Dame, die sich mit schöner Literatur, besonders der französischen, eifrig be= schäftigte, im Auszuge hier mitgetheilt.

An Frau Kanzlerin von Koppenfels.

— — Ew. Gnaden rechnen auf einen Briefwechsel mit mir
über schöne Literatur! Aber ich lese so wenig Neues, wenn ich
es nicht etwa amtshalber lesen muß. Und darf ich es gestehen?
Es ist zwar bei mir noch nicht Zeit, das Vergangene zu loben
und Tadler des Gegenwärtigen zu sein, aber es gefallen mir so
wenige der neuern Producte. Ich habe einige Lieblingsautoren;
zuerst die Alten, wie sich versteht, unter den Franzosen Rousseau
und Montaigne, unter den Deutschen Lessing, Wieland, Goethe
in seinen neuern Arbeiten — diese lese ich immer wieder und
kann sie nicht genug lesen, und vielleicht sind diese es, die mei=
nen Geschmack so einseitig machen. Damit will ich aber nicht
behaupten, daß ich den Gedichten Bürger's, Vossen's, Stolberg's
nicht einigen Geschmack abgewinnen könnte. Indeß, täuscht mich
nicht die jugendliche Art, die da lieber zu hoffen als zu fürchten
pflegt: so ist das goldene Zeitalter unserer Literatur erst im Wer=
den; und es wird dauerhaft sein und vielleicht die glänzendsten
Epochen aller andern Völker übertreffen. Was Lessing in den
„Literaturbriefen" und in der „Dramaturgie" ausstreute, fängt erst
jetzt an Früchte zu tragen. Seine Grundsätze scheint man allmäh=
lich immer mehr anerkennen und zur Grundlage der Beurtheilung
legen zu wollen; und für die Möglichkeit ihrer Ausführung ist
Goethe's „Iphigenie" der stärkste Beweis. Es ist mir wahrscheinlich,
daß der, welcher in seinem zwanzigsten Jahre die „Räuber" schrieb,
über kurz oder lang eben diesen Weg betreten und im vierzigsten
unser Sophokles sein werde. Die Uebersetzung des Homer und Virgil
von Voß und des Sophokles von Stolberg wird uns von der Nach=
ahmung der Franzosen, denen wir noch länger huldigen, als wir
es Wort haben wollen, und der Engländer zu den einzigen wah=
ren Mustern der ästhetischen Vollkommenheit zurückbringen. Durch
eine gründlichere Philosophie, die schon anfängt zu siegen, werden
auch unsere Grundsätze über die Kunst berichtigt werden; denn es
scheint beinahe, daß der Deutsche der Theorie bedarf, ehe er
Meisterwerke liefert. Auch das Gros unsers Publikums, das
doch wol hergebrachtermaßen immer ein halbes Jahrhundert gegen
seine bessern Köpfe zurück sein muß, wird sich bessern, sowie die
Producte, die bisher seinem verdorbenen Geschmack schmeicheln,
sich verlieren werden.

Ich würde das Schwert in der gelehrten Republick führen,
sagen Ew. Gn. — Noch sind die Gelehrten verschiedener Meinung,
was das bewußte Instrument eigentlich sei. Rost nennt es einen
Besen. Aber das ist eben Rost, und er redet mit Gottsched
und redet im Namen des T... Horaz ist artiger und meint,
es sei ein Schleifstein. Dazu konnte er recht gute Ursachen haben:
er war selbst Kritiker und konnte daher jenes Werkzeug nicht zu
tief herabwürdigen wollen; aber er war auch Dichter, und so
konnte er es nicht zu sehr erheben. Wie sollen es Leute meines
Schlags nennen, die von den ersten nur so eine gewisse kleine
Art, von den letzten gar nichts sind? Ich weiß sogar nicht,
ob ich auch in dieser gewissen Art viel thun werde. Eine kriti=
sche Zeitschrift, woran ich ehemals einigen Antheil hatte und
jetzt größern nehmen wollte, ist eingegangen, weil einige Mitar=
beiter — nicht ich, bewahre mich der Himmel! — einige Wahr=
heiten gesagt haben, die sich nicht angenehm sagen, noch weniger
hören ließen. Eine andere, worin ich zuweilen etwas liefern
könnte, hat einen sehr eingeschränkten Plan; und wie mannich=
faltig meine literarischen Entwürfe immer sein mögen, so wünsche
ich lieber etwas Selbständiges auszuführen, das an seinem Theile
Stoff einer Kritik werden könne, als blos fremde Arbeiten lobend
oder tadelnd durchzumustern.

———————————

Fünftes Kapitel.

Wir erinnern uns aus den oben mitgetheilten Briefen von Fichte an seine Verlobte, daß beide sich im Frühlinge 1791 zu verbinden gedachten, daß Fichte sogar schon die Zeit seiner Abreise nach Zürich bestimmt hatte. Er sollte dort in sorgenfreier Muße nur der Liebe und seinen schriftstellerischen Entwürfen leben, so hatte es seine edle Verlobte mit ihm bestimmt; und nur der Wunsch, auch nach außen hin seine Plane nicht aufgeben zu müssen, besonders aber auch als Schriftsteller mit einiger Auszeichnung zurückkehren zu können, hatte ihn bisher noch abgehalten, das Dargebotene sogleich zu ergreifen.

Jetzt nach manchen vereitelten Planen eilte er mit Sehnsucht dahin; ja die häusliche Stille und sorgenlose Ruhe war ihm doppelt Bedürfniß geworden, weil er nur so seiner innern Entwickelung, seinen wissenschaftlichen Planen ungestört sich weihen zu können hoffte. Da trat das Schicksal unerwartet zwischen alle diese Aussichten. Der Bankrott eines Hauses, dem Rahn sein Vermögen anvertraut hatte, zog diesem nicht nur den empfindlichsten Verlust zu, sondern bedrohte ihn sogar in seinem Alter noch mit den drückendsten Sorgen. Zum Glück wurde später ein Theil des Vermögens gerettet; aber für den Augenblick wenigstens mußten alle Plane aufgegeben werden, die man auf den frühern mäßigen Wohlstand gründen zu können geglaubt hatte.

So schien das Geschick ihn von neuem durch harte Entsagungen prüfen zu wollen. Gerade als sein Leben sich für immer und auf das glücklichste entscheiden sollte, sah er plötzlich alle

Fäden um sich abgerissen. Für sich selbst freilich hatte er bald
den Muth wiedergefunden, aber es bekümmerte ihn tief, seinen
Lieben nicht helfen oder wenigstens in ihrer Nähe ihr Loos nicht
mit ihnen theilen zu können. Er fand schon dadurch seine Exi=
stenz, wenn er sich entschließen konnte, in das längst aufgegebene
Verhältniß eines Hauslehrers zurückzutreten. Schon lange indessen
des wechselnden Hofmeisterlebens müde, das ihm bisher nicht ein=
mal vergönnt hatte, die Erziehung eines Zöglings zu vollenden,
wollte er jetzt nur noch eine Stelle bei einem erwachsenen Zög=
ling annehmen, wo er dies eher hoffen konnte, und wo ihm nach=
her auch für die Zukunft Aussichten gewährt wurden. Da erhielt
er den Antrag, als Erzieher in das Haus des Grafen von Plater
zu Warschau einzutreten und die Leitung des einzigen Soh=
nes zu Hause und später auf Reisen wie auf der Akademie zu
übernehmen. In seiner Lage zögerte er nicht, die dargebotene
Stelle anzunehmen, wiewol sie ihn von seiner Verlobten noch
weiter zu entfernen drohte und er in seinen künftigen Verhält=
nissen mancherlei sah, was seiner Neigung wie seiner bisherigen
Lage unangemessen war. Zunächst aber meldete er seiner Ver=
lobten diese Veränderung, damit sie auch in der Ferne stets ein=
verstanden bleibe mit seinen Entschlüssen und den Gründen dazu.
Uebrigens bat er sie auch bei dem neuen Wechsel ihres Schick=
sals ruhig auszuharren und auf seine unwandelbare Treue zu
zählen.

Aber ungleich härter war unterdeß das Los seiner Verlob=
ten; denn auch ihrer hier zu gedenken, hält der Biograph für
Pflicht. Ohne die Zerstreuung, welche neue Verhältnisse und
mannichfache Wirksamkeit dem Manne so leicht gewähren, hatte
sie zudem noch die doppelte Sorge für ihren Vater wie den
Verlobten zu tragen. Jener war durch den Gram über wieder=
holtes Unglück in eine langwierige Krankheit gefallen, die mehr=
mals einen nahen und gewissen Tod drohte und nur durch die
ausdauernde Pflege der Tochter endlich gehoben wurde. Denken
wir uns nun ihr Leben in jenen dunkeln Jahren, fast ohne jede
erfreuende Hoffnung für die Zukunft und in der Gegenwart mit
dem härtesten Verluste bedroht, so empfinden wir wohl, wie nur
ein Gemüth voll höherer Ergebung dies überstehen konnte, und wie
es oft größerer Kräfte bedarf, um still das Unvermeidliche zu

tragen, als in rüstigem Kampfe gegen die Verhältnisse diesen einen
unerwarteten Vortheil abzugewinnen.

*   *   *

Bereits am 28. April 1791 sehen wir Fichte Leipzig wieder
verlassen, um von neuem in der Fremde auf ungewissen Pfaden
das Glück und die Ruhe zu suchen, die sein Vaterland ihm nicht
gewähren zu wollen schien. Seine Kraft und sein Lebensmuth
waren wieder völlig erwacht, und der Anfang eines Reisetage=
buchs, welches noch übrig ist, spricht sogar eine Art von Freude
darüber aus, sich in des Lebens Wechsel wieder frisch versuchen
zu können. Wir theilen hier Bruchstücke aus demselben mit,
weniger, weil wir glaubten, daß die Begebenheiten der Reise
merkwürdig oder die Gegenden, durch welche sie führte, unbekannt
seien, als weil uns gerade für Fichte der Beobachtungsgeist, der
historische Sinn charakteristisch scheint, mit dem er im Einzelnen
ein Allgemeines, im Zufälligen umfassendere Beziehungen unbe=
fangen zu entdecken wußte.

— — „Am 8. Mai reiste ich in Gesellschaft F—s von Dres=
den ab, über Pillnitz. Unterwegs hatten wir wieder Debatten —
ich glaube, daß es im ganzen Verdruß ist, meine Uebermacht
über sich zu fühlen, die ihn so reizbar macht. Wir sahen Pill=
nitz — ein lebhaftes Bild davon ist mir in der Einbildungskraft
geblieben — gingen über den Borsberg, in das Ruinenschloß.
Auf dem Berge trennten wir uns; unsere Trennung war sehr
komisch, wie sich wol noch nie auch nur simple Bekannte getrennt
haben. Nach seiner Entfernung erst sah ich den eigentlichen
Gipfel des Borsbergs; eine Aussicht, die einzig ist, weniger durch
ihre Weite als durch ihre Mannichfaltigkeit. Nach Böhmen und
Königstein zu eine wilde, rauhe Natur; vor den Füßen die an=
muthigste Gegend, schöne Wiesen, Bäche, zerstreute Dörfer, in
die man hinabspringen zu können meint; hinter sich nach Meißen
zu in bläulicher Ferne die Gefilde des Lyäus. Meißen sieht man
sehr deutlich, weiter aber nicht. — Von da aus verirrte ich mich
in einer sehr interessanten Gegend: durch diese Verirrung gewann
ich den prächtigen Anblick des Liebethals. Die ganze Gegend
ist völlig schweizerisch. Ich näherte mich Elbersdorf *), und viele

<hr>

*) Wo Fichte früher Hauslehrer gewesen war.

alte Erinnerungen gingen vor meiner Seele vorüber. Ich besuchte Madame H. Welch ein Anblick, wenn man selbst indeß so viel erfahren hat, so weit fortgerückt ist, Leute zu finden, wo noch alles ganz beim Alten ist, die nichts interessirt, die nichts begreifen! Man erkannte mich nicht mehr, wol mit Recht! — Von da nach Ditters=bach. Die Kinder erkannten mich sogleich, die Aeltern waren nicht da. Die älteste Tochter brachte mir ein Glas Bier. Ich trank nicht; ich war leider, wie man von einer so starken Fuß=reise ist, etwas verdrießlich. Ich ging sogleich wieder ab, aber=mals durch die herrlichste Gegend, doch mit einem etwas andern Charakter, nach Stolpen, wo ich im Hirsche (einem Gasthofe, wo man den guten Willen, aber nicht die Mittel hat) einkehrte und an Pastor Fiedler und meinen Vater schrieb.

Den 9. bei guter Tageszeit nach Bischofswerda, im ge=wöhnlichen Gasthofe, trank Thee und schickte meinen Brief nach Rammenau. Sogleich erschien mein Bruder Gotthelf, die herz=liche Seele, den ich schon den Tag vorher in Pillnitz gesucht hatte, gleich hernach Gottlob. Der Vater war nicht zu Hause gewesen; doch kam er bald nach — der gute, brave, herzliche Vater! Wie wohl thut mir stets sein Anblick und sein Ton und sein Raisonne=ment! Mache mich, Gott, zu so einem guten, ehrlichen, recht=schaffenen Manne und nimm mir alle meine Weisheit, und ich habe immer gewonnen!

Von Lauban aus, wo ich mich nicht aufhielt, durch eine erträgliche, aber nicht ausgezeichnete Gegend nach Reichenbach — kleine, alte, schlechtgebaute Stadt. Hier zeigt sich zuerst die schlesisch=polnische Bauart, mit Galerien vor den Häusern, und mit Bierkegeln, die besonders in Breslau häufig sind. — —

Den 15. unter Regen und in dickem Nebel mit langem Umherirren nach Königshain, ein außerordentlich schönes Dorf, das ganz zwischen Gebüschen, Felsstücken, Wassern liegt und des=sen Berge, die ich freilich nur beim Pastor *** im Kupferstiche sah, ganz schweizerisch scheinen. Sonderbarer Charakter dieses Pastors, der Herrnhuter und Kantianer zugleich zu sein vorgibt, und seiner Frau! — — Den 16. über einen Berg mit einem Bel=vedere, wo Säulen zu geometrischen Vermessungen von Herrn von Gersdorf, diesem bekannten gelehrten Edelmanne, der mit Herrn von Meyer die Schweiz zu Fuße durchreist hat, errichtet sind.

Von da über Kunersdorf (auch in diesen Gegenden war die Bauernrevolution unter merkwürdigen Verhältnissen, wie ich auf Befragen erfuhr, ausgebrochen) nach Görlitz — eine schöne, frucht= bare, lachende Gegend. Görlitz, wo ich das Heilige Grab vorbei= ging, ist eine alte, unregelmäßige Stadt, doch mit einigen schö= nen Häusern; viel Aehnliches mit Bautzen, bis auf die Galerien vor den Häusern, die hier, besonders am Markte, sich durchgängig finden. Conrector Schwarz, der mich erkannte: ein lebhafter, wohlgeordneter Geist und ein treffliches Herz, wie es scheint. — Den 17. nach Löbau: Conrector B., ein junger, lebendiger, doch nicht umfassender Kopf, besucht; er hat noch manches Studentikose. — Von da gleich nach Tische auf Schlesien zu. Man geht bis dicht an Naumburg am Queiß (die erste schlesische Stadt) durch ange= nehme Fluren, durch lange reiche Dörfer mit großen weitkuppeligen Kirchen dahin. (Jede Gegend hat in Sachsen einen eigenen Cha= rakter für ihre Kirchthürme. Bei Leipzig und so überhaupt im größern Theile des sächsischen Meißen oben in ein spitzwinkeliges Dreieck zulaufend, vermufft, übel aussehend. Von Dresden an besser, aber nicht ausgezeichnet. Bei Görlitz bis Lauban oben mit einer langen Spitze, die wie eine Spießgerte gestaltet ist; von Löbau an die oben erwähnte Bauart mit gewölbten Kuppeln, die oft einen prächtigen Anblick gewähren. Woher dies? Der Grund mag zum Theil im Alter der Kirchen liegen, dann auch im Reichthum der Gegend, in dem, was sie für einen solchen Bau verwenden können; doch mag gewiß auch viel der Geschmack, die ursprüngliche Bildung der Gegend dazu beitragen, ein Gegenstand, dem weiter nachzuforschen interessant wäre.) An der naumburgi= schen Brücke steht die sächsische Grenzsäule, noch ehe man von der sächsischen Seite über die Brücke ist. Die preußische, oder viel= mehr ein bloßer preußischer Meilenzeiger mit dem Adler darüber, steht eine große Strecke davon auf einer andern Straße, die man vor dem Eingange Naumburgs passirt. Naumburg ist von allen Seiten offen, gewährt aber wegen eines Klosters mit einem schön= gebauten Thurme und andern Thürmen, unter andern auch einem hohen ausgebrannten, ein hübsches Ansehen. — Die gute, schlesi= sche Ehrlichkeit: allgemeine Klagen über den Verfall aller Nahrung, der Gewerbe u. s. w. — Durch größtentheils Wald und schlechtere Dörfer als die sächsischen, indem sie schon sehr den polnischen gleichen, nach Bunzlau. Hier wird die Gegend am Bober hin wieder schöner, so auch die Dörfer. Die Stadt selbst ist regelmäßig gebaut, die Häuser vielleicht weniger solid als in den Städten Sachsens, aber von schönerm Aussehen; die Straßen breit. In den Drei Rautenkränzen eingekehrt. Die Tochter des Wirths recht hübsch, in der so vortheilhaften schlesischen Tracht mit der schwarzen Sammtschneppe um den Kopf; gutherzig, doch nicht zuvorkommend höflich; wenig Delicatesse: der ganze schlesische Charakter, wie ich ihn mir denke. Doch war sie in Verlegenheit, da saure Gurken da waren, die man mir nicht hatte geben wollen. Rolle, die die Juden hier spielen: Gesinnung des Wirths gegen jene, gegen mich — alles nicht, wie es in Sachsen gewesen sein würde.

Den 18. war Bettag; aber in ganz Bunzlau wurde keine Glocke gehört, welches Recht die evangelischen Schlesier in diesem Theile Schlesiens, außer Liegnitz, noch nicht haben! Ich ging bis nach Gnadenberg *), ein schöner, nach Art aller herrnhutischen Colonien gebauter Ort, hörte da eine elende Predigt (z. B.: Alle Summen der Welt können nicht eine Seele bezahlen; welch eine Kostbarkeit muß mithin das Blut Jesu sein u. s. w. In diesem Tone das Ganze; die Stimme krächzend; dabei keine Wärme, wie doch sonst die Prediger in den Brüdergemeinen haben). Charakter eines gnadenberger Bruders, der ein Stück mit mir ging, leutescheu, zurückhaltend u. s. w., und doch war es ein Schlesier. — Den 20. nach Neumarkt zu. Ein schlesischer Rundkopf von Wirth sagt mir, da ich ein Gesicht über sein Bier mache: „O, es schmeckt doch gut; es ist so recht süß und sauer untereinander!" Ein anderer sagt mir, da ich nach gutem Weine frage: er wolle mir ein Glas geben, wie ich es in meinem Leben nicht getrunken hätte u. dgl. Ihr ganzer Charakter frei, ohne grob zu sein, zutraulich, scherzhaft, ohne Beleidigung. So besorgt mir die Kaufmannsfrau, bei der ich hier Wein trinke, eine Wäscherin, schickt deshalb weit herum, recommandirt mir ein Logis u. s. w. Man denke hier an einen Polnisch-Deutschen — welch ein Abstand! Die Wirthin selbst erzählt mir ihre ganze Geschichte, bedient mich so ehrlich, so treuherzig, ist wohlfeil und recommandirt mir einen

---

*) Gnadenfrei.

wohlfeilen Ort in Breslau; das alles war nicht delicat, aber es war treuherzig und bieder. Hat vielleicht der Schlesier die Tugenden des Sachsen und des Polen, zwischen denen er liegt, ohne seine Fehler?

Den 21. nach Breslau. Die Stadt ist weit größer als Leipzig, hat schöne Marktplätze, prächtige Paläste, wenig schlechte Häuser; doch ist das Innere der Häuser altfränkisch und übel eingerichtet. Der Salzring (ein Markt heißt·hier Ring, z. B. der Kornring) — —. Der Charakter der Einwohner läßt eine gutherzige Einfalt durch die großstädtischen Sitten doch noch hindurchblicken. Der breslauer Bürger artig und dienstfertig gegen die Fremden; der Elegant sehr artig, dabei nicht neugierig und zudringlich. Vieler und hoher Adel; prächtiges Militär; eine glänzende Wachparade, eine Frequenz derselben, wie ich sie selbst hier in Königsberg nicht gefunden habe. Die Gegend um Breslau sieht zuerst aus wie die um Königsberg: Weidenalleen (die ich häufig im Preußischen fand), viele Niederungen, mithin auch Dämme, mithin viel Grünes, viel Lustwälder. So ist das Dorf Morgenau bei Breslau ein einziger zusammenhängender Lustwald und die Promenade dahin über den Weidendamm für eine platte Gegend wirklich schön.

Am 23. ging ich in des Prinzen von Hohenlohe Garten in Scheidenicht. Ueberall blickt Aermlichkeit hervor; Statuen von Holz, aus denen man auch wirklich Stücke herausschneidet, und durchaus auch sehr hölzern gearbeitet; so unter andern eine sehr steife von Friedrich II.; Eisenketten von Weiden geflochten, die man zerreißt u. s. w. Der Garten selbst ist voll Schnickschnack; man ist mehr in einer Sammlung elender Büsten als in einem Garten, doch ist das Wäldchen dabei sehr schön. Ein häßlicher Zug im Charakter der Breslauer: sie zerritzen diesem guten Prinzen, der nichts vor ihnen verschließt, die Marmortische, zerschneiden seine Statuen, zerreißen die Ketten u. s. w.

Am 25., gleich nach meiner Rückkehr von Hohenlohe's Garten in die Stadt, brach das verrufene entsetzliche Feuer aus. Ich eilte auf Adolf's Kaffeehaus, wo alles zitterte, aber, wie immer in der Noth, unschlüssig zauderte, wo es nach einem festen Plane zu helfen galt. Es wurde bald entsetzlich: ich ging an der Oder hinunter, wo ich das Feuer über den Fluß greifen und in kurzem

drei große Häuser und ein kleines verzehren fah. Endlich durch
die Soldaten mit der ungeheuern Menge von Zuschauern verjagt,
ging ich hinweg. Der Lärm dauerte die Nacht hindurch. Ich ging
um 3 Uhr früh wieder hin, wo ich die furchtbarste Verwüstung
und den Thurm der Sandkirche niederbrennen fah. Bald darauf
verließ ich die Stadt. — Ueber Breslau hinaus verändert sich die
Gegend; kleine Berge umgeben den Horizont, hinter welchen
höhere sich amphitheatralisch erheben. Der Boden wird lehmiger
und fester, ist aber ebenso wenig bebaut; das Volk ungebildeter,
seine Sprache rauher (Bausch statt Busch, Hauf statt Hof u. dgl.).
Eine ungeheuere Menge Windmühlen in der Gegend von Streh=
len, ein Zeichen, daß ich mich der wasserlosen Ebene näherte;
auch in Polen sind sie häufig.

Den 29. gegen Mittag bis Gostin, die erste bedeutende
polnische Stadt, geschmückt mit einem herrlichen Dome einer Kup=
pelkirche und für eine polnische Stadt wohlgebaut. Hier das
Gemälde einer solchen.

Die Gassen sind geräumig, weit, nicht ganz schlecht gepfla=
stert, aber sie liegen voll Stroh, Unrath u. dgl. Die Häuser sind
alle von Holz, nicht angestrichen in dieser Gegend, weiterhin auf
eine buntscheckige, abgeschmackte Art bepinselt. Die Dächer von
Schindeln, auf dem Lande, wie schon in Schlesien, von Rohr.
Der Markt ist der Sammelplatz alles Mistes. Hier sind Galerien
vor den Häusern, wo man Lebensmittel, Brot, Käse, gekochte
Fische, Semmeln (die alle schwarz, krümelig und schlecht sind)
feil hat. In der Mitte desselben steht ein hölzernes, viereckiges
Ding, mit einem Thurme von eben der Materie, eben der Farbe,
Rathhaus genannt. Meistens alle Städte wimmeln von Juden.
Dies ist das Bild aller, also auch von Gostin. Nur ist diese
von ansehnlicher Größe; die Evangelischen wohnen abgesondert
in der Nähe des Doms.

Ich trat in das erste Wirthshaus. Kein Mensch verstand
ein Wort Deutsch, aber alles war sehr höflich. Endlich kam ein
deutsch gekleideter, gewesener Feldscherer unter der russischen Armee,
ein Tölpel und Grobian, der mir indeß zum Dolmetscher diente.
Er begleitete mich über den Markt, der von Menschen wimmelte,
und verkündete jedem, wer ich sei. Man sah mich an wie ein sel=
tenes Thier, schien aber Mitleid mit mir zu haben, als man hörte,

daß ich um Pferde zu erhalten in Verlegenheit sei. Endlich kam ich in einen Gasthof außer der Stadt, wo ich Deutsche erwartete. Hier zermarterte sich der Wirth, umarmte mich, legte seinen Kopf an meine Brust, machte Wendungen wie eine schmeichelnde Katze, um mir begreiflich zu machen, daß er mir nicht, was ich verlangte, Pferde, verschaffen könne. Alle Polen, die ich hier sah, so umständlich höflich, so tendre, so unterwürfig gegen die Deutschen! Diese dagegen trotzig, anmaßend, wie überall die Sieger gegen die Besiegten! Nur zeigt es lange Knechtschaft und Unterdrückung, daß jene sich so rasch in dieses Verhältniß hineingefunden haben.

Am 31. kamen wir nach Pieters, wo ich das erste polnische Militär sah; es war Nationalreiterei. Lange, rothe, weite Hosen, an der Seite mit weißen Borten besetzt. Ein blaues Collet mit rothem Aufschlage. Abgeschnittene Haare, die sie sehr lang und schwarz haben. Eine schwarzgebrämte Mütze mit viereckigem Deckel. Ein langer Säbel mit eiserner Scheide; so ist Kleidung und Bewaffnung. Sie selbst meistens schöne, wohlgewachsene Leute, mit schwarzen Augen; ihre Züge mit einem Anfluge von Orientalismus, und doch welch ein Unterschied zwischen ihren und den Judengesichtern! Sie stammen freilich aus dem nördlichen Asien, diese aus dem südlichen; aber sollte nicht diese Gesichtsvergleichung im großen durchgeführt über die Völkerorigines und ihre Verwandtschaft Licht geben können? — Es war Landgericht in jener Stadt; ein außerordentliches Gericht, wie es schien, wo die Streitigkeiten der Edelleute entschieden werden. Ich sah deren einen im ersten Hause, wo ich einkehrte; er war sehr höflich, sprach viel lateinisch mit mir; Deutsch konnte er nicht viel, Französisch gar nicht. Der polnische gemeinere Adel kann das letztere in der Regel nicht, sowie der vornehmere wenig vom erstern. Er trug eine anständige polnische Kleidung; aber daß es z. B. gut sein könnte, seine Stiefel zu putzen, fiel ihm erst ein, da ich's that. In der Geschichte seines Vaterlandes war er schlecht unterrichtet. Nicht lange, so tritt ein Exjesuit herein und redet mit dem Wirth lateinisch. Ich mische mich in die Unterredung. Der Wirth, Kowalski hieß er, geräth vor Freude außer sich, daß er sich mit mir unterhalten kann, zeigt mir alle seine Briefschaften, erzählt mir seine ganze Geschichte, sodaß ich ihn kaum loswerden kann. Er war gleichfalls ein Edelmann; aber er war Kutscher gewesen und hatte, wie die andern Bedienten auch, Schläge bekommen. Der Exjesuit war stockorthodox, doch noch ganz erträglich höflich.

Am 7. Juni endlich in Warschau. Die Stadt hat neun Vorstädte, sagt die Geographie, die ich nicht zu unterscheiden weiß; die eigentliche Stadt liegt an der Weichsel, ist alt; krumme Straßen, doch ziemlich solide Häuser, aber altfränkisch. Sie hat viel Thore, welche die Vorstädte nicht haben. Mitten auf dem engen Marktplatze steht ein massives, gothisch gebautes Rathhaus. In ihr liegt das königliche Schloß auf einem Berge an der Weichsel. Die Vorstädte liegen weiter von der Weichsel ab und sind voll fürstlicher Paläste, an denen alle Pracht der Architektur verschwendet ist. Doch haben sie vom Massiven nur den Schein; sie sind nämlich nur von Ziegelsteinen, die nach der Form von Quadern geordnet und angestrichen sind. Auf dem Pferdemarkt ist die evangelische Kirche, ein runder Dom mit einer Kuppel, in die das Licht von oben hineinfällt; auf der Kreuzgasse die prächtige Kreuzkirche u. s. w. Kurz Kirchen und prächtige Paläste ohne Zahl; und doch steht oft mitten zwischen zwei herrlichen Gebäuden eine alte, den Einsturz drohende Hütte; ein Bild des ganzen Volkes und Staates!

Die Stadt ist die ganzen 24 Stunden hindurch vom Lärm der Carrossen erfüllt; man sieht in ihr zugleich das seltenste Gewimmel von allerlei Kleidung, hört allerlei Sprachen untereinander. Die Gassen sind von schreienden, verstümmelten Bettlern angefüllt, deren selten jemand zu achten scheint, die aber Meister in ihrer Kunst sind.

Hier lernte ich die Grobheit der Deutschen in Polen erst ganz kennen. Das Hotel, wo ich abtrat, gehört einem Danziger, der meistens Preußen beherbergt. Der Aufwärter, hier charakteristisch Schenker genannt, sah mich kaum an und antwortete mir kaum auf meine Frage nach Zimmer und Bett. Wollte ich Thee, Abendessen u. s. w., so mußte ich selbst in die Küche und da — es herausstreiten. Klagte ich, so sagte man mir: Das ist hier so Mode! Die Zimmer schlecht möblirt, schmuzig, halb verfallen; die Fenster ohne Vorhänge! Und dies war das Hotel d'Allemagne, eins der guten in Warschau. Ebenso der Umgang: da war ein elbinger Kaufmann, ein Erzgrobian; ein anderer, Preuße, nicht höflicher. Ein Franzose, Abbé Chalmandré, foppte mich und wurde von mir empfohlen, borgte mir einen Dukaten ab und war nachher noch unverschämt, nachdem er durch mich versorgt worden; ich bestrafte ihn durch verdiente Verachtung! Der einzige erträgliche Mann war Mr. Brun, ein Lausanner, gewesener Hofmeister, der nach Moskau ging. Er hatte nicht studirt und war vernünftig; der Abbé hatte studirt und war intolerant, bigott, suffisant, ein unerträglicher Mensch. Er ist durch mich versorgt, und ich werde wahrscheinlich schmachten.

Ich besuchte endlich K., und ich wurde durch ihn der Schwägerin meines warschauer Hauses, der Castellanin von P. und ihrem Manne vorgestellt und gefiel, glaub' ich, nicht. Mein Französisch hatte zu viel deutschen Accent und ich sprach nicht mit gehöriger Submission. Hier sind beider Schilderungen. Er ist ein Mann von Geschäften und großem Tone: viel Leichtigkeit des Auffassens und Sprechens, doch mit der Gleichgültigkeit eines Weltmanns. Eine aufgestülpte Nase, wie alle echten P—s. Sie scheint eine treffliche Frau und gute Mutter zu sein, entfernt von aller Ziererei der großen Welt: ohne Prätension auf Witz, Gelehrsamkeit; eine leutselige Miene, ohne schön zu sein. Eine liebenswürdige Familie, an der K. nicht viel verderben, aber auch nicht viel bessern wird.

Am 9. wurde ich meinem Hause vorgestellt; ich brauche den Erfolg nicht zu erzählen, da der ganze Briefwechsel mit meinen Concepten hier beiliegt. Jetzt Charakterzüge, dann Raisonnement über die Rechtmäßigkeit!

Madame ist eine Frau der großen Welt, und da ich noch wenig dergleichen gesehen hatte, so konnte es nicht fehlen, daß sie mir nicht unausstehlich werden mußte. Sie ist groß, die Augenknochen stehen stark hervor; dabei hat ihr Blick etwas Leidenschaftliches, Gereiztes. Der Ton ihrer Stimme stumpf, ohne Silber, wie ich es hier bei mehreren Frauen von Stande bemerkte. Sie stößt mit der Zunge an, ich glaube aus Affectation, redet immer im Commandirton, rasch, undeutlich, weshalb sie schwer zu verstehen ist. Sie ist nie zu Hause, kommt, redet ein paar Worte, läßt sich von ihrem gehorsamen Manne die Hand küssen und geht. Er ist ein guter, ehrlicher Mann, dick und träge, ein Jaherr."

Wir ergänzen durch eine kurze Erzählung aus der noch vorhandenen Correspondenz, was das Tagebuch nur unvollständig

erwähnt. Bei der ersten Vorstellung war der gegenseitige Ein=
druck sehr unvortheilhaft gewesen; es mißfiel besonders an Fichte
sein Ernst, der Mangel an Geschmeidigkeit und Biegsamkeit, wo=
ran die Polen durch ihre französischen Erzieher gewöhnt sind;
und in der That kann man sich kaum eine seltsamere Lage denken,
als Fichte mit seiner ernsten Geradheit abhängig von einer launen=
haften, an die tiefste Demuth gewöhnten polnischen Gräfin. Aber
auch sein französischer Ausdruck genügte nicht, wiewol er sich
früher mit dieser Sprache gründlich beschäftigt hatte; und so mochte
denn die Gräfin ihre unzufriedene Ueberraschung sogleich an den
Tag gelegt haben, ohne jedoch den Gedanken bestimmt zu äußern,
daß Fichte darum in ihrem Hause nicht Erzieher werden könnte.
Doch dieser, das innere Misverhältniß sogleich fühlend, erklärte
ihr in einem französisch geschriebenen Briefe, daß es ihm bei dem
Urtheil, das sie über ihn gefällt, unmöglich sei, das Ansehen in
ihrem Hause zu behaupten, dessen ein jeder Erzieher bedürfe; er
müsse deshalb um seine Entlassung bitten. Wenn sein Aeußeres
freilich nicht munter (enjoué) erscheine, so sei er doch von immer
gleicher Stimmung, was die erste Bedingung einer guten Er=
ziehung sei; ein besserer französischer Ausdruck könne in der Regel
nur von dem Deutschen erwartet werden, der in der großen Welt
gelebt habe oder in ihr unterrichten wolle; ihm habe es genügt,
sie nach Principien kennen zu lernen. So sehr er also auch
fühle, daß er ihrem Hause nicht nützlich werden könne, so sei er
selbst doch unschuldig an der Täuschung über seine Kenntnisse und
Fähigkeiten; was er versprochen, hoffe er zu leisten; da dies nicht
hinreiche, so müsse er um Schadloshaltung bitten. Die Gräfin
ließ durch ihren Vermittler ihm ihre Protection zu andern Er=
zieherstellen in Warschau antragen; der erste, ohne sein Zuthun
gemachte Versuch mislang, und er erklärte, sich auf keinen fernern
einlassen zu wollen. Vorausgesetzt auch, schrieb er, daß sein
Gefühl abgestumpft genug wäre, um in dem Gedanken, also aus=
geboten zu werden, nichts Arges zu finden, wo ließe sich die
zweite Stumpfheit erwarten, das anzunehmen, was ein anderer
nicht mochte? Man schiene ihn wie einen aus der Mode gekom=
menen Stoff an solche verhandeln zu wollen, für die es allen=
falls sich noch schicke, dergleichen zu tragen, freilich ohne den Stoff
um seine Einwilligung befragt zu haben. Er verlange aber voll=

kommene Unabhängigkeit in seinen Entschlüssen und habe ein Recht auf Entschädigung. Die Gräfin, welcher vielleicht es ungewohnt war, ihr gegenüber von Rechten zu hören, deren Erfüllung sie für Großmuth halten mochte, wollte höchst aufgebracht sich zu nichts verstehen. Da ließ ihr Fichte durch ihren Hausarzt, einen Deutschen, dessen Bekanntschaft er gemacht und der ihm seine kräftige Verwendung zugesagt hatte, andeuten, daß bei längerer Weigerung er die Hülfe der Gerichte ansprechen würde. Diese Drohung wirkte, und nach einigen Unterhandlungen wurde ihm eine Entschädigung bewilligt, die ihn auf ein paar Monate sicherte. Hier faßte er aber den Entschluß, statt in sein Vaterland zurückzukehren, sich nach Königsberg zu wenden. Sein Tagebuch enthält nichts Näheres über die Gründe und Aussichten bei diesem Plane; doch war sicher die Hauptveranlassung dazu, Kant's persönliche Bekanntschaft zu machen, und gewiß ist es, daß dieser kühne, sogar gewagte Entschluß für sein späteres Leben entscheidend wurde.

Aber auch aus Warschau wollte er nicht scheiden, ohne sich auf eine würdige Art gezeigt zu haben; er bat daher den dortigen evangelischen Oberpfarrer, dessen Bekanntschaft er früher gemacht hatte, um die Erlaubniß, predigen zu dürfen. Und von hier an meldet das Tagebuch den weitern Verlauf..*)

„Am 23. (Juni) predigte ich endlich; doch war ich anfangs in Verlegenheit, keinen Friseur finden zu können, und hatte in Hoffnung eines Priesterrocks auf meinem schwarzen Kleide die Stahlknöpfe stehen lassen. Ich lernte bei dieser Gelegenheit die hastige Aengstlichkeit meines Pastors kennen, und predigte endlich in einem Rocke, der mir zu weit, zu lang, zu groß war und mich an jeder freien Bewegung hinderte. Auch predigte ich nicht mit dem höchsten Feuer, und dies lag ohne Zweifel an der Ermattung in der großen Hitze, die ich schon vorher auszustehen hatte. Doch hatte ich den Beifall aller Klugen gehabt, wie ich nachher durchgängig hörte. Es sei ihr gewesen, hatte Dlle. D.**)

---

*) Die damals von Fichte gehaltene Predigt, deren Handschrift er in Warschau zurückließ, ist mehrere Jahrzehnde später durch Geschenk an den Biographen gelangt und von ihm in den „Nachgelassenen Werken" (Bonn 1835), III, 209 fg., veröffentlicht worden.

**) Erzieherin im Hause der Gräfin P.

gesagt, wie einem, der einen gemeinen Fiedler erwartet und einen Virtuosen hervortreten sieht.

Am 25. ging ich nach Königsberg ab mit einem Fuhrmann von dorther und traf ohne besondere Fährlichkeiten am 1. Juli daselbst ein. — Den 4. Kant besucht, der mich indeß nicht sonderlich aufnahm; ich hospitirte bei ihm und fand auch da meine Erwartungen nicht befriedigt. Sein Vortrag ist schläfrig. Unterdeß schrieb ich dies Tagebuch.

— Schon lange wollte ich Kant ernsthafter besuchen, fand aber kein Mittel. Endlich fiel ich darauf, eine „Kritik aller Offenbarung" zu schreiben und sie ihm statt einer Empfehlung zu überreichen. Ich fing ungefähr den 13. damit an und arbeitete seitdem ununterbrochen fort. — Am 18. August überschickte ich endlich die nun fertig gewordene Arbeit an Kant und ging den 23. hin, um sein Urtheil darüber zu hören. Er empfing mich mit ausgezeichneter Güte und schien sehr wohl mit der Abhandlung zufrieden. Zu einem nähern wissenschaftlichen Gespräche kam es nicht; wegen meiner philosophischen Zweifel verwies er mich an seine „Kritik der reinen Vernunft" und den Hofprediger Schulz, den ich sofort aufsuchen werde. — Am 26. speiste ich bei Kant in Gesellschaft des Professor Sommer und fand einen sehr angenehmen, geistreichen Mann an Kant; erst jetzt erkannte ich Züge in ihm, die des großen in seinen Schriften niedergelegten Geistes würdig sind.

Den 27. endige ich dies Tagebuch, nachdem ich vorher schon die Excerpte aus den Kant'schen Vorlesungen über Anthropologie, welche mir Herr von Schön geliehen, beendet hatte. Zugleich beschließe ich, jenes hinführo ordentlich alle Abende vor Schlafengehen fortzusetzen und alles Interessante, was mir begegnet, besonders aber Charakterzüge und Bemerkungen einzutragen.

Den 28. abends. Noch gestern fing ich an meine „Kritik" zu revidiren und kam auf recht gute, tiefe Gedanken, die mich aber leider überzeugten, daß die erste Bearbeitung von Grund aus oberflächlich ist. Heute wollte ich die neuen Untersuchungen fortsetzen, fand mich aber von meiner Phantasie so fortgerissen, daß ich den ganzen Tag nichts habe thun können. In meiner jetzigen Lage ist dies nun leider kein Wunder. Ich habe berechnet, daß ich von heute an nur noch vierzehn Tage hier subsistiren kann.

Freilich bin ich schon in solchen Verlegenheiten gewesen; aber es war in meinem Vaterlande, und dann wird es bei zunehmenden Jahren und dringenderm Ehrgefühl immer härter. Ich habe keinen Entschluß, kann keinen fassen. Dem Pastor Borowski, zu welchem Kant mich gehen hieß, werde ich mich nicht entdecken; soll ich mich ja entdecken, so geschieht es an niemand als an Kant selbst.

Am 29. ging ich zu Borowski und fand an ihm einen recht guten, ehrlichen Mann. Er schlug mir eine Condition vor, die aber noch nicht völlig gewiß ist und die mich auch gar nicht sehr freut; zugleich nöthigte er mir durch seine Offenheit das Geständniß ab, daß ich preſſirt sei, eine Versorgung zu wünschen. Er rieth mir, zu Professor W. zu gehen. Arbeiten habe ich nicht gekonnt. Am folgenden Tage ging ich in der That zu W. und nachher zum Hofprediger Schulz. Die Aussichten bei erstem sind sehr mislich, doch sprach er von Hauslehrerstellen im Kurländischen, die mich allenfalls nur die höchste Noth anzunehmen bewegen wird. Nachher zum Hofprediger, wo anfangs mich seine Gattin empfing. Auch er erschien, aber in mathematische Cirkel vertieft; nachher, als er meinen Namen genauer hörte, wurde er durch die Empfehlung Kant's desto freundlicher. Es ist ein eckiges preußisches Gesicht, doch leuchtet die Ehrlichkeit und Gutherzigkeit selbst aus seinen Zügen hervor. Ferner lernte ich da noch kennen Herrn Bräunlich und dessen Pflegebefohlenen, den Grafen Dönhof, Herrn Büttner, Neveu des Hofpredigers, und einen jungen Gelehrten aus Nürnberg, Herrn Erhard, einen guten, trefflichen Kopf, doch ohne Lebensart und Weltkenntniß. *)

Am 1. September stand ein Entschluß in mir fest, den ich Kant entdecken wollte: eine Hauslehrerstelle, so ungern ich dieselbe auch angenommen hätte, findet sich nicht, und die Ungewiß-

---

*) Er bezeichnet hier den bekannten Philosophen und Arzt Johann Benjamin Erhard (geb. zu Nürnberg 1766, gest. zu Berlin 1827), welcher aus ähnlicher Ursache wie er selbst nach Königsberg gekommen war, aus dem Eifer, Kant persönlich kennen zu lernen. Man vergleiche, was Erhard in der durch Varnhagen herausgegebenen Selbstbiographie über diesen Aufenthalt in Königsberg berichtet ("Varnhagen von Ense, Denkwürdigkeiten und vermischte Schriften", I, 259 fg.).

heit meiner Lage hindert mich hier mit freiem Geiste zu arbeiten und des bildenden Umgangs meiner Freunde zu genießen; also fort, in mein Vaterland zurück! Das kleine Darlehn, welches ich dazu bedarf, wird mir vielleicht durch Kant's Vermittelung verschafft werden. Aber indem ich zu ihm gehen und meinen Vorschlag ihm machen wollte, entfiel mir der Muth. Ich beschloß zu schreiben. Abends wurde ich zu Hofpredigers gebeten, wo ich einen sehr angenehmen Abend verlebte. — Am 2. vollendete ich den Brief an Kant und schickte ihn ab."

Dieser Brief stellt so lebhaft seine damalige Lage dar und spricht zugleich so bezeichnend seinen Charakter aus, daß keine passendere Stelle für ihn zu finden ist als die gegenwärtige, wo er als die Fortsetzung des Tagebuchs erscheint. Wir fügen ihn daher seinem wesentlichen Inhalte nach hier ein:

„Ew. Wohlgeboren verzeihen gütigst, daß ich abermals lieber schriftlich als mündlich mit Ihnen reden will.

Dieselben haben mich mit einer gütigen Wärme empfohlen, um die ich nicht gewagt hätte, Sie zu bitten; eine Großmuth, die meine Dankbarkeit unendlich vermehrt und mir Muth macht, mich Ihnen ganz zu entdecken, was ich in Absicht Ihres Charakters zwar auch vorher wagen, ohne nähere Erlaubniß von Ihnen aber mir nicht verstatten durfte; ein Bedürfniß, das derjenige, welcher sich nicht gegen jedermann entdeckt, gegen einen ganz guten Charakter doppelt fühlt.

Zuerst erlauben mir Ew. Wohlgeboren zu versichern, daß mein Entschluß, von Warschau aus lieber nach Königsberg als sogleich zurück nach Sachsen zu gehen, zwar insofern eigennützig war, als ich dadurch das Bedürfniß befriedigen wollte, dem Manne, dem ich alle meine Ueberzeugungen und Grundsätze, dem ich meinen Charakter bis auf das Bestreben, einen haben zu wollen, verdanke, einen Theil meiner Empfindungen zu entdecken; daß ich, soviel in kurzer Zeit möglich, Sie benutzen und, wenn es sein könnte, mich Ihnen für meine künftige etwaige Laufbahn vortheilhaft empfehlen wollte; daß ich aber ein so gegenwärtiges Bedürfniß Ihrer Güte nicht voraussetzen konnte, weil ich mir theils Königsberg so reich und noch reicher an Hülfsmitteln als z. B. Leipzig vorstellte, theils im äußersten Falle durch einen Freund, der in einem angesehenen Amte zu Riga steht, von hier

9 *

aus in Livland unterzukommen glaubte. Ich glaube diese Ver=
sicherung theils mir selbst schuldig zu sein, um auf Empfindungen,
die rein aus meinem Herzen flossen, keinen Verdacht niedern
Eigennutzes zu lassen, theils auch Ihnen, wenn ein freier offe=
ner Dank der durch Sie Unterrichteten und Gebesserten Ihnen
lieb ist.

Ich habe das Geschäft des Hauslehrers fünf Jahre lang ge=
trieben und die Unannehmlichkeit desselben, Unvollkommenheiten
sehen zu müssen, die von wichtigen Folgen sind, und an dem
Guten, das man stiften könnte, kräftig verhindert zu werden, so
empfunden, daß ich es nunmehr seit anderthalb Jahren auf immer
aufgegeben zu haben glaubte, und daß ich ängstlich werde, wenn
ein wohlwollender Mann es übernimmt, mich zu diesem Geschäfte
zu empfehlen, indem ich befürchten muß, daß es nicht zu seinem
Vergnügen ausschlagen möchte. Ich ließ mich durch die wenig
gegründete Hoffnung, es einmal besser anzutreffen, und vielleicht
unmerklich durch Aussicht auf Geldvortheil und Größe ohne ge=
hörige Ueberlegung hinreißen, dies Geschäft noch einmal in War=
schau zu übernehmen; ein Entschluß, dessen Vereitelung ich nach
Entwickelung der Verlegenheiten, in denen ich jetzt bin, segnen
werde. Ich fühle dagegen das Bedürfniß, alles das, was zu
frühes Lob gütiger, aber zu wenig weiser Lehrer, eine fast vor
dem Uebertritt ins eigentliche Jünglingsalter durchlaufene akade=
mische Laufbahn und seitdem die beständige Abhängigkeit von den
Umständen mich versäumen ließen, nachzuholen, ehe die Jahre
der Jugend vollends verfliegen, mit Aufgebung aller ehrgeizigen
Ansprüche, die mich eben zurückgesetzt haben, mich zu allem zu
bilden, wozu ich tüchtig werden kann, und das Uebrige den Um=
ständen zu überlassen, täglich stärker. Diesen Zweck kann ich
nirgends sicherer erreichen als in meinem Vaterlande. Ich habe
Aeltern, die mir zwar nichts geben können, bei denen ich doch
aber mit geringerm Aufwande leben kann. Dort kann ich mich
mit schriftstellerischen Arbeiten beschäftigen — das wahre Mittel
der Ausbildung für mich, der ich alles in mich hineinschreiben
muß, und der ich zu viel Ehrliebe habe, um etwas zum Druck
zu geben, worüber ich nicht völlig gewiß bin — und eben beim
Aufenthalte in meiner vaterländischen Provinz (der Oberlausitz)
am ehesten und leichtesten durch eine Dorfpfarre die völlige lite=

rariſche Muße erhalten, die ich bis zu meiner völligen Reiſe wünſche. Das Beſte für mich ſcheint alſo, in mein Vaterland zurückzukehren; hierzu ſind mir aber die Mittel abgeſchnitten. Ich habe
noch zwei Dukaten, und ſelbſt dieſe ſind nicht mein; denn ich
habe ſie für Miethe u. dgl. zu bezahlen. Es ſcheint alſo kein
Mittel übrig, mich zu retten, wenn ſich nicht jemand findet, der
mir Unbekanntem bis auf die Zeit, da ich ſicher rechnen kann wieder zu bezahlen, d. i. bis Oſtern künftigen Jahres, gegen Ver-
pfändung meiner Ehre und im feſten Vertrauen auf dieſelbe, die
Koſten der Rückreiſe vorſchieße. Ich kenne niemand, dem man
dieſes Pfand, ohne Furcht, ins Angeſicht gelacht zu werden, anbieten dürfte, als Ihnen, tugendhafter Mann.

Ich habe die Maxime, niemand etwas anzumuthen, ohne
unterſucht zu haben, ob ich ſelbſt vernünftigerweiſe bei umgekehr-
tem Verhältniſſe eben das für jemand thun könnte; und ich habe
in dem gegenwärtigen Falle gefunden, daß ich, die phyſiſche Möglichkeit davon vorausgeſetzt, es für jeden thun würde, dem ich die
Grundſätze ſicher zutrauen könnte, von denen ich wirklich durchdrungen bin.

Ich glaube ſo ſicher an eine eigentliche Hingebung der Ehre
zum Pfande, daß ich durch die Nothwendigkeit, etwas auf ſie ver-
ſichern zu müſſen, einen Theil derſelben mir zu verlieren ſcheine;
und die tiefe Beſchämung, die mich dabei trifft, iſt Urſache, daß
ich einen Antrag von gegenwärtiger Art nie mündlich machen kann,
da ich niemand zum Zeugen derſelben wünſche. Meine Ehre
ſcheint mir ſo lange, bis das bei derſelben geſchehene Verſprechen
erfüllt iſt, wirklich problematiſch, weil es dem andern Theile immer
möglich iſt, zu denken, ich würde es nicht erfüllen. Ich weiß alſo,
daß, wenn Ew. Wohlgeboren meinen Wunſch erfüllen ſollten, ich
zwar immer mit inniger Verehrung und Dankbarkeit, aber doch mit
einer Art von Beſchämung an Sie zurückdenken werde, und daß
das völlig freudige Andenken einer Bekanntſchaft, die ich dazu
beſtimmte, mir lebenslang wohl zu machen, nur dann möglich
ſein wird, wenn ich mein Wort werde gelöſt haben. Dieſe Gefühle kommen aus dem Temperamente, ich weiß es, und nicht
aus Grundſätzen, und ſie ſind vielleicht fehlerhaft; aber ich mag
ſie nicht ausrotten, bis die völlige Feſtigkeit der letztern mir dieſe
Ergänzung derſelben ganz entbehrlich macht. Inſoweit aber kann

ich mich auch auf meine Grundsätze verlassen, daß, wenn ich fähig sein sollte, mir ein Ihnen gegebenes Wort nicht zu halten, ich mich zeitlebens verachten und scheuen müßte, einen Blick in mein Inneres zu thun, Grundsätze, die mich stets an Sie und meine Ehrlosigkeit erinnerten, aufgeben müßte, um mich der peinlichsten Vorwürfe zu entledigen.

Dürfte ich eine solche Denkungsart bei jemand vermuthen, so würde ich das, wovon die Rede ist, sicher für ihn thun. Wie aber und durch welche Mittel ich mich, wenn ich an Ihrer Stelle wäre, von der Anwesenheit einer solchen Denkungsart bei mir überzeugen könnte, ist mir ebenso klar.

Ich, verehrungswürdiger Mann, schloß, wenn es mir erlaubt ist, sehr Großes mit sehr Kleinem zu vergleichen, aus Ihren Schriften mit völliger Zuversicht auf einen außermäßigen Charakter, und ich würde auch, noch ehe ich das Geringste von Ihrer Handlungsart im bürgerlichen Leben wußte, alles verwettet haben, daß sie so sei. Von mir habe ich Ihnen, jedoch zu einer Zeit, wo es mir gar nicht einfiel, je so einen Gebrauch von Ihrer Bekanntschaft zu machen, nur eine Kleinigkeit vorgelegt; und mein Charakter ist wol noch nicht fest genug, um sich in allem abzudrücken; aber dafür sind Ew. Wohlgeboren auch ein ohne Vergleich größerer Menschenkenner und erblicken vielleicht auch in dieser Kleinigkeit Wahrheitsliebe und Ehrlichkeit, wenn sie in meinem Charakter sind.

Endlich — und dies setze ich mit Beschämung hinzu — ist, wenn ich fähig sein sollte, mein Wort nicht zu halten, auch meine Ehre vor der Welt in Ihren Händen. Ich denke unter meinem Namen Schriftsteller zu werden; ich werde Sie, wenn ich zurückreisen sollte, um Empfehlungsschreiben an einige Gelehrte bitten. Diesen, deren gute Meinung ich dann Ihnen dankte, meine Ehrlosigkeit zu melden, wäre meiner Meinung nach Ihre Pflicht, sowie es überhaupt, glaube ich, Pflicht wäre, die Welt vor einem so schlechterdings unverbesserlichen Charakter zu warnen, als dazu gehören würde, um zu dem Manne, in dessen Atmosphäre der Falschheit weh werden sollte, zu kommen und durch angenommene Miene der Ehrlichkeit seinen Scharfblick zu täuschen und der Tugend und Ehre so gegen ihn zu spotten.

Das waren die Betrachtungen, die ich anstellte, Ew. Wohl-

geboren diesen Brief zu schreiben. Ich bin, zwar mehr durch Tem=
perament und durch meine gemachten Erfahrungen als aus Grund=
sätzen, sehr gleichgültig über das, was nicht in meiner Gewalt
ist. Ich bin nicht das erste mal in Verlegenheiten, aus denen
ich keinen Ausweg sehe; aber es wäre das erste mal, daß ich in
ihnen bliebe. Neugier, wie es sich entwickeln wird, ist meistens
alles, was ich bei solchen Vorfällen fühle. Ich ergreife schlecht=
weg die Mittel, die mir mein Nachdenken als die besten zeigt,
und erwarte dann ruhig den Erfolg. Hier kann ich es um so
mehr, da ich ihn in die Hände eines guten und weisen Mannes
lege. Aber von einer andern Seite überschicke ich diesen Brief
mit einem ungewohnten Herzklopfen. Ihr Entschluß mag sein,
welcher er will, so verliere ich etwas von meiner Freudigkeit zu
Ihnen. Ist er bejahend, so kann ich das Verlorene freilich einst
wieder erwerben; ist er verneinend, nie, wie es mir scheint!

Indem ich schließen will, fällt mir die Anekdote von jenem
edlen Türken bei, der einem ganz unbekannten Franzosen einen
ähnlichen Antrag machte. Der Türke ging gerader und offener;
er hatte unter seiner Nation wahrscheinlich nicht die Erfahrungen
gemacht, die ich unter der meinigen gemacht habe; aber er wußte
auch nicht mit der Ueberzeugung, daß er mit einem edlen Manne
zu thun habe, mit der ich es weiß. Ich schäme mich der Scham,
die mich zurückhält, bei dieser Empfindung meinen Brief ins
Feuer zu werfen, hinzugehen und Sie anzureden, wie der edle
Türke den Franzosen!

Wegen des Tons, der in diesem Briefe herrscht, darf ich
Ew. Wohlgeboren nicht um Verzeihung bitten. Dies ist eben eine
Auszeichnung des Weisen, daß man mit ihm redet, wie ein Mensch
mit einem Menschen. Ich werde, sobald ich hoffen darf, Dieselben
nicht zu stören, Ihnen aufwarten, um Ihren Entschluß zu wissen,
und bin mit inniger Verehrung und Bewunderung" u. s. w.

* * *

Den Erfolg dieses merkwürdigen Briefes meldet das Tage=
buch, leider jedoch nicht die nähern Umstände und Gründe,
welche Kant bewegen mochten, eine also vorgetragene Bitte
dennoch abzuschlagen. Indeß scheint dadurch die innige Verehrung
und Liebe, von welcher Fichte für Kant erfüllt war, sich nicht

vermindert zu haben, und auch das Tagebuch spricht keinen Un=
willen darüber aus:

„Am 3. September wurde ich zu Kant eingeladen. Er em=
pfing mich mit seiner gewöhnlichen Offenheit, sagte aber, er habe
sich über meinen Vorschlag noch nicht resolvirt; jetzt bis in vier=
zehn Tagen sei er außer Stande. Welche liebenswürdige Offen=
heit! Uebrigens machte er Schwierigkeiten über meine desseins,
welche verriethen, daß er unsere Lage in Sachsen nicht genug
kennt. M. Gensichen war zugegen. *) — — Früh besuchte ich
Professor Schmalz, ohne Erfolg für meine Sache. Alle diese Tage
habe ich nichts gemacht; ich will aber wieder arbeiten und das
Uebrige schlechthin Gott überlassen. — Den 5. besuchte mich von
Schön **) und nahm mich mit sich zu der Promotion eines Israe=
liten Hirsch. Ich ging hierauf auf Einladung zum Hofprediger,
wo ich niemand traf als Gensichen und die Frau Hofpredigerin,
die sehr in mich drang, weil sie meinte, ich sei in großer Noth.
Ich werde kein Bauer sein, ihr meine Lage zu gestehen. Ich ge=
stand nichts! — Am 6. Ich war zu Kant gebeten, der mir
vorschlug, mein Manuscript über die Kritik aller Offenbarung
durch Vermittelung des Herrn Pfarrer Borowski an Buchhändler
Hartung zu verkaufen. Es sei gut geschrieben, meinte er, da ich
von Umarbeitung sprach. Ist dies wahr? Und doch sagt es
Kant! Uebrigens schlug er mir meine erste Bitte ab. — Am 10.
war ich zu Mittag bei Kant. Nichts von unserer Affaire;
M. Gensichen war zugegen, und nur allgemeine, zum Theil sehr
interessante Gespräche; auch ist Kant ganz unverändert gegen mich
derselbe. — — Am 13. Heute wollte ich arbeiten und thue

---

*) Johann Friedrich Gensichen, geb. 1759, außerordentlicher Professor
an der Universität zu Königsberg und Inspector des Alumnats am Col=
legium Albertinum, bekannt als Vertheidiger der Schulz'schen Theorie der
Parallellinien und Verfasser eines Auszugs aus Kant's „Naturgeschichte des
Himmels", starb 1807 (vgl. Hallesche Literaturzeitung, IV, 782). Er gehörte
zu Fichte's damaligen Königsberger Freunden und wir werden im zweiten Bande
Briefe von ihm mittheilen.

**) Heinrich Theodor von Schön, der ausgezeichnete preußische Staats=
mann, der Freund Stein's, besonders hochverdient als Oberpräsident der Pro=
vinz Preußen. Auch von ihm werden wir aus jener Epoche ein paar Briefe
mitzutheilen haben.

nichts. Mein Mismuth überfällt mich. Wie wird dies ablaufen?
Wie wird es heut über acht Tage um mich stehen? Da ist mein
Geld rein aufgezehrt!"

Mit diesen Worten bricht das Tagebuch ab, wahrscheinlich
weil die rasche Veränderung seiner Lage ihm nicht mehr Zeit ließ,
es fortzusetzen. Aber auch damals, wie schon früher einmal in
Leipzig, zeigte sich Hülfe, gerade als sie am dringendsten war,
und auch hier auf unerwartete Weise. Er hatte sein Manuscript
einem königsberger Buchhändler vergebens angeboten, indem Har=
tung, an welchen Kant ihn verwies, damals abwesend war; die
andern Aussichten, die seine Freunde ihm eröffnen konnten, waren
ungewiß, weitaussehend, und so schien jede Hülfe ihm abgeschnitten.
Aber wie es im innern Leben gewisse Wendepunkte gibt, von wo
aus eine völlig neue Epoche zu zählen ist, so tritt auch im äu=
ßern manchmal ein Aehnliches hervor. Glück wie Mißgeschick er=
reicht einen gewissen Gipfel; dann wendet es sich plötzlich in sein
Entgegengesetztes, und das Schicksal holt in rascherer Folge nach,
was das vergeltende Gleichmaß wiederherstellen kann. Auch hier
schien das Unglück sich erschöpft zu haben, und eine Reihe der
glücklichsten Ereignisse schien alles mit einem male auf ihn häufen
zu wollen, was lange Jahre hindurch ihm entzogen worden war.
Gerade als er am wenigsten diese Hülfe erwartete, wurde ihm
durch den Hofprediger Schulz eine Hauslehrerstelle bei dem Grafen
von Krockow in der Nähe von Danzig angeboten, und zwar als
einem von Kant Empfohlenen unter den ehrenvollsten Bedingungen!

Freilich vermochte nur der Mangel aller andern Aussichten
ihn zur Annahme zu bewegen, solch einen Widerwillen hatten
ihm seine Erfahrungen gegen das Hofmeisterleben eingeflößt, und
in das Haus eines Grafen besonders schien er sich gar nicht zu
passen. Doch auch hier wendete der Ausgang es unerwartet
günstig. Er fand in seinem neuen Hause die freundlichste Auf=
nahme und die angenehmsten Verhältnisse; besonders machten der
Geist und die andern trefflichen Eigenschaften der Gräfin seinen
Aufenthalt interessant, ja lehrreich, und die Briefe, die er um
diese Zeit schrieb, sind voll eines begeisterten Lobes derselben.
Auch stand er zu ihr mehr in dem Verhältniß eines Freundes
als eines Untergebenen, und die nähere Anschauung einer Frau,
die, wie die Gräfin, ihre ganze Bildung sich selbst und ihren

mannichfachen Lebenserfahrungen verdankte, scheint so anregend auf ihn gewirkt zu haben, daß der Gedanke vorübergehend in ihm aufstieg, über weiblichen Charakter und seine Ausbildung zu schreiben. Wenigstens erwähnt der Brief eines Freundes um diese Zeit eines solchen Plans, freilich ihn mißbilligend und zu größern Unternehmungen anspornend, nachdem er so rühmlich die Schriftstellerlaufbahn begonnen habe. Und in der That trübte nur eins seine glückliche Lage in diesem Hause, daß sein Er= zieherberuf wie die anziehende Geselligkeit ihm fast alle Zeit in Beschlag nahmen, während sein Geist, aufgeregt durch das uner= wartete Glück, welches seine erste Schrift gemacht hatte, von den mannichfaltigsten Planen literarischer Thätigkeit voll war.*)

Unterdeß hatte nämlich durch Vermittelung seines königsberger Freundes, des Pfarrers Borowski, der Buchhändler Hartung den Verlag seiner „Kritik aller Offenbarung" unter leidlichen Bedin= gungen übernommen. Das Manuscript sollte in Halle gedruckt werden und rasch erscheinen, als ein unerwartetes Hinderniß abermals dazwischen trat. Es mußte dort der Censur unterworfen werden, und der zeitige Dekan der theologischen Fakultät, als Censor der Schriften in diesem Fache, verweigerte das Imprima= tur wegen der Behauptung, die darin durchgeführt werde: daß der Beweis für die Göttlichkeit einer Offenbarung nicht durch die Berufung auf die dabei geschehenen Wunder geführt werden dürfe, sondern daß einzig aus dem Inhalte derselben darüber entschieden werden könne — ein Satz, gegen den jetzt wol nicht mehr das geringste Widerstreben stattfindet. Vergebens mochte der Verfasser versichern, um seine Schrift vor andere Censoren zu bringen, sie sei philo= sophischen, nicht theologischen Inhalts; das einmal ausgesprochene Urtheil blieb in Kraft; man suchte Fichte vielmehr zu bewegen, durch Umändern des anstößigen Theils seiner Theorie und Ver= nichtung der bedenklichsten Stellen seinerseits nachzugeben, und selbst der Hofprediger Schulz, dessen strenger Kantianismus sich

---

*) Auch Fichte scheint in jenem Hause ein freundliches Andenken und eine dauernde Erinnerung zurückgelassen zu haben. Der Nachkomme jener edlen Gräfin, Graf Karl von Krockow in Dresden, theilte dem Biographen brieflich mit, daß noch heute zu Schloß Krockow in der zweiten Etage eine Fichtestube sei und sein Lieblingsspaziergang noch der Philosophensteig genannt werde.

mit theologischer Rechtgläubigkeit vertrug, machte ihm nachdrück=
liche Vorstellungen. Fichte erklärte indeß, der ganze Aufsatz solle
lieber ungedruckt bleiben, als daß durch Veränderung jener Stel=
len der einzige Werth der von ihm schon für unvollkommen
erkannten Arbeit, consequente Durchführung eines Princips, voll=
ends noch verloren gehe; und Kant, der zum Schiedsrichter auf=
gerufen wurde, gab im wesentlichen seine Beistimmung, fügte
jedoch (in einem noch vorhandenen, in der Briefsammlung abge=
druckten Schreiben) einen so genauen Rath hinzu, die angefoch=
tenen Sätze zu limitiren und zu verschleiern, daß auch daraus
die Aengstlichkeit hervorleuchtete, mit welcher der bejahrte Mann
in der letzten Zeit seines Lebens in politischen und religiösen
Dingen zu Werke ging. Endlich fiel man darauf, das Manu=
script im benachbarten Auslande drucken zu lassen, wo man kein
Hinderniß befürchtete, als auch in Halle sich jede Schwierigkeit
durch den Dekanatswechsel bei der theologischen Facultät löste;
der treffliche Dr. Knapp wurde gewählt, und dieser nahm trotz
seiner anerkannten Orthodoxie keinen Anstand, der Schrift die
Censurbewilligung zu ertheilen. Doch hatten jene vorbereitenden
Schritte in Jena den merkwürdigsten Einfluß auf das fernere
Schicksal der Schrift. Dort, wo die angesehensten Lehrer eifrige
Kantianer waren, erregte ein Buch dieses Inhalts aus Königs=
berg, mit offenbar Kant'scher Sprache und Denkart, sogleich große
Aufmerksamkeit. Dazu kam noch, daß es gegen den Willen des
Verfassers durch Zufall anfangs anonym erschien; und eben diese
Anonymität, welche sich bei den damaligen politisch = religiösen
Verhältnissen in Preußen leicht erklären ließ, gerade wenn Kant
der Verfasser war, bestätigte nur die gleich anfangs gehegte Ver=
muthung, daß jener sie wirklich verfaßt habe. Sofort wurde von
Jena aus (in einer Anzeige des Intelligenzblattes der „Allgemeinen
Literaturzeitung", 1792, Nr. 82) auf die Schrift und ihren ver=
meintlichen Verfasser vorläufig hingewiesen, und bald darauf eilte
eine umständliche Beurtheilung („Allgemeine Literaturzeitung", 1792,
Nr. 190, 191) nur noch nachdrücklicher die hohe Wichtigkeit der
Schrift und den Dank gegen ihren großen Urheber zu verkündigen.
Die zuversichtliche Sprache dieses Recensentenirrthums ist allzu
merkwürdig, und die überschwenglichen Lobsprüche jenes unbedingten
Kantianers sind zu charakteristisch, als daß es nicht auch für unsere

Zeit lehrreich sein sollte, einiges daraus mitzutheilen. Die vor=
läufige Anzeige lautet folgendermaßen:

„Man hat es für Pflicht gehalten, das Publikum von der
Existenz eines in aller Rücksicht höchst wichtigen Werkes zu be=
nachrichtigen, welches diese Ostermesse unter dem Titel erschienen
ist: «Versuch einer Kritik aller Offenbarung» (Königsberg bei
Hartung). Jeder, der nur die kleinsten derjenigen Schriften ge=
lesen, durch welche der Philosoph von Königsberg sich unsterbliche
Verdienste um die Menschheit erworben hat, wird sogleich den
erhabenen Verfasser jenes Werkes erkennen.“

Die Recension findet nun noch entschiedener bis in die klein=
sten Theile der Schrift die Züge ihres unsterblichen Verfassers.
„Wir halten es für eine unserer größten Pflichten“, beginnt sie,
„mit der Anzeige eines Buchs zu eilen, das vielleicht mehr als
irgendein anderes unter den seit langer Zeit geschriebenen den
bringendsten Bedürfnissen unserer Zeitgenossen angemessen ist und
also im eigentlichsten Sinne den Namen eines Wortes zu sei=
ner Zeit verdient. Gerade jetzt, wo die verschiedensten Parteien
in der Theologie einander befehden, gerade jetzt muß es um
desto verdienstlicher sein, wenn ein vir pietate ac meritis gravis
mitten unter sie hintritt, allen Parteien ihr Unrecht, das Ueber=
triebene und Grundlose ihrer Behauptungen aufdeckt. —— Und auf
welche Weise ist dies verdienstliche Werk gethan! Freilich findet
man das Meiste, vielleicht alles, was die großen, wahrhaft ver=
dienten Gottesgelehrten aller Zeiten über Offenbarung — — gesagt
haben; allein wie innig verbunden, wie sehr durcheinander ge=
stützt, wie genau gegeneinander bestimmt und selbst berichtigt
erscheint nicht das alles in diesem bis zur Bewunderung genau
verketteten Systeme, das in der Hauptsache fast gar nichts zu
wünschen übrig läßt; in welches ganz neue Licht, zu dem jedes
für sich gar nicht erhoben werden konnte, ist hier nicht alles bis=
her Gesagte gestellt! Diese Zusammenstellung, diese Unterordnung
des Ganzen unter Principien ist es wol eigentlich, was der Unter=
suchung die durchgängige Evidenz mittheilt; denn sonst gesteht
Recensent ohne Scheu, daß er manche von den hier dem Ganzen
zu Grunde gelegten Sätzen und Behauptungen, manche von den
weiterhin benutzten Wendungen und Verbindungen auch selbst wol
gedacht und zur Unterstützung seiner Meinungen gebraucht habe

(wie ihm einige seiner Freunde bezeugen können); aber es wäre Thorheit, solche einzelne Materialien nur in Anschlag bringen zu wollen, wo eigentlich die größte Wirkung durch die tiefgefaßte Idee und durch die weise Anordnung des ganzen Gebäudes erreicht wird. Nur um die Leser einigermaßen zur baldigen Benutzung dieses höchst wohlthätigen Werkes anzulocken, wollen wir einen kurzen Auszug desselben hier einrücken, von dem indessen jeder, der nur mit einer Schrift des auch hier ganz unverkennbaren unsterblichen Verfassers sich bekannt gemacht hat, gleich voraussetzen wird, daß von dem gewohnten ideenreichen Vortrage desselben immer ein großer Theil unberührt bleiben muß. . . . . Zum Schluß dieser Anzeige weiß Recensent nichts Schicklicheres zu sagen, als erstens die Bezeugung des feurigsten Dankes an den großen Mann, dessen Finger hier allenthalben sichtbar ist, daß er, der schon so manche Gegend des menschlichen Wissens aufgehellt, nun auch über diesen Gegenstand eine solche Aufklärung gegeben hat, die wenigstens dem Recensenten in allem, was er gesagt hat, nicht den geringsten Zweifel übrig gelassen, gleichsam als sollte nun auch das letzte Stück des ganzen Grundes menschlicher Kenntnisse befestigt werden" u. s. w.

Merkwürdig ist es, diese Anzeige, die wol den höchsten Ausdruck adulirender Unterwürfigkeit enthält, welchen blindgläubige Anhänger ihrem Sektenhaupte je dargebracht haben, mit der ungleich kühlern Beurtheilung („Allgemeine Literaturzeitung", 1794, Nr. 3) zu vergleichen, welche die zweite, wirklich verbesserte Auflage des also belobten Werkes vor denselben Richtern empfing. Mochte der neue Recensent auch ein anderer sein, durch die Anonymität beider Urtheile fiel der Widerspruch derselben auf das Institut selbst zurück, und es zeigte sich unverkennbar, wie sehr in seinen Augen der Name der Verfasser Einfluß habe auf den Werth ihrer Bücher. Zwar wird die früher behauptete Wichtigkeit der Schrift auch jetzt noch zugestanden, aber man bemerkt doch schon, daß einzelne Ausdrücke einander widersprechend erscheinen könnten, daß mancherlei Auswüchse der ersten Auflage mit Recht getilgt seien; kurz, es zeigt sich, daß „das bis zur Bewunderung genau verkettete System", die „weise Anordnung" jetzt für den Recensenten nicht mehr vorhanden sind! Aber eben dadurch mußte für

Fichte gleich im Beginne seiner Schriftstellerlaufbahn der Glaube
an die Untrüglichkeit der gefürchteten literarischen Tribunale, über=
haupt die Achtung vor der öffentlichen Kritik unwiederbringlich
dahinschwinden; er wurde fast gezwungen, jeder Autorität abzu=
sagen und fortan nur mit eigenen Augen sehen zu wollen. War
doch eine von ihm selbst als mangelhaft erkannte, nur aus Noth
gedruckte Gelegenheitsschrift für das fehlerlose Werk eines allbe=
wunderten Meisters gehalten worden. Sollte dies Urtheil ihm
gelten, in welcher Größe mußte er sich selbst erscheinen! War es
ungegründet, wie mußte er von den Leitern der öffentlichen Mei=
nung, von den gepriesenen Kennern der kritischen Philosophie im
stillen denken, die in so grobe Täuschung verfallen waren! Er
folgte, wie natürlich, der letztern Meinung, und die Geringschätzung
gegen die Kritik, welche er späterhin unverhohlen zeigte, beson=
ders aber auch der Protest gegen alle anonymen Recensionen,
war nur die Folge des Standpunktes, auf welchen sie selbst ihn
so früh gestellt hatte. Gleich anfangs wollte er, halb freudig
überrascht, halb beschämt über jene Verwechselung, da der Bei=
fall offenbar mehr dem geglaubten Verfasser als dem Inhalte der
Schrift gespendet wurde, selbst öffentlich sich nennen, vornehmlich
um den Verdacht eines absichtlich erregten Scheins von sich ab=
zuwenden. Da übernahm es Kant selbst, durch eine Anzeige im
Intelligenzblatt der „Allgemeinen Literaturzeitung" (1792, Nr. 102)
den wahren Verfasser zu bezeichnen und sich zugleich ganz von dem
Antheile an jener Schrift loszusagen. Da es das erste mal ist,
daß Fichte's Name öffentlich genannt wurde, so sei es uns er=
laubt, auch dies literarische Actenstück hier einzufügen.

„Der Verfasser des « Versuch einer Kritik aller Offenbarung»
ist der im vorigen Jahre auf kurze Zeit nach Königsberg herüber=
gekommene, aus der Lausitz gebürtige, jetzt als Hauslehrer bei
dem Herrn Grafen von Krockow in Krockow in Westpreußen stehende
Candidat der Theologie, Herr Fichte, wie man aus dem in
Königsberg herausgekommenen Ostermeßkatalog des Herrn Hartung,
seines Verlegers, sich durch seine Augen überzeugen kann. Ueber=
dem habe ich auch weder schriftlich noch mündlich auch nur den
mindesten Antheil an dieser Arbeit des geschickten Mannes, wie das
Intelligenzblatt der «Allgemeinen Literaturzeitung», Nr. 82, darauf

anspielt, und halte es daher für Pflicht, die Ehre derselben dem, welchem sie gebührt, ungeschmälert zu lassen.

Königsberg, den 3. Juli 1792.   J. Kant."

Aber selbst nach dieser Anzeige verminderte sich fast nicht die Aufmerksamkeit, welche die Schrift anfangs erregt hatte; die Kantianer schienen ihre Divinationsgabe wenigstens dadurch retten zu wollen, daß sie auch jetzt noch derselben eine Art von officiellem wissenschaftlichen Charakter beilegten, während sie sonst auch im günstigsten Falle mit ein paar lobenden Zeilen abgefertigt und dann vergessen worden wäre. Jetzt wurde in Jena über sie öffentlich disputirt, man verfaßte Streitschriften über ihre Sätze, und lange nachher, als ihr Verfasser sie schon vergessen hatte, war sie noch der Gegenstand öffentlicher Discussionen; ja man könnte behaupten, daß keins von seinen Werken entschiedener eingewirkt habe als jene Jugendschrift, weil sie ein vorbereitetes Publikum fand. Es bleibt nämlich zu erinnern, daß Fichte's Werk im Jahre 1792 kurz vor, aber dennoch vor Kant's „Religion innerhalb der Grenzen der bloßen Vernunft" erschienen war, welche erst im Jahre 1793 nach manchen Verzögerungen vollständig veröffentlicht wurde, nachdem die erste Abhandlung derselben: „Von der Einwohnung des bösen Princips neben dem guten, oder vom radicalen Bösen im Menschen", bereits im Jahre 1792 in der „Berliner Monatsschrift" abgedruckt worden. So war Fichte's Werk bei seinem Erscheinen das erste, welches nach Kant'schen Principien ein eignes Gebiet für die Religion auszusondern und den Begriff einer offenbarten festzustellen suchte. Dies durfte mit Recht als eine Erweiterung der gesammten Transscendentalphilosophie erscheinen, welche in der ersten Ueberraschung ihrem Urheber selbst zuzuschreiben natürlich war.

Es ist nicht dieses Orts, jene beiden Werke miteinander zu vergleichen; doch würde man bei dieser Vergleichung finden, daß Fichte sich strenger an die Prämissen der Kant'schen Lehre gehalten, als Kant selbst bei Lösung der ganz gleichen Aufgabe. Jener gewinnt das Gebiet der Theologie, von da der Religion, ganz nach Analogie der frühern Kant'schen Beweisführung, indem es Postulat der praktischen Vernunft sei, daß Moralität und Glückseligkeit untereinander in Congruenz treten, oder, wie Fichte dies

schärfer und allgemeiner ausdrückt: „daß das Moralgesetz auch
in der Sinnenwelt Causalität habe." Und hypothetisch wird
hinzugefügt, daß, wenn bei dem tiefsten Verfalle der Menschheit
die Sinnlichkeit allein herrschend geworden, jenes Postulat dann
sich dahin erweitern müsse, daß durch eine außerordentliche Ver-
anstaltung („Offenbarung") das Moralgefühl in ihr wieder-
erweckt werde. Anders bei Kant, der durch seine classisch zu nen-
nende Untersuchung über das „radicale Böse", welches nicht in bloßer Sinnlichkeit, sondern in einer „intelligiblen That", seinen Ursprung habe, sich einen neuen, nicht blos hypothetischen, sondern
positiven Ausgangspunkt für seine Untersuchungen bahnte.

Unter den Schriften, welche theils gegen, theils für die
Offenbarungskritik erschienen, hatte die philosophisch bedeutendste
Fichte's nachherigen Freund und Collegen Immanuel Niethammer,
damals Adjunct der philosophischen Facultät in Jena, zum Verfasser. Dies war zugleich die Veranlassung, daß beide Männer
einander näher geführt wurden, woraus nachher bei persönlicher
Bekanntschaft innige und vertraute Freundschaft erwuchs, welche
in der Nähe wie in der Ferne stets fortgedauert hat. *)

Aber auch an Anfechtungen wegen jener Schrift, gerade um
ihres unerwarteten Beifalls willen, sollte es Fichte nicht fehlen.
Ein königsberger Scribent, dessen Name nicht einmal in Fichte's
Correspondenz mit seinen Freunden erwähnt wird, versuchte zuerst in der „Gothaischen gelehrten Zeitung" einen Angriff auf die
Schrift und das in der „Allgemeinen Literaturzeitung" über sie ge-
fällte Urtheil, und ein anonymer Brief, aus Königsberg datirt, in der
„Allgemeinen Deutschen Bibliothek", von demselben Verfasser, sollte
den Angriff durch persönliche Anfeindung seines Charakters vollenden. Fichte antwortete nicht öffentlich darauf, aber es gab Veranlassung zu einem Briefe desselben an einen königsberger Freund,
der uns zu charakteristisch scheint, um ihm nicht hier eine Stelle
zu geben. Durch den halb humoristischen Ton, in dem er geschrieben ist, blickt nämlich schon ein neuer schriftstellerischer Cha-

---

*) Die angeführte Schrift Niethammer's führt den Titel: „Ueber den
Versuch einer Kritik aller Offenbarung, eine philosophische Abhandlung"
(Jena 1792), beurtheilt in der „Allgemeinen Literaturzeitung", 1794, III,
369—373.

rakter hindurch); man erkennt, wie erhöhter Muth und Selbst=
gefühl, durch gerechten Unwillen angefacht, sich zum ersten Kampfe
bereitet, und wie die keimende polemische Kraft den rüstigen Strei=
ter ankündigt, der kurze Zeit darauf in der Schrift über die
Französische Revolution schon großgewachsen vor uns steht. Und
in diesem Sinne möchte der Brief, der indeß, als Erguß des
Augenblicks ohne Concept geschrieben und noch im Original vor=
handen, nicht einmal abgesendet worden zu sein scheint, sogar zu
den schriftstellerischen Documenten gehören, welche nicht über=
gangen werden dürfen.

„Im vollen Ingrimme meines Herzens schreibe ich an Sie,
Sie, den ich jetzt nicht Freund nennen mag, denn jetzt ist mein
Segen Fluch! Dieser Brief soll Sie vor meiner Ankunft tref=
fen; und ungeachtet er noch ein paar Tage in meinem Pulte
liegen muß, so will ich ihn doch nicht wieder berühren. Ich
wußte schon, daß edelmüthig Hufeland den für mich hingeworfe=
nen Fehdehandschuh aufgenommen hatte; ich wußte, daß das
gothaer Klatschweib mich nur geneckt, mir nur ein kleines Schell=
chen von ihrem eigenen großen Vorrathe angehängt hatte. Ich
aß gut, verdaute gut, schlief gut!

Vor einer Stunde schreibt mir ein Freund: «Im 110. Bande
der ‚Allgemeinen Deutschen Bibliothek‘, Seite 306, im Auszuge eines
Schreibens aus Königsberg vom 14. August 1792, wird Ihrer
und Ihrer Schrift mit Tadel gedacht.» Ich stürzte zum Buch=
händler und finde — Sie werden es lesen. Es kommt aus
Königsberg. Solch einen Stil schreibt nur einer, und der wohnt
in Königsberg. Sollten Sie nicht die Worte: «Es ist ein wirklich
unbedeutendes» u. s. w., die: «Ich müßte mich sehr irren, wenn
nicht» u. s. w., den ohne Unterstreichung sehr scharf accentuir=
ten «Candidatus theologiae, Namens Fichte», das: «für bedeu=
tend, wol gar für wichtig» u. s. w. charakteristisch finden? Soll=
ten Sie nicht den politisch klugen Eifer für Kant, eigentlich für
sich, der sich unter seinem Mantel verstecken will, bemerken?
Wußte dieser Mensch denn nicht, der sich auf Kant bezieht, wie
dieser, wie Schulz von dem Buche urtheilt? wie Kant persön=
lich gegen mich denkt? Oder wollte er nur Hufeland, den er per=
sönlich haßt, wehe thun und mich armen Wurm, der des Weges
dahin lag, zertreten?

Dieser Libertin, der seine Erträglichkeit einem vortrefflichen, aber verwahrlosten Kopfe, seine Stärke einem fürchterlich gebildeten Stile verdankt, er begegne mir nicht! Mein Kopf ist so gut als einer; ich habe Consistenz, die er nicht hat, und für den Stil — ich habe eigentlich gar keinen, denn ich habe sie alle — wer aber die Lessing'schen Fehden erneuert sehen will, der reibe sich an mir, bis meine Philosophie des Dinges müde wird! Will er nicht fürchterlich gewaschen sein, so nehme er seinen Grundsatz des Naturrechts zurück, der höchstens den guten Kopf, aber den systematischen Denker gar nicht zeigt. Ich habe zwar ernstere Dinge zu thun, als mich mit dem Hunde aus der Pfennigschenke zu schlagen, aber beiläufig — ich habe manch= mal Stunden, in denen ich nicht ernsthaft arbeiten kann — einen so zu schütteln, daß den andern die Lust vergehe, ist nicht übel.

Haec hactenus! Und jetzt, mein theuerster, bester Freund! ich bin den versprochenen Termin bei Ihnen; ich umarme Sie von Herzen und bitte Sie um Vergebung, daß ich meine üble Laune eben auf einem Blatte strömen ließ, das ich Ihnen schicken wollte. Die Nutzanwendung ist die: verhindern Sie, daß ich nie in Königsberg mit ihm zusammentreffe! Der Neid zuckt aus dieser Anzeige, zuckt aus der Gothaischen. Die erste greift den Candidatus theologiae und unberühmten Namen an, mich nicht. Ihr habe ich nichts entgegenzustellen als die Resignation auf den erstern Titel, die ich nächstens feierlich vollziehen werde; meinen Namen ändern? — er ist nicht mehr unbekannt! Die zweite greift meinen Charakter an, oder deutlicher, sie ist ein Kothklumpen, nach dem ernsten Wanderer geworfen! Vielleicht sagt Kant oder Schulz oder beide dem Publikum ein Wort über meine Sitten und mein Herz, dann darf ich schweigen. Den Neid selbst todtzuschlagen, dazu gehören Meisterwerke. Sie dämmern in mir, würdiger Freund, dem ich es sagen darf, sie sind nicht auf dem Papiere, aber sie sind vor dem festern Auge meines Geistes. In einem halben Jahre ist der Neid todt= geschlagen, zuckt noch ganz langsam und bebend!

Kleider und Schuh, Essen und Trinken wird der bescheren, der der Vater heißt — über alle guten Geister!

Ich umarme Sie und bin Ihr wahrer Freund

Fichte."

*   *   *

Von den literarischen Arbeiten aus dieser Periode nennen wir noch eine Abhandlung über den Büchernachdruck, datirt vom October 1791 aus Königsberg, die unter dem Titel: „Beweis der Unrechtmäßigkeit des Büchernachdrucks, ein Raisonnement und eine Parabel", in der Berliner Monatsschrift für 1793 (XXI, 443—483) erschien. Sie ist besonders gegen das vielbesprochene Nützlichkeitsprincip gerichtet, aus welchem man Gründe für die Duldung des Nachdrucks hervorsuchte, und das hier mit den Unrechtlichkeiten, in die seine Durchführung verwickeln würde, dargestellt und in der Parabel mit Laune parodirt wird. Wiewol über die Sache selbst jetzt wol kein Zweifel mehr obwaltet, es also deswegen einer Wiederbekanntmachung jenes Aufsatzes nicht bedürfte, so scheint er doch als frühestes Werk von Fichte und selbst um seiner Darstellung willen, die, mit dem Stile in der Offenbarungskritik verglichen, kaum eine Aehnlichkeit darbieten möchte, einer gelegentlichen Mittheilung nicht unwerth, zumal da er auch bei seiner ersten Bekanntmachung fast unbemerkt geblieben ist. Eine andere Schrift, welche indeß nur im ersten Entwurfe und in einigen unvollständigen Fragmenten vorhanden ist, sollte das bekannte preußische Religionsedict betreffen, das um diese Zeit in dem protestantischen Theile von Deutschland großes Aufsehen erregte. Auch sie war größtentheils polemischen Inhalts, wie schon die Aufschrift zeigt: „Zuruf an die Bewohner der preußischen Staaten, veranlaßt durch die freimüthigen Betrachtungen und ehrerbietigen Vorstellungen über die neuen preußischen Anordnungen in geistlichen Sachen." Doch sollte man bei dem ersten Anblicke aus dem Inhalte derselben kaum auf den Verfasser der Offenbarungskritik und der Beiträge über die Französische Revolution schließen, so verschieden erscheinen beide in ihrer Tendenz. Soviel sich nämlich aus dem Entwurfe und den Fragmenten schließen läßt, tritt äußerlich wenigstens der Zweck hervor, jene Maßregeln der preußischen Regierung zu vertheidigen, ja überhaupt dem Regenten das Recht zu vindiciren, gegen theologische Neuerungen einzuschreiten. Kaum jedoch läßt sich annehmen, daß dies der wahre Zweck jener Schrift gewesen sei; wahrscheinlich sollte die angeführte Ansicht nur zur Kehrseite dienen oder als Parodie behauptet werden, um sie nachher durch eine polemische Wendung desto sicherer zu treffen. An eigennützige Zwecke dabei zu denken, etwa um sich die Gunst der preußischen Regierung durch solcherlei Vertheidigung zu erwerben, verbietet vollends sein stets bewährter Charakter, und jede Wahrscheinlichkeit. Wäre er sogar fähig gewesen, aus irgendeinem besondern Zwecke eine Meinung zu vertheidigen, deren Gegentheil er hegte, während er es sonst nicht einmal über sich vermochte, eine Ueberzeugung zu verschweigen, wenn diese ihm auch schädlich werden mußte; so bedurfte er doch gerade damals am wenigsten einer solchen Aushülfe, indem er unmittelbar sich in der angenehmsten Lage befand und zugleich im Begriff war, in ein Verhältniß zu treten, das ihn auch für die Zukunft aller nähern Abhängigkeit von irgendeinem Staate zu entheben versprach.

Denn unter so vielem Glücklichen, was ihm damals zu Theil wurde, müssen wir hier noch des glücklichsten und folgenreichsten Ereignisses gedenken, seiner Rückkehr in die Schweiz und seiner Verheirathung, die gleichfalls um diese Zeit möglich wurde. Als nämlich diese Verbindung früher aufgeschoben werden mußte, geschah es mit unbestimmten, ja mit trüben Aussichten in die Zukunft. Da gelang es der Umsicht seiner Braut, durch Opferung größerer Rechtsansprüche einen Theil des Vermögens zu retten, wie durch Sparsamkeit das Erhaltene zu vermehren. Und so war es ihr doch noch vergönnt, ihrem Verlobten das glückliche Los vollkommener Unabhängigkeit an ihrer Seite zu bereiten, welches sie schon früher ihm zugedacht hatte.

Wie er selbst aber, in Gesprächen seines Lebens gedenkend, so gern bei der Erinnerung an jenen Zeitpunkt verweilte, der seine Verbindung entschied und durch welchen das dauerndste Glück seines Lebens begründet wurde: so sei es auch uns erlaubt, hier wieder ihn selbst reden zu lassen in dem unmittelbarsten Ergusse seines Gemüthes. Wir schalten daher einiges aus den Briefen ein, welche er auf der Rückreise nach der Schweiz an seine Verlobte schrieb.

*　　*　　*

Danzig, den 5. März 1793.

— Im Juni oder höchstens Juli bin ich bei Dir; aber nur als Dein Gatte wünsche ich in die Mauern von Zürich zu treten. Wird das möglich sein? Deine liebevolle Seele setzt meinen

Wünschen gewiß kein Hinderniß entgegen; die Umstände kenne ich nicht. Aber ich hoffe, und diese Hoffnung erquickt mich sehr. — Gott, welch eine Seligkeit bereitest Du mir Unwürdigem! Habe ich es je innig gefühlt, daß mein Dasein nicht bestimmt sei, vergebens für die Welt vorüberzugehen, so war es, als ich Deine Briefe las. Was ich in Dir erhalte, habe ich nicht verdient; es kann also nichts anderes sein als eine Stärkung auf die mir noch bestimmten Mühen und Arbeiten. Fließe nur Dein Leben sanft, Holde, Gute!

Du willst durch mich Dich bilden? Was ich Dir allenfalls geben könnte, bedarfst Du nicht; was Du mir geben sollst, bedarf ich sehr. Geuß, du gute Seele, eine gehaltenere Ruhe in mein stürmendes Herz unter der kalten Stirn, geuß Sanftheit und herzgewinnende Milde in meinen Feuereifer für die Veredelung meines Brudergeschlechts. An Deinem Herzen will ich mich bilden, bis ich nützlicher hervortreten kann.

Ich habe große, glühende Projecte, nicht für mich. Meinen Ehrgeiz (Stolz wäre richtiger) wirst Du begreifen. — Mein Stolz ist der, meinen Platz in der Menschheit durch Thaten zu bezahlen, an meine Existenz in die Ewigkeit hinaus für die Menschheit und die ganze Geisterwelt Folgen zu knüpfen; ob ich's that, braucht keiner zu wissen, wenn es nur geschieht. Was ich in der bürgerlichen Welt sein werde, weiß ich nicht. Werde ich statt des unmittelbaren Thuns zum Reden verurtheilt, so ist meine Neigung Deinem Wunsche zuvorgekommen, daß es lieber auf einer Kanzel als auf einem Katheder sei. An Aussichten dazu fehlt es mir vor der Hand nicht. Sogar von Sachsen aus thut man mir die vortheilhaftesten Anerbietungen. Nach Hamburg und Lübeck werde ich gehen. In Danzig läßt man mich sehr ungern weg. Alles das für die Zukunft! Ob ich eitel bin, entscheide das, daß ich seit einem halben Jahre manche Anerbietung, die den Eitlen sehr reizen würde, abweise. Ich will für jetzt nichts sein als Fichte, auch nicht Magister bin ich.

Ich werde vielleicht nach einigen Jahren ein Amt wünschen. Ich hoffe, es wird mir nicht entgehen. Bis dahin kann ich durch meine Feder haben, was ich haben muß. Wenigstens hat es mir bisjetzt bei meinen vielen Reisen und Aufopferungen für andere nicht gefehlt.

*   *   *

Es gereicht mir zur innigsten Erquickung, bei meiner Ankunft in Leipzig zwei Deiner Briefe vorzufinden. Zwei, sage ich,
denn zu meinem großen Misvergnügen hat H. P. den ersten zu-
rückgeschickt, aus einer elenden Aengstlichkeit vermuthlich. Jedes
Papierchen, worauf Dein Auge geruht hat, ist meinem Herzen
ein kostbarer Schatz; außerdem aber sehe ich, daß jener zurückge-
schickte besonders merkwürdig war. Ich sollte da die Gründe der
Verzögerung unserer innigsten Vereinigung erfahren, einer Verzögerung, die mein Herz verwundet. Ich weiß nun diese Gründe
nicht und leide doppelt durch diese Unwissenheit. O Theure,
sollte denn jetzt sich die Sache nicht machen lassen, wie Du sie
vor zwei Jahren machen wolltest? Ich bekenne Dir, daß die
Aussicht auf jene Festtage der Gaffer, der Frager und der un-
gebetenen Rathgeber mir innig zuwider ist. Doch was quäle
ich Dein Herz durch meine Klagen! Sicher ist Dir diese traurige
Nothwendigkeit — das muß es wol sein — so unangenehm als
mir. Könntest Du noch ihr ausweichen, o! ich bin es überzeugt, daß Du nichts zulassen würdest, was Deinen nur zu
seligen Liebling betrübt, wenn ich Dir gestehe, daß ich alle Tage
meines Lebens für verloren halte, die ich zubringe, ohne ganz
Dein zu sein. Nur der Augenblick, da ich mich Dir ganz hingeben und sagen werde: Ich will nicht mehr mein, ich will ganz
Dein sein, sowie es ein Sterblicher einer Sterblichen sein kann —
nur er ist's, auf welchen hin ich jetzt lebe, um dessen willen ich
noch leben mag, um dessen willen ich den Ueberdruß und das
Fade und Geschmacklose meiner jetzigen Existenz ertrage — um
seinet- und um der Tage willen, die ihm folgen werden; wo
meine Seele nicht mehr verwaist und einsam ihre Schwesterseele
suchen wird, um nur in eine Seele mit ihr zusammenzufließen,
und sie nicht findet, hier sich täuscht und dort kalt zurückge-
stoßen wird — um der Tage willen, wo ich nicht mehr, wie
jetzt, nur halb, sondern ganz existiren werde. Und diese selige
Zeit sollte die zweite bessere Hälfte meiner Seele aufhalten, wenn
sie es ändern könnte? Nein, das thut sie gewiß nicht. Ich
rede nicht, wovon man nach jener Betrachtung kaum noch reden
kann, von meiner übrigen Lage. Ich bin auf eine unglaubliche
Art mit Arbeiten überladen, die sich natürlich durch meine Reisen gehäuft haben und welche sich mit der Art von Mangel des

Arangements, den die Verzögerung unserer Verbindung nothwen=
dig bei sich führt, sehr schlecht vertragen.

Die Empfehlungsbriefe vermisse ich am wenigsten, da ich
schon seit langem den Vorsatz, nach Hamburg und Lübeck zu gehen,
aufgegeben habe. Dein guter Vater wünscht es? Wüßte ich recht
sicher, daß er dadurch befriedigt würde, so ertrüge ich die jetzige
kalte Existenz der Trennung von Dir noch länger, um seine
leisesten Wünsche zu befolgen. Ohne einen Grund, der mein
Herz betrifft, auf bloße Speculation der kalten Politik bin ich
nicht stark genug, meinem Herzen seine süßeste, gänzliche Be=
friedigung länger zu versagen. Hamburg und Lübeck sind, ihrer
berufenen Orthodoxie ungeachtet, doch sehr in meinen Planen,
weil das erstere Dich jung sah und beide unserm Vater lieb
sind. Ich hoffe aber durch Briefe wenigstens etwas ausrichten
zu können, und schreiben werde ich sogleich nach meiner Ankunft
in Zürich. Sonst hätte ich auch wol in Sachsen Aussichten. Der
Oberhofprediger in Dresden hatte schon durch Briefe angefragt,
ob ich nicht meinem Vaterlande mich schenken wollte; durch per=
sönliche Bekanntschaft habe ich seine Freundschaft gegen mich zu
befestigen gesucht. Doch überhaupt, theure Seele, laß uns keine
Plane machen! Laß uns suchen, uns unsern Mitmenschen im besten
Lichte zu zeigen, und dann ruhig alles von ihnen erwarten! Leite
mich die Hand des Weltregierers, sowie sie mich bisher geleitet hat!
Und könnte sie mich anders als wohl leiten, da eins seiner voll=
kommensten Geschöpfe sein Schicksal mit dem meinigen zu ver=
einigen würdigte? Warum mußte ich als Schriftsteller ein so
ausgezeichnetes Glück machen? Hunderte, die mit nicht weniger
Talent auftreten, werden unter der großen Flut begraben und
müssen ein halbes Leben hindurch kämpfen, um sich nur bemerkt
zu machen. Mich hebt bei meinen ersten Schritten ein unglaub=
licher Zufall. Geschah das um meinetwillen, oder war es nicht
vielmehr um Deinetwillen, damit ich auch äußerlich Deiner
würdiger zu Dir zurückkehren könne? Grüße unsern theuern,
von mir innigst verehrten Vater. Meine Aeltern habe ich ge=
sehen und sie mit Deinem Geiste und Herzen bekannt gemacht.
Sie segnen nun die Schutzgöttin ihres Sohnes, den sie lieben
und dessen Glück sie jetzt sicher gegründet glauben.

Lebe wohl, bis es keine Trennung mehr gibt.

*   *   *

— — Innig rührend aber war mir das süße Detail in Deinem Briefe. Schon das Haus denkst Du Dir, wo wir uns wiedersehen werden. Ist Dir dieses Haus in Winterthur schon bekannt, so sei es so, wo nicht — der Weg von Schaffhausen nach Zürich geht nicht über Winterthur, sondern über Eglisau. Dort ist ein Gasthof zum Hirsch, wo mehrere Stuben sind. Könnten wir uns denn nicht dort treffen? Doch das bleibt Dir ganz überlassen. — Die Trauungsrede könnte wol Lavater halten, wenn ich wüßte, daß er sie nicht etwa drucken ließe; in diesem Falle wäre mir Hottinger lieber. Doch ich rede von Trauungs= rede, indeß dieser schönste Augenblick meines Lebens aufgeschoben wird — doch wol durch Schuld der Verhältnisse.

Ich reise morgen mit dem frühesten von Gotha ab, nach Frankfurt zu, in Gesellschaft eines Professors aus Dessau, und zwar zu Fuße. Die Reise bis dahin könnte also einige Tage mehr kosten. Von Frankfurt aus werde ich wahrscheinlich auf der Post Tag und Nacht reisen, einen einzigen Posttag abge= rechnet, den ich in Stuttgart überschlagen werde. Ich kann, wie mir die Sache scheint, nur durch literarische Verdienste mich he= ben, und zu einem Succeß darin gehören Verbindungen, die ich mir auf meinen Reisen machen muß. Diese Tage des längern Verweilens sind also im ganzen nicht verloren, sind auch nicht blos dem Vergnügen gewidmet. Welch größeres Vergnügen könnte ich haben als das, recht bald bei Dir zu sein?

Du gedenkst in einem Deiner Briefe der zweiten Auflage meiner Schrift. Ich hoffe nicht, daß Du oder unser Vater sie kauft. Ich bringe schon Exemplare mit — auch noch andere Sachen der Art bringe ich mit.

Gestern Abend sah ich den Mond scheinen. Das that mir weh! „Wenn er wieder scheint, siehst Du ihn mit mir", schreibst Du mir. Ach, Du siehst ihn ohne mich, und er findet Dich viel= leicht in Thränen. Nein, das wolle Gott nicht! Im Mai werde ich nun nicht ankommen, aber zu Anfange des Juni gewiß.

*   *   *

Sogleich nach Erhaltung Deines lieben Briefes setze ich mich hin, ihn zu beantworten, Dir aus voller Seele meinen Dank abzustatten, daß Du durch denselben mich erquickt hast. In die=

sem heitern, frohmüthigen Tone mußte er geschrieben sein, um mein Herz, das durch Deinen letzten gelitten hatte, völlig zu beruhigen. Ich reise morgen oder übermorgen ab und werde vielleicht auch in Stuttgart nicht einmal einen Posttag überschlagen. Ich habe die herzlose Existenz auf Reisen völlig satt und sehne mich innig, mit Derjenigen, die allein meine Seele ausfüllen kann, vereinigt zu sein.

Die Ankunft in Frankfurt war mir in vieler Rücksicht sehr angenehm. Theils glaubte ich mich hier halb schon in der Schweiz, weil ich von hier aus nicht mehr fremd bin, theils bin ich meines Reisegefährten entledigt, bei dem ich das erwartete Vergnügen nicht fand und durch ihn sehr aufgehalten worden bin. An zwölf Meilen sind wir sieben Tage gereist. Ich hätte ihn längst verlassen, wenn er mich nicht von der großen Straße abgeschleppt hätte, wo ich mir nicht so helfen konnte. Innig habe ich da das Glück der Gesundheit empfunden. Der gute Mann war hypochondrisch und schwächlich, hatte ein Heer von Bedürfnissen u. s. w. Laß uns, Theuerste, diese erste unter allen Erdenglückseligkeiten bewahren, wie es denn überdies auch Pflicht ist. Du, beste, des Glücks würdigste Deines Geschlechts, wirst Dir Dein Leben nicht durch zu ängstliche Sorgen und Kummer verbittern, und ich werde mich hüten, es durch zu vieles Studiren zu thun. Du sollst darüber meine Aufseherin werden. Meine erprobte, mir zuträgliche Lebensweise werde ich Dir aufrichtig mittheilen, und Du wirst darüber halten, daß ich mir keine Ausnahme davon erlaube. Schon einigemal ist das Ungeheuer Hypochondrie mir auf den Füßen gefolgt; einmal in Zürich bei Otts und dann im vorigen Jahre. Ich habe es beidemal glücklich verjagt und weiß nun aus Erfahrung, wovor es flieht. Keine Langeweile, keine schale Gesellschaft, keine Beschäftigung, die meinen Geist nicht ausfüllt! Das alles ist mir Gift. Dagegen strenge, mich angreifende Arbeit und nach der Arbeit wieder lebhafte Zerstreuung, starke Fußreisen u. dgl. Dies hilft sicher. Nichts hat mir auch in dieser Rücksicht mehr genützt als meine Schriftstellerei.

Ich werde Dir den Tag meiner Ankunft im voraus melden. In Stuttgart erwarte ich Deinen nächsten Brief, worin ich Dich bitte, mir zu schreiben, ob ich über Winterthur oder Eglisau kommen soll. Ich werde, wenn ich Dich erwarten darf, reitend kommen.

* * *

Diesen Augenblick erst, Theuerste, eine Stunde vor Abgang der Post, bin ich so glücklich, mich von den vielen Ehrenbezeigungen, die mir hier widerfahren, und die mir lästig sind, weil sie mich abhalten, mich im Geiste mit Dir zu beschäftigen, auf eine kurze Zeit loszureißen und zu diesem Papier, das durch Deine Hand gehen wird, zu fliegen.

Wenn Du es erhältst, dann dauert es vielleicht nicht einmal 24 Stunden mehr, daß ich Glücklicher, Seliger bei Dir bin, um mich nie wieder von Dir zu trennen. Ach, was wird das für eine Stunde, was werden das für Tage sein, die darauf folgen! Sei mir gesegnet, holde Beglückerin meiner Tage, in deren Armen endlich der unstete, herumschweifende Flüchtling Ruhe und Glückseligkeit und völlige Befriedigung seines weiten, vielfordernden Herzens finden wird! Es ist mir, besonders in dieser Stunde, sehr wunderbar ums Herz. Womit habe ich das doch verdient, daß mir das größte Glück zu Theil wird, das einem Sterblichen werden kann, eine zärtliche, gute und verständige Begleiterin auf dem Pfade des Lebens, vor so vielen andern zu Theil wird, die weit würdiger sind als ich? Allgerechter Regierer der menschlichen Schicksale, dankbar werfe ich mich in deine Hände; mache mit mir, was du willst. Denn ich glaube, theurer Engel, daß alle Freuden auf dem Wege des Lebens nichts sind als Stärkungen auf nachfolgende Mühen und Arbeiten. Ich habe das, was ich jetzt aus seiner Hand empfange, nicht verdient: das gestehe ich aus inniger Selbsterkenntniß. Für vergangene Arbeiten ist es nicht Belohnung, also für künftige! Hälfte meiner Seele, wir wollen den unverbrüchlichen Bund der Tugend schließen, sobald wir uns wiedersehen; wir wollen einer des andern Stütze und Stab auf ihrem Wege sein; wir wollen uns erinnern und ermahnen, wenn eins von uns sich vergißt. Ach! ich bin als Gelehrter so vielen Versuchungen ausgesetzt und oft in einzelnen Augenblicken so sehr schwach — denn ich muß es Dir sagen; ich habe mir fest vorgenommen, ein rechtschaffener

Mann im ganzen Sinne des Worts zu sein; und dazu werde ich Deine Unterstützung oft nöthig haben. Wir werden darüber gewisse Punkte abreden. Ich weiß, daß Dein Herz die Tugend nicht weniger liebt als das meinige, aber Dein Geist ist nüchterner und weniger stürmisch; Du wirst oft nöthig haben, Wasser in mein Feuer zu gießen.

Ich bin gestern von Stuttgart abgereist und bleibe hier in Tübingen bis morgen früh. Dann mache ich ein Stück meiner Reise zu Fuße, bis mich der Postwagen einholt; das wird in der Donnerstagsnacht geschehen. Den Sonnabend bin ich in Schaffhausen, da find' ich einen Brief von Dir, lese ihn höchstwahrscheinlich ungefähr in der nämlichen Zeit, da du diesen meinigen liesest, finde darin die bestimmte Anzeige, wo ich Dich Sonntags treffe. Den Sonntag — doch weg alle Beschreibung! Sonntag Abend seh' ich auch unsern gemeinschaftlichen Vater und höre zuerst die Versicherung, daß er es sein wolle, aus seinem Munde.

Und jetzt lebe wohl, bis auf den mündlichen Gruß.

Sechstes Kapitel.

Verheirathung. Leben in Zürich. Die Schrift über die Französische Revolution.

Am 16. Juni langte Fichte endlich in Zürich an, auch von den alten Freunden mit Herzlichkeit bewillkommnet. Aber seiner Verbindung stellten sich noch, wie seine Braut es vorausgesehen hatte, mancherlei Schwierigkeiten in den Weg, welche die züricher Gesetze einem Ausländer damals noch auferlegten, der sich dort verheirathen oder niederlassen wollte, und die am Ziele eines fast vierjährigen Harrens doppelt lästig waren. Endlich am 22. October 1793 sollte die Hochzeit gefeiert werden, und die ganze Familie, von dem Kreise der vertrautesten Freunde begleitet, begab sich nach Baden, unfern von Zürich, wo die Trauung vollzogen wurde. Hier hielt der Leutpriester Johann Georg Schultheß, Jugendfreund der Braut und ihrer Brüder, die Trau-rede über Luk. 6, 45: „Der gute Mensch bringt aus dem guten Schatze seines Herzens hervor das Gute", und Lavater sendete ihnen nach seiner freundlichen Sitte zum Gruß und Glückwunsch folgenden Denkspruch nach:

An Fichte-Rahn und an Rahn-Fichte.

Kraft und Demuth vereint wirkt nie vergängliche Freuden,
Lieb' im Bunde mit Licht erzeugt unsterbliche Kinder:
Freue der Wahrheit dich, so oft dies Blättchen du anblickst!

Der schönste Herbsttag schmückte das Fest und begleitete die Neuverbundenen, als sie der dortigen Sitte gemäß gleich nach der Trauung eine Reise nach Bern und in die französische Schweiz antraten. Auch dort war Fichte's Name unter den Gelehrten schon bekannt worden; Immanuel Ith besonders, Professor der Philosophie zu Bern, begrüßte seinen Glaubensgenossen in Kant, wie er Fichte nannte, mit Freude und Hochachtung, und beide Männer schlossen eine Freundschaft, die auch später noch in der Ferne durch Briefwechsel und literarische Mittheilungen fortgedauert hat. Doch vor allem interessant wurde ihm hier die Bekanntschaft von Baggesen, welcher damals in Bern bei seinen Schwiegerältern lebte. Beide Männer, wiewol innerlich unähnlich an Talent und Streben, wurden vielleicht gerade deshalb desto stärker zueinander gezogen. Mochte auch Fichte bei seiner scharfen, in einer Richtung vorwärts dringenden Klarheit wol nur selten übereinstimmen mit dem vielfach beweglichen und wechselnd erregten Dichter, so mußte doch diese Berührung kräftig entgegengesetzter Naturen jeden in seiner Art nur klarer in sich und befestigter machen; und auch später blieben beide besonders durch ihren gemeinschaftlichen Freund Reinhold mit dauerndem Wohlwollen einander eingedenk. Da erschien einige Jahre darauf Baggesen's bekanntes Lied: „Die gesammte Trinklehre", das als geistreicher Scherz an sich nichts Beleidigendes für Fichte haben konnte. Wie aber entstellende Zwischenträgerei so oft schon Geister, die einander zugethan waren, trennte oder entfremdete, so wäre es fast auch hier gegangen. Fichte wurde zugebracht, Baggesen habe zu Hamburg in einer großen Gesellschaft ein Spottgedicht auf ihn vorgetragen, und Reinhold, dabei gegenwärtig, habe lebhaften Antheil genommen. War dies gegründet, so mußte sich Fichte um so mehr dadurch verletzt fühlen, da diese Beleidigung heimlich geübt und durch nichts von seiner Seite hervorgerufen worden war, und doppelten Abscheu hatte er immer vor jedem Scheine der Falschheit an andern wie an sich selbst. Doch schrieb er vorerst an Reinhold, um sich nach der Wahrheit jenes Gerüchts zu erkundigen; dieser, edel und offen, wie er stets sich zeigte, meldete ihm sogleich den wahren Hergang der Sache und theilte ihm das fragliche Gedicht mit, welches ihn so befriedigte, daß er sogleich zurückschrieb, er sei gänzlich versöhnt und habe die Verse mit großem Wohlgefallen und herzlichem Lachen gelesen. *)

---

*) Man vergleiche in Fichte's und Reinhold's Briefwechsel den elften und zwölften Brief.

Damals gesellte sich noch Fernow *) zu den Freunden, der Baggesen auf seiner Reise nach Wien und Italien über Zürich begleitete. Fichte gefiel der bescheidene, offene Mann, der mit lebhaftem Sinne für die Kunst zugleich eine enthusiastische Liebe für Philosophie, besonders für die Kant'sche verband, deren Principien er später auf die Kunst anzuwenden suchte. **) Bei ihrer Abreise von Zürich begleitete sie Fichte den Züricherſee hinunter bis nach Richterswyl, um sie zu seinem Freunde Peſtalozzi zu führen, der dort, nur noch von wenigen beachtet, in der Verborgenheit die ersten Versuche seiner Volkserziehung auszuführen begann. In seinem Hause trennten sich die Freunde, Baggesen und Fernow, um zu Fuße ihre Wanderung über St.-Gallen und Lindau nach Augsburg fortzusetzen, Fichte, um noch einige Tage in Peſtalozzi's Hauſe zu verleben. ***) Beide waren

---

*) Karl Ludwig Fernow (1763—1808), der bekannte Kunstschriftsteller, später den jena-weimarischen Kreisen angehörend, dessen Leben Johanna Schopenhauer beschrieben hat.

**) Wir besitzen noch aus der Zeit dieses Besuchs ein paar Denkblätter von Baggesen und Fernow an Fichte, die nicht nur als Beweise freundschaftlicher Achtung Werth für uns haben, sondern auch für jene Zeit uns merkwürdig scheinen, wegen des Geistes, der besonders aus dem einen derselben spricht.

„Sum — ergo cogito!

Zum Andenken der mir unaussprechlich theuern, unvergeßlichen Momente, die ich laut mit Fichte gedacht habe.

Zürich, den 8. Dec. 1793.   Jens Baggesen, Däne."

„Gott sprach: Es werde Licht! Und es ward — Kant'sche Philosophie! — Unvergeßlich wird mir der Augenblick sein, wo ich in Ihnen einen der ersten und würdigsten Priester dieser menschlichsten aller Göttinnen und dieser göttlichsten aller Wissenschaften, den ich längst schätzte, zuerst sah und liebte; und unauslöschlich wird das Andenken der wenigen kostbaren elysischen Stunden, die ich in Ihrer Gesellschaft verlebte, meinem Geiste und Herzen sein.

Mit dem Gefühl innigster Hochschätzung empfiehlt sich Ihrem Andenken

Richterswyl, den 9. Dec. 1793.   Karl Ludwig Fernow,
ein freier Freund alles Wahren,
Guten und Schönen."

***) In einem noch ungedruckten Briefe Fernow's an einen Freund, in

schon früher durch die innige Freundschaft, welche ihre Gattinnen
verband, einander näher geführt worden, und Fichte hatte bald
in dem Manne von äußerlich abstoßender Form ein tiefliegendes
Kleinod entdeckt, das er ans Licht zu fördern und zu allgemeinerer Würdigung zu bringen wünschte. Jetzt vollendete dieser Besuch ihre Freundschaft wie ihre gegenseitige Anerkennung. Pestalozzi theilte ihm mit der begeisternden Wärme seines persönlichen
Wortes, deren er so fähig war, seine umfassenden Plane über
Volkserziehung mit, und Fichte, ergriffen von der Wichtigkeit
dieses Gedankens, sagte ihm auch in seiner abweichenden Laufbahn
jede Unterstützung zu, deren er fähig wäre. Daß und wie er
sein Wort gelöst, und in welchem wichtigen Wendepunkte der
deutschen Bildung, ist allgemein bekannt.

*   *   *

Fichte lebte nun im Hause seines Schwiegervaters unter den
glücklichsten Verhältnissen. Aeußerlich vollkommen unabhängig,
im langersehnten Besitze einer geliebten Gattin, im geistreich er-

---

welchem er seine Reisebegebenheiten erzählt, äußert er sich folgendermaßen
über jene Zusammenkunft in Zürich und im Pestalozzi'schen Hause:

„Den 6. December mittags trafen wir in Zürich ein, wo wir den Abend
in Lavater's Gesellschaft zubrachten, den Sonnabend über stille lagen und
Sonntags früh wieder abreisten. Fichte, ein jetzt sehr bekannter kritischer
Philosoph, der die „Kritik aller Offenbarung" (ein Werk, das man bei seiner Erscheinung für ein Kant'sches Product hielt) und verschiedene andere
vortreffliche Werke geschrieben hat, den Baggesen schon kannte und ich hier
kennen lernte, begleitete uns. Wir gingen das linke Ufer des schönen
Züricher Sees hinab, bis zwei Stunden vor Zürich, wo wir uns nach Richterswyl, einem großen Dorfe, zwei Stunden von da, über den See setzen
ließen. Hier hält sich ein gewisser Gelehrter Namens Pestalozzi auf, der
unter anderm durch das schweizerische Volksbuch „Lienhard und Gertrud"
bekannt geworden ist. Diesen wollte Baggesen kennen lernen. Er ist ein
Mann zwischen Vierzig und Funfzig, häßlich und blatternarbig von Gesicht,
simpel in seiner Kleidung und seinem Aeußern, wie ein Landmann, aber so
voll Gefühl, wie ich wenig Menschen kenne, und worin ihn nur Baggesen
übertrifft, dabei voll trefflicher praktischer Philosophie, die auch in allen
seinen Schriften athmet. Mit diesen beiden Männern schwanden uns die
Stunden wie Secunden, und ich habe diesen Tagen viele selige Augenblicke
zu verdanken."

regenden Umgange mit seinem Schwiegervater, der mit jugend=
licher Frische noch Antheil nahm an allen neuen politischen wie
literarischen Erscheinungen der bewegten Zeit; er selbst in der
Blüte des kräftigsten Mannesalters, ermuthigt durch den uner=
warteten Ruf, den sein erstes Werk ihm erworben: wie hätten
nicht kräftige und rasch geförderte Leistungen die Frucht einer so
glücklichen Lage sein sollen! Es war für ihn die Zeit der
hoffenden Begeisterung, des muthigen Entdeckens. Das gelobte
Land der Wahrheit, auf welches Kant die Aussicht gegeben hatte,
schien wie in kühnem Anlaufe erobert werden zu können. Diesem
Ziele hatte Fichte sein ganzes übriges Leben geweiht; zum ersten
male war vor ihm selbst sein Beruf ohne alles Schwanken ent=
schieden, und er ist ihm treu geblieben bis zum letzten Athemzuge.

Ueberhaupt aber war damals in allen Geistern ein neuer
Aufschwung, ein frischer Muth des Entdeckens und Wagens er=
wacht. Gerade aus der Wissenschaft, aus dem Reiche der Ideen
erwartete man die Umgestaltung und Verbesserung der Welt auch
in ihrem moralischen und politischen Zustande. Wie sich aber
zunächst in Deutschland eine völlige Erneuerung des wissenschaft=
lichen Geistes vorbereitete, so schien ein Nachbarland in ähnlicher
Umgestaltung seiner politischen und gesellschaftlichen Verhältnisse
begriffen; und eine Vergleichung beider Resultate lag nahe, in=
dem ja auch in Frankreich eine neue Welt der Wahrheit und
des Rechts auf allgemeinen Ideen, überhaupt auf Theorie ge=
gründet werden sollte. So wurde auch Fichte, wie die kräftigsten
Köpfe seiner Zeit, von der Größe dieser Begebenheit gewaltig
erregt, und er folgte ihr durch alle ihre wechselnden Erscheinungen
hindurch mit der anhaltendsten Theilnahme und Aufmerksamkeit.

Dabei werde nicht vergessen, welche Erfahrungen über die
eigene Lage des Vaterlandes jene Theilnahme an der Franzö=
sischen Revolution rege machten; gerade vor jener Epoche waltete
in manchen Theilen desselben neben vielfacher Sittenlosigkeit der
Vornehmen und Gewalthaber, die freilich auch ausländischen Ur=
sprungs war, zugleich eine Willkür und Rauheit der Regierungs=
formen, wie sie theils althergebracht, theils durch Misbrauch ein=
gerissen sein mochte, die aber keineswegs mehr zu der Entwicke=
lung der Zeit und ihren Anforderungen paßte. Ueberhaupt trat
von der einen Seite Schlaffheit und völlige Entartung, von der

andern ein unruhiges Drängen nach einem neuen Zustande so
entschieden hervor, daß die veraltende Zeit einer Erfrischung,
das verlorene Gleichgewicht der Gesellschaft einer erneuernden
Herstellung durchaus bedürftig erschien.

In diesen Zwiespalt der Zeit mit sich selbst fiel nun Fichte's
Jugend, fielen die ersten Erfahrungen über Welt und Staat,
wie er sie auf seinen Reisen durch Deutschland und die angrenzen=
den Länder machte. Mochte doch ihm selbst schon auf der müh=
samen Laufbahn seines Jünglingslebens oft der Unterschied sich
aufgedrängt haben, dessen bevorrechtete Geburt ohne Mühe und
Verdienst vor Talent und fleißigem Streben sich erfreut. Dazu
kam noch für ihn der nicht genug zu schätzende Vorzug einer
niedern, unscheinbaren Geburt. Seine Abstammung als schlichter
Bauernsohn, seine halb klösterliche Erziehung, deren Druck er
jedoch bald abwarf, sein dunkles, vereinzeltes Leben auf der Uni=
versität hatten ihm die Freiheitsliebe, den Sinn für Gerechtigkeit
ungebeugt erhalten, wie sie in jedem unverkrüppelten Menschen
wohnen, während in andern, scheinbar begünstigten Lebenslagen
das Beispiel schlaffer Aeltern, die Einwirkung einer knechtischen
Umgebung, oder umgekehrt auch der Genuß angeborener Vorrechte
jenen Trieb unwillkürlich abstumpfen, sodaß oft genug schon im Be=
ginn des Lebens halbgebrochene, unnatürlich verkrümmte Charaktere
uns erscheinen. Anders bei Fichte. In den mannichfachsten Lebens=
lagen umhergeworfen, mit den verschiedensten Ständen verkehrend,
blieb er sich selbst getreu, und der scharfe Blick über menschliche Ver=
hältnisse, den wir schon damals an ihm bemerken, ließ ihn immer
klarer erkennen, wie durchaus entartet die politischen wie gesell=
schaftlichen Zustände unsers Vaterlandes seien. So war es ge=
recht und natürlich, daß eine Staatsumwälzung, die damit be=
gann, die Wurzel jener zahlreichen Misbräuche auszurotten, von
ihm mit lebhafter Hoffnung begrüßt wurde, ja daß er sogar spä=
ter, als sie in die wildeste Anarchie ausartete, nicht sogleich den
Muth für sie verlor, sondern noch immer hoffte, daß, wenn erst
die Leidenschaften des Parteikampfes vorüber wären, jene Nation
dennoch die wahre gesetzliche Freiheit und das rechte Mittel, sie
sich zu erhalten, finden werde.

Auch später, bis an das Ende seines Lebens, hat er dies
Urtheil über jene große Erscheinung nie zurückgenommen; denn

in jener berühmt gewordenen Charakteristik Napoleon's ist es der schwerste Vorwurf, den er diesem macht, daß er die Franzosen hinterlistig um ihre Freiheit betrogen habe, statt durch ein geordnetes Verfassungsleben sie zu gesetzlicher Freiheit allmählich heranzubilden!

Aber auch im gegenwärtigen Falle wollte Fichte den leidenschaftlichen Ton des Parteigeistes, wie er damals sogar in Deutschland über diese Gegenstände meistens vernommen wurde, durch den Ernst allgemeiner Untersuchung verdrängen. Schon lange vor der Französischen Revolution und ganz ohne Beziehung auf dieselbe war in Deutschland öffentlich und für jeden Gebildeten verständlich die staatsrechtliche Frage über das Verhältniß von Fürst und Volk und ihre gegenseitigen Rechte erörtert worden. Mit derselben Freiheit und nach demselben Principe sollte auch jetzt die Frage nach der Rechtmäßigkeit einer Staatsumwälzung überhaupt untersucht werden, weniger für die Schule als für das gebildete Publikum, um nach festen allgemeinen Grundsätzen ein Urtheil über jene einzelne Erscheinung in ihm vorzubereiten. Und so entstanden theils noch in Danzig, theils in den ersten acht Wochen seines Aufenthalts in Zürich seine „Beiträge zur Berichtigung der Urtheile des Publikums über die Französische Revolution", *) eine Schrift, die indeß nur als Fragment zu betrachten ist, indem das Vorhandene nicht über die Feststellung der allgemeinen Principien hinausgeht, ohne sie auf den vorliegenden Fall der Beurtheilung anzuwenden. Hauptsatz derselben ist, daß es keine absolut unveränderliche Staatsverfassung geben könne, eben weil keine absolut vollkommene sich je verwirklichen lasse. Die relativ beste Verfassung müsse daher wesentlich auch das Princip innerer Veränderung und Verbesserung in sich tragen. Wenn aber gefragt werde, von wem diese Verbesserung ausgehen solle, so möchte dies Recht allen Theilen gleichmäßig zustehen, welche an dem „Staatsvertrage" theilhaben. Unter diesem sei aber nicht zu denken ein irgendwann der Zeit nach wirklich abgeschlossener Vertrag, indem gewisse ältere und neuere Gegner diese Ansicht durch die leichte Bemer-

---

*) Zwei Theile, ohne Druckort, 1793; zweite unveränderte Auflage 1795. (Werke, VI, 39—288.)

kung widerlegen zu können meinten, es lasse sich ein solcher Ver=
tragsabschluß historisch nirgends nachweisen, sondern seiner Idee
nach sei der Staat ein Vertragsverhältniß. Daher müsse er auch
seiner Wirklichkeit nach der Form des Vertrags immer näher
geführt werden, in welcher Rechte und Pflichten sich genau ent=
sprechen. Würde nun die Unveränderlichkeit des Staatsvertrags aus=
gesprochen, so läge darin die Verletzung eines unveräußerlichen
Rechts, des Rechts nämlich, überhaupt einen Vertrag zu schließen.
Allgemeiner Zweck des Staats ist aber die Cultur, derjenige Zu=
stand des Menschen, in dem er immermehr frei, d. h. nur von
seinem reinen Ich abhängig, von seiner Sinnlichkeit aber unab=
hängig wird. Die absolute Monarchie macht diesen Zustand
vollendeter Cultur unmöglich, denn sie beschränkt die unbedingte
Selbstbestimmung des Einzelnen. Wäre daher diese Staatsver=
fassung unabänderlich, so wäre dem Zwecke des Staates wider=
sprochen, die Cultur gehindert. So liegt im Begriffe des Staa=
tes, wie im Zwecke desselben die Forderung der Veränderlich=
keit seiner Verfassung. Jeder hat das Recht, nach seiner Ueber=
zeugung aus dem Staatsvertrage zu treten und einen neuen zu
schließen. Haben alle diese Ueberzeugung und den Willen dazu,
so ist hiermit die Revolution rechtmäßig geworden.

Daran schließt sich die Untersuchung über die bevorrechteten
Stände im Staate, mit Bezug auf das Recht einer Aufhebung
dieser Prärogative, namentlich über den Adel und die Kirche.
Wenn der „Adel der Meinung" etwas vollkommen Natürliches
sei, von selbst sich bilde und stets gelten werde, so sei umgekehrt
der „Adel des Rechts" etwas völlig Unrechtmäßiges, da er auf
den Zufall der Geburt und Erbschaft sich stütze und gewisse Rechte
vor andern Menschen und über andere in Anspruch nehme. Da=
her sei an der Berechtigung des Volkes, die Rechte des Adels auf=
zuheben, nicht zu zweifeln.

Was die Kirche betrifft, so entstehe sie, indem eine an sich
unsichtbare Gemeinschaft in eine sichtbare mit gewissen äußern
Formen und Gebräuchen sich verwandele; und so sei auch sie nur
eine auf Vertrag gegründete Gemeinschaft mit gewissen gegen=
seitigen Rechten und Pflichten. Die Rechte seien hier der An=
spruch auf die dem Gläubigen zugesagten Gnadenmittel der Kirche,
Pflichten der ihr schuldige Gehorsam und der Glaube an jene

11*

Gnadenmittel. Eindringend zeigt Fichte hierbei, wie nur die katholische Kirche consequent sei bei diesem Verfahren, inconsequent die lutherische und reformirte, indem sie Kirchen zu sein prätendiren, während der Geist des Protestantismus eben darin bestehe, jenes äußere Kirchenthum zu verneinen. Wolle nun der Einzelne auf dasjenige verzichten, was die Kirche als Recht ihm verheißt, so sei er an seinem Theile aus der Kirche getreten. Wollen es alle, so sei die Kirche eben dadurch aufgehoben, und die Gemeinschaft habe das Recht, die Kirchengüter zu ihren Zwecken einzuziehen.

Die Kühnheit und Schärfe dieser Argumentationen, welche in manchem Betracht noch jetzt das Treffendste enthalten, was man über diese Gegenstände sagen kann, mußten die allgemeine Aufmerksamkeit auf die Schrift und ihren Verfasser hinlenken. Obwol sie anonym erschienen war, so erfuhr man doch bald seinen Namen. Er wurde durch sie zum politischen Parteihaupt erhoben, und wie der jüngere Theil der Nation, alle kühnern und aufstrebenden Geister ihn zu ihrem Führer erkoren, so wurde er nach einem nicht minder unbestimmten Eindruck für die Machthaber und ihre Stützen der Gegenstand des Mistrauens und der Besorgniß. Gesteht doch Goethe selbst, indem er seiner Berufung nach Jena gedenkt, daß dies ein Entschluß „der Kühnheit, ja der Verwegenheit" gewesen sei. *) Die Wirkungen dieses falschen Scheins haben sich weit in sein folgendes Leben hineingezogen.

Uebrigens legte Fichte selbst späterhin geringern Werth auf jene Schrift, theils weil ihr ganzes theoretisches Fundament ihn nicht mehr befriedigte, theils weil er auch in der Ausführung der einzelnen Partien zu viel Ungleichheit fand. Schon in einem Schreiben an Reinhold vom 1. März 1794 spricht er folgendes Urtheil über dieselbe aus:

„Den zweiten Theil meines Beitrags habe ich vorigen Sommer unter beständigen Zerstreuungen und einem großen lärmenden Baue gegenüber in vier Wochen niedergeschrieben. Haben Sie daher Geduld mit ihm. Ich hoffte damals nicht, daß Männer wie Sie ihre Augen auf diese Schrift werfen würden, und schrieb sie hin, um nur den Verleger zu befriedigen. Beurtheilen

---

*) „Tages= und Jahreshefte" (Werke, XXXI, 31, 32.)

Sie sie aus diesem Gesichtspunkte. Das Kapitel über den Adel würde ich jetzt gewiß ganz anders bearbeiten. Ueber die Kirche aber glaube ich manches Neue gesagt zu haben."

Noch bestimmter spricht er sich über dieselbe aus in einer Stelle seiner spätern Verantwortungsschrift gegen die Anklage des Atheismus, S. 93:

„Wenn dann nun auch ein junger Mensch, der sein Vater-land aufgegeben hatte und an keinem Staate hing, und damals als Gast in einer kleinen nordischen Republik lebte, von welcher aus er in den Tagen, da sie verschlungen wurde, nach einer süd-lich gelegenen Republik abreiste; wenn dieser junge Mensch, von Unwillen hingerissen über die Uebertreibungen, die sich damals die Vertheidiger der gesetzlosen Willkür der Mächtigen erlaubten, gleichfalls von seiner Seite ein wenig übertrieben hätte, um das Gleichgewicht herzustellen; wenn sogar dies noch unausgemacht wäre, ob er vielleicht übertrieben, und ob selbst diese scheinbaren Uebertreibungen seine damalige wahre Meinung gewesen, indem er nur ein Fragment geliefert, nur einen Theil der einen Seite gezeigt, und man ihn zur Erörterung der zweiten Seite auf sei-nem damaligen Wege nicht fortgehen lassen; wenn derselbe, seit-dem zum Manne geworden, in einer reifern, durchdachten Schrift (der «Rechtslehre») über denselben Gegenstand jede Einseitigkeit vermieden und hoffentlich jeden Politiker zufrieden gestellt, der nur laut sagen darf, was er möchte: wäre es dann ge-recht und billig, jenen jugendlichen und unvollendeten Versuch des Jünglings noch immer zum Maßstab der politischen Grund-sätze des Mannes zu machen? Falls ja zugegeben werden müßte, daß der Gelehrte als Bürger dem Staate für seine theo-retischen Meinungen verantwortlich sei, welches kein wahrer Ge-lehrter zugeben wird."

Jene Schrift und eine andere ganz verwandten Inhalts: „Zurückforderung der Denkfreiheit" *), hatten ihm nämlich damals den gefährlichen, aber vieldeutigen Namen eines Demokraten zugezogen, wie es denn immer in den Zeiten besonderer Auf-

---

*) „Zurückforderung der Denkfreiheit von den Fürsten Europas, die sie bisher unterdrückten; eine Rede. Heliopolis, im letzten Jahre der alten Finster-niß" (1793), beurtheilt in der „Allgemeinen Literaturzeitung", 1793, S. 199. (Werke, VI, 3—35.)

regung gewiſſe Parteinamen gibt, die, an ſich unbeſtimmt und einzelnen willkürlich beigelegt, bei dem einen zum Haſſe, bei dem andern zur Empfehlung gereichen. So war damals jene Bezeichnung für die ganz gewöhnlich, welche ſich unabhängig in ihrer Denkungsart und freimüthig in ihren Aeußerungen zeigten. Bedenklicher war es jedoch, daß an dieſen Namen bei den Machthabern gewiſſe politiſche Nebenvorſtellungen ſich knüpften, die — ob näher begründet oder nicht, wurde im einzelnen kaum unterſucht — den alſo Bezeichneten auch als Neuerungsſüchtigen in Staat und Kirche betrachteten.

So hat Fichte auch ſpäterhin in ſeiner angeführten Verantwortungsſchrift bewieſen, daß die Anfeindung, die ſein vermeintlicher Atheismus finde, eigentlich nur in ſeinem Demokratismus ſeinen Grund habe; und bei dieſer Gelegenheit äußert er ſich ſo gründlich über jenen ganzen Verdacht, daß die Stelle hier nicht übergangen werden darf *):

„Hier bedarf es keiner Muthmaßungen und keines Rathens. Die Triebfeder (jener Anklage) iſt klar, iſt notoriſch, nur daß keiner den Namen des Dinges ausſprechen will. Ich bin überhaupt nicht gemacht, um hinter dem Berge zu halten, und ich will es beſonders hier nicht, indem ich dieſer Angriffe nunmehr müde bin, und für dieſes mal mir entweder Ruhe verſchaffen will für mein ganzes übriges Leben, oder muthig zu Grunde gehen. Ich alſo will es ſein, der den Namen dieſes Dinges ausſpricht. Ich bin ihnen ein Demokrat, ein Jakobiner, dies iſt's. Von einem ſolchen glaubt man jeden Greuel ohne weitere Prüfung, gegen einen ſolchen kann man gar keine Ungerechtigkeit begehen. Hat er auch diesmal nicht verdient, was ihm widerfährt, ſo hat er es doch ein andermal. Recht geſchieht ihm auf jeden Fall, und es iſt politiſch, die das wenigſte Aufſehen erregende, die populärſte Anklage zu ergreifen, um ſeiner habhaft zu werden.

„Daß ich ihnen dies bin, dieſer ſträfliche Demokrat und Jakobiner, und daß ich ihnen deswegen unausſprechlich verhaßt bin, iſt notoriſch. Es bedarf nicht der Indiscretion, welche in dieſer gerechteſten Selbſtvertheidigung doch keine Indiscretion

---

*) Vgl. Verantwortungsſchrift, S. 88 fg. (Werke, V, 268 fg.)

sein würde, an gewisse Aeußerungen zu erinnern, welche gegen
verehrungswürdige Männer geschehen, die diese Schrift als meine
Richter lesen werden, die selbst gegen diese Aeußerungen mich
vertheidigt haben, die sich derselben bei dieser Stelle meiner Ver=
antwortung ohne Zweifel erinnern werden. Es bedarf solcher
Erinnerungen an vergangene Dinge nicht, denn es ist mir ein
bei der gegenwärtigen Gelegenheit geschriebener Brief eines kur=
sächsischen Ministers bekannt, in welchem von unserm vermeinten
Atheismus geradezu gesprochen wird, als von einer neuerfundenen
Maßregel dieser Demokraten!

„Ich bin also ein Demokrat. Was ist denn nun dies?
Etwa ein solcher, der die demokratische Regierungsverfassung als
die einzig rechtmäßige aufstellt und deren Einführung empfiehlt?
Ich sollte meinen, wenn er dies, selbst unter einer monarchischen
Regierung, blos in gelehrten Schriften thut, so könnte man die
Widerlegung dieser Meinung, wenn sie unrecht ist, andern Ge=
lehrten überlassen. Solange er nicht eine äußere Handlung
vollzieht, um die bestehende Regierungsverfassung wirklich zu
stürzen und die ihm gefällige an die Stelle zu setzen, sehe ich
nicht ein, wie seine Meinung vor den Richterstuhl der Regierung
auch nur gelangen könne, vor welchen nur Thaten gehören. Je=
doch ich weiß, daß über diesen Punkt die Gegner anders denken
als ich. Denken sie, wie sie wollen; paßt denn jene Anklage
auf mich, und bin ich denn ein Demokrat im oben angegebenen
Sinne des Wortes? Sie mögen freilich, seitdem sie ihren Be=
griff von mir festsetzten und über mein Bild in ihrer Phantasie
Demokrat schrieben, nichts mehr von mir gehört oder gelesen ha=
ben. Nun, so lassen sie sich jetzt einen Auszug aus meiner
„Grundlage des Naturrechts", I, 189 fg., geben. Man wird
ihnen keinen Schriftsteller nennen können, der sich entscheidender
und mit stärkern Gründen gegen die demokratische Regierungsform
als eine absolut rechtswidrige Verfassung erklärt hat. Lassen
sie sich überhaupt einen ehrlichen Auszug aus jenem Buche machen.
Sie werden finden, daß ich eine Unterwürfigkeit unter das Gesetz
und eine Aufsicht desselben über die Handlungen der Bürger
fordere, wie sie noch von keinem ihrer Staatsrechtslehrer gedacht,
in keiner ihrer Verfassungen zu realisiren versucht worden. Die
meisten Klagen, die ich gegen dieses System gehört, waren darüber,

daß es der Freiheit (der Ungebundenheit und Gesetzlosigkeit) der Menschen so großen Abbruch thue. Ich bin sonach weit entfernt, Anarchie zu predigen.

„Doch es ist wol weit gefehlt, daß sie mit diesem Worte einen bestimmten Sinn und den wissenschaftlich richtigen verknüpfen sollten. Es wäre mir vielleicht möglich, wenn alle die Gelegenheiten, bei denen sie sich dieses Ausdrucks bedienen, zusammengenommen würden, zu sagen, welch einen Begriff sie eigentlich damit verbinden, und es ist sehr möglich, daß ich in diesem Sinne ein sehr entschiedener Demokrat bin; es ist wenigstens so viel gewiß, daß ich lieber gar nicht sein möchte, als der Laune unterworfen sein und nicht dem Gesetze.

„Dieser verhaßte Demokrat, was hat er denn sogar damals, als er allenthalben nur Gast war und keine Verbindlichkeit als die eines Gastes gegen irgendeinen Staat hatte, gethan, um seine vermeinten demokratischen Grundsätze zu realisiren? Wen es interessirt, noch jetzt die genaueste Untersuchung darüber anstellen zu wollen, dem will ich selbst mit den bestimmtesten Nachrichten an die Hand gehen, und findet sich die geringste Spur, wird mir auch nur ein verdächtiger Schritt in meiner Lebensgeschichte nachgewiesen, so will ich mich aller Sünde schuldig geben, deren meine ärgsten Feinde mich nur anklagen können. Was es ist in meinem Charakter, welches mich über allen Verdacht absolut wegsetzen muß, werde ich ihnen tiefer unten noch bestimmter bezeichnen: es ist meine entschiedene Vorliebe zu einem speculativen Leben.

„Was beabsichtigt man denn nun also durch jenen unauslöschlichen Verdacht, durch jenen bittern Haß, mit welchem man — denn ich bin müde, von mir allein zu reden — eine Menge verdienter Gelehrten und Schriftsteller in Deutschland verfolgt, an denen man ebenso wenig Schuld finden wird als an mir? Was beabsichtigt man durch jenes terroristische Verleumdungssystem, das man mit so viel Wohlgefallen aufnimmt, so kräftig unterstützt, so fürstlich belohnt? Wenn es wirklich wahr wäre, daß einige dieser Schriftsteller einigen der bestehenden Regierungen nicht gute Absichten zugetraut hätten, werden denn diese dadurch widerlegt, daß man wirklich gewaltthätig gegen sie verfährt und mit den Waffen, deren nur der Geringste im Volke sich bedient,

denen der Verleumdung, sie angreift? Wird man sie aus=
söhnen, dadurch daß man sie in beständigem Schrecken hält und
jede Gelegenheit ergreift, sie zu verderben? Jedoch das will man
auch nicht, sie aussöhnen! Denn daß in der Brust des Menschen
wol auch eine Macht ruhe, die sich durch keinen Mechanismus
fesseln und durch keinen Mechanismus ersetzen lasse, daß das
Talent ein nicht zu verachtender Alliirter sei, will man noch nicht
anerkennen. Will man sonach etwa nur Rache nehmen? Dieser
Zweck wäre zu klein für Regierungen; nur beleidigte Subalterne
können ihn haben; aber die Regierungen werden leider oft
unwissentlich zu Werkzeugen dieser niedern Leidenschaften gemacht.“

So beurtheilte damals Fichte, was um ihn her vorging
und was er unmittelbar selbst erfahren mußte; aber wie prophe=
tisch anticipirend hat er damit zugleich auch seinen spätern An=
klägern geantwortet! Denn durch ein seltsames Geschick ist so=
gar noch nach seinem Tode unerwartet eine ähnliche Beschuldigung
von derselben Seite, von den officiellen Organen der deutschen
Regierungen gegen ihn erhoben worden, bei einer Gelegenheit,
deren wir später ausführlicher gedenken werden; ein neues
Beispiel, wie treffend Fichte schon damals 1799 die Mehrzahl
dieser Regierungen charakterisirte, wenn er ihnen die Einsicht ab=
sprach in das eigentliche Wesen ihres eigenen Volkes und sie der
völligen Blindheit beschuldigte über dessen tiefstes Bedürfniß!
(Zusatz des Herausgebers im Jahre 1860.)

Siebentes Kapitel.

Fichte's Lehre nach ihrem allgemeinen Charakter. Verhältniß zu Jacobi. Erste Ankündigung seines Systems.

Wichtiger für die Wissenschaft war das philosophische System, welches, durch das Studium Kant's und seiner Nachfolger, namentlich Reinhold's und Salomon Maimon's, langsam in ihm vorbereitet, um dieselbe Zeit zur Reife und Klarheit gedieh. Hier haben wir nur wenig darüber zu sagen.

Es wäre nämlich unangemessen, bei dem Wiedererscheinen dieses Werkes die philosophischen Erörterungen über die Bedeutung jener Lehre zu wiederholen, welche dem Biographen bei der ersten Ausgabe unerläßlich schienen. Damals gerade (1830) hatten die Systeme Schelling's und Hegel's den Culminationspunkt ihrer Wirksamkeit erreicht; Fichte und seine Lehre waren zurückgedrängt, schienen völlig antiquirt und überflügelt. Die damaligen Lehrbücher zur Geschichte der Philosophie überlieferten ein ebenso dürftiges als schiefes Bild derselben, begleitet von einer banalen Parteikritik, entweder vom Kantisch-Fries'schen Standpunkt, daß sie den wahren Geist des Kriticismus verkannt habe, oder nach Schelling-Hegel'schen Prämissen, daß sie auf dem Reflexionspunkte eines nur subjectiven Idealismus hängen geblieben sei. *)

---

*) Zur Charakteristik der Vergangenheit wie zur Warnung für die Zukunft scheint es wohlgethan, folgenden Zug damaliger Parteistimmung mitzutheilen, dessen factische Richtigkeit wir verbürgen. Als im Jahre 1834 Fichte's „Nachgelassene Werke" (3 Bände, Bonn) erschienen waren, sandte der treffliche Karl Bayer (damals in Erlangen) eine kritische Anzeige derselben

Für den damaligen Zeitpunkt galt es daher auch in der Biographie auf die philosophischen Fragen einzugehen und vorläufig wenigstens correctere und vollständigere Vorstellungen über das System einzuführen und dadurch den spätern Veröffentlichungen der „Nachgelassenen Werke" und der „Sämmtlichen Werke" den Weg zu bahnen.

Dies alles ist nun seitdem vom Herausgeber vollständig ausgeführt worden, wie er dankbar es rühmen darf, nicht ohne vollständigen Erfolg in der Hauptsache. Seit dieser Zeit hat Fichte's Lehre von neuem zu wirken begonnen, langsamer, aber nachdrücklicher, und nach der richtigen Schätzung ihrer Eigenthümlichkeit hat sie nun auch ihre rechte Stellung neben den übrigen Systemen erhalten.

Alle jene apologetischen Gründe fallen nunmehr bei der neuen Ausgabe hinweg; jetzt interessirt uns sein System nur aus dem biographischen Gesichtspunkte. Wir haben zu zeigen, wie Lehre und Persönlichkeit, ein untheilbares Ganzes in ihm bildend, gegenseitig sich unterstützen und erklären; wie es kam, daß er von sich rühmen durfte, einer Philosophie sich bemächtigt zu haben, die auch sein Herz vollkommen befriedige. Man hat die unerschütterliche Zuversicht, mit welcher er dem gehäuften Widerspruche gegenüber die Wahrheit seiner Lehre behauptete, zu allermeist nur für ein bedenkliches Zeichen theoretischen Eigensinns, ja der Selbsttäuschung erklärt, und auch seinen Verehrern ist sie meistens ein Räthsel geblieben. Der Lebensbeschreibung darf sie als ein charakteristisches psychologisches Phänomen gelten, welches, da es den Mittelpunkt von Fichte's gesammter Denkweise ausmacht, auch als Mittelpunkt der biographischen Aufgabe zu betrachten ist. Denn wirklich erklärt muß das Phänomen werden, so gewiß niemand in dem Grade sich zu täuschen vermag, um eine Evidenz sich anzulügen, welche er in der That nicht besitzt. Und wenn wir etwa Fichte und Spinoza

---

an die Societät der „Jahrbücher für wissenschaftliche Kritik" in Berlin. Diese Arbeit, nachher als besondere Broschüre unter dem Titel „Zu Fichte's Andenken" (1835) veröffentlicht, wurde von der Societät zurückgewiesen, „weil das Urtheil über Fichte zu anerkennend sei". Die „wissenschaftliche Kritik", unkritisch genug, duldete dort nur eine Farbe!

als Beispiele gleich energischer, aber auf direct entgegengesetztem Wege erworbener philosophischer Ueberzeugung bezeichnen, so dürfte bei tieferm Eindringen sich dennoch ergeben, daß in beiden nur die eine und nämliche Quelle der Evidenz gewirkt habe, daß sie, was diesen Punkt betrifft, völlig einig gewesen seien.

Dabei ist auszugehen von einer einfachen, aber tiefreichenden Betrachtung. Was uns Ueberzeugung, unerschütterliche Gewißheit verleiht, ist niemals ein Vermitteltes, künstlich Erworbenes, weder ein durch bloßen Syllogismus erzeugter Begriff, noch ein durch Ueberlieferung gewonnenes Historisches, sondern nur durch wirklich Erlebtes, thatsächlich uns Gegenwärtiges werden wir auch wirklich überzeugt.

Was nun war dies bei Fichte? Was blieb ihm, dem strengen Idealisten, das unaustilgbar Reale, Urgewisse, von welchem die Realität auch auf alles Uebrige abfließt, was überhaupt im Bewußtsein darauf Anspruch hat? Nach der gewöhnlichen Meinung wird man geneigt sein, dies im „Ich“ zu suchen, und eben darin die Eigenthümlichkeit von Fichte's Lehre erblicken wollen. Dennoch mit Unrecht; und gerade dies ist das erste, aber verbreitetste Misverständniß seines Systems geblieben. Es fehlt darüber, wenigstens aus seiner spätern Epoche, nicht an den ausdrücklichsten Erklärungen. *) Das Ich, die absolute Reflexionsform, ist eben nur absolute Form, Bildlichkeit, in welche die Realität, das Abzubildende, eintritt, in keinem Sinne das absolut Reale selbst. Dies Reale bezeichnet er als göttliches Leben, seinem specifischen Charakter nach als sittlich-schöpferische Idee, seiner Wirkung nach als Begeisterung, für das Bewußtsein und

---

*) So zuerst und am ausdrücklichsten im dritten Buche seiner „Bestimmung des Menschen“, Glaube überschrieben, durch welche Bezeichnung er auch äußerlich seine Verwandtschaft mit Jacobi andeuten wollte. Nicht minder ist seine „Anweisung zum seligen Leben“ (1806) einzig und allein eine Ausführung dieser realistischen Seite seiner Lehre. Am deutlichsten und kürzesten endlich hat er sich über diesen Hauptpunkt ausgesprochen in einem gleichfalls im Jahre 1806 geschriebenen Aufsatze: „Bericht über den Begriff der Wissenschaftslehre“ u. s. w.; zuerst vollständig abgedruckt in den „Sämmtlichen Werken“, VIII, 371 fg. Die oben im Text angeführten Worte sind dieser Abhandlung entnommen, welche bisher noch nicht die gehörige Beachtung gefunden zu haben scheint.

im Gefühle als göttliche Liebe und unzerstörbare Seligkeit. Dieser einzigen Realität im Bewußtsein, welche es giebt, werden wir gewiß, nur indem wir sie erleben. Darum ist sie kein objectives, uns gegenübertretendes Sein, welches wir als todte Substanz außer uns abzusetzen hätten, um es dann etwa mit dem Namen der Gottheit zu beehren. Diese gibt allein sich kund (so drückt er sich in jener berühmten Abhandlung aus, welche ihm die Anklage des Atheismus zuzog) als eine unsern Willen heiligende Macht, als „lebendige moralische Weltordnung", welche in uns „die Kraft des Guten" wirkt. Und in dem „Bericht über den Begriff der Wissenschaftslehre" (1806) faßte er den gleichen Gedanken von der Nichtobjectivität des Absoluten in die treffenden Worte zusammen: „Auch in der Wissenschaft kann man das Absolute nicht außer sich anschauen, welches ein reines Hirngespinst gibt, sondern man muß in eigener Person das Absolute sein und leben."

Hierin nun, in diesem Leben in Gott und der daraus quellenden sittlichen Begeisterung, besaß Fichte für sein System jenes unaustilgbar Reale, welches die Bürgschaft seiner Gewißheit in sich selbst trägt, unzerstörbar für jede Reflexion und jeder Skepsis unerreichbar, welche immer nur ein äußeres, „objectives" Sein anzweifeln kann. Solches Sein ist aber hier völlig vernichtet und aufgehoben.

Jene innerlich allgegenwärtige und in jedem Augenblicke zu erlebende Thatsache einer mehr als blos menschlichen Kraft in unserm Bewußtsein, in welcher er den Mittelpunkt der Speculation fand, war es aber auch, deren seine Persönlichkeit bedurfte, um unerschütterliche Einheit und Genüge in sich selbst zu finden, dem zersplitternden Treiben der Welt gegenüber und dem Widerstande von außen, welcher ihm nicht erspart blieb. Nur in diesem Sinne durfte er sich rühmen, nach Lehre und Leben mit sich in Uebereinstimmung, der Mann aus einem Gusse zu sein. Denn eben jener große Gedanke, daß allein in der sittlichen Idee Realität sei, und daß Gott ebendarum in keiner andern Weise als nur als sittliche Weltmacht gefaßt werden könne, jene einfache Ueberzeugung enthält ganz und vollständig den Schlüssel nicht nur zu seiner Lehre, sondern auch zu seinem praktischen Verhalten bis in seine unbestreitbaren Härten und Paradoxien hinein.

Seine Polemik, sein fast an Idiosynkrasie grenzender Wider=
wille gegen die „Naturphilosophie" und alles, was an sie er=
innerte, wurzelte in seinem Abscheu vor dem Gedanken, das Ab=
solute als bloße Naturmacht, blindes Ohngefähr, kurz als ein
Nichtethisches zu fassen, in welcher ganzen Richtung er eben
das Grundgebrechen jener Denkweise und den Abfall von Kant
und dessen Idealismus erblickte. Darf man jedoch leugnen, be=
sonders wenn man sich mancher Auswüchse naturphilosophischer
Speculation erinnert, daß dieser Protest ein treffender und be=
rechtigter war? Ja mehr noch: sogar wenn man Schelling's eige=
nes Philosophiren bis zu seiner letzten Epoche im ganzen ins
Auge faßt mit dem allezeit einseitigen Vorschlage naturalistischer
Begriffe in seinen Theologumenis, könnte man versucht sein, den
durchdringenden Scharfblick Fichte's anzuerkennen, der schon da=
mals (in manchen gelegentlichen, besonders brieflichen Aeußerun=
gen, die wir mittheilen werden) es aussprach, wie jener kaum
jemals völlig dem Hange sich entwinden werde, Gott als eine in
theogonischen Processen verwickelte Naturmacht sich zu deuten!

Derselbe Grundgedanke waltete in Fichte's praktischem Ur=
theil und Handeln. Um jener Heiligkeit pflichtmäßiger Ueber=
zeugung willen bestand er nicht selten mit derselben Energie auf
Nebenpunkten, wie sie nur die Hauptsache verdient hätte, wobei
man im einzelnen Falle zweifelhaft werden konnte, ob auch hier
noch bewußte Gewissenhaftigkeit walte, ob die Unfähigkeit viel=
seitigen Urtheils oder der Mangel an praktischer Erfindsamkeit
die Schuld trage, was beides allerdings kaum zu leugnende
Nebenzüge seines Charakters waren.

Doch solcher Bedingnisse und Cautelen bedurfte es nicht für
ihn im theoretischen Denken, wo es galt, einen einzigen Grund=
gedanken mit strenger Ausschließlichkeit durchzuführen. Und so
erwähnen wir zur historischen Orientirung über das System noch
Folgendes. Nur wer sich jenes Grundgedankens von der Nicht=
objectivität des Realen und des Absoluten bemächtigt hat, wer
ihn nie vergißt bei Fichte's Darstellungen, der hat sich in den
Mittelpunkt des Verständnisses gestellt und er allein hat darum
das Recht, seine Lehre zu beurtheilen. Dann werden aber auch
alle jene Darstellungen bis auf das Einzelne hin ihm klar und
verständlich sein, während sie ohne diesen Gedanken als ein un=

verständliches Gewebe von Fehlschlüssen und Widersprüchen erscheinen.

Hier ist es nun merkwürdig, aber durchaus erklärlich, wie
Fichte, besonders am Anfange seiner Laufbahn, als völlig einverstanden mit Jacobi sich erklärte und seine eigene Lehre nur als
die idealistische Kehrseite, aber zugleich als den festesten Unter-
bau jenes auf der unvermittelten Ursprünglichkeit einer Thatsache
in uns selbst (Glaube von Jacobi genannt) ruhenden Realismus verstanden wissen wollte. „Wenn ich nun etwa noch überdies" — so schreibt er an Jacobi — „aus dem für feindlich gehaltenen Lande (des Idealismus) selbst dem Realismus sein
Gebiet garantirte und befestigte, so hätte ich den Rechten
nach nicht blos auf eine Art von Bündniß, sondern auf ein
Bündniß in jeder Art zu rechnen."

Aber auch späterhin, nachdem Jacobi als sein Gegner hervorgetreten war und in offenbarem Misverstande des eigentlichen Geistes seiner Lehre sie als „Nihilismus" bezeichnete,
hielt er diesen einzigen Gegner werth, um sich mit ihm wissenschaftlich auseinander zu setzen. Ist diese Erörterung auch stets
nur in der Form gelegentlicher brieflicher Aeußerungen oder un-
ausgeführter Entwürfe geblieben, so enthalten doch gerade diese
Aeußerungen den bedeutendsten Werth, indem sie uns den tiefsten Einblick in seine gesammte wissenschaftliche und, was bei
ihm davon unabtrennlich war, seine persönliche Denkweise gestatten.

Es ist daher hier vollkommen am Orte, die charakteristischen
Aussprüche Fichte's über sein Verhältniß zu Jacobi in chrono-
logischer Ordnung folgen zu lassen. Es finden sich dergleichen
fast aus allen Epochen seines Philosophirens.

Die früheste Erklärung dieser Art entnehmen wir einem Schreiben an Jacobi aus dem Jahre 1795, welches überhaupt ein
wichtiges Actenstück ist zur Charakteristik seiner Lehre, deren Geist
es gerade in der Zeit der ersten Erfindung am frischesten und
eigenthümlichsten ausspricht. Und überall wird man wohl thun,
zum innersten Verständniß einer Lehre bis zu ihren frühesten
Quellen aufzusteigen, wo ihr Urheber noch in unbefangener, un-
reflectirter Frische die ursprüngliche Evidenz kund gibt, welche
ihn zur Erzeugung der Lehre antreibt.

*   *   *

Fichte an Jacobi.

— — Ich habe diesen Sommer in der Muße eines reizen=
den Landsitzes Ihre Schriften wieder gelesen und abermals ge=
lesen und nochmals gelesen, und bin allenthalben, besonders im
«Allwill», erstaunt über die auffallende Gleichförmigkeit unserer
philosophischen Ueberzeugungen. Das Publikum wird an diese
Gleichförmigkeit kaum glauben, vielleicht Sie selbst nicht, scharf=
sichtiger Mann, dem aber hier zugemuthet würde, aus den
schwankenden Grundlinien des Anfangs eines Systems das ganze
System zu folgern. Sie sind ja bekanntermaßen Realist, und
ich bin ja wol transscendentaler Idealist, härter als Kant es war,
denn bei ihm ist doch noch ein Mannichfaltiges der Erfahrung;
ich aber behaupte mit dürren Worten, daß selbst dieses von uns
durch ein schöpferisches Vermögen producirt werde. Erlauben
Sie, daß ich in diesem Briefe über diesen Punkt mich mit Ih=
nen erkläre.

Mein absolutes Ich ist offenbar nicht das Individuum:
so haben beleidigte Höflinge und ärgerliche Philosophen mich er=
klärt, um mir die schändliche Lehre des praktischen Egoismus an=
zudichten. Aber das Individuum muß aus dem absolu=
ten Ich deducirt werden. Dazu wird die Wissenschaftslehre
im Naturrecht ungesäumt schreiten. Ein endliches Wesen — läßt
durch Deduction sich darthun — kann sich nur als Sinnenwesen
in einer Sphäre von Sinnenwesen denken, auf deren einen Theil
(die nicht anfangen können) es Causalität hat, mit deren an=
derm Theile (auf den es den Begriff der Causalität überträgt)
es in Wechselwirkung steht, und insofern heißt es Individuum
(die Bedingungen der Individualität heißen Rechte.) So ge=
wiß es sich als Individuum setzt, so gewiß setzt es eine solche
Sphäre, denn beides sind Wechselbegriffe. Sowie wir uns als
Individuen betrachten — und so betrachten wir uns immer im
Leben und nicht im Philosophiren und Dichten—stehen wir
auf diesem Reflexionspunkte, den ich den praktischen nenne,
den vom absoluten Ich — den speculativen. Von jenem aus
ist eine Welt für uns, unabhängig von uns da, die wir nur
modificiren können; von ihm aus wird das reine Ich, das auch
auf ihm uns gar nicht verschwindet, außer uns gesetzt und heißt

Gott. Wie kämen wir auch sonst zu den Eigenschaften, die wir Gott zuschreiben und uns absprechen, wenn wir sie nicht doch in uns selbst fänden und nur in einer gewissen Rücksicht, als Individuen, sie uns absprechen? In dem Gebiete dieses praktischen Reflexionspunktes herrscht der Realismus; durch die Deduction und Anerkennung dieses Punktes von seiten der Speculation selbst erfolgt die gänzliche Aussöhnung der Philosophie mit dem gesunden Menschenverstande, welche die Wissenschaftslehre versprochen.

„Wozu ist denn nun der speculative Gesichtspunkt und mit ihm die ganze Philosophie, wenn sie nicht fürs Leben ist? Hätte die Menschheit von dieser verbotenen Frucht nie gekostet, so könnte sie der ganzen Philosophie entbehren. Aber es ist ihr eingepflanzt, jene Region über das Individuum hinaus nicht blos mit dem reflectirten Lichte, sondern unmittelbar erblicken zu wollen; und der erste, der eine Frage über das Dasein Gottes erhob, durchbrach die Grenzen, erschütterte die Menschheit in ihren tiefsten Grundpfeilern und versetzte sie in einen Streit mit sich selbst, der noch nicht beigelegt ist und der nur durch kühnes Vorschreiten bis zum höchsten Punkte, von welchem aus der speculative und praktische vereinigt erscheinen, beigelegt werden kann. Wir fingen an zu philosophiren aus Uebermuth und brachten uns dadurch um unsere Unschuld; wir erblickten unsere Nacktheit und philosophiren seitdem aus Noth für unsere Erlösung.

„Aber philosophire ich nicht so treuherzig mit Ihnen und schreibe so nachlässig, als ob ich Ihres Interesse für meine Philosophie schon ganz sicher wäre? Aufrichtig, es ahnt mir, daß ich mich in der Voraussetzung dieses Interesse nicht irre.

„Allwill macht den transcendentalen Idealisten, wenn sie sich nur begnügen wollen, ihre eigenen Grenzen zu decken, und dieselben recht fest machen wollen, Hoffnung zu einem ewigen Frieden und sogar zu einer Art von Bündniß. Ich glaube die Bedingung schon jetzt erfüllt zu haben. Wenn ich nun etwa noch überdies aus dem für feindlich gehaltenen Lande selbst dem Realismus sein Gebiet garantirte und befestigte, so hätte ich den Rechten nach nicht blos auf eine Art von Bündniß, sondern auf ein Bündniß in aller Art zu rechnen.“

*   *   *

Im wesentlichen übereinstimmend mit Vorstehendem äußert sich Fichte in einem unvollendet gebliebenen Entwurfe zu einem Antwortschreiben an Jacobi aus dem Jahre 1799, mit welchem er das Sendschreiben des letztern öffentlich zu beantworten gedachte:

„Ich weiß kaum, wo und wie wir Gegner sind. Ueber die Wissenschaft sind wir einig, auch über das Leben. Beides werde geschildert, beredt, klar, ästhetisch schön, soweit es sein kann. Soll der Streit nun nicht ein völliges Misverständniß sein, so müßte er darin seinen Sitz haben, inwiefern die Wissenschaft das Leben beschreiben könne. Es muß genau der unterscheidende Gesichtspunkt beider aus ihrem Begriffe angegeben werden.

„Bedeutung der Wissenschaft: sie ist unsere Bestimmung, seitdem sie versucht worden und uns durch falschen unvollendeten Versuch in Irrthum gestürzt hat. Die Vollendung schneidet diese Irrthümer ab. Hier zuerst negativer Nutzen, ein allgemein pädagogischer; mit ihm ist der positive vereinigt, zu welcher Denkart man sich zu bilden haben und andere bilden soll — das Negative und Positive hängt hier eng zusammen; endlich der scientivische Nutzen für andere Wissenschaften.

„Die Hauptfurcht ist wol vor der Gemüthsstimmung für das praktische Leben, die, wie man meint, diese Forschung erregen müsse. — 1) Gut; der Speculant opfert sich dann etwa auf, wie in unsern zertheilten Verfassungen beinahe jeder aufgeopfert wird für das Ganze. Man halte ihn für das, was er ist, brauche ihn zu nichts anderm und lasse ihn zu nichts anderm gebraucht werden. Ist der Landmann nicht nöthig, kann er nicht tugendhaft sein und selig werden? Aber wer möchte ihn zum Lehrer, zum Regenten machen? So wird auch der Speculant sich bescheiden, nicht in eine entgegengesetzte Sphäre überzugreifen; ein guter Dichter möchte er z. B. gar nicht sein können. 2) Es ist aber noch die Frage, ob eine solche Gemüthsstimmung mit Nothwendigkeit daraus hervorgehe? Hierüber werde tief in die Sache hineingegangen! Welche Gemüthsstimmung wird befürchtet? Die, daß der Verstand statt der gemüthlichen Eigenschaften, statt Liebe, Phantasie u. dgl. allein gelte. (Da scheint nun wieder in der That jene falsche Philosophie im Sinne zu liegen, die sich für Lebensweisheit ausgibt.)

„1) Was soll nicht geschehen, wo soll das Raisonnement nicht herrschen? Dies systematisch, der Form nach: es soll und kann keine bewegende, praktische Macht sein; diese ist es aber seiner Natur nach gar nicht. Es hat nur das Zusehen. Das Bewegende ist der Trieb, das Streben u. dgl. Das Denken setzt ihm nur das Auge ein. Der Natur nach: Pflicht, und alles, was daraus folgt, ist nicht Resultat eines theoretischen Denkens, welches überall zuletzt kommt.

„Wenn ein Sein erraisonnirt werden soll, ist das Raisonnement auch am unrechten Orte.

„Da nun der wahre Philosoph alles dies nicht thut, wie sollte er in jene Stimmung nothwendig hineingerathen? Was du als nicht seiend begreifst, ist freilich nicht; aber auch was du begreifst, ist nicht deswegen, weil du es begreifst, sondern es ist an sich.

„2) Durch seine strenge Einsicht könnte er in ein Misverhältniß zur menschlichen Gesellschaft gerathen? Welchen Höherstehenden trifft dies nicht gewissermaßen? Es soll nicht sein, heißt wol nur: die Menschheit soll stehen bleiben, wo sie steht.

„Also der letzte Einwand wäre: er verliert die Zeit, die er zum Handeln brauchen könnte, im Speculiren. Aber darauf antworte ich dem Praktiker: auch das rechte Speculiren ist ein Handeln. Es wird da vorausgesetzt, daß jenes unnütz sei, wovon bereits das Gegentheil dargethan worden.

„Strenger Gegensatz zwischen Leben und Philosophie. Da wird, denke ich, auch der Trieb seine Rolle spielen. Das scheine ich ehemals vergessen zu haben! Es sei Liebe, aber es sei nicht hinwiederum Liebe der Liebe, welche Abneigung gegen den transscendentalen Gesichtspunkt erzeugt und Jacobi's Sache zu sein scheint. Der Transscendentalismus des Lebens herrscht bei ihm vor!"

*　　*　　*

Deutlicher noch in manchen Punkten findet sich dies Verhältniß ausgesprochen in einem gleichzeitigen Schreiben Fichte's an Reinhold.

„Ich unterschreibe Jacobi's Aeußerungen in ihrer ganzen Ausdehnung, habe alles, was er da sagt, längst gewußt und deutlich gedacht; und so innig es mich freut, daß Jacobi dies treffliche Schreiben für mich schrieb, ebenso unbegreiflich ist es mir, wie er glauben konnte, es gegen mich zu schreiben. Er kennt das Wesen der Speculation so innigst und ebenso das Wesen des Lebens; warum kann er nur nicht kalt über beide sich erheben und sie gegeneinander halten? Warum muß er entweder in dem Standpunkte der Speculation gefangen sein, «sodaß er sich schämt, seine Einwürfe gegen mein System vor sich selbst auszusprechen», oder in einem andern Momente aus dem Standpunkte des Lebens der vollendeten Speculation, die er selbst für solche anerkennt, spotten, sie verwünschen und verabscheuen? Da er selbst auf seine Individualität in gedruckten Schriften und in jenem Schreiben sich bezieht, so ist es vielleicht erlaubt, diesen bei der Einsicht ohne ihresgleichen unbegreiflichen Widerstreit aus seiner Individualität sich zu erklären. Er verbittet sich den logischen Enthusiasmus; mit Recht: ich verbitte mir ihn gleichfalls. Aber es scheint ein entgegengesetzter Enthusiasmus, welchen ich den des wirklichen Lebens nennen möchte, in ihm zu wohnen, der es ihm gar nicht erlaubt, auch zum Versuche nur kalt und gleichgültig von demselben (dem wirklichen Leben) zu abstrahiren.... Ich glaube gar keinen Enthusiasmus zu haben, weder den ersten noch den zweiten, und halte diese Apathie für schlechthin nothwendig, um den transscendentalen Idealismus ganz zu verstehen und durch ihn nicht entweder zur Heillosigkeit verleitet oder durch ihn geärgert zu werden."

In einem Briefe an Jacobi vom Jahre 1804 sodann, nachdem er, wie er sagt, „durch fünfjährige Speculation auch in der äußern Form vollendet und bis zum höchsten Grade der Mittheilbarkeit sich bemächtigt hatte", bezeichnet er jenen Mittelpunkt des Einverständnisses wie der Differenz in folgender eigenthümlichen Wendung, welche in seinen spätern Darstellungen weniger prägnant auftritt und die uns dennoch eine der glücklichsten scheint, um den Begriff der Realität, als des schlechthin Ursprünglichen in uns, wie er ihn sich dachte, hervorzuheben. Jacobi's und seines Schülers Köppen ganze Weisheit scheine darauf hinaus zu laufen, daß dem Wissen immer etwas vom Begriffe durchaus nicht zu Durchdringendes, ihm Incommensurables und Irrationales übrig bleibe. „Wie wäre es, wenn gerade in dieser Einsicht das Wesen der Philosophie läge und diese ganz und gar nichts anderes wäre als — das Begreifen des Unbegreiflichen als solchen? Wie wäre es ferner, wenn gerade darin, daß weder Kant noch die Wissenschaftslehre als dieses gefaßt worden, von Ihrer Seite das an uns ausgeübte Misverständniß bestände?"

Zum Abschluß dieser Anführungen endlich stehe hier noch das Fragment aus einem spätern Entwurfe eines Antwortschreibens an Jacobi, dessen Abfassung wahrscheinlich in das Jahr 1807 fällt und das wir vollständig in den „Nachgelassenen Werken" *) veröffentlicht haben. Nach unserm Urtheil enthalten diese Worte das Tiefste zugleich und Klarste, was Fichte über den eigentlichen Geist seiner Lehre geschrieben hat. Sie bezeichnen zudem aber auch auf das schärffte und aufrichtigste die Grenze seiner Klarheit und die übrig bleibende Lücke in seiner gesammten Weltansicht.

Das Misverständniß eines Objectivirens Gottes von sich ablehnend, fährt er so fort:

„Da wollen sie nun ihre Selbständigkeit aus reinem Enthusiasmus für die Sünde und das Uebel als Manichäer behaupten. Nun wird ihnen ja die Selbständigkeit Gottes nicht abgeleugnet. Nur wollen sie dieselbe erst durch Aussonderung von sich, aus der zweiten Hand haben: wenn er nicht außer ihnen ist, sie also zugleich als wahre Selbste außer ihm, so ist er nicht. Er ist ihnen also das zweite Selbständige, durch den Gegensatz entstanden, um ihretwillen da, nur mittelbar zu erfassen; sie selbst sind aber das Unmittelbare, über dessen Existenz und Realität weiter gar kein Streit ist. Sich fühlen sie, Gott nicht; in sich leben sie, nicht in ihm.

„Dieser Sinn ist nun wirklich so alt als die Welt, ist aber darum doch nur ein unheiliger und ungöttlicher Sinn.

„Moralische Weltordnung oder, wenn man sich an das Wort, als ordo ordinans, absolute eoque ipso creans, nicht gewöhnen kann, moralisches Princip, moralisch schaffende Macht: allerdings ist (existirt) Gott an sich selbst nur als solche, und es ist uns durchaus kein anderes Mittel gegeben, ihn im Begriffe,

*) III, 390—394.

sodaß dieser nicht leer sei, zu erfassen oder wirklich in ihm, mit ihm vereinigt, zu leben, außer in diesem Elemente. Darum ein Ordnendes und ein zu Ordnendes, Sphären dieser Ordnung bis hinab auf die Sinnenwelt. Allein in jener ist er aber zu erfassen. Er existirt nicht als Natur oder als ein System von Ichen; denn diese insgesammt existiren nicht eigentlich, nicht in jener Ordnung und zufolge derselben, sondern nur in der Er= scheinung derselben und zufolge ihrer ewigen Erscheinbarkeit. Dabei wird es nun bleiben, was auch jene, die ihre sich ange= legene selbstständige Existenz ehrenhalber auch mit Gott theilen und ihn damit beschenken wollen, für Gesichter dazu machen!"

Fürwahr, energievoller und überzeugter als in den eben vernommenen Worten läßt sich, dem leidigen Subjectivitätsdün= kel gegenüber, die große religiös = speculative Wahrheit nicht aus= sprechen, daß das Ich nur im Aufgeben seiner engen Sub= jectivität, nur dahingenommen von energievoller Begeisterung durch die sittliche Idee, objectiv Vollendung, für das eigene Ge= fühl Ruhe und Seligkeit gewinne. Fichte faßt noch einmal in diesem Bekenntniß, wie in einem höchsten Lichtpunkte, die Grund= überzeugung seines Lebens und das letzte Resultat seiner Philo= sophie zusammen. Aber in seinem begriffsmäßigen Ausdruck, hier und an andern Stellen, ist dieser Gedanke nicht frei geblieben von einem verhängnißvollen Irrthum, in welchem Fichte übrigens den beiden folgenden Systemen, namentlich dem zuletzt hervor= getretenen nur vorausgegangen ist. Weil das „wahre Selbst", die Vollpersönlichkeit vom Menschen nur gewonnen werden kann in seiner Einheit mit dem göttlichen Geiste, darum soll er gar kein Selbst sein, gar keinen Anspruch haben auf Realität, nur die leere Hülle einer absoluten Erscheinungsform sein, und wer anders meint oder lehrt, dem wird die Beschuldigung der Selbstsucht und Ungöttlichkeit des Sinnes entgegengehalten! Auch in der letzten Wendung hat es Fichte an Nachfolgern nicht gefehlt.

Dennoch liegt hier eine offenbare Vermischung zweier weit auseinander liegenden Begriffe und Untersuchungsgebiete zu Grunde. Die metaphysisch=psychologische Frage, ob der individuelle Geist ein substantiell beharrendes Wesen sei oder nicht, ist nach ganz andern Prämissen zu lösen, als die jener Frage gelten, welches

die höchste Realität seines Bewußtseins sei. Um so schädlicher aber ist solche Umdeutung, als gerade dadurch jene hohe
Wahrheit in den Staub und die Trivialität der gewöhnlichsten
Auffassung herabgezogen wird, wie wir dies sattsam an den pantheistischen Systemen unserer Tage gesehen haben. Von Fichte aber
ist zu sagen, daß beide hier widerstreitende Standpunkte in ihm
selbst nebeneinander oder noch eigentlicher nacheinander hervorgetreten sind. Zuerst und am Anfange hat niemand stärker als er
den Begriff der Selbstsetzung und Selbständigkeit des Ich betont,
da die gesammte Sinnenwelt ihm nur Abdruck und Resultat seiner
unbewußt bleibenden Selbstsetzung war. Später, als er die Beschaffenheit dieses Ich tiefer durchforschte, konnte ihm das blos
Schematische dieses Begriffs nicht verborgen bleiben. Das individuelle Ich wurde ihm zum bloßen Bildwesen einer allgemeinen
Anschauungsform, und das Reale mußte höher in Gott verlegt
werden.

Gereicht es seinem sittlichen Geiste zur höchsten Ehre, daß er
diesem sehr unbestimmten und vieldeutigen Ergebnisse nur die höchste
ethisch-religiöse Bedeutung gab, so waren damit die Lücken und
Gedankensprünge nicht überbrückt, welche hier übrig blieben und
die nicht die zunächst folgenden Systeme, sondern erst die Gegenwart zu lösen unternommen hat. Diese gewinnt damit auch das
Recht, sein Gedankenvermächtniß weiter zu verwerthen und jene
hohe Wahrheit in einer von allen pantheistischen Schlacken gereinig-
ten Gestalt zum freien Besitze der Wissenschaft zu erheben.

*   *   *

Die frühesten Andeutungen über seine Lehre gab Fichte in
einer Recension von Leonhard Creuzer's „Skeptischen Betrachtungen über die Freiheit des Willens" („Allgemeine Literaturzeitung", 1793, Nr. 303, S. 201 fg.), wo sogleich der Hauptpunkt derselben, die Einheit des sinnlichen und übersinnlichen Bewußtseins,
zur Sprache kommt, mehr jedoch in dem bestimmt ausgesprochenen
Bedürfnisse einer solchen höchsten Vermittelung, als mit der deutlichen Einsicht, worin sie zu finden sei. Daß ihm indeß der Begriff des Ich schon früh als Fundament der gesammten Transscendentalphilosophie vorgeschwebt habe, geht aus der spätern

Aeußerung hervor *), daß er lange zuvor, ehe er mit die=
ser Idee ganz im Reinen gewesen, seinen Plan, die gesammte
Philosophie auf den Begriff des reinen Ich aufzubauen, dem be=
kannten Interpreten Kant's, dem Hofprediger Schulz mitgetheilt
habe, welchen er dieser Idee näher und weniger abgeneigt gefun=
den . als irgendeinen andern (wahrscheinlich Kant selbst, dem
er bei seinem persönlichen Verhältnisse gewiß nicht unterlassen
haben wird, jenen Plan mitzutheilen). Vollkommen entwickelt
und mit der ausdrücklichen Bestimmung, wissenschaftliches Funda=
ment der Philosophie zu werden, tritt indeß jenes Princip schon
in der Beurtheilung des „Aenesidemus" („Allgemeine Literaturzei=
tung", 1794, Nr. 47, S. 369; Werke, I, 23) hervor. Besonders wird
hier der Moment der Reflexion in seiner ganzen Schärfe geltend ge=
macht durch den Satz: daß alles Sein, das Ich selbst, nur sei für das
Ich; ein sogenanntes objectives Dasein sei also ein offenbarer
Widerspruch, indem es gerade als objectiv begriffenes nur
in und für Bewußtsein sein könne. Auch aus jener frühesten
philosophischen Abhandlung möge eine charakteristische, seine ganze
damalige Ansicht bezeichnende Stelle hier einen Platz finden:

„Im reinen Ich ist die Vernunft nicht praktisch, auch nicht
im Ich als Intelligenz; sie ist es nur, insofern sie beides zu ver=
einigen strebt. Daß diese Grundsätze Kant's Darstellung selbst
zu Grunde liegen müssen, ungeachtet er sie nirgends bestimmt
aufgestellt hat; ferner, wie durch die Vorstellung dieses an sich
hyperphysischen Strebens durch das intelligente Ich im Abstei=
gen über die Stufen, über welche man in der theoretischen Philo=
sophie aufsteigen muß, eine praktische Philosophie entstehe, ist
hier der Ort nicht, zu zeigen. Jene Vereinigung: ein Ich,
das durch seine Selbstbestimmung zugleich alles Nicht=Ich bestimme
(die Idee der Gottheit), ist das höchste Ziel dieses Strebens.
Ein solches Streben, wenn durch das intelligente Ich das Ziel
desselben außer ihm vorgestellt wird, ist ein Glaube (Glaube
an Gott.) Dieses Streben kann nicht aufhören als nach Er=
reichung des Ziels, d. h. die Intelligenz kann keinen Moment
ihres Daseins, in welchem dies Ziel noch nicht erreicht ist, als
den letzten annehmen (Glaube an ewige Fortdauer.) An diese

---

*) „Philosophisches Journal", Bd. V, Heft 4, S. 349 (Werke, I, 473).

Ideen ist aber nichts anderes als ein Glaube möglich, d. h. die
Intelligenz hat zum Object ihrer Vorstellung keine empirische Empfindung, sondern nur das nothwendige Streben des Ich, und
in aller Ewigkeiten Ewigkeiten kann nichts anderes möglich werden. Dieser Glaube ist aber so wenig blos eine wahrscheinliche
Meinung, daß er vielmehr, wenigstens nach des Recensenten innigster Ueberzeugung, mit dem unmittelbar gewissen: Ich bin, den gleichen Grad von Gewißheit hat, welche alle erst durch das intelligente Ich mittelbar mögliche objective Gewißheit unendlich
übertrifft. Freilich, Aenesidemus will einen objectiven Beweis
für die Existenz Gottes und Unsterblichkeit der Seele. Was mag
er sich dabei denken? Oder ob ihm die objective Gewißheit etwa
ungleich vorzüglicher scheint als die nur subjective? Das: Ich
bin selbst, hat nur subjective Gewißheit, und soviel wir uns
das Selbstbewußtsein Gottes denken können, ist Gott selbst für
Gott subjectiv. Und nun gar ein objectives Dasein der Unsterblichkeit! (Es sind Aenesidemus' eigene Worte.) Wenn irgendein sein Dasein in der Zeit anschauendes Wesen in einem Momente seines Daseins sagen könnte: Nun bin ich ewig, so wäre
es nicht ewig!"

Mit dem allgemeinen Entwurfe seines Systems trat er zuerst in der Schrift „Ueber den Begriff der Wissenschaftslehre
oder der sogenannten Philosophie" (Weimar 1794) hervor, worin
aus den Bedingungen absoluter Wissenschaft die Form der Philosophie in höchster Allgemeinheit bestimmt wird. Darauf folgte
in demselben Jahre seine erste Darstellung der Wissenschaftslehre
(„ Grundlage der gesammten Wissenschaftslehre und Grundriß
des Eigenthümlichen derselben in Rücksicht auf das theoretische
Vermögen", Jena 1794), als Handschrift für Zuhörer, wie die
Vorrede ausdrücklich bemerkte, nicht für das größere Publikum
bestimmt, indem ihm eine solche nach den Anforderungen, die
er selbst zu machen gewohnt war, noch zu früh schien. Und mit
Rücksicht darauf können wir sagen, daß eigentlich keine umfassende
Darstellung jenes Systems existirt, welche für das Publikum bestimmt gewesen wäre, sondern nur Bruchstücke oder Vorbereitungen,
durch welche der Urheber selbst dem Ziele der höchsten Klarheit
sich immer näher bringen wollte. An jene Schrift schließen sich
nach Form und Geist seine „Rechtslehre" und seine „Sittenlehre"

(1796 und 1798), von denen die letztere in ihrem theoretischen Theile zugleich in das Innere des Systems am tiefsten eingeht. Gleichzeitig mit ihnen sind seine Abhandlungen über die Wissenschaftslehre im „Philosophischen Journal" (Bd. 5, Heft 1 und 4; Bd. 6, Heft 1; ferner: „Neue Darstellung der Wissenschaftslehre", Bd. 7, Heft 1), welche indeß nicht über die ersten Grundbegriffe des Systems hinausgehen, während sie jedoch an Klarheit und Kraft der Darstellung neben der „Sittenlehre" wol das Reifste sein möchten, was Fichte in jener ersten Periode seiner wissenschaftlichen Laufbahn geschrieben. Besonders die zuletzt angeführte Abhandlung kann fast als ein Höchstes der Klarheit dienen, welche man der Darstellung abstracter Begriffe zu verleihen vermag. Daran schließt sich: „Sonnenklarer Bericht über das Wesen der neuesten Philosophie" (Berlin 1801), der, ungefähr denselben Inhalt behandelnd wie die Schrift über den Begriff der Wissenschaftslehre, nicht die Philosophie selbst mittheilen, sondern den Begriff der Wissenschaft und wissenschaftlichen Denkens im Leser entwickeln soll, eine Probe stetig fortschreitenden, recht eigentlich wissenschaftlichen Dialogs. „Die Bestimmung des Menschen" (Berlin 1799) endlich, die gleichfalls in diese Epoche fällt, beginnt insofern eine neue Reihe der Darstellungen, als sie entschiedener und deutlicher, denn vorher geschehen war, die realistische Seite des Systems nicht blos der idealistischen gegenüberstellte, sondern jene aus dieser hervorgehen ließ. Insofern kann man dies Werk als den Uebergang in die zweite Periode seines Systems betrachten und als Vorbereitung zu jenem Realismus, welcher in seiner „Anweisung zum seligen Leben" (1806), besonders im zehnten Vortrage, mit der höchsten Entschiedenheit dargelegt wird und der sich in die bezeichnenden Worte zusammenfaßt: „Nicht die Reflexion, welche vermöge ihres Wesens sich in sich selbst spaltet und so mit sich selbst sich entzweit, nein, die Liebe ist die Quelle aller Gewißheit und aller Wahrheit und aller Realität." *)

Ueberblicken wir nun diese Darstellungen, wie sie, nach Form und Zweck verschieden, doch immer das gemeinschaftliche Ziel haben, in möglichster Schärfe und Klarheit sich mitzutheilen: so

---

*) „Anweisung zum seligen Leben", zehnte Vorlesung (Werke, V, 511).

läßt sich hier schon ein gemeinsamer schriftstellerischer Grundcharak=
ter in allen nicht verkennen. Die freie Rede, der mündliche Vor=
trag war die Form der Darstellung, zu welcher Fichte eigentlich
geboren war. Mit welcher Lebendigkeit, mit welchem Eingehen in
alle Seiten des Gegenstandes wie in alle Misverständnisse des
Schülers Fichte sowol beim akademischen Vortrag als im wissen=
schaftlichen Wechselgespräch sich bewegte, haben ihm Mitlebende
bezeugt; auch fühlte er selbst sich vor allem glücklich in dieser
Thätigkeit, in welcher seine Neigung wie sein Talent gleichmäßig
sich begegneten. Und so glauben wir auch seine schriftstellerische
Eigenthümlichkeit am besten bezeichnen zu können gleichsam als den
Stellvertreter mündlicher Mittheilung, als ein freies Gespräch mit
dem Leser in allen den Wendungen und individuellen Beziehungen,
auf die ein Lehrer Rücksicht nimmt, der in lebendigem Wechsel=
verkehr mit seinen Schülern bleiben will. Wir wollen dafür nicht
einmal an den äußern, gewiß nicht zufälligen Umstand erinnern,
daß seine meisten Schriften in der Form von Vorlesungen wirk=
lich abgefaßt oder wirklich daraus hervorgegangen sind; sondern
mehr noch zeigt es das charakteristische Wesen ihrer Darstellung.
Wenn bei einem andern Philosophen der objectiv künstlerische
Trieb vorherrscht, ein speculatives Ganzes an sich zu vollenden und
mit selbstgenügender Klarheit hinzustellen, ohne populare Winke,
ohne Anknüpfungspunkte für den Leser, wie wir dies z. B. als
Spinoza's Individualität bezeichnen müssen; wenn in andern
näher liegenden Beispielen der ästhetische Trieb, die Phantasie
und Begeisterung das dialektische Element nur sehr unvollkommen
hervortreten läßt: so ist bei Fichte der Charakter wissenschaftlicher
Darstellung ein kräftiges Ringen nach vollendeter wissen=
schaftlicher Verständlichkeit durch alle Verzweigungen des
Gegenstandes hindurch. Nicht blos streng abgeleitet und vielseitig
erläutert wird jeder philosophische Satz, sondern zugleich bezeich=
net, welche Einwürfe oder Misverständnisse dabei möglich seien,
wie sie gelöst, wie sie vermieden werden, bis der Leser allmählich
vorbereitet und stufenweise fortgeführt endlich bei dem einzig
möglichen Resultate ankommen muß. Es ist mit einem Worte
ein fortgesetzter Versuch, den Leser zum Verstehen zu zwingen.
Daher das häufige Zurückgehen zu den Principien, weil nur von
ihnen aus über den Geist der Lehre sich Licht verbreitet; daher

das Vermeiden jeder festgesetzten, stets wiederkehrenden Termino=
logie, da hier weniger eine bestimmte Masse von Sätzen, ein ab=
geschlossenes Lehrgebäude, sondern vorerst eine ganz neue Denk=
weise und wissenschaftliche Methode aufgestellt werden soll; daher
endlich die Mannichfaltigkeit von Anknüpfungspunkten des Ver=
ständnisses, von immer neuen Wendungen, wie sie in ein freies
wissenschaftliches Gespräch gehören, wo der Lehrer gerade dadurch
seine Tüchtigkeit bewährt, daß er in frischester Beweglichkeit das
noch nicht Begriffene dem Schüler stets eingreifender darzulegen
weiß. Ja man könnte behaupten, daß Fichte in manchen Schrif=
ten für eine bestimmte Klasse von Lesern und ihren Standpunkt
geschrieben zu haben scheint, so individuell, so tief geschöpft aus
psychologischer Reflexion sind manche erläuternde Bemerkungen,
deren eigentliche Bedeutung, da die Zeit vorübergegangen, wel=
cher sie galten, freilich fast immermehr sich verwischen muß.

Achtes Kapitel.

Wir verließen Fichte in Zürich unter den glücklichsten Ver=
hältnissen nach innen wie nach außen. Gerade damals hatte die
kritische Philosophie den höchsten Punkt ihres Glanzes und ihrer
Ausbreitung erlangt, und so konnte es nicht fehlen, daß auch er
selbst, den man ziemlich allgemein für ihren Fortsetzer und Voll=
ender zu halten begann, theil an diesem Ruhme nahm. Zugleich
stand er beinahe schon mit allen in unmittelbarer Verbindung,
deren Stimme in der Literatur von Bedeutung war, und so
konnte er, was das Wichtigste ist für den aufstrebenden Schrift=
steller, der allgemeinen Beachtung wenigstens gewiß sein. Von
jenen Männern stand Reinhold ohne Frage obenan, der damals
wol unter allen Philosophen nach Kant das größte Ansehen ge=
noß. Fichte war mit ihm durch Baggesen in eine Verbindung
gekommen, die bald herzliche Freundschaft wurde, wiewol beide
nie Gelegenheit hatten, persönlich sich kennen zu lernen. Dies
Verhältniß zweier so verschiedener Naturen enthält nun zugleich
so viel Charakteristisches für beide, daß wir die Hauptmomente
davon hier sogleich zusammenfassen, zumal da sie mit den damali=
gen Schicksalen der Philosophie innig verbunden sind.

Anfangs durfte Fichte nur auf einen Theil des literarischen
Ruhms Anspruch machen, der Reinhold schon lange umgab; als
jedoch Fichte mit dem eigenen Systeme hervortrat, erlosch dieser
mehr und mehr, und bald war es nicht zweifelhaft, daß Rein=
hold's Theorie durch die Wissenschaftslehre widerlegt und über=
troffen sei. Dennoch verminderte dies nicht das Wohlwollen des

trefflichen Mannes für Fichte, ja er hatte Muth und Wahrheitsliebe
genug, seine Philosophie öffentlich zurückzunehmen und freiwillig
in das Verhältniß eines Schülers und Auslegers der neuen Lehre
zurückzutreten, wie er es anfangs von Kant gewesen war. So
verehrungswürdig nun auch Reinhold's Charakter dadurch erschien,
so lag doch gerade in der Unselbständigkeit des Urtheils, welche
er im Wissenschaftlichen wie auch bei andern Gelegenheiten an
den Tag legte, ein inneres Misverhältniß, das Fichte bei seiner scharfen Klarheit über Personen und Lebensverhältnisse nicht
entging, und das ihn zu manchen schonenden Accommodationen und
geduldigen Auseinandersetzungen brachte, wie die Correspondenz
beider Freunde sie zeigt und wie sie sonst wol nicht gerade in
Fichte's Charakter lag. Nachher als Reinhold von seiner Lehre
sich abwandte und zu Bardili übertrat, indem er in seinen polemischen Erklärungen über Fichte's System (im ersten Hefte der
„Beiträge zur leichtern Uebersicht des Zustandes der Philopsohie"
u. s. w., welche er 1801 in Gemeinschaft mit Bardili herausgab)
dasselbe als bloßen Subjectivismus und theoretischen Egoismus
bezeichnete und in Bardili's „rationalem Realismus" das entscheidende Gegenmittel dafür gefunden zu haben glaubte: so er-
gab sich freilich daraus für Fichte, wie er sagte und wie wir im
Hinblick auf die vorhergehende Charakteristik seiner Lehre nur be-
stätigen können, „daß Reinhold ihn nicht verstanden habe"; und
in Fichte's „Antwortschreiben" folgte der Beweis davon. Dennoch
war es kein persönlicher Absagebrief, indem er öffentlich darin
seiner Wahrheitsliebe, seiner wissenschaftlichen Gewissenhaftigkeit
die achtendste Anerkennung zollte, wie diese Gesinnung es verdiente. *) In einem gleichzeitigen Privatschreiben fügte er hinzu,
„daß, obschon sie philosophisch wol sich trennen müßten, er
wenigstens wünsche, daß es nicht auch persönlich geschehe". Ueberhaupt möge man Fichte's Polemik nicht jener übermüthigen persönlichen Verhöhnung gleichstellen, zu welcher Schelling gegen
Reinhold in dem bekannten „Gespräch mit einem Freunde"
herabsank, ein späterhin oft nachgeahmtes Beispiel von zügel-
losem Cynismus, dessen Spuren noch bis in die Hegel'sche Epoche
zu verfolgen sind. Allen diesen Unbilden ist Reinhold mit dem

---

*) Vgl. Werke, II, 528.

edlen Gleichmuth gegenüber gestanden, der in der Wissenschaft keine Gegner kennt, sondern nur mitforschende Genossen, wie gegnerisch auch sie selbst ihn behandeln mochten.

*   *   *

Zu so glücklichen Verhältnissen kam damals noch, daß in Zürich selbst sich ihm unmittelbare Gelegenheit gewünschten Wirkens eröffnete. Die kritische Philosophie, bisher dort wenig beachtet, fing an, Interesse, wenigstens Neugier zu erregen, und mehrere seiner Freunde, Lavater an der Spitze, drangen in ihn, in einem vollständigen Cursus von Vorlesungen sie ihnen vorzutragen. Er selbst war gerade mit der ersten Ausführung seines Systems beschäftigt, es war ihm daher doppelt erwünscht, in unmittelbarer Mittheilung alles sich selbst zu lebendiger Klarheit bringen zu können, und so ist der erste Vortrag der Wissenschaftslehre in Zürich vor Lavater und andern dortigen Gelehrten gehalten worden. Das Manuscript davon ist noch vorhanden, das nach Anlage und Inhalt der ersten gedruckten Darstellung gleicht und eigentlich als Vorarbeit zu derselben anzusehen ist.

Ohne Zweifel ist es interessant, hierbei zu erwähnen, wie diese Vorträge auf Lavater wirkten, was er überhaupt sich aus ihnen anzueignen vermochte. Unbekannt mit der neuen Philosophie, ja eher ihr abgeneigt, mochte er wol kaum in das Innere jener Untersuchungen selbständig eingehen können; dennoch zeigt sich, daß er sogar im vorgerückten Alter noch die geistige Frische und Unbefangenheit sich erhalten hat, um nicht abgestoßen, sondern angeregt zu werden durch das Streben, alles Geglaubte und Vorausgesetzte kühn hinwegzuwerfen und aus sich selbst die Wahrheit zu erzeugen. Ein Denkblatt an Fichte, das er ihm zum Schlusse der Vorlesungen als Danksagung schrieb, enthält Folgendes:

„Heller, schärfer und tiefer denken, mehr umfassen; leichter verallgemeinen, schneller vom Allgemeinen zum Besondern übergehen, richtiger und sicherer prüfen, bestimmter alles bezeichnen, darstellender sprechen, noch nie Ausgesprochenes zur klaren Anschaubarkeit bringen, die Kräfte des menschlichen Geistes mehr bewundern, mir zu der Ehre, Mensch zu sein, mit neuem Freudengefühle Glück wünschen, die hohe Menschennatur in jedem einzelnen Menschen mehr verehren und auf alle, besonders aber auf meine Weise an ihrer Entwickelung, Vervollkommnung, Harmonisirung mit dem höchsten Gesetze immer ernster, freithätiger, muthiger, hoffnungsvoller, ununterbrochener arbeiten: dies — und wie viel ist dies! — sollt' ich noch von dem schärfsten Denker, den ich kenne, und der mir und einigen Freunden der Wahrheit so manche köstliche Stunde seines letzten Aufenthalts in Zürich großmüthig schenkte, gelernt haben. Lebenslang dankt ihm dafür als Schüler, Freund und Mitmensch

Zürich, Samstag abends, den 25. April 1794.

Johann Kaspar Lavater."

Um Fichte's Verhältniß zu diesem bedeutenden, mehr durch fremde als eigene Schuld vielfach miskannten, selten aus dem Mittelpunkte seines Wesens begriffenen Manne sogleich vollständig darzulegen, möge ein späteres Blatt desselben an Fichte, „ihm nach seinem Tode zu übergeben", gleich hier eingeschaltet werden. Es ist offenbar aus Veranlassung der atheistischen Streitigkeiten geschrieben, in die Fichte gerade damals sich verwickelt sah, und beruht zwar insofern auf einer misverständlichen Auffassung des Streitpunktes, als es, wenn auch hypothetisch, von Fichte's „Zweifeln" an dem Dasein eines ewigen Geistes spricht, während dieser vielmehr, nicht im geringsten zweifelnd, Gott nur als moralische Macht, in keinem Sinne als Naturwesen gedacht wissen wollte, in jener Hinsicht jedoch behauptete, daß nichts gewisser sei als das Dasein einer solchen moralischen Macht, ja diese sei die Wurzel aller übrigen Gewißheit. Dennoch ist der Lavater'sche Denkspruch nach seinem eigenen Gehalt so bedeutsam, ja er darf der eigentlichen und tiefsten Speculation verwandt bezeichnet werden, daß er schon darum der Mittheilung würdig ist. Das Gleiche gilt von dem im zweiten Theile abgedruckten Schreiben Lavater's an Fichte, in welchem er sein Urtheil über des letztern „Appellation an das Publikum" abgibt. Auch aus diesem leuchtet ein so würdiger, zugleich ein so durchaus toleranter Freimuth hervor, daß unsere Zeloten neuester Orthodoxie gar viel daraus zu lernen vermöchten. Ja kaum sagen wir zu viel, wenn wir die geistige Verwandtschaft beider Männer darin bezeugt finden. Jeder von ihnen war gleich sehr von lebendiger Religiosität

getrieben; beide empfanden gleich sehr diesen Trieb als das Ge=
wissefte, als den Mittelpunkt ihrer Gesinnung. Aber von höchst
verschiedenen theoretischen Voraussetzungen umgeben, mußte
unvermeidlich die Deutung und die theoretische Verwerthung die=
ser Thatsache verschieden ausfallen. Fichte war durch seine meta=
physischen Voraussetzungen genöthigt, sie zu einem idealistischen
Purismus hinaufzuläutern, der kaum noch Anknüpfungspunkte fand
im gewöhnlichen Bewußtsein, worin Lavater (in seinem Schreiben)
ihn sehr sinnig und ehrend mit Fénélon vergleicht. Lavater stand
auf der breiten Basis des christlichen Gemeindebewußtseins; dies
war ihm jedoch nichts todt Ueberliefertes, historisch Abgestorbenes,
sondern ein frisch und unmittelbar Empfundenes, und so lebte er
in verwandtem Geiste dasjenige, was Fichte begriffsmäßig als das
einzig Reale bezeichnete. Lavater's Denkspruch lautet folgender=
gestalt:

Nr. CCCXXV.

Denkzeile nach meinem Tode an Herrn Professor Fichte.
Erlenbach, 26. VIII. 1800.

Unerreichbarer Denker, Dein Dasein beweist mir das Dasein
Eines ewigen Geistes, dem hohe Geister entstrahlen!
Könntest je Du zweifeln, ich stellte Dich selbst vor Dich selbst nur,
Zeigte Dir in Dir selbst den Strahl des ewigen Geistes.

*   *   *

Mitten in dieser rüstigen und anregenden Thätigkeit traf
ihn gegen das Ende des Jahres 1793 der unerwartete Antrag,
ob er die Stelle des nach Kiel berufenen Philosophen Reinhold
an der Universität Jena unter denselben Bedingungen annehmen
wolle, die man jenem bewilligt. Reinhold selbst war nämlich,
da keine Vacanz im philosophischen Lehrfach auf der Universität
stattfand, nur als Professor supernumerarius für die Kant'sche
Philosophie (daher ohne Sitz und Stimme im akademischen Se=
nate und mit dem höchst mäßigen Gehalte von 200 Thalern)
dort angestellt worden; und da er unter den damaligen philo=
sophischen Docenten den entschiedensten Beifall hatte, so drohte
seine Entfernung der Universität eine gefährliche Lücke. Hier
glaubte man nicht besser als durch die Berufung Fichte's sorgen
zu können, welcher schon damals vielen bestimmt schien, einen
neuen Umschwung in der Philosophie herbeizuführen.

Einige Stellen aus den damals über diese Angelegenheit gewechselten Briefen geben die deutlichste Vorstellung von den Absichten und Hoffnungen, die man bei Fichte's Berufung hatte, und von dem Geiste überhaupt, in welchem die Universität berathen wurde. Man war von mehreren Seiten zugleich auf den Gedanken gekommen, ihn bei Reinhold's Abgange zum Nachfolger zu berufen; doch scheint vorzüglich Hufeland (Professor der Rechte zu Jena) diesen Plan bei der weimarischen Regierung befestigt zu haben. Zuerst nämlich, als Fichte's Name dort genannt wurde, machte man seinen Demokratismus gegen ihn geltend, und es schien mislich, gerade zu dem damaligen Zeitpunkte einen Mann zu berufen, der sich so entschieden als einen solchen ausgesprochen hätte. Hier bedurfte es nun der Verwendung und Begütigung Hufeland's, um dies Hinderniß hinwegzuräumen; wenigstens meldet er in einem Briefe an Fichte darüber Folgendes:

„Ich wünschte inständigst, daß Sie sich für unsere Universität bestimmen. Wenn Sie es aber thun wollen, so thun Sie es recht bald, damit alles in Richtigkeit ist, ehe der Herzog, den wir jetzt im Lande haben, uns wieder verläßt. Auch würden einige Leute Ihren Aufschub oder Ihre Weigerung bald zu einer Concurrenz benutzen; denn daß immer auf solche Lücken Plane gemacht werden, versteht sich von selbst. Man hat daher auch Ihren Demokratismus, den Sie in den «Beiträgen» u. s. w. dargelegt hätten, gegen Sie geltend gemacht. Obgleich nun unsere Regierung unter allen denen, die Freiheit im Lehren und Schreiben begünstigen, in der ersten Reihe steht, so muß man doch bei der jetzigen Gärung der Gemüther, die so leicht ausarten kann, und bei dem gespannten Verhältnisse der Regierungen untereinander alle Schritte ungern sehen, die gar zu laut compromittiren oder Vorwürfe auswärtiger Minister zuziehen können. Ich habe aber auf dies alles dadurch geantwortet, daß Sie die demokratische Partei nur in Rücksicht des Rechts und ganz in abstracto in Schutz nähmen, daß bei den Vorlesungen, die vorzüglich Ihre Beschäftigung ausmachen würden, wenig von diesen Fragen die Rede sein würde, und daß Sie Mäßigung, Klugheit und Kälte genug hätten, unnütze und am unrechten Orte angebrachte Aeußerungen zu vermeiden.“

So erfolgte denn auf die vorläufige, in jenem Briefe ent=

haltene Anfrage bald darauf der förmliche Antrag durch den da=
maligen Geheimen Assistenzrath Voigt, der ihn zugleich einlud,
das neue Lehramt schon zu Ostern 1794 anzutreten. Fichte, wie=
wol überrascht und erfreut durch diesen in jeder Beziehung ehren=
den Ruf und entschlossen, ihn anzunehmen, wünschte doch noch
einigen Aufschub, weil er, wie er in der Antwort offen bekannte,
mit seiner Philosophie noch nicht völlig im Reinen sei. Er halte
es aber für die erste Bedingung eines Lehrers derselben, daß er
ein wenigstens für ihn völlig haltbares System besitze. Er habe
ein Princip entdeckt, wodurch er die Philosophie zum Range
einer evidenten Wissenschaft zu erheben hoffe; dies bedürfe aber
noch tieferer Durcharbeitung, und höchstens in einem Jahre, zu
Ostern 1795, könne er erwarten, seinen Plan ausgeführt zu
sehen. Diese Bedenklichkeiten wurden jedoch von jener Seite als
unnöthig ganz zurückgewiesen; es käme weniger darauf an, die
höchsten Forderungen sogleich zu befriedigen, als nur überhaupt
den Platz Reinhold's auszufüllen; der Ruf der Akademie und die
Frequenz der Universität hänge zu sehr davon ab, um in irgend=
einen längern Verzug zu willigen. Uebrigens werde man ihm
gern nachsehen, wenn er den größten Theil seiner Zeit für sich
verwende und anfangs nur wenig lese.

So wurde Fichte fast gewaltsam hineingedrängt in die öffent=
liche Thätigkeit, noch ehe er es eigentlich für Zeit hielt; und wenn
nicht zu leugnen ist, daß unmittelbare Mittheilung das beste
Bildungsmittel des Lehrers selbst ist, um das schon Erkannte
freier und mannichfaltiger behandeln zu können, so darf doch nicht
unbemerkt bleiben, daß jene Muße, die er sich noch wünschte,
für die innere Reife und umfassendere Durchbildung des Systems
gleich bei seinem ersten Erscheinen von unberechenbarer Wichtig=
keit gewesen wäre. Bringen wir indeß dies in Anschlag und
Abrechnung, so werden wir fast um so mehr bewundern müssen,
was er in den ersten Jahren seines Auftretens als Lehrer und
Schriftsteller wirklich leistete, und wie kräftig und sicher er sogleich
die zögernd betretene Bahn durchschritt. So versprach er auch,
nachdem er sich einmal entschlossen hatte, den Ruf anzunehmen,
gleich jetzt mit voller Kraft aufzutreten und für seine Vorlesungen
zwei Lehrbücher erscheinen zu lassen. Das eine, in Gestalt eines
deutschen Programms, sollte sein neues System ankündigen (es

war die Schrift: „Ueber den Begriff der Wissenschaftslehre oder der sogenannten Philosophie"), das andere sollte es sogleich auszuführen anfangen: „Die Grundlage der gesammten Wissenschaftslehre." Letzteres sollte aber in der Form eines Lehrbuchs für Vorlesungen nur bogenweise erscheinen, um auch dadurch als nicht eigentlich für das Publikum bestimmt sich anzukündigen. Wie sehr man in Weimar damit zufrieden war, und welche Erwartungen man überhaupt von seinem Erscheinen hegte, zeigt der Brief eines Freundes, des Consistorialraths Böttiger, von dorther an ihn, aus welchem wir einige Stellen hier einrücken:

„Bertuch wird mit Vergnügen den Verlag Ihres Programms übernehmen. Aber schicken müssen Sie nur das Manuscript so früh als möglich. Eine solche Posaune kann nicht früh genug geblasen werden! Die Materie, die Sie hierzu gewählt haben, ist äußerst zweckmäßig. Auch zu Ihrem bogenweise und nur für Ihre Schüler auszugebenden Lehrbuche wird Bertuch sehr gern Verleger sein wollen. Sie müssen aber zusehen, wer Ihnen das meiste Honorar bietet. Ihre ganze Idee hatte vorzüglich auch Goethe's Beifall, der bei der ganzen Deliberation gegenwärtig war und sich überhaupt als Ihren warmen Freund schon lange bewiesen hat.

„Sie thäten sehr unrecht, wenn Sie nicht auch in Gotha Ihre Freunde besuchen wollten. Papa Geisler *) ist der Liebling des Herzogs und täglich bei Frankenberg. Durch ihn und durch die klugen Briefe unsers Voigt hat man dort einen ganz andern Ton gegen Sie angestimmt. Sie wurden von Gotha aus früher als sogar von hier aus denominirt. Sie werden überall, besonders auch bei Frankenberg, so aufgenommen werden, daß Sie auch von diesem Hofe eine ganz andere Meinung mit nach Jena bringen können. Und mein guter Döring würde es sehr übel nehmen, wenn Sie hinter Gotha wegreisen wollten. Was Voigt über die Professorpolitik schreibt, ist ja die Politik eines jeden vernünftigen Staatsbürgers. Wahr ist es, daß Ihr Ruf nach Jena überall großes Aufsehen erregen wird und in den nächsten Kreisen schon wirklich erregt. Allein Sie lesen ja nicht über

---

*) Rector zu Schulpforta zu der Zeit, als beide Freunde zusammen Zöglinge derselben waren.

Schlözer's Metapolitik, und den esoterischen Schülern können Sie noch mehr, als der gute Schlözer sich je in den Sinn kommen ließ, anvertrauen. Wo Schnaubert Dinge, wie in seiner neuesten Disputation: De principe legibus suis obligato, mit Beifall seines Fürsten schreiben kann, da muß man auch alles sagen können.

„In Jena unter den Studenten ist seit einigen Wochen über das Triumvirat der zu Ostern ankommenden Professoren — außer Ihnen wird noch der wackere Ilgen, vielleicht der gelehrteste und geschmackvollste jetzt lebende Schulmann in Sachsen, Professor orientalium, und Woltmann, Spittler's Lieblingsschüler, außerordentlicher Lehrer der Geschichte — ein unbeschreiblicher Jubel. Aber Ihr Name tönt vor allen, und die Erwartung ist auf das höchste gespannt, freilich auch wol mit deswegen, weil man Sie für den muthigsten Vertheidiger der Menschenrechte hält, von welchen mancher Musensohn eine ganz eigene Vorstellung haben mag. Dies wird sich indeß schon berichtigen lassen.

„Was Sie mir von Lavater schreiben, ist mir viel werth. Auch ich will ihm gern das Unrecht abbitten, was ich ihm, als Bode's Freund, oft in Gedanken und Worten angethan habe, sobald ich ihn von solchen Seiten kennen lerne, wie Sie ihn mir schildern.

„Reinhold habe ich vor ein paar Tagen mit ungeheuchelter Wärme gegen seinen Schwiegervater (Wieland) über Sie sprechen hören. Er ist ein durchaus edler Mensch und verdiente selbst als möglicher Gegner Ihre Freundschaft. Professor Schmidt nimmt sich schon weit verdächtiger."

*   *   *

Die letzten Worte geben uns Gelegenheit, einer literarischen Fehde zu gedenken, in die Fichte schon vor seiner Berufung nach Jena mit dem dortigen Professor der Philosophie K. Chr. E. Schmidt gerathen war. Diese Erwähnung ist nicht nur nöthig, um mehrere Stellen in den nachfolgenden Briefen zu erklären, sondern auch um den richtigen Gesichtspunkt für den spätern Streit zwischen beiden Männern festzustellen, zu welchem jener das Vorspiel und die erste Veranlassung war. Ohne nämlich das Andenken an alte Streitigkeiten im Schoße der Wissenschaft erneuern

zu wollen, die, da sie oft kaum nur für nothwendige Uebel
gelten können, besser übergangen werden, so erfordert hier doch
die historische Gerechtigkeit und die Treue der Charakteristik, zu
den ersten Veranlassungen der literarischen Fehden aufzusteigen,
die Fichte bestand, zumal da jene gerade weniger bekannt gewor=
den sind als die mit Aufsehen geführten und deshalb nicht ver=
gessenen Streitigkeiten selbst. Dabei bewährt sich nämlich fast
durchaus, daß der Angriff nie von Fichte ausging, sondern daß
er selbst erst stark und wiederholt gereizt werden mußte, um
dann freilich auf den Gegner vernichtend loszubrechen und das
Recht des Siegers ohne Schonung an ihm geltend zu machen.
Ja die Richtung eines absichtlichen Negirens und einer angreifen=
den Polemik lag sogar seinem ganzen Geiste fern, der, zu stolz
zum Neide, zugleich viel zu sehr mit eigenen Planen erfüllt war,
um auf anderes sonderlich zu achten. Auch hatte er früh sich
eigenen Ruhm genug erworben, um ihn nicht auf solchen Streif=
zügen erst suchen zu müssen. Und so hatte er auch zu der er=
wähnten Fehde mit Schmidt kaum die Veranlassung gegeben.
Es war nämlich in der schon früher angeführten Beurtheilung
der Creuzer'schen Schrift über die Freiheit des Willens von Fichte
auch der Freiheitstheorie Schmidt's gedacht worden, die er ge=
legentlich in der Vorrede zu diesem Werke dargestellt hatte; dabei
war hinzugefügt, daß nach dem eigenen Geständnisse des Ver=
fassers zufolge dieser Theorie Zurechnung, Verdienst, Schuld
wegfallen müsse, d. h. der Verfasser müsse dies, wenn er es auch
nicht ausdrücklich ausspreche, doch als die Consequenz seiner Lehre
eingestehen. Schmidt antwortete darauf nicht unmittelbar; aber
bei Gelegenheit einer andern Recension von Fichte trat er plötz=
lich mit einer bittern Erklärung hervor, daß, wenn man ihn für
den Verfasser derselben zu halten scheine, er dieser Meinung wider=
sprechen müsse, durch welche er ebenso sehr seinen Kopf als sei=
nen Charakter compromittirt finde; ebenso sei er genöthigt, bei
dieser Gelegenheit den Recensenten der Creuzer'schen Schrift eines
Falsum zu beschuldigen, das seiner Ehre nachtheilig sei, indem
dieser behaupte, nach seiner Freiheitstheorie falle Zurechnung und
Schuld hinweg u. s. w. (Intelligenzblatt der „Allgemeinen
Literaturzeitung", 1794, Nr. 14, S. 112). Bedenken wir nun,
daß gerade um die Zeit dieser Erklärung Fichte's Berufung nach

Jena verhandelt wurde, und daß dort jedermann wußte oder erfahren konnte, wer Verfasser einer Recension sei, so mußte dieser plötzliche Angriff für Fichte nur um so kränkender sein. Er antwortete indeß in gehaltenem Tone (Intelligenzblatt, 1794, S. 231), den Vorwurf des Falsum dadurch von sich ablehnend, daß er nicht die Worte Schmidt's habe anführen wollen, sondern den Sinn, wie er ihn sich erklären müßte. Endlich schließt er mit folgenden Worten:

„Ebenso unterscheide ich den persönlichen Charakter des Herrn Professor Schmidt von seiner Hypothese sowol als von der innigen Bitterkeit, die in seiner Erklärung herrscht, und danke ihm öffentlich, daß er durch die Verachtung, mit der er von mir spricht, mir bei Eröffnung meiner literarischen Laufbahn einen neuen Antrieb geben wollte."

Bei Fichte's Ankunft in Jena fand sogar eine persönliche Annäherung statt und einige Hoffnung auf gutes Vernehmen, wie es die später mitzutheilenden Briefe ausdrücklich bezeugen. Aber mündliche Aeußerungen, selbst vom Katheder herab, die vielleicht vergrößert Fichte zugebracht wurden, fachten das Mistrauen wieder an, und ein öffentlicher unzweideutiger Angriff von Schmidt in der Vorrede zu seinem „Naturrecht" ließ über seine Gesinnung keinen Zweifel. Da erschienen endlich, direct gegen die Wissenschaftslehre gerichtet, Schmidt's „Bruchstücke einer philosophischen Schrift über die Philosophie und ihre Principien" (in Niethammer's „Philosophischem Journal", Bd. III, Heft 2), welche Fichte nur für ein Plagiat seiner Methode und Philosophie halten konnte, und die dennoch dazu bestimmt schienen, jene zu übertreffen und ihr den Rang abzulaufen. Jetzt schrieb Fichte seine widerlegende „Vergleichung des von Herrn Professor Schmidt aufgestellten Systems mit der Wissenschaftslehre" („Philosophisches Journal", Bd. III, Heft 4; Werke, II, 421—458), worin er am Schlusse freilich mit harter Entschiedenheit abschließend erklärte: „Meine Philosophie ist nichts für Herrn Schmidt aus Unfähigkeit, sowie die seinige mir nichts aus Einsicht. Ich erkläre alles, was Herr Schmidt von nun an über meine philosophischen Aeußerungen entweder geradezu sagen oder insinuiren wird, für etwas, das für mich gar nicht da ist, erkläre Herrn Schmidt selbst als Philosophen in Rücksicht auf mich für nicht existirend."

Dies war denn die „unaussprechliche Behandlung" eines Collegen, die „schauderhafte moralische Annihilirung", über welche damals und später des Anklagens und Scheltens kein Ende wurde! Erwägt man aber die Sache im Zusammenhange, so wird man nichts Unziemliches, ja kaum Unbilliges darin finden können, wenn ein kräftiger Geist vor wiederholten Angriffen durch die öffentliche Erklärung sich Ruhe schaffen will, diese Angriffe und der Angreifende selbst existirten fortan nicht mehr für ihn. Von rückhaltendem Grollen, von scheuen Insinuationen und gelegentlichen Anspielungen, worin die höfliche Polemik in der Regel ihr Wesen hat, war sein starker Charakter, sein offen ehrlicher Sinn freilich sehr weit entfernt!

In Bezug auf diese und ähnliche Angriffe schrieb Fichte noch späterhin an Reinhold: „Wie haben diese Menschen (die Kantianer) mich behandelt, und wie fahren sie fort, mich zu behandeln! Ich hatte zu nichts weniger Lust als zur Polemik. Warum konnten sie doch gar keine Ruhe halten? z. B. Freund Schmidt? Ich habe ihn freilich nicht sanft behandelt. Aber jeder Billige, der noch vieles andere weiß, das nicht vor das Publikum gehört, wird mir Engelsgeduld zuschreiben."

Diese Worte erklären alles, auch für seine andern literarischen Fehden, deren unfruchtbare Darlegung im einzelnen wir uns deshalb ersparen können. Nur folgende allgemeinere Bemerkung sei uns zum Schlusse dieses Abschnitts erlaubt, die uns über sein Verhältniß zum Publikum erst entscheidend urtheilen läßt.

Damals, wie jetzt nämlich *), war es schlechthin unmöglich, in gewissen Sphären der Wissenschaft ein bedeutendes Werk zu schreiben, das eine nur der Sache zugewendete Anerkennung gefunden hätte; je mehr es der einen Partei genehm war, desto entschiedener verwarf es die andere, und fast nirgends ließ sich eine Stimme hören, die es außer aller Beziehung zu seiner Umgebung gestellt, die seine Tendenz und seinen Werth an sich selbst erwogen hätte. Zugleich war auch bei der Geistesarmuth jener dürftigen Zeit

---

*) Dies „jetzt" galt ursprünglich der Zeit der ersten Abfassung dieses Werkes im Jahre 1830. Wir lassen es stehen, theils zur Erinnerung an jene Epoche, theils weil auch die Gegenwart solchen Warnungen noch nicht völlig entwachsen zu sein scheint.

die allgemeine Empfänglichkeit ungleich geringer, während jetzt
wenigstens es jedem Gegensatze vergönnt ist, sich auszusprechen
und Gehör zu erlangen. Deshalb mußte damals auch die wechsel=
seitige Verwerfung entschiedener sein und selbst die Form des
Urtheils härter, ja gröber ausfallen!

War dies nun ein fast unvermeidliches Los, dem etwa nur
wenige der Auserwählten entgingen, so hätte es bei den Tüch=
tigen eigentlich blos völlige Nichtbeachtung jenes Geredes zur
Folge haben sollen. Der Philosoph wie der Dichter übergibt
nicht darum sein Werk der Zeit, um besondern Lohn von ihr
zurück zu empfangen; hat er doch schon längst in sich selbst seine
Belohnung dahingenommen in der Begeisterung des Schaffens,
in der ruhigen Zuversicht bewährter Kraft; und so wird der
Meister in der Regel wegen erfahrener Miskennung nicht aus
dem Kreise ruhiger Würde heraustreten wollen, den Wissenschaft
und Kunst um ihn gezogen. Anders aber ist es, wenn ein an=
gehender Schriftsteller noch um seine Existenz kämpft; hier wäre
in den bezeichneten literarischen Verhältnissen, wenn er eine weit=
verbreitete Partei gegen sich hat, unbedingtes Schweigen sicher
verderblich. Und bei Fichte kam noch ein besonderer Umstand
dazu, der sein Verhältniß zum Publikum gleich anfangs durchaus
eigenthümlich gestaltete.

Sein erster literarischer Versuch hatte ihm unerwarteten Ruhm
gebracht; ehe er es wußte und wollte, hob ihn die Kritik auf die
Höhe des philosophischen Zeitalters. Gehört nur so viel dazu,
mochte er denken, um den ersten beigezählt zu werden? Wohlan,
den unverdient mir zugestandenen Platz will ich jetzt wirklich ver=
dienen! Was aber etwa äußerlich noch die Eigenliebe jenem
ersten Urtheile an Gewicht verleihen mochte, innerlich war die
Täuschung unvermeidlich zerstört, die dem Unerfahrenen die öffent=
liche Kritik gewöhnlich bereitet. Schon jetzt mußte er die ge=
priesenen Götter der Zeit für Götzen erkennen, welche zu zer=
trümmern gar leicht sei. Aber er selbst bildete sich weiter mit
Kraft und Anstrengung und glaubte nun leisten zu können, was
unreifes Lob zu früh ihm zugestanden hatte. Und als er wirk=
lich damit hervortrat, konnte es kaum bescheidener und dankbar
anerkennender für fremdes Verdienst geschehen. Er lehnte ausdrück=
lich jede Originalität für sein System von sich ab und behauptete

nur daſſelbe zu lehren, was Kant längſt ſchon ausgeſprochen. Von den Kantianern und ſeinem Verhältniſſe zu ihnen kein Wort! Nur Salomon Maimon's und Aeneſidem's gedachte er ehrenvoll, ſowie der großen Verdienſte, welche Reinhold um die Ausbil= dung der Philoſophie zur Wiſſenſchaft ſich erworben habe. *) Und doch, wie wurden dieſe Erzeugniſſe redlicher Forſchung und aner= kannten Talents gerade von denen aufgenommen, die vorher ihn freiwillig als einen ihrer erſten geprieſen hatten? Wie nur der ſeichteſte Dünkel auf eine große Autorität, der trägſte wiſſen= ſchaftliche Schlendrian ſich geberden kann. Sie wiederholten auch gegen das neue Syſtem ihre hergebrachten Formeln, ohne voraus= zuſetzen, daß Fichte ſie ebenſo gut kennen möge als ſie, und daß hier von neuen Unterſuchungen die Rede ſei. Dennoch ſchien ſich zugleich in der ſchlechtverhehlten Leidenſchaftlichkeit gegen die fremde Erſcheinung eine gewiſſe inſtinctmäßige Furcht vor der Kraft anzukündigen, die ihnen den Untergang bereiten ſollte.

Was blieb nun für Fichte zu thun übrig bei dem unerwarte= ten Benehmen derjenigen, mit welchen er im tiefſten Frieden zu leben glaubte? Sollte er achtungsvoll für Belehrung danken, wenn ſie gerade das für ungenügend Erkannte und Widerlegte immer wieder als entſcheidende Inſtanz gegen ihn anführten? Sollte er beſcheiden ſich verantworten gegen die, von welchen am Tage lag, daß ſie nicht einmal den formalen Begriff der Wiſſen= ſchaft gefaßt hatten, daß ſie alſo noch weniger wußten, was er ſelbſt eigentlich beabſichtige? Und ließ ſich ſelbſt in dieſem Falle erwarten, die Gegner würden ihren gewaltigen Verſtoß offen eingeſtehen?

So blieb hier nur ein doppelter Ausweg übrig: entweder gänzlich zu ſchweigen und das Urtheil der Zeit und dem Ge= wichte der Sache zu überlaſſen, oder vernichtend hervorzubrechen. Wäre jenes aber auch Fichte's Individualität und ſeiner ſchon ſieggewohnten Kraft angemeſſen geweſen, und das Recht der

---

*) Vgl. die Vorrede zu ſeiner erſten eigentlich philoſophiſchen Schrift: „Ueber den Begriff der Wiſſenſchaftslehre", S. III, VI fg. (Werke, I, 30 fg.). Die Vorrede zur zweiten Auflage derſelben enthält zugleich einen intereſſanten Bericht über die erſte Aufnahme ſeines Syſtems von ſeiten der Kantianer und ſomit auch die Belege zu dem in unſerm Texte darüber Mitgetheilten.

Individualität ist immer ein unveräußerliches, nicht einmal die Klugheit hätte es rathen dürfen! Diese innerlich kraftlose, äußerlich aber weitverbreitete Partei hatte ihren Einfluß auf die öffentliche Meinung durch eigene Zeitschriften und Journale förmlich organisirt; überall zog sie durch eigenes gegenseitiges Anpreisen nur das Ihrige hervor, als ob außerdem gar nichts mehr vorhanden wäre, und was sich außerhalb ihres Kreises dennoch bemerklich machte, suchte sie durch Verunglimpfung sogleich zurückzudrängen. So lief der Einzelne Gefahr, in diesem Chaos einseitiger Urtheile völlig überhört zu werden, ehe seine Ansicht auch nur beachtet werden konnte, und selbst besonnene Erkenntniß der wahren Lage mußte zu kräftiger Polemik auffordern, welche zugleich auch allein die Zeit von der ohnmächtigen Stagnation zu retten vermochte, in der sie schon lange versunken war.*) Von einem feigen Berechnen der Menge und des äußern Ansehens einer Partei, ihm selbst, dem Einzelnen gegenüber, konnte in Fichte's Denkart ohnehin nicht die Rede sein, indem er es schon gewohnt war, gerade durch die Hindernisse hindurch seinen Weg zu nehmen. Und so that er aus unbefangener Kraft, was selbst die kälteste Erwägung hatte·rathen müssen; er erwiderte den Angriff so entscheidend und mit so wiederholten Streichen, daß später nur noch anonym und aus der Ferne einer es wagte, dem Publikum und Fichte laut zuzurufen: er bekenne sich zur verstoßenen Partei; er wolle Kantianer sein und bleiben.**) Und

---

*) Um diese Betrachtungen richtig zu deuten, muß man abermals der Zeit gedenken, in der sie geschrieben wurden. Das Benehmen der Hegel'schen Schule gab damals eine so treffende Parallele zu obigem Bilde, daß der Verfasser eine sehr verständliche Hinweisung darauf nicht unterlassen durfte.

**) D. K. (Rink), „Stimme eines Arktikers über Fichte und sein Verfahren gegen die Kantianer" (1799). Da man die Kraft des Angriffs am besten nach dem Erfolge ermißt, so führen wir die Worte jenes Schriftstellers an, der sich in wissenschaftlicher Beziehung übrigens nur begnügt, Stellen aus Kant's „Kritik der reinen Vernunft" Fichte entgegenzuhalten. Mit folgenden Worten beginnt er seine Schrift: „Nach den Anathemen, die der fürchterliche Fichte von der Höhe seines philosophischen Throns auf den Ameisenhaufen der Kantianer herabgeschleudert hat; bei dem Anblick der Brandmale, die den Stirnen dieser unglücklichen Geschöpfe auf immer eingedrückt sind und die sie zwingen müssen, ihr Dasein vor dem erstaunten Publikum zu verbergen; bei

selbst für die Wissenschaft war der Streit nicht ohne Erfolg; er
durchbrach zuerst die Schranken des in sich erstarrten Kriticismus
und machte höhere Anforderungen in der Philosophie geltend, die
endlich die neue Epoche in Wissenschaft und Literatur herbeige=
führt haben, mit deren Erwähnung auch hier ein neuer Abschnitt
beginnen muß.

―――――――   ―――――   ――

dem allgemeinen Zittern, das vor dem Heranrauschen dieses zermalmenden
Gottes, sich über alle philosophischen Kasten her verbreitend, sie unaufhaltsam
zu Boden wirft: wer darf es da noch wagen, sich einen Kantianer
zu nennen? Ich wage es, eines der unbedeutendsten Geschöpfe, das je
der Hand des Schicksals entfiel. In der tiefen Finsterniß, die mich umgibt
und es jedem Auge in Deutschland, selbst dem Adlerblick eines Fichte, un=
möglich macht, mich zu erkennen: aus diesem Lager der Ruhe, dessen Sicher=
heit zu stören jeder Versuch lächerlich ist — von hier aus kann ich es
wagen, meine Stimme zu erheben und zu rufen: Ich bin ein Kantianer!
und zu Fichte: Du kannst irren und du hast geirrt“ u. s. w.

――――― ――   • ―――――

Zweites Buch.

———

Erstes Kapitel.

Wir beginnen diesen Abschnitt mit einem der wichtigsten Zeitpunkte in Fichte's Leben, mit seinem Auftreten in Jena, woran sich für ihn selbst wie für die deutsche Literatur so viele Erinnerungen knüpfen. Desto erwünschter ist es uns, auch hier sein eigenes Zeugniß reden lassen zu können, wie es frisch und aus lebendiger Gegenwart in den Briefen an seine Gattin sich ausspricht. Zur Erläuterung für dieselben wird vorausgeschickt, daß er zu Ostern 1794 allein nach Jena gekommen war, und daß Gattin und Schwiegervater im Laufe des Sommers nachfolgen wollten. Der letztere hatte sich nämlich aus Liebe zu seinen Kindern entschlossen, noch einmal im hohen Alter sein Vaterland zu verlassen und in der Fremde mit ihnen ein neues Leben anzufangen. Sodann möge zur Bestätigung und Ergänzung es erlaubt sein, das Zeugniß eines Fremden anzuführen, der gleichfalls in vertraulichen Mittheilungen von jener interessanten Zeit uns Kunde gibt, in welcher er Augenzeuge und Mitwirkender war.

* * *

Jena, den 20. Mai 1794.

Du siehst aus dieser Ueberschrift, meine theure, geliebte, herrliche Seele, daß ich nun an dem Orte meiner Bestimmung bin. Ich kam daselbst den 18. abends sehr spät an. Gestern und heute habe ich mit Visiten geben und annehmen alle Hände oder vielmehr alle Füße voll zu thun gehabt. Alles, selbst das, was ich für widerwärtig halten mußte, ist so voll Freundschaft zu mir,

daß ich das alles nicht so recht glauben kann. Doch sei es, wie
es sei; Du kennst wol meine Grundsätze darüber. Den Professor
Schmidt, mit dem ich die Fehde hatte, die Du kennst, habe ich
besucht, zur großen Freude aller Wohldenkenden und um dadurch
das Publikum auf meine Seite zu bekommen, auf der es indeß
eigentlich schon vorher war.

— — In Tübingen besuchte ich zuerst Hofrath Schiller,
meinen künftigen Collegen. Er gehört unter die ersten, geliebtesten
und berühmtesten Professoren von Jena. Ich habe in Tübingen
schon gehört, daß er mir sehr zugethan sei, und hier, daß er auf
mich gewartet habe, um mit mir zurückzureisen, welches aber nicht
möglich war. Heute höre ich von seiner Gemahlin, daß sie sich
vorzüglich auf Dich freut. Alles das ist mir begreiflich und sehr
erwünscht für Dich.

Ferner bin ich über Manheim, den Rhein herauf, nach
Mainz gereist: durch österreichische und preußische Truppen ohne
Zahl bei einer pfälzischen Stadt, Frankenthal, vorbei, in welcher
eben, indem ich vorbeireiste, die Franzosen und Preußen sich in
den Haaren lagen. Die Stimmung der Einwohner, deren Län-
dereien doch durch die Franzosen verwüstet sind, ist dennoch sehr
zu ihrem Vortheile. Der gemeine Mann liebt sie, und wer nichts
mehr hat, den ernähren sie; nur die privilegirten Kasten sind
wüthend gegen sie. In Mainz und Frankfurt wünscht man sie
zurück. Alles ohne Ausnahme haßt die preußischen und österreichischen Völker und verachtet und verlacht sie und spottet ihrer
Niederlagen. Diese sind wirklich schrecklicher, als die Zeitungen
gestehen. „Die preußische Armee campirt unter der Erde", sagte
mir gestern ein preußischer Feldprediger, der es wohl wissen kann.
Die hiesigen und alle andern deutschen Zeitungen reden von
schrecklichen Niederlagen, die die Franzosen in den Niederlanden
erlitten haben sollen; Privatbriefe aber melden, daß sie in Flan-
dern bis Courtrai und auf der andern Seite bis gegen Namur
vorgerückt seien. Bei dem allem ist aber die Sorglosigkeit der
hiesigen Einwohner (und aller Deutschen diesseit des Rheins)
grenzenlos. — Warum ich Dir dies alles schreibe? Theile es
nebst tausend herzlichen Küssen von mir an Papachen mit;
denn Du, liebe Seele, nimmst, wie ich weiß, wenig theil an
Welthändeln.

Die Studenten sind voll Erwartung, und ich habe schon un=
zweideutige Proben davon gesehen. Meine öffentlichen Vorlesungen
eröffne ich künftigen Freitag, die Privatvorlesungen künftigen
Montag. Ich habe aber erst diesen Morgen angeschlagen und
habe daher noch keine Zuhörer subscribiren lassen.

Ein sonderbarer Vorfall. Ich komme gestern zu Schützens,
die Dich herzlich grüßen und sich, sowie noch viele meiner Freunde,
darauf freuen, Dich bald zu sehen. Man sagt mir, es sei des
Hofrath Schütz Geburtstag. „Unmöglich“, antworte ich, „es ist
der meinige.“ So fand sich's denn, daß wir beide einen Ge=
burtstag hatten, den wir auch gemeinschaftlich bis nachts 1 Uhr
gefeiert haben. Die Hofräthin hatte ganz in der Stille ihrem
Manne eine herrliche Ueberraschung vorbereitet: sie ließ durch ihre
Kinder eine Komödie aufführen und ihm eine Anrede zu seinem
Geburtstage halten. Kurz, der Tag war schön, und es fehlte mir
nichts als Du.

Du fehlst mir gar sehr. Wo ist die Freundin, mit der ich
mich innig aus der Fülle meines Herzens unterreden, mit der ich
nach durcharbeitetem Tage die herzlichen, traulichen Abendstunden
hinbringen kann? Wo ist die, die mir alles unangenehme Detail
abnahm? die so gütig für alle meine kleinen Bedürfnisse sorgte?
Mit diesem Punkte steht es jetzt so ziemlich übel, besonders da
man in Jena von dieser Seite wahrhaftig recht schlimm daran ist.
Zu essen allenfalls — aber wie! — hätte ich; zu trinken kann ich
vor der Hand, wenn ich nicht ihren theuern Wein trinken will,
nichts ausmitteln. Ich denke, ich werde mich in eine Privat=
familie vertischgelden, wie die Züricher mit einem neuen, aber
expressiven Worte sagen.

Wie geht es dem lieben, guten Vater? Die Gräfin Bern=
storff, die mich hingerissen hat (sei nicht eifersüchtig; sie ist sehr
alt und sehr häßlich, aber — sie hat Verstand), und Wieland
erinnerten sich Deines Vaters. Besonders glaubte der letztere,
der Deinen Vater aus seiner Jugend von einer höchst vortheil=
haften Seite kennt und sich aller der Scenen mit Bodmer und
Klopstock sehr bestimmt erinnerte, bei ihm höchst übel angeschrie=
ben stehen zu müssen, welches Vorurtheil ich ihm aber benommen
habe. Er empfing mich höchst freundschaftlich.

So auch Goethe. Doch hat aus gewissen Ursachen für Gorani

noch nichts geschehen können. Man muß noch einige Wochen Ge=
duld haben.*) Wenn ich binnen dieser Zeit nicht entgegengesetzte
Aufträge erhalte, so werde ich dann wirken. Ich muß mich
selbst sehr in Acht nehmen. Nicht als ob man Neigung hätte,
mir etwas anzuhaben, sondern weil ich bei vielen — nicht blos
bei Studenten — große Lust finde, sich hinter mich zu stecken und
mich zu allerlei Dingen zu verleiten, um unter meinem Schutze
desgleichen oder Aergeres zu treiben. Du kennst mich zu wohl,
als daß Du glauben solltest, daß ich dazu zu gebrauchen sei.
Ich lasse sie reden, wirken, hoffen, was sie wollen, und thue,
was ich will.

Grüße recht herzlich alles, was nach mir fragt; besonders
Schultheß, Lavater u. s. w. Schreiben kann und werde ich jetzt
keinem Menschen; wer aber an mich schreibt, dem werde ich frei=
lich antworten.

*　　*　　*

Jena, den 26. Mai 1794, morgens um 7 Uhr.

Indem ich aus meiner ersten Privatvorlesung komme (ich lese
von 6—7 Uhr morgens; die öffentliche Vorlesung halte ich nur
Freitags von 6—7 Uhr abends) und eben nicht große Lust habe
zu denken, sehne ich mich herzlich nach Dir, meine Theure, und

---

*) Dieser Mann, dessen auch in den folgenden Briefen noch ein paar mal
erwähnt wird, von altem lombardischen Adel (Graf Giuseppe Gorani, gebo=
ren zu Mailand 1744), war schon lange vor der Französischen Revolution
eifriger Bekämpfer des Despotismus in Italien („Sur le despotisme", 2 Bde.,
1770). Er ging im Jahre 1792 nach Paris, um sich an Robespierre und
die Bergpartei anzuschließen. Hier schrieb er sein Hauptwerk, welches ihn
auch in Deutschland bekannt machte: „Mémoires secrets et critiques des
cours, des gouvernements et des moeurs des principaux états de l'Italie"
(3 Bde., Paris 1793). Dies zog ihm Verbannung aus seinem Vaterlande und
Confiscation seiner Güter zu. Er ging darauf nach der Schweiz, wie man
behauptete, mit einer geheimen politischen Sendung. Dort erkannt, erwirkte
der österreichische Gesandte seine Ausweisung. Dies mag der Zeitpunkt
sein, wo das Rahn'sche Haus und Fichte mit ihm in Verbindung kamen;
wenigstens paßt ganz gut in diesen Zusammenhang, was Fichte in einem der
folgenden Briefe über ihn sagt. Später zog er sich nach Genf zurück und
starb dort in Dunkel und Vergessenheit im Jahre 1819. (Nach der „Nouvelle
biographie générale des frères F. Didot" [Paris 1857], XXI, 265—266.)

da ich nicht mündlich mit Dir plaudern kann, will ich es wenig=
stens schriftlich, besonders da mein Herz von den Vorfällen der
vergangenen Woche voll ist und ich es in kein Herz eröffnen kann
als in das Deinige.

Ich habe noch Magister werden müssen, denn der pfalzgräf=
liche galt nicht; das geschah am Freitag. Den Sonnabend wurde
ich installirt, d. h. zum wirklichen, wahren Professor gemacht, und
nun bin ich es leibhaftig. Verwichenen Freitag hielt ich meine
erste öffentliche Vorlesung. Das größte Auditorium in Jena war
zu eng; die ganze Hausflur, der Hof stand voll, auf Tischen
und Bänken standen sie übereinander. Mit der Privatvorlesung
verdiene ich bei weitem nicht so viel, daß mir mein Zeitaufwand
bezahlt würde, wenigstens vor der Hand nicht. Zuhörer genug,
aber noch haben nur etwa 26 pränumerirt. Wenn es in der
Zukunft nicht besser wird, so werde ich wenig lesen. Ich kann
als Schriftsteller auch stark genug wirken, und die Studirenden
haben es sich dann selbst zuzuschreiben. Doch hoffe ich ein Bes=
seres. Es ist wahr, daß die Studirenden ein allgemeines Vor=
urtheil für mich hatten, das ich durch meine persönliche Gegen=
wart gewiß nicht zerstört habe. Mein Vortrag ist, soviel ich ge=
hört habe, mit allgemeinem Beifall aufgenommen worden. Ich
bin, wenn ich persönlich mit ihnen zu thun habe, sehr freund=
schaftlich, gefällig, setze mich mit ihnen ganz auf den gleichen
Fuß, und das gewinnt. Daß ich nicht so viele Zuhörer (zah=
lende) habe, als ich rechnete, kommt daher, weil ich zu spät kam
und die meisten ihre Stunden schon besetzt hatten, weil die
Stunde, die ich angesetzt habe, vielen zu früh ist, und endlich
daher, daß ich pränumeriren lasse. Das letztere zu thun wurde
ich durch meine Freunde unter den hiesigen Professoren veran=
laßt, die es alle auch thun; auch ist es doch immer besser, gleich
zu Anfange des halben Jahres zu wissen, was man zu verzehren
hat. Ich denke auch, in der Zukunft wird die Ernte besser sein.
Dagegen eröffnet sich eine andere Aussicht. Ich schreibe ein Buch
für meine Vorlesungen, und ein wohlerzogener Verleger ist mir
das Haus bald eingelaufen, um den Bogen mit $2\frac{1}{2}$ Louisdor
(alten Louisdor, also $29\frac{1}{2}$ Fl. zürichisch) zu bezahlen. Das er=
setzt schon so ziemlich den Abgang an Zuhörern. Doch muß es
im ganzen besser werden, sonst werden wir etwas schmal leben.

Sehr angenehm sind meine Aussichten mit meinen Collegen. Ich kann jetzt überzeugter sagen, daß alles mich mit offenen Armen empfangen hat, und daß sehr viele würdige Männer nach meinem besondern Umgange streben. Dies thut theils meine Celebrität, die wirklich weit größer ist, als ich glaubte. Man setzt ziemlich allgemein (dies sage ich nur Dir im Vertrauen, und bringe es in Zürich ja nicht aus) mich schon jetzt über Reinhold.*) Danach rang ich allerdings, aber ich hoffte nicht, es so bald zu erreichen. Ferner haben die meisten Geschmack an meinem Umgange gefunden. Ich bin sehr gesund und daher stets heiter und froh. Das thut diesen Leuten wohl. — Mit Schmidt steht ohne mein ferneres Zuthun die Sache auf dem besten Fuße von der Welt. Er ist in meine öffentliche Vorlesung gegangen, hat rühmlich davon gesprochen und den Wunsch geäußert, sie forthören zu können. Was aber weit mehr ist: er bemüht sich, höre ich, unter der Hand, eine Gesellschaft von Professoren und Privatdocenten zusammenzubringen, die bei mir ein Privatissimum über die Philosophie hören sollen (etwas in Jena ziemlich Unerhörtes, das Du vor der Hand nicht weiter sagen mußt, gar niemand, weil es noch nicht zu Stande ist). — In Weimar haben Goethe und Wieland sehr vortheilhaft von mir gesprochen, wie man mir von daher schreibt. A propos von Goethe. Der gute Gorani muß noch etwas Geduld haben. Ich mag die Sache nicht Briefen anvertrauen, sondern muß es mündlich abmachen, und dazu habe ich keine Zeit, nach Weimar zu reisen. Vielleicht aber geschieht es künftigen Sonnabend, und dann schreibe ich Dir im nächsten Briefe darüber.

So sind meine Aussichten. Was Dich anbelangt, Du wirst von mehreren Weibern begierig erwartet, die Dir mit offenem Herzen entgegenkommen werden. Alles freut sich auf Dich. Geschildert habe ich Dich, wie recht ist, damit man im voraus wisse, was man zu erwarten habe, und was nicht.

Die Hofräthin Schiller würde, insoweit ich jetzt sehe, für Dich am besten zu einem vertrauten Umgange taugen. Zuvörderst werde ich mit ihrem Manne recht sehr Freund werden. Dann

---

*) Man vergleiche dazu die weiter unten mitgetheilten Stellen aus Forberg's „Fragmenten".

fühlt sie das Bedürfniß einer Freundin, und nichts vereinigt die Menschen mehr als das Bedürfniß. Die Hufeland'schen — ohnerachtet ich jetzt erst recht weiß, was er eigentlich für mich gethan hat — behandeln mich steif *), und da ich keinen Beruf finde, mich jemand aufzubringen, auch nicht in Verlegenheit um Umgang bin, so lasse ich denn dies dabei und erwarte ruhig, wer sich zuerst öffnen wird.

Ich erhalte mich jetzt in einer gewissen Unbefangenheit, bin mit allen Leuten gut, offen, freundlich, lasse allen, die es zu wünschen scheinen, die Hoffnung meines nähern Umgangs, sehe ziemlich alle gleich oft, und ganz in der Stille, bei aller scheinbaren Unbefangenheit, beobachte ich und werde zu seiner Zeit wählen. Einen Feind und Gegner habe ich nicht; in dieser Rücksicht ist es mir recht lieb, daß ich im ersten halben Jahre nicht so viele Zuhörer habe, damit der Brotneid nicht darüber rege werden könne. Zwei junge extraordinäre Professoren sind hier, Niethammer (der schon in Zürich mit mir correspondirte) und Woltmann, ein Mann von 23 Jahren, der auch erst jetzt als Professor der Geschichte angekommen ist. Auch er ist einer der besten Köpfe, die ich kenne, und ein vortrefflicher Lehrer, von dem ich eine große Mitwirkung zu meinen Zwecken auf dieser Universität erwarte. Mit diesen beiden gehe ich noch am vertrautesten um.

Wenn Du mit Papachen kommen wirst, so werden wir uns mit der Wohnung anfangs etwas eng behelfen müssen. Auf den Winter habe ich — durch ein ganz besonderes Glück bei dem hiesigen allgemeinen Mangel an Wohnungen für Familien — eine Wohnung im Vorschlage, die sehr gelegen ist und die den einzigen Mangel hat, daß sie etwas theuer ist. Schadet nichts. Schreibe ich das Jahr lang zwei Bogen mehr, so ist die Sache gemacht. Kommt nur bald, ihr lieben, treuen, guten Seelen, und hütet euch vor Verlust.

O was bin ich für ein glücklicher Mensch! Eine solche Lage von außen und so ein Weib zur Befriedigung und Ausfüllung des Herzens von innen!

---

*) Hier ist die Familie des Juristen Hufeland gemeint, nicht die des Arztes, mit welchem ihn späterhin bis an sein Lebensende eine innige Freundschaft verband.

Eine Commission hätte ich bald vergessen. Von Erhaltung dieses Briefes an soll die Züricher Zeitung mit jedem Posttage an mich nach Jena geschickt werden. Ich habe schon mehrere Interessenten daran und werde mehrere bekommen. Und Wolf, den ich herzlich grüße, soll brav echt den „Moniteur" und das „Journal de Paris" und die englischen Zeitungen ausziehen, so will ich seine Zeitung berühmt machen bis ans Ende der Tage und sie verbreiten, soweit die deutsche Mundart reicht. Wir sind hier zu Lande mit den Zeitungsnachrichten sehr schlimm daran. Auch der Chorherr Hirzel, den ich herzlich grüße, soll hübsch tolerant mit der Censur sein und nicht wegstreichen, die armen bedrängten Deutschen, die keinen „Moniteur" und kein „Journal de Paris" bekommen, bedenken: so will ich ihn gleichfalls als den erleuchtetsten der züricher Censoren — was nun freilich an sich eben nicht viel gesagt ist — rühmen und lobpreisen.

Es studirt ein Franzose hier, der auch bei mir hört und sich sehr an mich anschließt; dieser, der ganz auf Philosophie sich legt und in dieser Absicht zu Jena ist, um eine gründliche Philosophie in sein Vaterland zu bringen, will meine Schrift *) auch übersetzen. Papachen ist mir freilich ein noch lieberer Uebersetzer. Vielleicht könnte es so eingerichtet werden, daß er sie übersetzte und Papachen sie durchsähe; so würde es Papachen nicht so angreifen, und doch entstände etwas Vortreffliches.

Siehst Du nicht, daß ich auch lange Briefe schreiben kann? Also laß Dich nicht stören! Welch ein herrliches Briefchen von Papa Du mir wieder beigelegt hast! Ich danke ihm recht herzlich und bitte ihn, mir von Zeit zu Zeit so etwas zu schreiben.

Noch während ich diesen Brief geschrieben habe, hat sich die Anzahl meiner Pränumeranten ansehnlich vermehrt. Die erste Vorlesung hat gezogen, wie ich sehe; ich bin nun bis auf 35. Hiermit Gott befohlen und leb' recht wohl.

Der Deine.

*　　*
*

— — Ich wußte anfangs nicht, wie es zuginge, daß ich zwar immer so viel als die andern, aber doch nicht die Hälfte so

---

*) Ueber die Französische Revolution.

viel Zuhörer hatte als mein Vorgänger Reinhold. Ich fing
schon an zu zweifeln, ob ich durchdringen würde. Aber siehe da, ich
bin schon, und zwar das in vier Wochen, durchgedrungen. Meine
öffentlichen Vorlesungen halte ich in dem größten Auditorium,
das es in Jena gibt, und dennoch stehen noch immer eine Menge
Menschen vor der Thüre; gestern Abend hat mir die halbe Uni=
versität eine solenne Musik und ein Vivat gebracht, und es ist
mir glaublich, daß ich gegenwärtig wol einer der geliebtesten
Professoren bin und daß sie schon heute mich nicht gegen Rein=
hold austauschten. Mithin werden meine Privatvorlesungen ins=
künftige auch stark besetzt sein.

Die Laufbahn ist gut eröffnet. Ansehen bei den Studenten
und ein gewisser Wohlstand gibt auch Ansehen bei den Profes=
soren, Ministern u. s. w.

Der Herzog von Weimar wird soeben kommen; ich bin zur
Tafel geladen, werde aber wahrscheinlich ihm noch vorher auf=
warten. Ich komme zu diesem Papiere zurück und werde dann
wahrscheinlich etwas zu erzählen haben.

Alle neuen Professoren haben gestern vor der Tafel dem Her=
zoge aufwarten wollen, und er hat keinen angenommen als mich.
Mit mir aber hat er sich sehr lange unterhalten, sowie er auch
nach der Tafel stets diejenigen Cirkel aufsuchte, wo ich mich be=
fand. Ferner höre ich heute eine Anekdote von ihm, die sehr zu
meinem Vortheil gereicht. Das ist an sich nichts, aber um seiner
Wirkungen willen ist es gut. Ferner zeigt sich Goethe fortdauernd
als meinen warmen Freund, nicht weniger Wieland.

Dem lieben Papachen sage, daß ich hier zwei citoyens de
France hätte, die mit aller Wärme an mir hängen, und die sich
auf ihn freuen, weil ich ihnen gesagt habe, daß auch er ein
schwärmerischer Freund der Citoyens sei. Ueberhaupt ist Jena
und insbesondere ich in Frankreich bekannt genug, und ich denke,
daß ich noch mehr Franken hieher ziehen will.

*   *   *

Wegen Gorani ist es doch ein eigener Umstand. Ist er denn
wirklich so sehr verfolgt, oder ist es nur seine Phantasie, die ihm
solche Ungeheuer vormalt, damit sein unsteter Geist Vorwand er=
halte, sich in der Welt umzutreiben? Die projectirte Ermordung

und die Banditen zu Zürich und seine abermalige Confidence
gegen einen Secretär des österreichischen Ambassadeurs klingen mir
etwas romanhaft.   Du bist an Ort und Stelle und könntest bei
angewandter Vorsicht gewiß hinter die Wahrheit kommen.   Ich
kann kein Wort von ihm sagen, ehe er kommt; denn wozu mir
eine Verbindlichkeit und eine große Verbindlichkeit aufladen, ehe
ich weiß, ob ich derselben bedürfen werde.   Man hat dann doch
immer meiner Bitte nachgegeben, und ich muß dankbar dafür
sein, auch wenn er nicht kommt; man hat doch den guten Willen
gehabt.   Kommt er aber geradezu, so stehe ich ihm, wenn er
einmal hier ist, mit meiner Ehre für Sicherheit und entweder
für ein dauerndes Asyl — wenn er nur vier Wochen an einem
Orte es aushalten kann, woran ich zweifle — oder für die besten
Adressen nach Dänemark.   Ich kann das versprechen, denn Goethe
ist sehr mein Freund, und ich habe Ursache zu glauben, daß selbst
der Herzog sich freuen würde, etwas für mich thun zu können.
Aber eben darum muß man solche Gefälligkeit nicht ohne Noth
abnutzen; dann behält man sie gut.

*   *   *

Daß man von Jena aus Nachricht von mir nach Zürich
gibt, ist gut.   Ich habe aber Ursache zu wünschen, daß nicht
auch unrichtige darunter sein möchten.   So hüte Dich z. B., es
zu glauben, wenn etwa in diesen Tagen nach Zürich sollte geschrieben werden: ich sei um meiner Lehre willen in Weimar zur
Verantwortung gezogen worden; es sei mir untersagt worden,
dies und jenes zu schreiben u. s. w.   In ganz Deutschland bin
ich jetzt das allgemeine Stichwort, und es werden allenthalben
wunderliche Gerüchte von mir herumgeboten.   Das aber ist recht
schön; es beweist, daß ich doch nicht so gar unmerkwürdig bin.
Die Wahrheit meines Verhältnisses zu unserer Regierung aber
ist die, daß man unbeschränktes Vertrauen in meine Rechtschaffenheit und Klugheit setzt, mir ausdrücklich aufgetragen hat, ganz
meiner Ueberzeugung nach zu lehren, und mich gegen alle Be-
einträchtigungen kräftig schützen wird.

Eine kleine Tracasserie, die man mir gemacht hatte, schlägt
zu dem Vortheile aus, daß ich die kräftigste Versicherung des
Schutzes erhalten und daß ich 30 Louisdor dabei verdiene.

Nämlich ich lasse fünf meiner Vorlesungen drucken, die ich außerdem noch nicht hätte drucken lassen, und nehme für den Bogen 6 Louisdor.

*　　*　　*

Jena, den 21. Juli 1794.

Meine Theuerste!

Vom Speculiren ermüdet, wende ich mich zu Dir, um ein wenig mit Dir zu plaudern, und freue mich, daß die Zeit heranrückt, wo ich vom Speculiren ermüdet mündlich mit Dir plaudern werde. Ich sage, vom Speculiren ermüdet; denn auf andere Zeit rechne nur nicht. Mein Tagewerk, das Geschäft meines Lebens, in welchem ich mit Glück arbeite, ist mir das Erste. Daß ich dann, wenn ich brav gearbeitet habe, um nichts schlimmer bin, weißt Du schon aus der Erfahrung. Du hast also vor den Frauen anderer Gelehrten das voraus, welche ihre Männer auch nicht sehen, als wenn sie nicht mehr arbeiten können, dann aber sie verdrießlich und übelaufgeräumt sehen. Ich habe mir da bei Jena schon ein Lieblingsplätzchen gewählt, wo es mir einigemal sehr wohl gefallen hat. Da wollen wir so miteinander hinspazieren oder noch lieber fahren, denn ich liebe das Gehen seit einiger Zeit gar nicht sehr, und die Mondscheinabende dort zubringen. Aber dieses halbe Jahr über geht es nur Sonnabends, denn die andern Tage muß ich früh um 6 Uhr lesen, also um 4 Uhr aufstehen und mithin abends zu rechter Zeit zu Bett gehen. Sieh, darauf freue ich mich schon recht sehr: auf den schönen Herbst, der hier sehr angenehm ist und spät hinausdauert. Auch der Frühling erscheint hier sehr bald, und es gibt vortreffliche Gegenden. Also Deine Schweizer übertreiben in allem, wie sie denn auch die Zahl meiner Zuhörer ins Ungeheuere vergrößert haben. Ich habe deren nur gegen 60. —— Siehe, wie ich auch über Oekonomie speculire, und lächle nur nicht mehr über Männerwirthschaft! Mein Tisch z. B. kostet freilich Geld, aber dafür esse und trinke ich auch gut, und die Köchin sollst Du mir wol lassen, oder ich halte gar einen Koch, was Dir dann noch weit größere Freude machen wird. Soweit ich merken kann, betrügt sie mich mäßig, und das ist in Jena keine geringe Tugend. Wenn Du kommst, so kannst Du es ihr vielleicht ganz und gar abgewöhnen, und das wäre noch beſſer. Doch glaube ich es nicht; denn betrogen werden hier alle Menſchen; eins betrügt immer das andere, und ſo kommt zuletzt dann alles ſo ziemlich ins Gleiche. Der Profeſſor betrügt ſeine Zuhörer, indem er ihnen Geſchwätz für Weisheit, der Schriftſteller den Verleger, indem er ihm beſchriebenes Papier für ein vernünftiges Buch, und die Recenſenten das Publikum, indem ſie ihm ihre Uebereilungen für gründliche Urtheile verkaufen. Ich zwar glaube in demſelben Falle mich nicht zu befinden, aber das glaubt auch wol noch mancher andere, der doch wirklich ſich darin befindet. Es gibt aber auch noch viele, die es recht gut wiſſen, was ſie für Windbeutelei treiben.

Das, was Kant betrifft, iſt nicht wahr, und es iſt daher ſehr ſchade um die ſchönen Lebensregeln für mich, die Du daraus ziehſt; ſie ſind rein verloren. Ihr ſeht aus der Entfernung durch euere züricher Brillen die deutſchen Fürſten wunderſeltſam an. Was euere Ariſtokraten thun würden, wenn ſie die Macht dazu hätten, das traut ihr den unſerigen zu, weil ſie die Macht haben. Der Unterſchied iſt nur, daß die unſerigen nicht völlig ſo dumm ſind wie die eurigen. Es geht euch wie jenem Kuhhirtenjungen, welcher ſich König zu ſein wünſchte, um ſein Brot mit Sirup beſtreichen zu können, ſo dick er wollte. Gerade ſo urtheilen euere Ariſtokraten, und ihr andern ſeht durch ihre Brillen. — Kramer hat wirklich Unbeſonnenheiten begangen, die aber freilich zu ſcharf gerügt worden ſind. Mir ſoll niemand etwas thun, dafür ſtehe ich Dir. Das Geheimniß beſteht in wenig Worten: ich gebe keine Blöße und habe Herz und Muth.

*   *   *

Die hier folgenden Bruchſtücke ſind aus Forberg's „Fragmente aus meinen Papieren" (Jena 1796) entlehnt, die als Zeugniß eines geiſtvollen Beobachters großes Intereſſe haben. Das vertrautere Verhältniß zwiſchen beiden Männern entwickelte ſich erſt ſpäterhin.

Jena, den 12. Mai 1794.

— — Fichte, der täglich hier erwartet wird, traue ich ſehr viel zu. Aber ich würde ihm noch mehr zutrauen, wenn er die „Kritik der Offenbarung" zwanzig Jahre ſpäter geſchrieben hätte.

Ein Jüngling, der es wagt, ein Meisterwerk zu schreiben, muß gemeiniglich hart dafür büßen. Er ist, was er ist, und wird nicht, was er werden könnte. Er hat seine Kraft zu früh verbraucht, und seinen spätern Früchten wird es wenigstens an Reife gebrechen. Ein großer Geist hat kein Verdienst, wenn er nicht zugleich Resignation genug besitzt, es eine Zeit lang nicht zu scheinen, um ein größerer zu werden. Wer der Wahrheit nicht einmal ein Dutzend Jahre Ruhm zum Opfer bringen kann, was mag der ihr wol sonst für eins bringen können? Ich glaube, daß Reinhold's Theorie dem Studium der Kant'schen Philosophie mannichfaltigen Schaden gethan, aber gegen den, den sie dem Verfasser selbst gethan, kommt er nicht in Betracht. Mit ihr ist sein Philosophiren für diese Welt geschlossen, und es ist forthin nichts mehr von ihm zu erwarten als Polemik und Reminiscenzen. Noch ist Fichte nicht hier, aber ich bin sehr begierig zu sehen, ob es für ihn noch etwas zu lernen gibt. Es wäre fast ein Wunder bei dem vielen Weihrauch, der ihm gestreut worden. O, es verlernt sich nichts leichter als das Lernen!

* * *

Den 7. Dec. 1794.

— — Seitdem Reinhold uns verlassen, ist seine Philosophie (bei uns wenigstens) Todes verblichen. Von der „Philosophie ohne Beinamen" ist jede Spur aus den Köpfen der hier Studirenden verschwunden. An Fichte wird geglaubt, wie niemals an Reinhold geglaubt worden ist. Man versteht jenen freilich noch ungleich weniger als diesen, aber man glaubt dafür auch desto hartnäckiger. Ich und Nicht=Ich sind jetzt das Symbol der Philosophen von gestern, wie es ehemals Stoff und Form waren. An der Rechtmäßigkeit, Verträge einseitig aufzuheben, wird ebenso wenig mehr gezweifelt als ehemals an der Mannichfaltigkeit des Stoffs.

Fichte's Philosophie ist, so zu sagen, philosophischer als die Reinhold'sche. Fichte hört man gehen und graben und suchen nach Wahrheit. In rohen Massen bringt er sie aus der Tiefe mit und wirft sie von sich. Er sagt nicht, was er thun will: er thut's. Reinhold's Lehre war mehr Ankündigung einer Philosophie als Philosophie. Er hat seine Verheißungen nie erfüllt.

Nicht selten gab er die Verheißung für die Erfüllung aus. Er
wird sie auch nicht erfüllen — denn es ist aus mit ihm! — —
Fichte ist wirklich gesonnen, durch seine Philosophie auf die Welt
zu wirken. Der Hang zu unruhiger Thätigkeit, der in der Brust
jedes edeln Jünglings wohnt, wird von ihm sorgfältig genährt
und gepflegt, damit er zu seiner Zeit Früchte bringe. Er schärft
bei jeder Gelegenheit ein, daß Handeln, Handeln die Bestimmung
des Menschen sei, wobei nur zu fürchten steht, daß die Majorität
der Jünglinge, die dies zu Herzen nehmen, eine Aufforderung
zum Handeln für nichts Besseres als für eine Aufforderung zum
Zerstören ansehen dürfte. Und überdem ist der Satz falsch. Der
Mensch ist nicht bestimmt zu handeln, sondern gerecht zu handeln;
kann er nicht handeln, ohne ungerecht zu handeln, so soll er
müßig bleiben.

*   *   *

Den Leser Kant'scher und Fichte'scher Schriften ergreift ein
hohes Gefühl der Uebermacht gewaltiger Geister, die mit ihren
Gegenständen ringen, um sie zu zermalmen, die alles, was sie
uns sagen, uns blos darum zu sagen scheinen, um uns ahnen
zu lassen, wie viel mehr sie uns noch sagen könnten.

Alles Wahre, was J . . . *) geschrieben hat, ist nicht den zehnten Theil des Falschen werth, was Fichte geschrieben haben mag.
Jener gibt mir eine kleine Anzahl bekannter Wahrheiten, dieser
gibt mir vielleicht eine Wahrheit, öffnet aber dafür meinem Auge
die Aussicht auf eine Unendlichkeit unbekannter Wahrheiten.

*   *   *

Es ist gewiß, daß in der Philosophie Fichte's ein ganz anderer Geist ist als in der Philosophie seines Vorgängers. Der Geist
der letztern ist ein schwacher und furchtsamer Geist, der zwischen
den Verzäunungen und Verpfählungen der Inwiefern, Insofern, der weitern, engern und engsten Bedeutungen scheu ein-
herschleicht, ein armer und erschöpfter Geist, der seine Armuth an
Gedanken hinter dem weiten Mantel der Schulsprache, jedoch nur
schlecht, verbirgt, und dessen Philosophie Förmlichkeit ist ohne
Inhalt, Gerippe ohne Fleisch und Blut, Körper ohne Leben, Ver-

---

*) Jakob in Halle.

heißung ohne Erfüllung. Aber der Geist der Fichte'schen Philo=
sophie ist ein stolzer und muthiger Geist, dem das Gebiet der
menschlichen Erkenntniß an allen Ecken und Enden zu eng ist;
der sich auf jedem Schritte, den er thut, neue Bahnen bricht;
der mit der Sprache kämpft, um ihr Worte genug für die Fülle
seiner Gedanken abzuringen; der uns nicht führt, sondern ergreift
und fortreißt, und dessen Finger keinen Gegenstand berührt, ohne
ihn zu zermalmen. Was aber vorzüglich der Philosophie Fichte's
ein ganz anderes Interesse gibt als der Reinhold'schen, ist dies,
daß in allen ihren Untersuchungen ein Regen, ein Streben, ein
Treiben ist, die härtesten Probleme der Vernunft durchgreifend
aufzulösen. Ihre Vorgängerin schien nicht einmal die Existenz
jener Probleme, geschweige ihre Auflösung zu ahnen. Fichte's
Philosopheme sind Untersuchungen, in denen wir die Wahrheit
vor unsern Augen werden sehen und die eben darum Wissenschaft
und Ueberzeugung gründen. Reinhold's Philosopheme sind Dar=
stellungen von Resultaten, deren Erzeugung hinter den Coulissen
vorgeht. Glauben kann man sie, aber nicht wissen.

* * *

Der Grundzug von Fichte's Charakter ist die höchste Ehr=
lichkeit. Ein solcher Charakter weiß gewöhnlich wenig von Deli=
catesse und Feinheit. In seinen Schriften kommen auch wenige
eigentlich schöne Stellen vor: sein Trefflichstes hat immer den
Charakter der Größe und Stärke. Auch spricht er eben nicht
schön, aber alle seine Worte haben Gewicht und Schwere. Das
liebreiche, anschließende, hingebende Wesen Reinhold's fehlt ihm
ganz. Seine Grundsätze sind streng und wenig durch Humanität
gemildert; gleichwohl verträgt er, was Reinhold nicht vertrug,
Widerspruch, und versteht, was Reinhold ebenso wenig verstand,
Scherz. Seine Superiorität läßt er nicht so bemüthigend empfin=
den als Reinhold; wird er aber herausgefordert, so ist er schreck=
lich! Sein Geist ist ein unruhiger Geist; er dürstet nach Gelegen=
heit, viel in der Welt zu handeln.

Fichte's öffentlicher Vortrag fließt nicht so stetig und lieblich
und sanft dahin wie der Reinhold'sche; er rauscht daher wie ein
Gewitter, das sich seines Feuers in einzelnen Schlägen entladet.
Er rührt nicht wie Reinhold, aber er erhebt die Seele. Jenem

sah man es an, daß er gute Menschen machen wollte; dieser will
große Menschen machen. Reinhold's Blick war Sanftmuth, und
seine Gestalt war Majestät; Fichte's Auge ist strafend, und sein
Gang ist trotzig. Reinhold's Philosophie war eine ewige Polemik
gegen Kantianer und Anti=Kantianer; Fichte will durch die seinige
den Geist des Zeitalters leiten: er kennt dessen schwache Seite,
darum faßt er ihn von seiten der Politik. Er besitzt mehr Witz,
mehr Scharfsinn, mehr Tiefsinn, mehr Geist, kurz überhaupt mehr
Geisteskraft als Reinhold. Seine Phantasie ist nicht blühend,
aber energisch und mächtig. Seine Bilder sind nicht reizend, aber
sie sind kühn und groß. Er bringt in die innersten Tiefen sei=
nes Gegenstandes ein und schaltet im Reiche der Begriffe mit
einer Unbefangenheit umher, welche verräth, daß er in diesem
unsichtbaren Lande nicht nur wohnt, sondern herrscht.

Zweites Kapitel.

Art der akademischen Wirksamkeit Fichte's in Jena und Cyllus seiner Vorträge.

Jena konnte damals wol für die besuchteste deutsche Universität gelten, denn nicht nur aus allen Gegenden Deutschlands, sondern auch aus den Nachbarländern fanden sich Jünglinge dort zusammen. Schweizer, Dänen, Kur- und Livländer, Polen, Ungarn und Siebenbürgen bildeten dort mehr oder minder zahlreiche Landsmannschaften, selbst einige Franzosen waren zugegen, und die Verzeichnisse von Fichte's Vorlesungen, deren einige durch Zufall noch vorhanden sind, zeigen in bunter Reihe die Namen der mannichfachsten Länder und Provinzen. So war dort einem akademischen Lehrer, der sich Neigung und Vertrauen zu erwerben wußte, ein Wirkungskreis eröffnet, wie damals keine andere Universität ihn bot. Zudem begünstigten Fichte's Auftreten noch besondere Umstände, sodaß es hier nur darauf ankam, die hochgespannten Erwartungen zu befriedigen, mehr noch überhaupt sich gewachsen zu zeigen den auf ihn eindringenden entgegengesetzten Bestrebungen, um sie zu beherrschen und zu einem heilsamen Erfolg zu vereinigen. Denn nicht nur, daß man hoffte, Fichte werde die durch Kant und Reinhold in der Philosophie begonnene Revolution vollenden; nicht nur, daß der letztere bei seiner Entfernung von der Universität seine Freunde und Schüler besonders an ihn verwiesen hatte: vor allem seine politischen Ansichten waren es, die ihm den bedeutendsten Einfluß auf die Jugend verschafften. So war es entscheidend, wie Fichte gleich anfangs seinen Beruf faßte, ob er nicht, fortgerissen durch den Reiz einer glänzendern Wirksamkeit nach außen hin, was wol eine Versuchung

für den feurigen, kraftbewußten Jüngling werden konnte, das
einfache Wirken eines Lehrers verschmähen werde, um glänzendern,
aber unbestimmten Zielen zuzustreben.

Aus den Briefen an seine Gattin haben wir vernommen,
wie bei seinem ersten Erscheinen in Jena allerlei Versuche ihm
nahe traten, die wohl Versuchungen hätten werden können, ihn
zum Parteihaupte für gewisse, ohne Zweifel politische Bestrebungen
zu machen. Und in seiner spätern Schrift: „Gerichtliche Ver=
antwortung gegen die Anklage des Atheismus" *), deutet er be=
stimmt auf jene Thatsachen hin und spricht es aus, daß er in
dieser Hinsicht sogar verdächtig geworden. Man habe ihn „be=
obachtet"; man habe „nicht ermangelt, in den ersten Jahren
seines Aufenthalts Briefe von ihm und an ihn zu unterschlagen
oder erbrochen ankommen zu lassen". Seit geraumer Zeit ge=
schehe dies nicht mehr, ohne Zweifel, weil man seine Grundsätze
darüber kennen gelernt habe. Was aber die sicherste Bürgschaft
wider dies alles bleibe, dies sei „seine Liebe zu einem spe=
culativen Leben". „Die Liebe der Wissenschaft und beson=
ders die der Speculation, wenn sie den Menschen einmal ergrif=
fen hat, nimmt ihn so ein, daß er keinen andern Wunsch übrig
behält als den, sich in Ruhe mit ihr zu beschäftigen. Von außen
bedarf er nur der Stille, und deshalb sind revolutionäre Zeiten
gerade gegen seinen Wunsch. Den innern Frieden trägt er in
sich selbst .... Wollte ich herrschen, so treibt mich meine
Neigung weit mehr, es im Reiche der Begriffe zu thun, diesen
zu gebieten, sich aufzuklären und sich in Reihe und Glieder zu
stellen, was ich verstehe, als eigenwilligen, schwer zu lenkenden
und so selten der Vernunft sich fügenden Menschen zu befehlen,
was ich nie gelernt noch geübt habe."

Kaum bedarf es nach solchen Anführungen noch der aus=
drücklichen Erwähnung, wie rückhaltlos und aus allen Kräften
er dem akademischen Berufe sich hingab. Daß er das „Muster
eines akademischen Lehrers" gewesen sei, ist ihm von seinen Zeit=
genossen, Collegen wie Schülern, zugestanden worden. Aber er
war es in einer Richtung und nach einer Seite hin, wie wir wenig
Vorgänger und bisjetzt wenigstens kaum einen Nachfolger kennen.

---

*) (Jena 1799) S. 91; Werke, V, 291.

Dieser Richtung gerade verdankte er seine großen Erfolge auf
die Jugend und den gewaltigen Einfluß auf seine ganze Nation;
aber nicht minder wurde sie für ihn die Quelle zahlreicher Kämpfe
und Widerwärtigkeiten.

Wie wir schon aus den Selbstbekenntnissen des jungen Man=
nes wissen, erkannte er sich selbst als eine vorwiegend praktische
Natur, nicht „zum Denken um des Kaisers Bart", sondern zum
Handeln bestimmt. Und ein ähnliches Wort hat uns im Vorigen
Forberg überliefert, seine unabläſſige Mahnung an die Jugend,
daß Handeln ihre Bestimmung sei!

So ergriff er auch seine akademische Aufgabe. Er wollte durch
Speculation nicht nur zum freien, schöpferischen Denken erziehen,
sondern in erster Ordnung die sittliche Gesinnung bilden,
„Jünger der Wissenschaft" dem Vaterlande schenken. Diese
dachte er aber nicht als Träger eines blos überlieferten todten
Wissens, sondern einer thatbegründenden, zu allernächst da=
her in die Gesinnung zurückgreifenden, diese begeisternden und
alles Gemeine in ihr aufzehrenden Wissenschaft, wie er das Bild
eines solchen Studirenden in seinen „Vorlesungen über das We=
sen des Gelehrten"*) (besonders in der vierten und fünften: „Ueber
die Rechtschaffenheit im Studiren") mit unübertroffener Hoheit
entworfen hatte.

Als das gründlichste Hinderniß jener höhern Auffassung des
akademischen Lebens betrachtete er die landsmannschaftlichen Ver=
bindungen auf der Universität, welche damals freilich, mehr als
jetzt, in Rohheit und in völlig geisttödtende Geselligkeitsgebräuche
versunken waren. In Jena, ohne eine amtliche Stellung im Kreise
der akademischen Behörden zu besitzen, war er, um sie zu bekämpfen,
auf seine persönliche Wirksamkeit beschränkt; er machte den Versuch,
durch freien Entschluß der Studirenden die Orden aufzulösen. Die=
ser Versuch, richtig alle Verhältnisse erwogen, war einer der kühn=
sten, den ein angehender akademischer Lehrer wagen konnte (schon
im zweiten Semester seiner Lehrthätigkeit wurde er gemacht), und
nur ein naives, noch ungebeugtes Kraftbewußtsein, gepaart mit
gänzlicher Unkenntniß akademischer Verhältnisse nach oben wie
nach unten, kann dies Wagniß erklären. Es mislang; wie und

---

*) Berlin 1806; Werke, VI, 382 fg.

unter welchen Umständen, werden wir erzählen. Dennoch war er seiner persönlichen Gewalt anf die Gemüther der Jugend dadurch sicher geworden.

In Berlin, wo er später Gleiches erstrebte, war seine Stellung eine völlig andere. An der neu sich bildenden Hochschule waren veraltete Studentenmisbräuche nicht erst zu tilgen, man mußte ihnen wehren, zuerst sich einzunisten. Zugleich stand Fichte als Rector an der Spitze der akademischen Behörden. Hier war es die Nichttheilnahme der Collegen, die Hindernisse in diesen Regionen, was ihn lähmte. Als er dessen inne wurde, legte er sein Rectoramt, welches ihm nunmehr werthlos, ja — gehindert, seine höhern Ueberzeugungen durch dasselbe zu verwirklichen — selbst verächtlich geworden war, freiwillig nieder. Das amtliche Schreiben, in welchem er dies that, war zugleich sein Absagebrief für diese Bestrebungen. Von nun an beschränkte er sich auf den einfachen Beruf eines akademischen Lehrers.

Sein eigentlich philosophischer Cursus begann in der Regel mit propädeutischen Vorträgen, die selbst von doppelter Art waren. Der eine, als unmittelbare Einleitung in das System selbst, sollte vorerst die Idee der Philosophie überhaupt entwickeln. Der formale Begriff der absoluten Wissenschaft wurde darin gegeben oder über die Philosophie selbst philosophirt. Hierauf folgte der Vortrag der Wissenschaftslehre, nachdem man über den nothwendigen Gang derselben, über die Bedingungen und Anforderungen an sie schon völlig orientirt war und ein deutlicher Vorbegriff derselben den Zuhörer in alle ihre Theile begleitete, eine Lehrmethode, welche, unabhängig vom Systeme, bei welchem sie zuerst angewandt wurde, sich von selbst als die zweckmäßigste empfiehlt. Der andere Weg philosophischer Vorbereitung war leichter und bewegte sich in freierer Form, indem er überhaupt den Zweck hatte, auch die minder Geübten in die Welt des speculativen Denkens zuerst einzuführen. Wie der Weg hierbei ein sehr mannichfaltiger sein kann, und wie auch Fichte späterhin in demselben zu wechseln pflegte, so wandte er damals besonders die kritisch=polemische Methode dazu an. Gewöhnlich legte er daher diesen Vorträgen ein fremdes Lehrbuch zu Grunde, um an dessen Widerlegung und Berichtigung allmählich die eigene Ansicht zu entwickeln. Es waren dies damals meistens Ernst Platner's

„Philosophische Aphorismen" *), das Werk eines Philosophen, der,
entschiedener Gegner Kant's und jeder idealistischen Ansicht, es
noch mehr von Fichte sein mußte. Aber darin lag wol eben der
Grund jener Wahl. Platner neigt sich in Bezug auf die Speculation selbst der Skepsis zu, um zuletzt von aller Philosophie
hinweg zu Erfahrung und natürlichem Gemeinsinn, als den
einzigen Quellen aller Wahrheit, zurückzuleiten; und insofern
nähert er sich der Denkweise Hume's, dessen er auch in seinem
Werke vorzugsweise erwähnt. Aber auch die sonstige Beschaffenheit des Buchs machte es ganz geeignet für jenen kritisch=pro-
pädeutischen Zweck. In den Anmerkungen enthält es überall
Hinweisungen auf die ältern Lehren, namentlich auch der griechischen und der englischen Philosophie, welche auf einer gediegenen, für die damalige Zeit sogar seltenen Quellenkunde beruhen.
Dies alles bot die vielseitigsten Anknüpfungspunkte dar, um eine
Menge philosophischer Probleme übersichtlich zusammenzufassen.
Ließ sich hier nun das Schwankende und Zerstückte dieses philosophischen Meinungswesens zeigen, so war nicht die Absicht, mit
Platner zur „einzig sichern" Erfahrung zurückzuleiten, sondern
das Bedürfniß eines festen, unbestreitbar sichern Ausgangspunktes
für alle Wahrheit im Schüler zu erzeugen.

Aber auch in seinem Hauptcollegium, dem der Wissenschaftslehre, finden wir ein analoges Verfahren. Er suchte sie auch
in seinen Vorträgen immer von neuen Seiten und mit immer
neuen, klarern Wendungen darzustellen; und sogleich hier ist es
als charakteristisch für ihn hervorzuheben, daß er sein System
nirgends in abgeschlossener Form, mit feststehender, überall wiederkehrender Terminologie dargestellt hat, daß es überhaupt nirgends
als ein fertiges erscheint. Es ist vielmehr zu begreifen als eine
einfache Grundansicht, die, nach außen hin vielgestaltig und des
verschiedensten Ausdrucks fähig, immer von einer neuen Seite
dargestellt worden ist.

So hat Fichte selbst die Form und Terminologie seiner ersten
im Druck erschienenen Wissenschaftslehre („Grundlage der gesammten Wissenschaftslehre", Jena 1794) gleich nachher für immer
verlassen. Die Methode, das ganze System als Analyse dreier

---

*) Neue Bearbeitung, 2 Thle., Leipzig 1792.

Grundsätze, des einen als schlechthin unbedingten, der beiden an=
dern als nach Gehalt oder nach Form bedingten, zu behandeln,
was eigentlich nur ein Ueberbleibsel des damaligen, durch Rein=
hold eingeführten Formalismus war, wo man einen „höchsten
Grundsatz" suchte, um aus ihm die ganze Philosophie abzuwickeln;
ebenso die Terminologie von Ich und Nicht=Ich, der nur symbo=
lische und deshalb ungenügende Ausdruck eines Anstoßes des
Ich am Nicht=Ich, dies alles ist schon in den gleich darauf
geschriebenen Darstellungen (erste und zweite „Einleitung in
die Wissenschaftslehre"; „Versuch einer neuen Darstellung der
Wissenschaftslehre", aus dem Jahre 1797, im „Philosophischen
Journal", Bd. 5, 6, 7, zuerst abgedruckt) so völlig verschwunden,
daß das Wort Nicht=Ich z. B. in Fichte's spätern Schriften gar
nicht mehr vorkommen möchte. Dies Vermeiden jeder abgeschlosse=
nen Terminologie in Schrift und Vortrag war theils allerdings
besonnene Absicht, um, wie er ausdrücklich einmal erinnert *),
seine Lehre vor dem Schicksal zu bewahren, in die Hände nach=
sprechender Anhänger zu fallen, theils lag es auch im Geiste der
Lehre selbst, wie in Fichte's wissenschaftlicher Individualität, die
gerade in philosophischer Methodik, in der Kunst des Entwickelns
und Darstellens eigenthümliche Meisterschaft und Neigung besaß.
Wir können dies ganze Verhältniß nicht bezeichnender aussprechen,
als er es selbst in einem Briefe an Reinhold gethan, woraus
wir Folgendes mittheilen:

„Meine Theorie ist auf unendlich mannichfaltige Art vorzu=

---

*) „Ueber den Begriff der Wissenschaftslehre" (zweite Aufl., 1798), Vorrede,
S. XVI (Werke, I, 36). Diese Erklärung ist zu wichtig und charakteristisch,
um nicht ihrem wesentlichen Inhalte nach hier aufgenommen zu werden. Nach=
dem er die Hoffnung ausgesprochen, daß sein System nicht das Schicksal haben
werde wie das Kant'sche, „einen Haufen sklavischer und brutaler Nachbeter
zu bilden", fährt er so fort: „Theils sollte man glauben, daß die Deutschen
durch diese zunächst vorhergegangene traurige Begebenheit sich abschrecken las=
sen und nicht kurz hintereinander das Joch der Nachbeterei aufladen wer=
den; theils scheint sowol der bisjetzt gewählte, einen festen Buch=
staben vermeidende Vortrag als der innere Geist dieser Lehre sie
gegen gedankenlose Nachsprecher zu schützen; auch ist es von den Freun=
den derselben nicht zu erwarten, daß sie eine solche Huldigung
wohl aufnehmen werden!"

tragen. Jeder wird sie anders denken und anders den=
ken müssen, um sie selbst zu denken. Je mehrere ihre An=
sichten derselben vortragen werden, desto mehr wird ihre Ver=
breitung gewinnen. Ihre eigene Ansicht, sage ich, denn das Ge=
rede, das hier und da über Ich und Nicht=Ich und Ichenwelt und,
Gott weiß, wovon noch sich erhebt, hat mich herzlich schlecht er=
baut. . . . . Ueber meine bisherige Darstellung (die im Jahre
1794 gedruckte) urtheilen Sie viel zu gütig, oder der Inhalt hat
Sie die Mängel der Darstellung übersehen lassen. Ich halte sie
für äußerst unvollkommen. Es sprühen Geistesfunken, das weiß
ich wohl, aber es ist nicht eine Flamme.

„Ich habe sie diesen Winter für mein Auditorium, das zahl=
reich ist, und in welchem ich von Zeit zu Zeit gute Köpfe be=
merkt habe, von denen ich viel hoffe, ganz umgearbeitet, so als
wenn ich sie nie bearbeitet hätte und von der alten nichts wüßte.
Ich lasse die Bearbeitung in unserm philosophischen Journal ab=
drucken, versteht sich, wieder von neuem aus den Heften gearbeitet;
und wie oft werde ich sie nicht noch bearbeiten! Für Ermange=
lung der Pünktlichkeit hat die Natur durch Mannich=
faltigkeit der Ansicht und ziemliche Leichtigkeit des
Geistes mich schadlos halten wollen.“

Sonst gehörten noch die Rechtslehre und die Moral in den
geschlossenen Cyklus seiner Vorträge, welche in der Art, wie er
sie behandelte, zugleich als wesentliche Theile seines Systems an=
zusehen sind. Sie waren daher auch die beiden ersten Dis=
ciplinen, welche er nach den neuen Principien bearbeitete*), und
deshalb sind auch beide Werke, besonders seine Rechtslehre, worin
erst der Standpunkt des individuellen Ich aus dem unendlichen
oder absoluten abgeleitet wird, unentbehrlich zur Kenntniß sei=
nes Systems in der ersten Gestalt.

Nach dem ursprünglichen Entwurfe seiner Lehre, welche die
Aufgabe sich gestellt hatte, die geschiedenen Theile der Kant'schen
Philosophie unter ein höchstes Einheitsprincip zusammenzufassen

---

*) „Grundlage des Naturrechts nach den Principien der Wissenschafts=
lehre“ (erster theoretischer Theil, 1796; zweiter angewandter Theil, 1797),
und „System der Sittenlehre nach den Principien der Wissenschaftslehre“
(Jena 1798).

und von diesem aus erschöpfend abzuhandeln, hätte auf jene bei=
den Theile eine Aesthetik und Religionsphilosophie in analoger
Ausführung folgen sollen, entsprechend Kant's „Kritik der
Urtheilskraft" und „Religion innerhalb der Grenzen der blo=
ßen Vernunft", von welcher letztern Kant ausdrücklich erklärte,
daß sie zum Ganzen seines Systems gehöre und die dritte Frage
der philosophischen Forschung: Was darf ich hoffen? zu be=
antworten bestimmt sei. *)

Wie bekannt, ist dieser Plan unausgeführt geblieben, und
wie oftmals Fichte nachher auch den Standpunkt der Religion
zu charakterisiren unternahm (für die erste Epoche seiner Philo=
sophie kann sein bekannter Aufsatz: „Ueber den Grund unsers
Glaubens an eine göttliche Weltregierung" [1798], sammt den
daran sich reichenden Abhandlungen zum Belege dienen), in Be=
treff der Aesthetik hat er niemals innere Aufforderung gefunden,
ihr eine ausgeführte Behandlung zuzuwenden. Er begnügte sich,
falls er das ästhetische Gebiet berührte, mit der gelegentlichen
Bemerkung, welche allerdings tiefgeschöpft und durchaus bezeich=
nend eben darum weitere Ausführung verdient hätte: „daß die
Kunst den transscendentalen Standpunkt zum natürlichen mache."

Kaum zu bezweifeln ist, daß die Ursache dieser Unterlassung,
dieses mangelnden innern Antriebs keine zufällige, vielmehr in
Fichte's Geist tiefbegründet gewesen sei. Wo aber lag dieser
Grund? Eine flüchtigere Beurtheilung könnte geneigt sein, ihn
im allgemeinen Principe seiner Philosophie, in ihrem Subjectivis=
mus und der Lehre von der Nichtrealität der Natur zu finden,
indem die Verwandtschaft zwischen Natur und künstlerischem Bil=
den unverkennbar und längst wirklich erkannt ist. Dennoch
würde man sehr sich irren mit dieser Deutung, ja sie würde
einen neuen Beleg geben von der geringen Bekanntschaft mit dem
eigentlichen Sinne der Wissenschaftslehre.

Die „Natur", d. h. die gesammte Objectivität, entsteht nach
dieser Lehre zugleich und in einem Schlage mit der subjectiven
Seite, dem „empirischen Bewußtsein", durch eine Art „producti=
ver Einbildungskraft". Dies Produciren ist ein „nothwendiges",
aber schlechthin „vernünftiges" Handeln des absoluten Ich,

---

*) Kant's Werke nach Rosenkranz, XI, 159 fg.

infolge deſſen (Fichte nennt es daher geradezu „objective Thätig=
keit") nach innerlich geſetzlicher Stufenfolge im Ich und für
das Ich ſubject=objectiv Raum und Zeit, objectiv eine unendliche
Reihe endlicher Sinnendinge (Bilder), auf der ſubjectiven Seite
eine eben ſolche Unendlichkeit individueller Iche (Bewußtſeins=
punkte), beide in Wechſelwirkung untereinander, kurz die ganze
Welt empiriſchen Bewußtſeins entſteht.

Dieſen einfachen Gedanken, das Grundaperçu von Fichte's
Lehre, daß das Ich ſchon eine Reihe vorbewußter Handlungen
durchlaufen haben müſſe, ehe es zum Bewußtſein hindurchbricht
(worin übrigens noch ganz andere Wahrheitskeime liegen, als
man bisher darin entdeckt hat), dieſen einfachen Gedanken hat
nun der geniale Geiſt Schelling's tiefer befruchtet und ſo zu ſagen
ins Ungeheuere ausgewickelt, einerſeits zu einer Philoſophie der
Natur und Erklärung der Stufenfolge des Univerſums aus jenen
bewußtloſen Productionsacten der abſoluten Vernunft, anderer=
ſeits zu einer Philoſophie der Kunſt, indem die künſtleriſche
Production nur auf einer höhern Stufe, im Bewußtſein des Künſt=
lers, daſſelbe wiederhole, was wir die allgemeine Vernunft der
Natur unbewußt vollbringen ſehen.

Offenbar iſt dies alles nur die Ausbildung urſprünglich
Fichte'ſcher Gedanken, und ſo iſt bewieſen, daß gerade aus ſeinem
Principe und durch ihn ſelbſt die Erklärung des äſthetiſchen
Schaffens und der Kunſt mit überraſchender Klarheit und Tiefe
hätte gelingen können.

Wir dürfen daher dieſe Unterlaſſung nur in andern Grün=
den ſuchen, und da gewahren wir deutliche Fingerzeige dafür in
ſeiner Individualität und ſeinen dadurch bedingten wiſſenſchaft=
lichen Neigungen. Noch im Jahre 1810 ſchreibt er an den Philo=
ſophen J. E. von Berger, welcher ihm eine naturphiloſophiſche
Schrift zur Beurtheilung vorgelegt: „er müſſe ein Urtheil darü=
ber ablehnen, da ſeine Speculation lieber bei den höchſten und
allgemeinſten Principien verweile, oder im beſondern für Religion
und Moral eine entſchiedene Vorliebe habe, die Anwendung der
Principien auf die Natur aber gern andern überlaſſe, nicht etwa
aus Nichtachtung dieſes Fachs, ſondern weil er glaube, daß dies
bei weitem nicht das ſei, was der Menſchheit am meiſten
noth thue, auch weil nicht alle alles thun können, noch ſollen."

Dies war der nächste durchaus vollgenügende Grund, welcher ihn auch von ästhetischen Forschungen abziehen konnte, ihm drängten andere Untersuchungen sich vor und erschienen ihm wichtiger. Zugleich war er selbst aber auch weit mehr eine praktisch vordringende als eine künstlerisch bildende Natur, und so geschah es, daß jenes große Phänomen weit weniger seine Aufmerksamkeit auf sich ziehen mußte, als die beiden andern geistigen Phänomene des religiösen und des moralischen Bewußtseins, denen er die angestrengteste Untersuchuug zuwandte. Bei schwachem ästhetischen Vermögen fehlte ihm auch die wahlverwandte Neigung, der philosophischen Betrachtung der Kunst sich hinzugeben.

Dem entspricht auch sein schriftstellerischer wie sein persönlicher Charakter. Sein Stil ist durch straffe Kühnheit imponirend, durch sittliche Erhabenheit hinreißend; die eigentlich künstlerische Grazie entbehrt er aus Mangel ursprünglicher ästhetischer Anlagen. Sein Urtheil über andere war nach streng sittlichem Maßstabe bemessen, kaum gemildert durch die Neigung, sich in fremde Individualität zu versetzen und aus dieser Erklärungsgründe zuzulassen; denn jene aufs eigentlichste mit dem Aesthetischen verwandte Neigung war in ihm nicht ausgebildet. Wie wir aber die vorzüglichsten Geister trotz solcher tiefbegründeter Einseitigkeiten dennoch ganz und vollendet dastehen sehen; wie ein Stein, mit welchem Fichte oftmals verglichen worden, um seiner unabläßig treibenden praktischen Begeisterung willen, der Kunst und dem Reiche des Schönen einen selbständigen Werth zuzugestehen sich durchaus nicht im Stande fühlte; wie selbst W. von Humboldt, gleich Lessing, für die Eindrücke der Musik, dieser populärsten und fesselndsten Gestalt des Schönen, völlig unzugänglich war: so bleibt auch dieser charakteristische Mangel an Fichte nur die Kehrseite seiner größten Vorzüge.

Charakterisiren wir hier zugleich die Weise seines Lehrvortrags, in welcher er sich während seiner ganzen akademischen Laufbahn treu geblieben ist. Sein Zweck war dabei ein doppelter; zuerst stets fortgesetzte Selbstbildung, um sich in immer höherer Vollendung durchaus und allseitig zum Herrn seines Erkenntnißstoffs zu machen; sodann auch der, zum Vortrage selbst die ganze Frische der neuen Meditation mitzubringen. Deswegen hatte er gar nicht, was man gewöhnlich Collegienhefte nennt, sondern er

arbeitete den vorzutragenden Gegenstand immer so von neuem
durch, als wenn noch gar nichts darüber ausgemacht wäre;
das also Entworfene lag während des durchaus freien Vortrags
auf ein einzelnes Blatt geschrieben vor ihm auf dem Katheder.
Aber es galt nur für diesmal, und vielleicht nie hat er es über
sich gewonnen, nach demselben Entwurfe zweimal vorzutragen.
Diese Frische und Lebendigkeit des Lehrens konnte darum auch
ihres Erfolgs sicher sein. Denn mochte der Schüler auch den
wahren Zusammenhang der Theorie nicht sogleich fassen, so war
ihm doch an der Schärfe der Begriffsbestimmungen, an dem
unabläffigen Eindringen in die Tiefe jedes Gegenstandes, an dem
Befreienden und Entsinnlichenden der neu erweckten Ideen die
eigentlich bildende Seite des Denkens gegeben; es war die höchste
Pädagogik des Geistes, wo es zuletzt nicht darauf ankommt, ihn
zum Anhänger eines bestimmten Systems zu erziehen, sondern ihn
im Aether des Denkens zu kräftigen und mündig zu machen zu
einer gründlichen eigenen Lebensansicht. „Wer im Denken zusam=
mengenommen, geschult und rastlos durchgearbeitet werden will,
der gehe zu ihm"; so spricht ein Philosoph, der selbst früher sein
Zuhörer gewesen. *) „Ich bewundere seinen streng philosophi=
schen Vortrag; kein anderer reißt so mit Gewalt den Zuhörer an
sich, keiner bringt ihn so ohne alle Schonung in die schärfste
Schule des Nachdenkens." Aehnlich lautet das Zeugniß von
H. Steffens, der bei Fichte in Jena hospitirte: „Fichte's Vortrag
war vortrefflich, bestimmt, klar, und ich wurde ganz von dem
Gegenstande hingerissen und mußte gestehen, daß ich nie eine
ähnliche Vorlesung gehört hatte." **)

Zugleich waren mit seinen Vorträgen immer Conversatorien
und philosophische Disputirübungen verbunden, welche nicht nur
ein näheres persönliches Verhältniß zwischen Lehrer und Schüler
herbeiführten, sondern noch wesentlicher dazu dienten, über den
Grad der eigenen Verständlichkeit wie der fremden Fassungskraft
eine bestimmtere Einsicht zu erzeugen, als der akademische Lehrer
in der Regel bei einseitigem Lehren zu erhalten vermag. Natür=
lich gehört nicht geringe Geistesgewandtheit und Besonnenheit

---

*) S. Solger's literarischen Nachlaß, I, 131, 134.
**) Steffens: „Was ich erlebte" (1841), IV, 80.

dazu, um theils zum Fassungsvermögen jedes Einzelnen hinabzu=
steigen, theils aber auch beherrschend und allgegenwärtig jeder
Wendung des philosophischen Gesprächs gewachsen zu bleiben;
und darin möchte der Grund liegen, warum jene Uebung, die
wir sogar für einen wesentlichen Bestandtheil jedes philosophischen
Unterrichts halten, so selten in Anwendung gebracht wird. Nur
so ist es möglich, daß Lehrer wie Schüler nicht bequem bei der
Formel stehen bleiben, sondern zum Kern der Sache in ihrem
vielgestaltigen Ausdruck hindurchdringen müssen.

Noch blieb ihm die eigene Darstellungsgabe seiner Zuhörer zu bil=
den und zu üben, und auch dafür hatte er gesorgt. Sie wurden an=
geleitet, unter seiner Aufsicht philosophische Vorträge zu halten, sowie
über aufgegebene oder selbstgewählte Gegenstände Abhandlungen
zu schreiben. Diese gaben sie unter einem Motto mit versiegel=
tem Namen ein; darauf wurden diese von Fichte im Kreise seiner
Zuhörer beurtheilt und der vorzüglichsten durch öffentliche Nen=
nung ihres Verfassers der Preis zuerkannt. Damit verband
Fichte, seitdem er neben Niethammer Mitherausgeber des „Philo=
sophischen Journal" geworden war, noch folgende Einrichtung.
Um nämlich ihre Verfasser zu den höchsten Leistungen anzufeuern
und neben Auszeichnung ihnen auch einen äußerlichen Vortheil
zuzuwenden, wurden von den also gebilligten Abhandlungen die,
welche vorzüglichen wissenschaftlichen Werth hatten, im „Philo=
sophischen Journal" abgedruckt. Erwägt man nun, wie vortheil=
haft und ermuthigend es für den werdenden Schriftsteller ist,
nicht nur Leitung zu finden auf der begonnenen Bahn, sondern
auch unter dem Schutze eines berühmten Namens sie zuerst zu
betreten, so wüßten wir nicht, wann sich jemals vortheilhaftere
Verhältnisse zur Entwickelung eines philosophischen Talents dar=
geboten hätten. Und dennoch war dies nur das Werk eines
Einzelnen und seiner persönlichen Kraft, während der Staat nicht
das Geringste darauf verwendete und durch keine Art von Unter=
stützung sich einem Unternehmen förderlich zeigte, das doch zum
Rufe der Universität wesentlich beitrug. Daher erlosch denn auch
nach der Entfernung von Fichte und Schelling, einem ebenso
wirksamen Lehrer, unter den Studirenden der Eifer für Philo=
sophie auf geraume Zeit.

Drittes Kapitel.

Fichte's Schüler und die literarisch ihm verbundenen Männer. Sein Ver=
hältniß zu Schiller und zu Goethe.

Ueberblickt man nun die Namen der Männer, die theils
aus Fichte's unmittelbarem Unterrichte hervorgingen, theils, durch
seine Schriften angeregt, an ihn und seine Philosophie sich an=
schlossen, so wird man gestehen, daß wol selten ein Mann gleich
in den ersten Jahren seines Auftretens energischer und durch=
greifender gewirkt hat als Fichte; denn selbst der heftige Wider=
spruch, welchen er anfangs erfuhr und dem er kräftig begegnete,
diente nur, diesen Eindruck zu verstärken. Ja er wurde in ge=
wissem Sinne der geistige Mittelpunkt für viele aufstrebende
Geister, die, wiewol ihm unähnlich an Talent und an Geistes=
richtung, dennoch in ihm ein Vorbild, eine Autorität kräftigen
Wagens und kühner Opposition gegen das Hergebrachte und bis=
her Anerkannte fanden. Wir wollen statt aller andern nur an
Forberg erinnern, der in der neuen Lehre nur eine Handhabe
und äußere Autorität gewinnen wollte, um unter dem Schutze der=
selben dem Bestehenden den Krieg zu erklären. Denn wie wenig
er Schüler oder auch nur Anhänger von Fichte genannt werden
konnte, wie wenig überhaupt beide Männer in ihrer Denkweise
übereinstimmten, wird sich später ergeben, wenn wir des Handels
gedenken, den beide Männer in Gemeinschaft miteinander durch=
zukämpfen hatten.

Eben dahin ist auch das Wort eines berühmten Mannes zu deu=
ten, wenn er die Wissenschaftslehre, neben der Französischen Revo=
lution und Goethe's „Wilhelm Meister", für eine der drei größten
Tendenzen des 19. Jahrhunderts erklärte, oder wenn er behauptete,

in Fichte sei der durchgeführte Protestantismus erschienen. *) Dies
aber bestätigt nur die auch sonst sich aufdrängende Betrachtung,
wie selbst in den geistigen Parteiungen das Unähnlichste äußerlich
sich zusammengesellt, um eine Weile andern gegenüber für einig
zu gelten, während die weitere Entwickelung oder das innere
Verhältniß den geheimen Widerspruch nicht bergen kann.

Bezeichnen wir übrigens die Männer näher, die unmittel=
bar seine Schüler waren, wie Herbart, Hölderlin, J. J. Wagner,
Johann Erich von Berger, Joseph Rückert, Lehmus, Hülsen, Süvern,
Muhrbeck, Erichson, Böhlendorf, Smidt, Gries, Thaden, der Kieler
Johann Rist **), um nur diejenigen zu nennen, die unter den
Bekanntern uns jetzt gegenwärtig sind, sowie die Männer, die in
geistigem Verkehre, in näherer oder entfernterer Wechselwirkung
mit ihm standen, wie Goethe, Jacobi, Schiller, Reinhold, Schel=
ling, W. von Humboldt, Baggesen, Schaumann, Paulus,
Schmidt (Professor der Theologie in Gießen), Mehmel, Abicht,
Schad, die Gebrüder Schlegel, Novalis, Tieck, Woltmann: so zeigt
sich, daß fast alles, was damals durch Geist sich auszeichnete
oder nachher bedeutend in den Gang deutscher Cultur eingriff,
mit ihm in Verbindung stand oder geistigen Einfluß von ihm
empfing.

Aber eine andere Bemerkung können wir nicht übergehen,
die nämlich, daß er wol Schüler bildete und auch also zur Um=
gestaltung in Wissenschaft und Denkweise kräftig mitwirkte, daß
er aber keine Anhänger hinterließ im gewöhnlichen Sinne. Dies
müssen wir für einen Vorzug seiner Wirksamkeit erachten, ja für
einen Vortheil in Bezug auf die Wissenschaft selbst. Ueberhaupt
kann dieser an Schülern und Anhängern nichts gelegen sein,
welche nur Wiederholungen, oftmals sogar blos die verzerrten
Caricaturen ihres Meisters sind; denn noch nie ist dieselbe auch
nur um eines Schrittes Breite von solchen gefördert worden, die
mit fremdem Auge zu sehen, mit fremder Zunge zu reden sich
gewöhnt haben. Unter den Geistern soll Freiheit walten, aber

---

*) So Friedrich von Schlegel im „Athenäum‟ und in der 1804 erschie=
nenen Dedication an Fichte von „Lessing's Gedanken und Meinungen‟.

**) Man vgl. über die beiden letztern H. Steffens, a. a. O., III, 318.

nicht Gleichheit im Sinne der Einerleiheit oder der äußerlichen Uebereinstimmung. Und so hat ein Lehrer der Philosophie unsers Erachtens gerade das Rechte erreicht, wenn er den Blick des Schülers befreiend gebildet, falls es nachher auch gegen ihn selbst sein sollte, damit er nach seiner Kraft und Eigenthümlichkeit die eine Wahrheit ergreife, wodurch nicht Uneinigkeit der Geister, sondern gerade ihre freiste Eintracht begründet wird. Aber nach einer andern Seite hin hat Fichte gleich stark und immer zu gleichem Erfolge gewirkt. Er hat wenige Philosophen, wol aber viele tüchtig gesinnte Menschen gebildet. *)

Sein Verhältniß zu den vorhin genannten Männern im einzelnen ist theils allgemein bekannt, theils wird es der nachfolgende literarische Briefwechsel treuer darlegen, als jede vorläufige Darstellung es könnte. Nur von seinem Verhältnisse zu den beiden Dichtern zu reden, möchte hier nöthig erscheinen, indem die etwa mitzutheilenden Briefe darüber kein genügendes Urtheil begründen können. Schiller's persönliche Bekanntschaft hatte er schon auf seiner Reise durch Schwaben gemacht, und wir haben von ihm selbst gehört, mit welcher achtenden Freundschaft ihn dieser empfangen; in Jena selbst schien eine literarische Unternehmung beide Männer noch genauer verbinden zu wollen. Schiller hatte nämlich damals den Plan zu seinen „Horen" gefaßt, für die er alle Schriftsteller zu vereinigen suchte, die in irgendeinem Theile der Wissenschaft und Kunst eine selbständige Richtung genommen. Es war ein noch nie also dagewesener Verein von Männern, die, ohne äußerlich eine Partei bilden zu wollen, sich überhaupt nur für Tiefe und Gründlichkeit in allen Dingen verbunden hatten und ihre besten Kräfte dem Unternehmen zuzuwenden gedachten.

Auch Fichte sagte ihm seine Mitwirkung dabei zu, und gleich das erste Heft enthielt, neben Goethe's „Unterhaltungen deutscher Ausgewanderter" und Schiller's „Briefen über die ästhetische Erziehung des Menschen", einen Aufsatz von ihm: „Ueber Erhöhung und Belebung des reinen Interesse für Wahrheit", ein Wort, das damals um so zeitgemäßer war, als es sich gegen diejenigen

---

*) Man vergleiche damit die treffende Bemerkung von Steffens, a. a. O., III, 327.

richtete, welche die Willkür ihres Gefühls an die Stelle der
Wissenschaft zu setzen und gewisse Lieblingsvorstellungen zur Wahr=
heit selbst machen zu wollen schienen. Auch die später im „Philo=
sophischen Journal" *) bekannt gemachten „Briefe über Geist und
Buchstaben in der Philosophie" waren ursprünglich für die „Horen"
bestimmt; doch hätten diese fast eine Störung des guten Ver=
nehmens zwischen beiden Männern veranlaßt. Bei der Mitthei=
lung des ersten Bruchstücks glaubte nämlich Schiller im Eingange
nur eine Nachahmung, wenn nicht,. noch schlimmer, eine Parodie
seiner „Briefe über die ästhetische Erziehung des Menschen" zu sehen,
und leicht erregbar, wie er war, forderte er sogleich fast gebiete=
risch Aenderung der also gedeuteten Stellen und eine völlige Um=
arbeitung des Eingangs; ja in der ersten Hitze sparte er sogar
den Vorwurf der Planlosigkeit und Inconsequenz nicht, wiewol
aus dem Eingange der Plan des Ganzen unmöglich zu entnehmen
war. Fichte unterließ nicht, durch Darlegung dieses Plans sich
kräftig zu vertheidigen, indem er zugleich wegen des Vorwurfs
der Parodie sich auf Goethe's und Humboldt's Ausspruch berief.
Dieser Handel ist es, dessen in „Goethe's und Schiller's Brief=
wechsel" an mehreren Stellen gedacht wird. Seitdem ist es dem
Biographen gelungen, die zwischen Fichte und Schiller gewechsel=
ten Briefe aufzufinden und vollständig bekannt zu machen.**) Die
darin gepflogenen Verhandlungen sind an sich selbst von Wichtig=
keit und geben zugleich ein so charakteristisches Bild des innern
Verhältnisses der beiden hohen Männer zueinander, daß wir
länger dabei verweilen müssen.

Schiller schreibt am 6. Juli 1795 an Goethe ***):

„Von Fichte habe ich einen Brief erhalten, worin er mir
zwar das Unrecht, das ich ihm gethan, sehr lebhaft demonstrirt,
dabei aber sehr bemüht ist, nicht mit mir zu brechen. Bei aller
nicht unterdrückten Empfindlichkeit hat er sich sehr zu mäßigen
gewußt und ist bemüht, den Raisonnablen zu spielen. Daß er

*) XI, 199 fg., 291 fg.; Werke, VIII, 270 fg.

**) „Schiller's und Fichte's Briefwechsel, aus dem Nachlasse des erstern
mit einem einleitenden Vorworte herausgegeben von J. H. Fichte" (Berlin
1847), wieder abgedruckt im zweiten Theile dieses Werks.

***) „Goethe's und Schiller's Briefwechsel" (erste Auflage, Stuttgart 1828),
I, 174, 175.

mir Schuld gibt, seine Schrift ganz misverstanden zu haben, ist eine Sache, die sich von selbst versteht. Daß ich ihm aber Verworrenheit der Begriffe über seinen Gegenstand Schuld gebe, das hat er mir kaum verzeihen können. Er will mir seinen Aufsatz, wenn er ganz fertig ist, zum Lesen schicken und erwartet, daß ich alsdann mein übereiltes Urtheil widerrufen werde. So stehen die Sachen, und ich muß ihm das Zeugniß geben, daß er sich in dieser kritischen Situation noch ganz gut benommen hat. Sie sollen seine Epistel lesen, wenn Sie zurückkommen."

Und weiter unten:

„Woltmann, der mich vor einigen Tagen besuchte, versicherte mir, daß nicht Fichte, sondern ein gewisser F., ein junger Maler, der auch Gedichte macht und mit B. eine Zeit lang reiste *), Verfasser des Aufsatzes im «Mercur» über den Stil in den bildenden Künsten sei. Ich hoffe also, Sie werden dem großen Ich in Osmannstädt im Herzen Abbitte thun und wenigstens diese Sünde von seinem Haupte nehmen."

Goethe erwiderte darauf:

„Mir war sehr lieb zu vernehmen, daß das osmannstädter Ich sich zusammengenommen hat und daß auf Ihre Erklärung kein Bruch erfolgt ist. Vielleicht lernt er nach und nach Widerspruch ertragen."

Dieser Conflict ist es nun, welchen die ersten vier Briefe, auf der Grundlage bedeutender wissenschaftlicher Fragen und mit einer ebenso interessanten Ausprägung der Persönlichkeiten daran, uns vorführen. Für den weitern Kreis der Leser wird es daher nöthig werden, über das Allgemeine wie das Besondere jener Erörterungen einiges zu sagen, zumal da die sonst fleißige und verdienstliche Charakteristik Schiller's von Hoffmeister das Verhältniß seines Helden zu Fichte theils schief, theils nach mangelhaften oder falsch gedeuteten Daten aufgefaßt hat. **) Er stellt dies

---

*) Ohne Zweifel ist Karl Ludwig Fernow zu verstehen, der mit Baggesen (wie aus des letztern Briefwechsel mit Reinhold bekannt ist) einen Theil der Schweiz und Italiens durchreiste und im Jahre 1704 sich in Rom befand. Daher die erwidernde Bemerkung Goethe's („Briefwechsel", a. a. O., S. 180).

**) Hoffmeister, „Schiller's Leben, Geistesentwickelung und Werke" (1839), III, 23, 24, 34, 50—55.

Verhältniß sich also vor, wie wenn es beständig zwischen wechseln=
dem Lauwerden und Sichwiederannähern geschwankt habe und von
äußerlichen Ereignissen abhängig gewesen sei. Zu dieser Annahme
findet sich in den vorliegenden Daten keine Veranlassung, sofern
man nämlich nicht, wie es Hoffmeister begegnet ist, Thatsachen
auf Fichte bezieht, die ihn gar nicht betrafen; und innerlich hat
sie noch weniger Wahrscheinlichkeit. Schiller und Fichte waren,
wie der erstere in den vorliegenden Briefen es ausspricht, zwei
durchaus verschiedene Naturen; und damals gerade, als Fichte
hervortrat, wandte Schiller ermüdet und unbefriedigt von aller
Speculation sich ab und kehrte zur Poesie zurück. „Nur keine
Metaphysik mehr", schrieb er um diese Zeit an Goethe; „der
Dichter ist der einzige wahre Mensch und der beste Philosoph
ist nur eine Caricatur gegen ihn." — „Dort ist alles so heiter,
so lebendig, so harmonisch aufgelöst und so menschlich wahr, hier
alles so strenge, so rigid und abstract und so höchst unnatürlich,
weil alle Natur nur Synthesis und alle Philosophie Antithesis
ist." — Und endlich: „Ich habe mich lange nicht so prosaisch
gefühlt als in diesen Tagen, und es ist hohe Zeit, daß ich für
eine Weile die philosophische Bude schließe." *)

Wie hätte Schiller demnach aus innerer Neigung sich dem
Manne zuwenden sollen, dessen Virtuosität gerade die Macht der
„Antithesis", die Schärfe des unterscheidenden Denkens war,
während jenem ohnehin die selbstbewußte Kraft und freie Aus=
bildung Goethe's abging, eine ihm fremdartige Individualität,
wenn sie nur tüchtig war in sich selbst, an sich heranzuziehen und
in freien Wechselverkehr mit ihr zu treten. Dasselbe daher, was
Schiller gegen die Geistverwandtesten seiner Umgebung, gegen Her=
der, F. Richter, Tieck, die beiden Schlegel, im Verhältnisse stol=
zer Entfremdung hielt, und was dennoch mit dem Edelsten, Auf=
richtigsten und Kräftigsten seines Wesens zusammenhing, sodaß
er mitten in der geistreichsten Umgebung seine Existenz nur als
die „absolute Einsamkeit" bezeichnen konnte **): dies ließ ihn
auch Fichte nicht näher kommen. Er konnte das Verhältniß
wechselseitigen Wohlwollens mit ihm pflegen, er mußte sein specu=

---

*) „Briefwechsel", I, 98, 99, 274.
**) a. a. O., V, 168; vgl. mit S. 179.

latives Talent, seinen Charakter hochhalten, aber er theilte nicht
seine Geistesrichtung und seine Gesinnungen, er blieb innerlich
ihm fremd, was wir uns völlig erklären können, ohne dabei,
wie Hoffmeister vermuthet, in äußern Verhältnissen den Grund
zu suchen. *) Anders war das Gefühl Fichte's für ihn, der sich
in diesem Falle als der Freiere oder Empfänglichere zeigte: er
blieb stets mit bewundernder Neigung und besonderm Vertrauen
ihm zugethan, knüpfte bei bedeutenden Gelegenheiten die wichtig=
sten Aussprüche an den Inhalt seiner Gedichte (Fichte's sämmt=
liche Werke, V, 189, 550) und die begleitenden Worte, mit
denen er Schiller seine „Appellation" übersendet (Brief 5),
zeigen den Werth, welchen er auf sein Urtheil legte, überhaupt
die fortdauernde innere Beschäftigung mit seinem Geiste.

Als Fichte Goethe's und Schiller's Bekanntschaft machte und
in Wechselwirkung mit ihnen trat, war ihm gerade der erste

---

*) So vermuthet Hoffmeister, daß außer Fichte's moralischem Rigorismus
auch sein „Ueberwerfen mit dem akademischen Senate in Jena, sodaß er gar
nicht mehr unter seiner Gerichtsbarkeit habe stehen wollen" (Hoffmeister,
III, 51), Schiller gegen ihn erkältet habe, und er beruft sich dabei auf „Goethe's
und Schiller's Briefwechsel" (I, 117, 120). Hierauf ist kürzlich zu erinnern, daß
unter den dort erwähnten unpraktischen „Transscendentalphilosophen" gar
nicht Fichte, sondern Weißhuhn zu verstehen sei. Es ist die Angelegenheit,
deren Goethe in seinen „Tag= und Jahresheften" (Werke, XXXI, 54) so an=
muthig als bedeutend folgendergestalt erwähnt: „Dieser Wackere (Weißhuhn),
mit den äußern Dingen noch weniger als Fichte sich ins Gleichgewicht zu
setzen fähig, erlebte bald mit Prorector und Gerichten die unangenehmsten per=
sönlichen Händel; es ging auf Injurienprocesse hinaus, welche zu beschwich=
tigen man von obenher die eigentliche Lebensweisheit hineinbringen mußte."
Ebenso hält Hoffmeister es für unzweifelhaft (S. 50), daß Schiller's Gedicht
„Die Weltweisen", wenigstens im Anfange, Fichte's System persiflire (viel=
leicht, weil in der ersten Strophe ein großgedrucktes Ich vorkommt?!), wäh=
rend doch jeder der Sache Kundiger erkennt, daß die „Weltweisheit" der
Popularphilosophen darin verspottet werden soll. Keiner der im Ge=
dicht erwähnten Züge paßt auf Fichte's System oder allgemeinere Denkweise,
und was Fichte wissenschaftlich bekämpfte, ist hier dem poetischen Spotte preis=
gegeben. Fichte hat sich nicht minder gegen die praktisch=didaktischen Tendenzen
der Philosophie, gegen das „Zusammenhaltenwollen der Welt durch Meta=
physik" so entschieden erklärt, daß er überall bezeugt, die Philosophie könne
dem Menschen nichts andemonstriren, sondern ihn nur verständigen über sei=
nen innern Besitz.

Grundgedanke seiner Lehre aufgegangen und rang nach Gestal=
tung und nach dem Verständniß der Welt aus seinem Mittel=
punkte. Da geschieht es immer, wenn ein tiefes, aber noch nicht
in seiner festen Umgrenzung erkanntes Princip zuerst hervortritt,
daß es sich ausdehnt nach allen Seiten, in jeder bedeutenden
Geistesgestalt sein Verwandtes findet und überhaupt seine Sympa=
thien viel weiter erstreckt, als der nachherige Erfolg es ihm be=
stätigt. So war auch Fichte überzeugt von der innersten Ueber=
einstimmung seines Idealismus mit dem, was ihm in den bei=
den Dichtergenien so bedeutend entgegentrat.

Verständigen wir uns einen Augenblick über sein Recht dazu.
Was nämlich, entkleidet von der formellen Ausführung und von
temporären Beziehungen, das bleibende Resultat jenes Idealis=
mus ist — es besteht in dem wahren und tiefen Gedanken: daß
nichts von außen in das Ich, in den Geist hineingegossen wer=
den könne, daß niemals und in keiner Form seines Bewußt=
seins er eigentlich leidend sich verhalte, daß alles, was das
Seinige werden soll, zufolge einer ursprünglichen Anticipation
in ihm sein müsse. Und ist dieser Satz nicht stehen geblieben?
Hat nicht die ganze Wissenschaft vom Geiste, bis auf eine ratio=
nell=physiologische Theorie der Sinne herab, nur auf dieser
Grundlage sich weiter ausgebildet?

So konnte er gerade Leibniz als denjenigen Philosophen
bezeichnen, der wohlverstanden — „und warum sollte er sich
nicht wohlverstanden haben" — recht behalte, der der einzig
Ueberzeugte gewesen sei in der ganzen Geschichte der Philosophie. *)
Ebenso behauptete er auch mit Jacobi aufs innigste übereinzu=
stimmen, weil auch er die Wahrheit im innersten Heiligthum
unsers eigenen Wesens suche; und überhaupt bestand ein ana=
loges Verhältniß zu diesem wie zu Schiller: Fichte fühlte ver=
wandtschaftliche Neigung zu Jacobi's Geiste, die von diesem nicht
erwidert wurde. **)

Erwägt man nun das im Vorstehenden Angedeutete in sei=
nem tiefern Sinne und weitern Zusammenhange, so erhellt voll=

*) Sämmtliche Werke, I, 514, 515.
**) Man vergleiche mit dieser Erklärung die Aeußerungen Schiller's
(„Goethe's und Schiller's Briefwechsel", I, 59).

kommen, welche Bedeutung die beiden großen Dichtergestalten
für Fichte haben mußten: sie brachten ihm, durch ihren Genius
dem innersten Wesen der Dinge vertraut, auf unmittelbare, praf=
tisch=thatsächliche Weise die Bestätigung seiner Grundansicht ent=
gegen, von dem Vorausbesitze aller Realität und Wahrheit durch
den Geist, von der eigentlichsten Apriorität derselben. So erklärt
sich, warum er, nach einer sichern Ueberlieferung, in Goethe's
tiefer Schilderung vom Wesen des Dichters (in seinem „Wilhelm
Meister", Werke, XVIII, 128, 129), wie dieser die ganze Welt
mit ihren Verwirrungen und Widersprüchen in klarer Einsicht,
weil in bewußtloser Anticipation, besitze, den eigentlichen Sinn
seines Systems wiederfinden konnte. Zu W. von Humboldt
äußerte er *), „daß er Goethe für die Speculation zu gewinnen
wünsche; sein Gefühl leite ihn zu richtig; er habe ihm sein System
so klar und bündig dargelegt, daß er es selbst nicht klarer ver=
mocht hätte". Und im Briefe an Weißhuhn schreibt er, daß er
„Goethe weit eingeweihter in das freie Forschen finde, als man
bei seinem dichterischen Charakter glauben sollte; er übertreffe
Schiller darin um vieles, der eigentlich in zwei Welten lebe,
in der poetischen und dann und wann auch in der Kantisch=
philosophischen".

Jenes unterordnende Urtheil über Schiller's philosophisches
Vermögen scheint sich indeß bei Fichte alsbald berichtigt zu haben;
nicht unwahrscheinlich ist es, daß das Studium der damals gerade
(Anfang 1795) erscheinenden Schiller'schen „Briefe über die
ästhetische Erziehung des Menschengeschlechts", welche auf die
Principien seiner philosophischen Denkweise am tiefsten eingehen —
und von diesen wird sogleich noch zu reden sein — sein Urtheil
umgestaltete. Folgendes theilt nämlich Humboldt mit **):

„Mit Fichte habe ich interessant gesprochen, sehr viel auch
über Sie. Er erwartet von Ihnen sehr viel für die Philosophie.
Sie hätten, sagt er, jetzt Ihr speculatives Nachdenken fast nach
allen Seiten hin gerichtet. Das Einzige, was noch mangle, sei
die Einheit. Diese Einheit sei zwar in Ihrem Gefühl, aber
noch nicht in Ihrem System. Kämen Sie dahin, und dies hänge

---

*) „Briefwechsel zwischen Schiller und W. von Humboldt", S. 108, 109.
**) a. a. O., S. 108.

allein von Ihnen ab, so wäre von keinem andern Kopfe
so viel und schlechterdings eine neue Epoche zu erwar=
ten." *)

Durch die bisherigen Zusammenstellungen haben wir nunmehr
den Kampfplatz kennen gelernt, auf dem die betreffenden Briefe
sich bewegen, und das innere Verhältniß der Persönlichkeiten.
Beide Denker suchten damals den tiefsten Mittelpunkt des mensch=
lichen Geistes, Fichte die speculative theoretische Einheit, Schiller
die praktische Vollendung desselben, das praktisch absolute Ich;
die Verwandtschaft beider Untersuchungen näherte sie einander,
aber Schiller, der seinen Pfad von Fichte durchkreuzt glaubte,
wie man aus dem zweiten Briefe ersieht, stieß ihn lebhaft zurück.
Er argwöhnte in Fichte's Abhandlung die Absicht einer Parodie
oder einer Widerlegung seiner „Briefe über die ästhetische Erziehung
des Menschengeschlechts", deren erste Hälfte soeben in den „Horen"
erschienen war; dies schien ihn um so mehr zu verletzen, als der=
selben mit keinem Worte erwähnt wurde. Fichte suchte ihm zu
beweisen, daß beide Werke nichts miteinander gemein hätten
als die erste Grundlage und die allgemeine Tendenz. Wir
charakterisiren beide, soweit es zum Verständniß des Briefwechsels
nöthig ist.

Schiller in seinen „Briefen über die ästhetische Erziehung des
Menschengeschlechts", einem Werke, das wenigstens um seiner all=
gemeinen culturphilosophischen Resultate willen nicht seine Be=
deutung verlieren wird, stellt sich gleich zu Anfang auf den höch=
sten praktischen Standpunkt seiner Untersuchung.

Der Vernunftstaat, die Herrschaft der Vernunftgesetze, wie
sie durch das Wesen der Menschheit gefordert ist, kann nicht auf
einmal und ohne Uebergang an die Stelle des gegenwärtig
herrschenden Naturstaats und seiner zwingenden Gesetze treten,

---

*) Ein ähnliches Urtheil berichtet Herbart an Halem (in einem auch sonst
durch seinen Inhalt merkwürdigen Briefe vom 28. August 1795 aus Jena,
abgedruckt in Allihn's und Ziller's „Zeitschrift für exacte Philosophie"
[1860], Bd. I, Heft 3, S. 323): „Mangel an Einbildungskraft legt er (Fichte)
den meisten jetzigen Philosophen zur Last; von den Dichtern dagegen erwar=
tet er sehr viel für seine Philosophie. Unter allen Menschen glaubt er bis
jetzt von Schiller und Goethe sich am besten verstanden, die sich sehr mit
seinem Systeme beschäftigen."

es bedarf eines Mittelstandes zwischen beiden, der nur in der harmonischen Ausbildung bestehen kann, wo wir ohne äußern Zwang, durch die eigene glückliche Natur getrieben, das Schöne und Gute vollbringen. Diesen Zustand haben im glücklichern Alterthume die Griechen besessen; jetzt ist unsere Bildung eine durchaus zersplitterte, ein steter Kampf der geistigen Kräfte, eine Theilung der Beschäftigungen, die unsere Anlagen und Wünsche in Widerstreit miteinander bringt, wobei nur die Gattung ge= wonnen, das Individuum aber verloren hat. Energisch und für die damalige Zeit heilsam, greift er die „Barbaren" an, die jegliches Gefühl lästern und auszurotten bemüht sind und dadurch doch nichts erlangen, als die „Sklaven ihres Sklaven", eines abstracten Gebotes, zu sein. Es ist ein beredter Commentar zu den bekannten Epigrammen gegen Kant's moralischen Rigorismus. Davon kann nur die Pflege des ästhetischen Sinns heilen, und so stellt er als höchstes Ideal hin eine durch Cultur des Gefühls, durch bewußt gebildeten Schönheitssinn harmonisch vollendete Menschheit, einen „Staat des schönen Scheins", der bisjetzt frei= lich nur in feingestimmten Gemüthern als Wunsch und Bedürf= niß ausgebildet und verwirklicht sei, wie die reine Kirche und die reine Republik auch nur im begünstigten Kreise weniger sich er= warten lasse.

Fichte war in seiner Abhandlung und in seiner gesammten Theorie weniger in Widerspruch mit jener Ansicht, als daß er dort eine ganz andere Frage behandelte, hier dem Schiller'schen Resultate eine allgemein theoretische Bedeutung und dadurch zugleich eine andere Wendung gab. Er weist auf, wie durch innere Nothwendigkeit das schon vorbereitet sei, was Schiller mittels eines freien Bildungsprocesses erreicht haben wolle: er deducirt, während Schiller postulirt. Die theoretische und die praktische Thätigkeit des Ich müssen durch eine mittlere dritte verbunden und in ihr als identische gesetzt sein; dies ist das Ge= biet des Aesthetischen und der schönen Kunst. „Sie macht den transscendentalen Gesichtspunkt zum gemeinen"; das Höchste wird in ihr auf unmittelbare Weise uns nahe gebracht und der Anschauung dargeboten. Der Philosoph erhebt sich und andere mit Arbeit auf diesen Gesichtspunkt, der schöne Geist steht darauf, ohne es bestimmt zu denken, denn er kennt keinen an=

dern, und er hebt diejenigen, die sich seinem Einflusse überlassen, ebenso unvermerkt zu ihm empor, daß sie des Uebergangs sich nicht bewußt werden. Die schöne Kunst allein bildet den ganzen vereinigten Menschen. *)

Hierbei erhebt sich die Frage: hat Fichte das ästhetische Gebiet als das dritte höchste, die beiden andern als sich unterordnende gedacht, oder als das mittlere zwischen beiden, welches auf unmittelbare Weise den Uebergang sichert zu dem schlechthin höchsten, dem sittlichen, welches aber ebendarum an sich selbst nicht der höchste Standpunkt ist? Nur die erste konnte Schiller's Ansicht sein. Was Fichte betrifft, so können, da dies ganze Verhältniß von Aesthetik und Moral von Fichte völlig unausgebildet gelassen ist, aus seinen Werken außer dem Angeführten keine ausdrücklichen Belege dafür oder dawider gegeben werden; doch läßt die ganze Consequenz seiner damaligen Denkart, für welche die sittliche Freiheit der höchste Ausdruck des Vernunftbewußtseins war, und noch ein tiefer liegender theoretischer Grund kaum daran zweifeln, daß er sich zur entgegengesetzten Ansicht bekannt haben würde. Der ästhetische Sinn und Trieb ist, wenn auch das Höchste, doch das Höchste in Gestalt der Unmittelbarkeit, der Natur: das Wesen des Geistes ist Freiheit; nur in dieser kann er die ihm angemessene Wirklichkeit erreichen, auch die höchste Naturgestalt der Idee muß daher von ihm überschritten werden und in die Form der freien Sittlichkeit sich auflösen.

Wesentlicher jedoch als dies alles ist die Bemerkung, daß später für Fichte an die Stelle des ästhetischen Standpunkts der religiöse getreten ist; von diesem gilt ausdrücklich, was Fichte dort dem ästhetischen beilegt, er besitze das Höchste, den transscendentalen Gesichtspunkt, auf unmittelbare Weise; und ohne Zweifel hat Fichte recht gehabt mit dieser Erweiterung; er hat seine eigene und auch Schiller's frühere Ueberzeugung berichtigt, die beide die Religion, als expliciten Zustand und besondere Form des Bewußtseins, merkwürdiger=, aber für die damalige Zeit gewiß sehr bezeichnenderweise völlig ignorirt hatten, der

---

*) Man vergleiche: „Ueber Geist und Buchstab" u. s. w., zweiter Brief (Sämmtliche Werke, VIII, 277 fg.); „System der Sittenlehre" (1798), IV, 353.

eine in der Moral, der andere in der Schönheit der Seele sie
absorbirend.

Das Nähere des Streites zwischen beiden Männern gehört
nicht mehr in diesen Zusammenhang; es betrifft die Theorie der
Triebe und deren Eintheilungsprincip. Doch wird man wohl
thun, in einer künftigen Geschichte des Schiller'schen Geistes dies
nicht unbeachtet zu lassen. In ihm enthüllt sich der innerste Mittelpunkt seiner Denkweise und seines künstlerischen Strebens.

Im übrigen blieb auch später das gute Vernehmen zwischen
beiden äußerlich ungestört; Schiller erwähnte Fichte's als seines
Freundes öffentlich mit Lob und Anerkennung *), und in des
letztern Briefen an Reinhold findet sich eine gelegentliche Aeußerung, welche zeigt, daß jener sich auch mit dem Studium der
Wissenschaftslehre eifrig und glücklich beschäftigt habe.

Späterhin, als Fichte bereits nach Berlin übergesiedelt war,
erwies ihm Schiller einen wichtigen Dienst, welchen er, wie er
in einem Briefe vom 9. Juni 1803 bezeugt, keinem andern
als ihm verdanken wollte. Als endlich Schiller mit seiner Familie
im Jahre 1804 Berlin besuchte und sich daran die Hoffnung einer
Anstellung desselben im preußischen Staate knüpfte, da suchte
Fichte aus allen Kräften diesen Plan zu unterstützen. Wie tief-
erschütternd endlich der plötzliche Tod des Freundes im folgenden
Jahre auf ihn und seine Gattin wirkte, welche schon lange durch
innige Freundschaft mit Schiller's Gattin treu verbunden war,
das erfahren wir aus den Briefen der erstern, welche später durch
die Güte von Schiller's Tochter in unsere Hände gelangt sind.
Wir werden daher auch von diesen Briefen Bruchstücke mittheilen.

Freier und mehr auf wechselseitige Anerkennung gegründet
war Fichte's Verhältniß zu Goethe, der ihn gleich anfangs mit
entschiedener Zuneigung und mit einer gewissen vertrauenden
Achtung empfangen hatte; und auch hierüber mögen die oben
mitgetheilten Briefe zum Zeugnisse dienen. Dieser herrliche Geist,
der mit sicherer Ruhe den Werth jeder fremden Individualität
faßte und erwog, ohne sie beschränken zu wollen, noch selbst von
ihr sich einschränken zu lassen, hatte auch Fichte's wissenschaftlichen

*) Vgl. „Horen", I, 18.

Unternehmungen sogleich Aufmerksamkeit zugewendet. Dennoch hätte er eigentlich ihm ferner stehen sollen als Schiller, der sich theoretisch zum Kriticismus bekannte, während Goethe's ganze Denkweise mit nichts so im Widerspruch stand als mit der damaligen Gestalt der Philosophie, wie er dies in der Erzählung seines Verhältnisses zu Schiller selbst deutlich ausgesprochen hat. Nach seinem Grundsatze jedoch, niemals im voraus abzuschließen, sondern die Sache selbst gewähren zu lassen, hatte der Plan einer absoluten Gesetzgebung alles Bewußtseins, einer höchsten demonstrirten Wissenschaft des Wissens, wie Fichte sie beabsichtigte, schon seiner Kühnheit wegen lebhafte Erwartung in ihm erregt, wiewol er dem Gebiete des Abstracten fremd, ja einigermaßen abgeneigt sein mußte. Er selbst, zwischen sinnigem Beobachten des Einzelnen und Aufsuchen der Totalität, des Gesetzes in ihm, wie in frei betrachtender Schwebe bleibend, verhielt sich auch zur Philosophie in der Lage eines geistreichen, doch niemals unbedingt sich gefangen gebenden Beobachters. Was sie Objectives entdeckte, mochte er benutzen und sich dessen erfreuen, ohne besonders zu fragen, auf welchem Wege sie es gefunden; mußte es doch irgendwo mit dem Leben, mit der Wirklichkeit zusammenhängen und so in seiner Wahrheit sich selbst rechtfertigen. In jener höchst wünschenswerthen Geistesstimmung, bei Goethe der Ausdruck seiner Individualität, die aber zuletzt auch Erzeugniß der wahren philosophischen Bildung sein soll, durchdringt sich die höchste geistige Selbständigkeit mit voller Hingebung an das Fremde, ja mit offenster Lernbegierde, wo wahrhaft ein Object sich darbietet, indem ihr das unerschöpfliche Einzelne stets lehrreich ist, ein immer neuer Spiegel der ewigen Schöpferkraft.

Nur mußte dabei Goethe die damalige Philosophie mehr als ein nothwendiges Uebel betrachten, als etwas, das sich selbst überflüssig zu machen habe, um den Geist aus der selbstgeschaffenen Abstraction, in welcher damals fast alle Wissenschaft verkehrte, wieder zurückzuführen zum verlorenen Gleichgewichte, zur rechten Eintracht mit der Wirklichkeit und den Objecten. Dies alles mochte in persönlichen Mittheilungen zwischen Goethe und Fichte vielfach verhandelt worden sein, während der letztere nach seiner damaligen Ansicht im Stande war, völlig darin einzustimmen; seine Philosophie sollte eben jene verlorene Eintracht herstellen durch strenge Abscheidung dessen, was man wissen könne, um zuletzt dem Leben, der Wirklichkeit klarbewußt und desto energischer sich hinzugeben; und wir berufen uns wegen dieser Seite seiner Lehre besonders auf den früher von uns mitgetheilten Brief an Jacobi *), worin dies als die letzte Tendenz seiner Philosophie sich entschieden ausgesprochen findet. So theilte er auch Goethe, um seine aufgeregte Erwartung zu stillen, die Wissenschaftslehre, sowie sie im Druck erschien, sogleich bogenweise mit, und das Urtheil desselben über sie sowie über die gesammte Philosophie ist so lehrreich eigenthümlich, daß wir einiges aus seinem Antwortschreiben mittheilen zu müssen glauben:

„Für die übersendeten ersten Bogen der «Wissenschaftslehre» danke ich zum besten; ich sehe darin schon die Hoffnung erfüllt, welche mich die Einleitung fassen ließ.

„Das Uebersendete enthält nichts, das ich nicht verstände oder wenigstens zu verstehen glaubte, nichts, das sich nicht an meine gewohnte Denkweise willig anschlösse.

„Nach meiner Ueberzeugung werden Sie durch die wissenschaftliche Begründung dessen, worüber die Natur mit sich selbst in der Stille schon lange einig zu sein scheint, dem menschlichen Geschlechte eine unschätzbare Wohlthat erweisen und werden sich um jeden Denkenden und Fühlenden verdient machen. Was mich betrifft, werde ich Ihnen den größten Dank schuldig sein, wenn Sie mich endlich mit den Philosophen versöhnen, die ich nie entbehren und mit denen ich mich niemals vereinigen konnte.

„Ich erwarte mit Verlangen die weitere Fortsetzung Ihrer Arbeit, um manches bei mir zu berichtigen und zu befestigen, und hoffe, wenn Sie erst freier von dringender Arbeit sind, mit Ihnen über verschiedene Gegenstände zu sprechen, deren Bearbeitung ich aufschiebe, bis ich deutlich einsehe, wie sich dasjenige, was ich zu leisten mir noch zutraue, an dasjenige anschließt, was wir von Ihnen zu hoffen haben.

„Da ich mit Freuden theil an der Zeitschrift nehme, die Sie in Gesellschaft würdiger Freunde herauszugeben gedenkt, so wird auch dadurch eine wechselseitige Erklärung und Verbindung be-

---

*) Vgl. S. 180.

schleunigt werden, von der ich mir sehr viel verspreche. Leben Sie recht wohl.

Weimar, den 24. Juni 1794. Goethe."

Auch späterhin dauerte dies Verhältniß fort, und Goethe meldete noch in einem Briefe an Meyer vom 18. März 1797, „daß er mit Fichte dessen neue Darstellung der Wissenschafts= lehre abends durchgehe". *) Ebenso wurde die Verbindung zwischen Jacobi und Fichte zuerst durch Goethe eingeleitet, indem er dessen Schrift „Ueber den Begriff der Wissenschafts= lehre" dem letztern mittheilte und ihn noch besonders auf= merksam machte auf die neue philosophische Erscheinung. Das merkwürdige Urtheil Jacobi's darüber findet sich in seinen später bekannt gemachten Briefen. **)

Dies Verhältniß des Wohlwollens und [des Vertrauens trübte sich freilich von Goethe's Seite durch Fichte's Verhalten gegen die weimarische Regierung in dem Handel, seinen „Atheis= mus" betreffend. Aus unserer spätern Erzählung wird sich er= geben, daß eigentlich Goethe es war, welcher, der schwankenden Regierung gegenüber, auf Fichte's Entlassung bestand. „Ich würde" — sagte er in einem späterhin mitzutheilenden Briefe — „gegen meinen eigenen Sohn votiren, wenn er sich eine solche Sprache gegen sein Gouvernement erlaubte." Und in der That, dies Verhalten entsprach seiner gesammten monarchisch=conservati= ven Denkart wie seiner damals gerade gegen alles Revolutionäre,

---

*) „Briefe von und an Goethe", herausgegeben von Riemer (1846), S. 50.
**) Vgl. Jacobi's „Briefwechsel", II, 180. Aus einem Schreiben an W. von Humboldt: „Fichte's Programm ist mir gleich bei seiner Erscheinung von Goethe zugeschickt worden. Ich habe geantwortet wie folgt: «Fichte's Schrift habe ich gleich vorgenommen und mit Aufmerksamkeit, obgleich unter tausend Störungen gelesen. Sie hat mir Freude gemacht. Fichte scheint mehr als alle seine Vorgänger in der Predigt des in die Welt gekommenen neuen Lichts auch noch für das am ersten Tage geschaffene Licht ein Auge — ich meine wenigstens ein Auge — offen behalten zu haben. Wir müssen nun abwarten, was er weiter zu Tage bringen wird aus dem noch uneröffneten Schachte seiner drei Absoluten.» Wirklich war meine Freude an Fichte's Pro= gramm so groß und noch viel lebhafter, als ich mich gegen Goethe ausließ, daß ich mehrere Tage mit dem Gedanken umging, an Fichte zu schreiben und ihm zu sagen, wie lieb mir seine Erscheinung wäre."

„Anarchiſche“ doppelt erbitterten Stimmung. Wie hätte er in Fichte's Entſchiedenheit etwas anderes erblicken können, erblicken mögen, ohne von ſeinen lang eingelebten Gefühlen abzufallen, als die troßige Anmaßung eines „Unterthanen“, die man beſtra= fen müſſe? Sicherlich gab er jenes Votum mit Bedauern, ja mit innerm Widerſtreben; denn im gleichen Zuſammenhange jenes Briefs ſpricht er von dem unerſeßlichen Verluſte und wie Fichte „gewiß einer der vorzüglichſten Köpfe ſei“.

Später ſogar mag Reue ihn beſchlichen haben. Wir ſchlie= ßen dies aus der (nachher noch näher zu erwähnenden) Weiſe, in welcher er öffentlich jener ganzen Angelegenheit gedacht hat. Und auch H. Steffens, der, wie Goethe wußte, eine Fichte günſtige Thätigkeit bei jenem Handel entwickelte, hat bei ſeinem damaligen Begegnen mit Goethe den Eindruck von „einiger Verlegenheit“ in ſeinem Benehmen gegen ihn deutlich wahrgenommen. *) Es war die innere Nemeſis, der auch ein gewaltiger Geiſt nicht ent= geht, ja dieſer am wenigſten, wenn er aus Schwäche oder durch eine falſche Conſequenz verlockt zu einem ſchiefen Schritte ſich hat hinreißen laſſen.

Dennoch iſt es durchaus erwähnenswerth, wie dies Fichte's Neigung und Verehrung für ihn nicht ſtörte. Er zürnte wol „der nur auf einen Augenblick aufflammenden Schwäche, die mit ihm gemeinſame Sache gemacht“ **) (wer damit gemeint ſei, wird der weitere Verfolg ergeben), nicht aber dem ſtarken Gegner, von dem er urtheilen mochte, daß er nur conſequent gehandelt; und in den ſpätern Briefen an Schiller ſpricht ſich die höchſte Freude und Bewunderung an Goethe's Schöpfungen aus. Im Jahre 1810 ſahen beide Männer im Badeorte Tepliß ſich wieder und begrüß= ten ſich herzlich, alter guter Zeiten eingedenk. Und hier iſt noch einer Aeußerung Goethe's an Zelter zu gedenken, der gleichfalls damals gegenwärtig war und als gemeinſchaftlicher Freund ſie Fichte's Gattin hinterbrachte. „Da geht“, ſagte er zu Zelter, auf den in der Ferne mit den Seinigen dahinwandelnden Fichte deutend, „der Mann, dem wir alles verdanken!“

---

*) H. Steffens, „Was ich erlebte“, IV, 166.
**) Werke, VIII, 405.

Viertes Kapitel.

Fichte's moralische Sonntagsvorlesungen. Versuch, die Ordensverbindungen aufzulösen.

Wir wenden uns zurück zu Fichte's akademischer Thätigkeit. Wir wissen schon, wie er seinen Beruf erfaßt hatte: neben seiner eigentlichen Wirksamkeit als Lehrer hielt er es zugleich für seine wichtigste Aufgabe, zur Bildung des moralischen Sinnes, zur Besserung der Sitten unter den Studirenden kräftig beizutragen, und dies um so mehr, als er bemerken mußte, daß dafür im großen und ganzen fast gar nichts geschehe. Früher hatte Döderlein als Kanzelredner und Lehrer die zügellosen Sitten kräftig bekämpft, nachher auch Reinhold nicht ermangelt, durch Lehre und Beispiel auf seine Umgebung heilsam einzuwirken; jetzt faßte Fichte den Plan, eine gründliche Besserung darin herbeizuführen, indem er der Wurzel des Uebels, den Ordensverbindungen und Landsmannschaften, ein Ende machte. Schon im ersten Halbjahr suchte er diesen Zweck durch seine Vorlesungen über die Bestimmung des Gelehrten vorzubereiten, deren Wirkung gleich zu Anfang sehr bedeutend war. *) Sie mochten wol alles

---

*) Diese Wirkung verbreitete sich sogar über Jena hinaus. Hierher gehört nämlich eine Stelle aus den Briefen seiner Gattin von Zürich aus, die überhaupt bezeichnend ist für diesen ganzen Abschnitt: „Vorgestern (2. Aug. 1794) erhielt ich einen sehr freundschaftlichen Brief von Baggesen, worin er erzählt, daß er detaillirte Nachrichten über Dich aus Jena habe; sie melden ihm, daß Du, mein Theuerster, schon jetzt außerordentlich geschätzt werdest. Dein Collegium über Moral für Gelehrte sei eine der glücklichsten Ideen eines philosophirenden Herzens; dies Collegium habe große Sensation gemacht, und der Herzog begegne Dir mit auffallender Auszeichnung."

vereinigen, was die Universität an gebildeten Jünglingen besaß, und welchen Eindruck sie bei belebtem Vortrage auf diese machen mußten, möge aus der Wirkung geschlossen werden, welche sie, durch zufällige Veranlassung abgedruckt, auch im größern Publikum erregten. *) Noch ein späterer Beurtheiler (Schleiermacher) hat, bei Vergleichung dieser Reden mit den spätern über denselben Gegenstand, ihnen bezeugt, daß sie die schönste That des feurig hoffenden Jünglings gewesen, „mit dem man sich für die gute Sache habe enthusiasmiren müssen". **)

Dennoch zogen ihm eben diese Vorlesungen in ihrem Verlaufe sehr bedeutende Unannehmlichkeiten zu, welche, durch das Gerücht verbreitet und entstellt, die erste Veranlassung waren, sein Verhältniß zum Publikum zu verstimmen. Er machte zum ersten male die auch nachher ihm nicht ersparte Erfahrung, daß selbst der beste Zweck, die besonnen wohlmeinendste Gesinnung einer gehässigen Auslegung nicht entgehe, daß man gerade dadurch am ersten vielleicht sich Feindschaft zuziehe. Und deshalb muß jener Umstände und ihrer Veranlassung etwas ausführlicher gedacht werden.

Fichte wünschte seine moralischen Vorlesungen im nächsten Winterhalbjahre nach erweitertem Plane und in noch größerer Ausdehnung nach Form und Inhalt fortzusetzen; sie sollten, wie er sie späterhin selbst charakterisirte, eine Gesellschaft zur Beförderung der Moralität unter den Studirenden werden. Indem er zunächst eine Stunde dafür zu wählen hatte, mußte es eine solche sein, wo keine andern wichtigen Vorlesungen gehalten würden, damit sämmtliche Studirende Gelegenheit hätten, ihnen beizuwohnen. Für eine solche blieb nach allseitiger Ueberlegung nur am Sonntag Zeit übrig, und Fichte wählte endlich diesen Tag, nicht ohne vorher sich erkundigt zu haben, ob ihm ein Gesetz oder eine Observanz der Universität dabei im Wege stehe. Wiewol er nämlich wußte, daß theologische und moralische Vorlesungen nach altem Herkommen auf andern Universitäten sogar ab-

---

*) „Einige Vorlesungen über die Bestimmung des Gelehrten" (Jena 1794) (Werke, VI, 291 fg.).

**) In einer Recension von „Fichte's Reden über das Wesen des Gelehrten" (1806), in der „Jenaischen Allgemeinen Literaturzeitung", 1806, Nr. 91, 92.

ſichtlich Sonntags gehalten würden, daß namentlich Gellert in
Leipzig ſeine berühmten moraliſchen Vorträge deshalb auf dieſen
Tag verlegt habe, um zu einer würdigen Benutzung deſſelben an-
zuhalten, daß endlich ſelbſt in Jena ſeit langem die Vorträge der
Phyſikaliſchen Geſellſchaft am Sonntage gehalten würden: ſo wollte
er doch alles vermeiden, „was nur irgend als geſetzwidrig angeſehen werden könne“. Er ſchrieb deshalb an eines der älteſten
und erfahrenſten Mitglieder der Univerſität, Profeſſor Schütz, um
ſeinen Rath ſich zu erbitten; dieſer antwortete, ſeine Vorleſungen
könnten keinen Anſtand finden, wenn er nur nicht die Stunde
des Gottesdienſtes dabei wähle.*) Indem nun für die Studirenden
Vormittags von 11—12 Uhr ein beſonderer akademiſcher Gottes-
dienſt gehalten wurde, glaubte er zunächſt nur dieſe Stunde
vermeiden zu müſſen. Er wählte daher die Stunde von 9—10 Uhr;
nachher, als er hörte, daß auch in den übrigen Kirchen der Got-
tesdienſt erſt um 10 Uhr völlig geendet ſei, verlegte er ſie ausdrücklich aus dieſem Grunde auf die ſpätere Zeit von 10—11 Uhr,
ſodaß ſelbſt äußerlich nicht der geringſte Vorwurf ihn treffen
könnte, wenn es mit jenem Univerſitätsherkommen ſich alſo verhielt. Dennoch erfuhr er unerwartet die gehäſſigſte Anklage, nicht

---

*) Das Blatt, welches zufällig noch vorhanden iſt, enthält Anfrage und
Antwort in folgender Weiſe:

„Ich fragte Sie neulich, mein verehrteſter Freund, ob man aus einem
Geſetze oder dem Vorwande eines Geſetzes mir läſtig fallen könnte, wenn ich
mein Publicum Sonntags läſe. Ich höre heute, Reichardt und Loder ſeien
einſtmals wegen des Leſens am Charfreitage beſtraft worden. Iſt die Sache
richtig? Iſt ein Geſetz darüber da, und wie lautet dieſes Geſetz? Verzeihen
Sie meine Zudringlichkeit; es liegt mir aber aus manchen Gründen ſehr viel
daran, nichts zu thun, was als geſetzwidrig angeſehen werden könnte. Darf
ich um eine Zeile Antwort bitten? Ganz der Ihrige   Fichte.“

„Mit dem Charfreitag iſt es etwas anderes, denn der iſt zugleich einer
von den zwei großen Bußtagen, deren ſtrenge Feier allemal durch expreſſe
landesherrliche Befehle empfohlen wird. Das Factum von Reichardt und
Loder iſt mir übrigens unbekannt. Sonſt kann ſchlechterdings nichts Geſetz-
widriges dabei ſein, wenn Sie Ihre Vorleſungen nur nicht in die Stunde des
öffentlichen Gottesdienſtes verlegen, alſo z. B. etwa zwiſchen 4—5 oder 1—2 Uhr
leſen. Erlaubt man am Sonntag Komödie, warum nicht auch moraliſche Vorleſungen? Der Ihrige   Schütz.“

nur wegen des Factums, sondern auch geradezu wegen der Ab=
sicht dabei. Das Consistorium in Jena beschuldigte ihn nämlich
deshalb bei der Landesbehörde als verdächtig, „durch jene Vor=
lesungen die zeitherige gottesdienstliche Verfassung untergraben
zu wollen"; und das Oberconsistorium, eine Behörde, worin
ein Herder saß, trat auf den bloßen Bericht von dem Vorgange
dieser Behauptung in allem bei, mit dem bestätigenden Zusatze,
daß es „allerdings scheine, daß dies Unternehmen ein intendirter
Schritt gegen den öffentlichen Landesgottesdienst sei". Da nun
die bloße Thatsache des Sonntagslesens eine so direct ausgespro=
chene Behauptung über die Absicht dabei unmöglich begründen
konnte, so mußten andere geheimere Suppositionen obwalten; und
gerade auf diese kommt es hier an, weil wir finden werden, welch
einen wichtigen Einfluß diese auch späterhin auf Fichte's Schick=
sale hatten.

Eine damals bekannte politische Zeitschrift, die „Eudämonia",
ein verächtliches und verachtetes Blatt, das sich unausgesetzt zum
Geschäft machte, die ausgezeichnetsten Männer Deutschlands durch
anonyme Verleumbungen politisch=religiöser Art bei den Regie=
rungen zu verdächtigen, und das trotz seiner Verächtlichkeit bei
gewissen Ständen nicht ohne Einfluß blieb, weil es ihrer Macht
zu schmeicheln verstand, übernahm es nämlich, jene Anklage öffent=
lich auszusprechen. Dasselbe brachte jene Sonntagsvorlesungen
sofort mit Fichte's Demokratismus, ja mit der Französischen Re=
volution selbst in Verbindung und behauptete ungescheut *):
„daß die Weltverwirrer durch den Professor Fichte in Jena auf
den öffentlichen Gottesdienst der Christen einen förmlichen An=
griff zu thun und ihn durch Aufrichtung eines Vernunft=
götzendienstes zu stören sich erfrecht hätten." So sinnlos diese
Behauptung war, und so sehr man zweifeln möchte, ob die Be=
hauptenden selbst nur sie geglaubt haben, so wenig verfehlte sie
des Eindrucks bei gewissen Leuten, die sich darin gefielen, die Zeit
recht schlimm sich vorzustellen. Ja, ein berühmter Schriftsteller
enthielt sich nicht, aus Erbitterung gegen die neuere Philosophie
Fichte öffentlich die Worte zu leihen: daß in einigen Jahren, durch

---

*) Bd. 2, Heft 1. Vgl. „Blätter aus dem Archiv der Toleranz und In=
toleranz" (1797), I, 121.

seine Lehre verdrängt, die christliche Religion nicht mehr existiren werde. Doch ist dies alles am besten durch die Folge widerlegt worden, wo Fichte so vielfach seine politischen wie religiösen Gesinnungen darzulegen Veranlassung fand; wie überhaupt die Geschichte noch immer die Träume jener Klugen Lügen gestraft hat, welche, sobald ihre retrograden Bestrebungen im allgemeinen Geiste der Zeit Widerstand finden, dies nicht anders sich auszudeuten wissen, als nur durch geheime Bünde und gefährliche Verschwörungen. Ueberhaupt aber scheint zu den charakteristischen Merkmalen jedes Zeitalters auch die Furcht vor irgendetwas Geheimnißvollem zu gehören, als bedürfe es eines selbstgeschaffenen täuschenden Hintergrundes, um die alltägliche Wirklichkeit genießbar finden zu können. Damals wie jetzt war es die Vorstellung von verborgenen politischen oder religiösen Bündnissen, welche das Bestehende langsam untergraben, um plötzlich einmal mit allen ihren Zerstörungen loszubrechen, eine Furcht, die eine Generation der andern überliefert, ohne daß sie je der Bestätigung näher käme! *)

Gegen alle diese directen wie indirecten Anschuldigungen gab Fichte eine ausführliche Vertheidigungsschrift ein, welche sein ganzes Benehmen durchaus erschöpfend darlegt. Wir haben sie deshalb unter den Beilagen neben den andern dazu gehörenden Actenstücken vollständig mitgetheilt, damit, falls es nöthig schiene, der Leser sich darüber ein selbständiges Urtheil bilden könne. **) Es versteht sich übrigens, daß er in der Endresolution der obersten Behörde von jenem Verdachte, „als einem ihm ohne allen Grund beigemessenen", ausdrücklich losgesprochen wurde. Doch deutete man mit lobenswerther Vorsicht darauf hin, daß man ein so „ungewöhnliches" Unternehmen wie Sonntagsvorlesungen nicht gern sehen werde; und so wurden sie von Fichte nicht fortgesetzt,

---

*) Diese Worte, im Jahre 1830 geschrieben, behaupten noch jetzt (1860) ihre volle Wahrheit, wenn wir bedenken, wie so mancher Machthaber im Staate und in der Kirche mit selbstgeschaffener Verblendung noch immer damit sich tröstet, daß nur Eigensinn und böser Wille Einzelner den Widerstand gegen sie erzeuge, daß, wenn nur diese nicht wären, ihre „guten Absichten" gelingen müßten!

**) Vgl. im zweiten Theile Beilage IV, B.

indem zugleich auch andere Verhältnisse und Gründe ihn zur Auf=
hebung derselben bestimmten.

In naher Beziehung zu jenen Vorträgen stand nämlich
ein anderer Plan von Fichte, die Aufhebung der Ordens=
verbindungen unter den Studirenden, indem er einsah, daß
der Geist der Universität nur dadurch auf die Dauer sich bessern
werde. *) Aeußere Gewalt, Bedrohung mit Strafe konnte wenig
ausrichten, dies hatte vor kurzem noch die Erfahrung gelehrt; ja
seitdem gerade war das Uebel gefährlicher als je hervorgetreten.
Ueberzeugende Belehrung, freie Mahnung an die Freien war
noch nicht versucht worden, und diese gedachte jetzt Fichte anzu=
wenden. Er sprach daher in seinen moralischen Vorlesungen be=

---

*) In H. Ratjen, „Johann Erich von Berger's Leben. Mit Andeutungen
und Erinnerungen zu «J. E. von Berger's Leben von J. R.»" (Altona 1835), S. 69,
wird über das damalige Ordenswesen in Jena Nachstehendes berichtet: „In
diesen Jahren erfuhr Jena die wildeste Zerrüttung akademischer Verhältnisse
durch die Ordensverbindungen. Zerrbilder der Freiheit, Zerrbilder jugendlicher
Bundestreue, seligen Genusses, kräftigen Wirkens traten anmaßend hervor und
höhnten den stillgeregelten Gang der Studien. Unter sich wütheten die Par=
teien, an den Lehrern und an der Obrigkeit versuchte die wüste Kraft ihre Un=
gezogenheit. Blutige Raufereien dünnten die Reihen, mordliche Ueberfälle be=
drohten die Sicherheit der Häuser." (Man vergleiche damit, was Fichte in sei=
ner Denkschrift über diese Angelegenheit von seinen eigenen Erlebnissen berichtet.)
„Es blühten drei Orden in Jena. Die Schwarzen Brüder, unstreitig die ge=
sittetsten, zählten manche gebildete Männer unter sich. Die Constantisten, die
Unitisten lebten in fortwährenden Händeln, und das Walten dieser Verbin=
dungen störte schon damals empfindlich das freie Zusammenleben der Studi=
renden. Späterhin arteten diese Verbindungen durch die Bestrebungen selbst,
sie zu reinigen, in einem Grade aus, der zu den größten Verirrungen führte."
Weiterhin erzählt der Biograph die Stiftung eines Vereins von Jünglingen,
welcher sich die „Gesellschaft der freien Männer" nannte, um durch diese Be=
zeichnung ihre Selbständigkeit von dem Zwange der Ordensverbindungen an
den Tag zu legen. Wie Fichte den wichtigsten Antheil hatte an der Grün=
dung dieses Vereins, so gehörten seine Mitglieder auch zu seinen treuesten An=
hängern und zu den Beförderern seiner Plane im Kreise der Studirenden.
Wir nennen außer Hülsen und Berger noch folgende Männer: Herbart,
den Philosophen, Smidt, Bürgermeister in Bremen, Gries, den sprach=
kundigen Uebersetzer, Horn, später Senator in Bremen, Ahlmann, später Pre=
diger in Alsen, Rist, Conferenzrath in Altona (auch Steffens' Freund),
Thaden, Amtsschreiber in Tremsbüttel, Muhrbeck aus Pommern, Spiegel aus
Braunschweig, Port aus Livland u. s. w.

sonders ausführlich über das Schädliche aller geheimen Verbin=
dungen, mit der Aufforderung an seine Zuhörer, ihn zu wider=
legen, wenn er ihnen zu irren schiene, überhaupt jeden Einwand
gegen ihn geltend zu machen. Diese blieben in anonymen Sen=
dungen nicht aus, und wie sie auch beschaffen sein mochten, er
prüfte sie mit Ernst und Gründlichkeit. Und so gelang in der That
seinem Worte, was Strafe und Drohungen seit Jahren nicht ver=
mocht hatten: sämmtliche drei Orden, die damals in Jena bestan=
den, ließen ihm durch Abgeordnete feierlich erklären, sie seien be=
reit, ihre Verbindungen aufzugeben und ihre Ordensbücher und
Statuten ihm zu überliefern. Zur Bekräftigung dessen bäten sie
ihn, den Entsagungseid von ihnen anzunehmen. Fichte befestigte
sie in ihrem Vorsatze, verwies sie aber mit ihrem Ansuchen, als
selbst dazu unbefugt, an den Prorector oder an dessen Stellver=
treter. Aber auch dieser lehnte das Geschäft ab und rieth, es
unmittelbar vor die höchste Landesbehörde zu bringen, und wie
unwesentlich dies auch scheine, darin allein lag die Veranlassung,
daß die Angelegenheit eine für Fichte so unangenehme Wendung
nahm. Während jetzt nämlich alles darauf ankam, die günstige
Stimmung der Jünglinge rasch zu benutzen und sie durch ihr eige=
nes Wort, ehe es sie gereute, an ihren Vorsatz zu fesseln, wurde
die Sache durch die Langsamkeit des öffentlichen Geschäftsgangs
fast unthunlich gemacht. Dazu kam noch das Schlimmere, das
Mistrauen der Studirenden gegen die fernstehende Behörde und
die Furcht, durch die Entdeckung ihrer Namen sich mittelbar oder
unmittelbar compromittirt zu sehen.

Indeß beschloß die Regierung auf dringendes Ansuchen von
Fichte, welcher der unterhandelnde Vermittler blieb, eine beson=
dere Commission zur Eidablegung nach Jena zu senden. Damit
man jedoch schon jetzt ihrer gewiß wäre, sollten die Orden gehal=
ten sein, vorläufig ihre Statuten und Namensverzeichnisse auszu=
liefern, eine Forderung, die, indem sie das eigene Mistrauen
zeigte, fürwahr nicht geeignet sein konnte, den guten Willen der
Jünglinge zu belohnen oder zu erhalten. Aber auch jetzt ließ
Fichte die Sache noch nicht fallen, wiewol er in Erinnerung
brachte, daß, wenn eine auf gegenseitiges Vertrauen und guten
Willen gegründete Angelegenheit in den gewohnten Formen juristi=
scher Präcaution behandelt werden solle, der Erfolg unmöglich

vortheilhaft, gewiß aber unvollständig und entwürdigend ausfallen werde. Er fand indeß noch einen Mittelweg, wobei er sich persönlich allerdings großer Verantwortlichkeit aussetzte. Er schlug nämlich vor, da die Auslieferung der Ordensbücher zu verlangen unmöglich sei, sie selbst vorläufig auf das Ehrenwort der Studirenden, daß wirklich darin ihre Statuten und Namensverzeichnisse enthalten seien, versiegelt bei sich deponiren zu dürfen. Würde ihnen dann, wie sie es wünschten, Straflosigkeit für das Vergangene zugesichert, so sollten jene Papiere ungesehen vernichtet werden; könne man aber nicht volle und unbedingte Verzeihung bewilligen, so möge man ihm erlauben, sie unversehrt zurückzugeben. Die Behörde ging den Vorschlag ein; doch wurde noch während der Unterhandlungen wenigstens als Anfrage der Gedanke geäußert: ob er die übergebenen Ordensbücher nicht sogleich „vertraulich" überliefern wolle, „um die Acten mit Sicherheit anfangen zu können". Fichte aber antwortete, daß, wenn die Acten nur angefangen werden könnten, falls er wortbrüchig handle, sie gar nicht angefangen werden sollten; er setze indeß seine Ehre für die der Studirenden ein, daß die übergebenen Papiere richtig seien. Gerade durch unverhohlene Voraussetzung der Schlechtigkeit, durch eigenes Mistrauen versuche man zum Wortbruche, zu wirklicher Schlechtigkeit!

Während aber die verheißene Commission erwartet wurde, war, wie er vorausgesehen, der flüchtige Moment vollständiger Wirkung schon vorübergegangen. Der eine Orden trat ganz von den Unterhandlungen zurück und wendete sich nun mit desto größerer Leidenschaft gegen denjenigen, der, wie sie glaubten, ihre Gutmüthigkeit hätte benutzen wollen, um sich bei dem Hofe Ansehen zu verschaffen. Denn dies insbesondere konnten sie, konnten selbst seine Collegen ihm nicht verzeihen, daß jene Angelegenheit an den Hof gelangt sei, statt vor der gewöhnlichen akademischen Gerichtsbarkeit zu bleiben. Dabei wußten aber jene und bedachten diese nicht, daß der Senat selbst ja durch seinen Stellvertreter Fichte von sich ab und an den Hof gewiesen hatte. So wurden mehrmals durch einzelne Mitglieder jenes Ordens zügellose Excesse gegen ihn veranlaßt, die zwar untersucht, aber bei unvollständiger Ermittelung nicht bestraft wurden. Fichte, nicht gewöhnt an dergleichen Auftritte, die indeß von andern Universitätslehrern gleich

einem unvermeidlichen Uebel mit unglaublicher Geduld ertragen
wurden, verlangte von der akademischen Obrigkeit vollständigen
Schutz. Diese, vielleicht weniger ihm geneigt, weil sie sich unmittelbar vorher von ihm übergangen glaubte (wenigstens deutet
die später mitzutheilende Denkschrift von Fichte über diese Angelegenheit auf solche Regungen hin), überhaupt aber gewohnt,
dergleichen oft Erlebtes mit einiger Lässigkeit zu behandeln, verwies ihn auch mit diesem Gesuche an den Hof. Hätte aber dieser
ihn nicht billig wieder zurückweisen können an seine nächste Obrigkeit, die für solche Fälle mit den nöthigen Schutzmitteln wirklich
ausgerüstet war? Und wäre auch dann nicht wieder vielleicht die
übelwollende Bemerkung gehört worden, daß er nur Auffallendes
suche, daß die gewöhnlichen Formen ihm nie genug thäten?
Unter so widerstrebenden Verhältnissen faßte er endlich den Entschluß, Jena auf einige Zeit ganz zu verlassen; und in dem Gesuche um Urlaub, welches er an die Regierung einsendete, sagt er
in dieser Rücksicht sehr bezeichnend: es bliebe für einen, dem sogar seine Leiden und Widerwärtigkeiten zur Schuld angerechnet
würden, nur übrig, zu weichen und die Zeit der Ruhe und ge-
messenern Urtheils abzuwarten. Er erhielt den nachgesuchten Urlaub und lebte nun die Sommermonate des folgenden Jahres (1795)
in dem Dorfe Osmannstädt bei Weimar, auf das rüstigste als
Schriftsteller thätig. Die zweite Abtheilung des „Systems der
Wissenschaftslehre" sowie der erste Theil der „Rechtslehre" sind
neben kleinern Abhandlungen während dieser Zeit von ihm geschrieben; auch verfaßte er hier eine Denkschrift über die Ordens-
angelegenheit*), welche in der ersten Auflage dieses Werks zum
ersten male gedruckt erschien und die als Beleg wie als Ergänzung
unserer Erzählung dient. Zugleich scheint sie aber auch als Urkunde
seines Charakters und seiner Gesinnung, sowie wegen des Lichtes,
das sie über manche geheimere Seiten des Universitätslebens und
der Studentenbünde verbreitet, selbst jetzt noch ihre volle Bedeutung zu behalten. Er theilte sie vor der beabsichtigten Bekanntmachung dem Mitgliede des weimarischen Geheimen Rathes mit,
der die Angelegenheit vorzüglich geleitet hatte und den er damals
für seinen Freund halten durfte, dem Geheimrath Voigt. Dieser schlug

---

*) Vgl. Beilage V im zweiten Bande.

nur die Veränderung einiger Stellen vor, die seine eigene Person
betrafen und die von seiner Hand beigezeichnet sich im Manu=
scripte finden; und so wird auch dieser ein Zeuge für die un=
befangene Wahrheit der Erzählung. Aber er glaubte vorher
die Schrift dem Hofe selbst vorlegen zu müssen. Hier wünschte
man indeß, daß sie ungedruckt bleibe, damit nicht gewisse
praktische Auswege und Verwaltungsmaßregeln zum Vorschein
kämen, die man lieber verborgen hielt! Und so unterdrückte
Fichte sie ganz, was wir für eine nicht geringe Selbstaufopferung
halten müssen, indem sie bei den groben Entstellungen seiner Denk=
art und Handelsweise, wodurch sie eben veranlaßt war, nur zu
seiner völligen Rechtfertigung gereichen konnte.

Sein späteres Urtheil wie seine Stimmung über diese An=
gelegenheit sprechen vertraute Briefe aus Osmannstädt sehr be=
zeichnend aus, von denen wir einige Stellen hier einschalten.
„Von neuen entscheidenden Maßregeln gegen diese Unruhen habe
ich in Weimar nichts gehört. Die Faulheit und Sorglosigkeit
gewisser Leute ist unglaublich groß. Sie werden wol einmal auf=
geschreckt und wüthen eine Zeit lang; aber diese Anstrengung er=
müdet sie von neuem, und wenn nur keine frischen Beleidigungen
dazukommen, so legen sie sich bald wieder auf ihr Ruhebette. Be=
sonders scheut man über alles dasjenige, was Geld kostet, und es
ist wahr, daß die Erhaltung der Truppen in Jena sehr kostspielig
ist. Kurz, ich habe die thörichtste aller Hoffnungen, daß aus Jena
je etwas werden könne, aufgegeben." — „Doch sei Du nur ruhig!
Wenigstens entsteht aus diesem allem das Gute, daß ich nicht mehr
mein Herz an das Project hänge, aus diesen rohen Menschen
etwas machen zu wollen, meinen Stiefel schlecht und gerecht hin
lehren werde, Gott gebe nun, daß sie gute Menschen oder daß sie
im Herzen Schalke seien. Sonst hielt ich das, was Paulus geur=
theilt hat, für eine menschenfeindliche und von eigener Schlechtig=
keit zeugende Unwahrheit; jetzt bin ich fast nahe daran, gerade so
zu urtheilen wie er." — „Aber nur ja nicht das Kind mit dem
Bade verschüttet! Es gibt doch noch immer so manche treffliche
junge Leute unter ihnen. Kurz, ich kann mein Herz doch
nicht ganz gegen sie zuschließen, es werde daraus
was da wolle!" — An andern Stellen spricht er von äußern

Verhältnissen, deren Erwähnung auch über das Vorhergehende
Licht verbreitet: „Ich war vorige Woche in Weimar; das ist
das einzige Merkwürdige, was ich Dir aus meinem sehr ein=
fachen Leben zu schreiben wüßte. Herder sprach ich; er war sehr
artig und redete mir sehr zu, nach Jena zurückzukehren. Es
wurde über meine Angelegenheit mit den Orden gesprochen und
er äußerte den Gedanken, dessen Urheber wol Goethe sein mag:
man müsse diese Dinge ruhen lassen und nicht regen. Ich be=
richtigte sein Urtheil durch eine Bemerkung, die ihm entgangen
zu sein schien, und er schien überzeugt. Deiner wurde mit Lob
erwähnt, er läßt Dich grüßen.“ — „Goethe gesprochen. Er war
die Artigkeit, die Freude mich zu sehen, die Freundschaft selbst;
er bezeigte mir ungemeine Achtung. Wir sprachen Philosophie;
von Geschäften kein Wort. «Er hoffe, wenn wir einander
in der Nähe blieben, aus diesen, den philosophischen Dingen,
noch sehr viel mit mir zu sprechen», sagte er etliche male, ohne
daß ich es zu bemerken schien.“ — „Voigt gesprochen. Er war
die ganz zutrauliche Freundschaft und freute sich sehr, mich zu
sehen. Hier wurde von Geschäften gesprochen — was denn
wol unter uns beiden bleiben wird — zu meiner Zufriedenheit.
Einiges habe ich mir vorbehalten, bis auf ein anderes mal;
man muß die Leute nicht überfüllen. Es wurde von seiner
Reise, von den Gegenden bei Dresden gesprochen, und wie er
die Begriffe der bresdener Minister über mich, die mir nichts
Gutes zutrauen, berichtigt und meine Vertheidigung sehr ernst=
haft übernommen habe; wie ihnen dies denn auch eben recht ge=
wesen, weil ich denn doch nun einmal ihr Landsmann bin und
bleibe; wie sehr viele sich meiner persönlichen Bekanntschaft erin=
nert. Alles dies wird sich geben, wenn man nur erst meine
Denkweise in der Nähe und Ferne genauer kennen wird.“ —
„Reinhold — Du wolltest das Resultat seines Briefes wissen —
gibt sein System auf und nimmt das meinige an, schreibt, daß
er auf meine und Baggesen's Schilderung Deinem Vater mit
den Gesinnungen eines Sohnes, Dir mit denen eines Bruders
ergeben sei, und läßt sich Euch in diesen Gesinnungen empfeh=
len.“ — „Ein Professor aus Würzburg, Reuß, der ehemals zu
Kant die Reise gemacht, um ihn zu verstehen, ist in der gleichen

Abſicht auf der Reiſe zu mir. Er wird den 30. hier eintreffen. Er wollte zu Weimar Quartier nehmen und alle Tage zu mir herauskommen. Ich habe ihn zu mir eingeladen, aber ihm eine nur zu wahre Beſchreibung von meiner Haushaltung gemacht, daß er denn wol in Weimar bleiben wird. Er ſchreibt mir viel Schönes vom Coadjutor zu Erfurt, Dalberg. Dieſer Mann iſt mir wegen ſeiner Verbindungen mit dem Herzoge wichtig."

Fünftes Kapitel.

Culminationspunkt der Wirksamkeit Fichte's in Jena. Häusliche Ereignisse.

Unterdeß gewann Fichte's Lehre trotz der Angriffe, die sie zuerst erfuhr, ja gerade mittels derselben die rascheste Ausbreitung und den entscheidendsten Erfolg. Ohne Uebertreibung durfte er daher (im Jahre 1798) behaupten, „daß sie glücklichere Schicksale gehabt habe, als wol irgendeinem andern Systeme zu Theil geworden sein dürften". *) Reinhold hatte seine eigene Theorie zurückgenommen und sich öffentlich zur Wissenschaftslehre bekannt; Schelling hatte durch zwei bedeutende Schriften im Geiste und in der Methode der neuen Philosophie sich als talentvollen und vielversprechenden Anhänger derselben gezeigt, und Niethammer und Forberg, Philosophen von schon bedeutendem Rufe, ersterer zugleich Herausgeber des „Philosophischen Journal", waren innerlich wie äußerlich ihm verbündet. Seitdem er endlich (vom Jahre 1795 an) selbst Mitherausgeber des „Philosophischen Journal" wurde, fand er auch hierin ein bedeutendes Mittel, seine Lehre zu befestigen und auszubreiten. Wie nämlich die von Jakob in Halle herausgegebenen „Philosophischen Annalen" den streng Kant'schen Kriticismus in der Literatur repräsentirten, so wurde jenes das Organ für den Standpunkt der Wissenschaftslehre, und diese Zeitschrift entschied eigentlich den Sieg seines Systems. Die „Neue Darstellung der Wissenschaftslehre" von Fichte in einer Reihe von Aufsätzen, wie mehrere einschneidende Kritiken desselben,

---

*) Vorrede zur zweiten Ausgabe der Schrift: „Ueber den Begriff der Wissenschaftslehre" (Jena 1798); Werke, I, 35.

ebenso die ersten idealistischen Arbeiten Schelling's, die er unter dem Namen einer „Uebersicht der philosophischen Literatur" gab, stachen durch anregende Kraft und Originalität der Gedanken so specifisch ab von dem gewöhnlichen Durchschnitte damaliger philo=sophischer Erzeugnisse, daß die Wirkung nicht ausbleiben konnte, und die Zeitschrift wurde bald zu einer gefürchteten literarischen Macht. Nachdem auch die „Jenaische Allgemeine Literaturzeitung" durch eine ausführliche Beurtheilung der „Wissenschaftslehre" durch Reinhold und durch bedeutende Worte Fr. Schlegel's über dieselbe, bei Gelegenheit einer Recension des „Philosophi=schen Journal" *), öffentlich gleichfalls zu Fichte's Partei über=getreten war, folgten allmählich auch die andern literarischen Blätter, und selbst die „Göttinger Anzeigen" stimmten ihren bis=herigen Ton vornehmen Absprechens ein wenig herab. **)

So schien er endlich sich Anerkennung errungen zu haben; und wenn er anfangs gefürchtet hatte, „von seinen Gegnern über=schrien zu werden", und wenn nach diesem Maßstabe sein eigener Ton gegen sie eingerichtet war, so änderte sich auch dies. Denn es ist nicht zu übersehen, wiewol es nicht immer bemerkt worden ist, daß jetzt, bei seiner Hoffnung auf ein gesundes und normales Verhältniß zum wissenschaftlichen Publikum, seine Ansprüche nicht objectiver und sachgemäßer sein konnten. In der schon angeführ=ten „Vorrede" aus dem Jahre 1798 ***), welche nicht undeutlich als eine Art von Manifest an seine bisherigen Gegner sich an=kündigt, spricht er sich aufs bescheidenste über seine eigenen bis=herigen Leistungen, aufs hoffnungsreichste über die Mitwirkung der andern aus.

„Für Vollendung des Systems", sagt er, „ist noch unbe=schreiblich viel zu thun. Es ist jetzt kaum der Grund gelegt, kaum der Anfang des Baues gemacht, und der Verfasser will

---

*) Später wieder abgedruckt in Fr. Schlegel's „Charakteristiken und Kritiken", I, 74 fg.

**) Vgl. über die Probe einer Recension „im wehmüthigen Tone", wie Fichte sie bezeichnete, aus den „Göttinger Anzeigen" seinen Aufsatz im „Philo=sophischen Journal" (Jahrg. 1797, Bd. 1, Heft 1), der zugleich sein Verhält=niß zu den Kantianern scharf bezeichnet.

***) Werke, I, 35 fg.

alle feine bisherigen Arbeiten nur für vorläufige ge=
halten wissen. Die feste Hoffnung, die er nunmehr fassen kann,
nicht, wie er vorher befürchtete, auf gutes Glück, in der indivi=
duellen Form, in der es sich ihm zuerst darbot, für
irgendein künftiges Zeitalter, das ihn verstehen dürfte, in todten
Buchstaben sein System niederlegen zu müssen, sondern schon mit
seinen Zeitgenossen sich darüber zu verständigen und zu berathen,
dasselbe durch gemeinschaftliche Bearbeitung mehrerer eine allge=
meinere Form gewinnen zu sehen und es lebendig im Geiste
und in der Denkweise des Zeitalters zu hinterlassen, ändert den
Plan, den er sich bei der ersten Ankündigung desselben vorschrieb.
Er wird vorjetzt nicht weiter fortschreiten, sondern erst das bis=
jetzt Erfundene vielseitiger darstellen und jedem Unbefangenen
evident zu machen suchen" u. s. w.

Nirgends also ist hier von einem bereits fertigen, abgeschlos=
senen Systeme die Rede, sondern von einem allgemeinen Grund=
gedanken, einem „heuristischen" Principe (wie man jetzt dies aus=
drückt), welches der vielseitigsten Anwendung und Ausführung
fähig ist, das aber zugleich doch nichts Geringeres zu leisten ver=
mag, als die „Denkweise des Zeitalters" aus dem
Grunde zu verändern.

Und damit hat Fichte in der That nicht zu viel gesagt von
der innern Macht des Gedankens, welcher dem Idealismus zu
Grunde liegt. Die einfache Tiefe der Wahrheit: daß in allem
und jedem, im Größten wie im Kleinsten, allgestaltend und all=
harmonisirend nur das Eine herrscht, das absolute Ich oder die
„Vernunft", und daß diese in der Sache zu erkennen die alleinige
Aufgabe aller Wissenschaft sei, diese Ueberzeugung hat eine
so begeisternde Gewalt, entzündet einen solchen Trieb der For=
schung nach allen Seiten hin, daß kaum etwas anderes im Reiche
der Entdeckungen mit ihr verglichen werden kann, indem sie in
Wahrheit den Samen ihrer aller in sich trägt. Und der gewaltige
Impuls, der, von hier ausgegangen, die beiden großen Systeme
seiner Nachfolger erzeugt hat, ist noch nicht erloschen, denn die
unmittelbarste Gegenwart hat nur eine neue Seite desselben Prin=
cips hervorgehoben.

Fichte aber, erfüllt von diesen wissenschaftlichen Anschauungen
und Entwürfen, genoß damals seiner glücklichsten, hoffnungsreich=

ſten Zeit, wie dies auch die gleichzeitigen Briefe bekunden. Wir
werden indeß ſehen, wie bald und wodurch in ihm dieſe Stim=
mung froher Unbefangenheit ſich trüben mußte!

*   *

Am Ende dieſes Abſchnitts gedenken wir noch eines häus=
lichen Ereigniſſes, das ihn und ſeine Gattin in große Betrübniß
verſetzte: es war der Tod ſeines Schwiegervaters, der in einem
Alter von 76 Jahren ihnen entriſſen wurde. Der Greis, der
aus Liebe zu ſeinen Kindern Vaterland und alte Freunde ver=
laſſen, um ihnen in eine völlig neue Welt zu folgen, hatte den=
noch auch hier durch ſeinen heitern Geiſt und ſeine herzgewinnende
Freundlichkeit ſich Liebe zu erwerben gewußt, und mancherlei
neue Anregungen ſchienen ihm wie ein verjüngtes Alter bringen
zu wollen, als wahrſcheinlich die Veränderung des Klimas ihm
ein langwieriges Kränkeln zuzog, dem ſeine ſtarke Natur endlich
unterlag. Wie er ſeine Kinder liebte und welche Anhänglichkeit
ſie ihm bewieſen, davon tragen die mitgetheilten Briefe von Fichte
wol unverkennbare Spuren. Und aus dieſem Grunde können wir
es uns nicht verſagen, einige Stellen hier einzuſchalten aus dem
Trauer= und Troſtbriefe an ſeine Gattin, mit welchem er die
Todesnachricht beantwortete.

„Osmannſtädt, den 30. Sept. 1795.

— — Der junge St. kam zu mir; wir gingen ſpazieren,
als uns Dein Bote begegnete. Ich leſe Deinen Brief, leſe die
erſten Nachrichten, leſe die letzte!

Ruhe ſanft, du guter Geiſt, nach der langen Arbeit; ſchlafe
deinen Abend nach dem heißen Tage! Iſt ein Gott — und es iſt
einer — ſo iſt es nicht möglich, daß das Leben dieſes Guten nun
geſchloſſen, daß mit ihm nun alles aus ſei. Gewiß, es geht ihm
jetzt wohl, indem Du über ihn weinſt und indem auch mir die
Augen übergehen. — Hätte ich ihn nur noch geſehen! Ich habe
ſo feſt darauf gerechnet, daß Du es mir würdeſt zu wiſſen thun,
wenn die Umſtände bedenklich werden. Ich wäre gekommen; ich
hätte mir den Troſt nicht verſagt, Abſchied von ihm zu nehmen.
Ach, ich ſehe ihn nicht wieder! Aber ich will Dich nicht quälen,
du Liebe, mir nun doppelt auf die Seele Gelegte, Du, der ich
nun ſeine Liebe dazu ſchuldig bin.

Sonderbar — gerade in den Minuten, als der Theure verschied, redete der Geheimrath Schmidt *) von Dingen, die zu seiner Ehre gereichten, von seiner Großmuth gegen Klopstock, von seiner aufopfernden Freundestreue."

Seine Schüler, den Schmerz ihres Lehrers zu ehren, begleiteten den Greis an seine Grabstätte, wo ihm die Liebe seiner Kinder ein einfaches Denkmal errichtete. **)

Später wurde indeß dieser häusliche Verlust einigermaßen ersetzt durch die Geburt eines Sohnes, der sein einziges Kind geblieben ist. Aber auch hier wollte die Universität ihrem Lehrer ihre Theilnahme beweisen; ein Lebehoch wurde dem Vater und dem Neugeborenen dargebracht, und der damalige Prorector der Universität, Loder, verlieh dem letztern zum Tauffeste die Ehrenmatrikel eines jenaischen Studirenden, um ihn früh genug auf die Wissenschaft und auf das Vorbild seines Vaters hinzuweisen.

---

*) Fanny's, der ersten Geliebten Klopstock's, Bruder, zugleich sein Verwandter und frühester Freund; er starb 1807 als herzoglich weimarischer Geheimrath und Kammerpräsident. Vgl. Klamer-Schmidt, „Klopstock und seine Freunde" (Halberstadt 1810), Bd. 1, S. L—LIII.

**) Sei es erlaubt, die Inschrift desselben hier mitzutheilen, die, von Fichte verfaßt, am besten den Verstorbenen und das Verhältniß zu den Seinigen schildert:

Hartmann Rahn,

geboren zu Zürich, gestorben zu Jena den 29. Sept. 1795, alt 76 Jahre.

Er lebte mit den ersten Männern seines Zeitalters, ward von Biedermännern geliebt, von andern bisweilen verfolgt, gehaßt von niemand.

Geist, Anmuth, Glaube an Gott und Menschen verjüngten sein Alter, geleiteten ihn friedlich zum Grabe.

Niemand kannte seinen Werth besser als wir, denen der Greis aus seinem Vaterlande folgte, die er liebte bis ans Ende, die ihrer Wehmuth dies Denkmal setzen.

Johanna Fichte, geb. Rahn, seine Tochter,
Johann Gottlieb Fichte, durch sie sein Sohn.

Lebe wohl, du theurer Vater!

Schäme dich nicht der sanften Rührung, o Wanderer; wenn er lebte, er hätte dir freundlich die Hand gedrückt!

Sechstes Kapitel.

Die Anklage des Atheismus mit ihren äußern und innern Folgen.

Wir nahen jetzt einem Begegnisse, das einen Wendepunkt
in Fichte's Leben bildet, indem es nicht nur auf seine innere und
äußere persönliche Lage, sondern auf sein ganzes Verhältniß zu
Umgebung und Zeitgenossen den entscheidendsten Einfluß hatte:
wir meinen die gegen ihn erhobene Anklage des Atheismus. Nicht
nur unmittelbar störte dieser Handel seinen wissenschaftlichen
Lebensplan auf viele Jahre und drohte sogar ihn für immer aus
der Laufbahn eines akademischen Lehrers zu reißen, die er doch
für seinen eigentlichen Beruf erkennen mußte; sondern weit schlim=
mer noch erzeugte er in ihm jene tiefe Mißstimmung gegen das
wissenschaftliche Publikum, von der wir ihn seitdem ergriffen
sehen. Er fühlte sich durch eine Kluft ewigen Mißverstehens von
ihm getrennt, ja völlig desorientirt und unfähig, sich mit ihm
zu verständigen. Denn diese Höhe der Mißdeutung hatte er nicht
erwartet; sie überraschte und erbitterte ihn zugleich. Er wurde
des Atheismus verklagt, und statt eine solche Beschuldigung mit
unauslöschlichem Gelächter zu empfangen, wurde sie auch von
Wissenschaftlichen als eine Art von Entdeckung über den ver=
borgenen Sinn seines Systems behandelt. Selbst Jacobi (wir
haben im Vorhergehenden gezeigt, wie viel Analogien zwischen
ihm und Fichte's damaligem Standpunkt obwalteten, auch in
Betreff der von beiden gleich behaupteten Unmöglichkeit, „Gottes
Wesen in einen Begriff zu fassen") theilte diese Mißdeutung,

indem er sie nur unter der weniger auffallenden Bezeichnung des „Nihilismus" verhüllte. *)

Umgekehrt hätte damals seine Lehre den entgegengesetzten Vorwurf verdient — müßte es überhaupt nicht höchst widersinnig erscheinen, in solchen Dingen zur Kategorie des Vorwurfs oder der Anklage zu greifen — das praktisch=religiöse Moment gerade, dem theoretischen gegenüber, zu stark zu betonen, indem der „moralische Glaube" als das einzig Reale und Realitätsichernde, als die Quelle aller übrigen Gewißheit bezeichnet wird und als das einzig Standhaltende im Verflüchtigungsprocesse der idealistischen Reflexion. Sein System ist „Akosmismus", wie Fichte selbst treffend es nennt, nicht Atheismus, vielmehr, so zu sagen, hypertheologisch. Und gerade von diesem Punkte aus, vom Vernachlässigen des kosmisch=realistischen Moments, hat Herbart an das System angeknüpft und es berichtigt.

Diese vielseitigen Mißgriffe und die daraus hervorgehende Katastrophe geben nun jenem Handel eine Bedeutung, welche den Rang einer blos persönlichen Begebenheit weit überragt. Es ist ein allgemeines culturgeschichtliches Ereigniß, zum warnenden Beispiel für alle Zeiten aufgestellt! Denn lehrreicher als manche ähnliche, gibt es Zeugniß von dem Widersinne, wenn die Unphilosophie mit plumper Hand in einen ihr fremden Gedankenkreis hineintappt, um ihn zu zerstören, womöglich gar zu beurtheilen! „Ist es erhört" — schreibt Fichte an Reinhold — „daß Menschen, die nicht die entfernteste Ahnung von Speculation haben, von meiner Deduction des Glaubens an Gott

---

*) „Jacobi an Fichte" (1799), S. 39. Ausdrücklicher noch tritt dies in folgender Stelle hervor (S. 25): „Sie (die Wissenschaft) hat den Gott insgeheim vorsichtig beleuchtet, er verschwand nicht, denn er war nicht. Psyche weiß nun das Geheimniß, das ihre Neugier so unerträglich folterte; sie weiß nun, die Selige! Alles außer ihr ist nichts und sie selbst nur ein Gespenst, ein Gespenst, nicht einmal von etwas, sondern ein Gespenst an sich; ein reales Nichts, ein Nichts der Realität." Völlig unverhohlen aber spricht Jacobi diese Meinung in der spätern, so berühmt gewordenen „pragmatischen Erzählung" über das Verhältniß der Wissenschaftslehre zur Naturphilosophie aus. Vgl. „Von den göttlichen Dingen und ihrer Offenbarung" (1811), S. 117, 118. (Dazu Schelling, „Denkmal", S. 2; Werke [1861], erste Abtheilung, VIII, 23.)

Notiz nehmen und mir zur Genesung ihren Katechismus eingeben wollen?"

Deshalb hat aber die Angelegenheit auch für die Gegenwart noch ein nicht alterndes Interesse; und wenn wir vollends bemerken, daß die Personen, welche darin zusammen= oder sich entgegenwirkten — sie waren zum Theil die ersten unserer Nation — indirect dadurch genöthigt wurden, das Innerste ihres Charakters und ihrer Denkweise zu enthüllen: so erzeugt das Ganze den Eindruck einer Charaktertragödie, dem auch die dramatische Katharsis nicht fehlt, der innere Lohn und die innere Strafe!

Wir erzählen zum ersten male die Begebenheit vollständig nach allen innern Bezügen, was bei dem ersten Erscheinen der Biographie (1830) die Rücksicht auf manche Mitlebende damals noch verbot.

I.

Im Jahre 1798 hatte Forberg (früher Adjunct der philosophischen Facultät zu Jena, damals Rector der gelehrten Schule in Saalfeld) eine Abhandlung: „Entwickelung des Begriffs der Religion", an Fichte zum Abdruck in dessen „Philosophisches Journal" eingesendet. Der Hauptinhalt derselben ist, die Religion, damaliger Denkweise gemäß, völlig abzutrennen von allen speculativen Begriffen oder theoretischen Betrachtungen, mithin auch ganz unabhängig zu erklären von allen Vorstellungen oder Glaubenssätzen, welche sich auf das objective Wesen Gottes und sein Verhältniß zur Welt beziehen, welches in jeder Form und Auffassungsweise dem menschlichen Bewußtsein ein unerkennbares, unfaßliches bleibe. Die Religion wird deshalb erklärt als der praktische (nur im „Herzen" wohnende und im „moralischen Handeln" sich zeigende) Glaube an eine moralische Weltregierung. Wer diese glaube und zwar praktisch glaube, habe Religion und nur dieser habe sie. Der Glaube an die moralische Weltregierung (welche selbst Gott ist und worin der einzige Begriff der Gottheit besteht, dessen die Religion bedarf, oder vielmehr, durch den die Religion selbst erst möglich wird) ist eben darum nur ein praktischer, weil er sich blos im Handeln zeigen kann und man lediglich dadurch an sich selbst und andern dessen gewiß wird, ob man diesen Glauben besitze oder nicht. Der gute

Mensch wünscht, daß das Gute überall auf Erden herrschen möge; er fühlt sich in seinem Gewissen verbunden, selbst alles zu thun, um diesen höchsten Zweck zu erreichen. Dies allein ist wahre Religion und wahrer Glaube. *)

Der Religion, nach diesem Begriffe gefaßt, muß es nun übrigens gleichgültig sein, vorausgesetzt nur, daß die Moralität der göttlichen Weltregierung dabei nicht gefährdet wird, wie man theoretisch die Gottheit denkt oder sich vorstellt. Religion kann ebenso gut mit dem Polytheismus als mit dem Monotheismus, mit dem Anthropomorphismus wie mit dem Spiritualismus bestehen, und hätten die Alten ihre Götter nur moralischer sich vorgestellt, so wäre auch von seiten des Herzens nichts gegen sie einzuwenden gewesen. Die Speculation, die ihre Grenzen kennt, hat ohnehin nichts gegen sie, und die Kunst möchte wol eher ihre Entfernung beklagen (S. 22).

Fragt man nun aber Erfahrung und Speculation, als die beiden Hauptquellen unserer Ueberzeugungen, was sie zur Rechtfertigung dieses Glaubens etwa hinzuzufügen hätten, so muß letztere sich ganz außer Stand bekennen, in irgendeiner Weise ihn zu unterstützen oder die theoretischen Zweifel, wenn sie ihm entgegentreten, völlig zu beschwichtigen (S. 24); und die Erfahrung gar meldet Thatsachen aus der moralischen Welt, welche sich, wenn es auf Demonstrationen aus ihren Datis ankäme, ebenso gut zu dem Beweise schicken würden, daß ein moralisch böses Wesen die Angelegenheiten der Welt leite, als ein höchster, nur das Gute wollender Weltregierer. „Würde eine Vertheidigung des Satans wegen Zulassung des Guten wol weniger gründlich ausfallen, als die Vertheidigungen der Gottheit wegen Zulassung des Bösen bisher ausgefallen sind? Und wäre der Schluß von dem Dasein einer lasterhaften Welt auf das Dasein eines heiligen Gottes nicht zum mindesten sehr ungewöhnlich, sehr unnatürlich?" (S. 26; vgl. S. 33 fg.)

So kommt es am Ende doch nur darauf hinaus, daß die Religion, der moralische Glaube als eine Pflicht anzusehen sei; als Pflicht jedoch abermals nur in praktischem Sinne, d. h. wie-

---

*) „Philosophisches Journal", VIII, 21, 22, 27, 35—37.

fern sie Maxime wirklicher Handlungen ist. „Es ist nicht
Pflicht zu glauben, daß eine moralische Weltregierung, ein
Gott, als moralischer Weltregent existirt, sondern es ist blos dies
Pflicht, so zu handeln, als ob man es glaubte“ (welche
Wendung sehr an eine Kant'sche ähnliche erinnert). „In den
Augenblicken des Nachdenkens kann man sich für den Theismus
oder Atheismus erklären, je nachdem man es vor dem Forum
der speculativen Vernunft verantworten zu können meint; denn
hier ist nicht die Rede von Religion, sondern von Speculation,
nicht von Recht oder Unrecht, sondern von Wahrheit und Irrthum“. (S. 38.)

So bleibt es nach diesen Grundsätzen für den ganzen Menschen doch nur bei einer unaufgelösten Dissonanz, einem steten
Zwiespalt zwischen „Kopf“ und „Herz“, und das Alterniren bald
des speculativen, bald des praktischen Standpunkts wird ihm ins
Unendliche hin keine Ruhe lassen. So passen die „verfänglichen
Fragen“, mit welchen der Verfasser das Ganze schließt und in
die er die Hauptresultate seiner Ueberzeugung zusammenzudrängen
sucht, durchaus in den Zusammenhang dieser Denkweise. Wir
heben einige aus, um dadurch mit wenigen Zügen das Bild dieses innern Schwankens zu vollenden:

„Ist ein Gott? Antwort: Es ist und bleibt ungewiß, denn
diese Frage ist blos aus speculativer Neugier aufgeworfen.

Kann man jedem Menschen zumuthen, an Gott zu glauben? —
Nein; denn diese Frage nimmt den Begriff des Glaubens in theo-
retischem Sinne, für eine besondere Art des Fürwahrhaltens.

Kann ein Atheist Religion haben? — Allerdings. Praktischer
Glaube und theoretischer Unglaube auf der einen, sowie auf der
andern Seite theoretischer Glaube, der aber dann Aberglaube ist,
und praktischer Unglaube können ganz wohl beisammen bestehen.

Wird jemals ein Reich Gottes, als ein Reich der Wahrheit
und des Rechts, auf Erden erscheinen? — Es bleibt ungewiß
und, wenn man auf die bisherige Erfahrung bauen darf, die
jedoch im Vergleich mit der unendlichen Zukunft für nichts zu
rechnen sein möchte, sogar unwahrscheinlich.

Könnte nicht, statt eines Reichs Gottes, auch wol ein Reich des
Satans auf Erden erscheinen? — Das eine ist so gewiß und so
ungewiß als das andere.

Wäre demnach die Religion der Hölle nicht ebenso gründlich als die Religion der guten Menschen auf Erden? — Die eine hat vor dem Forum der Speculation allerdings nicht mehr und nicht weniger für sich als die andere.

Ist die Religion die Verehrung der Gottheit? — Keineswegs. Gegen ein Wesen, dessen Existenz erweislich ungewiß ist und in Ewigkeit ungewiß bleiben muß, gibt es überall nichts zu thun. Wer das Mindeste blos und allein um Gottes willen thut, ist abergläubisch. Es gibt keine einzige Pflicht gegen Gott, außer man müßte mit Worten spielen wollen.‟

Und endlich: „Ist nicht der Begriff eines praktischen Glaubens‟ (auf welchen, wie bekannt, die gesammte Kant'sche Religions= philosophie hinauskommt und der in diesem Aufsatze, wie es schien, strenger gefaßt und schärfer durchgeführt werden sollte) „mehr ein spielender als ein ernsthafter philosophischer Begriff? — Die Antwort auf diese verfängliche Frage überläßt man billig dem geneigten Leser selbst und damit zugleich das Urtheil, ob der Verfasser des gegenwärtigen Aufsatzes am Ende auch wol mit ihm nur habe spielen wollen!‟ (S. 41—44.)

Dies der Schluß der solchergestalt in Endresultat und Wir= kung sich selbst aufhebenden Abhandlung; denn an sich selbst konnte dieser Aufsatz nach seiner ganzen zweideutigen Haltung ebenso gut für eine parodische Uebertreibung und Satire auf die Religion des praktischen•Glaubens und des Herzens gehalten werden, als für eine Apologie derselben; und der übrige schriftstellerische Cha= rakter des Verfassers mochte diesem Verdachte nicht widersprechen. Auf jeden Fall fand sich Fichte, was das Hauptresultat betraf, den überall dort durchblickenden „skeptischen Atheismus‟ (Brief an Reinhold), sogleich in einem polemischen Verhältnisse zum Verfasser, wie auch bei frühern Gelegenheiten mehr als ein= mal. *) Er widerrieth zunächst die Bekanntmachung desselben;

---

*) Forberg hatte unter anderm in einem frühern Hefte des „Philosophi= schen Journal‟ einen Aufsatz „Ueber den Geist des Lutheranismus‟ (VI, 215—238) erscheinen lassen, der, ganz schon nach demselben empirisch=psycho= logischen Raisonnement, die Religion, als Phänomen, aus dem Hange der Vernunft zu erklären sucht, die unbedingte und damit unbegreifliche Noth= wendigkeit der Tugend (Pflicht) dennoch zu bedingen und zu begründen und darum von etwas Göttlichem abhängig zu erklären. „Ohne jenen‟ (somit

aber da der Verfasser auf dem Abdrucke bestand, so wurde er aufgenommen. „Denn", wie Fichte hinzusetzt, „als Heraus= geber des Journals und insofern Censor" (er selbst war näm= lich als akademischer Professor, nach der dortigen einzig sach= gemäßen Gesetzgebung, zugleich censurfrei in seinem Fache) „die Aufnahme der Abhandlung ex auctoritate zu verweigern, ist gegen meine Grundsätze, die so fest sind, daß unerachtet des Ausgangs dieser Sache ich doch ähnlichen Aufsätzen die Auf= nahme nie verweigern würde." (Brief an Reinhold.)

Dagegen wollte er den Aufsatz Forberg's mit berichtigenden und widerlegenden Noten versehen. Diese verbat sich der Verfasser, und so faßte er, was Widerlegendes gesagt werden sollte, in einer eigenen Abhandlung zusammen: „Ueber den Grund unsers Glaubens an eine göttliche Weltregierung", welche indeß diese Absicht und Beziehung lange nicht bestimmt genug an der Stirn trug. Wiewol durch Plan und Anordnung des Ganzen, sowie in einzelnen Wendungen die stete Rückbeziehung auf den For= berg'schen Aufsatz sichtbar genug in ihr hervortritt, so war doch nirgends darin eine ausdrücklich widerlegende Rückweisung für den Leser ausgesprochen, und selbst die Folge der Aufsätze im Abdrucke,

---

auf falschem Theoretisiren beruhenden) „Hang wäre wol nie von Religion die Rede gewesen, sowie einst von ihr nicht mehr die Rede sein wird, wenn eine Philosophie herrschend werden sollte, die die Tugend nicht um Gottes willen, sondern um ihrer selbst willen für nothwendig erklärt." (S. 226.) In einer Anmerkung zu dieser Stelle jedoch wurde von Fichte diese ganze Theorie und diese Folgerung entschieden abgelehnt und hinzugesetzt: „Es ist uns nicht bekannt, daß in der Philosophie, für welche alle Religion wegfallen soll, die Religion so gedacht werde; wir wissen vielmehr, daß sie in diesem System ganz anders gedacht werden müsse." Hiermit berichtigt sich nun auch eine ältere polemische Bemerkung Schelling's gegen Fichte („Ueber das Verhältniß der Naturphilosophie zu der verbesserten Fichte'= schen Lehre", S. 8): daß ein „vorlauter Schriftsteller" — unter welchem, nach dem dortigen Zusammenhange, nur Forberg verstanden werden kann — geeilt habe, in jenem Aufsatze einen Theil der Fichte'schen Entdeckungen über diese Gegenstände seines Philosophirens „vorwegzunehmen". Es zeigt sich im Gegentheil aus diesen Darlegungen, daß Fichte keineswegs mit Forberg über seine Principien einverstanden war, daß dieser überhaupt nicht als ein Schüler oder Anhänger des erstern anzusehen ist im eigentlichen und herkömmlichen Sinne dieses Worts.

wo der Fichte'sche der erste, der zu berichtigende der zweite war, ließ die eigentliche Absicht und das innere Verhältniß beider Abhandlungen zueinander für den nichtphilosophischen Leser noch mehr unentschieden. Hier muß man nun ohne Zweifel, wenn man den Eindruck bei dem größern, d. h. unphilosophischen Publikum ins Auge faßt, Fichte eines Mangels an Klugheit, einer Sorglosigkeit für das Urtheil der Menge beschuldigen, welche, auch sonst ihm eigen, sich oft genug an ihm gerächt hat. Für noch unvorsichtiger muß man erklären, wenn man die Folgen erwägt, welche daraus hervorgegangen sind, wie Fichte an der einzigen Stelle seiner Abhandlung, wo er des Forberg'schen Aufsatzes erwähnt, sich über sein Verhältniß zu ihm ausspricht, wie er in einer Hinsicht ihn adoptiren zu können erklärt, in anderer Hinsicht aber ihn ablehnen müsse, ohne die eine wie die andere vorläufig mit Bestimmtheit zu bezeichnen. Die Ausdrücke des Forberg'schen Aufsatzes waren unzweideutig und auffallend genug. Hatte nun Fichte die Halbheit und skeptische Unentschiedenheit der Forberg'schen Ansicht wissenschaftlich gewiß mit dem treffenden Worte charakterisirt: „ daß Forberg seiner Ueberzeugung nicht sowol entgegen sei" — denn ein Schwanken und Dahingestelltseinlassen kann nicht füglich den Ernst eines Gegensatzes hervorrufen — „als daß er dieselbe nur nicht erreiche": so mußte man hierin nur noch Schlimmeres, d. h. Negativeres angekündigt glauben.

Gleich im Beginne seines Aufsatzes durchschneidet Fichte den Umkreis der empirischen Reflexionen, in welchen sein Vorgänger sich umherwendet, um aus dem Ueberwiegen des Moralischen oder Unmoralischen in der Welt (also nach einem blos quantitativen und empirischen Maßstabe, der nach individuellem Dafürhalten immer ein wechselnder bleiben muß) den Rückschluß auf einen moralischen Urheber derselben mehr oder minder plausibel zu finden, durch die entscheidende Betrachtung, an welche auch noch heutiges Tages zu erinnern ist, daß die Philosophie nichts erraisonniren könne oder solle, daß, wenn jener Glaube nicht als ein ursprüngliches Besitzthum in der Menschheit läge, der Philosophie es unmöglich sein würde, selbst davon zu wissen oder mit den Beweisen dafür Eingang bei den andern zu finden. Ueberhaupt könne die Philosophie nur Facta (das schlechthin Gegebene) erklären, keineswegs dergleichen hervorbringen, außer wiefern sie sich selbst als Thatsache hervorbringt. Hier kann also die Frage nur so gestellt werden: Wie kommt der Mensch zu diesem Glauben, dessen Gegebenheit als universelle Thatsache in der menschlichen Vernunft um so sicherer feststeht, als er mit dem Höchsten und Unbedingten in dem Menschen, mit dem un= bedingten Bewußtsein der Pflicht, aufs innigste verbunden ist?

Von der Sinnenwelt aus gibt es keinen Weg, um diesen Glauben an eine moralische Weltordnung zu begründen, d. h. seine Existenz zu erklären; denn wenn man nur die Sinnenwelt rein denkt und nicht, wie dies durch die bisherige Philosophie meist geschah, ihr eine moralische Ordnung unvermerkt voraus= setzt, so enthält sie nichts, man mag sie nun vom blos empiri= schen Standpunkte als eine Mannichfaltigkeit durch ein noth= wendiges Causalitätsverhältniß verknüpfter Sinnendinge, oder vom transscendentalen Gesichtspunkt aus als den bloßen Widerschein der eigenen innern Thätigkeit des Bewußtseins erblicken, was auf die Gegenwart eines moralischen Princips in ihr hindeutete.

Durch den Begriff einer übersinnlichen Welt müßte sonach jener Glaube begründet werden. Und er wird es auch. Ich finde mich schlechthin frei vom Einflusse der Sinnenwelt, aber ebenso schlechthin gebunden durch einen übersinnlichen Zweck. An jener Freiheit und an dieser Bestimmung derselben kann ich nicht zwei= feln, ohne mich selbst aufzugeben.

Indem ich aber jenen Zweck ergreife und ihn zum Princip meines Handelns mache, setze ich zugleich die Ausführung desselben durch wirkliches Handeln als möglich; ja jenes Erste schließt das Zweite schlechterdings in sich. Jene Annahme ist unter Vor= aussetzung des Entschlusses, dem Pflichtgebot zu gehorchen, schlecht= hin nothwendig, sie ist unmittelbar in diesem Entschlusse ent= halten, sie selbst ist dieser Entschluß.

Die Ueberzeugung von meiner moralischen Bestimmung geht sonach selbst schon aus moralischer Stimmung hervor und ist Glaube. Man sagt insofern ganz richtig: das Element aller Gewißheit ist Glaube. Denn alle andere (auch die theoretische) Gewißheit kann zuletzt nur anknüpfen an jene ursprüngliche mo= ralische Gewißheit, der einzige Zwang, der für ein freies Wesen möglich ist, die Schranke, die es sich selbst setzt.

Dies erhellt noch mehr, wenn wir uns in den transscenden=
talen Gesichtspunkt (d. h. den der Wahrheit) erheben. Die Welt
ist nur die nach begreiflichen Vernunftgesetzen versinnlichte An=
sicht unsers innern Handelns als Intelligenz, „innerhalb un=
begreiflicher Schranken, in die wir nun einmal eingeschlossen
sind“. Hier ist es dem Menschen nun nicht zu verargen, wenn
es ihm bei diesem gänzlichen Verschwinden des Bodens unter sich
unheimlich wird. Jene Schranken sind allerdings unbegreiflich;
aber was verschlägt dir dies? sagt die praktische Philosophie:
die Bedeutung derselben ist das Gewisseste, was es gibt. Jene
Schranken sind deine bestimmte Stelle in der moralischen Ordnung
der Dinge, und was du innerhalb ihrer wahrnimmst, hat Reali=
tät. Die Welt ist das versinnlichte Materiale unserer Pflicht;
dies ist das eigentlich Reelle in den (Sinnen=) Dingen, der wahre
Grundstoff aller Erscheinung. So als das Resultat einer mora=
lischen Weltordnung angesehen, kann man das Princip dieses
Glaubens an die Realität der Sinnenwelt gar wohl Offen=
barung nennen. Unsere Pflicht ist's, die in ihr sich offenbart.

Wie daher die Unbedingtheit des moralischen Handelns für
Fichte nach unten hin den Glauben an die Realität der Sinnen=
welt sichert, so wird dadurch nach oben der Glaube an die mo=
ralische Weltordnung noch weit unmittelbarer befestigt, der, wesent=
lich eins mit der moralischen Stimmung, von der kräftigen und
unbedingten Pflichterfüllung eigentlich unabtrennlich ist und uns
von der Realität des dadurch Geglaubten, einer lebendigen und
wirkenden moralischen Ordnung, ebenso unbedingt überzeugt, wie
und weil wir von der Unbedingtheit unserer Pflicht überzeugt
sein müssen.

„Jene lebendige und wirkende moralische Ordnung“ [oder
nach spätern Erklärungen dieses Ausdrucks in seinen Vertheidi=
gungsschriften und in einer Abhandlung des „Philosophischen
Journal“ *) ein ordo ordinans, eine nach sittlichem Gesetz den

---

*) „Aus einem Privatschreiben im Januar 1800“, IX, 853 — 890
(Werke, V, 377—396). Er vergleicht darin (S. 382) seine Religionslehre mit
der Kant'schen und bemerkt, daß, wie diese lehre: daß aus der Moralität eine
derselben angemessene Glückseligkeit erfolgen müsse, der Grund dieser Folge
aber, daß die letztere mit der erstern Vermittelnde, nicht der Mensch sein könne,

Willen aller harmonisirende Macht] „ist selbst Gott. Wir bedürfen keines andern Gottes und können keinen andern fassen." (S. 15.) In der theoretischen Vernunft liegt kein Grund oder Antrieb, über jenen Begriff hinauszugehen und durch einen Schluß vom Begründeten auf seinen Grund noch „ein besonderes Wesen als die Ursache desselben" anzunehmen. Weder theoretisch, noch für den praktischen Willen könnte jener Begriff dadurch an Gewißheit im mindesten gewinnen. Vielmehr ist der Begriff jener Weltordnung das absolut Erste aller objectiven Erkenntniß, gleichwie die Freiheit und sittliche Bestimmung des Menschen das absolut Erste aller subjectiven. Alle übrige objective Erkenntniß kann nur durch jene begründet und bestimmt werden; jene aber durch nichts anderes, weil es ein Ursprünglicheres und Gewisseres gar nicht gibt.

Und was würde es auch helfen, jenen Schluß zu machen und jenes unendlich ordnende sittliche Princip der Welt als ein besonderes Wesen, mit Persönlichkeit und Bewußtsein begabt, zu denken? Wenn es so gedacht wird, ist es schlechthin ohne den Begriff der Beschränkung, kurz der Endlichkeit nicht zu denken; man hat daher durch Beilegung dieses Prädicats das unendliche Wesen zu einem endlichen gemacht, nicht Gott gedacht, sondern nur sich selbst im Denken vervielfältigt, ebenso wenig daher auch den Grund der moralischen Weltordnung erklärt. Diese bleibt

---

sondern Gott, ganz in derselben Schlußweise bei ihm gezeigt werde, wie dasjenige, was den sittlichen Willen aller Individuen zur Harmonie, zu einem Gesammterfolge vermittelt, was aus ihnen eine unendliche sittliche Ordnung constituirt, nicht innerhalb derselben, sondern außerhalb ihrer gedacht werden müsse, dennoch aber als in ihnen und durch sie alle hindurchwirkend. Die folgende Stelle enthält das Summarische seiner ganzen damaligen Theorie: „Kurz: in allem menschlichen Handeln wird gerechnet auf ein Doppeltes, auf etwas vom Menschen selbst Abhängendes, seine Willensbestimmung, und auf etwas von ihm nicht Abhängendes. Beim sinnlichen Handeln ist letzteres die Naturordnung, und wer nur sinnlich handelt, bedarf nichts anderes, worauf er rechne, und hat nichts anderes, wenn er consequent ist. Beim sittlichen Handeln, dem rein guten Willen, ist das letzte eine intelligible Ordnung (S. 387), und in diesem von allem sittlichen Handeln unabtrennlichen Glauben an die Wirksamkeit derselben ist der religiöse Glaube gegeben in der einzig reinen, eines vernünftigen und sittlichen Wesens würdigen Gestalt. (S. 386 — 389.)

vielmehr dadurch unerklärt und absolut wie zuvor. Und dies liegt im natürlichen Verhältniß der Sache: „Ihr seid endlich; wie könnte das Endliche die Unendlichkeit umfassen und begreifen?"

Bleibt daher jener Glaube bei dem unmittelbar Gegebenen stehen, wie er sich ankündigt im menschlichen Bewußtsein, so steht er unerschütterlich fest; soll er abhängig gemacht werden vom Begriffe, so wird er wankend, denn der Begriff ist unmöglich und voller Widersprüche.

„Es ist daher (Forberg's Behauptungen gegenüber) ein Miß= verständniß, zu sagen: es sei zweifelhaft, ob ein Gott sei oder nicht. Es ist gar nicht zweifelhaft, sondern das Gewisseste, was es gibt, ja der Grund aller andern Gewißheit, daß es eine mo= ralische Weltordnung gibt." *)

Nur aber in Bezug auf die Schranken und die dadurch be= dingte Begreiflichkeit Gottes glaubt er den Begriff der Persönlich= keit, des Bewußtseins an ihm leugnen zu müssen; der Materie nach ist die Gottheit lauter Bewußtsein, reine Intelligenz, geistiges Leben und Thätigkeit. „Dieses Intelligente aber in einen Begriff zu fassen und zu beschreiben, wie es von sich selbst und andern wisse, ist schlechthin unmöglich" (was sodann in den gerichtlichen Verantwortungsschriften, S. 46—52, und in der „Appellation an das Publikum", S. 98 fg., weiter aus= geführt wird).

Noch prägnanter scheint folgende Aeußerung, weil sie zu= gleich auf eine höher liegende Ausgleichung des Gegensatzes zwi= schen behaupteter Unbegreiflichkeit und stets doch begehrter und angestrebter Begreiflichkeit Gottes hinweist: „Der Ausdruck «Be= wußtsein Gottes» möchte noch hingehen. Wir müssen einen Zu= sammenhang des göttlichen mit unserm Wissen annehmen, den wir nicht füglich anders, denn als ein Wissen der Materie nach denken können, nur nicht der Form unsers discursiven

---

*) „Ueber den Grund unsers Glaubens" u. s. w. im „Philosophischen Journal", VIII, 1—20 (Werke, V, 177—189). Will man unsere Dar= stellung mit jener Abhandlung vergleichen, so wird man in gegenwärti= gem Berichte die Ordnung der Sätze nicht ohne Absicht etwas verändert fin= den. Die Bündigkeit der Gedankenfolge konnte in der Kürze nur so dargestellt werden.

Bewußtseins nach. Nur das letztere leugnete ich und werde es leugnen, solange ich meiner Vernunft mächtig bin." (Brief an Reinhold.)

Nach allem Bisherigen dürfen wir nun wol behaupten, daß in der Religionstheorie Fichte's, welche ihm damals den Verdacht atheistischer Gesinnung zuzog, dem Keim und der Anlage nach alle Principien ineinander gewickelt liegen, welche sich seitdem zu entschiedenen Gegensätzen einander gegenübergestellt haben, ja daß sie noch fortwirke in den Adern und Säften der gegenwärtigsten Philosophie. Einestheils erkennt sie an die Unbegreiflichkeit Gottes, wozu sich jedes religiöse Bewußtsein gedrängt fühlen muß, die aber auch die wissenschaftlich ausgebildete theistische Philosophie in bestimmtem Sinne anerkennen darf; und so konnte sie damals im vollen Sinne das Goethe-Faust'sche Glaubensbekenntniß für sich anführen:

Wer darf ihn nennen (Begriff und Wort für ihn suchen),
Wer bekennen,
Ich glaub' ihn? — —
Ich habe keinen Namen
Dafür. Gefühl ist Alles!
Name ist Schall und Rauch,
Umnebelnd Himmelsglut! *)

Daß jedoch ein solches keimartiges Insichhegen entgegengesetzter Standpunkte kein Vorwurf für eine vorausgehende Philosophie, sondern der höchste Beweis vom speculativen Genius ihres Urhebers ist, in dem eine Menge von Richtungen und Probleme anklingen, die nacheinander und zu ihrer Zeit alle Befriedigung finden müssen, dies bedarf wol kaum der besondern Erinnerung, und auch darum könnte man Fichte den Descartes der neuern Zeit nennen, weil er, gleich diesem, trotz seiner nach außen hin in scharfbestimmten Resultaten auslaufenden Philosophie, im Innern die Embryos der spätern Systeme gehegt hat.

Aber hieraus ergibt sich für den gegenwärtigen Zweck eine weitere Frage. Laut dem Obigen erscheint die Beschuldigung atheistischer Denkweise nach ihrem innern Grunde als eine völlig nichtige, ja ungereimte. Aber auch der äußere Schein, der etwa

---

*) Am Schlusse des beschuldigten Aufsatzes (Werke, V, 189).

solche Anklage hervorrufen konnte, darf nach der Mittheilung der authentischen Stellen als geringfügig, ja bei näherer Prüfung als ganz unhaltbar bezeichnet werden. So muß sich jedem die Vermuthung aufdrängen, daß zu dieser Anklage fremde, aus andern Quellen stammende Motive mitwirkten, daß, wenn es nicht gerade Fichte gewesen wäre, welchem diesen Verdacht aufzuheften anderer Gründe wegen genehm schien, jene Aufsätze höchst wahrscheinlich unbeachtet geblieben wären. Noch merkwürdiger wird es, wenn wir die innere Stellung des Staates, welcher der erste Ankläger gegen Fichte wurde, zu dem ganzen Handel und dessen Veranlassung ins Auge fassen. Es war bekannt, daß auf der Landesuniversität desselben, in Leipzig, der Kantianer Heidenreich den „skeptischen Atheismus" eben, den Fichte in seiner Abhandlung bekämpfte, unangefochten verkündet hatte, abgesehen von den zweideutigen religiösen Gesinnungen, welche das Publikum einem andern berühmten Lehrer der Philosophie daselbst, E. Platner, zuschrieb. Und dennoch durfte diese Regierung der herzoglich weimarischen drohen, daß, wenn „die Verfasser und Herausgeber solcher Aufsätze", die Urheber solchen „Unwesens" nicht „ernstlich gestraft würden", sie ihren Landeskindern den Besuch der Universität Jena untersagen müsse!

II.

Daß die Gründe, welche den Angriff auf Fichte hervorriefen, weit mehr politischer und kirchlicher als wissenschaftlicher Natur waren, eigentlich seiner Person und Wirksamkeit, weniger seiner Theorie galten, ist durch das Bisherige schon fast außer Zweifel gestellt. Jetzt ist zu zeigen, welche bestimmtere Veranlassungen die Katastrophe herbeiführten.

Auf Fichte hatten sich, dürfen wir behaupten, die Conflicte gehäuft, welche damals die Gebildeten im geheimen, aber darum nicht weniger tief oder unversöhnlich entzweiten; ja an ihm kamen sie zum Ausbruch, denn sein energischer, durch Widerstand nur wachsender Charakter that oder bekannte sich laut zu dem, was andere dachten, aber klug nur „mit tiefstem Stillschweigen" bedeckten. *)

---

*) Charakteristische Worte Goethe's, welcher es Fichte in seiner Weise höchlich verdachte, sich überhaupt nur „über Gott und göttliche Dinge" aus-

Daher auch die gewaltige Aufregung der Zeitgenossen gegen oder für ihn, welche der Kampf hervorrief; es war die ganze Zeit, die in dieser Controverse sich wiederfand.

In welchen politischen Gegensätzen man damals, während der Französischen Revolution, hin und her gezogen wurde, ist bekannt; aber auch das Verhältniß zur Kirche, zum Christenthume war innerlich loser geworden, oder war wenigstens ein wesentlich anderes, als es jetzt ist. Man meinte, daß höhere Bildung überhaupt möglich sei ohne Christenthum; ja in dem Verhältnisse glaubte man sie wirklich erreicht zu haben, als man sich frei zeige von kirchlichen Formen und Glaubensmeinungen; und an verschiedenen Proben und Versuchen, dies zu bethätigen, fehlte es auch nicht. Alles Kirchliche umgab nur noch, wie ein lockeres Band oder eine bedeutungslose Form, ohne eingreifende Wirkung, das Leben der damals Gebildeten; selbst die christlichen Vorstellungen waren halb vergessen oder gleichgültig geworden. Will man ein Beispiel und zugleich ein Document dieser Denkweise, wie sie in den ersten Geistern sich abspiegelte, getragen dabei von der höchsten Bildung und dem geistigsten Streben, um die ideelle Welt, die ihnen in der Religion nicht mehr nahe war, durch die Kunst wieder zurückzuführen, so verweisen wir auf den Goethe=Schillerschen Briefwechsel. Man hat mit Ernst und Spott die pietistische Plumpheit bestraft, welche daraus für jene Männer eine moralische Anklage herleitete; man konnte jedoch die Thatsache anerkennen, und das Urtheil über Thatsachen wird ohnehin jedem anheimgestellt bleiben müssen.

Aber ein Zweites grenzte daran, was als nächster Schritt manchem vielleicht nicht schwer dünken mochte. Jenseit des Rheins hatte man das Christenthum abgeschafft und den Dienst der Vernunft dafür eingeführt; aber auch dieffeits glaubte man sich hinreichend vernünftig und gesittet, um der polizeilichen Aufsicht der Kirche zu entbehren; und indem auch über diese Dinge die extremsten Meinungen gewaltsam hervortraten, erwartete man von den entgegengesetzten Seiten, von der kirchlichen wie der

---

gelassen zu haben, „über die man freilich besser ein tiefes Stillschweigen beobachtet" (Werke, XXXI, 32).

kirchenfeindlichen Partei, wer unter den tonangebenden Männern
den ersten Schritt thun würde, auch äußerlich jene für so viele
leergewordenen Formen abzuwerfen. Was in diesem Betreff in
Fichte's näherer oder fernerer Nachbarschaft vorging, ist vielleicht
vergessen, wenigstens kaum an die rechte Stelle in dem Bilde
damaliger Culturgeschichte gebracht; was man von ihm selbst
etwa erwartete, dafür kann als charakterisirendes Zeichen die
Anekdote dienen, daß, als ihm ein Sohn geboren wurde, man
in seiner Umgebung alles Ernstes erwartete, er werde die Taufe
desselben nicht zulassen, und als Fichte, deshalb befragt, das
Gegentheil versicherte, wollte man ihm dies als Inconsequenz
anrechnen, oder als ein noch nicht überwundenes Jugend=
vorurtheil, welchem oft auch „die größten Männer" sich nicht
entschlagen könnten.

Noch entschiedener galt er als Haupt einer politischen Op=
position. Er hatte im Jahre 1793, zuerst anonym, die „Bei=
träge zur Berichtigung der Urtheile des Publikums über die
Französische Revolution" geschrieben und sich nachher als den
Verfasser jener Schrift bekannt, wo er in der allgemeinen Ein=
leitung den „erschreckenden" Gedanken untersucht: „unter wel=
chen Bedingungen dem Volke das Recht einer Revolution er=
wachse?" Hatte er freilich in der Vorrede (Th. I, S. XIV) über
den vorsichtigen Gebrauch seines Buchs einige „höchstnöthige"
Cautelen ausgesprochen, die Anwendung jener allgemeinen Grund=
sätze ausdrücklich für ungerecht und unvernünftig erklärt; hatte er
alles in die Worte zusammengefaßt (XXI): „Seid gerecht, ihr
Völker, und eure Fürsten werden es nicht aushalten können,
allein ungerecht zu sein" — dennoch hatte er durch die ganze
Art der Behandlung für immer und den Grundsätzen nach mit
der Herrschergewalt gebrochen. So war Fichte, ohne es selbst zu
beabsichtigen, zu einer Parteistellung hinaufgedrängt worden, und
alles, was er unternahm oder unterließ, wurde ihm als Resul=
tat weiterer Plane und geheimer Absichten ausgelegt.

Ebenso dürfen wir an sein Verhältniß zum herrschenden Kirchen=
glauben erinnern. Er hatte „weil man ihm die Stunden in den
Wochentagen verkümmerte" (Goethe, a. a. O., S. 54), religiös=
moralische Vorlesungen an Sonntagen für die Studirenden angekün=
digt, in der Absicht gerade und mit dem ausgesprochenen Vorsatze,

den Studirenden, welche sich der kirchlichen Zucht und Andacht weit
entwachsen hielten, durch dieselbe mit dem religiösen Leben in
Verbindung zu erhalten. Das Consistorium in Jena sah darin
die Absicht, „durch jene Vorlesungen die zeitherige gottesdienst=
liche Verfassung zu untergraben", und das weimarische Ober=
consistorium trat diesem Berichte in allem bei. Ein Blatt,
welches als ein entschiedener „Kämpfer für Thron und Altar"
zwar sehr getheilten Beifall, aber desto größern Einfluß bei
höchsten Ständen und Personen hatte, behandelte diesen Verdacht
als eine bereits erwiesene Thatsache und gründete darauf eine öffent=
liche Anklage gegen Fichte.*) Wie konnte es anders sein, als daß
Fichte nach solchen Erfahrungen und bei solchen Gegnern in der
spätern Anklage nur einen Angriff auf seine ganze Lebensstellung
sehen konnte und einen Kampf auf Leben und Tod beschließend
in seiner „gerichtlichen Vertheidigung" sagen durfte: „daß er, der
bisherigen Anfechtungen solcher Art müde, sich entweder für sein
ganzes übriges Leben Ruhe schaffen oder muthig zu Grunde
gehen wolle." **)

----

*) Das Genauere darüber ist bereits oben, S. 255 fg., berichtet
worden.

**) Verantwortungsschrift, S. 88—90. Indem wir hier die Verantwor=
tungsschrift erwähnen, scheint es am Orte, eine vermeintliche Thatsache zu be=
richtigen, welche in dem Knebel'schen Briefwechsel („K. L. von Knebel's Literari=
scher Nachlaß und Briefwechsel" [Leipzig 1835], II, 325) aus derselben angeführt
wird. Zwar ist diese längst der Oeffentlichkeit übergeben, auch haben wir die
sämmtlichen übrigen Aktenstücke in dieser Angelegenheit bei der Lebensbeschrei=
bung abdrucken lassen, sodaß jeder die Berichtigung selbst anstellen könnte.
Doch weiß man, wie oft selbst das Gedruckte unbekannt und unbeachtet bleibt.
Karoline Herder theilt a. a. O. ihrem Correspondenten aus jener Vertheidigungs=
schrift „im Vertrauen" mit: Fichte sage darin, was er erwarte, daß die durch=
lauchtigen Erhalter thun werden; er schreibe zwar nicht vor, aber er drohe
mit sehr deutlichen Worten, wenn er keinen Schutz gegen die Kabale finde,
„dahin zu gehen, wo Gewalt gilt, weil man da doch auch die Hoffnung hat,
einen Theil dieser Gewalt an sich zu reißen". Hierauf nun, setzt sie hinzu,
werde ihm von Weimar aus der Rath des Wanderns gegeben werden.
Nach dem Context jener Anführung könnte sie sich nur auf S. 109 oder auf
S. 114 fg. der Verantwortungsschrift beziehen. Weder an diesen Stellen noch
sonst in der übrigen Schrift oder in der „Appellation" findet sich jedoch etwas,

Hier aber hatte er die bestimmtesten Gründe auf diese Weise, zu handeln. Er spricht sie in der Verantwortungsschrift und in einem später gedruckten Sendschreiben also aus: es scheine ihm von unübersehbar wichtigen Folgen, daß die Höfe bei dieser Frage zu einem reinen Rechtsurtheile genöthigt würden. Fiele es für ihn aus, so habe die Wahrheit einen wichtigen Sieg er= fochten; werde er verurtheilt, „so müßten von nun an alle freien Denker, wie sie mit den gegenwärtigen Regierungen daran seien". So war gleich im Beginne sein Interesse ein dem der Höfe völlig entgegengesetztes; diese wollten Umgehung des Haupt= punktes, Vermeidung der Rechtsfrage, die, nach welcher Seite hin sie auch entschieden wurde, sie entweder mit mächtigen Nach= barhöfen zu entzweien drohte oder vor den Augen des Publi= kums unheilbar compromittiren mußte. So bezeugt es Goethe ausdrücklich; denn dies sind die Unbequemlichkeiten, Verlegen= heiten und Beschwernisse, welche er Fichte beschuldigt, in diesen und andern Dingen seinem Hofe bereitet zu haben; und jener ist um so mehr hier anzuführen, als es sich jetzt wol aussprechen läßt, daß er es war, der eigentlich die letzte Katastrophe veran= laßte, welche Fichte's Entfernung von Jena herbeiführte.

Dies gewinnt erst volles Verständniß, wenn wir Goethe's innere Stellung zu den politischen Gesinnungen und Bestrebungen, die auch Fichte theilte, erwägen. Wir beziehen uns darüber auf

---

das an jene Aeußerungen auch nur erinnern könnte; wir müssen das Ganze als eine durch nichts begründete Unterstellung bezeichnen, einzig erklärlich aus dem hartnäckigen Wahn, daß Fichte, in geheime politische Verschwörung ver= wickelt, irgendwelche Umwälzungen im Vaterlande bewirken wolle; ein Verdacht, gegen welchen sich Fichte in seiner Verantwortungsschrift umständlich recht= fertigt und das Ungereimte solcher Plane für ihn und nach seinem Stand= punkte von allen Seiten ins Licht setzt. Auch die Urtheile von Karoline Herder über diese und andere gleichzeitige Ereignisse, welche sich in jener Correspondenz finden, haben sehr durch die gereizte Gedrücktheit ihre Färbung erhalten, welche Herder den literarischen Größen seiner Umgebung gegenüber empfand und die ihn auch in seiner „Metakritik" (Werke zur Philosophie, XVII, 210—212) und „Kalligone" (XVIII, 7—9) zu den persönlichen Aus= fällen gegen Fichte fortriß, welche Reinhold in einem Briefe an Jacobi ge= radezu ein Pasquill auf denselben nannte („Reinhold's Leben und literari= scher Briefwechsel" [1825] S. 247).

die Andeutungen in seinen „Tag= und Jahresheften", welche, un=
schätzbar zum Einblicke in die geheimsten Lebens= und Literatur=
verhältnisse damaliger Zeit, von der gesättigtsten Erfahrung da=
rüber und von einem Urtheile im umfassendsten Maßstabe der
Erwägung zeugen. Aber sie bedürfen bei ihrer sinnvoll lakoni=
schen, vieles nur halb oder im Profile zeigenden, überhaupt
absichtsvollen Darstellung eines Commentars (stellenweise der
Berichtigung und Vervollständigung), mit dem aber nicht ge=
säumt werden darf, solange noch Zeitgenossen jener Tage unter
uns sind, oder wenigstens die nächste Ueberlieferung uns noch zu
Gebote steht. Zunächst nun bedarf es kaum der ausdrücklichen
Bemerkung, daß jene beiden Männer nach ihrer politischen Ge=
sinnung, mithin in dem Urtheil über den Werth ihrer Gegenwart
nicht blos antagonistisch gesinnt waren, sondern unter den Prota=
gonisten der beiden entgegenstehenden Parteien hervorragten.
Goethe war anerkanntermeise, seiner Lebensstellung und Indivi=
dualität ganz gemäß, ein bitterer Feind der Französischen Revo=
lution in allen ihren Phasen und Einwirkungen geblieben; über=
haupt war er jeder Erregung abgewendet, wenn sie von unten
kam und das ganze Volk ergriff. Wie niedrig und nur von der bur=
lesken Seite er jenes weltgeschichtliche Ereigniß aufgefaßt und
behandelt habe, zeigen seine dahin einschlagenden dramatischen
Erzeugnisse, „Der Bürgergeneral" und „Die Aufgeregten", wo
die eingeschränkt gehässige Ansicht des Gegenstandes sogar die
poetische Auffassung bis zur Geschmacklosigkeit herabdrückt. Er
spricht sich in seinen „Tag= und Jahresheften" (S. 47, 48), zu=
nächst zwar es auf Reichardt beziehend, in den härtesten Aus=
drücken gegen ein untergrabendes Geheimtreiben im Vaterlande
aus, das er „durch und durch geblickt habe". Fichte war aber
verdächtig, daran theilzunehmen; auch seiner Regierung und zwar
in dem Maße, daß man seine Correspondenz beaufsichtigte und
seine Briefe erbrach (Verantwortungsschrift, S. 99); und was
namentlich Reichardt betraf, der hier, merkwürdig genug, von
Goethe als das Haupt eines unruhigen, halb literarischen, halb
praktischen Wirkens und Betreibens bezeichnet wird, so war es
wol kaum als Geheimniß behandelt worden, daß Fichte wenig=
stens vorübergehend (in den Jahren 1795—97) mit ihm in
Verbindung gestanden, daß er ihm für seine politisch=literari=

schen Zeitschriften Mitwirkung zugesagt und Mitarbeiter ver=
schafft habe.

So mußte sich Fichte nach seinen Gesinnungen und selbst
durch seine politisch=literarischen Associationen als den politischen
Gegner Goethe's, dieser sich als den seinigen betrachten, welches
Verhältniß zur damaligen Zeit fast noch mehr wie jetzt gegen=
seitiges Vertrauen und volle zusammenwirkende Anerkennung aus=
schloß. Und wie auch im Auf= und Abwogen der gesellschaft=
lichen Aeußerungen die politischen Urtheile oft grell aufeinander
treffen mochten, davon berichtet einen charakteristischen Zug ein
für die ganze Angelegenheit wichtiges Schreiben von Fichte an
Reinhold, wo er, des rastadter Gesandtenmordes erwähnend
und der Aufregung, die diese abscheuliche That in der Ge=
sellschaft hervorgebracht habe, hinzusetzt, Goethe und Schiller
hätten ausgerufen: „So ist's recht, diese Hunde muß man todt=
schlagen.‟

Dadurch ist nun Fichte's inneres Verhältniß zu seiner da=
maligen Regierung und zu dem einflußreichsten Manne derselben
vollständig dargelegt. Goethe konnte nach seiner entschiedenen
Parteinahme in jener Hauptangelegenheit der Zeit Fichte wegen
seiner Genialität und der Macht seines Einflusses auf die Akademie
eigentlich nur tolerabel, wider Willen unentbehrlich finden; die=
ses zwang ihn zu seiner Anerkennung, aber es war kein frei=
williges Interesse, das auf Uebereinstimmung und Vertrauen be=
ruht oder solches hervorgerufen hätte; und so ließ er ihn fallen,
als die Zeit der Prüfung gekommen war und es günstiger schei=
nen konnte, andern Interessen zu folgen. Wie wir aus sicherer
mündlicher Ueberlieferung wissen, war es Goethe, der bei dem
Schwanken der andern Räthe, namentlich des Geheimrath Voigt,
die Maßregel durchsetzte, Fichte die Demission zu ertheilen und
ihm den „Rath des Wanderns‟ zu geben, und, als man ihm
vorwarf, dadurch der Universität einen unersetzlichen Schaden
zugefügt zu haben, in die Worte ausbrach: „Ein Stern geht un=
ter, der andere erhebt sich!‟

Bemerkenswerth ist es dabei, daß die aus dem gleichzeitigen
Eindrucke geschöpften Urtheile über Fichte in dem Goethe=Schiller'=
schen Briefwechsel neben dem Anerkennen der geistigen Kraft und
der gewaltigen Einwirkung auf die Zeit doch den Nebeneindruck

des Incommensurabeln, Problematischen, kurz, des unheimlich Imponirenden zeigen, den Fichte auf beide Männer gemacht hatte. Und dies endlich, die unabhängige Stellung, welche er sich zur Universität und zu den Behörden gegeben hatte, das innere, daraus allmählich hervorgewachsene Misverhältniß, endlich der Conflict der beiden stärksten Persönlichkeiten gegeneinander war es, was die Katastrophe, äußerlich sehr leicht zu vermeiden, innerlich fast unabwendbar, herbeiführte.

Um die nachfolgende Erzählung der äußern Umstände einzuleiten, halten wir für zweckmäßig, das Urtheil und die Auffassung der beiden Männer mit ihren eigenen Worten einander gegenüberzustellen, welche hier als Gegner aufeinander trafen; denn diese Verschiedenheit der Auffassungen hat eben den Ausgang herbeigeführt. Goethe vertritt die Regierung; aber gerade darum ist er genöthigt, dem Thatbestand in seinem Berichte fremde Nebenzüge beizumischen. Er stellt Fichte dar als Opfer seiner eigenen „Uebereilung", die er später jedoch selbst „bereute", als er erfuhr, wie „wohl es die Regierung mit ihm gemeint habe". In Fichte's eigenem Endurtheil über die Sache — nicht mit Ostentation vor dem Publikum, sondern in einem vertrauten Schreiben an die Gattin niedergelegt — findet sich das gerade Gegentheil von diesem allem, und es wird später sich zeigen, wie wenig jener Bericht mit dem wahren Hergange übereinstimmt. Goethe's Aeußerungen endlich in dem Briefe an Schloffer lassen keinen Zweifel über die Gründe seines „Votum" in dieser Sache. Er wollte einerseits einer „unverschämten Präoccupation" für Fichte entgegentreten, anderntheils seinen „Trotz" bestraft wissen.

„Nach Reinhold's Abgang" — so erzählt Goethe in seinen „Tages- und Jahresheften"*) — „der mit Recht als ein großer Verlust für die Akademie erschien, war mit Kühnheit, ja Verwegenheit an seine Stelle Fichte berufen worden, der in seinen Schriften sich mit Großheit, aber vielleicht nicht ganz gehörig über die wichtigsten Sitten- und Staatsgegenstände erklärt hatte. Er war eine der tüchtigsten Persönlichkeiten, die man je gesehen, und an seinen Gesinnungen im höhern Betrachte nichts auszu-

---

*) Werke, XXXI, 31, 32, 153 fg.

 jetzen; aber wie hätte er mit der Welt, die er als seinen erschaffe=
nen Besitz betrachtete, gleichen Schritt halten sollen?

„Da man ihm die Stunden, die er zu öffentlichen Vorlesungen
benutzen wollte, an Werktagen verkümmert hatte, so unternahm er
Sonntags Vorlesungen, deren Einleitung Hindernisse fand. Kleine
und größere daraus entspringende Widerwärtigkeiten waren kaum,
nicht ohne Unbequemlichkeit der obern Behörden, getuscht und ge=
schlichtet, als uns dessen Aeußerungen über Gott und göttliche
Dinge, über die man freilich besser ein tiefes Stillschweigen be=
obachtet, von außen beschwerende Anregungen zuzogen.

„Fichte hatte in seinem «Philosophischen Journal» über Gott
und göttliche Dinge auf eine Weise sich zu äußern gewagt, welche
den hergebrachten Ausdrücken über solche Geheimnisse zu wider=
sprechen schien. Er ward in Anspruch genommen; seine Verthei=
digung besserte die Sache nicht, weil er leidenschaftlich zu Werke
ging, ohne Ahnung, wie gut man diesseits für ihn gesinnt sei,
wie wohl man seine Gedanken, seine Worte auszulegen wisse,
welches man freilich ihm nicht gerade mit dürren Worten zu er=
kennen geben konnte, und ebenso wenig, wie man ihm auf das
gelindeste herauszuhelfen gedachte. Das Hin= und Widerreden,
das Vermuthen und Behaupten, das Bestärken und Entschließen
wogte in vielfachen unsichern Reden auf der Akademie ineinander;
man sprach von einem ministeriellen Vorhalt, von nichts geringe=
rem als einer Art Verweis, dessen Fichte sich zu gewärtigen
hätte. *) Hierüber ganz außer Fassung, hielt er sich für berech=
tigt, ein heftiges Schreiben beim Ministerium einzureichen, worin
er, jene Maßregel als gewiß voraussetzend, mit Ungestüm und
Trotz erklärte, er werde dergleichen niemals dulden, er werde
lieber ohne weiteres von der Akademie abziehen, und in solchem
Falle nicht allein, indem mehrere bedeutende Lehrer mit ihm ein=
stimmig den Ort zu verlassen gedächten.

„Hierdurch war nun auf einmal aller gegen ihn gehegte gute
Wille gehemmt, ja paralysirt; hier blieb kein Ausweg, keine Ver=
mittelung übrig, und das Gelindeste war, ihm ohne weiteres
seine Entlassung zu ertheilen. Nun erst, nachdem die Sache sich

---

*) Ein solcher war ihm, wie der Erfolg aus den Acten ergeben hat,
wirklich zugedacht.

nicht mehr ändern ließ, vernahm er die Wendung, die man ihr zu geben im Sinne gehabt, und er mußte seinen übereilten Schritt bereuen, wie wir ihn bedauerten.

„Zu einer Verabredung jedoch, mit ihm die Akademie zu verlassen, wollte sich niemand bekennen; alles blieb für den Augenblick an seiner Stelle; doch hatte sich ein heimlicher Unmuth aller Geister so bemächtigt, daß man in der Stille sich nach außen umthat, und zuletzt Hufeland der Jurist nach Ingolstadt, Paulus und Schelling aber nach Würzburg wanderten.‟

In so abgeschwächter Gestalt stellte die Erinnerung des lange Vergangenen dem Dichtergreise den Hergang dar. Der mildernde Schein entschuldigender Billigkeit ist über das Ganze verbreitet, raubt ihm aber darum die innere Wahrheit. Anders und unstreitig zutreffender spricht ein gleichzeitig geschriebener Brief das Urtheil Goethe's aus. Fast ohne Bedauern erblickt er in der jenaer Katastrophe für Fichte sogar dessen Untergang.

An Syndikus Schlosser in Frankfurt. *)

W., d. 30. Aug. 1799.

— — Was Fichte betrifft, so thut mir's immer leid, daß wir ihn verlieren mußten, und daß seine thörichte Anmaßung ihn aus einer Existenz herauswarf, die er auf dem weiten Erdenrunde, so sonderbar auch diese Hyperbel klingen mag, nicht wiederfinden wird. Je älter man wird, desto mehr schätzt man Naturgaben, weil sie durch nichts können angeschafft werden. Er ist gewiß einer der vorzüglichsten Köpfe, aber, wie ich fast fürchte, für sich und die Welt verloren. Uebrigens ist es, so klein die Sache scheint, ein Glück, daß die Höfe in einer Angelegenheit, wo eine unverschämte Präoccupation so ungemein weit ging, einen Schritt thun konnten, der, wenn er auch von der einen Seite gebilligt, von der andern Seite nicht getadelt werden kann. Und ich für meine Person gestehe gern, daß ich gegen

---

*) Aus dem „Gedenkbuch der vierten Jubelfeier der Buchdruckerkunst in Frankfurt a. M.‟ (1840), S. 79.

meinen eigenen Sohn votiren würde, wenn er sich gegen ein Gou=
vernement eine solche Sprache erlaubte.

*   *   *

Diesem allem stellen wir das Endurtheil Fichte's gegenüber,
in einem Briefe an seine Gattin vom 20. August 1799:

„Siehe, meine Gute, ich sehe die Sache jetzt so an: Daß ich
keinen Verweis haben wollte und mit dem Abschiede drohte, war
ganz recht und meine Sache; es reuet mich nicht im geringsten
und ich würde dasselbe in demselben Falle wiederholen. Daß sie
die Dimission annahmen, ist ihre Sache; daß sie dabei die
Form nicht so ganz beobachteten*), gleichfalls die ihrige, nicht
die meine. Ich zürne nicht auf sie, denn ich habe meinen Willen.
Ich wollte keinen Verweis und ich habe keinen. Dieser Abschied
wird mich nicht unglücklich machen. Ich billige ganz meinen
ersten Brief. Ich mißbillige blos den zweiten, den mir Paulus
herauspreßte.“

Auch sei hier noch das Urtheil Reinhold's hinzugefügt (Brief
vom 12. Juni 1799):

„Es muß durchaus bekannt werden, daß Sie unschuldig
daran sind**), daß die Regierung sich selbst gesagt sein lassen
wollte, was Sie nur Voigt gesagt haben, und daß allerdings Sie
gegen Ihren Willen und um keines andern Grundes, als der
von der Regierung selbst so genannten Unbedachtsamkeit, Amt
und Brot verloren haben.“

So kennt nun der Leser den Umriß der Begebenheit und
den Punkt, an welchen ihre Entscheidung sich knüpfte. Daran
mag die Erzählung der einzelnen Umstände sich schließen.

III.

Die beiden philosophischen Aufsätze Fichte's und Forberg's
hatten fast ein Jahr vor den Augen des Publikums gelegen, als
eine anonyme Flugschrift: „Schreiben eines Vaters an seinen

---

*) Indem die weimarische Regierung einem Privatschreiben officiellen
Charakter und Wirkung gab.

**) An dem Mißbrauche jenes Privatschreibens.

studirenden Sohn über den Fichte'schen und Forberg'schen Atheis=
mus" (1798, ohne Verleger und Druckort) mit ihrer Denunciation
hervortrat. Sie erschien unter ganz eigenen Umständen; ihr (un=
bekannter und unbekannt gebliebener) Verfasser schien es darauf
abgesehen zu haben, daß man den verdienten Dr. theol. Gabler
in Altdorf, den man um seines wissenschaftlichen Geistes und sei=
ner Mäßigung willen schon als eine Autorität gegen Fichte be=
trachten konnte, als den Urheber derselben vermuthe. Die am
Ende des Schreibens beigefügte Namensunterschrift (der Buch=
stabe G mit fünf Punkten), mehrere Eigenthümlichkeiten und
Provinzialismen seiner Schreibart sollten diese Deutung wahr=
scheinlich machen. Die Schrift wurde in Kursachsen „mit Mühe
in Umlauf gesetzt" und namentlich in Leipzig „unentgeltlich ver=
theilt", unter der Versicherung, Gabler selbst lasse sie also ver=
breiten. Und nicht unbemerkt bleibe hier, daß von Gabler, nicht
von Fichte, diese Umstände zuerst bekannt gemacht wurden, daß es
seine Worte sind, die wir anführen. Er protestirte nämlich so=
gleich öffentlich gegen das Gerücht, daß er der Verfasser jener
Schrift sei, als gegen eine seiner Ehre nachtheilige Verleum=
dung, und bezeichnete jene dabei „als delatorisch, beleidigend
und mit gänzlicher Unkenntniß des beurtheilten Gegenstandes ab=
gefaßt".*)

Dennoch ist völlig erwiesen, daß diese Schrift die einzige Ver=
anlassung zur öffentlichen Anklage gab; auf solches Zeugniß hin
wurde die Lehre eines Denkers von einem fremden Staate offen=
kundig geächtet und er selbst mit der härtesten Verfolgung be=
droht. Irgendjemand mußte nämlich Gelegenheit gefunden haben,
das Oberconsistorium zu Dresden auf sie aufmerksam zu machen;
denn dieselben, aus dem Zusammenhange gerissenen und durch
Unkenntniß des Systems wie des philosophischen Sprachgebrauchs
misdeuteten Stellen, die in jener Schrift angeführt werden, be=
zeichnet auch das kurfürstlich sächsische Requisitionsschreiben an die
sächsischen Herzoge, sodaß über die Quelle, die dasselbe benutzte,

---

*) Vgl. Intelligenzblatt der „Allgemeinen Literaturzeitung", 1799, Nr. 13,
S. 101. Die unentgeltliche Vertheilung der Schrift mit dem angeführten be=
sondern Zusatze wird zugleich in einer damals zu Leipzig erschienenen Broschüre
bezeugt, die Fichte's Verantwortungsschrift (S. 120) genauer anführt.

kein Zweifel übrig bleibt. Der erste öffentliche Schritt der kur=
sächsischen Regierung war ein Rescript an die eigenen Universi=
täten, Leipzig und Wittenberg, das die Confiscation der ange=
schuldigten Aufsätze und das Verbot des Journals für die Zu=
kunft verfügte. Ihm folgte das angeführte Requisitionsschreiben
an die Erhalter der Universität Jena, worin Fichte und Forberg
„als des gröbsten Atheismus schuldig" bezeichnet wurden, „der
nicht nur mit der christlichen, sondern selbst mit der natürlichen
Religion in offenbarem Widerstreite sei". Man forderte nach=
drückliche Bestrafung, mit dem drohenden Beifügen, daß sonst
der Besuch der Universität Jena den kursächsischen Unterthanen
verboten werden würde. *) Aehnliche Aufforderungen zum Ver=
bote der angeschuldigten Schriften gelangten auch an die andern
protestantischen Höfe, und Hannover entsprach auch durch ein
eigenes Edict diesem Ansuchen, während Preußen mit dem Be=
scheide**), daß es das Gutachten seines Oberconsistoriums darüber
vernehmen wolle, die Sache von sich ablehnte; eine weise Bedacht=
samkeit, welche für Fichte der erste Wink wurde, mit völligem
Vertrauen diesem Staate sich zuzuwenden.

Gegen jene Maßregel der Confiscation war Fichte's „Appel=
lation an das Publikum" gerichtet ***), die erste in der Reihe der
zahlreichen Schriften, welche in dieser Angelegenheit erschienen.
Am 19. Jan. 1799 überreichte er sie mit einem (im zweiten Bande
abgedruckten) Briefe dem Herzoge von Weimar, ausdrücklich darin
bevorwortend, daß er hier nicht als Staatsdiener vor seiner Be=
hörde sich rechtfertige, sondern als freier Gelehrter dem Publikum
gegenüber dessen Urtheile berichtigen wolle. Dennoch machte diese
Schrift in Weimar den übelsten Eindruck, nicht weil die Sache
unbefriedigend gedünkt hätte, sondern weil überhaupt auf die
Sache mit Ernst und Nachdruck eingegangen war, während man

---

*) Vgl. Intelligenzblatt der „Allgemeinen Literaturzeitung", Nr. 40, S. 319.
Das Confiscationsedict selbst ist vor Fichte's „Appellation" abgedruckt.

**) Vgl. Schaumann, „Erklärung über Fichte's Atheismus" (Gießen 1799),
S. 88, wo sich auch S. 86 das kurhannoverische Confiscationsedict findet.

***) „Appellation an das Publikum gegen die Anklage des Atheismus;
eine Schrift, die man zu lesen bittet, ehe man sie confiscirt" (Jena und Tü=
bingen 1799). Werke, Bd. V.

dort von Anfang an mit dem anklagenden und den miterhaltenden
Höfen aufs sorgfältigste unterhandelt hatte, das Sachliche des
Streites ganz fallen zu lassen; während man ihm, um aus einer
Verlegenheit herauszukommen, der wir sogleich gedenken werden,
ohne Aufsehen und in der Stille, wie Goethe sich ausdrückt, „aufs
gelindeste herauszuhelfen gedachte". Diese Absicht, die Fichte
jedoch nicht theilte, ja nach der innern Beschaffenheit seiner Lage,
wie gezeigt worden, nicht theilen konnte, war nun erschwert, ja
fast vereitelt. Schiller übernahm es, in einem Briefe diesen nach=
theiligen Eindruck von seiten der ersten Räthe, ja des Herzogs
selbst zu melden und mündlich weitere Eröffnungen zu ver=
heißen, welche gerade zu einer Zeit, wo Fichte seine „gerichtliche
Verantwortung" bei der Staatsbehörde einzureichen hatte, wol
auch Winke und Vorstellungen in sich schließen mochten, sich den
Ansichten des Hofes besser zu fügen. Daß diese ihn nicht lenk=
samer gemacht haben mögen, geht aus der Weise hervor, mit
welcher Fichte dieser privaten Nebenverhandlungen in seiner
spätern Denkschrift erwähnt:

„Es mußte vermittelt, es mußte ein Seitenweg eingeschla=
gen werden, und diesem Seitenwege sollte ich mich fügen. Recht
gegen den mächtigen Ankläger erhalten konnte ich bei ihnen nicht;
vielleicht sollte ich auch so wenig als möglich verletzt werden, aber
diese Schonung mußte als Gnade erscheinen. So konnte
wol der Hof rechnen, aber nicht ich. Ich war dieser geheimen
Gänge überhaupt schon seit langem müde, hatte seit geraumer Zeit
auch in andern Angelegenheiten nicht nachgesucht und angefragt,
besonders aber wollte ich es in der gegenwärtigen nicht thun. Ich
glaubte es der Wahrheit schuldig zu sein, daß die Höfe zu einem
reinen Rechtsurtheil genöthigt würden, daß ich wenigstens von
meiner Seite nichts thäte, um ihnen die Abweichung davon mög=
lich zu machen. — — Zu diesem Zweck ist meine Verantwor=
tungsschrift geschrieben."

Hiermit und dadurch allein schon hatte er mit dem Hofe
völlig gebrochen; denn er hatte „gehemmt, ja paralysirt", was
Goethe „allen guten Willen gegen ihn" nennt. Allgemein war
die Anklage seiner Hitze, seiner Unfügsamkeit; die alten Anti=
pathien regten sich stärker, Herder trat gleichzeitig mit seiner
„Metakritik" hervor, Schiller sprach von „incorrigiblen Schief=

heiten"*) und auch Goethe verübelte ihm sehr die Keckheit, seine
Vertheidigung unvermerkt in eine Gegenanklage zu verwandeln,
auf den politischen Kampfplatz herüberzuziehen und seine politi=
schen Gegner zugleich als religiöse Obscuranten dar=
zustellen — der ärgste Vorwurf vielleicht, den es in seinen Augen
geben konnte! Jetzt, hieß es, sei das Wenigste, ihn mit einem
derben Verweise seiner „Unvorsichtigkeit" zu belegen.

Vergleicht man nämlich den Inhalt der Verantwortungs=
schrift**) mit dem, was nach den vorausgegangenen Warnungen
von ihr erwartet wurde, so muß man freilich bekennen, daß der
Contrast kaum größer sein konnte. Sie war im Tone noch schär=
fer als die „Appellation", in der Beweisführung drang sie noch
unerbittlicher auf unzweideutige Entscheidung. Jeder Punkt
wurde erörtert und jede Möglichkeit eines fernern Einwands ab=
gewiesen, sodaß hier im umgekehrten Verhältniß der merkwürdige
Fall eintrat, vom Angeklagten seine Vertheidigung gründlicher
geführt zu sehen, als sein Richter es verlangte. Die Schrift be=
handelt drei Fragen: zuerst, ob es unter jeder Bedingung uner=
laubt sei, besonders in Werken philosophischen Inhalts, wahrhaft
irreligiöse Lehren vorzutragen; was in seiner Irrigkeit und Un=
ausführbarkeit nachzuweisen nicht schwer war. Die zweite Frage,
ob die verklagten Aeußerungen in der That atheistisch seien,
wurde aus dem Innern seines Systems beantwortet, sodaß über
ihren wahren Sinn kein Zweifel bleiben konnte. Endlich wurde,
und dies war die empfindlichste Seite für die Gegner, der wahre
Grund der Anklage, die maskirte politische Verfolgung und die
verächtliche Veranlassung dazu, die in der erwähnten anonymen
Schmähschrift bestand, ohne Schonung aufgedeckt und auch hier
jeder Punkt mit den gehörigen Belegen erwiesen. Zuletzt drang
er auf das entscheidende Resultat, entweder von jener Anklage
ihn ehrenvoll freizusprechen, oder, wenn man seine wahren Lehren

---

*) „Goethe=Schiller's Briefwechsel", V, 72. Zunächst zwar einen andern
Schritt Fichte's meinend; aber der Ausdruck bezeichnet auch überhaupt, wie
sein ganzes Verhalten von Schiller beurtheilt wurde.

**) Nachher herausgegeben von J. G. Fichte unter folgendem Titel: „Der
Herausgeber des Philosophischen Journals gerichtliche Verantwortungsschriften
gegen die Anklage des Atheismus" (Jena 1799). Werke, Bd. V.

in der That verabscheue, als Irrlehrer ihn seines Amtes zu entsetzen. Er hatte das Bewußtsein, in dieser ganzen Angelegenheit nach Grundsätzen und tadellos gehandelt zu haben, und war nie in der Stimmung, aus verächtlicher Schwäche etwas zu dulden, was jenen Grundsätzen widersprach. Und noch allgemeiner könnte man fragen, woher denn irgendeiner Regierung die Competenz komme, über Vorsicht oder Unvorsichtigkeit wissenschaftlicher, besonders philosophischer Aeußerungen zu urtheilen? Kurz, Fichte war entschlossen, mit einem öffentlichen Verweise sich nicht belegen zu lassen, der ihn vor dem Publikum unheilbar compromittiren müsse; wol aber, äußerte er sich, werde er jede Weisung sich gefallen lassen, welche nicht den Charakter der Oeffentlichkeit an sich trüge.

Bis zu diesem Zeitpunkt hatte Fichte sich nichts vorzuwerfen. Er blieb consequent in der Defensive, und wie auch die Entscheidung gefallen wäre, er hätte nur mit unantastbarem Rufe aus dem Handel hervorgehen können. Aber er überschritt diese Grenze, indem er fremdem Rathe folgte, welcher ihn zu vermittelnden, „verhütenden" Schritten bei der Regierung durch einen in diesem Sinne geschriebenen Brief an den Geheimrath Voigt aufforderte, dies Schreiben persönlich zu überbringen und die Sache eifrig zu unterstützen versprach. Der Rathende war sein College, der Theolog Paulus, damals gerade Prorector der Universität und deshalb um so eher berufen, ihm zu rathen und zu einem gemeinschaftlichen Schritte mit ihm sich zu vereinigen. *)

*) Paulus selbst („Skizzen aus meiner Bildungs- und Lebensgeschichte" [Heidelberg 1839], S. 168—176) erzählt diese Umstände und bekennt sich zur Theilnahme an jenem Briefe, hinzufügend, er sei eigens, um ihn zu überbringen, nach Weimar gereist, zugleich aber auch um dem Curator (Voigt) als Ausweg der Vermittelung vorzuschlagen, daß Fichte „auf nicht amtlichem Wege (sodaß es nicht durch den Kanal des akademischen Senats gehe) sich alles wolle sagen lassen, was die Regierung ihm zu sagen für gut fände". Daß jener verhängnißvolle Brief wirklich aus gemeinschaftlicher Berathung hervorgegangen, zeigt ein im Nachlasse noch vorhandenes Blatt, dessen Inhalt ich zum ersten male publicire. Es muß als briefliche Beilage für Paulus dem Concepte des Schreibens an den Curator beigelegen haben und lautet folgendermaßen:

„Hier, mein Theuerster, das Concept. Ich habe den Privatverweis nicht besonders berührt, sondern nur den öffentlichen verbeten. Wenn sie

Dennoch lud er dadurch den verderblichen Schein der In=
consequenz auf sich, indem er factisch in die Offensive übertrat.
Denn was er der Regierung zu eröffnen hatte, daß er einem
„öffentlichen“ Verweis sich nicht fügen werde, konnte dieser nur
als Trotz oder als Drohung erscheinen. Wie sehr er diese Ueber=
eilung später bereute, hat er selbst in seiner Denkschrift auf
erschütternde Weise ausgesprochen: „Hätte ich ihnen doch nicht

---

nicht selbst auf diesen Ausweg fallen, ist es doch nicht meine Sache, sie direct
darauf hinzuweisen.   Ihr F.“

„Ich bin völlig einverstanden. Vielleicht wäre es aber Ihrem Zwecke,
das Aeußerste zu verhüten, gemäß, wenn Sie auf der vorletzten Seite, lin. 12,
noch bestimmter schrieben:

«Es würde mir nichts übrig bleiben, als einen solchen Verweis, welcher
mich vor dem nie aussterbenden Richter, dem Publikum, compromittirte»

oder dergleichen etwas. So ließe sich, wenn es noch nöthig wäre, der Aus=
weg auf einen nicht öffentlich compromittirenden Verweis von Voigt desto
leichter herausfinden, ohne daß Sie es sagen.   Ihr P.“

D. 21. März 1799.

Der Erfolg dieses gemeinschaftlichen Schrittes ist bekannt. Wie Paulus
erzählt, zeigte Voigt sich zugänglich und „wollte berichten“. Man wählte den
entgegengesetzten Ausweg, den öffentlichen Verweis, und zwar in härtester
Form, und ertheilte zugleich, seiner eigenen Entschließung zuvorkommend, Fichte
die Entlassung. Den Urheber dieses Entschlusses der Regierung haben wir
genannt. Aber Fichte, der auf den Rath von Paulus und in Gemeinschaft
mit ihm gehandelt, glaubte noch eine weitere Zusage von ihm erhalten zu
haben, die einer gemeinsamen Abgabe ihrer Dimission für den ange=
deuteten Fall. Dies bekunden eine Menge von Briefstellen an seine Gattin,
an Reinhold, an Schelling, die erst jetzt in ihrer Vollständigkeit erscheinen.
Paulus hat jede Zusage letzterer Art in Abrede gestellt und in diesem Betracht
von „Chimären“ und „Einbildungen“ gesprochen, welchen Fichte sich hingegeben.
Dies mußte zu polemischen Verhandlungen zwischen ihm und dem Biographen
führen, deren hier wenigstens historisch erwähnt wird, indem auch sie vor=
übergehend lebhafte Aufmerksamkeit erregten. Man vergleiche: „Paulus und
Fichte; über einen berichtigenden Zusatz zu J. G. Fichte’s Lebensbeschreibung,
als Anfrage oder Gegenberichtigung von J. H. Fichte“, im „Freihafen“, 1840,
Heft 2, S. 176—229; „Beleuchtung des Verhältnisses, welches zwischen Pro=
fessor Fichte dem Vater und Dr. Paulus bei dem Atheismusstreite des erstern
stattfand“, in Paulus’ „Neuem Sophronizon“, erste Mittheilung, 1841, S. 80—
134; endlich „Offenes Schreiben an Herrn Dr. Paulus in Bezug auf dessen
Beleuchtung u. s. w., von J. H. Fichte“, in dessen „Zeitschrift für Philosophie“,
VII, 151—155.

diefen Schein durch ein unglückliches Herausgehen aus meinem Charakter in die Hände gegeben! Möge ich durch meine Reue, durch das freimüthige Geständniß meines Fehlers, durch die un= angenehmen Folgen deffelben für mich ihn fattfam abbüßen können!"

Dazu kam noch ein Nebenumstand, welcher auf diese An= gelegenheit mittelbar großen Einfluß gewann. Erft jetzt ist es uns möglich, darüber mehr als bloße Vermuthungen zu geben, indem feit dem ersten Erscheinen der Biographie ein Briefwechfel zwi= schen Fichte und F. W. Jung uns in die Hände gekommen ist, welcher über die Sache hinreichenden Auffchluß enthält.

Als Mainz (am 14. October 1792) in die Hände der Fran= zofen fiel, löfte sich in dem allgemeinen Umfturze damaliger Ver= hältniffe auch die dortige Univerfität auf, vorher nicht unberühmt oder unwichtig für jenen Theil von Deutschland durch die Sorge des Kurfürsten Friedrich Joseph Karl, ausgezeichnete Männer von jeder Confeffion dorthin zu berufen. So hatte fie damals fchon befondere Aufmerkfamkeit auf fich gezogen und erschien als ein heller Punkt wiffenschaftlicher Bildung mitten im katholischen Deutschland. Jetzt waren ihre reichen Güter zerfplittert, ihre Sammlungen zerftreut worden, und ihre berühmteften Lehrer waren theils ausgewandert, theils hatten fie fich dem fremden Einfluffe angeschloffen. Aber auch nach der fpätern Befitznahme durch die Verbündeten konnte man bei dem Provifortschen aller Einrichtungen in der Nähe des wechfelnden Kriegsschauplatzes nicht an ihre Wiederherstellung denken. Als nun durch den Frieden von Campo=Formio (17. Oct. 1797) das ganze linke Rheinufer, füdlich von Andernach, mit Einfchluß von Mainz, an Frankreich abgetreten wurde, jedoch unter einer aus Deutschen gebildeten und nur von einem französischen Regierungscommiffar — damals Rudler — beauffichtigten Centralverwaltung scheinbar und vorläufig einer Art von Selbständigkeit genoß, dachte man auch an eine vollständige Neugestaltung der Univerfität. Franz Wilhelm Jung *), kurfürstlich mainzischer Hofrath, damals Leiter der Studiencommiffion, welcher den Auftrag erhielt, einen

*) Geboren zu Darmftadt 1758, gestorben zu Mainz im Jahre 1831 oder 1832. Seine Briefe zeigen den deutschen Mann trefflichster Gefinnung. Als

umfassenden Plan dafür auszuarbeiten, forderte Fichte auf, ihm seine Ideen darüber mitzutheilen, und eröffnete ihm die Aussicht, daß er an dem „neuen Institute" in Ausführung derselben wenigstens nicht durch altes Herkommen oder schon vorhandene Einrichtungen gehemmt zu werden fürchten dürfe. Ebenso gab er ihm Auftrag, andere Lehrer in gleichem Geiste für diesen Plan anzuwerben. Man hatte vor, außer der Philosophie vorzüglich die Fächer der Medicin und ihrer Hülfswissenschaften, des Natur- und Staatsrechts, der Geschichte, der Literatur und der schönen Wissenschaften mit Männern zu besetzen, die in Deutschland Ruf und Namen erworben hätten und durch ihre Richtung dem Geiste der neu zu gestaltenden Universität homogen wären.

Fichte ging auf den Antrag ein unter zwei Hauptbedingungen: zuerst, daß ihm zugesichert werde, nur mit Jung als seinem nächsten Vorgesetzten und mit der deutschen Behörde in unmittelbare Berührung zu kommen; sodann, daß es in Organisation der neuen Anstalt wirklich bei den Grundsätzen bleibe, die man sich vorgesetzt; dann halte er es sogar für seine Pflicht, die hier sich ihm eröffnenden Aussichten zu einer höhern Umgestaltung der Nationalbildung aus allen Kräften zu unterstützen. Es waren dieselben Gedanken und Vorsätze, die er auch später in Erlangen wie bei der neu errichteten berliner Universität durchzuführen versuchte.

Daß er in dieser Richtung bedeutenden Collegen in Jena Eröffnungen machte, geht aus dem weitern Verlaufe hervor. Wer diese gewesen seien, darüber bleibt es bei Vermuthungen. *)

Schriftsteller hat er sich durch seine poetische Bearbeitung des Ossian, durch mehrere Gedichte und ästhetische Aufsätze im „Deutschen Mercur" und „Deutschen Museum" bekannt gemacht.

*) Ein ehemaliger bonner College, der ehrwürdige Dr. Augusti, Zeit- und Lebensgenosse jener berühmten jenenser Epoche, hat mir auf die Bitte um Aufschluß nachstehende Eröffnung gemacht: „Von einer Zusicherung, welche Ihr seliger Vater von mehreren Professoren und Docenten erhalten haben soll, daß sie ebenfalls ihre Dimission fordern würden, wenn er die seinige erhielte, habe ich niemals etwas Officielles erfahren. Aber so viel weiß ich, daß ein ziemlich allgemeines Gerücht folgende Männer als diejenigen nannte, welche eine solche Versicherung gegeben hätten: 1) Kirchenrath Paulus, 2) Justizrath Hufeland, 3) Geh. Hofrath Loder, 4) Geh. Hofrath Hufeland, 5) Professor

Daß er aber auch außerhalb Jena fähige Männer für diesen Plan
zu gewinnen suchte, ist uns aus einzelnen rückantwortenden Aeußerungen derselben in seiner damaligen Correspondenz wahrscheinlich, welche erst dadurch, bei unserer spätern Kunde von diesem
Plane, uns verständlich geworden sind. Es sollte nach Fichte's
Wunsche jene Anstalt ein Vorposten deutscher Wissenschaft, ein
Vermittelungsglied zwischen beiden Völkern werden. Er glaubte
den ersten Friedensblick und die Rückkehr zur Ruhe nicht besser
benutzen zu können, kurz, es erschien ihm, in höherm Sinne gefaßt, als ein wahrhaft vaterländisches Unternehmen und eines
Versuchs mit Selbstaufopferung werth.

Diese Unterhandlungen wurden angeknüpft und fortgesetzt
im Jahre 1798 und waren ihrem Abschluß nahe, als plötzlich
die uns bekannten Ereignisse in Jena dazwischentraten. Fichte
ließ in seinem Schreiben an den Geheimrath Voigt Hindeutungen
auf einen solchen Plan fallen; gewiß unvorsichtig, wenn er noch
keine feste Zusage seiner Collegen erhalten hatte. Dies scheint
nicht geschehen zu sein, denn in einem Schreiben an Reinhold
drückt er sich darüber so aus: „Der Punkt, über den ich Stillschweigen gelobt habe, betrifft die bedeutenden Collegen, die sich
erträglich honett, nur nicht stark benommen haben. Durch mich
soll den guten Seelen kein Schaden zugefügt werden." Nur von
einem glaubte er eine solche Zusage erhalten zu haben: es
war Paulus.

Wie dem aber auch sei, auch unabhängig von diesen Beziehungen wird man den Ton jenes Briefs nicht anders als stolz,
ja fast drohend finden, nicht wie ein gunstsuchender Untergebener
ungefähr mit der höchsten Behörde zu sprechen gewohnt ist, sondern etwa wie eine andere, literärische Macht mit der politischen
reden würde, wohl bewußt ihrer Kräfte, derselben zu schaden.
Aber es war nur ein Privatschreiben an einen Mann, welcher

Ilgen, 6) Professor Niethammer, 7) Privatdocent Dr. Kilian." (Vgl. „Freihafen", a. a. O., S. 229.) Merkwürdig ist nun, daß alle jene Männer kurze
Zeit darauf Jena wirklich verließen, sodaß der bedeutungsvolle Ausspruch
Goethe's, es habe sich infolge von Fichte's Dimission ein „heimlicher Unmuth"
aller Geister bemächtigt, seine vollständige Bestätigung erhält.

ihm bisher Vertrauen und Freundschaft bewiesen, und in einem
solchen seine volle Meinung zu sagen, oder vielleicht auch nur
die Sachen gerade so darzustellen, wie sie wirklich
waren, ist noch immer für erlaubt gehalten worden. Ebenso
sollte „das Aeußerste vermieden werden", und ein Freund hatte
Auftrag und zugleich guten Willen, mündlich einen vermittelnden
Vorschlag anzugeben und eifrig zu unterstützen. Durch diesen
Nebenumstand verliert selbst jene Aufrichtigkeit das Verletzende,
indem ihre Absicht im rechten Lichte erscheint. Aber selbst der
gereizte Ton des Briefes, wozu in seinen officiellen Verhältnissen
mit der Regierung nicht der geringste Grund zu liegen scheint,
bedarf einer Erklärung; sie findet sich in einzelnen Worten des
Briefes selbst. Er äußert dort, daß „persönliche Beziehungen"
auf ihn, die sich ergeben haben sollen, ihn „jetzt" einen harten
Verweis befürchten lassen, er spricht von „noch weitern Schrit=
ten gegen ihn", die nur außerhalb der Acten stattgefunden haben
können, da der actenmäßige Beschluß der Regierung selbst noch
nicht erfolgt war. Sicher mochte er aber Kunde erhalten haben
von der Verlegenheit und dem Verdrusse, den die Art seiner Ver=
theidigung dort erregt hatte; und so schrieb er, selbst gereizt und
durch fremden Rath befangen, jenen Brief, den er späterhin
als einen falschen Schritt beurtheilt hat. Aber er durfte nicht
voraussetzen, daß man um deswillen mit Verletzung des Geschäfts=
gangs gegen ihn verfahren werde.

Denn ganz unerwartet wurde diesem Privatschreiben von
der Regierung ein Charakter gegeben, als ob es zu den Acten
gehörte, und mit ausdrücklicher Bezugnahme darauf innerhalb
der Acten Fichte infolge eines ihm zuerkannten Verweises
zugleich auch seine Entlassung ertheilt. Der Beschluß der wei=
marischen Regierung fiel nämlich dahin aus: daß, indem die
Beschuldigten sich von der Anklage des Atheismus nur durch
Berufung auf eine von ihnen angenommene philoso=
phische Terminologie hätten reinigen können, übrigens
aber die Verbreitung ihrer nach dem gemeinen Wortverstande so
seltsamen und anstößigen Sätze als sehr unvorsichtig erkannt wer=
den müsse, ein Verweis dafür ihnen nicht vorenthalten werden
könne. Da aber ferner, laut beigeschlossenen (dadurch also zu

einem Actenstück erklärten) Schreibens, Fichte im Fall eines Ver=
weises seine Dimissionsabgebung angekündigt habe, so werde ihm
hiermit diese ertheilt. Die übrigen herzoglich sächsischen Regie=
rungen, als Miterhalter der Universität Jena, traten in ihren
Rescripten diesem Beschlusse fast wörtlich bei, auch hier besonders
in mehr oder minder misbilligenden Ausdrücken noch hervor=
hebend, daß die Vertheidigung gegen die Anklage nur durch Be=
rufung auf einen ungewöhnlichen Sprachgebrauch hätte geführt
werden können, als ob man also den Inhalt geflissentlich um=
gangen und überhaupt mehr beschönigend und Vorwände suchend,
als mit Offenheit sich vertheidigt habe. Widerspricht dies nun
durchaus dem Geiste der beiden Verantwortungsschriften, worin
Fichte sorgfältig und mit aufrichtiger Gründlichkeit jeden einzel=
nen angeschuldigten Satz aus dem Innern seines Systems erklärt
und selbst den Forberg'schen Aeußerungen einen wissenschaftlichen
Gesichtspunkt gibt: so hatte er auf solchen Endbescheid hin wohl
das Recht zu behaupten, man müsse seine Vertheidigung nicht ge=
lesen haben, oder die Entscheidung sei fertig gewesen, bevor man
noch die Beklagten gehört.

Zugleich aber scheint uns auch der Rechtsgang und die offi=
cielle Form verletzt worden zu sein durch die Folge, welche man
seinem Privatschreiben gab, und zwar dies in mehrfacher Bezie=
hung. Er hatte geäußert, daß er bei einem öffentlichen, seiner
Ehre nachtheiligen Verweise seine Stelle niederlegen werde, und
so mußte es doch, meinen wir, vorläufig noch seinem Urtheile
überlassen bleiben, ob er jenen Verweis also betrachten und ihm
diese Folge geben wolle oder nicht. Es konnte daher, selbst den
Brief als officiell betrachtet, nur geäußert werden, daß man im
Falle dieses Gesuchs um seine Entlassung sie ihm ertheilen werde.
Noch mehr aber ist hervorzuheben, daß die ganze Aeußerung
gar nicht actenmäßig existirte, daß sie also auch innerhalb der
Acten nicht beantwortet werden konnte. Mochte man übrigens
gegen diesen Brief verfügen, was man wollte, mochte man des=
halb sogar den Verweis schärfen — wiewol es jede Regierung
ihrer Ehre zuwider halten wird, um persönlicher Beleidigung
willen einen Rechtsausspruch zu verschärfen —: nur diese
amtliche Folge konnte man ihm nicht geben. Hier hat also
persönlicher Unwille die Entscheidung gefaßt, und Goethe's

schon oben angeführte Worte geben uns hierüber den Auf=
schluß. *)

Dieser Tadel blieb aber schon damals der Regierung nicht
erspart. Nicht allein Fichte's nächste Freunde klagten dies tumul=
tuarische Verfahren an, sondern diese mißbilligende Ansicht heg=
ten auch andere, welche unbetheiligt und leidenschaftslos aus der
Ferne dem Handel zugesehen hatten, wie Reinhold, Jessen, Jacobi;
ja ein preußischer Staatsmann und Zögling Friedrich's II., der
Minister Dohm, der sicherlich die Rechte der Regierungen und
Untergebenen gegeneinander abzuwägen vermochte, erklärte sich
damals bei einer zufälligen Anwesenheit in Jena öffentlich und
sehr entschieden gegen einen solchen Mißbrauch eines Privatschrei=
bens und den noch schlimmern Verrath freundschaftlichen Ver=
trauens.

Fichte würde, wie er bezeugt, sich selbst überlassen, die aus=
gesprochene Dienstentsetzung einfach angenommen haben; denn jetzt
mußte die Ehre ihm verbieten, noch annähernde Schritte zu thun.
Der bedeutende College indeß, der Mittheilnehmer am Briefe ge=
worden und dem ein solcher Ausgang wie jedem andern völlig
unerwartet war, drängte ihn zur zweiten noch größern Inconse=
quenz, zu einem einlenkenden Briefe, der seine frühere Erklärung
limitiren und seine Dimissionsabgabe von der eigenen Entschließung
abhängig machen sollte. Nach einigen Tagen erfolgte vom Her=
zoge der Bescheid: „daß dieser Brief von ihm nicht angesehen
worden sei als in seiner Entschließung etwas ändernd."

Wir können den Bericht von diesem Handel nicht besser
schließen, als wenn wir eine Stelle aus einem weit später (1807)

---

*) Am treffendsten hat unstreitig K. Hase nach beiden Seiten hin das
ganze Verhältniß beurtheilt (in seinem geistvollen und freisinnigen „Jenaischen
Fichte=Büchlein", 1856, welches außerdem auch noch wichtige Actenstücke über
jene Angelegenheit gebracht hat): „Man darf einer Regierung nicht zumuthen,
Vorschriften von einem Beamten anzunehmen, und unser großer Herzog, im
Bewußtsein, daß er's gut gemeint, hatte die Geduld verloren. Andererseits
einem Fichte mochte man auch etwas verzeihen, ein zutrauliches Wort von
Voigt hätte alles geschlichtet; jedenfalls konnte man abwarten, ob Fichte sei=
nen angekündigten Entschluß nach Ertheilung des Verweises ausführen werde.
Er ist bei einem unbedachten Worte ergriffen worden, um einer
Unbequemlichkeit und Verlegenheit ein Ende zu machen."

geſchriebenen Aufſatze von Fichte einſchalten, die über die Geſammt=
heit des Thatſächlichen und ſein ſpäteres Urtheil darüber keinen
Zweifel übrig läßt *):

„Derjenige Mann, der durch ſeinen ungeſuchten Eintritt mei=
nen unbedingten Entſchluß, auf einen gewiſſen Fall meine Lehr=
ſtelle an der Univerſität Jena niederzulegen, den ich ohne ihn
einfach und natürlich würde ausgeführt haben, in einen Verſuch
zum Capituliren verwandelte; der einen gewiſſen erſten Brief,
welcher ohne ſeine Dazwiſchenkunft nicht wäre geſchrieben wor=
den, mit mir verabredete und billigte und, als der Erfolg ausfiel,
wie er ausfiel, mir einen zweiten, deſſen ich bei meinem ſchon
vorher gefaßten feſten Entſchluſſe nicht bedurfte, ſondern der nur
ihn decken ſollte, abquälte und abpreßte, und ſo auf eine ganz
richtige, anſtändige und gebührliche Entſchließung von mir, die
ich noch jetzt, nach Verlauf von acht Jahren, durchaus billige und
in derſelben Lage heute wiederholen würde, den Anſchein von
Zweideutigkeit und Schwäche brachte, — war ein anderer, und
es war nur einer, nicht mehrere; daher man auch meine
übrigen jenaiſchen Collegen und Freunde mit jenem Argwohn
verſchonen wolle. Inzwiſchen zürne ich auch dieſem einen ſo we=
nig, daß ich vielmehr gleich nach der That nur mich ſelbſt ver=
urtheilt habe, indem der Stärke, die mit der nur einen Augenblick
aufflammenden Schwäche gemeinſame Sache macht, ohne vorher=
zuſehen, daß der augenblickliche Muth nicht fortdauern werde,
ganz recht geſchieht, wenn ſie verlaſſen wird; und ich habe mit
mir ſelbſt mich ausgeſöhnt lediglich durch die erworbene Sicher=
heit, daß mir dieſes nicht zum zweiten male begegnen wird.‟

Indeß ſchien das Miswollen der Regierung noch in andern
Symptomen hervorzutreten. Er hatte freilich nicht als „Atheiſt‟
ſeine Stelle verloren; überhaupt war von der Regierung vermie=
den worden, über den Grund oder Ungrund des Streitpunktes
ſelbſt zu entſcheiden; dennoch galt in den Augen des großen Hau=
fens und der zahlreichen Uebelwollenden die Entlaſſung wenigſtens
für eine mittelbare Beſtätigung der Hauptanklage. Die Sache hatte
überdies ganz ungewöhnliches Aufſehen erregt; alles nahm Partei
gegen ihn oder für ihn; die Flugſchriften zu Angriff oder Ver=

*) „Bericht über den Begriff der Wiſſenſchaftslehre‟ u. ſ. w., Werke,
VIII, 404 fg.

theidigung drängten sich *); andere suchten zu vermitteln, wie Reinhold in seinem „Sendschreiben an J. C. Lavater und J. G. Fichte" (1799); selbst der Leibnizianer Eberhard in seiner zweiten Streitschrift: „Versuch einer genauern Bestimmung des Streitpunktes zwischen Herrn Professor Fichte und seinen Gegnern" (Halle 1799), ging weit objectiver auf die Untersuchung ein als Heusinger („Ueber das idealistisch=atheistische System des Herrn Professor Fichte in Jena", Dresden 1799), dessen Schrift Reinhold das Gewäsch eines engbrüstig orthodoxen Kantianers nennt, bei der man nicht wisse, wie sie ihm von seiner (der kursächsischen) Regierung gelohnt werde; ohne Zweifel mit Anspielung auf das Gerücht, daß der Philosoph Ernst Platner in Leipzig höhern Orts angeregt worden sei, gegen Fichte zu schreiben, was derselbe indeß abgelehnt habe.

Schlimmer jedoch und kränkender war Folgendes. In den „Nintel'schen Annalen" und in der „Nationalzeitung" erschienen Fichte's beide Briefe an Voigt, welche isolirt und aus ihrem motivirenden Zusammenhange gerissen nur einen sehr nachtheiligen Eindruck machen konnten. Dennoch war ihm die volle Aufklärung über ihre Veranlassung zu geben versagt, wenn er nicht das Vertrauen seiner Collegen täuschen und ihre Namen compromittiren wollte. Aber die Bekanntmachung der Briefe selbst konnte nur von der weimarischen Regierung herrühren oder wenigstens durch sie gebilligt sein, und so wird die Stimmung erklärlich, die sich seiner bemächtigte, wo „er einen stillen Winkel suchte, um gedeckt vor den Bannstrahlen der Priester und den Steinigungen der Gläubigen ein paar Jahre in Ruhe zu verleben, bis die Gärung des Publikums und sein Ekel an demselben vorüber sei". (Brief an Reinhold.)

*) Unter den Vertheidigungsschriften sind die beiden von J. E. Chr. Schmidt (Professor der Theologie zu Gießen), „Nachricht an das ununterrichtete Publikum, den Fichte'schen Atheismus betreffend" (Gießen 1799), und von J. C. G. Schaumann (Professor der theologischen und praktischen Philosophie zu Gießen), „Erklärung über Fichte's Appellation und über die Anklagen gegen die Philosophie" (Gießen 1799), als die eingehendsten und ausführlichsten besonders auszuzeichnen. Die Schaumann'sche Schrift enthält außerdem die dahin gehörenden Actenstücke und Decrete der verschiedenen Regierungen in dieser Angelegenheit fast vollständig, weshalb wir uns begnügt haben, im zweiten Theile nur die wichtigsten früher ungedruckten bekannt zu machen.

In Jena als Privatmann zu leben, konnte ihm schon aus
Gründen der Klugheit nicht einfallen, indem er den Schein mei=
den mußte, die Aufregung der Studirenden, in welche diese durch
die Nachricht von seiner Amtsentsetzung gerathen waren, zu schü=
ren oder benutzen zu wollen. Der akademische Senat, dadurch
vielleicht verletzt, weil er seine Verwendung umgangen hatte, that
nichts, um ihn der Universität zu erhalten; wol aber reichten
die Studirenden eine Bittschrift mit fast 300 Namen aus allen
Gegenden des deutschen Vaterlandes und der benachbarten Länder
bei dem Herzoge dafür ein und beschlossen, [als diese fruchtlos
blieb, ihm zu Ehren und zum Andenken ihrer Gesinnung eine
Medaille auf ihn prägen zu lassen. *)

---

*) Die Bittschrift, welche erst kürzlich von K. Hase (in seinem „Jenaischen
Fichte=Büchlein" [Leipzig 1856], S. 92 fg.) veröffentlicht worden, bezeugt die
große Bedeutung, welche Fichte für die ganze Universität und selbst für ihre
Frequenz hatte. Wir heben deshalb ihre Hauptstellen heraus. Nach einem
allgemeinen Lobe des Glanzes der Hochschule fährt die Bittschrift so fort:
„Der Professor Fichte, ein Mann, dessen große Verdienste um die Philosophie
jeder Freund der Wahrheit anerkennt, der einst der Stolz unsers Jahrhunderts
sein wird, erhöhte vorzüglich den Glanz dieser Universität, auf die man ihn
rief. Wir alle verehren und lieben in ihm einen Lehrer, dessen Führung wir
uns mit ganzer Zuversicht anvertrauen durften. Sein weitverbreiteter Ruf
zog auch in diesen Tagen noch aus den entferntesten Gegenden Deutschlands
eine beträchtliche Anzahl Studirender nach Jena, und die für das nächste
halbe Jahr in dem Lectionskataloge versprochenen Vorlesungen dieses Lehrers
bestimmten bei so vielen unter uns allein unser Hierbleiben. Ein allgemein
sich verbreitendes Gerücht von einer dem Professor Fichte zuerkannten Dimis=
sion läßt uns fürchten, ihn zu verlieren. Allein sein Verlust wäre für uns
unersetzlich. Wir sind dann in unserer sichern Hoffnung auf den fernern Un=
terricht dieses Lehrers — in den im Lectionskataloge öffentlich uns gegebenen
Versprechungen — getäuscht, wir verlieren mit ihm einen Hauptzweck unsers
Hierseins" u. s. w.
    In der Reihe der unterschriebenen Namen finden wir Männer, die später
zu den berühmtesten zählten, andere, die wenigstens in ihren Kreisen von Ruf
und Bedeutung waren. So L. C. Treviranus aus Bremen, F. C. Dahlmann
aus Wismar, H. Steffens aus Norwegen, A. Kanne aus Detmold, Heise aus
Zelle, Zandt aus Karlsruhe, Franz Horn aus Braunschweig, Dr. Möller aus
Dänemark, d'Autel aus Heilbronn, Delius aus Bremen, G. Friedrich aus
Frankfurt a. M. u. s. w.
    Der Eindruck der Bittschrift in Weimar war, wie man aus dem Tone
der Antwort ersieht, ein ungünstiger; zugleich aber blickt aus ihr ebenso Ver=

Aber auch hier scheint die Regierung einen contraminirenden Schritt nicht verschmäht zu haben. Wie nämlich Steffens als Zeuge und Mitbetheiligter berichtet *), erhielt Justizrath Hufeland von Weimar aus den Entwurf einer Bittschrift, oder wurde wenigstens von da zu ihrer Abfassung angeregt, welche das Geständniß der Studirenden enthalten sollte, „Fichte habe sich mit tadelnswerther Unvorsichtigkeit in seinen Vorlesungen (!) geäußert und man flehe die schonende Gnade des Herzogs für den sonst verdienstvollen und geliebten Lehrer an". Steffens erzählt, wie er diese Intrigue entdeckt und vereitelt habe.

Unter diesen Conflicten und Bewegungen war es Fichte's Wunsch, einen sichern und verborgenen Aufenthalt zu suchen; wie willkommen war ihm daher die Aussicht, ihn ganz in seiner Nähe finden zu können! Der Fürst von Schwarzburg-Rudolstadt hatte ihm früher schon Zeichen des Wohlwollens gegeben; jetzt glaubte er, daß ihm ein Gesuch, unter seinem Schutze in seinem Lande leben zu dürfen, nicht abgeschlagen werden würde, indem der Fürst nicht das Geringste dabei zu befahren schien, Fichte als Privatmann aufzunehmen, wenn dieser zugleich das Versprechen gab, über den Gegenstand des Streites nichts mehr zu schreiben. Dennoch erhielt er eine abschlägige Antwort und zwar, wie er ausdrücklich behauptet, durch directe Schritte seiner bisherigen Regierung veranlaßt, während diese doch, selbst wenn sie seine unmittelbare Nähe nicht gern sah, in solcher Entfernung und so absichtlich gewählter Einsamkeit keine nachtheilige Wirkung auf die Universität von ihm zu besorgen hatte. **)

---

legenheit als Unmuth hervor. Die kurzgefaßte abschlägige Antwort schließt mit dem Bedeuten: „daß Wir Uns dieser Angelegenheit wegen nicht weiter behelligt wissen wollen." Ein später eingereichtes Gesuch der Studirenden um „Wiederberufung des Professor Fichte an die Universität" wurde vom Herzoge (am 10. Jan. 1800) noch kürzer und ungnädiger beschieden. (Vgl. Hase's „Fichte-Büchlein", S. 100.)

*) H. Steffens, „Was ich erlebte", IV, 154, 155.

**) Das Factum selbst erwähnt schon Friedrich Richter an Jacobi (in dessen „Auserlesenem Briefwechsel", II, 283): „Fichte wurde mit seinen privatissimis aus Rudolstadt ausgesperrt. Es schmerzt mich, weil er hülflos ist und edel." Die nähern Umstände dabei gehen aus folgenden Briefstellen hervor. Fichte an Reinhold (vom 3. Mai 1799): „Denken Sie die —

In dieser beängstigenden Verlegenheit, als ein Plan nach dem andern gefaßt und wieder verworfen wurde, ließ derselbe Mann, der sich früher schon so günstig für Fichte's Angelegenheit ausgesprochen hatte, der Minister Dohm, ihn durch einen gemeinschaftlichen Freund auf den Gedanken leiten, in Preußen eine Zuflucht zu suchen, wo er ihm fast mit Gewißheit Schutz und Sicherheit versprechen könne. Zugleich versprach er, da Eile und Rücksichten der Klugheit eine vorläufige Erkundigung deswegen unstatthaft machten, sogleich einige einflußreiche Männer der Hauptstadt durch Briefe für ihn günstig zu stimmen. Ueberhaupt aber mußte das Beispiel eines so einflußreichen Staates, wie der preußische, auch in dieser Beziehung für die andern deutschen Staaten fast entscheidend werden.

Unter allen preußischen Städten verdiente aber Berlin den Vorzug, theils weil der Einzelne bei der Größe der Stadt unbemerkter leben konnte, theils auch weil der Aufenthalt unter den Augen der Regierung, einmal gebilligt, desto größere Folgen haben mußte. Sollte der Plan indeß gelingen, so mußte er rasch und ohne Aufsehen ausgeführt werden, damit nicht wieder irgendeine Regierung durch zu frühzeitige Kunde hindernd dazwischen trete. So entfernte sich Fichte mit Zurücklassung seiner Familie wie zu einer Erholungsreise plötzlich von Jena und traf allen unerwartet in den ersten Tagen des Juli 1799 in Berlin ein.

---

wie soll ich es nennen? — die man ganz neuerlich an mir begeht! Ich suchte ein abgelegenes Winkelchen, wo ich im strengsten Incognito mich einige Jahre verbergen könnte, bis die Gärung im Publikum und mein Ekel an demselben vorübergegangen wäre, und hatte Hoffnung, durch die Güte eines benachbarten Fürsten, den ich kenne, dies Winkelchen zu finden. Man ist höchsten Orts scharfsichtig genug, dies zu ahnen, und deutet dem Fürsten an, daß man dies ungern vermerken würde. Was sagen Sie dazu? Hätten Sie dergleichen Schritte in unserm aufgeklärten Zeitalter und Lande wol vermuthet?" Noch bestimmter ist die Aeußerung seiner Gattin in einem beigefügten Schreiben an ebendenselben: „Der hiesige Hof hat, Gott weiß durch welchen Kanal, erfahren, daß wir im Rudolstädtischen einsam und zurückgezogen leben wollten, und hat es hintertrieben; und wir wissen nicht, wenn man uns gebietet, von hier wegzugehen." Hiernach ist berichtigend zu ergänzen, was Schiller („Briefwechsel mit Goethe", V, 72) über diesen Vorfall erwähnt, dessen Urtheil überhaupt hier lebhaft contrastirt mit den einfach schönen Worten Friedrich Richter's, der doch Fichte zugleich damals noch persönlich fern stand!

Seine Ankunft erregte indeß selbst bei den höchsten Regierungs=
beamten einige Aufmerksamkeit, ohne Zweifel darum, weil man
ihn zugleich politischer Verbindungen mit der Frankenrepublik
für verdächtig hielt. Doch von jedem gewaltsamen Schritte weit
entfernt, wollte man vorerst nur die Absicht seines Aufenthalts
und die Art seiner Verbindungen kennen lernen, übrigens aber
die Entscheidung des Königs selbst erwarten, welcher damals
gerade abwesend war. Dieser gab aber nach seiner Rückkehr eine
so wahrhaft königliche, weise und gerechte Entscheidung, daß sie
hier nicht unerwähnt bleiben darf, indem sie zugleich in Fichte's da=
maliger Lage von den wohlthätigsten Folgen war: „Ist Fichte
ein so ruhiger Bürger, ist er so fern von allen gefährlichen Ver=
bindungen, wie Ich vernehme, so gestatte ich ihm gern den
Aufenthalt in meinen Staaten. Ueber seine religiösen Grund=
sätze zu entscheiden, kommt dem Staate nicht zu." *)

Auf dies königliche Wort durfte Fichte mit Sicherheit einen
neuen Lebensplan gründen; es war der, in Preußen für immer
sich niederzulassen, seine Familie nach Berlin nachzuholen und
sich dort durch Schriftstellerei und Privatvorlesungen eine un=
abhängige Existenz zu sichern.

Einstweilen brachte er den Sommer und Herbst noch allein
in Berlin zu, um seine „Bestimmung des Menschen" zu voll=
enden, eine Beschäftigung, die ihn vollends von dem Andenken
an den verhaßten Streit abzog und seine völlge geistige Heiter=
keit wiederherstellte. Gegen den Schluß des Jahres endlich kehrte
er nach Jena zurück, um seine Familie abzuholen und von nun
an für immer seinen Wohnsitz in Berlin zu nehmen.

Aber diese äußere Veränderung mit allen Begebenheiten,
welche sie herbeiführten, war auch für sein inneres Leben von
großer Bedeutung, und es beginnt hier eine neue Epoche dessel=
ben, welcher das folgende Buch gewidmet sein soll. Die Dar=
stellung des gegenwärtigen Lebensabschnittes können wir aber
nicht besser schließen, als durch Mittheilung der Briefe, welche
er um diese Zeit an seine Gattin schrieb und die das deutlichste
Bild seiner ganzen damaligen Stimmung geben.

---

*) So der allgemeine Sinn, während wir die originalere Wendung des
letzten Ausspruchs den unten mitgetheilten Briefen von Fichte zu berichten
überlassen.

Berlin, ben 6. Juli 1799.

Du wirst Dich gewundert haben, gute theure Seele, daß
Du so lange keinen Brief von mir erhalten; aber heute geht seit
meiner Ankunft (den 3. abends) die erste Post ab. Diesen Brief
erhältst Du durch einen Freund, vielleicht früher als einen an=
dern, den ich unter demselben Datum mit der Post abgehen lasse.

Der Ueberbringer ist ein sehr beliebter Schriftsteller allhier,
Herr Tieck, der mir Höflichkeiten erzeugt hat; seine Frau eine
geborene Alberti, Schwester der Madame Reichardt. Es wäre
mir lieb, wenn Du ihm einige Artigkeiten erweisen könntest.

Denke Dir nur: des Mittwochs abends 10 Uhr fahre ich
zum Thore herein und gebe meinen Namen an. Donnerstags
morgens wird im Staatsrathe (d. h. im höchsten Regierungs=
collegium der Minister) Vortrag darüber gethan und vorläufig
denn doch nur beschlossen, mich sehr genau beobachten zu
lassen. Ein Freund meldet mir dies. *) Soeben, Freitag mor=
gens, verläßt mich der Polizeiinspector, der mir denn nur
pflichtschuldigerweise, sagt er, seinen Besuch machen wolle und
sich erkundigen solle, ob ich etwa nur zum Vergnügen oder in
Geschäften hier sei. Ich habe ihm gesagt: zum Vergnügen, wisse
aber nicht, wielange die Zeit meines Aufenthalts dauern könne.

Das Aufsehen, der Schrecken sei allgemein, sagt man mir!
Ich schreibe Dir dies alles nur, damit Du in Deiner Correspon=
denz Deine Maßregeln danach nehmest.

Erschrecken laß Dich nun nicht. Daß sie nicht gewaltsam ver=
fahren wollen, siehst Du selbst aus diesen Maßregeln; daß aber
kein Schein eines Verdachtes auf mir ruhen wird, davon bist
Du wol überzeugt.

Maßregeln aufs Weitere lassen aber bei so bewandten Um=
ständen sich nicht nehmen.

Mein Wunsch wäre es, hier zu bleiben, und kann ich ihnen
nur die Lächerlichkeit und Abgeschmacktheit dieses sonderbaren

---

*) Auch Schleiermacher's Briefe berichten Aehnliches und fügen noch Wei=
teres hinzu über das erste Erscheinen Fichte's in Berlin („Aus Schleiermacher's
Leben, in Briefen" [Berlin 1858], I, 240, 241).

Mistrauens durch die That zeigen, so stehe ich dann desto fester und kann alles erreichen.

Wir werden sehen! Uebrigens sei versichert, daß ich zeitig genug einen Entschluß fassen werde.

Daß Du, falls ich nur hier fest stehe, hierher kommst, ist wünschenswürdig und ausführbar. Ich sehe an Schlegel's Oeko= nomie, daß man hier mit Frau wol nicht viel theurer lebt, denn als Einzelner.

Adresse: Professor Heindorf am Grauen Kloster; innere Adresse: Prediger Schleiermacher an der Charité; meine Adresse: im Sil= bernen Monde unter den Linden.

*   *   *

Aus der Antwort seiner Frau.

Jena, den 12. Juli 1799.

Diesen Augenblick ist Paulus bei mir gewesen und läßt Dich freundlich grüßen; er weiß schon durch Schütz, daß Du in Berlin bist. Ich bejahte es: Du habest Dir diesen Ort für eine Zeit lang gewählt, weil Schlegel dort sei. Also ist vier Tage nach Deiner Ankunft dort dies hierher geschrieben worden!

Die Studenten haben ihren Plan durchgesetzt, trotz Hufeland, und die Medaille auf Dich kommt zu Stande. Nun ist nur die Frage, ob sie mir dieselbe übergeben sollen, oder sie Dir nach Berlin überbringen. Harbaur, der Dich herzlich grüßt, wie alle andern Bekannten, hat mir erzählt, daß zwei Abgeordnete sie mir überbringen würden. Ich sagte darauf: ob es nicht vielleicht besser wäre, wenn zwei von ihnen, die doch in den Ferien eine Reise machten, sie Dir selbst überbrächten. Bestimme also, Be= ster, wie Du es am liebsten haben willst, so will ich die Sache schon einleiten.

Aus Berlin ist ein großer Brief von einem Deiner ehema= ligen Schüler gekommen, nebst einem Aufsatze, mit dem Titel: „Ueber die Bestimmung und Würde der Rechtsgelehrten" — die= sen wünscht er in Dein Journal einrücken zu können. Der Brief enthält viel Verehrung und Anhänglichkeit für Dich. Beides schicke ich Dir nicht, bis Du es befiehlst, denn ich mag Dir nicht so unnöthiges Porto machen; er heißt Süvern und ist Lehrer am berlinisch=köllnischen Gymnasium.

*   *   *

Berlin, ben 20. Juli 1799.

Meinen Brief durch Tieck, von welchem ich in Deinem letz=
ten vom 12. Juli noch keine Spur finde, wirst Du nun wol
erhalten haben und klarer in meiner Sache sehen, als ich Dir
in Briefen, von denen ich voraussetzte, daß sie erbrochen würden,
schreiben konnte. Es ist seitdem nichts, weder zu meinem Vor=
theil, noch zu meinem Schaden, vorgefallen. Ich habe an Horn
geschrieben und mir Nachricht von Dohm ausgebeten. Ich will
diesen Monat noch Antwort erwarten. Erhalte ich dann keine,
so nehme ich, falls ich nämlich mich entschließe, hier zu
bleiben, selbst meine Maßregeln, gehe selbst, wie Du mir ra=
thest und auch mir als das Beste dünkt, vor die rechte Schmiede,
wie man im Sprichwort sagt.

Kann ich die bestimmtesten Versicherungen haben, daß man
mich ruhig mit einer gewissen Würde hier wird existiren lassen,
und besonders Vorlesungen halten, dann hätte ich wol Lust,
es einige Jahre hier anzusehen, besonders da der Gewinn von
den letztern mich mit der hiesigen Theurung in Gleichgewicht
setzen und mich in die Lage bringen würde, zu leben, wie ich es
gewohnt bin, d. h. meine mäßigen und billigen Begierden mir
nicht versagen zu müssen. Ob dies nun geht oder nicht, muß
im künftigen Monate sich rein ergeben. Bis dahin bleib Du,.
wie Du jetzt bist.

Reinhold habe ich noch nicht geantwortet, werde es aber
nächstens. Jacobi's *) Vorschlag ist so, wie er ist, in keiner Art
annehmbar. Das fehlte nun noch, um abermals die Reisekosten
nach dem Pfalzbairischen mit Familie zu tragen; auch kann es
wegen des Kriegs in keiner Stadt dieses Gebietes wohlfeiler sein
als hier. Aber es ist mir etwas anderes eingefallen, was
Jacobi kann, wenn er Einfluß bei der gegenwärtigen pfalz=
bairischen Regierung hat. Du weißt doch, daß diese Regierung
eine protestantische Universität hat? Wenn er will, so thue
er dies; und mir muß es freigestellt bleiben, ob ich die Stelle
früh oder spät (denn die Stadt liegt gegenwärtig im Kriegs=
schauplatze) wirklich antreten will. Ich denke, auch Du wirst die=
sen Gedanken gut finden.

---

*) Welcher Fichte einen Zufluchtsort in Düsseldorf angeboten hatte.

Du wirst zu wissen wünschen, wie ich lebe. Das früh Auf=
stehen kann ich aus mancherlei Ursachen, deren wichtigste doch in
mir selbst und in meinem Katarrh liegen, nicht von mir erhal=
ten. Sechs Uhr ist meistens das Frühste; dann geht es an das
Schreibpult, woran es nicht ganz faul, jedoch auch bisher nicht
so von statten geht, als ich's von mir begehre. Ich arbeite an
der „Bestimmung des Menschen". Halb 1 Uhr lasse ich mich
frisiren (ja, ja, frisiren, Zopf machen, pudern u. dgl.) und an=
ziehen und gehe um 1 Uhr zu Madame Veit, wo ich Schlegel
und einen reformirten Prediger, Schlegel's Freund *), treffe.
Um 3 Uhr komme ich zurück und lese einen französischen Roman,
oder schreibe, wie gegenwärtig, an Dich. Ist ein nur halb er=
träglich Stück (das ist bei weitem nicht immer der Fall), so gehe
ich 5 Uhr in die Komödie; wo nicht, um 6 Uhr in die Nähe
der Stadt, im Thiergarten, oder vor meiner Hausthür unter
den blühenden Linden mit Schlegel spazieren. Bisweilen mache
ich auch mit Schlegel und seiner Freundin kleine Landpartien.
So thaten wir z. B. vorgestern, im lebhaftesten Andenken an
Dich und den Kleinen. Nur hatten wir keinen Wein, um Euere
Gesundheit zu trinken, sondern nur — saueres Bier und eine
Schnitte schwarzes bitteres Brot, worauf ein dünn geschnittenes
Stück halbvermoderter Schinken mit schmuziger Butter angeklebt
war, zum Besten. Die Politesse läßt mich hier manches, wenn
es nur erträglich ist, schön finden. Doch habe ich mir eine
bessere Methode der Landpartien ausgedacht.

Abends soupire ich ein Milchbrötchen und ein Viertel Me=
doc, der in meinem Hause das einzige Genießbare ist, und um
10—11 Uhr zu Bett, um zu schlafen, ohne zu träumen. Nur
einmal — es war nach Deinem ersten Schreckensbriefe — hatte
ich meinen Hermann, voll Freude, daß er wieder gesund sei, in
meinen Armen, und plötzlich dehnte er sich, ward blaß, und es
folgten alle die Erscheinungen, die mir unauslöschlich ein=
geprägt sind.

Ich binde Dir, Du Theure! Deine Gesundheit und des Klei=
nen Gesundheit auf die Seele. Lebe wohl und sei versichert,
daß ich mich innigst nach Dir sehne, ohnerachtet ich freilich des=

---

*) Schleiermacher.

wegen zu keinem Schritte rathen werde, der uns im ganzen nach=
theilig ist.

*   *   *

Ich bin hier vollkommen sicher. Ich habe gestern den Cabinets=
rath Beyme, d. h. den Mann, der täglich mit dem Könige arbei=
tet, besucht und ihn über meine Lage gesprochen. Ich habe ihm
aufrichtig herausgesagt, daß ich hierher gekommen, um hier zu
bleiben, und daß ich Sicherheit begehre, indem ich im Begriffe
sei, meine Familie nachkommen zu lassen. Er hat mir versichert,
daß, weit entfernt, mich in diesem Vorsatz zu stören, man es sich
zur Ehre und zum Vergnügen schätzen werde, wenn ich
meinen Aufenthalt hier nähme; daß der König über gewisse Grund=
sätze, worein diese Frage einschlage, unerschütterlich sei u. s. w.

Ich bin daher fest entschlossen, hier zu bleiben, wenigstens
bis Ostern; und es hängt von Dir ab, mir, sobald Du
kannst, nachzukommen. Wenn ich es recht bedenke, so hättest
Du allenfalls auch in meinem jetzigen engen Logis bei mir Platz.
Mein Plan ist der. Friedrich Schlegel, der mit der sehr interes=
santen Jüdin Madame Veit, von der ich Dir schon geschrieben
habe, vereinigt lebt (dies unter uns: es ist Geheimniß), will den
Winter nach Jena, und ich kann dies nicht wünschen noch zu=
lassen; ich bin dann in Berlin völlig verlassen. Ich möchte so=
nach, daß er hier bliebe. Dies kann er aber aus mir einleuch=
tenden Gründen nur, wenn Wilhelm Schlegel mit seiner Familie
nach Berlin kommt, und ich arbeite mit daran, es dahin zu bringen.
Reussirt dieses, so machen wir, d. h. die beiden Schlegel, Schel=
ling (der dann auch hierher zu bringen sein möchte) und wir
eine Familie, miethen ein großes Logis, halten eine Köchin
u. s. w. So, denke ich, soll es sich recht gut leben. Thue das
Deinige bei der Schlegel, an welche ich mit dieser Post zugleich
schreibe, es dahin zu bringen. Wegen der Medaille kann ich nicht
rathen, aber aufrichtig berichten. Haben die Studenten eine so
große Summe, wie Du schreibst, zusammengeschossen, so ist das
sehr hinlänglich. Nur müssen sie zu eilen suchen. Eine Me=
daille ist nicht sobald verfertigt.

Abramson hat mich deshalb hier mehreremal aufgesucht, zu=
letzt getroffen, mich dann auf der Straße getroffen und so ge=

nöthigt, zu ihm zu kommen, daß ich es endlich nicht unterlassen konnte, ohne äußerst grob zu erscheinen. Ich bin sonach allerdings bei ihm gewesen. Darauf nöthigte er mich zu sich zu Tische, abermals unter Umständen, die mir es unmöglich machten, es abzuschlagen. Er hat mein Bild wieder bearbeitet; ob es jetzt ähnlicher ist, kann ich nicht beurtheilen. Er hat mir im Vertrauen seine Unterhandlung mit den jenaischen Studenten mitgetheilt und er zeigte viel Begierde, daß es zu Stande kommen möchte.

Es ist hier noch der Medailleur Loos, aus welchem mehr gemacht wird. Haben denn die Studenten nicht an diesen geschrieben? Ich weiß nicht, ob er porträtirt, habe aber in diesem Augenblick fortgeschickt, um es zu erfahren. Ich bin erbötig, dem, der Aufträge von den Studenten hat, zu sitzen. Kurz, ich kann nicht rathen. Bei Abramson, dessen Bedingungen mir auch nicht zu hoch scheinen (doch bescheide ich mich, dies nicht zu verstehen), wäre es das Kürzeste, wenn das neue Bildniß getroffen ist, was ich abermals nicht wissen kann.

Hardenberg (Novalis) grüße und danke ihm herzlich. Seine Verwandten werde ich vielleicht besuchen, wenn ich wissen werde, ob ich es, ohne Verdacht zu erregen, thun kann.

*   *   *

Liebe, Theure!   Den 17. August.

Ich habe Deine Briefe bis Nr. 8 richtig erhalten. Das Nöthigste zuerst.

Ich hatte für jenen Plan mit Schlegels, der mehr Plan des hiesigen Schlegel und seiner Freundin als der meinige war, mich gewinnen lassen und versprach mir allerdings von der Ausführung desselben mancherlei Vortheile, aber nicht so, daß ich mein Herz daran gehängt hätte und über dessen Verunglückung untröstlich wäre. Den Nachtheilen desselben, die Du befürchtest, würde ich dann wol vorzubeugen gewußt haben. An den Zerstreuungen des jenaischen, an der höchst langweiligen und faulen Existenz des hiesigen Schlegel hätte ich nur Antheil genommen, inwiefern ich gewollt hätte, wie ich es in Absicht des letztern auch hier thue. Doch dies ist nun vorbei.

Du theure Seele! Du freust Dich schon, zu mir zu kommen, und ich bin nicht ganz derselben Meinung. „Ich soll mich nur erst wieder an Deinen und Deines Kindes Umgang gewöhnen", sagst Du und thust mir daran sehr unrecht. Ich sehne mich nach Euch wol nicht minder, als Du Dich nach mir sehnen kannst, und ich bedarf es nicht erst, wieder an Dich mich zu gewöhnen, ich bin es; und von Dir entwöhnt werden, kann ich bei der höchst einsamen und nur an meinem Schreibtische glücklichen Existenz, die ich hier führe, keineswegs. Das also ist es nicht, warum ich Bedenken trage, Dich herkommen zu lassen. Aber über die Lage und die ökonomischen Folgen urtheile selbst.

Eine eigene Haushaltung anfangen, willst Du selbst nicht, oder wollten wir's, so ist zuvörderst die Frage, ob wir uns selbst möbliren oder die Möbel miethen wollten?

Das erste geht nicht; denn wie ich höre, werden hier alte Möbel durch die Trödler, die selbst die ihrigen sehr theuer verkaufen und vermiethen, um ein Spottgeld den Leuten abgedrückt. Ferner Tisch=, Küchengeräthe u. dgl. müßten wir doch selbst anschaffen; denn diese erhält man nicht zur Miethe. Also miethen! Ich habe ein Verzeichniß beigelegt, was alles, dessen man in der Haushaltung bedarf, und die Miethe der Möbel kostet. Dazu würde ein weniger geräumiges Quartier ohne Möbel, wie wir es brauchen, nebst Küche und besonders ein Plätzchen im Keller, dergleichen schwer aufzutreiben ist, über 100 Rthlr. kosten. Ueberschlage dies alles.

Oder en chambre garnie leben, wie ich es jetzt thue, und aus dem Speisehause essen? Ich gebe für drei Fenster vorn heraus und eins hinten heraus und gewiß nicht zu kostbare Möbel 3 Louisdor monatlich. Wir müßten ein wenigstens zweimal so großes Logis haben, also 6 Louisdor monatlich, macht jährlich 360 Rthlr. in Gold für Logis. Ich esse mittags bei Schlegel's Freundin; wir erhalten für drei Personen für 1 Rthlr. Essen — und doch sind die Portionen so knapp, daß keiner satt wird. In diesem Verhältnisse ist alles. Rechne also, was wir brauchen würden.

Du wirst sagen: es gibt doch Leute, die mit wenig Einkommen mit Weib und Kind leben müssen, und es ist wahr, daß Kriegsräthe mit Familien hier von 800 Rthlr. Besoldung leben.

Aber theils wird hier der Fremde, weil er Fremder ist, unver=
schämt bestohlen, und diesem Diebstahle kann er durch keine Klug=
heit entgehen. Theils leben diese Leute auf eine Art, wie wir
es nicht können. Ich kenne einen Kriegsrath, der einen Bedien=
ten in prächtiger Livrée hält. Dieser kocht verwichenen Sonn=
abend für seine Familie ½ Pfund Rindfleisch und für 6 Pfen=
nige Kartoffeln und Mohrrüben zum Mittagsessen. Es findet
sich, daß das Fleisch nicht weich gekocht ist, es wird sonach nur
das Gemüse verspeist und das halbe Pfund Fleisch den andern
Tag wieder gekocht zum Sonntagsessen. Seine Frau wäscht das
Hemd, das sie den Sonntag tragen will, Sonnabends selbst in
ihrer Stube und geht indeß ohne Hemd. So sollen gar viele
Berliner leben. So freilich können wir es nicht.

Ich mag also die Sache ansehen, von welcher Seite ich will,
so ist bei Deinem Hierherkommen offenbarer Verlust. Dagegen
ist mein jetziger Vorschlag der: Ich arbeite noch mein jetziges
Buch fertig, lasse es hier drucken, arbeite während der Zeit noch
was ich kann und komme gegen Ende des Jahres zu Dir nach
Jena zum Besuch, versteht sich, bleibe da bis Ostern, und unter=
dessen geschieht etwas.

Paulus also will das Haus für 1200 Rthlr. — und diese will
er nicht bezahlen, sondern höchstens wol 4 Procent verzinsen,
also 48 Rthlr. jährlich. Das ist ja, als ob wir ihm das Haus
für 48 Rthlr. ausmietheten. Und wer wird uns denn endlich
die 1200 Rthlr. geben? Womit steht er uns denn für die einstige
Bezahlung? Wieder mit unserm Hause? Nicht wahr? Wenn
P. jetzt nicht 1200 Rthlr. hat, so wird er sie auch künftig nicht
haben. Gib doch diesem werthen Freunde unter der Hand zu
verstehen, daß er sehr klug ist, und daß es nur zu bedauern ist,
daß wir andern nicht ebenso dumm sind. Das Haus wird sich
denn zu seiner Zeit wol verkaufen.

*   *   *

Den 20. August.

Ich habe das letzte mal Dich sehr eilfertig abfertigen müssen,
Du gute Seele. Damit dies nicht wieder geschehe, will ich alle=
mal, von Arbeiten ermüdet, an Deinem Briefe schreiben, bis die
Zeit kommt, ihn abzuschicken.

Zuvörderst über meine Gesundheit. Ich bin meinen Katarrh längst los und gesünder, als Du mich noch je gesehen hast. Das Pflaster hat mir nicht wohl gethan. Es hatte mich verwundet. Ich hatte lange nachher ein Stechen innerlich in der Brust, als ob ich die Schwindsucht bekommen sollte, und wäre vielleicht bald nach meiner Ankunft in Berlin des Katarrhs entledigt worden, ohne die Folgen dieses Pflasters. Das Klima hier ist viel besser als das Jenaische. Wind und Staub ist freilich. Aber dieser schadet mir nicht. Seit einiger Zeit haben wir auch endlich warm.

Dagegen, daß der Herzog mich soll haben gehen heißen, kann ich nichts Besseres thun als wiederkommen. Besonders sich darüber zu erklären, geht nicht, da es ja bloßes Stadtgeschwätz ist und nirgends laut gesagt. Auch wäre es nicht meine Schande, sondern Schande für den Herzog.

Ebenso wenig kann ich mich über die Anzeige in der Literaturzeitung ärgern. Es ist freilich von dem —— schlecht, aber mehr ihm und der Regierung selbst als mir nachtheilig.

Was nennt denn dieser Lump abgehen und wie weiß er es denn, daß ich's bin? Das will ich ihm eben zeigen durch Zurückkunft. Ferner, was hat denn dieser Schwachkopf nöthig, Voigt und die weimarische Regierung zu vertheidigen? Haben denn diese ihn zu ihrem Advocaten bestellt?

Siehe, meine Gute! ich sehe jetzt die Sache so an: Daß ich keinen Verweis haben wollte und mit dem Abschiede drohte, war ganz recht und meine Sache, es reuet mich nicht im geringsten und ich würde dasselbe in demselben Falle wiederholen; daß sie die Dimission annahmen, ist ihre Sache. Daß sie dabei die Form nicht so ganz beobachteten, gleichfalls die ihrige, nicht die meine. Ich zürne nicht auf sie, denn ich habe meinen Willen. Ich wollte keinen Verweis, und ich habe keinen. Dieser Abschied wird mich nicht unglücklich machen. Ich billige ganz meinen ersten Brief. Ich mißbillige blos den zweiten, den mir Paulus herauspreßte. So, meine Liebe! denke ich. So habe ich gedacht, als ich kaum aus dieser jenaischen Höhle heraus war; so muß ich denken und die Sache ansehen. So werde ich auch bei erster schicklicher Gelegenheit mich öffentlich darüber erklären. Was meinst Du dazu, liebe Seele?

An Reinhold und Jacobi habe ich noch gar nicht geschrieben. Anfangs, weil mich ihre dummen Gedanken verdrossen, später, weil ich in meine Arbeiten vertieft war. Doch werde ich ihnen nächstens schreiben.

Ich arbeite fleißig und mit Lust. Meine Schrift über die Bestimmung des Menschen wird, denke ich, zu Michaelis fertig geschrieben (noch nicht gedruckt sein), und sie scheint mir zu gerathen. Du weißt, daß ich mit meinen Arbeiten nie zufrieden bin, wenn sie zunächst geschrieben sind, weißt sonach, daß mein eigenes Urtheil über diesen Punkt etwas gelten mag.

Mein Bedienter, der die Krone der Bedienten ist, liest meine Hand und schreibt besser, als je ein Student in Jena es konnte. Wenn er mit mir gehen will, so bringe ich ihn mit nach Jena. Er kostet freilich viel, aber ich gewinne es wieder an ihm.

Mein Lebensplan ist gegenwärtig der: Ich komme, sobald der Abdruck meiner „Bestimmung des Menschen" vollendet ist, nach Jena, arbeite den Winter meine Religionsphilosophie und, soweit es geht, die neue Bearbeitung meiner Wissenschaftslehre. Ich gebe die erstere auf Subscription heraus. Alles aufs schlimmste gerechnet, wird durch diese Arbeiten so viel verdient, daß wir ein paar Jahre davon gut leben können.

Wir gehen zu Ostern irgendwo aufs Land, sei es auch im herzoglich Sächsischen, den Winter können wir wieder nach Jena gehen, wenn wir nichts Besseres wissen, oder nach Berlin. Ich habe durch meinen bisherigen Aufenthalt in Berlin wenigstens so viel gewonnen, daß man mich nunmehr allenthalben wird ruhig existiren lassen; und dies ist schon sehr viel gewonnen. Ich wette, daß man mich in jedem andern Lande geneckt und vielleicht verjagt hätte. Nun aber, da ich in Berlin unter den Augen des Königs gelebt habe, ist es ein anderes. Auch soll sich, denke ich, der weimarische Hof selbst nach und nach schämen lernen, besonders wenn ich ihm keine guten Worte gebe. Unterdessen wird sich dann wol etwas Ersprießliches zutragen. Also sei Du ruhig und guten Muths, liebe Seele! und traue ein wenig auf Deines Fichte Verstand, Talent und — Glück. Du lächelst bei dem letztern Worte — laß nur gut sein! Ich versichere Dich, das Glück wird schon wiederkommen. — Es muß bei dem Aufsatze von Süvern aus Berlin ein Brief gewesen sein. Es ist nothwendig, daß dieser Brief gleich mit Deinem erſten Briefe an mich mir überſchickt werde. Ich ſehe Süvern zuweilen.

* * *

Ich habe, Du Theure! ſoeben Deine Nr. 10 erhalten und fange an, Dir zu antworten.

Ich habe, damit zwiſchen uns nicht ſo eine confuſe Corre=ſpondenz entſteht, Dir allemal nur nach Erhaltung Deiner Briefe, alſo alle 14 Tage ſchreiben wollen. Thut Dir dies aber weh, Du theure Seele, ſo will ich von nun an Dir wieder alle 8 Tage richtig ſchreiben. Du biſt freilich in einer andern Lage, denn ich, in dieſem kleingeſinnten erbärmlichen Reſte darin. Mir iſt es ganz anders zu Muthe, ſeit ich jene trübe, gedrückte Luft nicht mehr athme.

An Reinhold habe ich erſt geſtern geſchrieben und dieſem den Gedanken wegen Heidelberg an Jacobi aufgetragen. Ich werde erwarten, wie es aufgenommen wird. Zudringend kann ich nicht ſein. An eine Verſorgung im Preußiſchen, beſonders von Ber= lin aus, iſt wol vorläufig kaum zu denken.

Ich habe noch keine Beſuche gemacht. Ich gehe mit Wider= ſtreben daran, und man weiß denn auch nicht recht, an wen man ſich anſchließen ſoll. Ich werde es endlich aber vor meiner Abreiſe dennoch thun. Daß man ſagen werde, außer den ganz Dum= men, ich habe in Berlin nicht bleiben dürfen, fürchte ich nicht. Ueberhaupt wird alles dies ſo nach und nach verrauchen.

Auch werde ich, ſobald ich nach Jena zurückkomme, meine jetzige Anſicht der Sache unverhohlen äußern: die Weimariſche Regierung habe in ihrer Art ganz recht gehabt, ſowie ich in der meinigen; es habe zwiſchen uns beiden als Partei ebenſo kommen müſſen, und ich nehme ihnen nichts übel.

Das erſte, wenn ich nach Jena zurückkomme, wird ſein, daß ich Voigt beſuche, und Goethe und Schiller und ihnen dies und Aehnliches ſage.

Die „Beſtimmung des Menſchen" iſt über die Hälfte ſchon fer= tig und kommt zu Weihnachten gewiß. Auf die Senſation im Publikum biſt Du neugierig? Es macht nichts mehr Senſation; beſonders iſt dieſes Buch durch ſeinen mäßigen Ton dazu nicht geeignet. Will man Senſation erregen, ſo muß man ſie tüchtig

ausschelten. Ich werde es zu seiner Zeit auch daran nicht feh=
len lassen.

Ich wollte, Du schriebst an Hennings zwei Zeilen, daß jene
Schrift schon ihren Verleger hätte und daß ich mir die Ehre auf
ein andermal vorbehielte.

Lebe wohl und laß Dir von Schlegel recht viel erzählen,
und grüße mir den Jungen.

Gabler sage, daß ich ihm mit der nächsten Post einen klei=
nen Aufsatz für das Journal senden würde. Er wird Freude
darüber haben.

Ich bin es der Veitin und Dir schuldig, Dir diese Frau
dringend zu empfehlen.

Das Lob einer Jüdin mag aus meinem Munde besonders
klingen. Aber diese Frau hat mir den Glauben, daß aus dieser
Nation nichts Gutes kommen könne, benommen. Sie hat un=
gemein viel Geist und Kenntnisse, bei wenig oder eigentlich kei=
nem äußern Glanze, völliger Prätensionslosigkeit und viel Gut=
herzigkeit. Man gewinnt sie allmählich lieb, aber dann von
Herzen. Ich hoffe, Ihr werdet Freundinnen werden. Verheirathet
ist sie mit F. Schlegel nicht und wird es auch wol nie werden.
Es stehen da zu große Hindernisse im Wege. Aber sie nimmt
sich seiner mit einer rührenden Zärtlichkeit an; und ich halte
diese Wahl für das höchste Glück für Schlegel, da er nun ein=
mal dieser Schlegel ist. Freilich wird es Euch immerhin schwer
halten, dieses Verhältniß, in welchem sie mit Schlegel steht, rich=
tig einzusehen. Aber bedenke Du, daß es nicht von ihnen ab=
hängt, es zu ändern. Schlegel kann mit ihr nirgends getraut
werden, wenn sie sich nicht taufen läßt. Die Widerlichkeit die=
ser Sache für eine rechtschaffene Person (die übrigens im Her=
zen dem Glauben aller rechtschaffenen Leute zugethan ist) ab=
gerechnet, hat sie noch eine Mutter und Verwandte, denen sie
durch diesen Schritt den Dolch ins Herz stoßen würde. Mit der
Fr. stehst Du doch noch gut. Ich habe diese Frau immer geschätzt
und gewünscht, daß Ihr Freundinnen bleibt. Auch diese, denke
ich, soll ein guter Umgang für die Veitin sein.

Ich wollte dieser meinen Wagen geben, um selbst die Rück=
reise vielleicht wohlfeiler als mit Extrapost zu machen. Es ist
mir bis jetzt so viel Geld aufgegangen (44 Louisdor), daß ich

Urſache habe, zu ſparen. Aber ſie hat Reiſegeſellſchaft nach Leip=
zig gefunden, und ich werde meinen Wagen ſelbſt zurückfahren
müſſen. Bequemer und geſünder iſt es freilich, und damit wol=
len wir uns tröſten.

Lebe wohl, liebe Theure!

* * *

Den 20. Sept. 1799.

Ohnerachtet ich Dir nichts zu ſchreiben habe, als was Du
längſt weißt, daß ich Dich über alles liebe, Dich und unſern
Jungen, und keinen Brief, als durch Bayer, von Dir erhalten
habe: ſo kann ich doch nicht umhin, Dir, da ich Schelling zu
ſchreiben habe, ein Lebenszeichen zu geben. Lies die Einlage, die
ich ſoeben durch Reinhold von Jacobi erhalte, und hebe ſie auf.

Es freut mich, daß ſie in München auch auf Heidelberg
gefallen ſind. Die Erlaubniß, dort zu leſen, wird, denke ich,
keine Schwierigkeiten finden; vielleicht geht es auch mit der Profeſ=
ſur, welchen Wunſch Reinhold erſt Jacobi gemeldet hat, ohne
Noth. Wir wollen ſehen.

Reinhold habe ich einen kalten, etwas vornehmen Brief ge=
ſchrieben. Die gute weiche Seele lamentirt. Ich werde ihn un=
verzüglich wieder aufrichten und dafür ſorgen, daß er mir in der
Zukunft nicht wieder fremd werde. „Höre Fichte, ſtolz biſt Du,
ich muß Dir's ſagen, da Dir es kein anderer ſagen kann", würdeſt
Du ſprechen, wenn ich bei Dir wäre. Laß Du das nur gut ſein
und freue Dich, daß ich's bin. Da ich nun einmal keine Demuth
beſitze, ſo muß ich wol ſtolz ſein, um etwas zu haben, um mich
durch die Welt zu bringen.

* * *

Den 10. Oct. 1799.

Daß ich von Anfang meines Hierſeins ſchon ſehr häufig von
jungen Leuten angegangen worden, zu leſen, habe ich Dir wol
geſchrieben. Ich vernehme jetzt, daß auch Leute von Einfluß Ver=
wunderung äußern, daß ich es nicht thue. Ich werde dieſer
Sache näher auf die Spur zu kommen ſuchen. Es iſt dem Kö=
nige einige Zeit nach meiner Herkunft und nachdem man mich
ſehr ſorgfältig beobachtet, Vortrag über meinen hieſigen Aufenthalt

geschehen. „Ist F. ein so ruhiger Bürger, als aus allem hervorgeht, und so entfernt von gefährlichen Verbindungen, so kann ihm der Aufenthalt in meinen Staaten ruhig gestattet werden. Ist es wahr, daß er mit dem lieben Gotte in Feindseligkeiten begriffen ist, so mag dies der liebe Gott mit ihm abmachen, mir thut das nichts.“

Diese Aeußerung hat natürlich Einfluß. Andere Männer am Platz haben geäußert, daß man mich unmöglich aus der preußischen Monarchie ungebraucht und unbenutzt fortlassen könne, daß meine Sache sich nur erst verbluten müsse, u. dgl. Darauf gründet sich mein Plan mit dem Preußischen, wozu die erste Stufe ist, hier zu lesen. Dies alles muß erst in Ordnung gebracht werden, und mein Buch muß fertig sein, ehe ich Dich besuchen kann.

Was Du mir von Goethe schreibst, ist etwas. *) Es ist begreiflich, daß Leute, wie Goethe, nachdem nur die erste Hitze bei ihnen verraucht ist, sich des Auftritts mit mir, der ihnen, wie sie wohl wissen, auch noch ganz anders gedeutet wird, als sie meinen, schämen, ihn ungeschehen wünschen, begreifen, daß der Universität ein nicht wohl zu ersetzender Schaden zugefügt worden, u. dgl. Aber doch bleibe ich in Absicht Jenas bei meiner Meinung, die Du in Nr. 2 lesen wirst. Es ist leicht, in der Hitze einen falschen Schritt durchzusetzen, aber sehr schwer, ihn bei kaltem Blute wieder gut zu machen. Wünschen thäte ich freilich meine Restitution, wenn es mit meiner vollen Ehre geschehen könnte; aber es ist kaum nur daran zu denken. Jedoch ich hoffe, es soll uns nicht noth thun.

---

*) Dies bezieht sich auf folgende Stelle aus dem Briefe seiner Frau: „Goethe ist jetzt hier und hat sich bei Schlegel sehr freundschaftlich nach Dir, Deinen jetzigen Arbeiten und Befinden erkundigt; Schlegel muß sehr viel bei ihm gelten, denn er nimmt mit Goethe seine Gedichte durch, welche letzterer herausgibt. Deine Antwort an Kant ist jetzt erschienen; jedermann billigt sie und ist mit ihr zufrieden. Die Frau von Kalb, welche Dich herzlich grüßt, hat mir gesagt, soviel sie gehört habe, sei die allgemeine Stimmung in Weimar über Deine Angelegenheit diese: daß es schade sei, daß Du so hitzig wärest; denn da Du so viel Beifall auf der Universität habest, sei es für diese ein großer Verlust, daß Du nicht mehr lesest. Auch ist die Zahl der Studenten sehr vermindert, es waren, wie mir Loder sagt, im verflossenen Halbjahre kaum 500 hier.“

325

Von dem leipziger Verleger meiner „Bestimmung des Men=
schen" werde ich wol abstehen und das Manuscript hier vortheil=
hafter zu verkaufen suchen. Es soll mir lieb sein, wenn meine
Erklärung über Kant's Erklärung befriedigt. Hast Du sie denn
gelesen?

Die Veit ist nun sicher bei Euch, und Du guckst mit dem
lieben Hermann in den Guckkasten, und Ihr denkt dabei meiner.

* * *

Aus der Antwort seiner Frau.

— Auch L. ist bei mir gewesen und konnte mir nicht genug
sagen, wie froh Du seist. Er erzählte, daß er Dich dreimal ge=
sehen, daß die Berliner Dich gern hätten, und daß Du mit ihm
in einer geschlossenen Gesellschaft bei Gedike gewesen, wo auch
Nicolai war. Mit diesem habest Du Dich sehr heiter unterhalten
und an seinen Späßen und Anekdoten theilgenommen, was
Dir den allgemeinen Beifall dieses Cirkels zugezogen.

Die Schlegel courtoisiren jetzt Goethe erstaunlich: täglich ist
einer von ihnen bei ihm und ihr neues Journal (das „Athe=
näum") läßt nur Dich und ihn gelten. Daß darüber hier mancher=
lei Rede ist, kannst Du Dir denken. Uebrigens ist Goethe vor=
nehm geworden; er geht zu niemand als zu Schiller und viel=
leicht zu Griesbach. Voilà tout!

* * *

Den 28. Oct. 1799.

Ich habe auf meinen gutmüthigen Scherz über meinen Stolz
nicht eine so ernste Mercuriale erwartet, als Du mir gibst. Es
ist leicht zu sagen: Fichte, Du bist stolz, und dies allein ist die
Quelle unsers Unglücks. Aber Du sollst mir, wenn ich zu Dir
komme, eine einzige Handlung dieses Stolzes anführen. Ich bin
nur zu gutmüthig und hingebend, vertraue mich den Leuten zu
leicht an, halte sie mir nicht stets genug vom Leibe; dann nehmen
sie sich Ungebührlichkeiten heraus, und ich muß sie wol in die
Grenzen, die sie nicht hätten verlassen sollen, zurückweisen. So
war es der Fall mit Reinhold, und würde es hier in Berlin
sehr bald mit vielen der Fall geworden sein, wenn ich mich nicht

in Acht genommen hätte. Fragte mich nicht schon der plumpe G.:
„Nun, was ist denn so eigentlich Ihr Plan?" — Es ist un=
erträglich, sich von jedem Narren bedauern und rathen zu lassen!
Dann möchte ich wissen, wo denn nun das große Unglück steckt,
das uns betroffen haben soll? Die alberne Denkart, die da
glaubt nur auf der Scholle, auf der sie sitzt, glücklich sein zu
können. Theilst Du auch diese? Du solltest doch bedenken, daß
es nichts Zufälligeres und Unwesentlicheres gibt als den Wechsel
äußerer Verhältnisse.

*   *   *

Euer Stadtgeschwätz und die Schriften, die Du mir nennst,
rühren mich so wenig, daß ich nicht einmal neugierig bin, das
erstere zu wissen und die letztern zu lesen. Wer mir aber etwas
ins Gesicht sagt, den will ich schon heimschicken! Halte Du es
ebenso. Was hinter dem Rücken von mir geredet wird, das höre
ich nicht. Dies ist die einzige Weise, um durch eine solche Lumpen=
welt zu kommen. Endlich verstummen doch alle Lügen, und dann
steht die Wahrheit allein da.

Sage mir, ist es denn das erstemal, daß man uns ver=
leumdet? Sind nicht diese Verleumdungen verstummt? Jetzt
gibt es andere! Gut, diese werden auch verstummen wie jene.
Es wird dann vielleicht wieder andere geben! Es kann sein;
aber endlich, nachdem man uns allgemein kennen lernen wird,
werden sie es doch müde werden. Ich wette mit Dir, soviel
Du willst, nach 10 Jahren bin ich ein im ganzen deutschen Publi=
kum durchgängig geschätzter und verehrter Mann. Dies sind nur
die ersten kräftigen Gegenstöße gegen die gewaltsame Einwirkung
meines Geistes, die sich nun nicht mehr verleugnen läßt. Das
muß nun alles durchgefochten werden. Ich werde es an mir
nicht fehlen lassen und werde endlich siegen.

Welchem Manne, der nur kräftig wirkte, ist es anders er=
gangen? Leben nicht jetzt ihre Namen geehrt unter uns? Du,
arme Seele, wirst schon mittragen!

Die Feßler könnte vielleicht im Umgang für Dich passen,
aber er — dies unter uns — paßt nicht für mich. Er schmei=
chelt mir, weil er mich zu gebrauchen denkt; aber er hat ein
anmaßendes Wesen, das ich von Zeit zu Zeit niederhalten muß.

Ich thue, als ob ich mich zu seinem Werkzeuge wolle brauchen lassen, bis ich ihn völlig werde ausgeholt haben; größtentheils habe ich das schon jetzt; wenigstens weiß ich schon, was er gethan hat, und will nur noch sehen, was er weiter thun will: und alles wird sich damit endigen, daß ich meine Plane befördert und ihn gebraucht habe. Der Grundzug seines Charakters ist, daß er nie gerade zum Ziele geht *) und lieber hundert Schritte auf dem krummen Wege nach demselben Ziele macht, das er auf dem geraden mit einem Schritte erreicht hätte. Dies thut er aber mit einer solchen Treuherzigkeit, daß er dadurch bei mir wieder zum ehrlichen Manne wird. **)

Die Freimaurer sind hier unverdächtig. Feßler, der gewissermaßen an ihrer Spitze steht, ist beim Könige und beim Minister Schulenburg (dem wichtigsten Manne in der preußischen Monarchie) sehr wohl angeschrieben.

*　　*　　*

Wenn Deine Hoffnungen in Absicht Jenas sich nur auf Revision des Processes gründen, gute Seele, so sind sie ganz nichtig. Es ist da kein Proceß, wie kann denn einer revidirt werden? Es ist eine geforderte Dienstentlassung. Sie müßten

---

*) Z. B.: Wir sind schon eine lange Zeit vertraut gewesen, ich habe mir von ihm geheime Plane schmieden lassen und die verborgensten Verabredungen getroffen, während wir öffentlich thaten, als ob wir uns nicht recht leiden könnten, er sich von einem andern Obern Vorwürfe machen ließ, daß er mich vernachlässige, und sich den Auftrag und Befehl geben ließ, meine Bekanntschaft zu suchen. Das hat er neuerlich gethan. — Du, ehrliche Seele, wirst sagen: A quoi bon tout cela? Ich antworte: Von seiner Seite hat er dazu gute Gründe. Ich aber habe für dieses Spiel nicht etwa thätig mitgewirkt, aber leidend mich hingegeben, weil ich hinter alle seine Schliche kommen und einem Manne, der nicht im mindesten ahnt, wer ich bin und was ich will, und den ich zuletzt werde brauchen müssen, meine Discretion nothwendig machen wollte.

*) Vgl. Feßler's „Blätter für Maurer" und daselbst: „Ueber mein Verhältniß zum Bruder F...e : F....r"; Feßler, „Rückblicke auf meine siebzigjährige Pilgerschaft" (zweite Auflage, herausgegeben von F. Bülau, Leipzig 1851), S. 177 — 181. Das Eingehendste und Ausführlichste über Fichte's Ansichten von der Maurerei hat ohne Zweifel Varnhagen in seinen „Denkwürdigkeiten", VI, 61—63, aus seinem eigenen Munde mitgetheilt.

mich wieder berufen. Dies geht an sich sehr leicht an: nur un=
ter den obwaltenden Umständen ist es nicht zu erwarten.

—— Ueber meine „Bestimmung des Menschen" habe ich
hier, durch Feßler, einen sehr vortheilhaften Contract geschlossen,
Bis Ostern sind wir wieder gedeckt. Nur ist die Schrift noch zu
endigen, und dies, denke ich, soll doch wenigstens in 14 Tagen
geschehen sein.

Gabler sage sogleich: eine zweite Auflage meiner Wissenschafts=
lehre, mit einigen Verbesserungen, neuer Vorrede u. s. f., wolle
ich ihm geben und gegen ein höchst geringes Honorar (300 Rthr.)
geben; um sein Fortkommen zu befördern, setze ich den Preis so
niedrig an; auf die Bedingung aber, daß er mir im künftigen
Monate, vor dessen Ablauf er das Manuscript haben solle, jene
Summe baar auszahle.

Ich habe noch ein schönes Manuscript liegen, die neue Be=
arbeitung der „Wissenschaftslehre", welche mit weniger Mühe
sich auch verkaufbar machen läßt und die ich gleichfalls gut an=
zubringen hoffe. Sei also nur gar nicht besorgt über unsern
Unterhalt.

Aber das muß ich Dir sagen, theure Seele, wenn ich künf=
tigen Monat zu Dir komme, so komme ich blos, um mit An=
fang des neuen Jahres wieder in Berlin zu sein; Du hast
sonach meine Reise nur zu betrachten als einen Besuch. Es sind
eine Menge Gründe, die mich dazu nöthigen. Meine Plane in
Berlin kann ich nur durch Anwesenheit befördern. Könntest Du
dann sogleich mit mir hierher gehen, so wäre das am besten.
Ich überzeuge mich immermehr, daß die Haushaltung mit Euch
zusammen eben nicht viel mehr kosten würde, als wenn ich hier
allein lebe. Jetzt wird freilich manches verschwendet, und ich kann
es nicht ändern, weil die Aufsicht einer Frau fehlt.

B. lasse ich herzlich bitten, mich aus der Verlegenheit zu
reißen. Es folgt dabei das Blatt, das ich mir gleich anfangs
aufsetzen ließ. Ich will sehen, ob ich einen Abguß von dem
Modell erhalten und mitschicken kann. Auch muß nie vergessen
werden, daß Profil nicht Face und Gravüre nicht Gemälde
ist. Schadow, unstreitig einer der größten plastischen Künstler,
hat das Bild mit Fleiß und Liebe gemacht, und ich zweifle, daß
aus meinem Gesichte sich je etwas Besseres machen lasse.

Lebe wohl, Du gute Theure. Mein ganzes Herz flammt zu Dir hin. Glaube nur, daß ich Dich unendlich lieb habe, und vergib mir die Kränkungen, die ich Dir zuweilen verursacht, Du armes geplagtes Kind. Du wirst nicht eher recht wohl werden, bis Du diesen jenaischen Staub abschüttelst und mit mir in dem großen weiten Berlin lebst. Suche dies zu beschleunigen.

* * *

Aus der Antwort seiner Frau.

— Das Gerücht, daß Du in Berlin nicht habest lesen dürfen, ist schon wieder verflogen; es entstand während Feßler's Hiersein, und ich wurde häufig gefragt, ob dies wahr sei? Worauf ich allen zur Antwort gab, daß Du, wie sie wüßten, in Berlin ein Buch schreibest, daß Du daher nicht die Absicht haben könnest, zu lesen, und daß sie Dir doch den Verstand zutrauen würden, nicht erst deshalb anzufragen, wenn es Deine Absicht gewesen wäre. Ich werde mir alle mögliche Mühe geben, auf den Urheber dieses Gerüchts zu kommen. Indeß wollte ich Dir, Bester, von diesem allem nichts schreiben, weil ich dachte, daß es Dir unangenehm sei.

Ich selbst sah Feßler nur eine Viertelstunde lang, wurde aber nachher zu Frommann's geladen, um mit ihm in Gesellschaft zu sein. Ich schlug es indessen aus, weil er mir sehr misfallen hatte und ich fürchtete, daß er mich auf eine indiscrete Art, Gott weiß was, fragen würde. Nach Deiner Beschreibung von ihm freue ich mich, ihn nicht mehr gesehen zu haben; durch Frommann weiß ich aber, daß er Dich achtet und, ich glaube, auch liebt. Von der Madame Veit höre ich, daß er in Berlin sehr viel vermag. Sie setzt hinzu, daß, wenn Du Dich den Berlinern mittheilen wollest, sie gewiß bezaubert würden; denn es sei ein gutes Völkchen, sie hätten aber eine bizarre Meinung von Dir gehabt, welche sie indeß jetzt ganz verloren hätten.

— Daß Du selbst noch, beste Seele, Voigt's Partie nimmst, begreife ich nicht und sehe nicht ein, wie er das verdient hat. Jetzt soll er in Weimar ein allmächtiger Mann sein, und deshalb sind sie auch hier meistens pflichtschuldigst seiner Meinung. Doch, glaube ich, hat Hardenberg *) den dresdener Hof aufgeklärt; ich

---

*) Novalis.

habe ihm, da er mir ganz falsch und unvollständig unterrichtet
schien, den ganzen Hergang der Sache erzählt, sodaß er am Ende
ausrief: „B. ist ein abscheulicher Mensch!"

Hufeland, den Juristen, habe ich noch nie so höflich gegen
mich gesehen; er läßt Dich grüßen! Warum er so höflich ist,
weiß ich nicht. Seine Gesprächigkeit, sein mit mir Spazieren=
gehen war mir auffallend, besonders nach der Anzeige über Deine
Dimission in der Literaturzeitung, die nicht von Schütz, sondern
von ihm ist. Doch ist er jetzt mit Schelling und den Schlegels
sehr gespannt, welche sich von allem Antheil an der Literatur=
zeitung losgesagt haben und drohen, ihn offen anzugreifen. Ich
glaube, Du könntest jetzt mit ihm machen, was Du wolltest. Doch
gottlob! bedürfen wir nicht mehr aller dieser Menschen.

$$* \quad * \quad *$$

Den 5. Nov. 1799.

Meine gegenwärtige Schrift wird hoffentlich denen, die nicht
Schalke sind — und deren sind doch die wenigsten — die Augen
aufreißen; und die Schalke haben dann um so schlimmeres Spiel,
weil sie vor dem ganzen Publikum auf der offenbarsten Lüge er=
tappt werden. Auch ist nun der Jacobi'sche Brief an mich ge=
druckt. Ich werde darauf, sobald ich sonst freie Hände habe,
antworten, und dies soll neue Lichtstrahlen geben.

Freudigkeit und guter Muth ist mir der höchste Beweis, daß
Du mich liebst, wie ich geliebt sein sollte. Versunkenheit in
Schmerz und Sorge ist Mistrauen in mich und macht mich un=
glücklich, weil es Dich unglücklich macht. Es ist keine Probe
von Liebe, daß Du mir zugefügtes Unrecht tiefer empfindest;
ich selbst empfinde dieses leichter; und ebenso muß es Dir sein,
denn ich und Du sind eins.

Rede doch nicht vom Sterben und mache Dir keine solchen
Gedanken; denn das zehrt Dich ab, und gerade dadurch könnte
es wahr werden. Nein, wir wollen noch viele frohe und glück=
liche Tage miteinander leben; und unser Junge soll uns erst,
wenn er selbst ein gemachter und vollendeter Mann ist, die Augen
zudrücken. Bis dahin bedarf er unserer noch.

Ich habe bei der Ausarbeitung meiner gegenwärtigen Schrift
einen tiefern Blick in die Religion gethan als noch je. Bei

mir geht die Bewegung des Herzens nur aus vollkommener Klar=
heit hervor; es konnte nicht fehlen, daß die errungene Klarheit
zugleich mein Herz ergriff.

Glaube mir, daß diese Stimmung an meiner unerschütter=
lichen Freudigkeit und an der Milde, womit ich die Ungerechtig=
keiten meiner Gegner ansehe, großen Antheil hat. Ich glaube
nicht, daß ich ohne diesen fatalen Streit und ohne die bösen
Folgen desselben jemals zu dieser klaren Einsicht und zu dieser
Herzensstimmung gekommen wäre; und so hätten ja die mir zu=
gefügten Gewaltthätigkeiten schon jetzt eine Folge, die weder Du
noch ich wegwünschen werden.

Laß Dich immer den guten Jungen trösten und trockne die
Thränen ab, wenn er Dir's rathet. Denke, es sei Vaters Rath,
der gewiß dasselbe sagen würde. Und nimm Dich unsers lieben
theuern Hermann an, wie ich Dir letzthin geschrieben. Der
Junge ist unser Reichthum und wir müssen ihn wohl nutzen.

Sage Niethammer, nebst meinen Grüßen: 1) daß das „Philo=
sophische Journal" bei Michaelis' in dem Buchladen vergeblich
gesucht würde, weil Michaelis' Effecten noch arretirt wären; daß
dies sehr albern sei von Michaelis, wie sich verstehe, und daß er
etwa suchen solle Rath zu schaffen; 2) daß auch das unserige
bei Gabler vergeblich gesucht werde, indem es vergriffen sein solle.
Ich bäte ihn, über den letzten Umstand bei Gabler Erkundigung
einzuziehen, und mit der Fortsetzung würden wir dann beide
en conséquence verfahren.

Den Grund der Zänkerei Schelling's mit Hufeland weiß ich
wohl. Schelling hat ganz recht. Du sollst erleben, wie sich das
alles in die Haare gerathen wird. Auch dazu war ich gut, diese
entgegengesetzten Menschen auseinander zu halten und sie zu be=
sänftigen. Sie werden auch darin sehen, daß ich nicht mehr da bin.

Ich kann von dem faulen oder zu sehr beschäftigten Medail=
leur noch immer keinen Abdruck meines Bildnisses erhalten, uner=
achtet ich es von Tag zu Tag erwartet und schon vor länger denn
14 Tagen bestellt habe. Mit dem nächsten Briefe denke ich aber
sicher eins abzusenden.

Ich erhalte soeben einen Brief von Schelling. Habe die
Güte, ihm sogleich sagen zu lassen, daß ich nächstens antworten
würde, daß ich aber vorläufig sehr abriethe, seine „Annalen"

noch besonders außer dem Journale abdrucken zu lassen. Sie
gehen, ich weiß es, gerade im Journal am besten. Kann man
ja von diesem Stücke etwa 2000 Exemplare drucken und ein be=
sonderes Heft sein lassen. Ueber das Honorar mag Schelling,
ohne unser Zuthun, mit Gabler contrahiren.

Lebe wohl, gute Liebe!

*　　*　　*

Den 19. Nov. 1799.

Dieser Brief blieb liegen, weil ich durch meinen Bruder ab=
gehalten wurde, fortzuschreiben. Wie es bei unsern Aeltern und
wie es mit der Hantierung des Bruders geht, werde ich Dir
mündlich erzählen. Indessen kann ich Dir zum Troste sagen,
daß ich wenigstens keine beunruhigenden Nachrichten erhalten habe.

Einen Lebensplan für das Künftige zu machen, bin ich jetzt
unfähiger als je. Es hat inzwischen damit nicht Noth und es
ist nichts versäumt. Ich habe nun doch 1200 Rthr. vor mir so
gut als schon verdient (500 Rthr. von der „Bestimmung des
Menschen", 300 Rthr. für die neue Auflage der „Wissenschaftslehre",
400 Rthr. noch auf Wechsel von Gabler); wir haben also für
ein Jahr zu leben, wir mögen leben, wo wir wollen, und indessen
wird wieder gearbeitet und verdient. Sieh diesen Vortheil unserer
Lage, vor Nahrungssorgen gedeckt zu sein, und sei ruhig und
heiter. Das ist denn doch das erste, daß man in seinen häus=
lichen Verhältnissen ruhig sein könne; alles Uebrige findet sich
nach und nach von selbst. Soeben erhalte ich Briefe von Rein=
hold, nach denen an Heidelberg vor der Hand nicht zu denken
ist. Nun, so sei es! Ueberhaupt können wir gar nicht wissen,
welche große politische Veränderungen bevorstehen und ob es nicht
in dieser Epoche ein wahres Glück ist, nirgends gefesselt zu sein.

Deinen Brief vom 13. habe ich indessen auch erhalten und
danke Dir für Deine Liebe. Meine Sache in Jena siehst Du
noch immer falsch an, aber das wollen wir schon mündlich durch=
sprechen.

Was in aller Welt sind dies wieder für Händel in Jena!
Ich habe stets vorausgesehen, daß, nachdem man zur Zeit, als
wir in Osmannstädt waren, es versäumt hat, den Ungezogenen
und Störrigen kräftig durch den Sinn zu fahren, man über

kurz oder lang sich der erkannten Uebermacht zur Unterdrückung der Unschuldigen bedienen würde, welches Deiner Erzählung nach jetzt der Fall zu sein scheint. So wird denn die Universität mit Gewalt zu Grunde gerichtet.

Daß Du Tieck so lobst, darüber bin ich verwundert. Wie er natürlich ist, weiß ich; daß er sich zusammennehmen und et= was anders scheinen kann, auch; aber ich sehe den Grund nicht ein, warum er sich mit Dir so zusammennimmt. *)

Es kann sein, daß Hufeland mich an der Spitze der neuern Streitigkeiten gegen die Literaturzeitung vermuthet, und daß sein Gutthun eben die Absicht hat, mich in dieser Sache entweder zu neutralisiren oder gar für sich zu gewinnen. Dies wird sich aber näher ergeben, wenn ich komme. Ich werde mich vor der Hand in diesen Sachen, in welchen ich allerdings längst eine Partei ergriffen habe, äußerlich sehr ruhig verhalten, damit ich sehe, wo es hinaus will.

Lebe wohl, Du Theure!

---

*) Die bestimmte Veranlassung zu dieser Stelle ist nicht mittheilbar. Doch darf es vielleicht vergeben werden, wenn wir statt dessen ein Epigramm von A. W. Schlegel erwähnen, welches im engern Freundschaftskreise lange sich erhielt und das auf ähnliche Erlebnisse mit Tieck anspielt:

> Als ein blinder Passagier
> Wall' ich durch des Lebens Posten;
> Einer Reise ohne Kosten
> Rühmt sich keiner noch mit mir!

Drittes Buch.

Erstes Kapitel.

Letzte Entwickelung der Lehre und Lebensansicht Fichte's. Schriften aus dieser Periode.

Wir müssen in Fichte's Leben seit seiner Uebersiedelung nach Berlin auch innerlich einen wichtigen Abschnitt anerkennen. Die tiefere Einkehr in sich selbst, die eigentliche Vollendung und letzte Reife in Lehre und Lebensansicht beginnt seit dieser Epoche, wo er, abgekehrt von allem Getriebe herrschender oder sich bekämpfender Meinungen und unbekümmert um fremden Beifall wie Verwerfung, nur mit seiner Selbstbildung sich beschäftigte. Es war fast wiederum, wie in den frühern Jünglingsjahren, ein Zeitpunkt des völligen Umschwungs, der gänzlichen Wiedererneuerung seiner Denkweise, und es möchten nicht gerade viele sein, denen dazu im vorgerückten Leben Kraft und Muth verblieben, denen die geistige Jugend in diesem Sinne so lange vergönnt gewesen wäre. So wie er nämlich früher aus manchem Zweifel und Irrniß durch Kant zuerst der höhern moralischen Lebensansicht zugewendet wurde, und wie er diese durch Schrift und That kräftig geltend machte, so ging später mildernd und manchen Gegensatz versöhnend die religiöse Weltansicht in ihm auf, die er mit nicht minderer Zuversicht und Kraft umfaßte. Er hat es indeß selbst schon in den mitgetheilten Briefen ausgesprochen, daß für ihn Bewegung des Herzens nur aus theoretischer Klarheit hervorgehen konnte. Es kam daher bei jener Umgestaltung nicht blos darauf an, auf moderne Weise sich aus theoretischer Verzweiflung etwa in den Schos eines so oder anders gestalteten Glaubens zu flüchten, sondern ein speculatives Erkennen sich zu erringen, das zugleich ein religiöses wäre.

J. G. Fichte. I.   22

Aber zu solcher erneuerten Entwickelung, selbst wenn sie mit Nothwendigkeit vorgebildet ist in der Natur eines Geistes, geben die äußern Umstände oft Veranlassung und Zeitigung. Wir haben von ihm selbst vernommen, wie die letzte heftige Katastrophe auf ihn gewirkt, wie er, durch sie veranlaßt und durch eigenes Bedürfniß getrieben, auf eine tiefere Beschäftigung mit dem Wesen der Religion hingeführt wurde als je vorher, und daß er schon um deswillen jenen Streit nicht ungeschehen wünschte.

Wer möchte jedoch zweifeln, daß auch vorher die tiefste Gesinnung Fichte's religiös gewesen; ja daß auch seine Lehre ihren innersten Mittelpunkt im „Glauben" gehabt habe, nicht minder wie die Jacobi'sche, ist im Vorhergehenden gezeigt worden. Und auch die Auskunft kann nicht genügend erscheinen, welche man sonst wol gehört hat, daß solcher Religiosität das Gemüth fehle; als ob je Religiosität ohne Gemüth, ohne Begeisterung gedacht werden könnte! Wohl aber behielt jene religiöse Weltansicht noch die Einseitigkeit eines abstracten moralischen Ideals, nach welchem der Mensch aus eigenen Kräften unablässig zu ringen habe, als unbeugsames Rechtthun mit dem unerschütterlichen „Glauben an die Realität der sittlichen Weltordnung". Das Ich blieb dabei auf sich angewiesen; sein Friede und seine Vollkommenheit sollte sein eigenes Erzeugniß sein. Die Autonomie, deren Macht Fichte nach unten, gegen die Sinnlichkeit hin, mit der höchsten Kraft vertreten hatte, sollte auch nach obenhin, meinte er, alles vollbringen!

Wer aber füllte die ungeheuere Kluft aus zwischen dem unendlichen Streben und dem erreichten, ruhig genossenen Ziele? Wer zeigte den Weg zu jener wie in den Wolken thronenden heiligen Stätte? Hierüber konnte diese Philosophie den Menschen immer nur auf seine eigene Kraft verweisen, und das ungeheuere Misverhältniß, ja der Widerspruch, daß der Mensch ganz aus sich selbst sich völlig erneuern solle, wurde nur dunkel geahnet; weshalb auch damals nichts übler empfunden wurde, als wenn man an dem hohen Adel, an der unbegrenzten Machtvollkommenheit des Menschen zweifelte, was sich in Weidsprüchen, wie dem oft gehörten: „Du kannst, denn du sollst!" höchst charakteristisch ausprägte. Kurz, der Gedanke an einen lebendigen Gott, wie er selbst den Menschen befreit von jener Knechtschaft der Unvoll-

kommenheit, wie er den Willen von der Tantalusarbeit eines
endlosen Ringens erlöst, indem erkannt wird, wie vor ihm der
gute Wille eben, die Liebe, statt der That gilt: dieser ein=
fache Gedanke, welcher der frühern Zeit im Glauben und Erleben
einfach gegenwärtig war, lag der damaligen Bildung durchaus
fern. Sollte sie ihn aber wiederfinden, so bedurfte es dazu ebenso
der Heilung durch Wissenschaft und durch dieselbe höhere Ausbil=
dung, welche zuerst von dem Glauben losgerissen hatte. Und so
möchten wir mit dem eben Bemerkten nicht blos ein persönliches
Verhältniß, sondern einen wichtigen Wendepunkt der ganzen Zeit
bezeichnet haben.

Jenen Uebergang hat Fichte nun allerdings gefunden; aber
nach einem nothwendigen Gesetze aller Geistesentwickelung griff
er, wie zu unwillkürlicher theoretischer Buße, in das entgegen=
gesetzte Extrem hinüber. Mit gleicher, tief überzeugter Energie
behauptete er nun die Nichtigkeit des Ich, die völlige Lüge und
den trügerischen Schein jeder eigengeborenen Tugend und Gerech=
tigkeit, und erblickte, in abermaliger, nur umgekehrter Polemik, in
solchen Behauptungen lediglich „unheiligen, ungöttlichen Sinn". *)
Und als seine neue Ueberzeugung sich zu dichterischem Ausdruck
erhob, als er jene berühmten Worte seines Sonetts schrieb:

Das ewig Eine
Lebt mir im Leben, sieht in meinem Sehen —

da war er in den weitesten Gegensatz zu seinen frühern Gesin=
nungen hinweggetreten. Er hatte sich jener tief begeisternden,
theoretisch aber nur zur Hälfte wahren Mystik hingegeben, die wir
bei Angelus Silesius am anmuthigsten und vielseitigsten dargestellt
finden: das eigene Ich substanz= und selbstlos im göttlichen Leben
zerfließen zu lassen, oder nach streng speculativer Begriffsbestim=
mung: im Ich nur die an sich selbstlose Bildform des absolut Rea=
len, Gottes, zu erkennen. Wenn daher seine frühere Lehre in der
selbsterrungenen Sittlichkeit des Ich culminirte, so die jetzige
umgekehrt in einer völlig entselbstenden Religiosität, welche
am Ich nichts übrig läßt, als ein Gefäß zu sein für das gött=
liche Leben und Wirken. Und wie er die frühere Ansicht in den
Werken der ersten Epoche mit unbeugsamer Consequenz dargelegt

---

*) Vgl. oben S. 181, 182.

hatte, so wurde auch der neue Standpunkt mit gleich unerbitt=
licher Schärfe in seiner „Anweisung zum seligen Leben" (1806)
und in seiner spätern „Sittenlehre" (1812) ausgesprochen. *)
Ja, das Andenken an den frühern Gegensatz läßt ihn, besonders
im ersten Werke, mit halbbewußter Polemik gegen sich selbst
desto strenger den bisherigen Irrthum bekämpfen.

Zugleich ist dies die Grenze seiner Weltansicht geblieben, und
wer vermöchte in Abrede zu stellen, daß hierin nicht das höchste
Ziel aller Wahrheit gezeigt werde. Auch hat wol unbestreitbar
keins der nachfolgenden Systeme in dieser Cardinalfrage seinen
Standpunkt überschritten, kaum ihn mit gleicher Reinheit und
sittlicher Energie ausgesprochen. Dennoch, wenn dieser Lehre
religiöse Tiefe und Wahrheit zuzugestehen ist, Vollständigkeit und
erschöpfende Einsicht bietet sie nicht, und es ist nicht minder von
Bedeutung, auch dies klar zu erkennen. An diesem Orte indeß
muß es genügen, wenigstens andeutungsweise hervorzuheben, daß
die Religion, um auch nur als psychologische Thatsache erklärbar
zu sein, alles Ernstes auf dem Begriffe einer vom Wesen Gottes
unterschiedenen Substantialität des endlichen Geistes beruhe; daß
überhaupt die Lehre vom Ich, als einer blos schematischen Form
(wir haben sie auch in einem spätern Systeme wieder auftreten
sehen), aber psychologisch unzulänglich sei, in ihren ethischen Fol=
gen sogar bedenklich und irreführend werden könne.

*   *   *

Nach diesen vorläufigen Betrachtungen möchte nun der Stand=
punkt und die Bedeutung der einzelnen Schriften zu beurtheilen
sein, welche aus dieser Epoche von Fichte vorhanden sind. Sie
bezeichnen theils noch den Uebergang der Lehre aus der frühern
in die spätere Gestalt, theils die mehr oder minder entwickelte
Ausführung der neuen Grundansicht selbst. Das Meiste und Voll=
ständigste darüber ist in den Vorträgen aus den letzten Jahren
seines Lebens enthalten, die später aus dem Nachlasse heraus=
gegeben worden sind. **) Besonders aus der Vergleichung dieser

---

*) „System der Sittenlehre", in den „Nachgelassenen Werken" (Bonn
1835), III, 3 fg.

**) „J. G. Fichte's nachgelassene Werke, herausgegeben von J. H. Fichte"

leßtern ergibt sich, wie die angedeutete neue Grundansicht in all=
mählicher Entwickelung immer reifer und schärfer Gestalt gewon=
nen, wie sie bei zunehmender Tiefe immer mehr Inhalt und wis=
senschaftliche Beziehungen in ihren Umkreis hineingezogen, nament=
lich durch tiefere Erfassung des Christenthums und des Staates
in ihrer weltgeschichtlichen Wechselbeziehung.

Zu den Schriften aus der zuerst bezeichneten Uebergangs=
epoche rechnen wir besonders seine „Bestimmung des Menschen"
(1800), sein „Antwortsschreiben an Reinhold" und seinen „Son=
nenklaren Bericht" (beide aus dem Jahre 1801). In jenem deu=
tet der Uebergang vom Zweifel zum Glauben (zu Anfang des
dritten Buchs) schon hin auf die Unterordnung der Reflexion unter
einen höhern Standpunkt, für welche späterhin ein allgemeinerer
wissenschaftlicher Ausdruck von ihm gefunden wurde. In den bei=
den leßtgenannten Schriften dagegen möchte die Klarheit und Be=
weglichkeit der Form, die fast vollendete Beherrschung des Er=
kenntnißstoffs das Charakteristische sein. In ihnen hat er sich
vorzugsweise als schriftstellerischer Künstler gezeigt. Und in glei=
chem Sinne muß sein „Geschlossener Handelsstaat, als Anfang
zur Rechtslehre und Probe einer künftigen Politik" (im Spät=
jahre 1800) hierhergezogen werden. Er selbst hat dies Werk für
sein bestes, durchdachtestes erklärt, ohne Zweifel wegen seiner
formellen Durchbildung. In anderm Sinne ist aber auch an die
gleichzeitige „Darstellung der Wissenschaftslehre" aus dem Jahre 1801
zu erinnern (zuerst bekannt gemacht in den „Sämmtlichen Werken",
Bd. 2), welche insofern ein wichtiges Actenstück in der Entwicke=
lung seines Systems bildet, als hier die bisherige Constructions=
weise mit Ich und Nicht=Ich völlig aufgegeben und statt dessen
der Begriff des „absoluten Wissens" an die Spiße gestellt wird;
indem ferner die realistische Seite des Systems ebenso entschieden
betont ist wie sein idealistisches Ergebniß; über welches alles
wir der Kürze wegen auf das in der Vorrede zu den „Sämmt=
lichen Werken" Gesagte verweisen. *)

_____

(Bonn 1834—35), 3 Bde. In diesen Chklus gehört besonders auch noch
seine „Staatslehre" aus dem Jahre 1813 („Sämmtliche Werke", IV,
368 fg.).

*) „J. G. Fichte's sämmtliche Werke", Bd. 1, Vorrede des Herausgebers,
S. XX fg.

Die ersten Spuren der neuen Ansicht zeigen besonders die in den Jahren 1804—6 verfaßten Vorlesungen über die „Grundzüge des gegenwärtigen Zeitalters", über das „Wesen des Gelehrten" und seine „Religionslehre". In den ersten ist besonders die Construction der Weltgeschichte neu und für die Ausbildung der ganzen Ansicht folgenreich. Was hier indeß darüber nur angedeutet wurde, hat er erst in seinem letzten Werke, in der „Staatslehre" (Vorlesungen aus dem Jahre 1813, zuerst gedruckt 1820) wieder aufgenommen und weiter ausgeführt. Hierin, wie auch sonst in seinen spätern Schriften, tritt als Fundamentalsatz seiner Lehre hervor der Begriff des absoluten Erscheinens Gottes im menschlichen Bewußtsein; und als wahrhafter Inhalt wie als leitendes Princip der Weltgeschichte wird aufgestellt, daß diese göttliche Offenbarung in der Menschheit aus der Form des Instincts und des Autoritätsglaubens sich entwickele zur klaren Einsicht und besonnenen Gestaltung der Welt durch den religiösen Vernunftbegriff, dergestalt, daß die Freiheit aller mit klarem Bewußtsein sich Gott unterwerfe und ihren rechtlichen und politischen wie religiösen und kirchlichen Zustand hiernach aus freier Erkenntniß gestalte; eine Theokratie, vermittelt durch Vernunfteinsicht, wodurch auch das Christenthum nicht mehr blos als Lehre und religiöses Institut erscheint, sondern durchdrungen von besonnener Wissenschaft als Princip einer Weltverfassung begriffen wird.

Dieselbe Grundansicht wird auch in den „Vorlesungen über das Wesen des Gelehrten" (gehalten zu Erlangen 1805, gedruckt 1806), nur von einer andern Seite dargestellt. Als Gelehrter nach seinem höchsten Begriffe wird nämlich derjenige bezeichnet, welcher, überhaupt von der Idee in irgendeiner ihrer Gestaltungen ergriffen, diese in die Welt praktisch einzuführen oder sie theoretisch darzustellen berufen sei; daher auch der wahrhafte Regent, Gesetzgeber und Staatsmann gleichfalls unter diesen Begriff fallen. Die Idee selbst aber wird hier gefaßt als das absolut weltgestaltende Princip, als die ewige Offenbarung Gottes, wie sie im individuellen Bewußtsein besondere Gestalt annimmt.

Den hellsten Lichtpunkt bilden endlich in dieser Reihe populärer Werke seine „Vorlesungen über die Religionslehre" (gehalten zu Berlin im Jahre 1806), worin freilich nicht in streng systematischer Form, aber vielleicht desto eindringlicher die Idee Gottes als alle Reflexion vernichtend aufgestellt und an den fünf möglichen Ansichtsweisen der Welt in ihrem Verhältnisse zueinander nachgewiesen wird, wie das Bewußtsein sich von jeder derselben durch die weitertreibende Reflexion bis zur höchsten, der Anerkenntniß Gottes, emporhebe, und wie hierin die Reflexion von selbst erlösche. *)

Bemerkenswerth ist nun, daß mit diesem Werke Fichte's philosophische Schriftstellerlaufbahn, mitten in ihrer neuen Entwickelung, eigentlich geschlossen ist. Seine nachher erschienene Abhandlung über Macchiavelli, sowie seine „Reden an die Deutschen" liegen durch ihren Zweck der eigentlichen Philosophie fern, und die einzige Schrift speculativen Inhalts, die er selbst noch erscheinen ließ, „Die Wissenschaftslehre in ihrem allgemeinen Umrisse" (Berlin 1810), war, wie schon ihre Vorrede ankündigte, nur für seine Schüler, nicht für das größere Publikum, am wenigsten für seine Gegner bestimmt, welche sogar in eben dieser Vorrede kurz und herbe zurückgewiesen werden. Seine im Winter 1806—7 geschriebenen kritischen Abhandlungen: „Bericht über die Wissenschaftslehre und ihre bisherigen Schicksale" (zuerst vollständig bekannt gemacht in den „Sämmtlichen Werken" [1845], VIII, 361 fg.), blieben damals ungedruckt. Er begnügte sich mit mündlicher Ueberlieferung seines Systems oder mit brieflichen Aeußerungen darüber an Freunde, so namentlich an Jacobi, mit welchem wissenschaftlich sich auseinanderzusetzen, wo möglich sich zu einigen, er noch immer ein lebhaftes Bedürfniß empfand; denn allein in ihm erblickte er einen ihm ebenbürtigen Denker. Gelegentlich dürfen wir daher bemerken, daß die drei Briefe an Jacobi vom 31. März 1804, vom 8. Mai 1806 und vom 3. Mai 1810 zugleich wichtige Actenstücke zur Charakteristik seiner damaligen Denkweise bilden. Besonders im letzten Schreiben hat er mit seltener Klarheit und Präcision, dabei in gedrängter Kürze, das letzte Ergebniß seiner Lehre ausgesprochen.

Die Gründe zu jenem Verfahren dem wissenschaftlichen Pu-

---

*) Man vergleiche besonders die siebente bis zehnte Vorlesung.

blikum gegenüber und seine ganze damalige Stimmung sprechen
eben diese Briefe unzweideutig aus. „Ich werde", schreibt er an
Jacobi im Jahre 1804, „meine Lehre diesem Zeitalter nie im
Drucke vorlegen, sondern nur mündlich an die, welche den
Muth haben, sie an sich zu nehmen, mittheilen. Von allem,
was da vorgeht, bewegt mich nichts und wundert mich nichts,
und ich erwarte noch viel Heilloseres; denn ich glaube unser
Zeitalter als das der absoluten Verwesung aller Ideen
sattsam begriffen zu haben. Dennoch bin ich fröhlichen Muths;
denn ich weiß, daß nur aus dem vollkommenen Ersterben das
neue Leben hervorgeht."

Noch eingehender theilt er sich in einem Briefe aus dem
Jahre 1810 an den Philosophen J. E. von Berger mit, welcher
ihn zu einer Annäherung an Schelling dringend gemahnt hatte,
dessen Geist und Lehre er der seinigen, trotz des scheinbaren Wi=
derstreits, innig verwandt erkennen müsse. Folgendes antwortet
Fichte darauf:

„Es ist nicht die Aufgabe der Zeit, einzelne große, wahre,
tiefgreifende Gedanken und Ahnungen zu haben, dergleichen ich
jenen Männern" (den Naturphilosophen) „nicht abspreche; son=
dern Freiheit bis zur besonnenen Kunst, Klarheit, feste und unver=
änderliche wissenschaftliche Form, dies ist die Aufgabe der Zeit.
In Beziehung auf diese erkenne ich Schelling und seine Schule
recht eigentlich für das böse, die Zeit zurückführende Princip.
Wie Schelling mit dem transscendentalen Idealismus daran ist,
aus seinen Schriften auszumitteln, möchte vergebliche Arbeit sein.
Er kann gewisse Hauptresultate desselben nicht leugnen; aber ehe
man sich's versieht, sagt er wieder Sachen, die ihm ins Angesicht
widersprechen; kurz, er zeigt deutlich, daß er von diesem wichtig=
sten Punkte der Speculation durchaus keinen Begriff hat. — —

„Man glaube doch ja nicht, daß es aus Mangel an Ver=
theidigungsmitteln geschieht, wenn ich zu seinem Unwesen so still=
schweige. Es geschieht in der That aus Nichtachtung desselben,
sowie des Zeitalters, das sich durch einen solchen irre machen läßt.
Er — doch sogar die Ehre hat er nicht, der wahre Urheber zu sein,
sondern vor ihm Jacobi — er und Jacobi haben eine gespenstige
Gestalt, die mit der wahren Wissenschaftslehre keinen Zug gemein

hat, als diese Lehre dem Publikum dargestellt; dieses, unfähig
sich selbst über die Beschaffenheit der Sache zu unterrichten,
glaubt ihnen. Was schadet's mir, wenn sie betrogen sein wollen?
Die wahre Wissenschaftslehre bleibt in der Welt, und ich bin
auch noch da, und es wird sich wol noch eine Zeit finden, wo
man auch auf mich hören wird."

Wie nun die wissenschaftlichen Meinungen anderer wenig
anregendes Interesse für ihn hatten, daher er auch nur selten
an sie anknüpfte, um seine eigenen Gedanken darzulegen: so wa=
ren ihm fremde Urtheile über ihn selbst fast noch von geringe=
rer Bedeutung und von noch weniger Einfluß. Lobende wie
tadelnde Beurtheilungen, literarische Angriffe, polemische Gegen=
schriften las er in der Regel gar nicht, ja wir haben Ursache
zu glauben, daß ein großer Theil derselben sogar äußerlich ihm
ganz unbekannt blieb.

So hat es Bedenken und Verwunderung bei Freunden wie
bei Gegnern erregt, daß er auf die bekannte Schelling'sche Schrift
gegen ihn nicht geantwortet hat, welche den wissenschaftlichen
Streit sogar in einen persönlichen Angriff hinüberspielte.*) Und
doch war es nicht willkürliches oder erkünsteltes Ignoriren, son=
dern das unwillkürlichste von der Welt. Als Schelling's Schrift
gegen das Ende des Jahres 1806 erschien, lebte er, durch den
Krieg von allen literarischen Verbindungen abgeschnitten, in einem
der entferntesten Winkel Deutschlands, und nur spät und un=
vollständig gelangte er durch die Mittheilung eines Freundes
(in einer noch vorhandenen Nachschrift zu einem Briefe seiner
Gattin) zur Kunde von dem Dasein derselben. Der gleichzeitig
geschriebene polemische Aufsatz gegen Schelling verräth nicht die
geringste Kenntniß vom Inhalte seiner Schrift; gewiß würde er
sonst nicht unterlassen haben, den ihm von Schelling gemachten
Vorwurf zurückzuweisen, „seine neue Theorie sei nur ein an der
Naturphilosophie begangenes Plagiat", was ihm um so leichter
und schlagender gelingen konnte, als jetzt jeder Einsichtige weiß,
daß das Princip und der Grund der beiden folgenden Systeme

---

*) Schelling, „Darlegung des wahren Verhältnisses der Naturphilosophie
zu der verbesserten Fichte'schen Lehre" (Tübingen 1806).

gerade durch Fichte gelegt sind. So nun erklärt es sich, was wir fast mit Gewißheit annehmen können, daß er jene polemische Schrift gar nicht gelesen. Sie fand sich wenigstens nicht in seiner Bibliothek, und die sonstigen Aeußerungen über Schelling in seinem literarischen Nachlasse zeigen nicht die geringste Spur, daß er von ihrem Inhalt Kenntniß hatte.

———————

Zweites Kapitel.

Fichte's Leben in Berlin. Sein erster Freundeskreis. Seine Vorlesungen und ihre Wirkung. Anstellung in Erlangen.

Das äußere Leben Fichte's bietet in den ersten Jahren seines Aufenthalts zu Berlin wenig Veränderungen dar. Auf den raschen Wechsel stürmischer Ereignisse, wie sie in der letzten Zeit ihn betroffen hatten, schien jetzt auch äußerlich eine Ruhe folgen zu sollen, wie sie seinem zurückgezogenen wissenschaftlichen Leben ganz entsprach. Seit dem letzten Kampfe von der eigentlichen Polemik ermüdet, für welche sein „Nicolai" *) als der letzte energische Scheidegruß anzusehen ist, und selbst an literarischer Berühmtheit übersättigt, hatte er auch die persönliche Aufmerksamkeit, die er anfangs gewöhnlich erregte, längst als höchst überlästig empfunden. So war sein Umgang nur auf wenige Freunde beschränkt, unter welchen wir, seitdem Friedrich Schlegel Berlin verlassen hatte, besonders dessen Bruder, Wilhelm Schlegel, und Tieck sowie Woltmann nennen, der unterdeß gleichfalls von Jena nach Berlin herübergekommen war. Mit Feßler und vielen andern, zum Theil angesehenen Männern Berlins brachten ihn die gemeinschaftlichen maurerischen Verbindungen in Berührung, welche indeß nachher ganz von ihm aufgegeben wurden. Zugleich war es damals vorzüglich das Unger'sche Haus, das die geistreichen Männer Berlins bei sich versammelte, und hier beging Fichte mit seiner Gattin in Gesellschaft jener Freunde sowie Reichardt's und Friedrich Richter's, welche auch dem Kreise anzugehören pflegten,

---

*) „Friedrich Nicolai's Leben und sonderbare Meinungen" (Tübingen 1801) (Werke, Bd. VIII).

den Eintritt des neuen Jahrhunderts. Gemeinschaftliche Vorsätze und Wünsche feierten den seltenen Augenblick in einem so seltenen Vereine, aber fast keiner jener Plane ist erfüllt worden, und das darauf folgende Jahr fand den Kreis der Freunde schon zerstreut, oder in ganz andern Verhältnissen, als die erwarteten waren.

Unter seinen vertrautesten Freunden ist aber hier vor allen Bernhardi zu nennen, der lange Jahre hindurch sein fast täglicher Gesellschafter war. Vom heitersten geselligen Talente, scharfsinnig und witzig, war er ebenso anregend im Umgange, als eigener mannichfachster Anregung fähig, indem er das seltene Talent besaß, einen hingeworfenen bedeutenden Gedanken lebhaft zu ergreifen und mit Scharfsinn und Selbständigkeit nach allen Richtungen zu verfolgen. So war er der wünschenswertheste Genosse für einen productiven Geist, welchem er die eigenen Strahlen verdichtet und geschärft wie ein Spiegel zurückgab; und dieses tiefe Wechselbedürfniß mochte es sein, was beide Männer, bei einiger Unähnlichkeit im Charakter, so eng verband. Varnhagen von Ense, welcher bezeugt, bei solchen Unterredungen oft gegenwärtig gewesen zu sein, schildert die Eigenart beider Männer treffend und beredt folgendergestalt *): „Ich war meist nur stiller Zuhörer, wenn die tiefsten Fragen der Philosophie dialektisch behandelt wurden, wenn die Sprachwissenschaft nach dem Lichte reiner Begriffe rang, oder das Bürgerthum und das Staatswesen sich gleichertweise der Prüfung des Gedankens wie der Geschichte unterwerfen mußten. War

---

*) Varnhagen im Vorworte zu den „Reliquien, Erzählungen und Dichtungen von A. F. Bernhardi und dessen Gattin S. Bernhardi, herausgegeben von deren Sohne W. Bernhardi" (Altenburg 1847), Bd. I, S. IX. Varnhagen beklagt es dort mit Recht, daß dieser durch tiefen Geist und vielseitigste Bildung gleich ausgezeichnete Mann noch keine würdige Charakteristik gefunden, daß noch keine Sammlung seiner zerstreuten Abhandlungen veranstaltet worden ist. Jene „Reliquien" können dafür durchaus nicht entschädigen. Er war der erste Gründer einer eigentlich philosophischen Grammatik, aber zugleich ebenso scharfsinniger und genauer philologischer Erforscher des Einzelnen, dabei vortrefflicher Lehrer, Pädagog und Schulmann, dessen die Geschichte der deutschen Pädagogik nicht vergessen darf. In letzterer Beziehung hat L. Rellstab („Aus meinem Leben" [Berlin 1861], I, 92 fg.) seiner auf das rühmlichste gedacht.

in solchen Erörterungen Fichte der unerschütterlich Feste und Einfache, so glänzte Bernhardi durch reichern Stoff, den er stets mit Anmuth und oft in überraschenden Schlagworten zu entfalten oder zusammenzufassen verstand, sodaß Fichte nicht selten das größte Wohlgefallen an dem Gegner hatte." Wie Bernhardi indeß Fichte's Umgang besonders wissenschaftlich benutzte, wie namentlich seine Ideen über Sprachwissenschaft, die er in seinen bekannten Werken niederlegte, durch solche Unterhaltungen auf Abendspaziergängen und in andern geselligen Stunden vorbereitet und entwickelt wurden, hat er selbst mehr als einmal edel und dankbar dem Sohne bezeugt, und sein tiefer Schmerz und die Thränen bei der Kunde von Fichte's Tode sind das schönste Zeugniß für die Freundschaft der beiden dahingeschiedenen Männer, welcher Fichte selbst in einem erst kürzlich aufgefundenen Briefe an Beyme (abgedruckt im zweiten Theile) ein würdiges Denkmal gesetzt hat.

Auch August Zeune, damals Lehrer am Gymnasium zum Grauen Kloster, später Gründer und erster Vorstand der Blindenanstalt in Berlin, gehörte zu den gern gesehenen Hausfreunden. Er unterrichtete Fichte im Italienischen, Spanischen und Portugiesischen, welche Sprachen dieser gemeinsam trieb, indem er sich eine Art von vergleichender Grammatik entwarf, um die Gesetze kennen zu lernen, nach welchen die lateinische Grundsprache in jedem dieser romanischen Dialekte eigenthümlich verändert worden. Zahlreiche Reste von diesen Sprachvergleichungen sind noch im Nachlasse vorhanden, die frühesten Rudimente derjenigen Untersuchungen, welche weit später Friedrich Diez in seiner „Grammatik der romanischen Sprachen" mit höchster Vollkommenheit ausgeführt hat. Zeune machte sich aber auch dadurch um die Familie hochverdient, daß er dem Sohne in Geographie, Mathematik und im Lateinischen den ersten sorgfältigen Unterricht gab und überhaupt bei der längern Abwesenheit des Vaters mit seltener Hingebung dem noch sehr jugendlichen Zöglinge sich widmete. Sein Unterricht, besonders in der Erdbeschreibung nach den später von ihm weiter ausgeführten Grundsätzen, war vortrefflich und das dort Erworbene steht noch jetzt dem Biographen in dankbarer Erinnerung fest. Er ist Fichte bis zu seinem Tode und ebenso der Witwe ein anhänglicher Freund geblieben.

Unter den damaligen Hausfreunden ist auch noch eines Geist=
lichen, Namens Metger, Prediger an der Charité, zu gedenken,
der mit pietätvoller Verehrung seiner Philosophie sich widmete
und sein eifriger Zuhörer war. Dieser gab ihm die erste Kunde
von Schelling's Streitschrift nach Königsberg, und man hat Ur=
sache, ihn für den Verfasser einer vertheidigenden Erwiderung in
der damaligen „Leipziger Literaturzeitung" zu halten. Später
als Hofprediger nach Stolpe versetzt, kam er außer Verbindung
mit Fichte und seiner Familie. A. Oehlenschläger erwähnt in
seiner Selbstbiographie, von ihm in Fichte's Hause einge=
führt worden zu sein, und meldet dabei allerlei Anekdotisches
über ihn und seine Aussprüche, was zwar dem Wortlaute nach
ungenau sein mag, aber ein gewisses Gepräge authentischer Ur=
sprünglichkeit nicht verkennen läßt.*)

Auch die engverbundenen Freunde Varnhagen und Chamisso
erschienen nicht selten in dem Hause, letzterer besonders dem
Sohne willkommen, welchem er durch launige Erzählungen, Mär=
chen und Scherze das höchste Entzücken zu bereiten wußte und
dabei ganz zum Kinde sich herabließ. Wem später der Genuß
zu Theil wurde, den Dichter in seelenvoller Heiterkeit auf seinem
Landsitze zu Schöneberg mitten unter seiner Familie zu sehen,
kann sich einen Begriff dieser Kinderfreude machen. Fichte hoffte
ungemein viel von der literarischen und poetischen Begabung der
beiden jungen Männer und überließ ihnen für ihren „Musen=
almanach", das „grüne Buch" genannt, seine philosophischen So=
nette, welche dort zuerst anonym veröffentlicht wurden.

Von vorzüglicher Wichtigkeit für Fichte wurde indeß die
Uebersiedelung seines Freundes Hufeland nach Berlin, der einige
Zeit nachher als Leibarzt des Königs dorthin berufen in eine
ehrenvolle und einflußreiche Wirksamkeit trat. Schon in Jena
waren sie einander wohlwollend zugethan; jetzt aber verband sie
immer inniger und vertrauter eine auf Gleichheit der Gesinnung
gegründete Freundschaft, welche nur der Tod getrennt hat. Und
wieviel sich solche Männer in der wichtigen Epoche, die sie mit=
einander verlebten, durch Rath und thätige Hülfe gegenseitig

---

*) Adam Oehlenschläger's Selbstbiographie in seinen „Werken" (Breslau
1839), II, 15—18.

werden mußten, bedarf keiner Auseinandersetzung. Hier kam noch
der besonders günstige Umstand für Fichte dazu, daß er im Freunde
auch den erfahrensten Arzt für sich und die Seinigen besaß. Und
so werden wir selbst auch noch im Verlaufe unserer Erzählung
öfters jenen Namen anzuführen Gelegenheit haben, indem wir
seinen wohlwollenden Mittheilungen über viele einzelne Umstände
aus Fichte's Leben Aufschlüsse verdanken, welche wir, als aus=
drücklich durch ihn verbürgt, einzufügen nicht ermangeln werden.

Uebrigens schien zu Fichte's Anstellung in Preußen anfangs
wenig Aussicht vorhanden. Die Männer, deren Urtheil darin
von Einfluß sein konnte, sowie die ältern Gelehrten der Haupt=
stadt gehörten ausgesprochenermaßen einer Partei an, die sich
schon der Kant'schen Philosophie nicht günstig gezeigt hatte, und
so wurde diese auch von seiten des Staates mehr tolerirt als ge=
pflegt und aufgemuntert. Dabei war von den höhern Staats=
beamten der Minister Struensee anfangs fast der einzige, dem
Fichte näher bekannt war und der ihm Freundschaft und Achtung
erwies. Indem indeß diese persönliche Anerkennung auf seine
ganze äußere Stellung ohne Einfluß blieb, mußte er erst, wie ein
völlig Unbekannter, lange und mühsam sein Talent geltend machen,
ehe es ihm gelang, was man jetzt fast überall nur durch Hülfe
eines Staates sich verschaffen kann, eine seiner würdige akademische
Wirksamkeit wiederzuerlangen.

Dies geschah jedoch auf dem natürlichsten Wege durch die
immer steigende Aufmerksamkeit, die seine Privatvorlesungen in
Berlin erregten. Kam nun noch dazu, daß gerade diese Art von
Thätigkeit fast zu den Bedingungen seines vollen geistigen Wohl=
seins gehörte, zu dem, was ihn in den eigenen speculativen Ar=
beiten erst recht befeuerte und förderte: so mußte ihm jede Ge=
legenheit dazu erwünscht, ja wichtig sein. Für seine Zuhörer
ganz eigentlich zu leben, in kunstvoll gewähltem Stufengange
ihnen immer näher zu rücken, sie selbst sich immer tiefer anzu=
eignen, war sein liebster Beruf, sein eigenstes geistiges Glück;
und nie sah man ihn heiter erregter und innig befriedigter, als
am Abende nach solcher gelungenen Thätigkeit, nach Vorträgen
oder nach einem Conversatorium. So hatte er auch in Berlin,
ohne akademischer Lehrer zu sein, bald einen Kreis von Schülern
um sich versammelt, anfangs einzelne jüngere Gelehrte oder Beamte,

welche sich für Philosophie vorzüglich interessirten. Aber allmählich vergrößerte sich sein Auditorium, und das mannichfachste Publikum, Adeliche, angesehene Staatsbeamte wie namhafte Gelehrte und Künstler fanden sich in seinem Hörsaale zusammen, wo man selbst W. Schlegel und Kotzebue einst friedlich zueinander gesellt sah. Und was besonders hier nicht übergangen werden darf, als ehrendes Zeugniß für die Wissenschaft wie für die Männer selbst, und indem es beweist, wie rasch sich seit Fichte's Auftreten die öffentliche Meinung über die Philosophie geändert hatte, selbst Staatsmänner vom ersten Range verschmähten es nicht, seine Zuhörer zu werden und, während die wichtigsten Staatsgeschäfte ihnen oblagen, sogar noch zu Hause in ihren besten Stunden mit den Gegenständen des abgezogensten Forschens sich eifrig und selbstthätig zu beschäftigen. Von solchen sind der Minister von Schrötter, der damalige Geheime Cabinetsrath, spätere Großkanzler von Beyme und der Minister von Altenstein uns noch in lebhafter Erinnerung, welche auch übrigens zu aller Zeit Beschützer und Gönner von Fichte geblieben sind. Und hier sei es gestattet, einiger persönlicher Mittheilungen zu gedenken. Beyme erzählte noch viele Jahre später dem Biographen, wie er als Zuhörer Fichte's die erste Kraft des Morgens dazu verwendet habe, den am Abend vorher gehörten Vortrag in seiner innern Gedankenfolge frei zu reproduciren und nach allen Seiten zu prüfen, als erfrischende Geistesstärkung für den ganzen Tag. Dabei bezeugte er, wie dauernd und unvergeßlich der Gesammteindruck jener Vorträge für ihn gewesen sei, in welchen Tiefsinn des Forschens und die Einwirkung einer sittlich heroischen Persönlichkeit jeden mit sich fortgerissen habe. Auch Altenstein bekannte sich dem Sohne gegenüber späterhin noch ausdrücklich als Fichte's Schüler, und wie er über ihn dachte, wie wichtig ihm alles war, was sich auf ihn und seine Werke bezog, mag ein Privatschreiben bezeugen, welches Altenstein an den Biographen richtete und das deshalb im zweiten Theile zu veröffentlichen zweckmäßig schien. Viel zu voreilig hat man ihn parteiischer Begünstigung einer spätern Philosophie beschuldigt. Er sah in Fichte's berühmtem Nachfolger zunächst den tüchtigen philosophischen Lehrer, der die jungen Köpfe wirksam „schule", zum Selbstdenken befreie; die etwa aufgefaßten Einseitigkeiten werde die spätere Erprobung des Lebens bald verwischen, wenn nur die ideale Richtung gewonnen sei, wie er selbst ja auch — setzte er lächelnd hinzu — nicht Fichtianer in strenger und ausschließender Weise verblieben. Dieser Staatsmann, tiefblickenden und gründlichen Geistes, weil er in den Ideen, den klar oder den verworren gefaßten, das innerlich Bewegende des Staatslebens fand, gerade deshalb aber vielfach angefochten und miskannt, darf in Wahrheit für Mit- und Nachwelt noch lange vorleuchtendes Beispiel eines obersten Leiters der Studien und der Erziehung in einem großen Staate bleiben.

Beiläufig mag zuletzt hier noch erwähnt sein, daß zu den Staatsmännern, welche bei Fichte hörten, einmal auch Fürst Metternich sich gesellte, welcher, damals österreichischer Botschafter in Berlin, seine vor einem gemischten Publikum gehaltenen Vorlesungen über die „Grundzüge des gegenwärtigen Zeitalters" im Winter 1804—5 als ständiger Zuhörer besuchte.

*　　*　　*

Indeß erhielt Fichte während des Sommers 1804 bald nacheinander von zwei auswärtigen Staaten ehrenvolle Anerbietungen, in ihre Dienste zu treten. Rußland wollte bei der damals ausgeführten neuen Organisation der Universität Charkow auch den Lehrstuhl der Philosophie daselbst auf eine ausgezeichnete Weise besetzen, und dem Grafen Potocki, damaligem Curator der Universität, wurde Fichte dazu vorgeschlagen. Dieser beauftragte den Professor Manne, als ehemaligen Schul- und Universitätsfreund von Fichte, ihm den ersten vorläufigen Antrag zu machen, wobei vortheilhafte Bedingungen gestellt wurden, die nach Begehren und im Verlauf der Unterhandlungen noch günstiger modificirt werden könnten. An sich fühlte Fichte freilich wenig Neigung, in Verhältnisse zu treten, die ihm völlig unbekannt waren und für die er eigentlich gar keinen Maßstab hatte; außerdem schien Sprache und Vorbildung jenes Landes für seine wissenschaftliche Wirksamkeit wenig Spielraum darzubieten; endlich war auch sein Charakter nicht fügsam genug, um sich als Unbekannter und Ausländer in jener Sphäre eine glückliche Lage versprechen zu können. Dennoch war er gewohnt, Anerbietungen von solcher Wichtigkeit mit ernsthaftester Erwägung danach zu beurtheilen, was zu thun Pflicht sei, wohin die Vorsehung ihn leite. So wies er jenen Antrag keineswegs zurück, suchte sich aber durch näheres Anfragen über die Art der ihm angebotenen Wirksamkeit zu unterrichten und über einige innere Bedingungen sich sicherzustellen. Aber ehe die langsam geführten Unterhandlungen noch zu ihrem Ende gediehen waren, machte eine andere günstige Wendung seiner Lage ihren völligen Abschluß überflüssig. Irren wir nicht, so hat Professor Schad nachher die Fichte angetragene Stelle angenommen.

Von entscheidenderm Erfolge hätte leicht ein anderer auswärtiger Ruf für Fichte werden können, den er gleichfalls um diese Zeit erhielt: es war der Antrag zur Lehrstelle der Philosophie auf der Universität Landshut, der ihm von seiten der bairischen Regierung gemacht wurde. Dabei waren die äußern Anerbietungen für ihn selbst wie sogar für seine Witwe so einladend, daß alles zu unverzögerter Annahme aufforderte. Aber auch hier galt ihm zuerst das Innere, und ob er seine wissenschaftlichen Plane zur Ausführung bringen könne, dies war die erste Frage. Er sprach sich darüber in seiner Antwort auf jenen Antrag so offen aus, und überhaupt ist diese so bezeichnend für seine damalige wissenschaftliche Denkart, daß wir sie hier vollständig mittheilen:

„Ihre Anfrage erfordert eine ausführlichere Antwort, in welche ich mit aller Offenheit und Rechtlichkeit eingehen werde. Ich wünsche mir nicht überhaupt irgendwo eine philosophische Professur, sondern ich habe einen höhern Lebensplan, der sich auf folgende Ueberzeugungen gründet.

„Die nunmehr wahrhaft als Wissenschaft auch der Form nach vorhandene Philosophie kann in diesem Zeitalter durch Druckschriften nicht mitgetheilt werden, und es ist zu befürchten, daß auf diesem Wege sie ganz verloren gehen würde; denn das Philosophiren ist eine Kunst, die erst allmählich gelernt und geübt werden muß, ehe man zu dem eigenthümlichen Sinne, in welchem der Philosoph sich der gewöhnlichen Sprache bedient, sich erhebt. Wir müssen daher, um die Wissenschaft in ihrer höchsten Potenz mitzutheilen, zu demjenigen Mittel greifen, durch welches sie überhaupt zuerst bei den Griechen gestiftet worden ist, wir müssen philosophische Schulen errichten.

„Aufgenommen in eine solche Schule kann nur werden ein

junger Mann, dem reifern Alter annahend, der seinen Geist durch gründlich wissenschaftliches Studium schon ausgebildet hat, und es ist gar nicht erforderlich, daß alle es werden. Die Einrichtung muß diese sein, daß er anfangs einen Theil der wissenschaftlichen Philosophie, mit steter Hinweisung auf die dabei beobachtete Kunst, vortragen höre, darauf die übrigen Probleme durch eigenes Nachdenken zu lösen angehalten werde, endlich daß er die ihm so entstandene Philosophie auf die mannichfaltigste, jedem der Philosophie nur fähigen Subjecte faßliche Weise vortragen lerne.

(„Es ist klar, daß eine solche Schule noch nebenbei ein Docentenseminarium sein würde, ein ohnedies unentbehrliches Institut, wenn es mit der Cultur der Wissenschaften einen regelmäßigen Gang fortgehen und ihr Gedeihen nicht vom bloßen Zufalle abhängig bleiben soll.)

„Mit dem ersten Versuche, eine philosophische Schule in diesem Sinne zu errichten, gehe ich nun um, seitdem durch fünfjährige tiefe Revision meiner Lehre sich mir der eigentliche Grund, warum es mit dem Verständniß derselben nicht fort will und ihre vermeintlichen Anhänger oder Verbesserer das abenteuerlichste Zeug vorbringen, entdeckt hat; ich getraue mir die dabei erforderlichen Requisita, Besitz der Philosophie und freie Gewalt des Vortrags, zu, und meine in diesem Jahre zu Berlin gehaltenen Vorlesungen, denen bald neue folgen werden, sind nichts als die ersten Versuche der allmählichen Ausführung jenes Plans.

„Für eigentliche, d. h. transscendentale Philosophie sind meines Erachtens unsere studirenden Jünglinge insgesammt nicht reif; sie werden das ihnen darüber Vorgetragene entweder gar nicht verstehen oder es in einem falschen Sinne nehmen. Dagegen sollen sie über das Leben und ihre positiven (historischen) Wissenschaften selbst denken und ihr Studium mit Verstand treiben lernen. Dies ex professo zu befördern, ist meines Erachtens der Professor der Philosophie auf der Universität da, und wer das erstere kann, kann nebenbei auch das letztere mit Leichtigkeit verrichten.

„Dieser Plan kann vielleicht ohne alle Unterstützung einer Regierung ausgeführt werden, wiewol dies seine Schwierigkeiten hat. Wollte ihn aber eine einsichtsvolle Regierung unterstützen,

23*

so würde sie sich dadurch, meines Erachtens, unsterblichen Ruhm
erwerben und sich zur Wohlthäterin der Menschheit machen. In
diesem Falle dürfte es für das erste sehr zweckdienlich sein, jenes
Institut mit einer schon bestehenden Universität zu vereinigen
und den Urheber desselben zugleich zum Professor an derselben
zu ernennen.

„Die Bedingung des Gelingens ist absolute Lehrfreiheit und
Schreibefreiheit: die letztere, nicht um die Wissenschaft zu verbrei=
ten, sondern nur um die Aufmerksamkeit des Zeitalters zu richten,
im Felde des Transscendentalen versteht sich; denn dem zunächst
ins Leben Einschlagenden kann die Philosophie ausweichen und
hierüber jede mögliche Begrenzung sich gern gefallen lassen.

„Was eine diesen Plan fassende Regierung an äußerer Würde
und Bequemlichkeit ertheilen wolle, wird von ihrem Eifer für die
Sache abhängen.

„Wegen der Unterhandlungen selbst erbitte ich mir das strengste
Stillschweigen, welches ich von meiner Seite ohne alle Ausnahme
gleichfalls verspreche. Wer der Freund ist, dessen Sie erwähnen,
kann ich zwar nicht errathen, auch erinnere ich mich nicht, mit
irgendjemand bestimmt über diesen Gegenstand gesprochen zu
haben. In jedem Falle muß seine Aeußerung sich auf einen
bloßen Schluß aus meiner bekannten und gegen alle gleich ge=
äußerten Denkart gründen, daß ich bereit bin, allenthalben und
an allen Orten zu arbeiten, wo man mir die rechte Gelegenheit
anweist. Auch dieser daher, wer es sei, ist in das Stillschweigen
eingeschlossen.“

Auf diese Eröffnungen hin, die wegen der äußerlichen Be=
dingungen ein so würdiges Vertrauen zeigten, überhaupt aber
diesen Punkt nur als Nebensache behandelten, schien es wahr=
scheinlich, daß Fichte jenen Ruf in der vorläufig ihm angetrage=
nen Weise erhalten würde, zumal da er von Jacobi, der großes
Ansehen und Einfluß bei der bairischen Regierung genoß, schon
früher nachdrücklich dort empfohlen worden war. *)

---

*) Die Worte jener Empfehlung, gleich ehrenvoll für Fichte wie merk=
würdig an sich, mögen hier nicht fehlen („Jacobi's Briefwechsel“, II, 287):
„Wollte man in den akademischen Anstalten und Einrichtungen, die überall
noch ein ungereimtes Gemisch von Cultur und Barbarei sind,

Auch war troß des ausbedungenen Stillschweigens in der
Hauptstadt Baierns wie in Landshut selbst das Gerücht verbreitet, Fichte sei an diese Universität berufen, und selbst die öffentlichen Blätter erwähnten desselben damals mit Bestimmtheit. Als
dessenungeachtet von jener Seite her nichts Näheres erfolgte, entstand die Vermuthung, daß vielleicht eben durch das zu frühzeitige Bekanntwerden des Plans einige ihren Einfluß angewendet
hätten, um ihn zu hintertreiben, und man rieth Fichte, sich unmittelbar an den Mann zu wenden, dem die Entscheidung darüber
besonders zustehe, oder noch lieber selbst eine Reise nach München
zu machen, um dem ungünstigen Einflusse zu begegnen. Doch
nach einer so offenen Erklärung hielt er ein gunstbewerbendes
Ansuchen um jene Stelle für desto weniger anständig, als das
Anerbieten selbst nicht von ihm ausgegangen, ja nicht einmal
veranlaßt worden war.

Inzwischen gingen endlich die Hoffnungen in Erfüllung, die
ihm für Preußen gemacht worden waren. Dies war vorzüglich
Beyme's Werk, der sich überhaupt stets mit Wohlwollen und
achtendem Vertrauen ihm geneigt zeigte. Aber auch der Freiherr
von Altenstein, damals Geheimer Finanzrath bei der Verwaltung
der Fürstenthümer Ansbach und Baireuth, war hierbei von vor-
züglichem Einflusse, indem er ihn zuerst Hardenberg's Beachtung
empfahl. So erhielt er die Vocation als Professor der Philosophie
auf die Universität Erlangen, mit der ihm besonders angenehmen
Bestimmung, nur während des Sommers dort zu verweilen, im
Winter aber nach Berlin zurückzukehren, um daselbst, wie bisher,
philosophische Vorträge zu halten. Damit er aber auch hier eine
feste Stellung erhalte, wünschten seine Freunde ihn in die Zahl
der Akademiker aufgenommen zu sehen. Hufeland machte diesen
Antrag bei der Akademie der Wissenschaften; und wir rücken
wörtlich hier ein, was der verehrte Mann auf unsere Anfrage
darüber mitgetheilt hat: „Nur durch eine Mehrheit von zwei
Stimmen gegen ihn fiel er bei der Ballotage durch. Die Ursache

---

etwas verbessern, so wäre wol kein Mann in Europa, der dabei mit Rath
und That besser an die Hand gehen könnte und es lieber möchte, als Fichte.
Wer ihn bei Zeiten aufnähme, machte einen guten Erwerb. Ueber seine Rechtschaffenheit ist nur eine Stimme."

war blos Persönlichkeit, persönliche Beleidigung eines Mitglieds, das viel Anhang hatte. *) Der Grund, den man angab, war, daß die Akademie in der Philosophie Neutralität beobachten müsse. Die Satiriker sagten damals, die philosophische Classe habe ihn nicht aufgenommen, eben weil er Philosoph wäre!" Und so kam es denn, daß Fichte in dem Staate, welchem er vorzüglich seine Kräfte widmete, zum Akademiker nicht würdig befunden zu werden schien, während die Akademie der Wissenschaften zu München im Jahre 1809 ihn auf den Vorschlag ihres Präsidenten Jacobi freiwillig zu ihrem Ehrenmitgliede erwählte.

Im Mai 1805 trat Fichte sein neues Lehramt in Erlangen an, welches unter den glücklichsten Vorbedeutungen von ihm er=öffnet wurde. Nirgends hatten sich seine collegialischen Verhält=nisse so angenehm gestaltet, und auch seine Wirkung als akademi=scher Lehrer, sein Einfluß auf den Geist und die Sitten der Stu=direnden traten so sichtbar hervor, daß er die besten Hoffnungen für die Zukunft fassen durfte, wenn die ausgestreute Saat erst feste Wurzeln gefaßt haben würde. Doch wurde dieser Einfluß wesentlich gefördert durch die eingeschlagene Lehrmethode, die von der bisherigen einigermaßen abwich. Nach seinen schon ausge=sprochenen Grundsätzen über die Mittheilbarkeit der Philosophie waren es hier nämlich vorzüglich einleitende, das wissenschaftliche Denken im allgemeinsten bildende Vorträge, mit welchen er seine akademische Thätigkeit eröffnete. Sein Hauptcollegium war eine philosophische Encyclopädie, ungefähr mit demjenigen vergleichbar oder an die Stelle dessen tretend, was sonst wol als Logik und Methodologie vorgetragen zu werden pflegt. Es wurden darin die formalen Bedingungen und die Methode des wissenschaftlichen Erkennens überhaupt entwickelt und daraus die philosophischen Grundsätze gezogen, die jede einzelne Wissenschaft ihren concreten und historischen Theilen zu geben hat. Je mehr die allgemeine

---

*) Friedrich Nicolai. Man vergleiche Fichte's Aeußerungen darüber in seinen Briefen an W. von Wolzogen (Anhang zu Fichte's und Schiller's Brief=wechsel, Bd. II).

Faßlichkeit dieser Vorträge überraschte und ansprach, desto entschiedener war ihr Einfluß wenigstens auf die Talentvollern, wiewol der Zeitraum eines Halbjahrs — so lange dauerte nämlich
überhaupt nur Fichte's Wirksamkeit in Erlangen — nicht hinreichen konnte, eine eigentliche philosophische Schule zu gründen.
Eingreifend in diesen Plan einer mehr allgemeinen Bildung, sollten seine öffentlichen Vorlesungen über das „Wesen des Gelehrten".*) besonders die sittliche Gesinnung, den Ernst des wissenschaftlichen Lebens in den Jünglingen wecken und bilden; und
auch in dieser Beziehung schien sich ihm ein Einfluß zu eröffnen,
der an die Epoche von Jena erinnerte. Auch hier waren Misbräuche mancher Art abzustellen, die indeß bei der geringern Anzahl der Studirenden, überhaupt bei den kleinern Verhältnissen
der Universität nicht so tiefe Wurzeln geschlagen hatten. Es war
mehr die Aufgabe, dem Geiste der Jünglinge, die sich im einzelnen
freilich vielfach zerstreuten und verwilderten, ein gemeinsam wissenschaftliches Interesse allmählich einzuflößen, als daß irgendein
negatives Bestreben, entschieden böser Wille hätte bekämpft werden müssen. Und dies ist unsers Erachtens der nicht immer erkannte Vorzug kleinerer oder minder berühmter Universitäten, daß
die schlimmsten Erscheinungen des Studentengeistes dort nie zum
ausgebildeten Systeme, zum anerkannten Principe sich consolidiren
können.

Nicht minder erfreulich waren seine collegialischen Verhältnisse, indem sogar ein näherer wissenschaftlicher Verkehr unter
den Professoren sich zu bilden anfing. Fichte besuchte die Vorträge seiner Collegen, die für ihn von besonderm Interesse und
Belehrung waren, sowie er namentlich bei dem bekannten Physio-
logen und Arzte Hildebrand eifrig Physik und Chemie hörte. Dagegen hatten sich mehrere Professoren und Docenten vereinigt,
ihn um ein Privatissimum über die Wissenschaftslehre zu bitten,
welche er jetzt unter ganz neuen Bedingungen vorzutragen hatte.
Die meisten seiner Zuhörer waren Gelehrte von selbständiger wissenschaftlicher Denkart, oder Philosophen, die über ihr Verhältniß
zur Speculation bereits mehr oder minder entschieden waren, und
so kam es hier darauf an, das Eigene und Charakteristische seiner

---

*) Nachher im Druck erschienen zu Berlin 1806. Werke, Bd. V.

Lehre für die freieste Prüfung scharf hinzustellen und infolge des
Wechselverkehrs und der Einwendungen nach allen Seiten hin
auf das mannichfachste zu entwickeln. Der noch vorhandene
schriftliche Entwurf für diese Vorträge ist dadurch einer der merk=
würdigsten Vorträge seines wissenschaftlichen Nachlasses; doch hat
die fragmentarische Beschaffenheit desselben seine Aufnahme in die
„Nachgelassenen Werke" nicht gestattet.

An diesen freundlich wissenschaftlichen Verkehr knüpften sich
indeß noch andere Hoffnungen für Fichte in Bezug auf die Uni=
versität selbst. Hier glaubte er die Stelle gefunden, an welcher
seine Plane für eine höhere Organisation der deutschen Universi=
täten zuerst sich ausführen ließen; und daß diese zugleich bei ihm
an die höchsten patriotischen Ideen sich anknüpften, zeigt der
„Entwurf" selbst.*) Die Universität sollte aus einem bloßen
Aggregate beziehungslos nebeneinander Lehrender und Lernender
in eine Kunstschule des wissenschaftlichen Verstandes=
gebrauchs verwandelt, wenigstens dieser Umwandlung allmäh=
lich näher geführt werden, indem einzelne Lehrer (und er selbst
mit seinem treuverbundenen Freunde Mehmel wollte der erste sein)
die Probe eines engern geistigen Wechselverkehrs mit den Studi=
renden machten, verbunden mit einem öffentlichen Rechenschafts=
bericht über diese Leistungen.

Hiernach entwarf er den ausführlichen Plan zu solchen Uebun=
gen nach denselben Hauptideen, die auch seinem spätern Plane
für die berliner Universität zu Grunde lagen und deren wir weiter=
hin ausführlicher gedenken werden. Auch hierin war neben der
Errichtung eines Docentenseminars die innigere Verbindung der
Lehrer untereinander zu einem gemeinschaftlich zu erreichenden
Lehrzwecke, sowie ihr näherer Verkehr mit den Studirenden selbst
der leitende Gedanke, bei dessen wirklicher Ausführung natürlich
sehr viel von dem guten Willen wie von der Empfänglichkeit der
Lehrer für dergleichen Ideen abhing. Und deshalb hoffte Fichte
unter den angegebenen Verhältnissen seinen Plan wenigstens in
den ausführbarsten Grundzügen leichter realisiren zu können, als

---

*) Er ist, als merkwürdiges Actenstück über Fichte's Denkart in diesen
Dingen, zuerst abgedruckt in den „Nachgelassenen Werken" (III, 277 fg.):
„Ideen für die innere Organisation der Universität Erlangen."

es in irgendeiner andern Lage möglich gewesen wäre. Er wurde
dem Minister Hardenberg im Jahre 1806 wirklich vorgelegt und
wäre wahrscheinlich nicht ganz ohne Einfluß geblieben, wenn nicht
der lange drohende, endlich ausbrechende Krieg mit Frankreich, der
diesen Theil der preußischen Monarchie mit einer unmittelbaren
Invasion bedrohte, seine Ausführung unmöglich gemacht hätte.
Und dies war zugleich der Grund, warum Fichte selbst im folgenden Jahre nicht zum zweiten mäle nach Erlangen ging, sondern in Berlin die Entwickelung der Ereignisse abwartete.

Drittes Kapitel.

Ausbruch des Krieges im Jahre 1806. Fichte geht nach Königsberg. Correspondenz mit seiner Gattin.

Unterdeß war nach langem Zögern und schmerzlicher Ungewißheit der Krieg Preußens gegen Frankreich entschieden, und in dem allgemeinen nun entfesselten Enthusiasmus, den diese Entscheidung erregte, trat bei den meisten zugleich eine solche Siegeszuversicht an die Stelle des bisherigen Schwankens, daß man sich einen unglücklichen oder auch nur zweifelhaften Ausgang desselben kaum als möglich dachte. Was Fichte's Wünsche waren, bedarf keiner Erwähnung; ob seine Hoffnungen gleiche Zuversicht hatten, kann bezweifelt werden. Nach menschlicher Weise erwartet man sonst wol das innigst Gewünschte auch ebenso entschieden; und wirklich schien in dem Kampfe des Jahres 1806 die Sache der Freiheit fast siegen zu müssen. Nicht blos die Ehre, die politische Unabhängigkeit des Vaterlandes hing daran, sondern alle Hoffnung deutscher Cultur, ja der künftigen Fortbildung der Menschheit war für Fichte an diesen Sieg geknüpft. Dennoch hatte er bei der Unsicherheit und Halbheit, die alle öffentlichen Schritte bezeichnete, bei dem kraftlosen Schwanken, das in Worten und Handlungen überall hervorleuchtete, den drohenden Untergang bei jeder kräftigen Berührung von außen schon lange vorher geahnt. Und so war ihm jener Kampf eigentlich von doppelter Bedeutung: er galt dem gemeinsamen Vaterlande, aber auch der Erprobung des Alten, Hergebrachten. Preußen war der einzige Staat Deutschlands, der bei der allgemeinen Umwälzung im Sturme der Zeit unerschüttert geblieben war, ein starker Jüngling voll gewaltig keimender Kräfte, wie sein

herrliches Erwachen bald darauf, seine energische Entwickelung
seitdem es bewährt hat, damals aber vielleicht in etwas ver=
alteten Waffen gerüstet. Jetzt hatte es zu bewähren, ob es allein
in Deutschland keiner erneuernden Umgestaltung bedürfe, ob es
durch innere Kraft, durch Muth und Begeisterung dem zerstören=
den Principe Widerstand leisten könne. Die eigene Zuversicht
ließ es hoffen, und die Wünsche aller Deutschen begleiteten es in
den Kampf.

Aber in einem Momente, der so viel entscheiden sollte,
wünschte auch Fichte es nicht an sich fehlen zu lassen und nach
seiner Art und mit seinen Kräften theilzunehmen am beginnen=
den Kampfe. Es war ein allgemeiner Enthusiasmus erwacht,
so kräftig und tiefgreifend, wie er nicht leicht zu erscheinen pflegt.
Dieser seltene Augenblick sollte nicht leer verfliegen, nicht unbenutzt
vorübergehen; solcher Begeisterung die wahre Richtung, den tie=
fen Ernst, den ausdauernden Muth zu geben, der auch bei
zweifelhaftem Erfolge oder beim Wechsel des Glücks nicht abläßt,
sein Ziel zu verfolgen, solche Vorsätze und Gesinnungen wollte
er bei den Führern wie bei der Nation beleben, soviel an
ihm läge. So entwarf er schon damals den Plan zu Reden an
die Deutschen, besonders an die deutschen Krieger, und wünschte
zugleich unter irgendeiner Form die Armee begleiten zu dürfen,
um in der Nähe des Hauptquartiers und den Ereignissen nahe
durch Rede und Schrift einzuwirken. In einem aufbehaltenen
Bruchstücke jenes Entwurfs spricht er sich folgendermaßen darüber
aus: „Muß er (der Redner) sich begnügen zu reden, kann er
nicht mitstreiten in euern Reihen, um durch muthigen Trotz der
Gefahr und dem Tode, durch Streiten an den gefährlichsten Or=
ten, durch die That die Wahrheit seiner Grundsätze zu bezeugen,
so ist dies lediglich die Schuld seines Zeitalters, die den Beruf
des Gelehrten von dem des Kriegers abgetrennt hat. Aber er
fühlt, daß, wenn er die Waffen zu führen gelernt hätte, er an
Muth keinem nachstehen würde; er beklagt, daß sein Zeitalter
ihm nicht vergönnt, wie es dem Aeschylus, dem Cervantes ver=
gönnt war, durch kräftige That sein Wort zu bewähren. Aber
er wünschte diese Zeit wiederherstellen zu können und würde in
dem gegenwärtigen Falle, den er als eine neue Aufgabe seines
Lebens ansehen darf, lieber zur That schreiten als zum Worte.

Jetzt aber, da er eben nur reden kann, wünscht er Schwert und
Blitz zu reden. Auch begehrt er es nicht gefahrlos und sicher
zu thun. Er wird im Verlaufe dieser Reden Wahrheiten, die
hierher gehören, mit aller Klarheit, in der er sie einsieht, mit
allem Nachdrucke, dessen er fähig ist, mit seines Namens Unter=
schrift aussprechen, Wahrheiten, die vor dem Gerichte des Fein=
des des Todes schuldig sind. Er wird aber darum keineswegs
feigherzig sich verbergen, sondern er gibt vor euerm Angesichte
das Wort, entweder mit dem Vaterlande frei zu leben, oder in
seinem Untergange auch unterzugehen.

„Er hat diesen Beruf lediglich durch sein Herz getrieben
übernommen; was er sagt, sind seine eigenen Ansichten und Ueber=
zeugungen, nicht die eines fremden Auftrags, noch haben sie
sonst irgendeine andere Absicht. Er will sie darum auch allein
verantworten. Und vergönnt ihm um so mehr, daß er zu euch
rede, da ein wahres Bedürfniß ihn treibt, seine Gedanken aus
den gewohnten Umgebungen in eure Gesellschaft, zu euerm
Bilde, wie zu einer Freistatt, zu flüchten. Denn man muß es
bekennen und es liegt am Tage: die deutsche Nation hat durch
eigene Schuld, von deren Theilnahme wenige Individuen sich
ganz dürften lossprechen können, das Schicksal sich zugezogen,
das euch jetzt die Waffen in die Hand gegeben, und leider ver=
dient, was hoffentlich eure Siege abwenden werden. Schlaffheit,
Feigheit, Unfähigkeit, Opfer zu bringen, zu wagen Gut und
Leben an die Ehre zu setzen; lieber dulden und langsam in
immer tiefere Schmach sich stürzen lassen, als aufspringen zum
entscheidenden Entschlusse, alles daran zu setzen: dies ist das
Hängen am Staube, das jede Erhebung darüber für Exaltation
hält, sogar sie lächerlich findet!

„Was ist dagegen der Charakter des Kriegers? Opfern
muß er sich können; dazu wird er erzogen. Bei ihm kann die
wahre Gesinnung, die rechte Ehrliebe gar nicht ausgehen, die
Erhebung zu etwas, das über das Leben und seine Genüsse
hinausliegt. Zu euch darf die entnervende Sittenlehre, die er=
bärmliche Sophistik den Zugang nicht finden, die größten und
mächtigsten Anhänger derselben müssen wenigstens von euch sie
abzuhalten suchen.

„Ihr habt und werdet jetzt erhalten die Gelegenheit,

euch dieses eures Werths gewiß zu machen. Vor der Schlacht und in Rücksicht des Krieges: nicht zu schwanken und nur den Krieg zu wollen, aber fest und besonnen alle seine Erfolge zu berechnen. In der Schlacht: im Getümmel festen Sinn in der Brust zu behalten, selbst im Tode Sieg, Vaterland, Ewiges zu denken. Diese Gelegenheit hat kein anderer so wie ihr; deshalb seid ihr beneidenswerth. Aber durch dies Beispiel allein werdet ihr wirken auch auf die andern, Nerv und Kraft auch in den übrigen Theil der Nation bringen, die todt und erschlafft war. Nach euch richtet hoffend der Freund der Menschheit und der Deutschen seinen Blick. An euch richtet seine Hoffnung sich auf, die niedergeschlagen lag!

„Könnte ich mündlich zu euch reden, an euerm Blick mich wieder begeisternd. So aber möge die gemeinsame Liebe den todten Buchstaben erwecken, die gemeinsame Gesinnung den Dolmetscher bei euch machen."

Zugleich ermangelte er nicht, höchsten Orts um eine angemessene Stellung anzusuchen, die seinen Plan ausführbar machte. Man ehrte dort seine Absicht, lehnte aber sein Erbieten ab, vielleicht um des Ungewohnten willen, das es bei sich zu führen schien. Und sicher haben wir dies als ein Glück für Fichte zu erkennen, dem der unerwartete Ausgang des Kampfes, selbst die günstigsten innern Verhältnisse vorausgesetzt, durchaus keine Wirksamkeit verstattet hätte. Und wie durfte er überhaupt hoffen, in die Umgebungen eines königlichen Hauptquartiers zu passen! Gewiß konnte er selbst sich diesen Contrast kaum verbergen. Dennoch, seiner stets bewährten Denkweise gemäß, folgte er dem einmal erkannten Pflichtgebote ohne weitere Rücksicht, andern die Entscheidung und den Erfolg überlassend. Und so hat er den gleichen Antrag im Jahre 1813 wiederholt, mit derselben Erfolglosigkeit, beidemal aber sicherlich zu seinem Vortheil und ohne durch die Zurückweisung persönlich sich verletzt zu erachten.

Die ablehnende Antwort, welche er damals im Namen des Königs durch den Geheimen Cabinetsrath Beyme erhielt, war in ihrem Wortlaute so charakteristisch und drückte so bezeichnend aus, was man noch immer hoffte oder zu hoffen vorgab, daß wir sie hier vollständig einrücken:

Charlottenburg, den 20. Sept. 1806.

„Ihre Ideen, mein lieber Fichte, gereichen Ihnen zur Ehre. Der König läßt Ihnen für Ihr Anerbieten danken. Vielleicht können wir in der Folge davon Gebrauch machen. Erst muß der König mit seinen Heeren durch Thaten sprechen. Dann kann die Beredsamkeit die Vortheile des Sieges vermehren. Leben Sie wohl; ich gehe morgen ins Hauptquartier."

Aber auch sonst wollte es Fichte an Bereitwilligkeit, an Opfern nicht fehlen lassen. Es wurden damals außerordentliche Beiträge gesammelt für die Bedürfnisse der Krieger, namentlich für ihre Bekleidung mit Mänteln. Bei dieser Gelegenheit sendete er unter den ersten einen Beitrag ein, der mit seinen beschränk= ten Mitteln fast in keinem Vergleiche stand, und der, wenn er nach Verhältniß von allen nachgeahmt worden wäre, dem Staate große Summen hätte zuführen müssen.

Unterdeß harrte man in der Hauptstadt erwartungsvoll der ersten Siegesnachrichten vom Heere. Die Botschaft von dem un= glücklichen Gefechte bei Saalfeld und dem Heldentode des Prin= zen Ludwig hatte die Begeisterung und den Muth nur noch mehr entflammt; die Grenadiere sollten mit zum Himmel erhobener Hand geschworen haben, diesen Tod zu rächen, und man theilte dies Gefühl. Auch jetzt schien es noch nicht fehlen zu können! Am 17. October abends war Fichte mit den Seinigen noch zu einem Familienfeste bei seinem Freunde Hufeland versammelt. Man hatte seit einigen Tagen nichts Zuverlässiges von der Armee vernommen und war in doppelter Spannung, indem sich das unbestimmte Gerücht verbreitet hatte, der Fürst Hohenlohe habe auf dem linken Flügel einen bedeutenden Vortheil erfochten. Die Gläser klangen, wie so oft schon in diesem Kreise, auf das Glück der gerecht geführten Waffen, aber zum letzten male! Wenige Stunden darauf wußte man die ganze Größe des Unglücks, und die Freunde flohen in Verwirrung nach allen Seiten auseinander. Noch bei der Rückkehr vom Feste nach Hause, in der warmen monderhellten Nacht, begegnete ein Theil der Gesellschaft auf der Straße einem Manne, der aus der besten Quelle die zuverlässig= sten Siegesnachrichten verkündete. Fichte fragte ihn aus, und

wiewol diese Nachrichten mit dem Stande der Heere und den bis=
herigen Vorfällen nicht übereinzustimmen schienen, so wollte er
darin doch lieber Unwissenheit des Berichterstatters vermuthen,
als eine absichtliche Täuschung argwöhnen, und er entließ den
Befragten mit Danksagung und reichlich beschenkt. Aber gerade
an diesem Abende hatten die Behörden der Hauptstadt die Nach=
richt der entscheidenden Niederlage erhalten, und um die Anstal=
ten zur Flucht desto unbemerkter vollenden zu können, überließen
sie absichtlich die Bürger noch einige Stunden lang der Freude
über nie erfochtene Siege. Doch schon in der Frühe des andern
Tages meldete Hufeland seinem Freunde die ganze Wahrheit, die
er selbst soeben erst erfahren hatte. Man fürchtete den König
abgeschnitten, vielleicht gefangen; man wußte, daß kein Heer die
Hauptstadt mehr decke, die rettungslos verloren sei, zumal da
man sich erinnerte, daß der Feind besonders auf die Hauptstädte
loszudringen pflegte: man durfte die Vortruppen des Feindes
in den nächsten Tagen vor den Thoren erwarten. Diese Vor=
stellungen insgesammt überwältigten auf einmal das bisherige
Gefühl der tiefsten Sicherheit, der zuversichtlichsten Siegeshoff=
nungen, und es läßt sich kaum ein furchtbarerer Wechsel denken,
als der in jene Stunden fiel, die alles Gehoffte zerstörten, die
zugleich zur raschen Entscheidung hindrängten. Alle Behörden,
alle Männer von Ansehen bereiteten sich zur Flucht, und auch
Fichte war nach dem Worte, das er sich selbst gegeben, keinen
Augenblick zweifelhaft, was für ihn zu thun sei; mit dem Staate
das Schicksal zu theilen, in welchem er den Träger der Cultur
und Freiheit erblickte. Hufeland und er verabredeten noch an
demselben Tage ihre gemeinschaftliche Abreise über die Oder, um
den Ausgang einer neuen Schlacht und die fernern Ereignisse
von dorther abzuwarten. Nur das Schicksal ihrer Familien be=
unruhigte sie, welche sie der Gefahr einer vom Feinde eingenom=
menen Stadt nicht aussetzen wollten. Dennoch war es unmöglich,
Haus und Besitz preiszugeben. Da entschloß sich Fichte's Gat=
tin zu dem schweren Opfer, allein zurückzubleiben und dem ge=
meinsamen Hauswesen vorzustehen, sodaß die Familie des Freun=
des flüchten könne. Sie glaubte dies Opfer ihrem Manne schuldig
zu sein, und so kam es, daß sie zum dritten mal auf längere Zeit

von ihm getrennt wurde. Auch hier sei es uns verstattet, zur Erläuterung und Ergänzung einiges aus ihrer Correspondenz einzuschalten, die in einen der denkwürdigsten Zeitpunkte von Fichte's Leben fällt.

———

Sonntag morgens den 26. Oct. 1806 zu Stargard.

In der Voraussetzung, daß Frau G. R. Hufeland selbst Dir diesen Brief übergeben werde, eröffne ich mich Dir freier, gutes, theures Weib!

Der Verworrenheit der Köpfe, welche besonders mit es war, der ich durch die Abreise von Berlin entfliehen wollte, bin ich dennoch nicht entgangen. Dazu kommt die Beschwerlichkeit der Reise und die große Unbequemlichkeit des Aufenthalts in den Gasthöfen; dieses alles hatte bei mir die Sehnsucht erregt, unsere Freundin zurückbegleiten zu können. Ich habe soeben ernsthaft mit mir berathschlagt; leider gefunden, daß jene Unbequemlichkeiten sowie die Betrachtung, wie theuer ich lebe, auf meinen Wunsch Einfluß hatten, und nach einer Ueberlegung, die zugleich unsern ganzen künftigen Lebensplan umfaßt, beschlossen, hier, von woher unsere Freundin Dir diesen Brief bringt, eine zweite Schlacht abzuwarten. Siegen wir in derselben, und zwar also, daß es von Folgen sei, so kehre ich zurück; werden wir abermals geschlagen, so gehe ich ohne weiteres nach Königsberg und suche auf eine oder die andere Weise für die sodann ohne Zweifel aufzugebende erlangische Professur eine entschädigende Anstellung. Unsere Wiedervereinigung müssen wir sodann von Zeit und Gelegenheit erwarten. Du, Theure! sorge sodann nur für Deine Ruhe und Gesundheit und für die Sitten und den Geist unsers Hermann.

Ich habe hier ein erlangisches Universitätsmitglied gefunden, dessen Namen ich der Schrift nicht füglich anvertrauen kann. Er geht in die Nähe von Erlangen zurück. Vielleicht kann ich durch ihn Quittungen dorthin schicken und den zahlungsfälligen Theil meiner Pension ziehen.

* * *

Dies wurde gestern geschrieben, als die Hufeland willens war, heute nach Berlin zurückzureisen. Wir erhielten die Nachricht, daß schon den 24. die Fremden eingerückt seien; den Entschluß, dennoch zurückzugehen, habe ich bestritten, und es ist auf diese Weise noch lange zu warten, ehe dieser Brief in Deine Hände kommt. Da ich ihn einmal angelegt habe, werde ich ihn fortsetzen, bis zur möglichen Absendung.

Ich bin hier seit dem 21. abends und habe seitdem von den höchst schlechten, kalten, zugigen Quartieren (Heizungsmaterialien sind hier überhaupt schwer zu haben, die Bürger haben sich selbst zur Noth versorgt, aber auf diesen starken Zufluß von Emigranten sind sie nicht eingerichtet, sie sind darum von unsereinem selbst gegen Geld schwer beizutreiben) mancherlei gelitten. Zu arbeiten habe ich recht viel Lust, aber die tägliche Sorge, die mir zuerst die Erwartung der Hufeland und seit Ankunft derselben ihre Berathung gemacht hat, lassen es dazu nicht kommen.

Ohnerachtet hier ein Gymnasium illustre, ein Professor primarius der Theologie, ein Rector und noch wenigstens ein halbes Dutzend Professoren sind, außer noch einem zahlreichen Corps Geistlicher, Juristen, Aerzte, und ich das Handwerk gegrüßt habe, so fragen doch diese Gelehrten mich ganz unbefangen, in welchem Fache eigentlich ich Professor sei; und als ich dem Oberpastor, der sich sehr besorgt um eine gründliche Moral zeigte, sagte, daß ich selbst schon vor zehn Jahren ein Moralsystem herausgegeben hätte, fiel er fast aus den Wolken. In Hinterpommern, 18 Meilen von Berlin, hat es daher mit meiner literarischen Celebrität ein Ende. Aber siehe, die liebe Maurerei hilft; dazu meine Affabilität, über welche Du selbst Dich herzlich wundern würdest, indem Du diesen Grad derselben mir sicher nicht zugetraut. Der Menschenschlag ist herzlich unwissend, aber sehr gut. Läßt man sich auf Grobheit mit ihnen ein, so ist man verloren; denn darin sind sie Meister. Ist man aber höflich, so sind sie bei ihrer schwachen Seite gefaßt. Ich habe in diesen Vortheil mich gesetzt; meine Begebenheiten allhier sind schon ein kleiner Roman, über den wir zu seiner Zeit herzlich lachen wollen; jetzt scheinen uns allhier große Begebenheiten bevorzustehen,

und ob ich gleich morgen abreisen könnte, so habe ich dennoch
beschlossen, es hier noch ein paar Tage mit anzusehen.

*　　*　　*

Im November 1806 lernten Fichte und Nicolovius in Königs=
berg einander persönlich kennen und befanden sich häufig in der
Gesellschaft des Ministers von Schrötter, Scheffner's und Hufe=
land's zusammen. Bald betrieb auch Nicolovius Fichte's An=
stellung an der Universität und als Censor, in welcher Beziehung
er mehrere Anträge bei dem damaligen Präsidenten von Auers=
wald einreichte. Das Amt eines Censors gab Fichte bald auf,
weil es ihn in Collisionen mit der vorgeordneten Behörde brachte.
Die provisorisch ihm zugewiesene Professur trat er an, welche nach
der Wendung der politischen Verhältnisse und nach der künftigen
Lage Preußens leicht für immer ihm bleiben konnte. Auf dies
neue Verhältniß spielt er in den folgenden Briefen an, wenn er
die Gattin einladet, „nunmehr zu ihm zu kommen". Er hat
im Winter 1806—7 in Königsberg wirklich Vorlesungen gehalten.

*　　*　　*

Königsberg, den 27. Nov. 1806.

Ich weiß nicht, ob meine vor ungefähr länger als fünf Wo=
chen geschriebenen Briefe eingetroffen sind; die an mich den 20.,
23. October erlassenen habe ich erhalten.

Seit dieser Zeit habe ich um des jetzt wieder erst hergestell=
ten, vorher unterbrochenen Postenlaufs willen nicht schreiben
können, so wenig, als Briefe von dort aus erhalten. Die Reise=
geschichte verspare ich mir, wie billig, auf die mündliche Erzählung.

Gearbeitet hat natürlich nicht viel werden können, indem ich
immer viele Zeit darauf verwenden mußte, um für mich und an=
dere die nöthige Gemüthsfassung beizubehalten. Gesund, sogar
gesünder als gewöhnlich bin ich immer gewesen; auch äußerlich
heiter, und habe an allen Orten, durch die ich gekommen, viele
Liebe und Freundschaft genossen, sowie es dermalen auch hier
der Fall ist.

Die allgemeine Lage wird mich vielleicht nächstens nöthigen,
einen für den nächstkünftigen Lebensplan entscheidenden Entschluß
zu fassen. Dies sage ich zur Beruhigung, falls dort wahrhaft

bekannt sein sollte, wie so ungeheuer gegen alle möglichen Erwartungen der politische Erfolg der Begebenheiten bis auf diese Stunde ausgefallen ist. Ich werde hierbei keins meiner Verhältnisse, besonders dasjenige nicht, wodurch am leichtesten in meinem Sinn und bis auf weiteres in Ordnung zu kommen wäre, sowie zu gehöriger Benutzung desselben, keine meiner Bekanntschaften vergessen. An ruhiger Fassung fehlt es mir durchaus nicht; man verlasse sich sonach ruhig auf mich.

Das einzige dort unbedingt mir am Herzen Liegende ist die Gesundheit und die Ruhe der mir über alles theuern Person, sowie die Aufführung eines Knaben, welchem ich mich, meine Liebe und meine Sorge zu vergegenwärtigen bitte.

*   *   *

Ohne Datum.

Ich schreibe Dir dieses ungefähr 24 Stunden nach dem Abschluß einer Sache, zufolge der ich Dich einlade, zu mir zu kommen; einer Sache, die an sich kaum mich herstellt, und in einer durchaus weniger angenehmen Umgebung und Klima. Dennoch ist mein Herz voll Ruhe, Muth und Hoffnung: sei es auch nicht auf die beliebige Weise, dennoch auf eine andere. Ich habe meine Entschiedenheit für das Leben, die in meinem Innern nie zweideutig war, nun auch äußerlich realisirt. Du bist der Erde ohnedies abgestorben, wie das Weib mag, der Mann nie darf noch soll. Du wirst mit dem bescheidenen Platze, den ich mir behalten habe in der letztern, vergnügt sein. Komm und theile meine innere Ruhe, liebes Weib!

Wie tief, tief, tief die höchsten Angelegenheiten der Menschheit zerrüttet, welchen unwürdigen Händen sie anheimgefallen sind, weiß ich jetzt; was weder Du noch ich, soviel es auch unsere Freunde sagten, je wollten gelten lassen, was z. B. der Mann unserer Freundin *) noch diesen Augenblick pflichtschuldigst ableugnet, ist ganz wahr. In dieser Lage sei der rechtliche Mann zufrieden, wenn er irgendwo, so unscheinbar es ist, ein ruhiges Plätzchen findet, und überlasse es seinen Enkeln oder Urenkeln zu reden, wenn vielleicht bis dahin Ohren wachsen, die da hören könnten.

---

*) Hufeland.

Das Detail jener Verhandlung, das Dir interessant sein möchte, kann ich Dir hier nicht mittheilen. Das Allgemeine wird Dir unsere Freundin sagen können. Ich theilte ihr mit, was ich gegen die Zeit ihrer Abreise entwarf. Sie sagte, wie es kommen würde; und so ist es denn gekommen.

Es ist mir, als ob dies mein Testament an Dich nach Berlin sei. Ich füge daher zu: 1) Es wird Dir leichter sein, Mehmel *) zu schreiben, als es mir ist. Kannst Du ihm schreiben, so sage ihm, so gut Du kannst, wie sich die Sache verhält, und bezeuge ihm den Schmerz, den ich lediglich um seinetwillen habe. Auch sage ihm, daß das Versprechen, das man mir auf seinen letzten Auftrag gegeben, vollzogen sei und das Nöthige ausgefertigt sein solle, wie mir noch allhier der Verwandte des Ausfertigers versichert habe. (Ob es ist oder nicht, weiß ich nicht; ist es nicht, so gereicht es mir zum Troste, daß meine Freundschaft für Mehmel so anerkannt ist, daß man selbst in dieser Auflösung lieber sagen mag, was nicht ist, als sie beleidigen; und es wird Mehmel zur Beruhigung dienen, zu wissen, daß ich mich bisher also gegen ihn gezeigt habe.)

Der gute Hermann mag sich trösten; und suche, gute Mutter, diesen Punkt seines jugendlichen Mißgeschicks von ihm zu entfernen.

2) Bernhardi, den ich nie verkannt habe, und dem es zur Ehre gereicht, daß auch Du ihm endlich, wie ich aus Deinen Empfehlungen desselben schließe, Gerechtigkeit widerfahren lässest, wird mir hier fehlen.

Grüße ihn herzlich und sage ihm dies. Ebenso danke Müller **) in meinem Namen für Liebe und Treue.

* * *

Den 6. Dec. 1806.

Mein Urlaub ist zu Ende, und ich muß nunmehr in Königsberg mich nothwendig aufhalten und meine Professur daselbst verwalten; werde auch unter keiner Bedingung mich von diesem

---

*) Professor in Erlangen, welcher im Jahre 1805 herzlicher und vertrauter Freund von Fichte geworden war.

**) Johannes von Müller.

Aufenthalte entfernen. Weil dies unsere Wiedervereinigung be=
schleunigt und meiner Unsicherheit ein Ende macht, ist es mir
lieb gewesen, und ich habe es, wenn auch nicht verursacht, doch
auch ihm keine Hinderung entgegengestellt. Ob es gleich kaum
das Beste sein dürfte, das wir wünschen können, so ist es doch
ohne Zweifel in der gegenwärtigen Lage das Erwünschteste.

Mache es also möglich, wie Du kannst, und komme bald.
Ich habe alles, wie ich es gewohnt bin, und Bekannte und
Freunde, mehr als ich ihrer brauchen kann; doch bin ich nicht
so glücklich, wie ich es auch gewohnt war; und wenn ich unter=
suche, wo es fehle, so bist Du es, gute, liebe, treue Seele! die
Du allein mir fehlst.

Ich sehe die Schwierigkeiten dieser Reise bei dieser Jahres=
zeit und unter diesen Umständen; aber ich weiß auch, daß der
treuen Liebe, die Du hegst, kein Hinderniß unüberwindlich ist.
Geld kann ich Dir, nachdem ich eine Gelegenheit, die Tresor=
scheine, von denen ich nicht sicher wußte, ob sie dort gelten, zu
schicken versäumt habe, nicht füglich übermachen; aber ich denke,
daß Du dieses in Deinem Hause vorgestreckt bekommen kannst,
wo ich es auf die erste Nachricht unserm Freunde allhier wie=
dererstatten werde. Du brauchst es hierbei an dem Nöthigen
nicht fehlen zu lassen, 200—300 Rthlr. sind zu meiner Disposition,
die ich zu diesem Zwecke bestimme.

Der General Clarke ist auch mir als ein menschenfreundlicher
Mann bekannt; durch Harbaur, den ich grüße, könntest Du von
diesem Pässe und allen Vorschub während Deiner Reise durch
die occupirten Provinzen erhalten. Gegen die Wissenschaften
versichert man ja nicht Krieg zu führen, und man wird einem
friedlichen Gelehrten nicht seine Frau und Kind vorbehalten wol=
len. Für unsere Behörde will ich Dir schon, wenn ich erst die
Zeit Deiner Abreise weiß, Adressen schicken, wiewol Du selbst
ohne dies bei allen Civil= und Polizeibehörden, z. B. in Danzig,
bei denen ich gewesen bin und die mich kennen, alle Unter=
stützung finden wirst.

Ich kenne die Gefahren der Reise sehr wohl, die ich Dir an=
rathe; aber ich weiß, daß Du Muth und Verstand genug hast,
und ich glaube, daß Du gern eine Gelegenheit ergreifen wirst,
sie darzulegen. Es ist ja nicht das erste mal, daß Du Deinem

Manne 80 Meilen weit (viel weiter ist es auch nicht nach
Königsberg) durch kriegerische Provinzen nachreisest; statt des
alten Vaters, der Dich damals begleitete, sei Dir unser Sohn,
dem diese Gelegenheit, selbständige Fassung zu zeigen, auch nicht
übel thun wird.

Wie wir uns hier einrichten werden, davon habe ich bisjetzt
so wenig eine Idee, daß ich sogar kein Logis oder auch nur
einen Gedanken auf ein solches habe. Ich kann auch darüber
nichts thun; denn ohnerachtet alles, was etwas bedeutet, sich als
meinen Freund zeigt, so fehlt es mir doch ganz an weiblichen
Freunden. Aber es ist so recht gut und soll so bleiben, damit
Dir alles überlassen sei, und ich nicht, wie vormals, Einrich=
tungen treffe, die Dir nach Deiner Ankunft nicht recht sind.
Also komm nur recht bald, liebes Weib!

Ich bin bei meiner Anherkunft bestürmt worden zu lesen.
Ich habe ihnen gesagt, daß hier eine Universität sei, die das
Recht des Einspruchs habe gegen unbefugtes Lehren, ich habe ihnen
ferner den Preis meiner Collegien bekannt gemacht. Das erste
wol nicht, denn dieses ist nun gehoben, aber wie ich denke, das
zweite hat diesen Eifer sehr erkaltet. *) Dennoch werde ich näch=
stens gratis ein allgemeines Collegium für die Studirenden le=
sen, brauche dazu ein Auditorium, ziehe mir wieder eine Menge
Verbindlichkeiten auf den Hals, und Du mußt gerade bei solchen
Dingen mir fehlen! Also, komme nur bald, liebes Weib!

*   *   *

Den 18. abends.

Wie zu einer süßen Erholung von dem ertragenen Tage gehe
ich zu diesem Blatte. Zwar wird es vielleicht erst nach 14 Tagen
unter Deinen Augen sein, aber ich verfrühe diese Zeit und
denke mich als gegenwärtig mit Dir redend.

Es ist heute der Tag, da ich Eure Briefe vom 4. dieses —
da ich die Nachricht von Deiner Krankheit erhielt. Deine bei=
gefügten Zeilen haben mir die hellen, ich weiß nicht ob Kum=
mer= oder Freuden= oder Liebesthränen entlockt. Wie blind
wir doch sind! Ich habe alles andere befürchtet, ehe dies. Na=

---

*) Zusatz vom 17.: „Nein, denn es ist splendid zu Stande gekommen."

türlich fällst Du in keine große Krankheit; Du vertheilst die Maſſe. Da muß etwas Gewaltſames vorgefallen ſein. Ich hoffte, daß Du unſere kurze Trennung, gerade um der bedeutenden Geſchäfte willen, die Dir auf das Herz gelegt waren, ertragen würdeſt; ich habe dieſen Gedanken bei meiner Abreiſe Dir empfohlen und habe ihn in Briefen wieder eingeſchärft. Starke Seelen, und Du biſt keine ſchwache, macht ſo etwas ſtärker, und doch!

Doch, denke nicht, Du Theure! daß ich mit Dir noch über Deine Leiden ſchmählen will. Vielmehr faßt Dich mein Glaube, als ob Du gegenwärtig wäreſt, ſchon jetzt, als eine neu geſchenkte und mit erhöhtem Werthe mir geſchenkte Gabe in ſeine Arme. Du warſt in der Beſſerung, ſo ſchwach auch der Zug Deiner Zeilen iſt; wenigſtens traue ich Deiner Verſicherung mehr als der der Freundſchaft, die mir den Verzweiflungsbecher wol nur in abgemeſſenen Doſen könnte reichen wollen. Du kennſt mich; Du weißt, daß dieſe Unwahrheit mich nicht ſchonte, Du wirſt wahr gegen mich bleiben. Dieſes Blatt wird Dich lebend treffen und geſund. — Seit der Zeit kann mein Brief vom 26. oder 27. November, wovon ich den vom 4. für eine Antwort halte, zur Beſſerung mitwirken, denn ich kenne Dein Herz.

Eine Stelle des Bernhardi'ſchen Briefs hat mich gerührt; da, wo er über unſern Hermann ſpricht: Sei der Junge rein und ehrlich (und warum ſollte er nicht, denn von Dir hat er gewiß keinen falſchen Blutstropfen und in mir iſt meines Wiſſens keiner, den er geerbt haben könnte!) und lerne, was er kann! Wenn ich Euch beide, meinen Reichthum, erſt werde in meine Arme faſſen und verſuchen können, ob ich den Schatz noch erheben kann! Lebe doch immer, mir und dieſem Knaben zu Liebe; ich und er, falls er einen Blutstropfen von mir hat, werden ſuchen, es Dir wett zu machen.

Ich denke dieſen Brief nicht zu ſchließen, ohne noch Aenderungen in meiner äußerlichen Lage beizufügen. In wie vielen Rückſichten ich Dich entbehre, iſt nicht zu ſagen. Ich ſchweige von treuer Liebe, auf die ich natürlich Verzicht thun muß, bis ich Dich wieder habe. Aber ſogar der ſchnelle Verſtand will mir abgehen, weil ich des Durchſprechens aller Dinge mit Dir, deren mannichfaltige jetzt durch meinen Kopf gehen, entbehre. Ich bedarf der bewußten Deliberation zu Papier jetzt in Gelegenheiten, wo sonst kein Papier mir einfiel. Auch ist es danach.

Daß ohne Ausnahme alles von dorther den Kopf verloren hat und ohne Kopf so dahinlebt, glaubst Du von selbst. Den Hiesigen habe ich noch nicht Gelegenheit bekommen, an den Kopf zu fühlen, indem ich ja nicht weiß, was vorher davon vorhanden gewesen. Aber es kommt mir vor, als ob sie kein Herz hätten, sondern die leere Stelle desselben nur eine unnatürliche Erweiterung des Magens ausfüllte. — Erinnerst Du Dich Süvern's? Dieser wird hier Professor, tritt Ostern seine Stelle an und ist der einzige College, dessen ich mich rein freuen kann.

Den 20. Ich komme wieder zu diesem mir so lieben Blatte. Ich war in einer Verlegenheit über die Ausführung der Sache, weil gar nichts weder an mich noch die Behörde gekommen war. Ich habe die Zweifel gehoben. Die Sache ist richtig. Ueberdies lautet die Anstellung 1) nur bis zur Wiederherstellung der Ruhe, ist also interimistisch, was um der eben gemeldeten Gründe, sowie auch aus andern die Einrichtung betreffenden erwünscht ist; 2) habe ich durch Rütteln und Schütteln denn doch eine kleine Gehaltsverbesserung herausgebracht.

Uebrigens geht das Speculiren trefflich von statten. Nach dem neuen Jahre werde ich meine Vorlesungen über die Wissenschaftslehre anfangen, und bis dahin, denke ich, soll der große Fund, der stündlich näher tritt, gemacht sein. Ebenso habe ich ein ganz vortreffliches Thema zu öffentlichen Vorlesungen nach Art der berlinischen gefunden, und ich werde sehen, ob es der Mühe verlohnt, dasselbe in Gang zu bringen. Am meisten ist es mir zuwider, daß Du wol kaum bei der Eröffnung derselben zugegen sein wirst und daß ich — das erste mal in neuern Zeiten — die Wissenschaftslehre lesen soll, ohne Dich zur Zuhörerin zu haben. Es kommt dazu das ekelhafte Detail mit Auditorium u. dgl. Die dortigen Freunde nehmen sich in allem recht und redlich, besonders auch bleibt das Dir leicht erkennbare vornehme Haus *), das ich dort besuchte, mit unverkennbarer Treue mir zugethan; aber diese alle sind in den hiesigen sehr verschlosse-

---

*) Das des Ministers Schrötter.

nen Verhältnissen noch weit unwissender als ich und durch eigene Verlegenheiten zerstreut und gedrückt.

Den 21. Diesen Morgen, noch im Bette, haben mich die nöthigen Ausfertigungen getroffen, und ich komme soeben (Abends 5 Uhr) von den dadurch nöthig gewordenen Besuchen.

Eine höchst interessante Bekanntschaft habe ich gemacht: die Familie des neuen, soeben angekommenen Oberhofpredigers *), und dadurch mir sowol wie Dir die weibliche Freundin, über deren Mangel ich bisher klagte, (oder statt einer wol gar zwei oder drei) erworben.

Die Oberhofpredigerin ist eine herrliche Frau, die Dich schon jetzt herzlich lieb hat und die Du gewiß auch liebgewinnen wirst. Sie hat mir einen herrlichen Gedanken über unsere künftige hiesige Einrichtung eröffnet, nach dem ich in das Haus des ehemaligen Hofpredigers Schulz, auf dem für mich so viele theure Jugenderinnerungen ruhen, zu wohnen kommen würde, und die ich morgen zu realisiren suchen werde.

Indessen hat der Brief abzugehen und ich muß noch in eine Abendgesellschaft. Drum Gott befohlen, bis auf die morgenden Abendstunden, wo ich mich wieder mit Dir unterreden werde.

Wäre nicht die Nothwendigkeit des Ausgehens, so hätte ich zugleich dem trefflichen Bernhardi und der Frau von Kalb geschrieben. Den nächsten Posttag hole ich es sicher nach.

Innig der Deinige.

* * *

Den 23. December.

Wieder, Du Theure, wurde es schon nöthig, gegen die geheim mich anwandelnde Angst, weil ich gestern keine Nachricht von Dir bekam, zu kämpfen, als ich heute Deinen vermuthlich nur durch die Post oder den Einschluß verspäteten Brief vom 15. bekam. Gott sei gelobt, daß es mit Deiner Besserung gut vorwärts geht. Du erhältst ja nun regelmäßige und gute Nachrichten von mir, auch werden unsere Freunde nun schon längst bei Dir angekommen sein; und wenn Du diesen Brief erhältst, wirst Du dich vielleicht schon in den Anstalten, zu mir abzureisen,

---

*) Scheffner.

befinden. Vor dem Ende dieses so traurigen Jahres wirst Du ihn freilich wol nicht erhalten. Gott gebe Dir und allen braven Menschen, die es verdienen, ein besseres neues!

Um meine Gesundheit sei ja nicht besorgt, denn diese scheint immer eiserner zu werden. In Danzig und hier wurden fast alle unsere Landsleute durch die Ungewohntheit des Klimas krank, ich nicht. Einen tüchtigen Katarrh, von dem Dir die Hufeland sagen mag, bei welcher Gelegenheit ich ihn mir zugezogen, bin ich leidlich bald losgeworden, und jetzt, bei einer widernatürlich warmen, feuchten, stets nebligen Temperatur (es ist jetzt mittags 1 Uhr, aber ich schreibe bei Lichte), die wir nach einer kurzen, ziemlich heftigen Kälte erhielten, und bei der es kaum möglich ist, zwei Hemden, geschweige denn Kamisol oder Ueberrock auf dem Leibe zu dulden, und bei der fast alles krankt, habe ich eine kleine Trägheit und Unlustigkeit, die mich auf ein paar Tage anwandelte, bald überstanden.

* * *

Den 24. abends.

Jetzt habt Ihr Weihnachtsabend; Du schenkst vielleicht Deinem lieben Sohne etwas Angenehmes und Ihr erinnert Euch dabei gewiß meiner. Ich sitze hier, einsam; soeben eine verfängliche Zumuthung (auf etwas gegründet, das ich Dir erst bei Deiner Gegenwart hier mittheilen kann) abgewiesen, denke eben auch an Euch, kann Euch aber nicht sehen, noch Eure Antwort auf meinen Zuspruch hören. — Ich weiß kaum, ob ich Dir nach Berlin noch schreiben kann; denn meiner Rechnung nach trifft Dich dieser Brief kurz vor Deiner Abreise, und Du erlebst daselbst keinen zweiten Posttag. Es wäre gut, wenn wir darüber eine Auskunft hätten, damit Du Dich nicht wieder beim Ausbleiben der Briefe ängstigest. Ich werde suchen, es zu machen.

Alle die Lieben und Treuen grüße. Zu schreiben habe ich heute wieder nicht Zeit; aber nächstens soll es gewiß nachgeholt werden. Der Deinige einig und ganz.

* * *

Den 20. Febr. 1807.

Herzlichen Dank, Du Theure, für Deinen seit dem 16. December ersehnten Brief vom 28. Januar, durch Einschluß, der erst nach einem ziemlich von hier entfernten Orte, wo jetzt der Freund*) mit seiner Begleitung ist, die Durchreise und die Rückreise hierher hat machen müssen.

Komm ja nicht hierher, sondern bleibe, wo Du bist; denn es mißfällt mir hier, aus triftigen Gründen, gar sehr, und ich werde, wenn, wozu es allen Anschein hat, eine günstige Veränderung des Ganzen vorgehen sollte, in die alte Lage zurückzukehren suchen und so zu Euch kommen. Es war dies auch der eigentliche Sinn dessen, was ich Dir in meinem letzten Billet geschrieben, nur daß ich damals noch nicht so fest entschlossen war.

Lebe gesund und ruhig und in der Hoffnung besserer Zeiten, so wie ich. Ich segne Dich mit tiefer Innigkeit, bin im Geiste bei Dir und freue mich auf die schöne Zeit des Wiedersehens. Ewig der Deinige.

*   *   *

Die bedeutende Lücke in der Correspondenz macht hier einen Zwischenbericht nöthig, der zugleich einige Aeußerungen der folgenden Briefe erläutern kann. — Unterdeß hatte nämlich der ernster beginnende Krieg den Postenlauf ganz unterbrochen, zugleich aber auch die Erwartung erregt, daß ein günstiger Erfolg vielleicht alles ändern könne. Der von den Russen unbenutzt gebliebene Sieg bei Pultusk (26. Dec. 1806) ließ wenigstens die Hoffnung übrig, daß bei größerm Nachdruck in den Kriegsoperationen Berlin durch günstigen Frieden oder durch Wiedereroberung bald wieder frei sein könne. In dieser Erwartung war Fichte in Königsberg zurückgeblieben, als die königliche Familie und mit ihr sein Freund Hufeland größerer Sicherheit wegen sich nach Memel begeben hatten. Aber auch die Hoffnungen auf den Sieg bei Eylau (8. Febr. 1807), der besonders in Königsberg die höchste Freude erregte, verschwanden plötzlich wieder, indem schon am 10. die Russen gleich Geschlagenen vor der Stadt erschienen; und die Lage derselben wurde von neuem sehr gefährlich, als der Feind plötzlich alle eroberten Stellungen verließ und rückwärts an der Weichsel Winterquartiere bezog, um die Belagerung von Danzig desto nachdrücklicher an-

---

*) Hufeland, welcher den König nach Memel begleitet hatte.

zufangen. Jetzt athmete man wieder auf, und besonders nach=
dem der russische Kaiser eingetroffen, glaubten alle noch einmal
an eine glückliche Wendung. Aber der Oberfeldherr zögerte mit
seinem Angriff bis zum Anfange des Juni, während Danzig schon
gefallen war, und wenige Tage darauf (den 14. Juni) entschied
die Schlacht bei Friedland, daß nur durch einen Frieden unter
jeden Bedingungen die Monarchie zu retten sei. Was Fichte dabei
empfinden mußte, der, den Ereignissen nahe, soviel Momente
eines glücklichen Erfolgs versäumt sah, läßt sich ermessen; auch
sprechen es seine Briefe bei aller nothwendig gewordenen Zu=
rückhaltung tiefergreifend aus. Welche Maßregeln er selbst dabei
nahm, erzählen die folgenden Briefe umständlich.

Vorläufig fügen wir noch hinzu, daß am 3. Juni 1807,
drei Tage vor dem Einmarsch der Franzosen in Königsberg,
Fichte von dort flüchtete, und zwar auf Nicolovius' Reitpferde,
zunächst nach dessen unweit Schaaken gelegenem Gute. Später
begab er sich nach Memel.

*   *   *

Den 11. April 1807.

Wie habe ich Gott und unserm Freunde gedankt, daß er der
Noth, welche nun seit vier Wochen an meinem Herzen genagt,
ein Ende gemacht und Euch und auch Dir insbesondere Geld
geschickt! Gott gebe, daß es richtig in Eure Hände komme! Ist
mein Auftrag angenommen, so ist dem Freunde in diesem Augen=
blicke schon die Rückzahlung gemacht, und es ist noch einmal
dieselbe Summe, wie zuerst, an Dich abgegangen. Wäre er
nicht angenommen, so geschieht es bei der ersten Gelegenheit, denn
das Geld liegt baar in meinem Pulte. — Ich habe zwar hier durch=
aus nichts, denn meinen Gehalt, und durch Arbeit ist hier nichts
zu verdienen. Die Zumuthung, die Collegia bezahlen zu sollen,
ist hier eine unerhörte Neuerung gegen alles Herkommen und
die akademische Freiheit und wird mit Fenstereinwerfen und
Periiren erwidert. Da ich nun aber gleichwol nicht umsonst zu
lesen gedenke, so werde ich diesen Sommer, ungeachtet ich vier
Collegia angeschlagen habe, dennoch gar nicht lesen, sondern desto
fleißiger für mich selbst arbeiten. Dennoch sei Du ruhig und
laß Dir nichts abgehen, noch an der Bildung unsers guten Her=
mann, den ich väterlich umarme, etwas fehlen. Ich für meine

Person will wol durchkommen. Ich habe auf einem mir selbst nicht ganz bekannten Wege Deine beim Freund eingeschlossenen Briefe vom Februar beantwortet. Was Du zwischen diesem und dem 15. December v. J. an mich geschrieben, ist Alles unterschlagen worden und nichts davon in meine Hände gekommen. Sodann habe ich durch Deinen Onkel in Hamburg Dir geschrieben. Ich fürchte aber, daß dieses Packet in diesem Augenblicke noch im Hafen zu Pillau, wo nicht etwa gar in dem hiesigen Posthause liegt, und daß dies später in Deine Hände kommen wird als dieser Brief, auf den ich sicherer traue. Sodann habe ich durch einen Reisenden Dir und unsern beiden dortigen Freunden offene Billets nebst allerlei Aufträgen zugeschickt; ich glaube aber nicht, daß dieser Reisende jemals anlangen werde. Man greift nach jedem Strohhalme in einer solchen Lage.

Alle diese Briefe enthalten die Versicherung meiner ununter- brochenen Gesundheit (die bekannten kleinen Zufälle bleiben frei- lich nicht ganz weg, doch habe ich diesen Winter gesünder hin- gebracht als einen der vorigen), meines Muthes, meiner Liebe und Lust. Der Menschen bedarf ich nicht und suche sie nicht. Doch gibt es auch hier gute, unter denen das schon sonst Dir genannte oberhofpredigerische Haus obenan steht.

Man ist in diesem Hause so begierig auf Nachrichten von Dir und so voll Wünsche für Dein Wohlsein! Das Haus hat mir in Zeiten der Noth die freundlichsten Dienste geleistet.

Dagegen ist auch mir die Satisfaction geworden, in derselben Zeit andern hülf- und trostreich zu erscheinen; z. B. bin ich so glücklich gewesen, der Mlle. Schulz *), die sich Dir innigst empfiehlt, einen guten Dienst zu erzeigen. — Es gibt einige aner- kannt wackere, tüchtige und kenntnißreiche Männer allhier. Diese sind meine Freunde und ergreifen jede Gelegenheit, es zu zeigen.

Grüße herzlich alle Freunde von Deinem Dich innig und ewig Liebenden.

Möge es Dir wohl gehen, recht wohl. Mögest Du Dich trösten über unsere Trennung mit dem Gedanken der Wieder-

---

*) Der Tochter des ehemaligen Oberhofpredigers und Freundes von Kant. Er hatte sich bei Fichte's erstem Aufenthalt in Königsberg i. J. 1792 väterlich desselben angenommen.

vereinigung; auch dem Troste, daß wir bei dieser Gelegenheit so recht dahinter kommen, wie lieb wir einander sind.

*   *   *

Den 4. Mai 1807.

Deine Nr. 4 und 8 habe ich zugleich bekommen, Deine Nr. 7 soeben. Meine nicht, liebes Kind, daß ich Dir zürne. Du bist zu entschuldigen, wenn Du Dich durch die allgemeine Dummheit, durch welche, wie ich merke, auch Verständige hingerissen worden, gleichfalls hinreißen läßt, wiewol es mir lieber wäre, wenn Du besser combiniren könntest. Daß frei und frank gelogen wird und gelogen worden ist von Anbeginn, ist Euch also nicht bekannt? „Furchtbare Maß= regeln, daß Du nicht ohne Wehmuth und Schaudern an mich denken konntest?" — „Ueberstehen oder noch zu überstehen ha= ben?" — Wenn ich mich nicht ärgerte, so würde ich laut auflachen!

Müller und Humboldt beneide ich nicht, sondern freue mich, daß mir die schmachvolle Ehre nicht zu Theil geworden wie ihnen *); auch daß ich frei geathmet, geredet, gedacht habe und meinen Nacken nie unter das Joch des Treibers gebogen.

Es macht einen Unterschied im Bewußtsein und wahrschein= lich auch in dem spätern Erfolge, wenn man in trüben Zeiten seine Anhänglichkeit an die gute Sache öffentlich gezeigt hat. Also ich preise meinen Entschluß, habe im Fortgange der Zeit ihn immer weiser gefunden und will ihn durchaus nicht tadeln lassen: Euch aber halte ich für betrogene Thoren.

Das einzige Unglück dabei ist, daß ich von Dir und meinem Sohne getrennt worden; ich fühle es so tief als Ihr; Dir aber würde es leichter geworden sein, wenn Du alberne Bedenklich= keiten von Dir abgehalten hättest.

Der Schluß Deines Briefes ist mir tröstender und erquicken= der. An jene über das Sichtbare hinaus liegenden Ideen halte Dich; laß sie nicht blos schöne Speculation sein, sondern gib ihnen ein lebendiges Leben in Dir. Was könnte sodann Dich über die Gebühr Dir selbst entreißen? In zeitlichen Dingen aber bediene Dich des gesunden Verstandes und der Beurtheilung, folge nicht dem blinden Haufen, insbesondere ergib Dich nicht

---

*) Vom Kaiser Napoleon empfangen zu werden!

unnöthiger Sorge! — — Ich gehe hier eigentlich mit niemand um, und das einzige Haus, das ich liebe und das mich liebt, ist das oberhofpredigerische, wovon wol in meinen Briefen vom vorigen Jahre Meldung sein wird. Frau von Knobloch *) ist seit dem Anfange dieses Jahres nicht hier. Ueberhaupt sind seit Anfang dieses Jahres alle die von dort nicht hier, und ich bin verlassen zurückgeblieben.

Lebe wohl, Du Theure. Möchtest Du doch diesen oder frühere Briefe erhalten, die Dich berichtigen und trösten könnten.

Wenn alles so im gewöhnlichen Gleise fortgeht, sagt, denk' ich, irgendwo Goethe, so ist sich selbst jeder der Beste und Klügste. Wenn aber Trübsal kommt, so lernt man den Untüchtigen und den Tüchtigen unterscheiden.

Mein herzliches Lebewohl. Ewig und unveränderlich in Liebe der Deinige.

Grüße alle, besonders den braven Bernhardi.

(Adresse: Roßgarten Nr. 93.)

*　　*　　*

An Bernhardi.

Den 4. Mai 1807.

Lieber Freund.

Sie vermehren die Verbindlichkeiten, die ich Ihnen habe, noch durch die, daß Sie meinen Knaben im Griechischen unterrichten. Seien Sie meines herzlichsten Dankes, meiner Hochachtung, meiner innigen Freundschaft versichert.

An wen die Einlage ist, errathen Sie. Habe Sie die Güte, sie zu besorgen, und thun Sie den Gefälligkeiten für mich noch diese hinzu, daß Sie dort die Begriffe berichtigen und von falschen Schreckbildern zurückzubringen suchen. Man schreibt mir Urtheile, die so verkehrt sind, daß nichts verkehrter sein kann. Nur so viel, ich preise den Entschluß, den ich gefaßt habe, mit dem Fortgange der Zeit immermehr und werde ihn nicht schelten lassen. Ich habe den Ort meines Aufenthalts nicht verlassen, außer zu kleinen Excursionen, habe den Winter den Leuten hier Wissenschaftslehre gelesen und könnte auch jetzt wieder, wie im tiefsten Frieden, lesen nach Herzenslust, wenn es der Mühe sich

---

*) Tochter des Ministers von Schrötter.

verlohnte. Ich lebe so glücklich und in der Weise wie immer, nur daß ich von meiner Familie und meinen dortigen Freunden getrennt und von Hyperboreern umgeben bin, die es inzwischen gar nicht sind durch die Schuld der Zeiten, sondern durch ihre Natur. — Vor einigen Tagen ist Süvern — hier angestellt — angekommen; dieser nebst noch zwei oder drei andern Männern, mit denen sich leben läßt, sind mein Trost bis auf bessere Zeiten. Jedoch kann ich auch das völlige Alleinsein recht wohl aushalten.

Leben Sie wohl, recht wohl.   Ganz der Ihrige.

* * *

An seine Gattin.

Den 20. Mai 1807.

Ich habe gestern, den 19., durch sonderbare Schickung, daß dieser Tag ja nicht ohne ein Zeichen Deiner Liebe für mich verfließe, Deine beiden Briefe Nr. 10 vom 13. und Nr. 12 vom 17. April erhalten.

Ja wol, Theure, wenn wir nur einmal miteinander reden könnten! Da dies nicht geht, so muß ich schriftlich den Einklang zwischen unsern Geistern herzustellen suchen. Meine Theure, sowie ich sorgen muß, daß Du nie Dich schämest, die Meinige zu sein, so muß man auch Dir es ansehen, daß Du meine innigste Freundin und die Vertraute meiner geheimsten Gedanken seit Jahren gewesen, und unsers Sohnes Rückblick, wenn er einst ein braver Mann werden sollte, muß mit gleicher Verehrung auf seine Mutter wie auf seinen Vater fallen. Mit dieser Deiner Bestimmung harmonirt nun gar nicht der Einfluß, den eine gewisse schlechte Gesinnung, die mir erst heute in ihrem ganzen Umfange durch einen von dort herkommenden Mann begreiflich gemacht worden ist und die Euch alle wie ein wunderbarer Schwindel ergriffen zu haben scheint, auf Dich zu gewinnen beginnt. — Es ist klar, daß mein Weggehen, das Du selbst gebilligt hast, ein feiges Entlaufen wird, wenn ich unter der Fortdauer der Umstände, denen ich auswich, zurückkehrte, zu welcher Rückkehr du dennoch mir in consequenter Weise rathest. Ueberdies würde eine solche Rückkehr in geradem Widerspruche stehen mit den Aeußerungen, die ich in einem Schreiben an den König gethan, von welchem Schreiben meine jetzigen Verhältnisse die Folgen sind.

Hält mich auch kein anderer beim Worte, so wird es um desto mehr Pflicht, daß ich mich selbst dabei halte. Gerade, wenn andere deutsche Gelehrte von Namen sich wankelmüthig zeigen, muß der bisherige rechtliche um so fester stehen in seiner Redlichkeit.

Die Gründe unsers Verfalls, daß ich nun eben nichts zu demselben beigetragen, daß wir zu Aufopferungen bereit gewesen, die man verschmäht, daß wir andere sehr wesentliche Einbuße dadurch erlitten haben, führst Du richtig an; dennoch aber muß man niemals die Menschheit aufgeben, sich stets in der Lage erhalten, zu ihrem Dienst gerufen werden zu können; nie aber sich in eine solche Lage bringen lassen, wobei man wirklich verschlimmert werden oder wenigstens zweideutig erscheinen könne.

Ueberdies weißt Du vielleicht nicht, daß eine wichtige Veränderung *) vorgegangen, von der man Besseres als bisher sich verspricht.

Kurz und in Summa: ich denke noch ganz so, wie ich in den letzten Tagen unsers Zusammenlebens mich gegen Dich deutlich ausgesprochen, und werde so denken bis an den letzten Hauch meines Lebens; ich wünsche, daß auch Du, theures schweizerisch-deutsches Weib, wieder ganz zu diesen Gesinnungen zurückkehrst und dem Sohne, den Du mir geboren, daß er einst würdig meinen Platz ersetze, keine andern einflößest.

Was man Euch glauben macht, ist unwahr. Wir haben hier sehr gesunde Luft, und mit den Lazarethen habe ich, begreiflich, nichts zu thun, noch wohne ich in ihrer Nähe.

Ich würde Dir rathen zu mir zu kommen, und Du würdest es auf dem nämlichen Wege möglich machen können, wie z. B. der Ueberbringer dieses Briefes es gethan. Aber in diesem Augenblicke steht alles auf der Spitze. In dem einen Falle verändere ich meinen Aufenthaltsort und werde Dir zeitig Nachricht geben.

In dem zweiten Falle kann es bald möglich werden, daß ich mit Ehren zu Dir zurückkehre.

---

*) Wahrscheinlich die Ankunft des russischen Kaisers bei der Armee, welche kurz vorher erfolgt war, und welche auch dem bisherigen unschlüssigen Zögern entschiedenere Thätigkeit und mit ihr den Sieg versprach.

Meine Unehre willst Du nicht, unter keiner Bedingung, und es kommt jetzt nur darauf an, daß Du erkennest, wo Schmach und Schande liegt.

Um Dir ein Gemälde meines hiesigen Lebens zu machen, beschreibe ich Dir die Geschichte des gestrigen Tages, wo Ihr gewiß im Geiste bei mir gewesen und ich bei Euch war.

Kaum war ich aufgestanden, so überraschte mich ein Glück=wünschungsschreiben und ein Geschenk an Stickerei von Mademoi=selle Schulz, die, ich weiß nicht wie, wußte, daß mein Geburtstag war, und, gegen welche einige Vorfälle mich sehr erkaltet hatten, diese Aufmerksamkeit aber mich sehr wieder mit ihr ausgesöhnt hat. — Ich speise zu Mittag gewöhnlich in einem Garten, der an einem beträchlichen See mitten in der Stadt liegt und jetzt vollkommen grün ist. Daselbst speist auch gewöhnlich Professor Süvern (er war, als wir nach Jena kamen, Hauslehrer im Schütz'schen Hause, als wir in Berlin waren, lebte er beim Ban=kier Levi, und Du wirst Dich von daher seiner erinnern. Seit einigen Wochen ist er hier Professor). Der Oberhofprediger, den Du aus meinen frühern Briefen kennst, und der Consistorialrath Nicolovius (der zur hiesigen Universität sich ungefähr also verhält, wie Nagler zu der erlangischen) hatten schon längst gewünscht, daselbst einmal mit uns zu essen, und ich hatte veranstaltet, daß der gestrige Abend dazu festgesetzt und die Frauen der beiden letztern mitgebracht würden. Noch ehe ich in diese Gesellschaft ging, er=hielt ich Deine beiden Briefe. In die Gesellschaft hatte ich eine von mir gemachte Uebersetzung eines Gesanges aus einem vor=trefflichen italienischen Dichter mitgenommen*), welche ich, um die Geister etwas höher zu stimmen, vor Tische vorlas, worauf wir uns zu einer Schüssel Spargel und zu einem guten Rhein=weine und Champagner niedersetzten, und unter geistvollen Unter=redungen uns die Mitternacht herbeikam. Auf Dein und unsers Sohnes Andenken sind die Gläser auch erklungen. Daß der Tag noch eine besondere Beziehung auf mich hätte, habe ich verborgen gehalten.

Ich hatte den Plan, daß diese Versammlungen regelmäßig fortgesetzt und in denselben von den männlichen Mitgliedern

---

*) Den ersten Gesang von Dante's „Inferno", an dessen metrischer Ueber=setzung er sich versucht hatte.

wissenschaftliche Vorträge gehalten, auch, besonders von den Frauen, etwas gut gelesen würde, und daß wir auf diese Weise alles, was diese Stadt an geistreichen Menschen besitzt, nach und nach in unsere Cirkel zögen: und siehe, als ich den Mund öffnete zum Vorschlage, kamen alle mir mit der Versicherung entgegen, daß sie dasselbe auch schon in der Stille gewünscht hätten, und daß ich nur ihre eigenen Gedanken ausspräche. So wird vielleicht aus dem gestrigen 19. Mai eine Schule höherer Geistesbildung und eines edlern geselligen Lebensgenusses in den Mauern dieser Stadt hervorgehen, die dessen höchlich bedarf, und wo es hauptsächlich am Sichanerkennen und an der Vereinigung der wenigen Bessern zu fehlen scheint. Schon heute sind mir durch die dritte Hand Nachrichten von dem lebhaften Vergnügen, welches die Anwesenden über den so durchlebten Abend bezeugt haben, zu Ohren gekommen. Für meine Philosophie ist man an den Küsten der Ostsee nicht reif; aber man fängt an zu entdecken, daß ich auch noch einiges Andere kann, außer speculiren, und so werde ich in kurzer Zeit hier geliebt und geehrt werden wie vielleicht noch nirgends.

Meine Lebensart ist wie in Berlin; Collegia lese ich nicht. Des Vormittags wird, bis zur Abspannung, Wissenschaftslehre getrieben, sodann und Nachmittags ein anderes Studium, deren ich jetzt, außer der italienischen Sprache, mehrere habe.

Ich arbeite weit mehr denn in Berlin, weil ich mir die Nachmittage und Abende nicht so leicht verschwenden lasse. Was ich von Büchern brauche, gibt der oben erwähnte Nicolovius mit Freuden aus seiner gut gewählten Bibliothek.

Meine Diät ist auch abgeändert. Zu Mittage wird in der Regel eine Bouteille Bier getrunken, außer der Mahlzeit nur Wasser, und blos des Abends erlaube ich mir Wein.

Ermiß aus diesem allem, ob mein Leben so traurig und freudenlos ist, wie Du es Dir zu denken scheinst, und ob mir irgendetwas abgeht, als daß Du es mitgenießest, und unser Sohn es benutze zu seiner eignen Bildung.

Soeben habe ich die Nachricht von einem Schlage bestätigt erhalten, von dem ich doch noch hoffte, daß er abgewendet werden sollte. *)

---

*) Der Fall von Danzig.

Der Erfolg kann Einfluß auf meine Entschließungen und Lebens=
plan haben. Sollte ich diesen Ort verlassen, so werde ich Dir es zeitig
melden. Gott hat diesen Winter Wunder für uns gethan, aber
wir, schlechthin durch nichts zu bessern, haben sie nicht benutzt.
Ich bin inzwischen der Sache ergeben, nicht den Menschen,
und habe, selbst auf den Fall des Untergangs der preußischen
Monarchie, meinen festen Plan.

Wie ich die Menschen diesen Winter kennen gelernt, läßt sich
nicht sagen. Den Leichtsinn, die Sorglosigkeit mitten im Schiff=
bruche; daneben andere, die aus dem Brande so viel zu rauben
suchen als irgendmöglich, ungeachtet sie mit eigenen Augen sehen
könnten, daß sie es nicht für sich rauben! Dennoch hasse oder
verachte ich sie weit weniger als sonst; es scheint, ich mußte zu
der Tiefe der Einsicht in ihr Wesen kommen, um endlich ganz
Ruhe zu erhalten und ganz rein in meinem verbrüderten Ge=
schlechte nur Gott zu dienen. — Dank, daß Du meine Aeltern
beruhigt. Ich wollte längst Dich darum bitten. — Gott segne
und erhalte Dich freudig in ihm; denn außerdem gibt es eben
auch keine Freude.

Nachschrift vom 21. Mai. Ich habe soeben auch Deine
Nr. 14 vom 1. Mai erhalten. Ich bin ganz mit Dir zufrieden,
theures Weib! Die Stimmung in diesem Briefe gereicht mir
zum Vergnügen; lasse also das unten Folgende des meinigen Dir
weniger zum Herzen gehen, als geschrieben an eine solche, die
Du aber nicht mehr bist. *)

*   *   *

Den 3. Juni 1807.

In diesem Augenblicke erhalte ich Deine Nr. 13 vom 20. April,
enthaltend den Vorschlag wegen Erlangen, und den zweiten, wo=
rin er eingeschlossen ist.

Freudenthränen stehen, indem ich dieses schreibe, in meinen
Augen. Gott sei gelobt, daß ich so recht aus voller Seele Dir
sagen kann: ich liebe Dich nicht nur, ich achte Dich, ich verehre
Dich. Diese Verehrung erwirbt Dir Deine ruhige Ergebung in
Deine Pflicht.

---

*) Dies „unten Folgende" waren eben die tadelnden Aeußerungen am
Anfange des vorstehenden Briefes.

Hier erst die vorläufige Antwort: Was Dir das Leben sauer macht, habe ich kommen sehen; Du wirst Dich eines Winkes aus einem meiner Briefe vom vorigen Jahre erinnern. Aber erlaube mir zu bemerken, und möchtest Du es tief in die Seele graben und es nie wieder vergessen: Du bist selbst schuld an Deinem Misvergnügen; Du suchst Tiefe auf Religion gegründet, und zürnst, wenn Du die nicht findest. Aber merke Dir doch endlich, daß diese nicht zu finden, wenigstens, daß auf sie niemals zu rechnen ist. „Du bist auf Deiner Hut, und so hält man Dich für unendlich entzückt!" So allein ist's recht. Anders kommst Du nicht durch das Leben.

Ich muß eine zweite, leider traurige Bemerkung hinzufügen: Nicht wahr, Du hast dieses Volk getragen, als ich bei Dir war; und Du glaubst, daß auch die gegenwärtige Lage Dir noch er= träglich sein würde, wenn ich sie mit Euch theilte, durch meine größere Kraft und Ansehen alles temperirte, wir nach verlebtem Tage in freundlichem Abendgespräch die Dinge betrachtend zurecht legten? Mache die Anwendung auf Erlangen.

Dies, sagte ich, ist die vorläufige Antwort, indem ich mir vorbehalte, diesen Vorschlag noch gründlicher durchzudenken. Die dermalen entscheidende ist: jetzt geht es in keinem Falle, um der öffentlichen und meiner Privatlage willen. Um der öf= fentlichen: es herrscht zwar seit einiger Zeit, wie billig, tiefes Stillschweigen; dennoch weiß ich, daß sehr möglich ist, daß ich früher, als Du denkst, zu Dir komme. Um meiner Privatlage willen: ich habe soeben Unterhandlungen angeknüpft; auch höre ich von Anträgen, die man mir machen dürfte, zufolge welchen (alles, wenn das erste über das öffentliche Gesagte nicht einträte) sich meine Lage und mein Aufenthaltsort so ändern könnte, daß ich Dich einladen würde, lieber zu mir zu kommen. Freilich nur über Wasser; aber Du mußt ja schon als Kind das Wasser pas= sirt sein. Wenn etwas in dieser Art erfolgt, werde ich es Dir sogleich melden. Bis dahin kann nichts in Deiner Lage geändert werden.

Kannst Du Pestalozzi's „Wie Gertrud ihre Kinder lehrt" und sein neuestes, 1807 bei Gräff in Leipzig erschienenes Buch bekommen, so lies es ja. Ich studire jetzt das Erziehungssystem dieses Mannes und finde darin das wahre Heilmittel für die

kranke Menschheit, sowie auch das einige Mittel, dieselbe zum
Verstehen der Wissenschaftslehre tauglich zu machen.

Ich kann Euch Theuren nicht aussprechen, mit welcher Liebe
mein Geist unter Euch verweilt, wie tief besonders auch Dein
letzter Brief mich bewegt, Dich höchlich zu verehren. Laß mich
auch nicht viel Worte darüber machen, sondern glaube, daß ich
unveränderlich der bin, den Du kennst, und den Du in der Tiefe
seiner Empfindungen, die freilich auch immer tiefer graben, doch
vielleicht noch nicht genug kennst.

Ewig und innig der Deine.

*   *   *

Kopenhagen, den 10. Juli 1807.

Seit dem 13. des vorigen Monats habe ich Königsberg verlassen und bin durch widrigen Wind seit dem 15., da ich in Memel ankam, daselbst zurückgehalten worden. Seit dem 1. dieses
bis gestern bin ich auf dem Meere bei beständig conträrem
Winde, mittelmäßigen Stürmen und allerlei Drangsalen festgehalten worden.

Gestern stieg ich bei Helsingör an das Land und machte
noch bis in die Nacht die Reise von sechs Meilen hierher. Hier
gedenke ich so lange ruhig zu bleiben, bis der Friede, wozu es
dermalen die nahe Aussicht hat, abgeschlossen ist. Sodann eile
ich ohne Verzug in Deine Arme. Ich habe ordentlich meinen
Urlaub genommen, wie ich Dir diesen Vorsatz früher mitgetheilt
habe, und bin mit höchster Achtung und Güte behandelt worden.

Weil der Wind so hartnäckig conträr war, daß seit dem 14.
v. M. kein Schiff nach der dänischen Küste abgegangen ist, habe
ich Dir über See nicht schreiben können. Ich bin der Aller-
erste, der seit jener Zeit von dort an diesem Ufer angekommen
ist. Zwar habe ich von Memel aus durch einen nach Krakau
reisenden Juden einen Brief zu Lande an Dich abgeschickt, auch
dieser aber kommt auf alle Fälle zu spät. In jedem Falle muß-
test Du die Nachricht, daß Königsberg übergegangen, früher
erhalten als einen meiner Briefe; hast Du nun nicht etwa meine
frühern, in denen ich Dir schon von den auf dergleichen Fälle
gefaßten Vorsätzen und getroffenen Maßregeln Andeutung gab,
erhalten, oder hast Du nicht den Glauben gehabt, daß der Fichte

sich in jeder Verlegenheit aufs beste zu helfen weiß: so wirst Du, gute theure Seele, wieder Kummer gehabt haben! O möchtest Du doch diesmal an mich geglaubt haben!

Ich weiß nicht, wer der Landsmann ist, den Du so preisest, und welchem Du wünschest, daß ich ein freundliches Wort schreibe, ob Mechel oder Müller. Ich erwarte darüber Deine nähere Bestimmung. Vorläufig sage Mechel mit sehr viel Freund=schaftlichem von mir: daß ich den preußischen General, der todt gesagt wird, noch den Tag vor meiner Abreise in Memel in aller seiner Wohlbeleibtheit gesehen habe, und daß er gar das Ansehen nicht hat, sobald vor Scham oder einer feindlichen Kugel zu sterben; daß ich den Brief nach Memel durch die hiesige Legation befördern werde, daß aber kein Mittel ist, den nach Königsberg von hieraus zu spediren, indem der Hafen von Kö=nigsberg durch die Schweden blokirt sein soll; daß er daher weit sicherer und früher einen Brief in Richter's Hände bringen wird, wenn er von Berlin aus mit der nunmehr doch wol zwischen Königsberg hergestellten Post schreibt.

Daß die 300 Thlr. angekommen, und daß Du in Deiner neuen Wohnung mit dem Herzensjungen Dich so freundlich befin=dest, hat mich ungemein gefreut.

Allerdings hoffe ich, dieses Logis bald mit Euch zu theilen. In einem Monate, denke ich, soll der Frieden abgeschlossen sein und vollzogen und die Hauptstadt von den Fremden geräumt werden. Sogleich werde ich mit der größten Schnelligkeit die Reise machen.

* * *

Kopenhagen ist ein herrlicher Platz, die Stadt in mancher Hinsicht schöner, denn Berlin, die Landseite ein Paradies. — Durch Lingbye *) bin ich auf der Reise von Helsingör hierher gekommen. Freilich sind diejenigen Häuser, von denen ich mir hier eine etwas ausgebreitetere Existenz versprach, nicht gegenwärtig. Graf Bernstorff ist in Holstein, Graf Baudissin gleichfalls, der Staatsrath von Eg=gers (ich wollte bei diesem zum Vortheil Deiner Schwester wir=ken) soll erst im Winter wiederkommen.

Auch das gräflich Schimmelmann'sche Haus ist auf dem Lande, kommt jedoch zuweilen nach der Stadt. Ich habe meine Adresse

---

*) Der Geburtsort seiner Frau.

in ihrem Palais abgegeben. Jetzt bin ich noch im Gasthofe, werde aber wahrscheinlich noch heute eine Privatwohnung beziehen.

Der einzige Fehler, den Kopenhagen hat, ist die unmäßige Theuerung. Deshalb werde ich suchen hier eine Handschrift zu Gelde zu machen, und um auch Dir etwas schicken zu können.

Du gute Theure schreibst mir in allen Deinen Briefen, wie Du sparest. Es zerschneidet mir das Herz, wenn ich denken sollte, daß Du es müßtest. Ich kann es nicht. Es ist schreiend, welche Summe seit meiner Abreise aus Königsberg aus meinen Händen gegangen; dazu war ich in Memel beim Minister Schrötter alle Mittage zu Tische, was auch sehr nöthig war, denn bei der Wirthshauskost wäre ich zu Grunde gegangen.

Erinnerst Du Dich eines Dänen, Namens Oersted, der am Königsgraben in Berlin das Collegium über die Wissenschafts= lehre mithörte? Er war mir leider bei meiner Ankunft allhier nicht in die Gedanken gekommen. Voll Freundschaft aber und Enthusiasmus besuchte er mich zuerst, sobald er von meiner An= kunft hörte. Er ist an der hiesigen Universität ein bedeutender Mann, und ich verspreche mir von ihm Ersatz für die Abwesenheit meiner andern Bekannten.

Noch muß ich Dir zu Deiner Beruhigung über meine Con= stitution sagen, daß ich weder auf dem Kurischen Haff, das ich auf einem flachen Kahne passirte, und 24 Stunden darauf zu= gebracht, welches für die angreifendste Seefahrt gehalten wird, und wo die ganze Gesellschaft, unter ihnen solche, die schon viel Seereisen gemacht, seekrank waren, noch ebenso wenig auf der Ostsee die mindeste Anwandlung von Uebelkeit gehabt habe.

Lebe wohl, Theure, und sei versichert, daß mit innigster seg= nender Liebe mein Geist Dich umschwebt.

*   *   *

Kopenhagen, den 18. Juli 1807.
Hummersstraße Nr. 236.

Schon habe ich über acht Tage allhier verloren und sehne mich von Herzen nach einer baldigen Ablösung. Den größten Antheil an meinem Misbehagen hat freilich eine kleine Unpäß= lichkeit. Ich hatte nämlich auf dem Schiffe mich erkältet und in der Lebhaftigkeit der Reise es nicht gefühlt. In Ruhe gekommen,

äußerte es sich wie gewöhnlich. Sei jedoch ja außer Angst; ich
gebe gewiß Acht auf mich und schone mich. Ich habe die ab=
gelaufene Woche eine gute Quantität Fliederthee zu mir genom=
men und mehrere Vormittage im Bette zugebracht. Wenn nur
24 Stunden heitere, stille und warme Luft kommen wollte, so
würde mir gleich geholfen sein; so aber bläst es alle Minuten
aus einem andern Winkel, und es ist kalt dazu, wie gegen Weih=
nachten. Es ist hier doch ein abscheuliches Klima. Kaum hinein=
getreten, habe ich den Beweis in allen Gliedern.

Ich habe Dir geschrieben, daß meine hiesigen Bekannten ab=
wesend sind. Schimmelmanns aber (die über alles gerühmten,
ich für meine Person aber behalte mir die mündliche Schilderung
vor), bei denen ich vorigen Dienstag gewesen, und die Revent=
lows, mit denen ich durch die ersten in Bekanntschaft gekommen,
und morgen bei ihnen sein werde, sind hier. Die Weise, mit
diesen Häusern zu leben, ist folgende: Sie sind nicht in der Stadt,
sondern auf ihren allerdings paradiesisch liegenden Landhäusern
an dem Sunde, 2, 3 bis 4 Meilen von der Stadt. Dahin
wirst Du zu Mittag geladen, gehst, wenn Du zumal nicht wohl
bist, von Hitze, Staub, Stößen des Wagens halb zu Grunde,
zahlst 3, 4 bis 5 Thlr. Fuhrlohn, Trinkgelder 2c., und dafür
hast Du die Ehre erkauft, ein paar Stunden Dein Gesicht diesen
hochadelichen Gesichtern gegenüber zu zeigen. Ich denke auf ein
Mittel, ihnen diesen Gebrauch (der um so schreiender ist, da ihre
eigenen Officianten auf eine Weise besoldet sind, daß man nicht
begreift, wie sie bei der hiesigen schrecklichen Theuerung davon
nur ihre nothwendigsten Bedürfnisse bestreiten können) zu ver=
kümmern. Dabei sind sie nicht sparsam mit Einladungen. Ich
habe in voriger Woche manchmal drei Einladungen auf einen
Schlag gehabt, wo ich die neuern mit den ältern und die ältesten
mit meiner Krankheit abgewiesen. Seit vorigem Dienstag hat
niemand mich wieder aus dem Hause bekommen.

Wenn es so fortgeht, so wirst Du mich sehr abgehungert
wiedererhalten. In Memel hat allein die Frau von Knobloch
mich genährt; ohne diese hätte ich schon dort hungern müssen.
Auf dem Schiffe habe ich's. Hier ist die französische Kochkunst
das Einzige, was dem Fremden für sein Geld Essen gibt. Nun
habe ich zwar bisher als Patient, wo ich mir kaum ein oder zwei

Gerichte außer der Suppe geben ließ, 1 Thlr. 6—12 Gr. gezahlt; aber genährt wird man dabei nicht, denn die Speisen sind wie aufgeweicht und lederartig und so, als wenn sie ausgelaugt wären. Da dies so durchaus allgemein und in gewissem Grade auch der Fall an den Tafeln der Großen ist, so bin ich geneigt zu glauben, daß dies am Klima liegt, welches weder dem Gemüse noch dem Fleische diejenige Kraft mittheilt, die es auf dem festen Lande erhält.

Aus der Region meines frühern Aufenthalts kommen nur dumpfe und widersprechende Gerüchte, keineswegs aber etwas Bestimmtes an mich. Wie sehr wünsche ich das letztere, da auch der Zwischenaufenthalt hier so ganz gegen die Erwartung ausfällt!

* * *

Um doch irgendetwas zu thun zu haben, wollte ich eine ganz fertig liegende Sammlung von Aufsätzen hier drucken lassen und hatte sie einem hiesigen Verleger antragen lassen. Unter noch anderer Weisheit, die dieser Mann hat, ist auch die, daß er mein Manuscript nach — Jena zu schicken und es dort drucken zu lassen vorschlägt. Das ist nun der kürzeste Weg für mich, über die Correctur des Druckes zu wachen. Die Sache hat sich also, wie sich versteht, zerschlagen. Sage Reimer, daß er sich parat halte auf ein Alphabet, das zugleich erster Theil einer fortlaufenden periodischen Zeitschrift sei. Wie ich ankomme, kann der Druck mit mehreren Pressen angehen. Ich aber bin da, sobald der Friede in Berlin vollzogen ist.

Wer der Landsmann ist, an den Du ein paar herzliche Zeilen wünschest, was mir heute vor acht Tagen noch unverständlich war, ist mir in dieser Woche klar geworden. Hier sind die treuen, redlichen Zeilen, davon ich Frucht wünsche. Müller bedarf Freunde und hat welche. Nehme er auch mich als den seinigen, und ich kann ihm vielleicht leisten, was kein anderer so gut.

Ich habe schon gestern Abend mich der Bedeutung des heutigen Tages erinnert. Du hast gewiß gestern, bei Zurechtlegung vielleicht dürftiger Geschenke, gedacht, wie anders es doch sein würde, wenn der Vater auch da wäre. Auch heute gedenkt Ihr gewiß oft meiner. Mein Geist ist segnend unter Euch. Sage das unserm guten Hermann. Sage ihm, daß zehn Jahre schon ein schönes Alter sei; daß ich mit zehn Jahren schon ziemlich aus dem Deutschen ins Lateinische übersetzt und auch sonst noch allerlei gewußt und gekonnt habe; daß er inzwischen, gesetzt auch, er leiste nicht dieses alles, meiner ganzen väterlichen Liebe und Zärtlichkeit versichert sein solle, solange er nur seinen treuen, aufrichtigen Sinn behält und das Bestreben bei ihm sichtbar bleibt, sich einen festen Willen anzubilden. Ich bin sehr neugierig darauf, ihn wiederzusehen. Da er mir, wie ich gewiß weiß, nicht verdorben worden ist, so muß unter der festern Ordnung die Ehrlichkeit und Offenheit seines Gesichtes sich fester markirt haben.

Lebet wohl, Ihr Theuern! Gott führe uns bald gesund und glücklich zueinander.

*　　*　　*

Kopenhagen, den 29. Juli 1807.

Leider, Du Theure, ist sowol vorigen Sonnabend als gestern versäumt worden, an Dich fertige Briefe auf die Post zu geben. Du wirst daher leider 14 Tage ohne Briefe von mir sein. Doch Du weißt mich ja nun in der Nähe. Ich habe heute den Deinigen vom 27. Juli erhalten und schreibe den nächsten in Vorrath.

Wir hatten hier die Nachricht, daß Berlin den 1. August übergeben werden solle, und blos weil dieses zweifelhaft gemacht wurde, bin ich noch hier. Ich war schon fertig, über Stettin, den geradesten Weg, abzugehen. Heute höre ich ganz anders, den 1. October; selbst dies unter einer schwierigen Bedingung. Ich bin in der größten Verlegenheit. Liebe und Sehnsucht nach Euch, Ihr Theuern, ferner mein hiesiges fades Leben treiben mich vorwärts; entscheidende Gründe aber, die ich Dir einst mündlich vorlegen werde und die Du billigen wirst, halten mich ab, unter diesen höchst unerwarteten Umständen vorwärts zu gehen. Hier kann ich, mit einiger Schwierigkeit, mich vielleicht in ein ruhiges und fleißiges Leben hineinversetzen, und wenn nicht erfreulichere Nachrichten kommen, so werde ich es bald thun.

In Absicht meiner künftigen Lage habe ich geglaubt, daß die Regierung eine solche Kleinigkeit, als mein Gehalt ist, mir lassen und mich dieselbe ruhig, wo ich wollte, d. i. in Berlin, würde verzehren lassen. Mein Plan war daher, in Berlin fortzupriva-

tifiren, und ift es noch; ich erfuche Dich daher, Deine Maßregeln
danach zu nehmen. Ift es vollends mit der Verlegung der
halleſchen Univerfität nach Berlin richtig (woher inzwiſchen könnt
Ihr dort dergleichen wiſſen? Daß Halle verloren geht, ift wol
richtig; ich follte aber glauben, daß man auf das ſchicklichere
Frankfurt a. d. O. fallen würde), ſo leidet mein Fortaufent=
halt in Berlin um ſo weniger Zweifel. Im Herzen jedoch wünſche
ich dieſe Verlegung nicht einmal. — Zwar hat der Miniſter Har=
denberg ſeinen Abſchied nehmen müſſen, zwar ift es ungewiß,
ob der Geheime Cabinetsrath Beyme künftig einigen Einfluß ha=
ben wird; aber nach meinen Nachrichten ſind alle die tüchtigen
Räthe, die Du als meine großen Freunde kennft, und deren Be=
kanntſchaft mit mir ſich in dieſem gemeinſchaftlichen Exil nicht
vermindert hat, in den Geſchäften, und zuletzt ift für eine ſolche
Kleinigkeit, als meine Sache ift, Hufeland und Delbrück hinrei=
chend. Nimm daher in Gottes Namen danach Deine Maßregeln.
Jetzt drückt mich nichts als die Wahrſcheinlichkeit einer noch län=
gern Trennung von Euch.

Das Billet an Müller wirft Du erhalten haben. Die Sache
mit ſeinem Rufe nach Tübingen (beſinnt ſich denn Müller nicht,
daß er in einer kleinen Stadt und vollends in einem Nefte, wie
T., aus tauſend Gründen nicht leben kann?) ſehe ich anders an
als er. Sein Beweggrund wird der Regierung ſo wenig ein=
leuchten, daß ſie es ganz anders deuten und es ihm höchlich übel
nehmen wird.

Euch, die Ihr doch ſeit der Occupation kein einziges wahres
Wort mehr über den eigentlichen Stand der Sachen erhalten habt,
haben die Friedensbedingungen afficirt, wie ſie es haben! Denkt
Euch in unſern Standpunkt, die wir wiſſen, daß noch am Abend
vor der entſcheidenden Schlacht die Wagſchale gleich ftand, und
daß bei nur nicht ganz viehiſcher Dummheit unſer Schickſal
ebenſo das des Siegers ſein konnte; was würdet Ihr dann em=
pfinden? Sodann könnt Ihr auch kaum unſere in der Geſchichte
beiſpielloſe Hülfloſigkeit nach der Schlacht Euch denken.

Ich habe von dem Frieden alles erwartet, was er gibt,
und gratulire uns noch, daß nur eine gewiſſe Bedingung, die ich
gleichfalls rechnete an der Spitze zu finden, nicht gemacht wor=
den. — Der gegenwärtigen Welt und dem Bürgerthum hienieden

abzusterben, habe ich schon früher mich entschlossen. Gottes Wege
waren diesmal nicht die unsern; ich glaubte, die deutsche Nation
müsse erhalten werden; aber siehe, sie ist ausgelöscht!

*   *   *

Kopenhagen, den 31. Juli 1807.

Wir hatten hier die Nachricht, daß Berlin den 1. August
geräumt werden sollte, und ich war schon im Begriffe, über Stet=
tin, den nächsten Weg, in Eure Arme zu eilen, als ich leider
hörte, daß erst der 1. October und selbst dieser unter einer lästi=
gen Bedingung für diese Räumung bestimmt sei. Ich habe selbst
neuerlich wieder der strengsten Revision unterworfene Gründe,
nicht eher als nach der Räumung dort zu erscheinen. Hier zu
K. kann ich, mit einiger Schwierigkeit, auch vielleicht in ein ruhi=
ges und fleißiges Leben, wie ich es nun seit 1½ Monat entbehre
und es allein leiden mag, mich hineinversetzen und werde es,
falls nicht bald bessere Nachrichten, woran ich jedoch zweifle,
kommen, nächstens durch Veränderung meines der Sonne und
noch andern beschwerlichen Dingen ausgesetzten Logis thun.

Reimer biete ich ein fortzusetzendes periodisches Werk an
(das jedoch keine bestimmten Epochen der Erscheinung sich setzt),
unter dem Titel: „Zur Geschichte des wissenschaftlichen Geistes
zu Anfang des 19. Jahrhunderts", welches ich ganz allein, ohne
fremde Beiträge, schreiben werde. Er soll 1) auf ein Format den=
ken, das einen schicklichen Anblick gebe, ohne doch das Manu=
script zu sehr zu verzehren; 2) mir seine Vorschläge ma=
chen, nicht etwa auf nochmaliges Handeln, sondern sogleich die
besten, die er kann; 3) mir mit umlaufender Post (in 14 Tagen
kann ich Antwort haben) eine Gelegenheit anzeigen, wie ich von
hier aus ihm das ganz fertige Manuscript zum ersten Theile
überschicken könne. Dieses Manuscript besteht 1) in dem vorigen
Sommer zur Einleitung in die Wissenschaftslehre Gearbeiteten,
worin die Abfertigung Schelling's; 2) in zwei Dialogen über
Patriotismus, die aber in das gesammte Zeitalter, in Wissen=
schaftslehre und Pestalozzi'sches Bildungssystem eingreifen. Billige
ich seine Vorschläge, so erhält er dieses Manuscript mit der
nächsten Post, sodaß es zur Michaelismesse abgedruckt sein

kann. Das zweite Heft wird eine Beantwortung des Jacobi'-
schen Schreibens, die meine erste Arbeit sein wird, enthalten.

Theile ihm diesen ganzen Artifel wörtlich mit. Das Billet
an Müller hast Du erhalten. Ich erschrak über seinen Ruf nach
Tübingen und den Gebrauch, den er davon gemacht hat. Müller
kann in keiner kleinen Stadt mehr leben, und vollends in einem
Neste wie Tübingen. Ferner fürchte ich, daß seine Meldung gerade
in die Hände solcher fallen wird, die gegen ihn eingenommen sind,
und welche diese Meldung für ein eigenes Geständniß dessen, was
sie ihm zutrauen, halten werden.

O daß ich nicht in der Nähe bin und über diese gewaltige
Ostsee hin mit Briefen nicht rasch genug wirken kann! Hätte ich
es einige Tage früher gewußt, so hätte ich wenigstens Hufeland,
der sowie Minister Schrötter und auch Behme Müller treu geblieben ist, einen Wink gegeben. So kann diese Sache abgemacht
werden, ohne daß ein einziger Müller Ergebener etwas davon
erfährt. — O unselige Eile, ohne Kenntniß aller Umstände zu
handeln, wie lange wird man dich noch den Gelehrten vorzurücken
haben!

Meine Empfindungen über die politische Lage mündlich!
Wer hinter dem Vorgange stand, sieht manches anders; tröstlicher
nicht gerade, aber er sieht die eiserne Nothwendigkeit mehr ein.

Den 1. August. — Diesen Morgen habe ich Deinen Brief
vom 25. Juli sammt dem Müller'schen Einschlusse erhalten. —
Ich habe Dir zu Liebe meinen Entschluß geändert, den ich im Vorigen ankündigte, und werde mit dem nächsten Packetboote (etwa
den 8., 9., 10. d. M. — denn heute oder morgen abzugehen,
bin ich nicht vorbereitet) abgehen, wogegen ich von Dir und
Müller Folgendes erwarte.

Mein Hauptgrund, Berlin bis zum Abgang der Gäste zu
meiden, war, um dem Andrängen, dem Ausforschen, dem Ein-
trichtern ihrer superiören Begriffe und Plane, das sie notorisch
gegen Männer von einigem Rufe beobachten, zu entgehen. Dies
kann geschehen, nur inwiefern ich so gut als incognito bin. Um
dieses Incognito für die Fremden bitte ich. Nun ist es mir
ominös, daß Harbaur zugegen ist. Daß dieser sich ja nicht einfallen lasse, mir hohe Bekanntschaften verschaffen zu wollen. Sobald ein Wink solcher Art erfolgt, reise ich sogleich wieder ab.

Demzufolge schreibe mir nach Erhaltung dieses Briefes, den Du den 8. haben kannst, nicht mehr, weil der Brief nur nach meiner Abreise ankommen und verloren gehen würde. Ich werde Dir heute über acht Tage wahrscheinlich von hier aus noch einmal schreiben; sodann auf der Reise, falls der Brief schneller geht als ich.

Daß Müller Berlin verlasse, darein kann ich um so weniger mich schicken, da ich ersehe, daß wir an ihm einen wahrhaftigen Freund gewonnen haben. Zu antworten habe ich heute nicht Zeit, weil ich diesen Vormittag drei Briefe über seine Angelegenheit und um ihn uns zu erhalten, nach Preußen geschrieben habe. Ob sie zeitig genug, um zu wirken, ankommen werden, steht bei den Göttern; aber ich habe es nicht an mir fehlen lassen wollen. Mit Nächstem schreibe ich ihm selbst. Vorläufig grüße ich ihn innig.

Wegen meiner Gesundheit sei unbesorgt. Es wurde gleich die folgende Woche nach dem an Dich erlassenen Briefe hier sehr warmes und beständiges Wetter, und dies hat mich vollkommen wiederhergestellt. Sogar stellt sich eine Geistesgewandtheit und eine Lust mit Glück zur Arbeit her, die nach einem so langen Müßiggange mir unerwartet ist, und die mir die herzlichste Sehnsucht nach meinem alten Pulte einflößt. Reimer kannst Du das Obige sagen; was aber das Manuscript anbelangt, so bringe ich dieses nun selbst.

Die Briefe nach Preußen gehen, sobald der Wind gut wird, sicher ab.

Höchstens nach drei Wochen a dato bin ich also bei Euch. Und so segne und erhalte Euch Gott.

*   *   *

Johannes von Müller an Fichte.

Berlin, am 25. Juli 1807.

Ich habe den lieben Ihrigen, Edler und Weiser, nicht mehr gegeben, als von denselben empfangen: den aus freier Mittheilung der Gefühle entspringenden Trost. Dabei habe ich das Vergnügen gehabt, einen weiblichen Charakter kennen zu lernen, welcher der schönsten Zeiten der Menschheit würdig ist, und einen äußerst lieben Jungen, welcher gut ist und empfänglich, wie er soll, aber einen trefflichen Blick und sichern Charakter verkündigt. Nähe im Unglücke hat ein Band zwischen uns geflochten, das Sie ganz vorzüglich mit umschließt und das auch Jahre und Entfernung nicht lösen werden. Ich habe in großer Zurück= gezogenheit arbeitsam gelebt. Mein Zweck bei jener Rede war, dem Sieger etwas Achtung für dieses Volk einzuflößen, die Preu= ßen aber zu erinnern, was sie nach ebenso großem Unglück (1630—40) doch wieder wurden und auch nun wieder werden kön= nen, wenn sie den großen Beispielen folgen. Geschrieben habe ich fast niemand, am wenigsten um eine Stelle. Aber der König von Würtemberg hat mich von selbst nach Tübingen geladen, welches durch die Nähe der Schweiz mir empfohlen wird. Unser König verliert nun wol zwei Drittheile seiner Einkünfte. Ich weiß, daß mit einem guten Plan auch aus dem Reste viel Gutes zur Her= stellung des öffentlichen Flores zu machen wäre. Aber da ich nicht wissen konnte, ob man zu einem so ganz andern Systeme sich entschließen wird, und ebenso wenig, wie tief die pöbelhaften Verdrehungen meiner Denkungsart gewurzelt haben mögen, so habe ich angefragt, ob der König mir meinen Abschied zu geben geneigt wäre. Ich erwarte Antwort. Meint man, mich zu be= halten, so bleibe ich. Gibt man mir die Freiheit, so gehe ich nach Würtemberg, nicht um in Tübingen ein Paradies zu finden, sondern ein bequemes Dorf, wo ich ganz einsam der Ausarbei= tung eines Werkes leben könne, das drei, wol auch vier, ja fünf Jahre erfordert, und dessen Vollendung mein größter Wunsch ist. An den Urtheilen der Menschen liegt mir nichts, wenn ich mit mir selbst zufrieden sein kann. Meine Grundsätze wird die Nachwelt beurtheilen. Dieses, vortrefflicher Freund (längst nennt Sie mein Herz so, und viel wärmer jetzt, da ich so viel mehr von Ihnen gehört), dieses ist die Gestalt meiner Sachen. Ueber die öffentlichen habe ich meine eigene Ansicht. Wir waren allesammt vom wahren Ziele so weit abgekommen und im Kriege und in Geschäften solche mechanische saft= und kraftlose Tabellenmenschen geworden, daß wir der Erhaltung nicht mehr werth waren. Einer ist gekommen, dem das Schwert der Zerstörung gegeben war. Er hat seine Zeit. Ob auch die unserige je wieder sein wird, hängt ganz von dem ab, ob und wie wir die Lection benutzen.

Wenn wir auf unſern Irrthümern beharren, ſo wird dies caput
mortuum endlich weggeworfen und eine beſſere Menſchheit in
andern Welttheilen oder Zeiten aufblühen. Ziehen wir aber
Nutzen aus der Lehre, ſo wird auch das Unglück nur vorüber=
gehend ſein. Was von uns geſchehen kann, durch Wort und
Schrift, auf mancherlei Art, mit Sanftmuth und Strenge, um
Gefühle zu wecken, um zu verhindern, daß man nicht verzweifle,
um auf dem Wege des Beſſern vorzuleuchten, das iſt unſere
Schuldigkeit. Wenn Sie an den Miniſter Schrötter oder Hufe=
land ſchreiben, ſo empfehlen Sie doch, daß man endlich jemand
ſchicke, mit dem zu reden ſei, der ein Band knüpfe, der höre
und antworte; wir ſind Schafe, die keinen Hirten haben. Und
weiter lehrt am beſten Corneille:

Faites votre devoir et laissez faire aux Dieux!

Leben Sie wohl und reiſen Sie glücklich — zu uns!

Der Ihrige J. v. Müller.

*   *   *

Fichte an Johannes von Müller.

Ich habe, vortrefflicher Mann, immer gewünſcht, daß eine
gegenſeitige nähere Kenntniß ein engeres Verhältniß zwiſchen uns
ſchließen möchte, und ich danke es von Herzen der braven Frau,
der ich ſchon ſo vieles Andere verdanke, daß ſie dies herbeigeführt.
Meine innige Verehrung, Liebe, Theilnahme hatten Sie immer,
und ich freue mich jetzt, ein Recht bekommen zu haben, ſie Ihnen
auch durch Wort und That zu bezeugen. Daß Sie von Berlin
weggehen, halte ich ſchon aus allgemeinen Rückſichten für ein ſehr
nachtheiliges Ereigniß; wie viel mehr muß es mich jetzt ſchmerzen,
da ich die Ausſicht eines vertrautern Umgangs mit Ihnen habe.
Ihr Werk würden Sie gewiß mit unverhältnißmäßig größerer
Ruhe in einer großen Stadt als unter kleinſtädtiſchen, tauſenderlei
geſellſchaftliche Pflichten und Vorſichten auferlegenden Menſchen
arbeiten, und ſodann die Unruhe und der Zeitverluſt bei Verän=
derung eines Hausweſens wie das Ihrige! Die Misdeutung
Ihrer Denkart iſt zu einer Menge achtungswürdiger Männer gar
nicht durchgedrungen, und von den andern kenne ich keinen ein=
zigen, der nicht ſein Urtheil ſuspendirt hätte, der nicht geneigt
wäre, ſich berichten zu laſſen, der nicht wünſchte, Sie rein und

tabellos zu finden. Ich habe sogleich nach Empfang Ihres Brie=
fes einige der erstern interessirt, für Sie zu wirken, einen der
letztern aber berichtigt.

*   *   *

In einem der Briefe, die Fichte in Müller's Angelegenheit
an Beyme schrieb, spricht er sich folgendermaßen aus:

„Müller's verrufene Rede *) selbst zu lesen, war eins meiner
ersten Geschäfte in Kopenhagen. Ihre Tendenz ist sichtbar die,
den Siegern, die bei ihrer Haltung zugegen waren, Achtung vor
den Besiegten, diesen aber Muth und Vertrauen auf sich selbst
einzuflößen und sie vor der Verzweiflung zu bewahren. Sie
enthält in diesem Geiste die herrlichsten Stellen. Die zwei Stellen,
welche man hinwegwünschte, sind dem Verfasser durch die Lage
der Dinge, wie man dies auch durch den Zusammenhang der
Rede ersieht, abgedrungen worden. Diese hat die Misdeutung,
nicht fähig, ein Ganzes zu fassen, außer dem Zusammenhange er=
griffen und zur Hauptsache gemacht.

„Nun hat Müller einen Ruf nach Tübingen erhalten, und
theils glaubend, daß man von seiten unserer Regierung froh
sein könnte, einen Beamten weniger besolden zu müssen, theils
in der Empfindlichkeit, wegen der erfahrenen Misdeutung, hat er
um seine Dimission geschrieben. Ich halte in sehr vieler Rück=
sicht es für nachtheilig für die gute Sache, wenn wir ihn verlö=
ren. Der Skandal, der durch ihn in der That nicht
gegeben ist, erhielte dadurch Bestätigung und schein=
bar Wahrheit. Ich weiß nicht, in wessen Händen diese Sache
sein mag, können Sie aber auf dieselbe einfließen, so empfehle
ich sie Ihrem eigenen höhern Sinne.“

Und in einem Briefe an Hufeland über dieselbe Angelegen=
heit setzt er hinzu:

„Müller selbst, wie ich aus einem Briefe an mich und aus
dem Berichte meiner Frau ersehe, wünscht herzlich zu bleiben
und — so lauten meiner Frau eigne Worte — seine Tage in
ihrer und meiner Gesellschaft zu verleben.“

---

*) Sein „Discours sur la gloire de Frédéric le Grand“, den er am
18. Jan. 1807 in der öffentlichen Sitzung der Akademie zu Berlin gehalten
hatte.

Viertes Kapitel.

Fichte's Rückkehr nach Berlin. Sein Verhältniß zu Johannes von Müller.

Endlich, gegen Ende des August 1807, langte Fichte wieder bei den Seinigen an. Er hatte es vorgezogen, von Kopenhagen aus nicht über Stettin, sondern zu Lande über die dänischen Inseln zurückzukehren, indem das Meer schon unsicher wurde durch die englischen Schiffe, welche sich damals zu dem Angriffe auf Kopenhagen von allen Seiten sammelten. Aber auch jetzt entging er kaum der Blokade, welche die Engländer über die Insel Seeland verhängten, indem er nur mit Mühe auf einem kleinen Boote ihren Kreuzern entkam.

Wir haben von ihm selbst die Gründe vernommen, weshalb er anfangs nur nach der Räumung Berlins durch die Franzosen dorthin zurückkehren wollte. Jetzt bewohnte er unbemerkt von den Fremden mit seiner Familie ein kleines Gartenhaus in der Nähe Johannes von Müller's. Beide Männer schlossen sich in fast täglichem Umgange immer vertrauter und ernster aneinander, und Fichte, der bei seiner entschiedenen Gesinnung nicht einmal den Schein einer Annäherung an das feindliche Princip hätte billigen können, sah jetzt manches in dem Benehmen Müller's erklärt, was ihm selbst aus der Ferne zweifelhaft geblieben war. Jetzt aber vollends, bei immer vertraulichern Mittheilungen, erkannte Fichte das Unrecht, das man der Gesinnung des Mannes zugefügt hatte, der zwar von weicherm und biegsamerm Charakter, auch augenblicklich imponirenden Einwirkungen keineswegs unzugänglich, dennoch durchaus unfähig war, seinen höhern Ueberzeugungen untreu zu werden. Fichte an vielseitiger gelehrter Bildung, an politischer Erfahrung und Kenntniß der Welt-

26*

händel weit überlegen, hätte er diesem sein reiches praktisches
Wissen, seinen seltenen combinatorischen Blick leihen können, um
die Thatsachen zu beurtheilen, die Erfolge zu berechnen, während
Fichte's scharfes Urtheil für das einzig Richtige wie sein energi=
scher Wille in den Entschlüssen keinerlei Schwäche oder Zweideu=
tigkeit hätte aufkommen lassen; das wünschenswertheste Ver=
hältniß wechselseitiger Ergänzung, welches dauernde und innerlich
berechtigte Freundschaften zu gründen vermag, ein seltenes Glück,
wo es bei vorgerückten Lebensjahren und schon entschiedenerm
Charakter gewonnen wird. Beide Männer mochten dies ahnen,
und nur um so tiefer beklagte Fichte den drohenden Verlust, als
den eines Freundes und einer Zierde des Staates, unter dessen
Schutz, wie Fichte behauptete, alle Deutschen sich jetzt versammeln
sollten, die dem fremden Joche sich nicht zu beugen gedächten.

Aber die Entscheidung, welche Müller aus Preußen ent=
fernte, war schon erfolgt. Vielleicht hätte Fichte sie noch abge=
wendet, wäre er in der Nähe der Behörden gewesen; jetzt waren
aber die Briefe, die er deshalb von Kopenhagen aus schrieb, zu
spät gekommen, und noch nachher theilte ihm Beyme mit, er
habe im Verfolge dieser Aufforderung das Unmögliche versucht,
um jenen Verlust abzuwenden; aber Müller's erster Schritt, ge=
rade wie Fichte es befürchtete, habe alles verdorben. Und so
verlies jener schon wenige Monate nach Fichte's Rückkehr Ber=
lin, einem Rufe nach Tübingen folgend, um daselbst, wie er sich
äußerte, in tiefer Zurückgezogenheit sein noch übriges Leben zur
Vollendung seiner Werke zu verwenden und bei der hoffnungs=
losen Gegenwart in der Vergangenheit zu leben und einer bessern
Zukunft sich zu erhalten.

Fichte mit seiner Familie und einigen Freunden gab ihm
noch das Geleite bis zur nächsten Post auf dem Wege nach Leipzig
hin, und hier traten die Männer beim Abschiede noch einmal zusam=
men, reichten sich die Hände und gelobten sich, kräftig und einig
zu stehen über dem zertrümmerten Vaterlande: eben jetzt komme
es auf das Beispiel der Gesinnung an, das die höhern Stände
dem Volke geben.

Tiefgerührt schied Müller aus dem Kreise, es beklagend,
einen Freund so kräftiger Offenheit nicht stets zur Seite gehabt,
so spät ihn gefunden zu haben; und leider war seine verhängniß=

volle Nachgiebigkeit gegen Napoleon zu Fontainebleau, wiewol sie aus der trefflichen Absicht entsprang, seinem Vaterlande hülfreich zu werden oder wenigstens Aergeres zu verhüten, gewiß nicht im Geiste jener Vorsätze und aus klarer Anerkenntniß seines eigentlichen Berufs und seiner wahren Kräfte. Er schrieb noch einigemal aus Kassel an Fichte und dessen Gattin voll tiefer Wehmuth und wie mit gebrochenem Herzen, und nicht lange danach (am 29. Mai 1809) starb er an der galligen Rose, eins der vielen Opfer jener furchtbaren Zeit, während, wenn er wirkend durch Schrift und Wort sich der nahen Zukunft seines Vaterlandes aufgespart hätte, er vielleicht der Stolz seiner Nation geblieben wäre. *)

---

*) Auf ganz analoge Weise spricht sich über Johannes von Müller's politischen Charakter und seine weder undeutsche noch knechtische Gesinnung J. E. Mörikofer aus in seiner „Schweizerischen Literatur des 18. Jahrhunderts" (Zürich 1861). (Vgl. die Auszüge daraus im „Magazin für die Literatur des Auslandes", 1861, Nr. 35, S. 411 a. b.) Es scheint uns Zeit, auch diesem würdigen Namen ein parteiloseres und gerechteres Urtheil bei der Nachkommenschaft zu bereiten!

Fünftes Kapitel.

Preußen hatte indeß, nach Zerstörung seiner äußern Macht und seines politischen Einflusses, den würdigsten Entschluß gefaßt, durch gänzliche Umgestaltung und Wiedererneuerung im Innern ein geistiges Uebergewicht in Deutschland sich zu gründen, im Gebiete besonnener Staats- und Verwaltungskunst alles wiederzuerobern, was es an materiellem Machtumfange verloren hatte — in jedem Betracht eine epochemachende That, ja ein Wendepunkt nicht nur in der Geschichte Preußens, sondern des gesammten Vaterlandes, welches unableugbar seitdem in eine neue Bahn politischen Lebens eingelenkt hat. Unwiderstehlich drang die Einsicht durch, wenn man damals auch nicht mit der Schärfe des allgemeinen Begriffs sie aussprach und noch weniger aller Consequenzen mächtig war, die in ihr liegen: daß fortan nicht mehr für das Volk zu regieren sei mit jener äußern Verwaltungskunst, die zwar der geniale Geist Friedrich's II. erfinderisch geübt, die aber seitdem zum abgestorbenen Gewohnheitsmechanismus geworden war, sondern nur durch das Volk und mit völliger Freilassung seiner eigenen Kräfte. Stein in jenem berühmten Erlasse vom 24. Nov. 1808, welcher allein schon statt jedes andern Denkmals ihm dienen kann, sprach die damals in jenen Regionen noch unerhörten Worte: „Man muß bemüht sein, die ganze Masse der in der Nation vorhandenen Kräfte auf die Besorgung ihrer Angelegenheiten zu lenken; denn sie ist mit ihrer Lage und ihren Bedürfnissen am besten bekannt, und auf diese Art nimmt die Verwaltung eine dieser Lage gemäße Richtung und

kommt in Uebereinstimmung mit dem Zustande der Cul=
tur der Nation. Räumt man ihr Theilnahme an ihren eige=
nen National= und Communalangelegenheiten ein, so zeigen sich
die wohlthätigsten Aeußerungen der Vaterlandsliebe und des Ge=
meingeistes. Verweigert man ihr alles Mitwirken, so entsteht
Mißmuth und Unwille, der entweder auf mannichfach schädliche
Weise hervorbricht, oder durch gewaltsame, den Geist lähmende
Maßregeln unterdrückt werden muß" u. s. w. Und in den Ein=
gangsworten zur Verordnung vom 24. Nov. 1808, die verän=
derte Verfassung der obersten Verwaltungsbehörden betreffend,
verspricht er sofort Folgendes: „Die Nation erhält eine ihrem
wahren Besten und dem Zwecke angemessene Theilnahme an der
Regierungsverwaltung, indem dem ausgezeichneten Talent in jedem
Stand und Verhältniß Gelegenheit gegeben wird, zum Besten der
Verwaltung davon Gebrauch zu machen, und indem neu an=
geordnete Stände des Reichs und deren Repräsentanten
zu Berathungen allein oder gemeinschaftlich mit Staatsdienern
zugezogen werden, ersteres in verfassungsmäßig gebildeten
ständischen Versammlungen, letzteres in den untergeordneten
Behörden des Staates. Die Ausbildung der Nation wird so be=
fördert, Gemeingeist geweckt und die ganze Geschäftspflege ein=
facher, kräftiger und weniger kostbar." *)
Also sprach Stein schon in den Jahren 1807 und 1808; man
hätte daher glauben sollen, daß die bekannte Lehre vom „beschränk=
ten Unterthanenverstande" für immer zu Grabe getragen sei! Und
dieser zu hoffende neue Geist war es, der Fichte vermochte, Deutsch=
land nur noch in Preußen zu sehen und diesem Staate unverrückt
und auf jede Gefahr hin seine Kräfte zu geloben, während manche
Gelehrte, wie Wolf, lange schwankten, andere durch dargebotene
Vortheile ins Ausland sich locken ließen. Daß alles auf ein=
mal völlig ins Bessere umgewandelt, ohne Gefahr des Rückfalls
neu befestigt sei, glaubte er freilich keineswegs. Wie er auch über
diesen Fall dachte, hat er bei einer spätern Gelegenheit klar aus=
gesprochen, und dies Urtheil, dem höchsten Maßstabe besonnener

---

*) Pertz, „Das Leben des Ministers Freiherrn vom Stein" (1850), II, 11,
12, 690. Ebenso Artikel 4 in Stein's nachher so berühmt gewordenem „po=
litischen Testamente", a. a. O., S. 311.

Sittlichkeit entnommen, darf wol für alle Zeiten seine Geltung ansprechen; es bewahrt vor dem Ueberdrusse der Enttäuschung, noch mehr aber vor dem lähmenden Pessimismus des Mistrauens, wie er jetzt an der Tagesordnung zu sein scheint. „Wenn dem Erleuchteten“ — sagt Fichte über den Aufruf des Königs im Jahre 1813 — „in den Maßregeln des Staates die rechte Gesinnung entgegentritt, so soll ihm das Herz sich erheben beim Anbruch seines wahren Vaterlandes, und er soll es begierig als rechten Ernst ergreifen. Die darein gemischten Verkehrtheiten übersieht er als alte schlimme Gewohnheiten. .... Er nimmt es für wahren Ernst. Den Argwohn, daß es, nachdem die alten Mittel vergeblich gewesen, auch nur als Mittel gebraucht werde, um die Herrschermacht in dem falschen Begriffe zu vertheidigen, und, wenn es geholfen, beiseite gestellt und alles wieder in die gewohnte Bahn werde eingelenkt werden, diesen erlaubt er sich nicht. Sein Argwohn könnte machen, daß es geschähe; sein Fürernstnehmen kann machen, daß es Ernst wird.“

Allerdings fügt er auch hier die entscheidenden Worte bei, welche prophetisch richtend die Folgezeit beleuchteten: „Wenn sich nun hinterher doch zeigt, daß es nicht Ernst gewesen wäre, wenn nach Errettung im Kampfe abermals die Selbständigkeit der Nation dem Vortheile der Herrscherfamilien aufgeopfert würde: so könnte unter einem solchen Herrscher der Vernünftige durchaus nicht bleiben. Ein solcher Staat befindet sich im Zustande der Verstockung und hat öffentlich das Siegel der Verwerfung sich aufgedrückt. Der Edle rettet sein unsterbliches Leben, indem er ihn flieht.“ *)

Wir Nachlebenden dürfen Fichte glücklich preisen, daß er den spätern Rückfall nicht mehr erlebte, den in Preußen zwar hauptsächlich Kurzsichtigkeit und Charakterschwäche verschulden mochten, während die Arglist und Tücke süddeutscher Politik dies feindselige Element Preußen und den übrigen deutschen Staaten lähmend in den Weg warf. Fichte jedoch, bei seiner entschiedenen Denkweise, wäre kaum zu solchem entschuldigenden Zurechtlegen

---

*) „Staatslehre“, Werke, IV, 414 fg.

geneigt gewesen, und sicherlich wären ihm ähnliche Conflicte nicht erspart geblieben, wie sie später die mit ihm Gleichdenkenden trafen.

Zu jener Zeit indeß schien sich für ihn die Gelegenheit des eigenen wirksamsten Eingreifens darzubieten.*) Im Sommer 1807 suchte eine Abordnung hallescher Professoren — Schmalz an der Spitze — den König in Memel auf, mit der Bitte, jene Universität nach Berlin zu verpflanzen. Die Antwort des Königs drückt in unübertrefflich schönem, einfachem Worte aus, worauf es ankam: „Das ist recht, das ist brav. Der Staat muß durch geistige Kräfte ersetzen, was er an physischen verloren hat!" Der erste Antrieb war gegeben; Schmalz wurde aufgefordert, einen Grundriß der künftigen Bildungsanstalt zu entwerfen, und schon am 22. August legte er einen solchen in Memel vor. Einen andern hatte Wolf unaufgefordert eingesandt. Beyme, in dessen Händen damals die Angelegenheiten des Staates lagen, erhielt durch königliche Cabinetsordre vom 4. Sept. 1807 den Auftrag: „die Einrichtung einer solchen Lehranstalt in angemessener Verbindung mit der Akademie der Wissenschaften in Berlin" zu bewirken. Dieser widmete sich mit Eifer der Sache, leitete mehrere Berufungen ein und forderte Gutachten über einzelne Fragen; wegen Organisation des Ganzen aber wandte er sich an Fichte. Schon am 5. Sept. schrieb er an ihn: „Eine solche Anstalt in Berlin war seit langem mein Lieblingsgedanke; jetzt bringt ihn die Nothwendigkeit zur Ausführung. . . . . . Niemand fühlt so lebendig als Sie, was uns noth thut, und niemand übersieht dies so in seiner Allgemeinheit als Sie. Ich bitte Sie daher herzlich, Ihr Nachdenken auf die zweckmäßigste Ausführung der königlichen Absicht zu lenken." Ausdrücklich sprach er ihn davon frei, bei diesem Entwurf an alte, hergebrachte Formen sich zu binden. Aber auch sonst legte man den höchsten Maßstab an das neu zu errichtende Institut.**) Es

---

*) Das Folgende, außer der Benutzung noch ungedruckter Briefe, meist nach R. Köpke's wichtiger Schrift: „Die Gründung der königl. Friedrich-Wilhelms-Universität zu Berlin" (1860), welche mit einsichtsvollster Unparteilichkeit über Persönlichkeiten und Gesinnungen ein lebensvolles Bild jener Zeit entwirft.

**) Man sehe die interessante Vergleichung, die Köpke (a. a. O., S. 45) von den verschiedenen Entwürfen gibt.

sollte vor allem frei sein „von dem alten Zunftgeiste", auch in
der äußern Form dem gegenwärtigen Standpunkte der Wissen=
schaften und dem innern Verhältniß derselben zu Staat und Leben
entsprechen; dabei ein Asyl freiester Forschung nach allen Richtungen
hin und einer Gelehrsamkeit, die nicht im praktischen Nutzen ihre
Grenze oder ihren Werth findet; endlich eine Vormauer deutscher
wissenschaftlicher Cultur gegen das überhandnehmende Eindringen
fränkischer Barbarei.

Fichte konnte schon am 19. und 29. Sept. und 3. Oct. 1807
mit begleitendem Schreiben an Beyme den „Universitätsplan"
vollständig ihm vorlegen. In den Briefen bittet er mit einer An=
spruchslosigkeit, wie sie nur dem reifsten klarsittlichen Lebens=
standpunkte vergönnt ist, um gänzliches Verschweigen seines Na=
mens und seiner Einwirkung dabei. „Nur zwei Fälle sind mög=
lich. Entweder mein Entwurf wird nicht angenommen, sondern
es tritt ein Anderes an dessen Stelle: so ist es nicht nöthig, daß
dieses Andere, in der Widersetzlichkeit der Menschen gegen alles
Neue, an meinem Entwurfe einen verkleinernden Nebenbuhler
finde, welcher vielleicht sodann denjenigen bedeutend vorkommen
würde, die im Fall seiner Annahme ihn verkleinert hätten. Oder
er wird angenommen, so ist alles ihm anhängende Individuelle
abzuwischen und er darzustellen als der reine Ausfluß des allge=
meinen Willens."

Was Fichte nun in diesem Geiste entwarf, ist späterhin
durch den Druck veröffentlicht worden und mittelbar dadurch
nicht ohne anregende Einwirkung geblieben. *) Namentlich lag
die Veranlassung nahe, seinen Plan mit Schleiermacher's in man=
chen wesentlichen Punkten verwandten „Gelegentlichen Gedanken
über deutsche Universitäten" **) zu vergleichen, was in geistreicher
und treffender Weise von A. Böckh und jetzt von R. Köpke ***)
geschehen ist. Dennoch ist dabei der charakterisirende Mittelpunkt

---

*) „Deducirter Plan einer in Berlin zu errichtenden höhern Lehranstalt,
geschrieben im Jahre 1807 von J. G. Fichte" (Stuttgart und Tübingen, 1817).
Werke, VIII, 97.

**) 1808; in Schleiermacher's Werken zur Philosophie, 1, 537.

***) Böckh bei Gelegenheit einer Festrede am 15. Oct. 1856, abgedruckt in
seinen „Gesammelten kleinen Schriften", II, 141 fg. Köpke, a. a. O., S. 59.

des Ganzen und seine Hauptabsicht übersehen worden. Dies darf hier erinnert werden, nicht zu apologetischem Zwecke — denn eines solchen bedarf es für Fichte nicht mehr — sondern um der innern Wichtigkeit der Sache.

Alle andern Entwürfe, auch der Schleiermacher'sche, welcher außerdem mit Festsetzung allgemeiner Gesichtspunkte sich begnügt, ohne, wie Fichte's Plan, zum eigentlich Schwierigen und Verfänglichen, zu ausführlichen praktischen Vorschlägen herabzusteigen, machen das Verhältniß der Lehrer untereinander zur Hauptsache, die Form ihrer Organisation, ob in der Gestalt der alten „Facultäten" oder neu zu errichtender „Sectionen", bis zur Achtzahl hinauf. (Köpke, S. 45.)

Anders bei Fichte; ihm ist der leitende Hauptgedanke, nach welchem alles Uebrige der Organisation sich zu richten hat, das Verhältniß der Zöglinge zu ihren Lehrern. Von diesen verlangt er einen Grad von Hingabe und Selbstaufopferung für jene, welchen auch nur zu denken, viel weniger zu praktischer Ausführung in Vorschlag zu bringen, noch niemand eingefallen war, am wenigsten einem akademischen Lehrer selbst. Sein Universitätsplan ist vom Geiste unbedingter Entsagung eingegeben; von der höchsten Idee aus ist er der schlagendste Protest gegen jene bequeme Selbstgenügsamkeit des gewöhnlichen Professorenthums, welches versteckt oder offenbar, absichtslos oder mit Bewußtsein in gewissen äußern, augenfälligen Erfolgen, in der Frequenz der Hochschule, in der Anzahl eigener Zuhörer u. dgl. den letzten Zweck des Ganzen erreicht sieht. Gegen diese täuschenden Vorspiegelungen, gegen diese Scheinerfolge richtet der „Universitätsplan" eine indirecte, aber vernichtende Kritik, und schon deshalb bleibt es der Mühe werth, die leitenden Grundgedanken desselben sich zurückzurufen.

Zuvörderst ist nicht zu verschweigen, daß jener Plan der hergebrachten Vorstellung, mit der man bei Errichtung der berliner Hochschule zuletzt doch abermals sich begnügte — es sei hinreichend, die einzelnen Lehrfächer durch tüchtige Männer zu besetzen, womöglich mit vollständiger Vertretung der entgegengesetzten Richtungen in jeder Wissenschaft — aufs entschiedenste widerspricht und ihr aus allen Kräften in den Weg tritt. Die Universität soll nach ihm vielmehr sein: ein Organismus von gegenseitig nach Geist und Inhalt sich ergänzendem Unterrichte, aus der Einheit herausstrebend und als Resultat auch Einheit erzeugend und in sich bewährend.

In dieser Beziehung geht der Plan aus von dem doppelten Axiome, theils, daß der Unterricht auf der Universität nicht lediglich dazu bestimmt sein könne, den in Büchern vorhandenen Inhalt einer Wissenschaft durch Vortrag zu wiederholen, münd= lich noch einmal zu setzen, was gedruckt schon vorhanden ist; theils, daß der ganze Zweck jenes Unterrichts nicht darauf gehen könne, ein bloßes Wissen im Schüler fortzupflanzen, son= dern darauf, daß das Gewußte als freies und auf unendliche Weise zu gestaltendes Eigenthum und Werkzeug demselben an= gehöre, also eine eigenthümliche, allerdings durch kein Bücher= studium zu ersetzende Bildung dadurch erreicht werde.

Das Wesen der Universität wird daher hier vielmehr näher bestimmt als eine Kunstschule des wissenschaftlichen Ver= standesgebrauchs, und ihre Schüler als solche, die da lernen und sich üben sollen, das Erworbene in freier Kunst anzuwenden, in jedem Sinne es in Werke zu verwandeln. Nun hat aber die Universität Staatsmänner, Gesetzgeber und Richter, Seelsorger, Pädagogen und Heilkünstler zu bilden, aber auch Gelehrte in jedem Sinne, die das wissenschaftliche Vermächtniß zu umfassen und selbständig eingreifend weiter zu führen vermögen. Ueberall ist also das Positive, das historisch Gegebene nur Vehikel, nie letzter Zweck, und es besteht daher die Aufgabe, theils das positiv zu Wissende vollständig und in der gediegensten Form mitzuthei= len, theils aber auch nach jenen beiden Richtungen hin es zum freien Eigenthume des Schülers zu machen, auf daß er nach Kraft und Anlage entweder es wissenschaftlich erweitere, oder in seinem besondern praktischen Fache es besonnen ins Leben führe.

Daß dadurch auch die äußere Form des Unterrichts eine andere Gestalt annehmen müsse, ergibt sich von selbst. Indem nämlich der Grundsatz an die Spitze gestellt wird, daß alles, was an Lehrstoff in Büchern niedergelegt sei, nicht mündlich vorge= tragen, sondern nach Anleitung der Lehrer und in geordneter Methode durch häuslichen Fleiß zur Kunde gebracht, und durch geordnete Prüfung die Gründlichkeit des also erworbenen Wissens documentirt werden solle: so wird der stete und tief eindringende

Verkehr des Lehrers mit seinen Schülern nicht allein und nicht einmal vorzugsweise aus Vorträgen bestehen, sondern ebenso sehr und in noch wichtigerm Maße in mündlichen Prüfungen und Conversatorien; beide gleichfalls nicht blos im Geiste des Wissens, sondern der Kunst. Endlich sollen Aufgaben zu schriftlichen Ausarbeitungen, zu welchen der Schüler nach dem Maße seines Fortschreitens immer schwierigere erhalten würde, auch nach dieser Richtung hin die Bildung reifen und vollenden, die auf die lebendigste, aber geordnete Selbstthätigkeit gegründet war. Das Verhältniß des Lehrers zum Schüler gleiche hiernach einem durch seine ganze Studienzeit ununterbrochen fortgesetzten wissenschaftlichen Dialoge, einer steten Wechselwirkung, um diesen im Labyrinthe des mannichfachsten Wissens und Erwerbens stets orientirt zu erhalten über sein Ziel und die Idee der Einheit ihn stets festhalten zu lassen.

Dies war der leitende Gedanke des Ganzen, der, einmal aufgefaßt und klar ergriffen, der mannichfachsten Behandlung im einzelnen fähig gewesen wäre. Und daß dadurch ein neues und dringend nöthiges Element der Ordnung, ein belebendes Princip in jenes Chaos bisheriger Principlosigkeit gekommen wäre, möchte wol kein Unbefangener leugnen. Mag man sich über die weitern einzelnen Fragen, die der Entwurf ferner behandelt, für einverstanden erklären oder abweichender Meinung sein — und alles dies sollte, selbst nach Fichte's Meinung, in weitern Verhandlungen durch besondere Comités geprüft werden — so wäre doch der Grundgedanke zu einer durchaus nöthigen Reform des akademischen Unterrichts gewonnen worden, welcher späterhin zwar in einzelnen Vorschlägen und Gutachten wieder aufgetaucht ist, nicht aber, soviel wir wissen, irgendwo im großen und ganzen praktische Ausführung gefunden hat. Wenigstens als höchste Bestimmung und als lohnendstes Ziel des akademischen Wirkens mußte gezeigt werden, wenn es dem Lehrer gelänge, ganz in antiker Weise mit einzelnen Begabtern ein wissenschaftliches Zusammenleben zu begründen, in welchem sie, neben der Einführung in den Geist und in die höchsten Ergebnisse ihrer Wissenschaft, vor allem auch, wie Fichte es bezeichnet, „das Lernen erlernen könnten". Johannes von Müller hat in Betreff der angezweifelten praktischen Ausführbarkeit dieses Gedankens wol das Richtigste gesagt: „Ich glaube, das beste Mittel wäre — der Anfang, das Beispiel von einem, von wenigen, indeß die andern auf ihre Weise fortdocirten, so-lange es geht. Hierzu ist höchstens die Genehmigung des Mini-steriums nöthig, welche zu erlangen nicht schwer sein wird. Ich schreibe à mesure, daß ich lese, und sehe nun im Fortlesen, daß Sie das Nämliche auch sagen." (Wobei von unserer Seite nur zu bemerken bleibt, daß ein großer Unterschied sei zwischen bloßer Genehmigung und wirklicher Vorschrift oder entschiedener Anweisung, und daß es wol sicherlich der letztern bedarf, um gegen alte Gewöhnung und den eingelebten Schlendrian aufzu-kommen!) Müller fährt fort: „Ihr Plan ist trefflich, nur nicht gerade für eine Universität aus Tausenden, sondern für das Nationalerziehungsinstitut oder die kleinen akademischen Gemeinwesen, die als Bursae zu Paris und Basel, als Nationen zu Prag, als Collegien zu Orford existirten und existiren. Es ist ein Plan für die Nationalerziehung in der Universität. Jenes, das Nationalerziehungswesen, wird instituirt; diese, die Univer-sität, macht sich. Für diese ist es genug, daß jede Wissenschaft vom besten Professor vorgetragen werde."

Die letztere Unterscheidung war durchaus zweckmäßig, ja nöthig, und konnte um so mehr als wesentliche Ergänzung des ganzen Plans betrachtet werden, als sie dem Keime nach schon in ihm lag. Doch scheint sie von keiner Seite her Beachtung gefun-den zu haben, indem man bei wirklicher Ausführung auf jene Ideen überhaupt nicht einging, zumal da Beyme unterdeß jeden directen Einfluß auf jene Angelegenheit verloren hatte. Dieser schrieb zunächst an Fichte darüber Folgendes:

„Es ist mir jetzt noch unmöglich, Ihnen über Ihren tief-gedachten Entwurf zu unserer vorhabenden Lehranstalt mehr als meinen herzlichsten Dank zu sagen. Ich habe mir Ihre Arbeit zum ganz eigentlichen Studium gemacht. ..... Verlassen Sie sich darauf, daß ich das Geheimniß Ihres Namens, als des Verfassers, treu bewahren werde. Hier wissen es zwar einige Freunde, daß ich mein ganzes Vertrauen auf Sie gesetzt habe, und auch Nolte weiß es; aber noch weiß niemand von Ihrer Arbeit, und es soll auch gegen Ihren Willen niemand davon er-fahren." — Und in einem andern Briefe, als sich die Räumung Ber-lins durch die Franzosen verzögerte und als neue Verwickelungen

drohten, fügte er hinzu: „Sollte sich unsere Ankunft in Berlin
länger verzögern, so wage ich es nicht, Sie von Ihrem Vorhaben
einer Reise nach Dresden oder sonst wohin abzuhalten. Dennoch
werde ich nichtsdestoweniger so fest darauf bauen, daß Sie der
Unsere bleiben, als auf mich selbst. Der einmal gefaßte
Beschluß, in Berlin eine Universität zu errichten, hat nie auch nur
einen Augenblick gewankt und steht noch jetzt fest."

Unterdeß war Beyme (am 3. Oct. 1807) aus seiner unmittel=
baren Stellung zum Könige zurückgetreten, und Stein nahm sei=
nen Platz ein. Dieser war anfangs gegen die Wahl von Berlin
als Universitätsstadt; später drängten seine umfassenden Reform=
plane die Theilnahme an dieser besondern Angelegenheit zurück; end=
lich machte ihm seine plötzliche Entfernung aus dem Staatsdienste
(am 4. Nov. 1808) jede weitere Einwirkung unmöglich. W. von
Humboldt übernahm diese Aufgabe und er hat sie mit seltener Aus=
dauer und Klugheit gegen mannichfachen Widerstand hindurch=
geführt.

Dennoch ist kaum zu verkennen, daß vor den zahlreichen
administrativen Schwierigkeiten und der Verwickelung der Personal=
fragen die leitende organisatorische Idee ihm in den Hintergrund
getreten sei. Und auch aus andern Gründen ist uns dies erklär=
lich. Wie seine auf fremdartige Erkenntnißgebiete gerichtete Bil=
dung es nicht anders erwarten ließ, brachte er überhaupt so weit=
abliegenden, mit der Grundfrage einer allgemeinen Nationalerzie=
hung zusammenhängenden Ideen kein vorbereitetes Nachdenken,
somit, bei der hohen Selbständigkeit seines Geistes, auch kein eige=
nes Interesse entgegen. Ueberdies beurtheilte er die Universitäts=
frage entschieden mehr aus dem staatsmännischen als aus dem
pädagogischen Gesichtspunkte. Sie war ihm eine dringend gebotene
politische Maßregel und fast das einzig gestattete Mittel eines er=
neuerten Glanzes für Preußen. Deshalb auch entschied er sich
bei der Wahl des Ortes, „da Halle verloren sei", für Berlin;
deshalb beeilte er ihre Eröffnung. Daß sie überhaupt nur be=
ginne, nicht nach welchen Principien, darauf kam es ihm an.

Dies alles erhellt allein schon aus der charakteristischen Aeuße=
rung an Fichte, durch welche er dessen Plan beseitigte. Dieser
hatte in den Tagen vom 9. bis 14. April 1809 in Humboldt's
Hause eine Reihe von Vorträgen über die Errichtung der neuen

Universität gehalten, welchen auch Nicolovius, Uhden, Schleier=
macher beiwohnten. Humboldt lehnte jedes nähere Eingehen ab
mit den Worten: „Man beruft eben tüchtige Männer und läßt
das Ganze allmählich sich ancandiren".*) Hiermit war der
principielle Gegensatz zu Fichte aufs kürzeste und treffendste aus=
gesprochen, und dieser zog sich von den fernern Verhandlungen
zurück, worauf Schleiermacher's Wirksamkeit mehr in den Vorder=
grund trat.

Und in solcher Unbestimmtheit ihrer Organisation, ohne aus=
führliche Statuten und gesetzliche Geschäftsordnung, hat die Uni=
versität wirklich begonnen, ist auch einige Zeit so verblieben. Die
Conflicte und Unsicherheiten, mit welchen die zuerst gewählten
Universitätsbehörden zu kämpfen hatten und die besonders auch
Fichte trafen, sind dieser Unterlassung zuzuschreiben. Dazu kam
noch die unglückliche Wahl eines Nachfolgers für Humboldt.
Schuckmann, seit 1810 auf Hardenberg's Betrieb zum Chef der
Abtheilung für den Cultus und Unterricht im Ministerium des
Innern ernannt, ein tüchtiger Geschäftsmann, aber nur gewohnt,
in den strengen Formen der Administration sich zu bewegen, er=
wies sich als durchaus unfähig, mit freien Gelehrten zu verhan=
deln und ihr Vertrauen zu gewinnen. **)

---

*) So, nach dem Bilde eines allmählich anschießenden Krystalls, hat
Humboldt gesagt, nicht „sich encabriren" (encadrer, umrahmen), wie bei
Köpke (a. a. O., S. 75) steht. Letzteres ist bloße Emendation eines unleserlich
gebliebenen Wortes aus dem Briefe des Biographen an ihn, auf dessen Mit=
theilung er sich beruft (S. 142, N. 10).

**) Man vergleiche das übereinstimmende Urtheil, welches R. Köpke
(„Die Gründung der Universität zu Berlin", S. 94) über diesen Staatsmann
fällt. Wie Schuckmann gegen den ersten Rector der neuen Universität, Schmalz,
verfuhr, wird a. a. O., S. 102, aus den Acten erzählt.

Sechstes Kapitel.

Stein, Scharnhorst, Fichte. Plan der „Reden an die deutsche Nation". Häusliche Ereignisse.

Noch tiefer beschäftigte ein anderer, die ganze Zukunft Deutschlands betreffender Plan Fichte's Nachdenken. Mit Preußen war der letzte Schutz deutscher Selbständigkeit dahin, das Vaterland war entehrt, im Innersten zerstückelt und einer feindlichen Macht hingegeben, die absichtslos oder absichtlich es nur immer noch tiefer mit sich zu entzweien und zu zerrütten vermochte. Als feindliche Vormauer gegen Preußen hatte Napoleon das Königreich Westfalen errichtet; es sollte mitten in Deutschland und am deutschesten Volksstamme die Künste bonapartischer Musterwirthschaft versuchen. *) Die übrigen deutschen Fürsten, denen Napoleon „volle Souveränetät" verliehen hatte, suchten mit wenigen Ausnahmen ihre Rettung in knechtischer Unterwürfigkeit gegen seine Befehle. Das Interesse ihrer „Völker" konnte dagegen nicht aufkommen; von einem „deutschen" Volke zu reden, war verpönt, ja es war objectlos geworden.

Aber der dumpfen Hoffnungslosigkeit, die viele damals fast lähmend befallen hatte, konnte sich nicht hingeben, wer selbst noch Kraft und ungebeugten Muth in sich empfand. Doch woher ein neues, sicher wirkendes Rettungsmittel, da jeder kriegerische Widerstand sich immer zum Unheil gewendet hatte und das Joch der Knechtschaft nur noch zu erschweren drohte?

Aber es gab ein solches Heilmittel, und drei deutsche Männer, unabhängig voneinander, ja kaum einander bekannt, beschäftig-

---

*) L. Häusser, „Deutsche Geschichte" (erste Auflage, 1856), III, 296 fg.

ten sich damit, jeder an seinem Theile und von einem eigenthüm=
lichen Mittelpunkte aus, es in Wirksamkeit zu setzen. Es lag in
dem einfachen Worte: völlige Erneuerung der Volkskraft und
Volksgesinnung von unten her. Stein gedachte die Staatsver=
fassung danach umzugestalten, Scharnhorst hatte die gänzliche
Umbildung der Wehrkraft des Volkes im Auge, nach der gründ=
lichsten zugleich und edelsten Idee. Es sind die tiefsten Gedan=
ken, völlig verwandt Fichte'scher Denkweise, auf welche er die
Wiederherstellung des Heerwesens gründen wollte. „Man muß“,
schrieb er am Schlusse des Jahres 1806 an Clausewitz, „dadurch
der Nation das Gefühl der Selbständigkeit einflößen, man muß
ihr Gelegenheit geben, daß sie mit sich selbst bekannt wird,
daß sie sich ihrer selbst annimmt. Nur erst dann wird sie sich
selbst achten und von andern Achtung zu erzwingen wissen. Da=
rauf hinzuarbeiten ist alles, was wir können. Die Bande des
Vorurtheils lösen, die Wiedergeburt leiten, pflegen und in ihrem
freien Wachsthum nicht hemmen, weiter reicht unser hoher
Wirkungskreis nicht.“ *)

Fichte endlich griff noch tiefer und ging auf die Quelle zu=
rück. Er erachtete die alte Zeit für völlig abgelaufen; das Reich
der Selbstsucht, des bloßen sinnlichen Eigennutzes, womit er ihr
Walten schon im Jahre 1804 in den „Vorlesungen über die
Grundzüge des gegenwärtigen Zeitalters“ bezeichnete, hatte am
eigenen Uebermaße sich vernichtet. Indem jeder Einzelne selbst=
süchtig nur sich zu retten suchte, war das Ganze zu Grunde ge=
gangen. Dies anzuerkennen als unerbittliche Nothwendigkeit ward
zuerst gefordert; man mußte eilen, der alten Zeit völlig den Rücken
zu kehren, wenn das Neue beginnen sollte. **)

Sollte nun Deutschland zu leben beginnen in diesem neuen
Geiste, so war ein Mittelglied zu finden, welches langsam viel=
leicht, aber sicher wirkend, zugleich unerreichbar dem fremden
Einflusse und äußerer Gewalt, diese völlige Erneuerung der Zeit
vorbereiten konnte. „Aus nichts wird nichts“, schrieb er um
diese Zeit an Beyme; „auch gibt es keinen Uebergang zwischen

---

*) Häusser, a. a. O., S. 189, 190.

**) „Reden an die deutsche Nation“, erste Rede. (Werke, VII, 264 fg.,
278 und 279.)

zwei durchaus entgegengeseßten Zuständen. Darum glaube ich, theurer Freund, immerfort, daß ohne eine völlige Umschaffung unsers Sinns, ohne eine durchgreifende Erziehung aus keinem günstigen oder ungünstigen Ereigniß für uns Heil zu erwarten sei. Was als Krafterwachen erscheint, ist oft nur Fieber, welches sich als Prahlen mit künftigen Großthaten und in einem einfältigen Vertrauen auf andere, die ebenso fertig schwaßen, äußert.''

Aus demselben Grunde schloß er sich durchaus an keine der geheimen Gesellschaften an, welche damals unter verschiedenen Gestalten, aber mit dem gemeinsamen Zwecke einer künftigen Erhebung gegen die Franzosen sich bildeten. Dergleichen Unternehmungen, auch wenn sie gelungen wären, konnten ihm nur Palliativmittel sein, wenn das Grundgebrechen blieb; ja schlimmer noch konnten sie mit falschen Hoffnungen und Vertröstungen den Blick abwenden von dem, was einzig noth thue. Fichte fährt in demselben Briefe so fort: ,,Das lebendige Beispiel davon ist das Subject, welches aus Königsberg uns zugesendet worden. So ist dieser, so mögen sein die Herrlichen, welche er rühmt; lauter junge Offiziere...... Das Treiben der Orden, das er mir von Königsberg, Preußen, Schlesien schildert, ist auch heillos. Dies dürften also kaum die Helden sein, von denen das Vaterland Rettung zu erwarten hat und mit denen jemand, der es wohl meint mit demselben, sich einzulassen hätte.'' *)

Gänzliche Umbildung des bisherigen Erziehungswesens erschien somit als die einzige Möglichkeit, die Nation in ihrem

---

*) Bemerkenswerth bleibt, daß ein völlig analoges Urtheil auch von Steffens gefällt worden ist, der in nähere Verbindung mit jenen Männern trat: ,,Ein jeder war bereit, das Tollkühnste zu unternehmen, wenn es ihm gelänge, für seine Person den Schatten, der sich auf die kriegerische Ehre im Jahre 1806 geworfen hatte, zu verdrängen. Aber irgendeine umsichtige Kenntniß der Verhältnisse besaßen sie durchaus nicht. Die Einseitigkeit, mit welcher sie durch ein gekränktes Ehrgefühl beherrscht wurden, war im höchsten Grade beschränkt, und die Unternehmungen der meisten waren irgendeinem wilden, übermüthigen Streiche der Gensdarmen=Offiziere vor dem Kriege nur allzu ähnlich.'' (Steffens, ,,Was ich erlebte'', VI, 175 u. 176.) Bekanntlich waren auch Stein und Scharnhorst niemals Mitglieder des Tugendbundes, wie sehr auch derselbe auf würdigern und gründlichern Gesinnungen fußte; ja Stein soll ihm eher abgeneigt gewesen sein. Auch war seine eigene

Dasein zu erhalten. Erkannte er aber dies mit völliger Klarheit, so mußte auch er vor allen sich berufen halten, es ebenso energisch auszusprechen. Zugleich aber drängte es ihn, durch eine muthige That an seinem Theile die Schmach der Niederlage vom Vaterlande abzuwälzen und durch einen Versuch zur Rettung in seinem Sinne die Last des Schmerzes sich zu erleichtern, die ihn wie alle zu Boden drückte.

Die persönliche Gefahr bei seinem Unternehmen verbarg er sich so wenig, daß er in der selbstprüfenden Ueberlegung, die, wie fast bei jedem wichtigen Entschlusse, so auch diesmal mit der Feder in der Hand von ihm vollzogen wurde, sein eigenes Leben klarbesonnen gegen die Wichtigkeit der Sache in die Wagschale legte und es dieser mit freiem Entschlusse zum Opfer brachte.

„Der einzige Entscheidungsgrund ist" — sprach er zu sich in der Einsamkeit aufrichtiger Selbsterwägung — „kannst du hoffen, daß dadurch ein größeres Gut bewirkt werde, als die Gefahr ist? Das Gute ist Begeisterung, Erhebung: meine persönliche Gefahr komme gar nicht in Anschlag, sondern sie könnte vielmehr höchst vortheilhaft wirken. Meine Familie aber und mein Sohn würden des Beistandes der Nation, der letztere des Vortheils, einen Märtyrer zum Vater zu haben, nicht entbehren. Es wäre dies das beste Los. Besser könnte ich mein Leben nicht anwenden." Und den Aengstlichen und Feigen, die ihre eigene Furcht wol auch in Besorgniß für ihn verhüllten, entgegnet er in den Reden selbst *): „Soll denn nun wirklich einem zu gefallen, dem damit gedient ist, und ihnen zu gefallen, die sich fürchten, das Menschengeschlecht herabgewürdigt werden und versinken; und soll keinem, dem sein Herz es gebietet, erlaubt sein, sie vor dem Verfalle zu warnen? Gesetzt, daß sie nicht blos recht hätten, sondern daß man sich auch noch entschließen sollte, im Angesicht der Mitwelt und Nachwelt ihnen recht zu geben

---

Wirksamkeit weder nachhaltig noch ausgebreitet. Ueberhaupt haben Geheimbünde nie etwas bewirkt, wenn sie nicht von der starken Macht des allgemeinen Einverständnisses getragen wurden. Gegen die Franzosen war der eigentliche und gewaltigste Bund der gemeinsame Haß und das wiedererwachte Vaterlandsgefühl!

*) Zwölfte Rede; Werke, VII, 457.

und das eben hingelegte Urtheil über sich selbst auszusprechen; was wäre denn nun das Höchste und Letzte, das für den unwill= kommenen Warner daraus erfolgen könnte? Kennen sie etwas Höheres als den Tod? Dieser erwartet uns ohnedies alle, und es haben von Anbeginn der Menschheit an Edle um ge= ringerer Angelegenheiten willen — denn wo gab es jemals eine höhere als die gegenwärtige? — der Gefahr desselben getrotzt. Wer hat das Recht, zwischen ein Unternehmen, das auf diese Gefahr begonnen ist, zu treten?"

Aber das Bewußtsein einer solchen Gefahr konnte fürwahr sich aufdrängen, wenn man an die blutigen Gewaltthaten dachte, welche die Fremden auf deutschem Boden verübt hatten.

Die Hinrichtung Palm's stand als drohendes Beispiel noch in frischem Andenken und mitten unter den Feinden, wie er sich befand, mußte ihm diese Erinnerung sich aufdrängen. „Ich weiß recht gut, was ich wage", schrieb er am 2. Jan. 1808 an Beyme, „ich weiß, daß ebenso wie Palm ein Blei mich treffen kann. Aber dies ist es nicht, was ich fürchte, und für den Zweck, den ich habe, würde ich gern auch sterben."

So hielt er die Reden an die Deutschen in den Wintermo= naten des Jahres 1807—1808 im Akademiegebäude zu Berlin, während seine Stimme oft von französischen Trommeln, die durch die Straßen zogen, übertäubt wurde und während allgemein be= kannte Aufpasser im Saale erschienen. Mehrmals lief sogar das Gerücht in der Stadt, er sei vom Feinde ergriffen und abgeführt; und wenn er dessenungeachtet nie von diesem gefährdet worden ist, wenn man von dieser Seite her gar keine Kunde über sein Be= ginnen zu nehmen schien, bis auf eine kurze Aeußerung im Moniteur, daß ein berühmter deutscher Philosoph in Berlin Vorträge über Verbesserung der Erziehung halte, so haben wir über den Grund dieser Schonung oder Nichtbeachtung eigentlich nur unbestimmte Vermuthungen. Selbst als später bei der Räu= mung Berlins durch die Franzosen einer der rohesten Schergen der damaligen Gewalt, Davoust, um auch aus der Ferne zu schrecken und zu betäuben, einige der angesehensten Schriftsteller Berlins, Schmalz, Hanstein, Wolf, Schleiermacher zusammenrief und mit Schmähungen gegen ihren König und ihren Staat sie selbst bedrohte, wenn sie über Politik, über die Lage Deutsch=

lands reden oder schreiben würden; sogar damals blieb Fichte, sei es durch Zufall oder Absicht, unbeachtet, der einzige doch, der sich öffentlich und entschieden gegen die fremde Gewalt ausgesprochen. Indeß hatte er schon während des Vortrags jener Reden die Vorsicht gebraucht, sie zu gleicher Zeit im Druck erscheinen zu lassen, damit er die umherschweifenden Gerüchte über seine Aeußerungen sogleich berichtigen und allenfalls durch ein authentisches Zeugniß niederschlagen könne.

Dies Werk, von welchem ein trefflicher neuerer Geschichtschreiber sagte, daß seit Luther so zur deutschen Nation nicht geredet worden sei, wie in ihm *), hat nach seiner Gesinnung und Wirkung längst die gebührende Stelle erhalten in der Geschichte Deutschlands. Aber dies nicht allein; täuscht unser Urtheil uns nicht, so steht es auch fast einzig da in der gesammten Literatur der gebildeten Völker, ebenso wie die Lage einzig war, aus der es hervorging — vergleichbar nur den gewaltigen Demosthenischen Reden gegen Philipp, die eine ähnliche Gesinnung erzeugt hatte. So gehört es zu den eigenthümlichen Schätzen unserer Nation, durch die wir unterschieden und bevorzugt sind vor andern Völkern; denn gerade aus deutschem Geiste ist es entsprungen, indem es die tief in uns verborgene Gesinnung ins hellste Bewußtsein hervorzieht, um sie veredelt und gereinigt wie im verdichteten Spiegelbilde vor uns hinzustellen. Darum, wenn es gilt, unser Volk an seine ursprüngliche Kraft und Bestimmung zu erinnern, es zu gemeinsamen Thaten zu befeuern, wird es wohlgethan sein, seine Wirkung von neuem zu erproben. Deshalb hielten wir es, im Jahre 1859, unter analogen Verhältnissen, wie die damaligen waren, für eine würdige Aufgabe, in dem nachgewachsenen Geschlechte das Andenken jener Reden zu erneuern, und die freudige Anerkennung ist auch damals nicht ausgeblieben. **)

Wie aber oft genug das Große und Tüchtige, weil unver-

*) Häusser, a. a. O., III, 212.

**) „J. G. Fichte's Reden an die deutsche Nation, von neuem herausgegeben und eingeleitet von J. H. Fichte, Der deutschen Jugend des gegenwärtigen Geschlechts, besonders den vaterländischen Kriegern gewidmet" (Tübingen 1859).

standen, dem Gemeinen und Geistesbeschränkten Veranlassung
gibt, dagegen sich aufzulehnen: so ist es auch den „Reden" er-
gangen. Sie haben nach Fichte's Tode zu einer öffentlichen Anklage gegen ihn den Stoff gegeben. Er wurde ihretwegen beschuldigt, der früheste Erreger jener revolutionären Strömung gewesen zu sein, die man in der deutschen Jugend zu bemerken
glaubte. Die Reden wurden als „ein verführerisches, leere Phan-
tome nährendes Buch" bezeichnet, das in Vergessenheit zu bringen
sei. Und um dem Gehässigen noch das Lächerliche und Zweck-
widrige hinzuzufügen, ging man so weit, als im Jahre 1824 eine
neue Auflage nöthig wurde, dafür die Druckerlaubniß in Berlin
zu versagen, was nur die Folge hatte, daß das Werk unter
anderer Firma in Leipzig erschien.*) Nur mit Ueberwindung erwähnen wir dieses wenig bekannten Umstandes; doch ist es ein
charakteristischer und zugleich warnender Nebenzug im Bilde jener
Zeit, um zu zeigen, wie weit damals Preußens edler und in
seinem Kerne gesunder Staat von seinen eigentlichen Bahnen durch
schlechte Helfer abgelenkt worden war.

Aber auch später noch hat man ausdrücklich als „Fichtianis-
mus" bezeichnet und mit mißliebigem Auge angesehen jene selbständige Gesinnung, welche nichts nach dem Wohlmeinen der
Mächtigen fragt, sondern allein das Recht und die Ideen im
Auge behält und danach ihr Urtheil fällt. Diese unbestechlichen
Wächter und Mahner sind unbequem; es ist zuzugeben. Aber
es gibt deren so wenige und sie führen ein von außen so un-
belohntes Leben, daß sie zu bedrängen weder gerecht scheint,
noch nöthig.

Vernehmen wir indeß über die ganze Angelegenheit das Urtheil eines kundigen Beobachters aus jener Zeit. Es ist Ludwig
Robert, der edle patriotische Dichter, der in seinen „Kämpfen
der Zeit" (1817) den Befreiungskrieg würdig gefeiert, zugleich
aber am Schlusse des Gedichts in den „Traumgesichten" die an-
fangende Umkehr zum Alten und Schlechten schon richtig geweis-
sagt hatte. **) Dieser ließ sich in einer der geachtetsten deutschen

---

*) „Fichte's Reden an die deutsche Nation" (Leipzig 1824).

**) „Kämpfe der Zeit. Zwölf Gedichte von Ludwig Robert" (Stuttgart
und Tübingen 1817).

Zeitschriften also über den Werth der Anklage und ihre Ver=
anlassung aus *):

⬛ℝ⁣ᵛ „Die Acten der mainzer Centralbehörde sind unmaßgeblich
geschloſſen und die Reſultate dieſes höchſt gewichtigen Geſchäfts
der Bundesverſammlung übergeben worden. Eine erfreuliche Ge=
nugthuung muß es für dieſe Verſammlung, für die Unterſuchungs=
commiſſion, · für jeden vaterlandsliebenden Deutſchen ſein, daß
man bei aller Gewandtheit in Nachforſchungen dennoch keinen
ſolchen Aufwiegler, Empörer oder Verräther auffand, der des
Todes oder einer entehrenden Einkerkerung ſchuldig geweſen wäre,
wie wir dies in einem nahen Nachbarlande leider in unausge=
ſetzter Folge ſahen. Wir Deutſche können auf dieſes negative
Reſultat der mainzer Unterſuchungen in doppelter Hinſicht ſtolz
ſein: erſtlich, daß ſelbſt dann, wenn vorgefaßte Urtheile Leiden=
ſchaften und Leidenſchaften vorgefaßte Urtheile erregen, dennoch
die Gerechtigkeit ſtets vorwaltend bei uns bleibt; zweitens
aber, daß wir doch ein beſſeres, die Geſetze und unſere ange=
ſtammten Fürſten mehr liebendes Volk ſind, als man in der Pe=
riode des Mistrauens glaubte. Dieſes Mistrauen erſtreckte ſich
ſo weit, daß unter der Rubrik der Anklagepunkte ein Name oben=
an ſteht, den auch die Geſchichte einſt obenan ſtellen wird, aber
wenn ſie von den Großen und Edeln nicht nur unſerer, ſondern
der beſten Zeiten ſprechen wird. Fichte heißt dieſer Mann, dem
ſelbſt ſeine entſchiedenſten Gegner, ſeine perſönlichen Widerſacher
nichts nachzuſagen wiſſen, was den leiſeſten Flecken auf ſeinen
Charakter würfe, ſondern über den das ganze unterrichtete Deutſch=
land ſich längſt vereint hat, daß er die Redlichkeit und Reinheit
ſelbſt war. Es verlohnt ſich wohl, über dieſen Mann, der ebenſo
wenig alle Tage geboren wird, als man einen ſchon Geborenen
dazu, was er war, machen kann, noch einige Worte zu ſagen,
ja zu verlieren. Es gibt nur eine einzige vernünftige Vermu=
thung, wie es kam, daß dieſer Mann unter dieſen Umſtänden
in dieſer Unterſuchung genannt werden konnte. Er iſt nämlich
der erſte, der die ſtets fortſchreitende Sichperfectionirung, nicht
nur Perfectibilität des Menſchengeſchlechts mit apodiktiſcher Be=
weiskraft dargethan hat. Daß er aber dies bewieſen, wiſſen und

*) Vgl. Allgemeine Zeitung vom 19. Sept. 1822, Nr. 262, S. 1047.

glauben nicht funfzig Menschen in ganz Deutschland, sowie er überhaupt nicht funfzig Jünger gehabt und nie factisch gewirkt hat, es auch nicht wollte. Es ist also weit gefehlt und beweist eine gänzliche Unkenntniß nicht nur seiner Schriften, denn das ist verzeihlich, sondern seines Einflusses, seiner Wirkung, wenn man von ihm und seinen Werken denkt, wie die französische Klerisei von Voltaire's Werken und Wirken. Was aber noch mehr oder eigentlich noch weniger sagen will, so ist in jener An= klage gegen Fichte nur ein einziges seiner Bücher genannt wor= den, und zwar die „Reden an die Deutschen", die gegen die Zwingherrschaft Napoleon's, gegen seine Eroberungssucht, gegen sein Aussaugungssystem gerichtet waren, die das deutsche Volk seine Wichtigkeit fühlen lehren, seinen Muth erheben sollten und die er in Berlin im Akademiegebäude hielt, während ein fran= zösischer Marschall Gouverneur der Stadt war, die Regimenter unten mit klingendem Spiele vorbeizogen, Spione im Hörsaale sich befanden und keiner von den vielen später Hochbelohnten auch nur den Muth hatte aufzublicken. Und diese jetzt gedruckten Re= den, die für den Einsichtigen nur noch ein historisches Gewicht haben, sollten ein verderbliches Buch sein? Daß Deutschland schnell zu einer Republik gemacht werden solle, hatte man darin gefunden? Fichte hätte dies gesagt, der studirenden Jugend öffentlich als Lehre vorgetragen? Er, der wie kein anderer die Liebe zum Gesetz, die Ehrfurcht vor dem angestammten, von Got= tes Gnaden erwählten (seine eigenen Worte!) Fürsten predigt? *)

---

*) Hier darf der wohlgemeinten Apologie ein Wort der Berichtigung bei= gefügt werden. Wenn Fichte also vom Fürsten „von Gottes Gnaden" ge= sprochen — die Stelle ist mir unbekannt — so hat er es kaum im eigenen Namen gethan, sondern den Ausdruck wol unter die entschuldbaren Mißbräuche gerechnet, die man als „alte schlimme Angewöhnungen" nicht beachten dürfe. (Vgl. oben S. 408.) Seinem wahren Sinne nach konnte „von Gottes Gnaden" ihm höchstens bedeuten, daß der Erbherrscher vor allen übrigen Men= schen göttlicher Gnade und Beistandes am meisten bedürfe, da ihm durch Erb= schaft die schwerste aller Pflichten, der Regentenberuf, aufgenöthigt werde, ohne um seine Lust oder seine Befähigung sich zu kümmern. Diese einzig vernünftige Deutung jenes Ausdrucks, dies zugleich rein menschliche Gefühl des Bedauerns mußte damals, muß wol auch in der gegenwärtigen Zeit sich aufdrängen, wo gelungenes Regieren eine immer verwickeltere Aufgabe geworden ist!

Möchte Deutschland seine großen Männer doch besser ehren oder wenigstens besser kennen!"

Im Frühling des Jahres 1808, eben als Fichte zur Vorbereitung der bald zu eröffnenden Universität seine philosophischen Vorträge anfangen wollte, hinderte ihn daran der plötzliche Ausbruch einer gefährlichen Krankheit, welche den seiner Familie kaum Wiedergeschenkten für immer ihr zu entreißen drohte. Es war eigentlich die erste seines Lebens, aber sie ergriff ihn so stark, daß er von ihren Folgen nie ganz wiederhergestellt worden ist. Zum Unglück war sein Freund Hufeland mit dem Hofe noch abwesend und der ärztliche Rath desselben konnte bei dem mannichfachen Wechsel des Uebels in so großer Entfernung nicht zeitig genug eintreffen. Mancherlei Wirkungen mußten langsam vorbereitend es herbeigeführt haben, um seine starke Natur so überwältigen zu können, von der Hufeland einmal äußerte: daß Ueberkraft (Hypersthenie) in einem Grade, wie er sie selten beobachtet, ihr Grundcharakter gewesen sei. Die Anstrengung der Seereise, wie der nordische Winter, noch mehr aber wol die Trauer über den Verfall Deutschlands, die schon jahrelang sein Gemüth erfüllte, mochten die zusammentreffenden Ursachen sein; wenigstens erkannten die Aerzte Symptome, die auf ein tiefes Nervenleiden und besondere Affection der Leber hindeuteten, ein Organ, an dem Fichte noch nie gelitten hatte. Die Krankheit begann mit einem chronischen Hautausschlage, über dessen Natur und Behandlung die Aerzte wegen seiner Seltenheit uneinig waren; die bedeutende Schwäche, die ihn begleitete und die ohne Verhältniß der äußern Symptome zunahm, ließ ein allgemeineres Leiden vermuthen und machte den Zustand nur ungewisser und bedenklicher. Erst nach monatelangem Kampfe half sich seine kräftige Constitution, indem sie das Uebel nach außen warf. Eine rheumatische Lähmung des linken Arms und rechten Fußes, abwechselnd mit schmerzhaften Augenentzündungen, entfernte wenigstens die gefährlichern Krankheitszeichen, wiewol sie ihn für lange Zeit zu jeder freien Bewegung und geistigen Thätigkeit unfähig machte; und auch nachher blieb noch lange eine Verdunkelung des rechten Auges und Lähmung an Hand und Fuß zurück. Jene wurde durch den anhaltenden Gebrauch der Elektricität gänzlich gehoben und die gichtischen Beschwerden wenigstens erleichtert. Die

Lähmung der Hand konnte aber selbst ein dreimaliger Gebrauch des teplitzer Bades nicht völlig heilen.

Und hier scheint es am geeignetsten, mancher Nebenbeschäftigungen zu erwähnen, die besonders die Zeit seiner Wiederherstellung ausfüllten. Schon früher hatte er sich mit dem Italienischen, Spanischen und Portugiesischen zu beschäftigen angefangen, besonders um sich ihre Dichter in der Ursprache zugänglich zu machen, und Uebungen in metrischer Uebertragung schlossen sich daran an. Hierhin gehört der Versuch einer Uebersetzung des ersten Gesangs aus Dante's „Divina commedia" *) und die Uebertragung einer der schönsten und berühmtesten Episoden von Camoëns' „Lusiaden" (Gesang 3, Stanze 118—136), die das erste Heft des „Pantheon" (Zeitschrift, herausgegeben von Büsching und Kannegießer [Berlin 1810]) eröffnete. Viele andere Uebersetzungsversuche aus italienischen und spanischen Dichtern sind ungedruckt geblieben. Die bedeutendste Arbeit in dieser Art ist indeß seine Charakteristik Macchiavelli's und Uebersetzung von Bruchstücken aus dessen Werken, welche er in Königsberg schrieb, nicht ohne die Absicht, dadurch auch in der Politik seines Vaterlandes den Geist der Kühnheit und Consequenz hervorzurufen, der die Werke des edlen Florentiners erfüllt. *) Aber selbst später führten ihn die Weltbegebenheiten immermehr auf das Studium der Geschichte hin; und besonders nahe lag damals die Vergleichung jener Epoche, wo die Deutschen gegen den Einfall der Römer den ersten Freiheitskampf bestanden. So war denn Tacitus, dem er überhaupt unter allen römischen Prosaikern neben Seneca den Vorzug gab, besonders in den Episoden seiner Annalen über Deutschland fast seine einzige Lectüre, während er die „Reden an die Deutschen" schrieb. Oft sprach er dabei die kräftigsten Stellen laut vor sich hin, die der edle Geschichtschreiber seinem Helden Armin in den Mund legt, und wie neu begeistert wandte er sich dann der eigenen Arbeit zu. Ueberhaupt zeigt sein Stil, besonders in den „Reden

---

*) Abgedruckt in der „Vesta" von Fr. von Schrötter und Max von Schenkendorf (Königsberg 1807).

**) Zuerst in der „Vesta" abgedruckt; nachher, als diese wenig Verbreitung gefunden hatte, in den „Musen" (Zeitschrift von Fouqué und Neumann) wieder bekannt gemacht. „Nachgelassene Werke", III, 401 fg.

an die Deutschen", durch Einfachheit des Ausdrucks, verbunden mit gedrungener Periodenfülle, eine unverkennbar antike Färbung; und als Vorübung dazu ist in der That noch eine Uebersetzung jener Bruchstücke des Tacitus von ihm vorhanden.

Zugleich konnte er damals einen Theil seiner größern Muße auf den Unterricht seines Sohnes verwenden, der noch jetzt mit freudiger Dankbarkeit sich erinnert, wie lebendig und doch mit welchem geduldigen Eingehen in die Anfangsgründe der alten Sprachen, wie methodisch und doch wie sich anschmiegend der Fassungskraft des Schülers er ihn unterrichtete; etwas, das sonst sogar ausgezeichnete Lehrer an den eigenen Kindern oft am wenig= sten zu üben verstehen. Wir glauben ohne Vorliebe, nach bestem Ermessen es aussprechen zu dürfen, daß wir auch in dieser Sphäre ihn für einen der trefflichsten Lehrer halten, die wir kennen zu lernen Gelegenheit hatten. Indem nämlich Gründlichkeit das stete Lebenselement seines Geistes war, indem er mit ganzer Kraft in seinem jedesmaligen Gegenstande wirklich aufging und auch das Geringfügige dadurch vor ihm Ordnung und Leben gewann, wußte er auch unterrichtend im kleinen wie im großen fast un= widerstehlich zur Aufmerksamkeit zu zwingen und mit sich fort= zureißen. Dabei war er, der sonst keineswegs in allen Fällen Geduldige, so mild und hingebend, daß nicht nur Lust zur Sache, sondern verdoppelte Liebe zum Lehrer selbst erweckt wurde.

Noch dürfen wir eine andere häusliche Sitte nicht unerwähnt lassen, die bei geregelter Hausordnung nie ausgesetzt wurde: es war eine gemeinschaftliche Abendandacht, die den Tag würdig und feierlich beschloß und an der auch das Gesinde theilzuneh= men pflegte. Wenn nämlich unter Begleitung des Klaviers einige Verse aus einem Choral gesungen worden waren, nahm der Haus= vater das Wort und sprach über eine Stelle oder ein Kapitel aus dem Neuen Testamente, besonders aus seinem Lieblings= evangelisten Johannes, oder er redete auch, wenn besondere häusliche Veranlassungen dazu aufforderten, ein Wort der Er= mahnung oder des Trostes. Doch waren es, soviel wir uns erinnern, nie specielle Nutzanwendungen oder Lebensregeln, son= dern mehr die Tendenz trat hervor, von dem Zerstreuten und Eiteln der gemeinen Lebensbeschäftigung den Geist zu reinigen und zum Unvergänglichen zu erheben — Andacht, Kräftigung im ursprünglichsten Sinne. Welche wohlthätige Wirkung aber diese Sitte hat, wenn sie nicht gänzlich in Mechanismus unter= geht, wie sie die Glieder der Familie selbst mit einer tiefern Liebe zueinander entzündet und sogar die ferner Stehenden inniger und gemeinsamer zu verbinden weiß, das hat wol jeder erfahren, der so glücklich war, in dieser Sitte auferzogen zu sein.

Siebentes Kapitel.

Eröffnung der neuen Universität. Fichte's Amtsführung als Rector derselben.

Unterdessen schien die neue Universität allmählich ins Leben zu treten, wenigstens lasen schon einzelne Lehrer, wie Wolf, Fichte, Schleiermacher, obwol die förmliche Eröffnung derselben noch immer aufgeschoben wurde, was besonders in der verzögerten Rückkehr der preußischen Regierung nach Berlin seinen Grund hatte. Doch trat auch noch ein Zweifel anderer Art hervor, der, wenn auch nicht Schwanken in dem Entschlusse, doch einige Zögerung hervorbringen konnte. Es kam nämlich immer wieder von neuem und auch in besondern Druckschriften die Frage zur Sprache, ob es zweckmäßig sei, in einer großen Stadt und in einer Residenz eine Universität zu errichten. Die Gründe, welche man dagegen anführte, waren so leicht zu entdecken, daß man sich nicht wundern durfte, sie von allen Seiten vorgebracht zu sehen. Dennoch blieb Fichte unverrückt der entgegengesetzten Meinung; es schien ihm sogar entscheidend für die neue Lehranstalt nicht nur, sondern für das Universitätswesen überhaupt, daß sie in der Hauptstadt errichtet würde; und die Gründe, welche er dafür hatte, möchte die nachherige Erfahrung bestätigt haben. Sie waren hauptsächlich doppelter Art: so wie nämlich der Wechselverkehr mit den Personen der obersten Staatsverwaltung auf diese nur ideenweckend, durch geistige Erfrischung belebend und unwillkürlich erhebend wirken könne, so würden umgekehrt auch die Lehrer unter den Augen der Behörden am sichersten bewahrt bleiben vor beschränktem Kastengeiste, vor kleinlichen Reibungen, überhaupt vor allem dem, was man Universitätsschlendrian nennen könnte.

Sodann aber, und dies war nicht der unbedeutendste Grund, Berlin vor allen andern Städten den Vorzug zu geben: es konnte hier unter den Studirenden selbst, wenn nur irgend mit besonnener Kraft die vorhandenen Mittel benutzt wurden, der rohe Geist des Burschenwesens gar nicht so zum Ausbruch kommen, daß man schädliche Wirkungen für den Geist der Anstalt daraus hätte befürchten müssen. Die endlos wiederholten Befürchtungen von Zerstreuung und Verführung einer großen Stadt konnten aber durch die einfache Betrachtung zurückgewiesen werden: daß, wer das Schlechte und Zerstreuende aufsuche, es überall finden könne, daß es aber gerade in einer großen Stadt den Nichtsuchenden sich oft am wenigsten aufdränge.

So blieb es denn endlich bei dem anfänglichen Entschlusse. Die Großmuth des Königs hatte einen der schönsten Paläste Berlins der Universität geschenkt; man berief ausgezeichnete Lehrer aus allen Gegenden Deutschlands unter Bedingungen, wie sie wol noch nicht so leicht angeboten worden waren, und alle Sammlungen und Anstalten, deren die Universität nur bedürfen konnte, wurden mit glänzender Freigebigkeit ausgestattet. Es war das höchste Beispiel einer thätigen Anerkenntniß für die Wissenschaft und die Idee, welches jemals ein Staat gegeben hat; denn es fand statt während der drückendsten Lage desselben, bei der größten finanziellen Bedrängniß, und man wollte nicht Schmuck und Zierath, sondern ein Mittel der Heilung, der Wiedererneuerung damit sich erwerben! Dies drückten auch die ersten Erlasse der Regierung, die „Instruction an den Departementschef des Cultus und Unterrichts" und die öffentliche Erklärung vom 14. August 1810 aufs entschiedenste und würdigste aus. Deutlich war darin ausgesprochen, es solle in der neuen Hochschule ein Asyl für deutsche Art und Wissenschaft gegründet werden, nicht aber zum todten Wissen, sondern zur gründlichen Wiederbelebung des Volksgeistes „in Moralität, Patriotismus, Anhänglichkeit an die Verfassung". *)

Für das erste mal wurden der Rector und die Dekane der vier Facultäten durch unmittelbare Ernennung des Königs be-

---

*) Man sehe den bedeutungsvollen Wortlaut bei Köpke, a. a. O., S. 93, 87 u. 88.

stimmt; für die Folgezeit sollten sie aus eigener Wahl des Senats und der Facultäten hervorgehen. Als erster Rector war Schmalz ernannt worden, für noch ungewisse Uebergangsverhältnisse un= streitig eine zweckmäßige Wahl! Unter allen seinen Collegen brachte er zu so unfertigen Zuständen die meiste amtliche Erfah= rung mit. Dabei war er fügsam und nachgiebig in den Formen, zugleich ausgesprochener Gegner aller „idealistischen Ueberspan= nung", die über Erfahrung und gegebene Verhältnisse sich hin= wegsetze, wie er in der am 3. August gehaltenen akademischen Festrede erklärte. Dennoch konnte selbst dieser Mann der demü= thigendsten Maßregelung nicht entgehen, welche der Departements= chef aus unbedeutender Veranlassung über ihn verhängte und die nur durch Einschreiten des Staatskanzlers beseitigt wurde. *) Schwerer war der Eindruck zu verwischen, wessen sich die Hoch= schule von einem solchen Vorgesetzten zu versehen habe. Dieser Umstand vor allem mochte wol die Aufmerksamkeit des Senats auf Fichte lenken, der vorzüglich geeignet schien, durch völlige Unabhängigkeit der Gesinnung und rücksichtslose Energie nach oben und unten hin der Hochschule die würdige Stellung zu er= kämpfen. Die Aufgabe war schwierig und auch für den Gewandten (solcher Gewandtheit durfte aber Fichte niemals sich rühmen) kaum ohne Conflicte möglich; denn — wie Köpke treffend bemerkt — waren die Amtsformen unsicher, die überwachende Aufmerksamkeit der Behörden, selbst des Königs, scharf und — setzen wir hinzu — die persönliche Gesinnung des Vorgesetzten für Fichte nicht im mindesten günstig.

Dessenungeachtet fiel die Wahl zum Rector auf Fichte, dessen kurze Amtsführung eine fast ununterbrochene Reihe von Kämpfen war. Schon damals hat man dieselbe unpraktisch und unpolitisch genannt **); schwach und schwankend aber war sie keinen Augen= blick. Köpke hat von ihr nach amtlichen Quellen eine treffliche, unparteiische Schilderung gegeben; in dieser liegt unsers Erachtens ihre genügendste Rechtfertigung, weshalb wir ausdrücklich auf sie verweisen. ***) Einen großen Theil der Schuld trug der noch

---

*) Köpke, a. a. O., S. 102.

**) Solger in seinem Briefe vom 22. März 1812 an Fr. von Raumer („Nachgelassene Werke", I, 226 fg.).

***) Köpke, a. a. O., S. 105—109.

provisorische Zustand, der Mangel eines festen Statuts, einer vor=
geschriebenen Geschäftsordnung. Der neue Rector sollte zugleich
organisiren und verwalten, allgemeine Maximen festsetzen und
über ihre praktische Durchführung wachen — an sich schon in=
compatible Obliegenheiten. Dabei waren die Grenzen seiner Amts=
macht ihm nirgends klar vorgeschrieben, weder zum Senate noch
zum Universitätsrichter sein Verhältniß scharf festgestellt, und die
obere Behörde, die factisch dies alles ordnen sollte, war einer
sichern Leitung dieser Angelegenheiten unkundig. In den wichtig=
sten Fragen aber, namentlich in den Grundsätzen über akademi=
sche Disciplin, tastete man schwankend und ohne festes Princip
hin und her. *) So konnten Competenzconflicte mannichfacher Art,
wie Köpke sie erzählt, und unnöthige, kraftaufreibende Verwicke=
lungen nicht ausbleiben, indem ein in Beurtheilung solcher Ver=
hältnisse Geübter erstaunen muß über die Unbeholfenheit und
Schwerfälligkeit, mit welcher Rector und Senat um die Wette
in Behandlung einfacher Disciplinarfälle sich überboten, die bei
fester Gesetzgebung und einiger Uebung leicht und ohne Streit
sich hätten erledigen lassen. **)

Wir übergehen daher diese Dinge, um statt dessen persön=
licher Erlebnisse zu gedenken, die Fichte damals erfuhr. Man
wird daraus ermessen, welcher sittlichen Kraft er bedurfte, um
nicht vom tiefsten Ueberdruß an seiner Lage ergriffen zu werden.

Nur mit dem äußersten Widerstreben hatte er jene Wahl an=
genommen, weil er ihre Unzweckmäßigkeit erkannte, und er hatte
dies dem Senate ausdrücklich erklärt. Schon die Vorbereitung zu
dem neuen Amte legte ihm empfindliche Opfer auf. Seine Gicht=
leiden hatten sich gesteigert, seine ganze Gesundheit war ange=
griffen; er bedurfte bei der doppelten Thätigkeit, die ihm bevor=
stand, der Wiederherstellung in einem Bade. Aber seine pecuniäre
Lage war noch immer nicht der Art, um solche Cur völlig aus

---

*) Man vergleiche die schwache Erklärung des Departements in Betreff
der landsmannschaftlichen Verbindungen auf der Universität bei Köpke, a. a. O.,
S. 112.

**) Den Beleg für dies alles finden wir in den „Actenstücken aus der
ersten Zeit der berliner Hochschule", welche im zweiten Theile (Beilage VIII,
4—9) abgedruckt sind.

eigenen Mitteln bestreiten zu können. Er bat mit genauer Dar=
legung jener Umstände um eine Unterstützung von wenigen hun=
dert Thalern. Nur mit Mühe und durch persönliche Verwendung
seines Freundes und Arztes Hufeland war bei jenem Vorgesetzten
zu erwirken, daß die kleine Summe in der Form eines „zurück=
zuzahlenden Vorschusses" ihm bewilligt wurde. Nachher suchte
man das Geld in Terminen wieder beizutreiben, bis der Staats=
kanzler Hardenberg, von dem ganzen Verhältniß unterrichtet und
das Ungeziemende fühlend, einen solchen Mann mit solchen Sor=
gen zu bedrängen, das Verfahren gegen ihn niederschlug. Indeß
hatte die Abneigung des Vorgesetzten bald darauf Gelegenheit, sich
noch gehässiger darzulegen.

Bei Fichte's Amtsführung war die Hauptquelle der Mishel=
ligkeiten die principielle Verschiedenheit seiner Ansichten über aka=
demische Disciplin von denen, welchen die Mehrzahl seiner Col=
legen huldigte, deren Wortführer und Vertreter Schleiermacher war.
In dieser Beziehung drohte der Universität gleich in ihrem Ent=
stehen ein schlimmer Feind, der nach Fichte's Meinung gleich an=
fangs mit Kraft zurückgedrängt werden mußte. Die aufgehobene
frankfurter Universität, in welcher der bekannte Burschengeist
immer besonders gewaltet hatte, schien denselben durch ihre ent=
lassenen Zöglinge auch nach Berlin verpflanzen zu wollen. Zwei=
kampf, Landsmannschaften und Orden, alles Rohe des Burschen=
comment nahm rasch überhand, freilich weniger bemerkt im Publi=
kum und in jedem gewaltsamen Ausbruche zurückgehalten durch
die alles beherrschende äußere Ordnung der großen Stadt. Dies
alles im ersten Entstehen durch Festigkeit und Kraft für immer
zu zerstören, war seine Absicht, und consequenterweise mußte er
glauben, dabei die Unterstützung seiner Collegen zu finden, indem
sie durch ihre Wahl zugleich auch seinen niemals verhehlten Grund=
sätzen über diesen Gegenstand Billigung ertheilt zu haben schienen.
Ueberhaupt sah er in jenen Dingen nur völlig Veraltetes und
mittelalterlich Werthloses, eine erkünstelte Roheit, keine ursprüng=
liche Natur, durchaus unwürdig vollends des neuen Geistes, der
die deutsche Jugend durchdringen sollte.

Statt dessen wünschte er, als Gegengewicht gegen die un=
teutsch trennenden, in jedem Sinne schädlichen Landsmannschaf=
ten, unter den Studirenden den Gedanken allgemeiner Vereine

anzuregen, deren bindende Kraft in den gemeinsamen Studien und ihrer gegenseitigen Förderung durch freiesten Geistesverkehr liegen sollte. Die Bestärkung in der einen deutschen Gesinnung jedoch, in dem Sinne, wie seine „Reden an die Deutschen" sie aus= gesprochen hatten, sollte der verbindende Mittelpunkt aller einzel= nen Vereine werden. Mit Recht kann man darin die ersten Grund= züge der spätern Burschenschaft erblicken, ohne die dazu sich mischenden geheim politischen Bestrebungen, deren Gegner, wie wir wissen, Fichte unter allen Umständen gewesen wäre. Am bün= digsten hat er selbst sich über dies alles ausgesprochen in einem (im Jahre 1811 geschriebenen) Gutachten über einen ihm vorge= legten Plan zu Studentenvereinen, welches im zweiten Theile (Beilage IX) abgedruckt erscheint.

Zu diesem allem kam noch ein anderer, der bedeutendste Grund für seine Handlungsweise. Es waren dies nicht blos fromme Wünsche, die er persönlich hegte; unter den Studirenden selbst fand er begeisterte Anhänger dieser Plane, bereit, sie ins Leben zu führen, ja wirklich schon in den Kampf tretend für diese Grund= sätze. Diese verlangten in wiederholten Eingaben (eine ist im zweiten Theile abgedruckt und Köpke erwähnt noch einer andern) die Unterstützung und den gesetzlichen Schutz gegen eine terroristi= sche Majorität. Konnte Fichte diesen nicht mehr zusichern, so war nicht nur seine amtliche Wirksamkeit, sondern ebenso sehr seine Ehre und sein Gewissen gefährdet.

Wesentlich anders war die Auffassung der Gegenpartei, welche dabei besonders auf Schleiermacher's „Gelegentliche Gedanken" sich berief. Principiell seien jene Erscheinungen nicht von so tief= greifender Bedeutung, wie Fichte behaupte; eine traditionelle Uni= versitätspraxis fordere vielmehr, hier lieber „durch die Finger zu sehen", als durch Strenge den Geist jugendlicher Widersetzlichkeit aufzuregen. Besonders aber wäre es unklug gewesen — und die= ser Grund mochte bei der Mehrzahl den Ausschlag geben — die beginnende Hochschule in den Ruf ungewöhnlicher Strenge zu bringen. Damit wären die auswärtigen Besucher verscheucht wor= den, welche man gerade anzuziehen beabsichtigte, und so stand nicht Unbedeutendes auf dem Spiel. Man konnte diesen verschie= denen Gründen Berechtigung zugestehen — Fichte that dies zum Theil in einem gleich zu erwähnenden Schreiben an das Departe=

ment — aber ſchwanken zwiſchen beiden Anſichten konnte man nicht, und er am allerwenigſten, der ſein Wort nach der einen Seite hin verpfändet hatte.

Jetzt, da er erkennen mußte, daß bei eigenem Kraftaufwande dennoch kein ganzer Zweck erreicht werden könne, daß der Zwieſpalt für das Ganze nur ſchädlich ſei, bat er noch vor der abgelaufenen Zeit um Entlaſſung vom Rectoramte und unterſtützte dies Geſuch in einem Schreiben vom 14. Febr. 1812 nach Darlegung aller Umſtände durch folgende Worte *) :

„Nach den wandelbaren Umſtänden die Maximen meines Handelns zu beſtimmen und dennoch Einheit zu behalten, dazu fehlt es mir gänzlich an Gefügigkeit. Nur indem ich nach feſtem Geſetze und unwandelbaren Grundſätzen einhergehe, kann ich ein rechtlicher Mann bleiben. Ich habe bei meiner Wahl dieſen meinen Mangel dem Senate deutlich ausgeſprochen; derſelbe, der jetzt gewiß ihre Unzweckmäßigkeit einſieht, iſt dennoch auf ihr verharrt. Trete jetzt ein verehrliches Departement u. ſ. w. ins Mittel und verhelfe einem Manne, der auf dem geraden Wege gehend bis in ſein funfzigſtes Jahr gelangt iſt, daß er ferner auf demſelben verharren könne.

„Meine Wirkſamkeit als Lehrer an der Univerſität, die doch ohne Zweifel meine Hauptbeſtimmung ausmacht und die bei einem ſo deutlich ausgeſprochenen Widerſtreite, bei läſtigen Verfügungen gegen einzelne allerdings gefährdet werden könnte, wird durch eine ſolche Reinigung des Verhältniſſes nur gewinnen. Denn ich ſehe ſo tief ein, wie einer von der Gegenpartei, daß ſolche jugendliche Verſchrobenheiten einen Menſchen nicht verwerflich machen, und ich kann mit herzlicher Liebe auch an der Bildung ſolcher arbeiten. Nur müſſen dieſe Verkehrtheiten ſich mir nicht zur Anerkennung und Unterſtützung aufdrängen.“

Mannichfache Zwiſchenverhandlungen begannen; dennoch blieb Fichte in einer zweiten Vorſtellung vom 22. Februar bei ſeinem Geſuche, weiter noch hinzufügend: „es ſei vor ihm die Anſicht ausgeſprochen worden, der Rector müſſe ſich den Beſchlüſſen der Majorität unbedingt unterwerfen und ſei in dieſem Falle ein Ge-

---

*) Wir theilen dies wichtige Actenſtück im zweiten Bande (Beilage VIII, 8) zum erſten male vollſtändig mit.

wissen für sich selbst zu haben nicht weiter befugt; er hoffe, ein verehrliches Department werde anderer Meinung sein und seinen Entschluß nicht mißbilligen." Also hatte noch keinerlei Geschäfts= ordnung auch nur provisorisch das Verhältniß der gegenseitigen Competenz zwischen Rector und Senat geordnet, ohne dessen Fest= stellung ein Rector gar nicht mit Sicherheit verwalten konnte! — Erst spät, am 11. April, berichtete Schuckmann an den Staats= kanzler, Fichte's Abdankung sei anzunehmen, mit der weitern überraschenden Motivirung, „da er wegen seiner «Reden an die deutsche Nation» ohnehin bei den französischen Be= hörden übel notirt sei". *) Hiernach wäre der staatskluge Mann wol gar bereit gewesen, Fichte wegen seiner patriotischen Regung „ohne höhern Befehl" den Franzosen preiszugeben, falls diese ein ernstliches Begehren darauf gerichtet hätten!

---

*) Köpke, a. a. O., S. 109.

Achtes Kapitel.

Die Erhebung des Jahres 1813. Fichte's Entschlüsse dabei.

Unterdeß hatte das Jahr 1812 begonnen und ganz Europa bereitete sich zu einem neuen Kampfe, offenbar dem letzten und entscheidenden. Preußens Stellung in ihm war anfangs zweifelhaft, ja einige Zeit mußte man selbst seine äußere Existenz für bedroht halten. Es war fast allein noch der Mittelpunkt einer dauernden Opposition gegen eine Macht geblieben, der sich schon alles in Deutschland allmählich zu bequemen anfing; und man wußte, daß besonders die Lehrer und die Universitäten Preußens jener Macht höchst verhaßt und verdächtig waren. Mitten in dieser geheimen Spannung, welcher Fichte nicht fremd blieb, indem er von dem innern Stande der Angelegenheiten sehr gut unterrichtet war, bekam er durch einen gemeinschaftlichen Freund vom trefflichen Villers den Wink, das Vorrücken der Franzosen in keinem Falle abzuwarten, sondern nach Rußland zu entfliehen: er wisse bestimmt, daß sein Name unter den gefürchteten Aufwieglern gegen Frankreich dort als einer der ersten genannt werde; und bei der Gewaltsamkeit, die alle Schritte Napoleon's bezeichne, könne besonders unter den gegenwärtigen Umständen ein bloßer Verdacht hinreichen, das Schlimmste befürchten zu lassen. Fichte antwortete, so sehr er auch dankbar sei für diese Warnung, so fest stehe sein Entschluß, nicht zu fliehen. Sein wahrhafter Beruf sei sein Lehramt, welches er ungewisser Besorgnisse halber nicht aufgeben dürfe, mit der Gefahr, es für immer zu verlieren: sein Leben gehöre der Wissenschaft und dem Vaterlande; beiden könne seine Flucht nichts nutzen, wol aber sein ruhiges Bleiben und sein getreues Arbeiten in der angewiesenen Sphäre. So möge ihn jedes Schicksal treffen!

Bald aber gestalteten sich die Verhältnisse günstiger für Preußen; die französischen Heere durchzogen Berlin als Verbündete, und Fichte setzte, ungekränkt von ihnen, lehrend und wirkend seine bisherige Lebensweise fort. Doch folgte er mit höchster Theilnahme den Kriegsbegebenheiten, bestimmt es ahnend, daß jetzt ein entscheidender Wendepunkt für Europas Schicksal gekommen sei; und wir erinnern uns noch deutlich seiner vielfachen Aeußerungen darüber. Unterliege jetzt Rußland, so werde sein unersättlicher Trieb den Eroberer weiter und weiter fortziehen, aber nur zum Untergange an der eigenen Größe. Denn eine Weltmonarchie des einzelnen Volkes und Herrschers könne nicht mehr bestehen vor der Kraftentwickelung und dem klaren Bewußtsein, das jedem Staate über das eigene gesonderte Interesse innewohne. Nur höhere Ideen könnten jetzt weltbeherrschend und umgestaltend leiten. Ebendeshalb müsse aber auch das Unterliegen Napoleon's in diesem Kampfe bei der allgemeinen Aufreizung seine ganze Macht erschüttern, und gerade jetzt sei die Möglichkeit dazu mehr als je vorhanden. Wenn Rußland nur Ausdauer habe, wenn es nur nicht, durch die ersten unvermeidlichen Niederlagen erschreckt, frühzeitig Frieden schließe, so müsse fast der Angriff scheitern. Eroberung jenes Landes bei seiner Ausdehnung sei nicht möglich, dauernde Behauptung desselben fast ebenso wenig; dabei werde eben jetzt Napoleon's Ungeduld nach den ersten Siegen ihn leicht über das Maß nothwendiger Vorsicht hinwegreißen. Schon früher hatte Fichte nämlich einmal bei Gelegenheit des spanischen Krieges geäußert: Napoleon's Glück beruhe auf dem Scheine der Unfehlbarkeit, der ihn umgebe, auf der raschen Kühnheit, die das Unerwartetste ergreife. Diese erschüttere, betäube den Gegner, und in solcher ängstlichen Einschränkung auf Vorsichtsmaßregeln sei er schon halb besiegt. Mit Spanien habe Napoleon den ersten politischen Fehlgriff gemacht; komme noch ein unleugbarer militärischer dazu, so sei der blendende Wahn seiner Unüberwindlichkeit vernichtet. Zufällig erfuhr Fichte die Eroberung Moskaus als einer der ersten in Berlin an einem öffentlichen Orte durch einen Franzosen, der, mit dieser Nachricht vom Gesandten ausgeschickt, freudetrunken durch die Stadt eilte. Aber die einzige

Besorgniß, die er äußerte, war, daß die Russen nach Eroberung ihrer Hauptstadt an Frieden denken möchten: erst in mehreren Feldzügen könne ihr Krieg sich entscheiden.

Indessen war bei der raschen Folge der Ereignisse bald einzusehen, daß auch für Preußen, für ganz Deutschland eine neue Zukunft bevorstehe, wenn es fähig sei, mit Kraft den Moment zu ergreifen. Am 25. Jan. 1813 hatte der König plötzlich seine Residenz nach Breslau verlegt, und bald erschien von dort der Aufruf an die Jugend, zum Schutze des Vaterlandes aufzustehen. Kaum war an der rechten, von allen gewünschten Bedeutung dieses Wortes zu zweifeln, und nie vielleicht hat derselbe Gedanke, derselbe Entschluß mit lautlosem Einverständniß so plötzlich alle durchdrungen, als in jenen denkwürdigen Tagen. Doch sendete Fichte, um die Absichten der Regierung genauer zu erfahren, einen vertrauten Schüler mit Briefen nach Breslau. Bald hörte er von dorther, daß an dem raschen Auftreten Preußens gegen Frankreich nicht zu zweifeln sei, daß es den letzten Kampf gelte. Da war auch sein Entschluß gefaßt, nach seinen Kräften an ihm theilzunehmen. Seine vertrautern Schüler hatten auf sein Beispiel gewartet; jetzt entließ er sie mit einer Rede, worin er ihnen die Gründe darlegte, die unter den gegenwärtigen Umständen ihren wie seinen Entschluß zu leiten hätten. *) Wir heben folgende Stellen daraus hervor, die seine Ansicht des damaligen Zeitpunktes umfassend aussprechen:

„In einer solchen Lage (der äußern Unterdrückung) — was können die Freunde der Geistesbildung thun? Ich habe schon früher meine Ueberzeugung ausgesprochen, daß, wenn die Gesellschaft, der Inhaber der materiellen Kräfte, dies sich gefallen läßt, sie selbst dagegen durchaus nichts thun können, als was sie ohnedies thun würden, sich und andere mit allem Eifer bilden. Sie sind ein höchst unbedeutender Theil der vorhandenen Körperkraft, wol aber sind sie alle bis auf ihre Zeit entwickelte Geisteskraft, und in ihnen ist niedergelegt das Unterpfand eines dereinstigen bessern Zustandes. Sie müssen darum sich selbst, ihre äußere Ruhe und Sicherheit und, was sie eigentlich schützt, ihre scheinbare Unbedeutsamkeit erhalten, so gut sie können, und durch nichts

---

*) Werke, IV, 603—610.

die öffentliche Aufmerksamkeit auf sich ziehen wollen. Wir haben ein leuchtendes Beispiel dieses Betragens an denen, die wir als die Fortpflanzer der höchsten auf uns herabgekommenen geistigen Bildung betrachten müssen, an den ersten Christen. — —

„Wenn nun aber in dieser Lage die Veränderung einträte, daß die Gesellschaft die Unterjochung ihrer Kräfte für fremde Zwecke nicht mehr dulden, sondern sie freimachen wollte für selbst zu wählende Zwecke: was könnten und sollten die Freunde der Geistesbildung sodann thun?

„Zuvörderst wird der Kampf begonnen im letzten Grunde für ihr Interesse; ob auch nicht jeder es so meint und versteht: sie können es also verstehen. — Es kann gar nicht fehlen, daß nach dieser Befreiung der Geist, wenn er nur seine Zeit erwarten und nichts ungeduldig übereilen will, auf die neu zu gestaltende Welt einfließen werde.

„Sodann soll das Ganze von der Schmach, welche die Unter= drückung auf dasselbe warf, gereinigt werden. Diese ist auch auf sie mitgefallen; freilich unverdient, ja zu ihrer Ehre, weil sie um höherer Zwecke willen frei und entschlossen duldeten. — Jetzt möchte es scheinen, als ob der, welcher nicht das Seinige thut, die Schmach abzuwälzen, gern geduldet hätte, nicht um höherer Zwecke, sondern aus Mangel an Muth.

„Doch so könnte es auch nur scheinen, und wer nur seines wahren Muthes sich bewußt wäre, könnte auch den haben, über diesen Schein sich hinwegzusetzen. — — Um Muth zu zeigen, bedarf es nicht, daß man die Waffen ergreife: den weit höhern Muth, mit Verachtung des Urtheils der Menge treu zu bleiben seiner Ueberzeugung, muthet uns das Leben oft genug an.

„Aber wenn ihnen die Theilnahme an dem Widerstande nicht nur freigelassen wird, wenn sie sogar zu derselben aufgefordert werden, wie verhält es sich sodann?

„Die Masse der zum Widerstand nöthigen Kräfte können nur diejenigen beurtheilen, die jenen Entschluß faßten und die an der Spitze des Unternehmens stehen. Nehmen sie Kräfte in Anspruch, die in der Regel nicht dazu bestimmt sind, so müssen wir, nachdem wir überhaupt Vertrauen zu ihnen haben können, ihnen auch darin glauben, daß diese nöthig sind. Und wer möchte bei ungünstigem Ausgange den Gedanken auf sich laden, daß durch sein Sichausschließen und durch das Beispiel, das er dadurch gegeben, das Mislingen veranlaßt sein könne? Das Bewußtsein, meine Streitkraft ist nur klein, wenn es auch ganz gegründet wäre, könnte dabei nicht beruhigen. Denn wie, wenn nicht sowol auf die Streitkraft als auf den durch das Ganze zu verbreitenden Geist gerechnet wäre, der hoffentlich, aus den Schulen der Wissenschaft ausgehend, ein guter Geist sein wird; wie wenn gerechnet wäre auf das große, den verbündeten deutschen Stämmen zu gebende Beispiel eines Stammes, der in allen seinen Ständen ohne Ausnahme sich erhebt, um sich zu befreien?

„Endlich kann ja auch dies nicht die Meinung sein, daß jeder ohne Ausnahme nur als Massenkraft wirke; es gibt ja da soviel andere Geschäfte. Nur dies scheint gefordert zu werden, daß jeder, mit Beiseitsetzung weitaussehender Zwecke, seine Kräfte dem dargebotenen großen Momente, zu jedem, wozu sie in diesem Moment am tauglichsten sind, widmet.“

Und aus demselben umfassenden Standpunkte, der ihn zu diesem allgemeinen Urtheil leitete, suchte er auch klar zu werden über den Entschluß, den er persönlich in dem beginnenden Kampfe zu ergreifen habe. Wir halten es für wichtig, diese Erwägung aus seinem Tagebuche vollständig mitzutheilen; denn nirgends hat er selbst seine innerste Gesinnung so deutlich ausgesprochen als in dieser geheimen Selbstprüfung, welche einen der wichtigsten Entschlüsse seines Lebens begründen sollte.

*　　*　　*

„Entscheidende Berathschlagung für den gegenwärtigen Zeitpunkt und für mein Eingreifen. Die Neigung ist ganz wegzubringen; sie weicht aber nur der Pflicht. Erste Pflicht ist, meine Wissenschaft weiter zu bringen; kann ich dies auch nicht durch Lesen, so kann ich es doch durch einsames Meditiren; aber auch wol im Felde! Aber Pflicht ist es auch, theilzunehmen an der großen Bewegung der Zeit, da zu rathen, zu helfen. — Halt; dies schärfer! — Wenn ich wirken könnte, daß eine ernstere, heiligere Stimmung in den Leitern und Anführern wäre, so wäre ein Großes gewonnen; und dies ist das Entscheidende. Ich muß nicht gerade den äußern Erfolg sehen wollen, wenn ich nur das Negative sehe. Heiligen, ernsten Sinn befördern und alles daraus herleiten. (Elend der Menschen, die solchen Aussichten sich verschließen!)

„Wäre die letzte Verpflichtung jetzt wichtiger als die erste? Sie verfrühte wenigstens meine Wirkung, die ohnedies nur später eingreifen wird. — Nur ist stets der Zweifel, ob es geschehen könne — ob ich eigentlichen Beruf dazu habe, oder nur außer meinem wahren Berufe mich dazu dränge. Zu können, hoffe ich; ob ich solle, hängt vom Schicksale, von den äußern Umständen ab. Da alle bisjetzt, die dabei interessirt sind, meinen Vorsatz gebilligt haben, so scheint darin allerdings der Fingerzeig Gottes zu liegen. Diesem muß ich mich ferner überlassen. Dies ist ein entscheidendes Argument — die Billigung: Schuckmann's Widerstreben bedeutet gar nichts. — — Es kommt darauf an — und dies entscheidet — daß ich der Reinheit meines ersten Anerbietens mir ganz bewußt werde, wenigstens jetzt es herstelle, mit Wahrheit in Gottes Hand mich ergebe.

„Deshalb den ehemaligen Entschluß geprüft und jetzt alles gereinigt, geheiligt. Es ist theils Wiederholung eines ehemaligen Entschlusses*), theils Scheu des Zustandes, der mir nach auseinander gegangener Universität bevorstände; aber doch auch Eifer zu wirken, allerdings ein innerer Antrieb. Man verleumdet dergleichen Regungen so oft als Phantasie. Es ist wahr, daß eine lebhafte Phantasie sich sogleich daran anschmiegt und das Bild des neuen Zustandes, welcher so nie ist, reizend ausmalt. Gibt es aber kein Mittel, die Sonderung rein zu machen? Diese Frage ist überall bedeutend. Das Falsche des Antriebes könnte nur liegen in der Neuheit der Lage, dem Ueberdrusse der alten, also in dem Triebe nach Veränderung, in Selbstgefälligkeit des Glänzens, Wirkens u. s. f. — Wo gibt es ein Mittel, sich gerecht zu richten? Die Frage ist: Ist es Gott oder der eigenwillige Mensch? — Wo dafür das durchschneidende Kriterium? — Ich denke: das Selbstvergessen, die Vernichtung, das nur Dastehen als Werkzeug, und durchaus nur also sich Denken. Nur liegt es nicht eben darin, daß man deutlich sich bewußt sei seines eigennützigen Triebes, sondern daß er sich nicht unbewußt unterschiebe, wie z. B. mir das Bild des

---

*) Man erinnere sich eines ähnlichen Anerbietens von Fichte beim Ausbruch des Krieges gegen Frankreich im Jahre 1806.

unruhigen Zustandes, als eines Leidens, das ich nicht ertragen könnte, unterschob. — Ich habe in diesem Falle ein sehr gutes Mittel klarer Entscheidung; es gibt eine dritte Auskunft: wegzugehen, in keinem Falle zu lesen, sondern frei zu bleiben. — Regel also: worüber Du Dich im Verdachte hast, das schaffe so weg! — Den Fall also gesetzt, ist die Neigung, wie ich spüre, mehr für das ruhige Leben. Die Verlegenheiten, die aus dem schon geschehenen Anerbieten hervorgehen, verspricht Nicolovius zu beseitigen. Ich bin darum völlig in den statum integrum des reinen Entschlusses zurückgesetzt."

*   *   *

„Den 1. und 2. April. Ob ich diesen Beruf auf diese Weise mir geben dürfe, ist die Frage. Welches ist er? In der gegenwärtigen Zeit und für den nächsten Zweck die höhere Ansicht an die Menschen zu bringen, die Kriegführer in Gott einzutauchen. — Nebenfrage: Will ich dadurch die Religiosität überhaupt oder das bessere Gelingen des gegenwärtigen Zweckes? Ich will freilich das letzte, und wer sagt, daß ich es nicht mitbefördern könne? — Eine ernstere Ansicht kann vor Schlaffheit, Lässigkeit bewahren. Aber kann sie auch stören? Wird durch göttliche Gedanken der Erfolg gestört, so ist er eigentlich nicht der rechte. Alle Störung dieser Art ist eigentlich das Setzen der Selbstbesinnung an die Stelle des Forthandelns im Blinden. Da entstehen nun freilich solche Stillstände und Absonderungen, wie durch das erste Christenthum. — Alle meine Wirksamkeit ginge also auf Bilden eines neuen Menschen. Gelänge mir nun dies, wäre es gut für das unmittelbare Handeln, für den gegenwärtigen Zweck? Warum nicht? Einige werden bestärkt und ihnen die Idee gegenwärtig erhalten, z. B. meine Studirenden, andere der Idee näher gebracht. Da hilft eben das unmerkliche Höherstimmen und Heiligen. Die Prediger sind in dem gleichen Falle, und ich weiß wohl, daß ich mein Geschäft ebenso gut verrichten werde wie sie alle. — Sollen überhaupt Feldprediger sein? Im christlichen Sinne allerdings. Jenes befürchtete Stören des Handelns fiele darum hinweg, und dieser Punkt ist völlig abgethan.

„Aber ob ich es solle? — Das Gesagte erkenne ich. Ist's mir nun nicht Sünde, wenn ich nicht danach thue? Beruft nicht gerade mich meine Erkenntniß und mein Eifer? — Könnt' ich etwas Besseres thun? Schreiben über die Zeitbegebenheiten. Dies auch im Felde: kann beides nicht miteinander bestehen, so muß das minder Wichtige weichen. — Täusche ich mich aber nicht in mir? Ich muß es eben versuchen. Es ist schwierig, aber hüte dich vor dem Ergriffenwerden von der Phantasie. Die Menschen pflegen das Unbekannte zu fürchten: so ich, so Nicolovius für mich. Doch tritt nur kühn hinter den Vorhang!

„Also auch dies ist gehoben und weicht. Die ratio decidendi ist: die Kraft der lebendigen Rede zu versuchen und mir vielleicht diese neue Wirksamkeit zu erwerben. — Dies nur mit göttlichem Sinne gethan; also mir strenge Regeln gesetzt, überhaupt ein aufmerksames Betragen angefangen, Tagebuch gehalten u. s. f. So kann dies auch zur innern Verbesserung dienen und zur Niederschlagung der Phantasie.

„Noch diesen Zweifel! Mislingt es, verliere ich vielleicht nicht alle. — So gewänne ich wol andere, von der andern Seite. Meine Grundsätze finden doch wol irgendwo Eingang. Unbesonnen werde ich nicht sein; darauf hin, glaube ich, muß ich es wagen.

„Doch mein Haß und Empörung gegen das Schlechte? — Kann nicht größer werden. Aber wenn ich vergeblich an ihnen arbeite, sie sich durchaus läppisch benehmen und diese gegenwärtige Reizung dazukommt? — Die absolute Zurückziehung in die höhere Welt bleibt mir immer übrig. Meine äußern Verhältnisse werden mich nicht reizen. Mislingt die Probe, so bin ich gerade da, wo ich jetzt bin. Also die Sache ist beschlossen!“

*   *   *

Folgendes Schreiben an den eben genannten Freund, der zugleich in der Behörde der geistlichen Angelegenheiten eine bedeutende Stelle bekleidete und durch dessen Vermittelung der gefaßte Entschluß ausgeführt werden sollte, legt Plan und Bedingungen desselben näher dar:

„Wie ich es bei Fassung aller bedeutenden Entschließungen zu halten pflege, daß ich mit der Feder in der Hand die Entscheidungsgründe aus der Tiefe alles Wissens heraushebe, so habe ich es seit der mit Ihnen gepflogenen Unterredung und dem schriftlichen Beitrage dazu, für welche beide mein ganzer sittlicher

Menſch Ihnen für Zeit und Ewigkeit verbunden bleibt, in Ab=
ſicht des Ihnen Bewußten gehalten: dieſen Morgen erſt bin ich
zu einem feſten Reſultate gelangt. Ihre Theilnahme gibt mir
das Recht, Sie für jeden Erfolg zum Zeugen meiner Geſinnungen
zu machen.

„Mein Plan iſt, einen Verſuch zu machen, die in letzter
Inſtanz Beſchließenden und Handelnden durch Beredſamkeit in
die geiſtige Stimmung und Anſicht zu heben, von dem uns vor=
liegenden Vehikel der geiſtigen Anſicht heraus, dem Chriſtenthume.
Ich thue dadurch freilich nur, was jeder Prediger auch thun ſoll;
ich glaube es nur anders thun zu können als die gewöhnlichen
Prediger, weil ich eine höhere und geradezu praktiſchere Anſicht
vom Chriſtenthum habe. Da mir dieſe Aufgabe gerade ſich nicht
erſt ſeit jetzt geſtellt hat, der jetzige Zeitpunkt aber die ſchicklichſte
Gelegenheit iſt, ſie zu löſen, und ich nach allſeitig gepflogenen
Ueberlegungen jetzt nicht Beſſeres thun kann, ſo halte ich es für
ein ausdrücklich an mich geſtelltes Pflichtgebot. Gelingt mir der
Verſuch, ſo iſt der Gewinn unabſehlich; mißlingt er mir, ſo iſt er
denn doch deutlich ausgeſprochen, und er wird irgendeinem andern
nach mir gelingen. Das Zurückziehen auf den Punkt, wo ich jetzt bin,
in die Welt des reinen Begriffs, ſteht mir immer offen. Nachtheili=
ger kann meine Anſicht von der Gegenwart und vollſtändiger
meine Verzichtleiſtung auf das unmittelbare Handeln in ihr nicht
werden, als ſie es jetzt ſchon iſt. Auch befürchte ich kaum eine
Verſchlimmerung meiner äußern Verhältniſſe.

„Die Verabredungen für einen ſolchen Verſuch wären nun
folgende:

„1) Ich von meiner Seite mache mich anheiſchig, wirklich
Chriſtenthum und Bibel vorzutragen, nicht etwa, was ſo häufig
geſchehen iſt, eine Bibelſtelle nur zum Motto einer moraliſch=philo=
ſophiſchen Abhandlung zu machen. Dies liegt in meinem Zwecke.
Ich will in die geiſtige Welt heben; wo ich dies nicht durch
Speculation ſoll, da muß ich es durch das Chriſtenthum thun.
Daß aber die Stellen dabei oft einen tiefern Sinn bekommen
dürften, als der ihnen gewöhnlich beigelegt wird, muß man mir
voraus zugeben.

„2) Die Ordination kann füglich unterbleiben. Um ſo mehr
rechne ich auf freiwillige Zuhörer. Bei der Brigade, wo ich ſtehe,

kann neben mir der gewöhnliche Feldprediger predigen und die Sakramente verwalten. Ich wünsche nur gebildete Zuhörer. Mein Platz wäre darum das königliche Hauptquartier; bei demselben sind unmittelbar die Garden und die Freiwilligen der Garde, unter denen die meisten Studenten sind.

„3) Ich erbitte mir, unter niemand stehen zu dürfen als unter dem Könige oder dessen Stellvertreter im Hauptquartiere. Wie es sich versteht, daß man mich sogleich in mein altes Verhältniß zurücktreten lassen kann, falls man meine Anwesenheit nicht zulässig findet, so erbitte ich mir die Erlaubniß zu gehen, sobald ich sehe, daß der Versuch nicht gelingt.

„Indem ich nur noch hinzusetze: daß ich mir nach genauer Selbstprüfung bewußt bin, daß keine Neigung auf diesen Ent= schluß mit einfließt, da es mir nach dieser persönlichen Neigung weit lieber wäre, das gewohnte Leben fortzusetzen, auch sich mir in diesen Tagen ein anderer Plan aufgeschlossen hat, der mich weit mehr reizt: so lege ich diese Sache in Ihre Hände, fest ver= trauend, daß dieselbe durch Sie rein und klar entschieden wer= den wird." *)

*   *   *
*

Die vorgelegten Bedingungen ergaben sich aus dem Zwecke selbst, den Fichte sich vorgesetzt hatte, und schienen ihm wesentlich zur Erreichung desselben, aber eben diese mochten es sein, welche nach dem Urtheil der Behörden die ganze Sache schwierig oder unthunlich machten; und er trat mit derselben Unbefangenheit zurück, mit welcher er sich erboten hatte. Die eigentliche That war ja schon geschehen: er war seines reinen Willens, seiner aufopfernden Hingebung in sich selbst sicher geworden, während

---

*) Wir bemerken, daß wir wegen Unleserlichkeit des allein noch in unsern Händen sich befindenden Conceptes das Ende des Briefes nur unvollständig mit= theilen und hier und da statt der ursprünglichen Worte andere dem Zusam= menhange angemessene wählen mußten. Das Gleiche ist der Fall bei ein paar andern, gleichfalls aus dem Concepte mitgetheilten Briefen von Fichte, und wir bringen dies darum in Erinnerung, damit, wenn, was nicht unmöglich, die Originalbriefe bekannt würden, man aus diesen zufälligen Abweichun= gen nicht eine absichtliche Veränderung dieser und anderer Stellen von unserer Seite vermuthen möge.

die äußern Umstände den reinen Erfolg ihm wahrscheinlich ge=
trübt und verkümmert hätten. Aber hierin hat sich sein Charakter
vollkommen ausgesprochen: durchaus resignirend auf jede Aner=
kennung, verzichtleistend auf jeden Erfolg, war er doch stets bereit,
freudig und mit ganzer Kraft einzuwirken, als wenn noch keine
vergebliche Hoffnung, keine Täuschung ihm geworden wäre. Für
sich selbst hat er kaum jemals etwas begehrt, was einer Auszeich=
nung oder einem Vortheil geglichen hätte. Und man hat ihn
darin beim Worte genommen, denn äußerlich hat er kaum das
Mäßigste erreicht. Die ihm gewährten Einkünfte waren in der
frühern Zeit dürftig und unzureichend; erst in den letzten Jahren
hätte er sorgenfrei leben können, wenn nicht die Kriegszeiten
jedes etwa Ersparte verschlungen hätten. Er hinterließ die Sei=
nigen vermögenslos. Aber auch sonst ist ihm von obenher keinerlei
Dank, keinerlei öffentliche Anerkennung zu Theil geworden. Viel=
mehr erschien er seinem Vorgesetzten und einigen Collegen als
eigensinniger Sonderling, dessen Anträge und Forderungen höchst
lästig den gewöhnlichen Lebensgang unterbrachen. Man fand ihn
unbequem und unfügsam zugleich. Und auch hierin ist sein Los
dem von Stein zu vergleichen, welcher ebenso in seinem gesammten
Leben und Wirken zwar unendlich viel Wichtiges anregte, für sich
selbst aber niemals eines reinen und vollständigen Erfolgs sich zu
erfreuen hatte. Sogar darin gleichen sich beide, daß sie ihre glü=
henden Verehrer, ihre thatbereiten Nachfolger erst in dem nach=
wachsenden Geschlechte fanden, während dem einen von ihnen,
Fichte, versagt war, das Aufgehen seiner Geistessaat zu erleben.
Wenn wir die spätere Burschenschaft als aus seinen nachwirken=
den Ideen entsprossen betrachten dürfen *), so müssen wir wie=
derum beklagen, daß dieser ursprünglich gesunde und hoffnungs=
reiche Keim durch eigenen Misbrauch entartet, durch fremde Schuld
freventlich zertreten worden ist.

Und hier drängt sich uns eine allgemeine Betrachtung auf,
die wir, fast am Ende seiner Laufbahn stehend, im Rückblick auf
dieselbe uns nicht verschweigen dürfen.

Keinem wird es oft schwerer, die Oede des langsam fort=

---

*) Daß dies sich so verhalte, hat unter andern auch Gervinus in seiner
„Geschichte des 19. Jahrhunderts" (Leipzig 1856), II, 372 fg., gezeigt.

rückenden Lebens zu ertragen, als solchen Männern, denen schon
frühzeitig der höchste Ruhm zu Theil geworden ist. Der Ertrag
ihres ganzen Daseins ist schon ihr Besitz, und selten kann etwas
Neues und Größeres das früh Gewonnene überbieten. Ueberhaupt
ist Hoffnung und Erwartung aus ihrem Leben genommen, und
sie können nichts mehr dem Aeußern, alles nur sich selbst verdan=
ken. Aber schlimmer ist es noch, wenn das von ihnen beherrschte
oder durch sie gebildete Zeitalter allmählich sich gegen sie wendet,
und was früher ihr Ruhm war, jetzt ihnen als Schuld angerechnet
wird. Dann bedarf es verdoppelter Selbständigkeit, um den ge=
wohnten Standpunkt freiwillig aufzugeben und völlig auf die Mit=
welt resignirend dennoch neu und frisch aus sich selbst zu leben.
Aber nur wenigen gelingt dies, und wir sehen oft die vorzüglichsten
Geister diesem Kampfe, ein verlorenes Verhältniß wieder zu erringen,
schmerzlich unterliegen. So ist Herder, welchen dies Los in seiner
ganzen Härte traf, eigentlich nur daran so frühzeitig zu Grunde ge=
gangen: er starb nach dem vielbedeutenden Ausdrucke der Seinigen
an gebrochenem Herzen! — Fichte, den ein ähnliches Schick=
sal traf, hat es im Innersten kaum verändert, ja, während es andere
verbittert, stimmte es ihn milder und gelassener; und dies unbedingt
müssen wir für die kräftigste That seines Lebens erkennen, daß
er, äußerlich verzichtend auf jeden Dank und Ruhm, der doch vorher
schon so reichlich ihm geworden war, dennoch nicht geirrt wurde
in seiner Denkart durch allen auf ihn eindringenden Widerstand,
sondern daß er forschend wie wirkend immer in alter Kraft sich
behauptete. Keine Schwäche oder Verzagen hat je ihn angewan=
delt, kein Wanken der Ueberzeugung ihn beschlichen, an deren
demantenem Schilde vielmehr jeder Widerspruch abglitt. Und bei
der strengen Klarheit, die ihm Bedürfniß war, hatte er sogar
durch eine eigene Theorie sich zurechtgelegt, warum seine Lehre
bei dem Zeitalter keinen Eingang finde; womit er eigentlich sich
und dem Zeitalter gleichmäßig unrecht that, indem sie allerdings
stark und entschieden eingegriffen hatte, nur nicht in der Weise,
wie er es wollte. Man hat dies höchste Einseitigkeit genannt
und theoretischen Starrsinn. Wir vermögen in dem Theile nicht
zu widersprechen, daß es Fichte's vordringendem Geiste durchaus
versagt blieb, daß ihm darum auch die Geduld und die Uebung
fehlen mußte, in eine fremde, verwandte oder entgegenstehende

Denkweise sinnend sich einzuleben. Sie interessirte ihn nicht, und
es ist schon erwähnt worden, daß er von keinem seiner philosophischen Zeitgenossen, außer von Jacobi, eingehende Kunde genommen. Aber am andern Theile haben wir auch gezeigt, warum
er berechtigt war, auf seiner Ueberzeugung zu verharren, ja wie
sich dies von selbst erklärt. Sie entstammt einer Tiefe und führt
eine Gewißheit bei sich, die, einmal vom Bewußtsein ergriffen
und dauernd erlebt, niemals mehr verloren geht und noch weniger in ungewissen Zweifeln zerrinnt.

*   *   *

Aus jener denkwürdigen Zeit müssen wir noch einer Begebenheit gedenken, die ganz unbekannt, soviel wir wissen, den
Grad der damaligen oft unbesonnenen Aufregung bezeichnet, aber
auch zu Fichte's Charakteristik hieher gehört. — In den letzten
Tagen des Februar wurde Berlin noch von einem schwachen
französischen Heerhaufen in Besitz gehalten, der, nach manchen Vorbereitungen zu schließen, es sobald noch nicht verlassen zu wollen
schien. Aber man wußte das Anrücken der Russen, und einige
in die Stadt sprengende Kosacken reichten hin, alles in Verwirrung zu setzen und die Bürger selbst auf das lebhafteste aufzuregen. Man versuchte schon, einzelne zu entwaffnen, Pulver-
wagen in den Fluß zu werfen, Kanonen unbrauchbar zu machen,
und wenn ein gemeinsamer Plan diese plötzlichen Ausbrüche
geleitet hätte, so wären sie dem kleinen Haufen vielleicht verderblich geworden, ohne doch für die große Sache irgendetwas zu
entscheiden. Aber solch ein aufregender Mittelpunkt fand sich
bald: es war ein Mann, allerdings voll Muth und Vaterlandsliebe, welcher zugleich einen großen Anhang und mancherlei Verbindungen unter den Jünglingen hatte, die, leicht erregbar, nicht
früh genug ihren Eifer wie ihren Haß an den Tag legen konnten.
Er entwarf den abenteuerlichen Plan, die französische Besatzung
bei Nacht in den Häusern zu überfallen und ihre Magazine an-
zuzünden: durch dieses Beispiel des Muthes, der kräftigen Selbst-
befreiung entflammt, werde das Volk überall in Aufstand aus-
brechen. Zugleich lag auch wol noch die Nebenabsicht zu Grunde,
durch eine so entscheidende That die Regierung, welche sich mit
weiser Zurückhaltung über das Ziel ihrer Rüstungen noch nicht

ausgesprochen hatte, für jeden Fall auf dieser Bahn mit fortzu=
reißen. Der gefährliche Gedanke hatte Anklang gefunden, und die
Ausführung war für eine der nächsten Nächte festgesetzt. Nur ein
junger Mann, der theil an der Berathung genommen, konnte
in seinem tapfern Sinne den Gedanken des Mordes nicht ertra=
gen, zu dem er aufgefordert worden. Lebhaft beunruhigt über
die Zulässigkeit solcher That, wollte er Fichte darüber entscheiden
lassen, dessen Schüler er vor kurzem geworden war. Schon mor=
gens in der Frühe eilt er zu ihm und fragt zuerst in allgemeinen
Ausdrücken, was Sittlichkeit und Religion gegen den Feind wol
gestatten; endlich gesteht er dem tiefer Eindringenden den ganzen
Plan. Fichte, entsetzt über einen so nutzlosen Frevel, weiß ihn
vom Thörichten und Unerlaubten des Plans zu überzeugen; zu=
gleich aber eilt er selbst zum Chef der Polizei (es war damals,
wenn wir nicht irren, Hr. von Sack), um ihm das Vorhaben zu
entdecken. Es wurde beschlossen, jenen Mann und einige andere
unter dem Vorwande von Aufträgen unbemerkt zu entfernen, um,
während sie hier unschädlich wurden, ihren Muth und ihre Kraft
für bessere Gelegenheit zu erhalten. Denn in der That wäre
die Strafe dem unbesonnenen Unternehmen auf dem Fuße gefolgt;
es stand nämlich das Corps des Vicekönigs von Italien damals
noch vorwärts an der Oder, welches, auf Berlin sich werfend,
die härteste und gerechteste Rache genommen haben würde. *)

Zurückkehrend zu seinem unmittelbaren Berufe, hielt Fichte
es für seine nächste Aufgabe, in seiner Umgebung auszusprechen,
was ihm bei dem Heere zu thun nicht vergönnt war, seine An=
sicht von den Zeitereignissen und von dem Charakter des jetzt zu
führenden Kriegs, und dies um so gründlicher, da er hier die
wissenschaftliche Form anwenden konnte. Auch hatten sich wäh=

---

*) Demselben jungen Manne, welcher Fichte diese Eröffnung machte,
begegnete nachher während des Feldzugs ein Ereigniß, das wenigstens in
mittelbarer Beziehung zu Fichte stand, und das sein General wegen seiner
Merkwürdigkeit damals durch die Zeitungen bekannt gemacht wünschte. Fichte
verhinderte dies indessen, indem er in mancher Rücksicht daraus Misdeutung
und Misbrauch fürchtete. Da jetzt dieser ganz hinwegfällt und die Geschichte
zugleich für sein inniges Verhältniß zu seinen Schülern und für ihre Liebe zu
ihm Zeugniß ablegt, so theilen wir das Betreffende wenigstens im zweiten
Theile (Beilage X) mit.

reud des Sommers so viel Studirende zusammengefunden, daß ihn
wieder ein ziemlich zahlreiches Auditorium umgab. Warum nicht
zugleich eine Schrift daraus wurde, wissen wir nicht, und erst
nach seinem Tode sind die damals gehaltenen Vorlesungen im
Drucke erschienen. *) — Ueberhaupt war seine Aufmerksamkeit
allein auf die großen Ereignisse gerichtet, und unter den neuen
Maßregeln erhielt besonders die Einführung des Landsturms seine
größte Billigung. Er nahm selbst eifrig theil an seinen Uebun=
gen und hoffte sogar, daß man ihn auch zu ernster Mitwir=
kung gegen den Feind benutzen würde. Dies war auch sonst die
fast allgemeine Stimmung; friedliche Gelehrte, Familienväter wa=
ren bereit, im Kampfe ihr Leben zu opfern, und die meisten Lehrer
der Universität, auch hierin durch ihr Beispiel vorleuchtend, ver=
banden sich feierlich untereinander, um durch keine Rücksicht im
Dienste für das Vaterland eingeschränkt zu werden, daß die Ueber=
lebenden für die Weiber und Kinder der im Kampfe Umgekom=
menen zu sorgen hätten. Dies Actenstück, das die berühmtesten
Namen der damaligen Universität trägt, scheint uns ebendeshalb
einen Platz in der Geschichte jener Zeit zu verdienen, als Zeugniß
ihrer Gesinnung für das Vaterland. **) Und auch während des
Waffenstillstandes war es die einzige Besorgniß, daß man, durch
den bisherigen zweifelhaften Kriegserfolg zaghaft und bedenklich
geworden, jetzt etwa Frieden schließen möchte. Nur Ausdauer
und Muth sei nöthig — so äußerte sich Fichte schriftlich und
mündlich bei allen Gelegenheiten: man müsse, des Kriegs unge=
wohnt, erst siegen lernen, und was der erste Feldzug nicht er=
reiche, könne der zweite vollenden. „Ein frisches Herz und keinen
Frieden“ — Worte, mit denen er damals den Brief an einen
Freund schloß — dies war auch die Losung aller Wackern und
Einsichtigen, die da wußten, daß der Moment der Befreiung, jetzt
versäumt, nie also wiederkehren werde.

*) „Ueber den Begriff des wahren Kriegs“ (Stuttgart 1815), später der
„Staatslehre“ einverleibt. „Werke“, IV, 401 fg.
**) S. Beilage XI des zweiten Theils.

Neuntes Kapitel.

Fichte's letzte Krankheit und Tod. Seine hinterbliebene Witwe.

Endlich war nach Ablauf des Waffenstillstandes der Wieder=
ausbruch der Feindseligkeiten entschieden, deren erste Ereignisse Ber=
lin selbst in nahe und drohende Gefahr brachten. Aber die entschei=
denden Siege bei Großbeeren und Dennewitz wendeten sie ab, noch
ehe sie die meisten in ihrer Größe auch nur geahnt hatten. Früher,
solange der Landsturm in Berlin bestand, war es Fichte's Plan, für
seine Person sich nicht zu entfernen, sondern an dem Schicksale der
männlichen Bürgerschaft theilzunehmen, welche man bei Annähe=
rung des Feindes mit den Linientruppen zum Widerstande be=
stimmt glaubte, seine Gattin aber fortzusenden; und es war sein
fester Vorsatz, weder sich noch die Seinigen in die Hand des Fein=
des fallen zu lassen. Jetzt war indeß die Gefahr so rasch ab=
gewendet worden, daß noch kein Entschluß darüber hätte gefaßt
werden können. Aber eben diese Nähe des Kriegs führte ein Uebel
herbei, das in seinen Folgen leider Fichte's frühzeitigen Tod ver=
anlaßte. Bald wurden nämlich durch die blutigen Gefechte in
der Nähe Berlins die Miliärhospitäler der Stadt mit Verwun=
deten und wegen der gewaltigen Mühseligkeiten des Feldzugs
auch mit Kranken, besonders Nervenkranken überfüllt; die öffent=
lichen Anstalten konnten nirgends Genüge leisten, und die Behör=
den selbst forderten durch die Zeitungen die Frauen zur Pflege
der Kranken, die Bewohner zu Beiträgen auf. Da war Fichte's
Gattin eine der ersten, die aus eigenem Entschlusse wie mit dem
Willen ihres Gatten dazu sich erbot. Sie überwand mühsam den
Widerwillen, den sie anfangs empfand, unbekannten Kranken sich

zu nahen; und bald schien dies Geschäft ihr der heiligste Beruf, dem sie alle Kräfte, auf jede Gefahr hin, zu widmen entschlossen war.

Aber es war noch ein höherer Geist, welcher sie dabei erfüllte. Daß sie Erfrischungen, Arzneien, Kleidungsstücke an die Kranken vertheilte, daß sie unermüdet und unabweisbar in ihrer Pflege jeder Gefahr der Ansteckung sich aussetzte, nicht dies erschien ihr die Hauptsache. Wichtiger war es ihr, den geistig Verschmachtenden den innern Quell des Trostes zu zeigen. Wenn alle Bilder irdischen Leidens vor ihr vorübergingen, konnte sie selbst nur Ruhe finden in dem Gedanken an die göttliche Gnade, die allen gleich nahe sei; und wie wäre es ihr nicht gelungen, was ihr eigenes Gemüth durchaus erfüllte, auch jenen Verlassenen nahe zu bringen, die oft schon ein freundliches Wort gewöhnlicher Theilnahme wunderbar aufrichtete. Besonders empfand sie Mitleid mit halberwachsenen Jünglingen, die, von dem furchtbaren Uebel des Heimwehs befallen, jede Erquickung zurückwiesen und zu sterben wünschten; und manchen von ihnen hat sie durch unablässigen Zuspruch, durch Mittheilungen aus dem Aelternhause, wohin sie geschrieben, ins Leben zurückgeführt oder wenigstens getrösteter hinübergeleitet. Abends endlich in den kurzen Wintertagen, nachdem sie vormittags und nachmittags dieser Pflege obgelegen, ging sie oft noch durch die Stadt, um bei Bekannten und Freunden Beiträge zu sammeln und das unmittelbar Nöthige sogleich herbeizuschaffen, was ihr besser schien als ein allgemeiner Geldzuschuß. Wenn es verwundern mußte, wie eine keineswegs starke Frau auch nur körperlich so ungewohnte Anstrengung ertragen habe, so wollen wir uns erinnern, daß wahre Begeisterung auch dem Körper gesteigerte Kraft verleiht. Und als eine solche wahrhaft Begeisterte erschien sie uns, wenn ihr das Ungewohnte leicht wurde, das Beschwerliche und Zurückschreckende unbemerkt an ihr vorüberging; und ganz aufgegangen in diesem Bedürfniß zu helfen, durfte man sie darin glücklich, ja selig nennen. Selbst späterhin, wenn sie daran dachte, wie sie den Tod ihres Gatten dadurch veranlaßt, konnte sie nicht bereuen, also gethan zu haben. Im Bewußtsein der tiefen Nothwendigkeit, welche sie dazu getrieben, war sie völlig versöhnt mit ihrem Schicksal.

Indeß war, nach den Schlachten von Leipzig und Hanau,

der Feind über die Grenzen Deutschlands hinausgetrieben wor=
den; es regte sich wieder an der Universität das Bedürfniß fried=
licher Beschäftigung, und Fichte konnte von neuem einen ziemlich
bedeutenden Kreis von Zuhörern um sich versammeln. Aber die
erhöhtere Weihe und Energie, welche die Größe des Augenblicks
in ihm erregt hatte, brachte er auch zu seiner Forschung mit.
Wie seine Hoffnungen für das Vaterland wiedererwacht waren,
so fühlte er sich auch wie von neuer Jugendkraft durchdrungen,
während er unbewußt an der Schwelle seines Lebens stand. Das
Alte schien weit hinter ihm zu liegen, und er glaubte auf neuen
Wegen der Entdeckung zu sein. Er entwarf einen völlig ver=
änderten Plan seiner Vorlesungen. Es war eine neue Einleitung
in die Philosophie, von welcher aus er die Fähigern also vor=
bereitet desto leichter und rascher zum Vortrage seines Systems
fortzuführen gedachte. Während derselben steigerte sich immer=
mehr die Lust an dem begonnenen Werke; und wie er überhaupt
stets aus frischer Meditation arbeitend denselben Erkenntnißstoff in
immer neue Formen zu bringen wußte, so glaubte er besonders
jetzt eine faßlichere Darstellungsweise als je vorher gefunden zu
haben. Alles erschien ihm größer und umfassender, wie in neuem
Lichte, und mehrmals äußerte er gegen den Sohn, daß er dem
jetzigen Vortrage eine Klarheit zu geben hoffe, daß auch ein
Kind — seine eigenen Worte — ihn faßen solle. Jetzt sei aber
auch der Augenblick gekommen, mit der längst von ihm beabsich=
tigten Darstellung seines Systems öffentlich hervorzutreten. Er
wolle daher den nächsten Sommer (1814), ohne Vorlesungen zu
halten, und ganz abgesondert von jeder störenden Umgebung, an
einem ruhigen Orte auf dem Lande zubringen (er bezeichnete
dabei die herrliche Gegend zwischen Dresden und Meißen, an
welche sich seine liebsten Jugenderinnerungen knüpften), um so in
tiefster Einsamkeit jenes lange vorbereitete Werk auszuführen.
Dann — setzte er hinzu — wenn es ihm gelungen sei, seine
Lehre in der Vollendung darzustellen, nach welcher er seine ganze
schriftstellerische Laufbahn hindurch gerungen, dann halte er die
Aufgabe seines Lebens für erreicht; sein Vermächtniß an Gegen=
wart wie Nachwelt sei darin niedergelegt. Er gedenke dann nichts
mehr zu schreiben, sondern wolle den Rest seines Lebens nur
noch der Bildung von Jünglingen widmen, die er zur Fort=

pflanzung des wahren philosophischen Geistes tüchtig zu machen hoffe.

Unterdeß hatte seine Gattin, nach fünfmonatlicher ununterbrochener Krankenpflege in den Lazarethen, wachsendem Uebelbefinden weichen müssen. Am 3. Jan. 1814 warf sie ein heftiger Ausbruch des Nervenfiebers, das sie sich durch Ansteckung zugezogen hatte, aufs Krankenlager, und bald entwickelte sich das Uebel zu einer so furchtbaren Höhe, daß fast keiner Hoffnung mehr Raum gegeben wurde. An dem Tage der dringendsten Gefahr wollte Fichte seine Vorlesungen über die Wissenschaftslehre beginnen. Fast den ganzen Tag hatte er selbst sorgend und pflegend im Krankenzimmer hingebracht. Endlich gegen Abend mußte er sich vorbereiten, seine Vorträge anzufangen, die er, aufs Unvermeidliche gefaßt, nicht aufschieben wollte. Er nahm Abschied von der schon bewußtlosen Kranken, und vom Schmerze gebeugt, hatte sein Geist doch noch die Selbstbeherrschung, einen Vortrag über die abstractesten Gegenstände zwei Stunden hintereinander fortzusetzen, sodaß wol niemand ahnen mochte, er sei vom Sterbebette seiner geliebten Gattin gekommen, und der Gedanke begleite ihn nach Hause, sie vielleicht todt anzutreffen.

Aber gerade während der höchsten Gefahr hatte sich eine wohlthätige Krise vorbereitet, sodaß die Aerzte zum ersten mal Hoffnung schöpften; und wir vergessen den Augenblick nicht, wo Fichte, von Freude überwältigt, mit Inbrunst über seine Gattin sich hinneigte und sie als gerettet, als neu ihm geschenkt begrüßte. Aber vielleicht war dies gerade der Augenblick, wo sie unschuldig und unbewußt selbst ihm den Keim der Krankheit einflößte. Schon am andern Tage fühlte er bedeutendes Uebelbefinden, ohne jedoch seine Vorlesungen auszusetzen, oder mit geringerer Anstrengung sich auf sie vorzubereiten. Es begann mit anhaltender Schlaflosigkeit, die selbst nicht Bädern und innern Mitteln weichen wollte, und bald konnte man sich über den Charakter und die Gefahr der Krankheit nicht mehr täuschen. Indeß hatte das Uebel besonders den Kopf betäubend ergriffen, und im Fortgange der Krankheit wurden die lichten Augenblicke immer seltener und kürzer. In einem der letzten brachte ihm sein Sohn aus den Zeitungen noch die Nachricht an das Bett von Blücher's Rheinübergange und von dem raschen Vordringen der

Verbündeten in Frankreich. Da erwachte sein Geist noch einmal zu alter Kraft; es war die letzte Freude, die ihm auf Erden wurde, während ihm das plötzliche Stocken des Feldzugs im verflossenen Herbste und manche Nachrichten von dem Einflusse einer gewissen Friedenspartei wieder einen Rückfall in die alte Zweifelhaftigkeit und Halbheit zu verrathen schienen, die ihn mit bitterm Unmuth erfüllte. Nun aber, wo er den Erbfeind der Deutschen endlich auf eigenem Boden angegriffen sah, erhob er sich wieder zum alten Vertrauen auf eine bessere Zukunft seines Vaterlandes. Und diese Freude, diese neue Hoffnung verflocht sich auch nachher so eigen mit den Phantasien seiner Krankheit, daß er selbst am siegreichen Kampfe theilzunehmen glaubte, daß es ihm dann aber doch wieder sein eigenes Uebel schien, was er bekämpfte, und das nur durch Willenskraft und festen Entschluß zu besiegen sei. So blickte fast immer freudige Hoffnung und Zuversicht durch seine Phantasien; und einmal kurz vor seinem Tode, als der Sohn mit Arznei sich nahte, schien noch zuletzt für einen Augenblick seine Seele mit ganzer Klarheit hervorzustrahlen. „Laß das", sagte er mit dem gewohnten Blick inniger Liebe, mit welchem er die Seinigen in traulichen Augenblicken grüßte: „ich bedarf keiner Arznei mehr, ich fühle, daß ich genesen bin!" Und bald darauf erfüllte es sich auch also. Der Schlaf, der ihn umfing, wurde immer tiefer und unerwecklicher, manchmal nur von leise gesprochenen Worten begleitet, und endlich, am elften Tage nach Ausbruch der Krankheit, in der Nacht des 27. Januar, gegen 5 Uhr, waren alle Zeichen des Lebens verschwunden. Er starb im nicht ganz vollendeten zweiundfunfzigsten Lebensjahre, aber in ungeschwächter geistiger und körperlicher Kraft. Er hatte noch keinen Zahn verloren, und fast kein Grau färbte den dunkeln Haarwuchs des kräftig emporgerichteten Hauptes.

Wir können den Bericht von seiner letzten Krankheit nicht passender schließen, als indem wir die Worte mittheilen, die sein Arzt und Freund, der ehrwürdige Hufeland, auf unsere Bitte uns darüber schrieb. Sie sind zugleich ein Denkmal ihrer Freundschaft und beiden gleich ehrenvoll:

„Die letzte Krankheit, die ihn uns leider so frühzeitig und so schmerzhaft entriß, war das bösartige Nerven- oder vielmehr Lazarethfieber, ihm durch Ansteckung mitgetheilt von seiner liebenden Gattin, die, hauptsächlich auf seinen Antrieb, die kranken Krieger im Lazareth mit unermüdeter und wahrhaft christlich= frommer Treue gewartet und gepflegt hatte.

„Es kündigte sich gleich durch bedeutende Lähmungen innerer Organe an, die wenig Hoffnung schöpfen ließen. Doch kämpfte seine kräftige Natur und besonders sein Herz und seine Respira= tionsorgane lange dagegen. Auch der Geist, trotz der mit dieser Krankheit verbundenen Betäubung des Kopfes, blickte immer von Zeit zu Zeit wunderbar lichtvoll hindurch; und ich vergesse nicht, wie er einst seine Krankheit mit einem Aufruhr der physischen Natur gegen sein höheres Geistiges verglich, welches aber gewiß siegen werde!"

Zum Schlusse noch ein zusammenfassendes Bild seines Cha= rakters zu entwerfen, kann überflüssig erscheinen und sogar un= möglich, wenn es dem ganzen Werke nicht gelungen. Aber seines Aeußern gedenken wir noch kurz, denn dies war nur der voll= ständige und der bezeichnendste Abdruck seines Innern; es ver= rieth, daß hier ein Mann aus einem Gusse und von eherner Selbständigkeit vor uns stehe. Klein, aber von kräftig zusammen= gedrängter Statur, blutreich und muskelstark, deutete sein Körper auf zurückgehaltenen Wuchs, wie er durch die ungünstigen Ver= hältnisse seiner Jugend sich nicht gehörig hatte entwickeln können. Sein Gang war fest, sein Auftreten kräftig wurzelnd, ankündi= gend die Geradheit und Entschiedenheit seines Charakters, und wer ihn reden hörte, kräftig und mit starkem Nachdruck, mußte fühlen, daß Ueberzeugung und Offenheit jedes seiner Worte ein= gaben und begleiteten. Seine Gesichtszüge hat der Bildhauer Karl Wichmann in der Marmorbüste, welche die Aula der berliner Universität bewahrt, am treuesten und charakteristischsten wieder= gegeben. Nach ihr ist das Medaillon gefertigt, welches das Grab= denkmal auf dem oranienburger Kirchhofe schmückt und das wir seiner Aehnlichkeit halber hier haben nachbilden lassen. Nach Schinkel's Urtheil aber, des genialsten Künstlers, den Berlin damals besaß, war sein ähnlichstes Bildniß der Kopf des Großen Kurfürsten, wie ihn das erzene Denkmal auf der Langen Brücke zu Berlin darstellt.

Fichte starb im vollen Bewußtsein seiner Kraft und seines Wirkens, und so hat er auch sein Bild der Nachkommenschaft hinterlassen. Selten jedoch wird uns Gelegenheit, treu und tief genug in die innere reifende Entwicklung eines großen Charakters hineinzuschauen. Bei Fichte war dies uns vergönnt, und zwar nicht durch fremde Schilderung, sondern durch sein eigenes Wort und Zeugniß. Sein Stolz, ausgebildet und genährt durch das Gefühl geistiger Ueberlegenheit, war ursprünglich nicht ohne Selbstüberhebung, sein Urtheil nicht frei von Unbiegsamkeit und Uebereilung. Dies alles aber mildert und berichtigt sich vor unsern Augen in der fortschreitenden Reife des Lebens, nicht jedoch zu weichlichem Gehenlassen, zu philisterhafter Ermüdung am Kampfe — schrieb er doch noch 1813 die Worte der Selbstbetrachtung: „Mein Haß und Empörung gegen das Schlechte kann nicht größer werden!" — sondern weil eine höhere sittliche Zucht über ihn gekommen war; wir sprechen die psychologisch tiefbegründete Wahrheit aus: weil er sich vom Standpunkte selbstgenügsamer Moral und Pflichtmäßigkeit in die Höhe der Religion erhoben hatte. Ohne an Kraft der Ueberzeugung das Geringste einzubüßen oder zu irgendeiner Schwäche herabzusinken, hatte er dennoch immer entschiedener das Haften an sich und seinem Willen aufgegeben: Ergebung war über ihn gekommen. Ohne zu prunken, mit antiker Einfachheit sehen wir ihn sein Leben dem Vaterlande zum Opfer weihen, will er ausdrücklich seine Mitwirkung bei der wichtigsten Angelegenheit verschwiegen wissen, damit nicht etwa sein Name ein Hinderniß werde, warnt er ausdrücklich davor, ihn zum Leiter der Universitätsangelegenheiten zu wählen; da er aber einmal die ihm widrige Aufgabe unternommen, führt er sie nach eigener unbeugsamer Ueberzeugung durch; sobald dies nicht mehr geht, dringt er auf seine Entlassung, um „ein ehrlicher Mann zu bleiben".

Damit hat er aber nur das echt und allgemein Menschliche in sich zur Anschauung gebracht: Entselbstung, völlige Demüthigung vor der höhern Idee, die als „Beruf" sich ihm darstellt. Dadurch rückt er aber menschlich uns näher und stellt sich neben den schlichten Mann, der „in der Furcht Gottes" sein niederes Tagewerk mit Gewissenhaftigkeit treibt. Jede falsche Vornehmheit, jedes persönliche Prunken mit den Vorrechten einer „höhern Natur", dergleichen Prätensionen er auch sonst innigst abhold war, verschwinden vor dieser Größe einfacher Menschlichkeit.

Jedem starken Charakter und gewaltigen Willen ist aber ein
Hemmendes angeheftet, welches zugleich doch aus der Wirkung
seines eigenen Wesens entspringt und so dem Glanze seiner Er=
scheinung ein Tragisches beimischt. Die Alten waren tief durch=
drungen vom Befremdlichen dieser Erfahrung; sie warfen dies
ihnen Unerklärbare in den „Neid der Götter" zurück. Auch in
Fichte's Leben tritt dieser tragische Nebenzug stark und unver=
kennbar hervor. Aber der Quell davon lag in ihm selbst: sein
Geist war nicht dazu geartet und darum wenig geübt, in der
fremden Meinung das ihm Verwandte herauszufinden, überhaupt
glückliche Anknüpfungspunkte seines Wirkens zu suchen. Er ver=
achtete meist seine Umgebung, und im allgemeinen Umrisse betrachtet
mochte er damit recht haben. Nur darf, wer wirken will, bei der
Verneinung nicht stehen bleiben; er muß dies widerstrebende
Element durchaus verstehen lernen, statt ungeduldig es abzuleh=
nen. So geschah es, daß seinem unablässigen und unermüdbaren
Kraftaufwande der äußere Erfolg fast niemals proportional war,
daß fast beständig eine ebenso starke Gegenwirkung sich regte, für
die er, weil er des reinen Willens und der scharfen Einsicht des
eigenen Ziels bewußt war, allerlei Erklärungsmittel außer sich
selbst fand: in der letzten Wurzel die allgemeine Versunken=
heit und absolute Sündhaftigkeit des Zeitalters, worin er fast
an Luther erinnern könnte, welcher dem Aberglauben seiner Zeit
gemäß bei jedem Mißerfolge und überhaupt in seinen Wider=
sachern nur die Wirkungen des Teufels sah.

Es ist erklärlich, wie beide so denken und empfinden konn=
ten; dennoch war es nur der Conflict ihrer Individualität mit
der Umgebung, welcher dies getrübte Bild ihrer Umgebung in sie
hineinwarf.

Für die Nachkommen aber und bei Betrachtung der gesamm=
ten Geistesgestalt reinigt sich dies alles. Auch jener Mangel, der
von der andern Seite ihre größte Stärke war, wird zum charak=
teristischen Zuge, der ihre Eigenthümlichkeit gerade uns werth
macht, denn in jenen ewigen, den zufälligen Zeitbedingungen
entrückten Verhältnissen der Persönlichkeit wird der Geist nicht
danach gemessen, was er äußerlich sichtbar vollbrachte, und ob er
Lob oder Tadel erfuhr, sondern nach dem, wie stark und treu er
die innere Kraft und Eigenthümlichkeit übte, ob er ein getreuer

Kämpfer war. Von Fichte dürfen wir wohl es sagen: er hat allezeit einen guten Kampf gekämpft und durfte getrost eingehen zur Ruhe der Vollendeten!

* * *

Seine Gattin überlebte ihn noch fünf Jahre. Die Gnade des Königs hatte ihr mit ausdrücklicher Hindeutung auf die Verdienste ihres Mannes und ihre eigenen Aufopferungen eine angemessene Pension bewilligt, und zwei edle Prinzen des königlichen Hauses, unaufgefordert und aus eigener höchster Bewegung, trugen bei zu ihrer Unterstützung, sodaß bei ihren wenigen Ansprüchen ihr ein sorgenfreies Leben zu Theil wurde. Zugleich war sie unter den ersten, welchen das Kreuz des Luisenordens verliehen wurde, der für die Frauen gestiftet worden war, welche sich durch Pflege der Verwundeten und Kranken ausgezeichnet hatten.

Der Rest ihres Lebens floß ernst-heiter dahin, voll von herrlichen Erinnerungen, voll von erhebender Hoffnung. Sie hatte sich völlig ergeben in ihr Geschick, ihren Gatten überleben zu sollen, und in einem Gemüthe, wie das ihrige, konnte kein dauernder Mismuth aufsteigen über ein Verhängniß, in dem sie eine höhere Leitung sah. Ihre Liebe war jetzt ungetheilt ihrem Sohne zugewendet, der mit tiefer Verehrung an ihr hing und dem ihr Andenken keine Stunde seines Lebens entschwunden ist, noch je entschwinden wird. Denn ihr und ihrer stillwirkenden Gesinnung verdankt er, was keinem Buche, keinem Unterrichte sonst, eine innerste unverrückte Gewißheit, die ihn durch alles Wagniß des Forschens, durch alle Verwirrung des Lebens sicher bisher hindurchgeleitet; und was ihm selbst zu erkennen und darzustellen gelang, es ist nur die Nachwirkung des Vermächtnisses, welches die Geister der Aeltern, besonders der Mutter, in ihn gelegt. *)

In den heitersten Stunden ihres Lebens schrieb sie Erinnerungen aus dem Leben ihres Gatten nieder, die unserer Erzählung besonders über die ersten Jugendjahre zu Grunde liegen.

---

*) In wie eigentlichem Sinne dies zu verstehen sei, darüber findet der Leser Aufschluß, falls er dessen begehrt, in des Verfassers Schrift: „Zur Seelenfrage" (1859), S. 185—186.

Auch konnte sie allein oft über die wahren Motive in seinen
Handlungen Aufschluß geben, weil sie, wie er selbst in einem seiner
Briefe ihr bezeugt, ganz ihn kannte, und auch als Frau seiner
würdig und ihm ebenbürtigen Geistes, alles Bedeutende mit ihm
durchsprach und in den wichtigsten Fällen rathend und scharfe
Entschlüsse mildernd den selbständigsten Mann bestimmte. — Sonst
war das Studium der Bibel und religiöser Schriften ihre fast aus=
schließliche Beschäftigung; mannichfachen äußern Umgang bedurfte sie
wenig bei ihrem ruhig in sich selbst gegründeten Leben. Aber auch in
dem, was ihr als das Höchste galt, war sie tolerant und frei; deshalb
vermied sie auch nicht den Umgang mit Personen von entgegen=
gesetzter religiöser Denkart, wenn sie nur jenes Leben zu besitzen
oder zu suchen schienen. In Merz' „Christlichen Frauenbildern",
welche einen nach Auszügen aus gegenwärtiger Biographie ge=
fertigten Lebensabriß von ihr enthalten, ist ein Schreiben ab=
gedruckt, welches ihre ganze religiöse Denkweise charakterisirt. *)
Ein ähnliches findet sich in der Briefsammlung aus Fouqué's Nach=
laß, und im zweiten Theile werden wir eine Reihe von Fami=
lienbriefen an Schiller's Gattin mittheilen, welche zeigen, wie
geistig bedeutend sie zwischen den hohen Männern stand.

Eine besondere Freude wurde ihr noch im letzten Lebensjahre
zu Theil, als sie auf einer Sommerreise nach dem Harz zu Hal=
berstadt in Körte's Hause die Bekanntschaft des gemüthvollen
Dichters Klamer Schmidt machte. Dieser verehrte ihr eine durch
ihn veröffentlichte Briefsammlung von ihrem Oheim Klopstock
und seiner Meta, von ihrem Vater und mehreren andern längst
verstorbenen Verwandten, welche sie mitten in ihre früheste Ju=
gend hineinversetzten. **) Und wie das verklingende Leben am lieb=
sten zu den ersten Erinnerungen zurückkehrt, so wurde ihr noch
am Ende desselben das Glück zu Theil, die Vorbilder ihrer kind=
lichen Ehrfurcht, ihrer frühesten Liebe wie gegenwärtig zu er=
blicken, und noch einer ihrer letzten Briefe war ein Dank an
den trefflichen Mann für die Freude, die er ihr durch jene Mit=

---

*) Merz, „Christliche Frauenbilder" (3. Aufl., Stuttgart 1861), II, 290—
308. Das Schreiben befindet sich S. 306.

**) „Klopstock und seine Freunde, aus Gleim's brieflichem Nachlaß, heraus=
gegeben von Klamer Schmidt" (2 Bde., Halberstadt 1810).

theilungen verſchafft habe. Zugleich aber ſpricht ſie die Vor=
ahnung aus, bald mit ihrem Gatten vereint die wiederzuſehen,
deren Andenken ſie ihr ganzes Leben hindurch begleitet habe. Und
ſie betrog ſich nicht in ihrer Ahnung, wiewol ihre Geſundheit
äußerlich nicht abgenommen zu haben ſchien. Nur einen Katarrh
hatte ſie von der Sommerreiſe zurückbehalten, der, nachher immer
hartnäckiger und angreifender, ſich plötzlich in eine heftige Lungen=
entzündung verwandelte. Schon am ſiebenten Tage der Krank=
heit, den 29. Jan. 1819 vormittags um 10 Uhr, ſtarb ſie bei voll=
kommenem Bewußtſein, nachdem ſie lange vorher alles für den Fall
ihres Todes angeordnet hatte, um ſelbſt noch über ihr Leben hin=
aus ihrem Sohne ſorgend und hülfreich gegenwärtig zu ſein. Sie
hatte ſich ihre Grabſtätte neben der ihres Gatten gewählt: beide ruhen
vereint auf dem erſten Kirchhofe vor dem Oranienburger Thore
zu Berlin, ihr Gatte obenan, ſie zu ſeinen Füßen, wie ſie ſelbſt
es geordnet. Ein hoher Obelisk bezeichnet die vielbeſuchte Stätte
mit der Inſchrift, die auch hier beſchließen möge: „Die Lehrer
aber werden leuchten wie des Himmels Glanz, und die, ſo viele
zur Gerechtigkeit weiſen, wie die Sterne immer und ewiglich.‟
(Dan. 12, 3.)